永康文献丛书

吕公望集

五

吕公望 著

卢礼阳 邵余安 编校

吕公望集卷五 公牍五

浙江省长公署训令第二百七十二号

令民政厅据平湖公民陆殿魁等禀为请拨公款开浚干河由

令民政厅长王文庆

案据平湖公民陆殿魁等请拨公款开浚干河等情，除批"呈、图均悉。既据分呈民政厅，仰候饬厅筹议具复核夺。此批"外，合令该厅迅予筹议具复核夺。此令。

中华民国五年九月一日

省长吕公望

（原载《浙江公报》第一千六百一十号，一九一六年九月四日，五页，训令）

浙江省长公署指令第六百四十四号

令民政厅长王文庆

呈一件於潜县请酌增米谷杂粮袋数捐由

呈及简章均悉。该县米谷杂粮捐，既据历办有案，应仍援案办理。惟酌增袋数出运较多，于民食有无妨碍，仰民政厅核议，令行该知事遵照。此令。九月一日

（原载《浙江公报》第一千六百一十号，一四页，指令）

浙江省长公署指令第六百四十六号

令民政厅长王文庆

呈一件浦江县请解释志愿兵学习期满
是否与中学毕业同等由

呈悉。志愿军系受军事特殊教育,不在学校系统以内,所请与中学毕业生具同等之资格,碍难照准。仰民政厅转令该知事遵照。此令。呈抄发。九月一日

（原载《浙江公报》第一千六百一十号,一四页,指令）

浙江省长公署指令第六百四十七号

令民政厅长王文庆

呈一件为宁海警佐王辛酉因公积劳病故请恤由

呈及调查表、诊断书均悉。既据查明该警佐王辛酉因公积劳病故属实,候据情咨部办理。仰转令宁海县知事知照。此令。九月一日

（原载《浙江公报》第一千六百一十号,一四至一五页,指令）

浙江省长公署指令第六百五十四号

令民政厅长王文庆

呈一件为查明丽水县教育会长接办情形由

如呈办理,仰即转令遵照。此令。九月一日

（原载《浙江公报》第一千六百一十号,一五页,指令）

浙江省长公署批第二百零三号

原具呈人平湖陆殿魁等

呈一件为请拨公款开浚干河由

呈、图均悉。既据分呈民政厅,仰候饬厅筹议具复核夺。此批。九月一日

（原载《浙江公报》第一千六百一十号,二一页,批示）

浙江省长公署批第二百零五号

原具呈人温岭林师白等

呈一件为请饬县抄示三四两年报销册以便核算由

既据分呈民政厅，仰候该厅核示。此批。九月一日

（原载《浙江公报》第一千六百一十号，二一页，批示）

浙江督军署训令第九十号

令财政厅为改编警备队二四两区之游击队

原有经费迅赐划拨由

令财政厅长莫永贞

照得改编警备队二、四两区之嘉湖、台州两属游击队，原有经费向在军事费项下开支，所有八月份应需饷项业经指令警政厅来署具领。惟查军事经费预算数目现在逐月实支之数并无盈余，且五十旅新兵均已征足，兵饷一项较前增加，更恐不敷分配。自九月份起，该两区所需经费应由该厅另行拨款给领，以资应付。除指令警政厅遵照外，为此令仰该厅长即便遵照办理。此令。

中华民国五年九月二日

督军吕公望

（原载《浙江公报》第一千六百十一号，一九一六年九月五日，四页，训令）

浙江督军署训令第九十六号

令第六师为二十四团第一营营长吕俊恺业经任命署理

吴兴知事遗缺仰派员暂代由

令第六师师长童保喧

案准浙江省长公署咨开，"查有陆军步兵少校、现充二十四团第一营营长兼代本团中校团附吕俊恺，业由本署任命署理吴兴县知事

在案。查该员系现职军官,相应备文咨请查照"等因到署。合行令仰该师长知照,并将所遗职务派员暂代具报。此令。

中华民国五年九月二日

督军吕公望

(原载《浙江公报》第一千六百十一号,四页,训令)

浙江督军署训令第九十七号

令各军队所有本年应发之夹衣裤帽仰查明现在
实有兵士名数开摺送署以凭配给由

令陆军各属

照得陆军士兵夹衣裤帽,规定三年发给两套,业经附订于给与令第五表内通行遵照在案。所有本年应发之前项夹衣裤帽现已饬厂制备,应由各该部队查明现在实有士兵名数,开摺送署,以凭配给。除分行外,合亟令仰该　　即便查明所属士兵名数,克日具报毋违,切切。此令。

督军吕公望

中华民国五年九月二日

(原载《浙江公报》第一千六百十一号,四至五页,训令)

浙江省长公署训令第二百七十七号

令民政厅准农商部咨迅速造报四年度农商统计表由

令民政厅长王文庆

案准农商部咨开,"四年度农商统计,前由本部制定表式分行查报,并省表一项亦经咨送在案。查历届办理该项统计,各省、区间有未能依式填报,本部为便利调查起见,当于四年度农商统计案内复将农林渔牧各种项目重行议简,俾便集事而易成功。现已逾该统计应行报部之期,相应咨行,请烦查照办理,并将办理情形即日见复,以重计政"等由。准此,查此项表纸前准农商部咨送前来,当经令发该厅分令各属照式填报在案。兹准前因,合行令仰该厅迅饬各属克日填送,以凭汇转,毋延。此令。

中华民国五年九月一日

省长吕公望

(原载《浙江公报》第一千六百十一号,五页,训令)

浙江省长公署训令第二百八十三号

令民政厅据汤溪县知事条陈内关于教育事宜两条由厅核办由

令民政厅长王文庆

案据汤溪县知事丁燮呈称,遵饬条陈该县地方应兴应革事宜,呈请核示等情,并附呈清摺五扣到署。据此,除将条陈分别批答并指令该知事遵办外,合亟抄录原摺内应由该厅核办各案,暨本署批答,令发该厅遵照办理。此令。

计黏抄一件。

中华民国五年九月　日

省长吕公望

财政条陈批答

浙东之抵补金,即前清之南粮,本应与地丁同时并征,该县统于上忙并串征收,殊非正办,应准自明年始按照地丁办法仍分上下两忙征收,以昭平允。屠宰税,系部定新税之一,未便因收数无多,遽议裁减。此外,猪捐、肉捐能否酌量核减之处,应再查酌地方情形及其用途,妥议呈核。小学毕业证书,《条例》无贴用印花明文[①],原为体恤学子起见,所请按照中学之例核减贴用之

---

① 《条例》,即《学校发给证书条例》(教育部令第三十四号),民国二年八月四日公布。

处，应毋庸议。

实业条陈批答

乡民不肯远赴嘉、湖购办桑秧，自是实情。该知事支用公款，代为购运，以便就近领种，事属可行，惟无偿给与，终非所宜。盖此项桑秧，乡民既可无价而得，势必不甚爱惜，而培护因以不周，若酌取相当之价值，则种者为顾全资本计，自能爱护周至，公款既有归还之日，桑秧亦无委弃之虞。否则岁糜公款三百金，其害犹小，而因种桑之不能收效，使一般人望而却步，为害甚大。应如何采购分售之处，仰即妥拟章程呈核。

该县既系多山，自以振兴林业为第一要政，所陈山民不肯讲求森林原因，亦能洞中窾要，果能按照来折所陈办法，剀切劝导，一面并设法保护，将来成效必有可观。据称本年春间已倡办模范森林五处，各乡禀请立案者十余处，究竟每处面积若干，地点系在何处，每处种有木苗若干，请求立案者系何姓名，应再详细查明，列摺补报，本署将派员复查，以昭核实。

有主荒山听其废弃，固属可惜，然遽由官厅招人开垦，俟一次成林砍伐之后，始予以应得之权利，是此未成林期间其主权已完全丧失，于法律究有未合。为督促计，遇有私荒山地，应明定限期，劝令种植，逾限不种，则酌予处罚，或令其租与他人垦种，庶有用之土地不致长此荒废。

该县出产靛青，既经一落千丈，乘此欧战时机，自应设法劝令多种，以期挽回利权。惟种靛不难，难在改良制造。盖此项土靛要能抵制外债，方有永久利益之可言，否则欧战一停，仍归失败。该县靛青既已设法劝种，其制造之法须如何力图改良，并应一并筹议呈核。

茶叶为中国出口货之大宗，该知事既办有模范种茶场，并将和水、着色、搀伪诸弊编成白话印刷分送，以期禁止，应即切实办理,勿稍松懈。仍将印成白话底本检呈一份,以凭查核。柏子、桐子等物,据称均于该县土壤相宜,亦应随时设法劝导多种,勿得以空言塞责。

平民习艺所向设毛巾及织袜等科,其原料大半取资洋货,自不如设置木工、竹工、藤工等科,既得以就地取材,而所制成品又为日用所必需,艺徒毕业后亦易自谋生活,应即督率该所所长添招艺徒,分科教授,仍将办理情形分呈民政厅暨本署察核。

修筑张峰坝长堤,现既告竣,俟款项收齐,应即造具收支详细清册分呈核销。至所陈多辟沟渠,疏浚溪流,修筑堰坝各节,此等工程俟秋收农闲之际,尽可随时劝导,量力兴修,而农民以关系密切,亦必乐于从事,不得以模棱两可之词敷衍塞责。

教育条陈批答

各校教员程度既不相同,自非实行检定,不足以资整顿。惟此种情形,恐不独该县为然,应候令行民政厅妥拟章程,呈候复核,交由省议会议决,公布通行。师范毕业生不肯在国民学校服务,于教育前途影响非细,并候令行民政厅照会各师范学校设法劝导,以期实行。他如拟开学校成绩展览会,注重家庭教育暨体育各节,均属可行,应即督促认真办理,仍将办理情形随时呈报查核,毋得徒托空言,是为至要。至积谷款项,专为备荒之用,此项息金不得轻率挪移,所有运动会应需奖品,应由该知事另筹的款,俾资购用。办学人员惩奖事件,均有定例可循,该知事但能照章认真办理,自能收效,毋庸另议办法,致涉纷歧。

警政条陈批答

添设西北二乡分驻所,亦自具有理由。惟该县筹集经费,既极困难,而解省警费亦均指有用途,万难截留,以致牵动全局。《地方保卫团条例》第一条规定"凡未设有警察地方,得设立保卫团",该县保卫团已否一律兴办,未据叙明。如已设立,应即督率认真整理;若尚未设立,应就此次所拟添设分驻所地方一律兴办。保卫团果能按照定章切实进行,以视仅仅设一分驻所,以少数警察零星散布者,其效力当远过之而断无不及,仰再悉心筹议具复核夺。筹设警察教练所,事属可行,惟人员经费暨教练课程、时间以及毕业期限应再分别详细支配,拟定章程,专案呈由民政厅核明转呈本署核办。修理城内道路,为费既系不多,应准于公益费项下酌拨洋一百五十元,不敷之款即由该知事就地筹拨,一面仍将应需经费确数核实估计造具预算书呈由民政厅查核,转呈本署核定,并应遴选妥员经办,毋任款归中饱。其余取缔演戏、禁搭棚架各节,均可照办。惟距县四十里外之乡村,遇有演戏禀请立案时,亦得向就近警察分驻所或保卫团具禀申明事由,经分驻所或保卫团查明属实,转呈县署核准,仍责成该团所严加监视,如有违犯,立即报告县署核办,以期便利。该县每遇民间迎亲娶媳,儿童群集,抢夺火炮,既系积习相沿,应即先期出示剀切劝谕,务使一般人民晓然于敝俗之急宜革除,庶不致习非成是。至地方游棍竟敢藉此劫夺饰物,应即拘案讯究,毋稍宽纵。

司法条陈批答

办理命盗案件,固宜无枉无纵,惟结案尤须迅速,免致拖累。陈厥中家劫案内之获犯雷士旺一名,虽无确切赃证,而既据雇工指认,不无可疑之处,究竟该嫌疑人住址距事主家若干里,与指认之雇工是否认识,有无嫌隙,平日行为如何,有无地方正绅相识,此次从何处获案,应就各方面逐一细心推究,互为证明,则应释应办,自易解决,不得以未能审结为词,听令搁置。陈锡璋家劫案内盗犯金鹤、王德龙二名,既系当场拿获,案情确凿,应即刻日提犯讯明判结,依法办理。所陈应兴应革各条,除司法经费现在各县审检所不久即须成立,经费亦有预算规定,应即遵照办理。届时如有窒碍难行之处,再行会同承审员分呈高等审检厅暨本署核办,此时毋庸另议外,其余如注重监狱卫生,严选司法警察,诉讼事件随到随讯随结各节,均属可行,应即督饬认真办理,不得以空言塞责。据称法警舞弊,已经分别情节轻重办理,究竟该知事已办过几起,因何案由被惩处之法警,系何姓名,并即查明补报备阅。监狱工场向设之胰皂、织袜,改为草辫、棕衣二科,既系为行销便利,囚犯出狱易于仿行起见,应准照办,其各科所出成品,并于每科中检取一件送呈本署备阅示谕。命案随时报验,本属该知事权限内易为之事,到任年余,何以并不实行,直至今日始以拟出示晓谕等词列作条陈之一,其平日并不实心办事,可见一班,应记过一次,仰即迅速出示,并将刊印告示呈验。地保名目,早经革除,并应照章改设乡警,以专责成而收实效。

(原载《浙江公报》第一千六百十一号,五至九页,训令)

浙江督军署指令第四百四十二号

令警政厅长夏超

呈一件为改编警备队二四两区之游击队
原有经费祈迅赐划拨由

呈悉。游击队改编警备队二、四两区之八月份经费,业经指令该厅暂由本署核发,自九月份起所需饷项,仰候训令财政厅另行拨放可也。此令。九月二日

(原载《浙江公报》第一千六百十一号,一六页,指令)

浙江省长公署指令第四百四十五号

令民政厅长王文庆

呈一件为省议会议决织物整理模范工厂一案派员
赴日本调查请转咨驻日公使查照由

呈悉。准予给咨汇报。此令。咨文附发。九月一日

附原咨

　　浙江省长公署为咨陈事。案据民政厅厅长王文庆呈，"为呈请事。窃查省议会前次议决织物整理模范工厂议案，业经呈奉省长前在都督任内批，'准照案追加经费，以资开办'在案。现在浙省绸业被外货压迫，销路日形衰滞，若不亟图补救，非特浙绸发展无期，抑且织工生计断绝堪虞，自应查照议决案创设织物整理工厂，以为浙省改良织物之模范。所有整理织物应需机械等件、现时最新式样及最近价格各若何，以及整理织物手工方法并现在有无新发明之技术，暨是项工厂内部组织若何，自非遴委妥员前往日本先事调查，不足以昭慎重而收实效。至蚕丝与绸业有密切之关系，年来日本蚕丝发达，一日千里，关于改良养蚕、烘茧、缫丝各法，则并应一并悉心查察，择要记录，俾资考镜而求进步。兹查有叶熙春、陈载扬堪以委任前往，拟请省长转咨驻日公使查照，俟该委员等抵日时，凡关于蚕丝绸缎事业均请随时指导介绍，俾便详细调查实习。除令委外，是否有当，理合备文呈请，伏乞省长鉴核训示准行"等情。据此，除批示外，相应咨请贵公使查照施行。此咨

驻日公使

中华民国五年九月一日

省长吕公望

（原载《浙江公报》第一千六百十一号，一六至一七页，指令）

浙江省长公署指令第六百六十八号

令汤溪县知事丁燮

　　呈一件为条陈该县应兴应革事宜由

　　呈暨清摺均悉。所拟兴革各项，业经分别核明批答随令抄发，仰即遵照办理，仍将办理情形分案具报。其原摺内未经批厅核办各条

暨本署批答，并即分别录报主管各厅查考。清摺五扣存。此令。九月二日

（原载《浙江公报》第一千六百十一号，一七页，指令）

浙江督军署咨省长署

据第二十五师师长呈为请将卢旌贤量才任用由

浙江督军署为咨行事。据陆军第二十五师师长张载阳呈称，"本年八月一日奉钧署第三三号饬，'以嘉属戒严司令部业已撤销，将部内办事出力人员卢旌贤等发交师部分别充任差遣'等因，当经行知到差在案。惟查卢旌贤一员，现年三十三岁，系师范毕业，曾赴日本考察教育行政事宜，颇有心得，辛亥以来历充军事机关秘书、军需等职，民国三年十月蒙授一等军需实官。本年四月奉任命为嘉湖戒严司令部军需处长，参与机要，筹画军用，俱有劳绩，诚为办事出力之员。迹其学识经验，于地方行政甚属相宜，于综核款项尤其能事，当此励精图治、节用爱人之际，若使该员得于地方行政，或办理征收税务，独当一面，必能胜任愉快。拟恳钧座俯准将该员饬民政、财政两厅以县知事或统捐局长暂行存记，遇有缺出，酌量任用，俾展其才。是否可行，理合具文呈请，仰祈察鉴示遵。再，该员于未奉别有任用时，自当遵饬仍在师部充任差遣，合并声明"等情。据此，除指令"据呈已悉。该差遣卢旌贤，既系对于地方行政颇有经验，准予咨请省长公署查核，转令民、财两厅存记，量予录用，仰即知照。此令"印发外，相应咨请贵公署查核办理。此咨

浙江省长

浙江督军吕公望

中华民国五年九月二日

（原载《浙江公报》第一千六百十二号，一九一六年九月六日，三页，咨）

浙江省长公署咨内务部

为分浙任用知事赵汤等呈报到省缴验凭照咨请查照核销由

浙江省长公署为咨陈事。查有分浙任用知事赵汤、刘恩沛两员，先后呈报到省，并缴验凭照前来。除注册外，相应将该员等分发凭照两纸备文咨缴大部查照核销施行。为此咨陈

内务总长

计咨缴凭照两件。

兼署浙江省长吕公望

中华民国五年　月　日

（原载《浙江公报》第一千六百十二号，三至四页，咨）

浙江省长公署咨奉天省长

为派员姚永元赴奉调查柞蚕状况咨请查照令知所属保护由

浙江省长公署为咨行事。案据民政厅长王文庆呈称，"呈为呈明派员赴奉调查柞蚕状况，恳请转咨奉省饬属接洽保护事。窃查柞蚕一种，较家蚕饲育尤易，凡丘陵半腹不受北风及附近无巨大森林，或当夕阳直射与夫阴雾深霾之地，均适于植柞育蚕，所出茧丝，东西各国以其价格低廉，适于交织及细工物制作之用，为家蚕丝所不及，销路甚广。我国东三省金推为世界有名之柞茧产地，而尤以奉天之盖平、岫岩、凤城、辽阳、宽甸、桓仁各县为最发达。我浙旧金、衢、严、处各府属宜于植柞育蚕之地颇多，因地制宜，提倡实不容缓。凤闻前清行政官厅曾经迭派调查辟地饲育，乃以时事多故，卷帙散失，莫可稽考，殊堪痛惜。兹拟趁此饲育二化柞蚕时期，重事调查，俾便酌量劝导仿办，以尽地利而兴蚕业。除由厅令派委员姚永元前往奉省盖平等县著名柞蚕饲育处所实地考察自植柞以至制绸种种状况手续，与夫关系各事项，并购种聘工价值等逐一调查明白报告外，理合将派员

调查缘由具文呈明,伏乞省长鉴核,迅赐转咨奉天省长查照,令知所属俟委员到县,务各认真保护,以利进行,实为公便"等情。据此,相应咨请贵省长转令所属各县一律保护,俾便进行,至纫公谊。此咨

奉天省长

浙江省长吕公望

中华民国五年九月二日

（原载《浙江公报》第一千六百十二号,四页,咨）

浙江省长公署训令第二百八十五号

令民政厅为分浙任用知事赵汤刘恩沛两员

呈报到省缴验凭照令该厅查照由

令民政厅长王文庆

八月二十九日据分浙任用知事赵汤、刘恩沛两员先后呈报到省,并缴验凭照前来,除批"准予注册,并咨缴分发凭照"外,合行令仰该厅查照。此令。

中华民国五年九月一日

省长吕公望

（原载《浙江公报》第一千六百十二号,五页,训令）

浙江督军署指令第四百四十六号

令陆军第二十五师师长张载阳

呈一件为请将卢旌贤量才任用由

据呈已悉。该差遣卢旌贤,既系对于地方行政颇有经验,准予咨请省长公署查核,转令民、财两厅存记,量予录用,仰即知照。此令。

九月二日

（原载《浙江公报》第一千六百十二号,九页,指令）

浙江督军署指令第四百五十六号

令宪兵司令官傅其永

    呈一件为三等军需陈灿然辞职遗缺请以陈图接充由

呈及缴件均悉。准以陈图接充宪兵营三等军需,任命状随发,仰即转饬祗领。缴件存销。此令。九月二日

计发任命状一张。

(原载《浙江公报》第一千六百十二号,九页,指令)

浙江督军署指令第四百五十七号

令陆军步兵独立第一旅旅长俞炜

    呈一件为奉准升级中尉连附请给任命状由

呈悉。准照来单发给任命状,以昭慎重,仰即转给祗领。单存。此令。九月二日

计发任命状八张。

(原载《浙江公报》第一千六百十二号,九页,指令)

浙江督军署指令第四百五十九号

令陆军第六师师长童保暄

    呈一件为参谋魏旭初因事销差由

呈悉。应准备案。此令。九月二日

(原载《浙江公报》第一千六百十二号,九至一〇页,指令)

浙江督军署指令第四百六十二号

令陆军步兵独立第一旅旅长俞炜

    呈一件为呈报连附潘鼎谢标遗缺以朱贵等调充由

呈悉。查该旅第一团第四连连附潘鼎、谢标二员,原系少尉升调

一、三两连中尉,该连并无中尉,遗缺应准以朱贵、张宗海二员调充第四连少尉连附,任命状随发,仰即转给祗领遵照。此令。九月二日

计发任命状二张。

附原呈

呈为呈报第一团第一营第四连连附潘鼎、谢标二员遗缺,以朱贵、张宗海二员调补请予核委事。案奉钧署第九十六号令开,"第四连连附潘鼎、谢标调升一、三两连中尉连附,遗缺系以何人调补,应即呈报本署"等因。当经转令第一团团长陈瓒,拟以何人调充迅即具复,以便核转去后。兹据该团长呈报,"第四连中尉连附潘鼎遗缺,拟请以第一连少尉连附朱贵调充;第四连中尉连附谢标遗缺,拟请以第三连少尉连附张宗海调充。是否有当,理合备文呈报,仰祈旅长核转施行"等情到厅。旅长复核尚属妥当,理合备文呈报督军核委施行。谨呈。

（原载《浙江公报》第一千六百十二号,一〇页,指令）

浙江省长公署指令第　　号

令民政厅长王文庆

呈一件派员赴奉调查柞蚕状况请咨奉省饬属接洽保护由

呈悉。准予转咨。此令。九月一日

（原载《浙江公报》第一千六百十二号,一〇页,指令）

浙江省长公署指令第六百五十二号

令民政厅长王文庆

呈一件为请先行规定回复县议会日期由

呈悉。恢复地方自治各议会,前准部复已交国务会议,不日当有明令发表,所请先行规定日期之处,应毋庸议。此令。九月一日

附原呈

为呈请事。八月十一日奉省长第三五号指令据海盐县呈据孙世铨等禀请回复县议会由,内开,"呈悉。规复地方自治一案,昨据各属绅民禀请,已咨请内务部核示在案,应俟复到核办,仰民政厅转饬知照。此令。抄呈发"等因。奉此,当即转饬海盐县知事,并通令各县知事遵照办理。八月十四日,续奉省长二六号训令,内开,"据富阳县知事陈融呈报县议会筹备情形请示召集等情,查规复地方自治各议会,前据各处绅民禀请,案经本公署咨请内务部核示在案,应候复到,再行令遵,仰该厅转令该县知事遵照。此令"等因。复经职厅转令富阳县知事遵照各在案。惟现在各属继续呈请恢复县会函电交驰,不胜纷沓,并有业已着手筹备为辞者,在地方虽以公益为重,而官厅亦以划一为要,合再据情呈请省长可否先行规定日期转令祗遵之处,伏乞察核施行,实为公便。谨呈。

(原载《浙江公报》第一千六百十二号,一〇至一一页,指令)

浙江省长公署指令第六百七十七号

令高等审判厅长范贤方

呈一件龙泉县呈报季周氏被搯身死由

呈悉。仰高等审判厅令即严密侦查本案确情,一面选派干警勒缉凶犯务获究报,仍详讯胡陈奶究竟与本案有无关系,依法办理,务须审慎,勿稍枉纵。再,查该县呈报,未据附呈格结,殊属疏忽,应令克日一并补呈备案,切切。此令。九月二日

(原载《浙江公报》第一千六百十二号,一一页,指令)

浙江省长公署指令第六百七十八号

令警政厅长夏超

呈一件呈报获匪林本顺一名由

此案先据台州镇守使报获陈能如即小洪、林汉春、林大涧三名，即经批示在案。据呈前情，与该使所报情形不甚相符，究竟林本顺是否另有其人，抑系林汉春、林大涧一名之误，起获枪弹确有几何，合行令仰该厅转行查复核夺。顾镇守使原详抄发①。此令。九月二日

（原载《浙江公报》第一千六百十二号，一一至一二页，指令）

浙江省长公署指令第六百七十九号

令新昌县知事金城

呈一件呈监犯脱逃罚俸修监案请拨补由

呈悉。本案监犯脱逃数逾十人以上，将该知事罚俸三月修理监狱，已属从宽办理。所请酌量拨补之处，碍难照准，仰即遵照。清册、图说存。此令。九月二日

（原载《浙江公报》第一千六百十二号，一二页，指令）

浙江省长公署批第二百十一号

原具呈人分浙任用知事赵汤、刘恩沛

呈一件为呈报到省缴验凭照由

呈及凭照、履历均悉。应准注册，除将分发凭照存候汇缴，并令行民政厅查照外，仰即知照。此批。履历存。知事凭照发还。九月一日

（原载《浙江公报》第一千六百十二号，一八页，批示）

浙江省长公署批第二百十二号

原具呈人绍兴沈锡庆

---

① 顾镇守使，指台州镇守使顾乃斌。原详底本未见披露。

呈一件为在职人员包揽词讼请饬撤销由

据呈，案已抗告，自应静候决定，毋庸歧渎。此批。黏件发还。九月二日

（原载《浙江公报》第一千六百十二号，一八页，批示）

浙江督军公署训令第九八号
浙江省长公署训令第二八七号

令民政厅为教民通匪转知德教士
不得干涉并令县照办由

令民政厅长王文庆

八月二十六日据交涉署长林鹍翔呈称，"为教民通匪，转知德教士不得干涉，八月二十三日奉钧署训令第一三五号内开，'案准督军署第九号咨开，准咨金华军队剿办宣、丽土匪案内之前哨官彭玉成，办事操切，迹近骚扰，并放弃职权，任人搜检，仍应按照《浙江警备队官佐奖惩章程》第九条第二项，立予撤换。除令第二十五师师长转行遵照办理外，相应咨复贵省长，请烦查照等由过署。准此，查此案前据该厅、署会同呈复，当经本署咨请查照办理，并指令该厅、署分别遵办在案。兹准前由，合行令仰该署长知照，并仍遵本署第五四号指令切实办理，是为至要'等因。奉此，查此案历经民、警两厅分饬丽水、宣平二县知事查明，小溪、渠溪各地方均未设有教堂，教民林云岳、谢章根及梁绍棠父子均有通匪证据，自应无分民、教，依法惩治。该教民等虽因哨官彭玉成搜查之时毁坏器物，略受损失，究系个人之事，与教堂无涉。奉令前因，除函知丽水县内地会德教士对于此案不得违约干涉外，理合备文呈请察核。至林云岳果有通匪证据，自应无分民、教，依律处治，拟请钧署训令民政厅分饬该县知事遵照办理"等情。查教民在内地传教，固当照章保护，林云岳等既据丽水、宣平二县查明均确有通匪证据，事与传教无涉，自应按律惩处，以彰法治。

除指令外,合行令仰该厅转令宣、丽两县知事,并通令各县知事一体遵照办理。此令。

督军兼省长吕公望
中华民国五年九月二日

(原载《浙江公报》第一千六百十二号,一九一六年九月六日,三页,训令)

浙江督军公署训令第九九号
浙江省长公署训令第二八六号

令各属为日人内山完造等赴江浙等省游历一体保护由

令交涉署长、温州交涉员、宁波交涉员、民政厅厅长、警政厅厅长、第六师师长、第二十五师师长、独立第一旅旅长、嘉湖镇守使、台州镇守使

八月二十五日准江苏省公署咨开,"案据特派江苏交涉员杨晟呈称,'顷准日本国总领事函,以内山完造/片山原三郎/盐田义太郎赴江苏①、浙江、江西、安徽、福建、广东、湖北、湖南/广西、湖北、湖南/广西、山东游历,缮给护照请盖印前来。除将护照印发外,理合呈请察照,转饬各属该日本人到境呈验护照时,照约保护'等情。据此,除训令各属保护并分行外,相应咨请贵省长查照,希即转行各属照约一体保护"等因。准此,除分令外,合行令仰该   遵即转令所属一体照约保护。此令。

中华民国五年九月二日
督军兼省长吕公望

(原载《浙江公报》第一千六百十三号,三至四页,训令)

---

① 太郎,底本误刊为"六郎",径改。

附　浙江交涉署训令第十八号

令各县知事保护日人内山完造等来浙游历由

令各县知事

本年九月四日奉省长令开，"准江苏省公署咨，据特派江苏交涉员杨晟呈称，日人内山完造、片山原三郎、盐田义太郎等赴浙游历，请饬保护"等因。奉此，应将游历外人等姓名、国籍另单开列，令仰该县知事查照，俟该外人等到境呈验护照时照约一体保护，并将出入境日期具报备查。此令。

中华民国五年九月七日

交涉署署长林鹍翔

计开：

日本国　内山完造　片山原三郎　盐田义太郎

（原载《浙江公报》第一千六百十六号，一三页，训令）

浙江省长公署训令第二百九十三号

令民政厅为南浔南栅警察一分驻所函
呈警佐张继墉赴省运动由

令民政厅长王文庆

案据南浔南栅警察一分驻所全体公呈内称，"敝所警佐以被控各节饬查属实，即赴省说情运动"等语到署。据查此案已据该厅查复呈明，"业已将该警佐张继墉撤任，并勒令归案讯办"等语，并经指令遵照在案。据呈前情，合亟抄发原呈，训令该厅查照，迅将已撤警佐张继墉归案讯办，毋稍延徇，以肃法纪而资儆戒，是为至要。此令。

计令发抄呈一件。

中华民国五年九月四日

省长吕公望

（原载《浙江公报》第一千六百十三号，四至五页，训令）

浙江省长公署训令第二百九十四号

令财政厅据龙泉西北乡笋牙张赞和呈笋牙仲资
被县详请豁免恳饬厅查案转饬维持由

令财政厅长莫永贞

案据龙泉县西北乡笋牙张赞和以该县张知事据郑竟成等禀词详请删除北乡牙仲,请求饬厅查案转饬该县维持,并声明分呈该厅等情前来。查此案前据该县公民张子环等具呈到署,即经令行该厅饬查在案。据呈前情,合行令仰该厅长即就该民原呈查案一并核办。此令。

中华民国五年九月四日

省长吕公望

(原载《浙江公报》第一千六百十三号,五页,训令)

浙江督军公署指令第四七一号
浙江省长公署指令第六八〇号

令交涉署长林鹍翔

呈一件为教民通匪转知德教士不得干涉并令县照办由

呈悉。已训令民政厅转令宣、丽两县知事,并通令各县知事一体照办矣。此令。九月二日

(原载《浙江公报》第一千六百十三号,一一页,指令)

浙江督军署指令第四百八十九号

令考试投效军官委员长厉尔康

呈一件为送试卷及成绩表由

据呈,考试投效军官各试卷暨成绩表均经核阅,序列第一之傅斌赓、第二之韦以成两员,应由本署存记,遇有相当位置即予录用。除

牌示外,仰即知照。试卷、成绩表均存查。此令。九月四日

附原呈

呈为考试投效军官情形暨各该员学绩分数列表仰祈鉴核事。窃委员长于八月二十六、二十九等日先后奉令考试投效军官并附名单等因。奉此,委员长遵于八月三十一日午前八时三十分为始,至午后六时半止,会同考试委员成炳荣、陈讜,按照规定科目分别考试,除许杰一员临场不到外,理合将考试情形暨应试各员试卷、成绩表一并呈请察核施行。谨呈。

（原载《浙江公报》第一千六百十三号,一一一页,指令）

浙江省长公署指令第六百七十号

令民政厅长王文庆

呈一件据平阳县知事呈报观美校长吴肃与

张钦昌互相攻讦情形由

据称,该校长吴肃不足维持校务,应即辞退,另行遴员继任。张钦昌阻学唆讼,种种狡诈,应予查明惩究。仰民政厅转令该县知事遵照办理。此令。呈抄发。九月二日

（原载《浙江公报》第一千六百十三号,一一至一二页,指令）

浙江省长公署指令第六百八十九号

令民政厅长王文庆

呈一件为奉令查办南浔南栅警佐张继墉侵吞

罚金各节已令县讯办由

呈及附件均悉。仰即勒令已撤警佐张继墉归案讯办,并转令吴兴县知事依照现行法令迅速办理,仍令将遵办情形先行具报,一俟判决,并即将判决书录报备查。至续发函单所开各节,既据查明与迭次

函禀相同,应准免予根查。此令。附件存。九月四日

浙江省长公署指令第六百九十一号

令民政厅长王文庆

呈一件金华县为报明该邑半年以上无盗案发生由

据呈,该邑"自本年一月起至六月止,扣足半年,无盗案发生"等情,未据按月造表呈报,无凭察核,仰民政厅转令照案补送月报表查考,如果境内无盗案发生,即于该表备考栏内声明,其未经破获或尚有余犯未获,以及尚未讯结各旧案,仍应于表内填列,并仰转令知照。至此项月报表,现经改为三个月汇报一次,饬由该厅通令在案,并应饬令以后务须按期造报,毋得稽延。此令。九月四日

浙江省长公署指令第六百九十七号

令民政厅长王文庆

呈一件为衢县知事请拨款修理房屋由

该县现在所请拨款修理者,究系贫儿院房屋,抑为大成殿撬阁,来呈意义殊欠明了。仰民政厅转行该县知事查勘明确再行详晰具复。此令。抄呈发。九月四日

浙江省长公署指令第六百九十八号

令财政厅长莫永贞

呈一件嘉善县知事殷济具复地方
收支各款迟未刊布原因由

据呈已悉。除关于贫儿院、因利局、农会及水利经费各节,指令

民政厅核饬遵照外,仰财政厅转行该县知事迅速刊布呈送,毋延。此令。抄呈发。九月 日

(原载《浙江公报》第一千六百十三号,一二至一三页,指令)

浙江省长公署指令第　　号

令民政厅长王文庆

呈一件嘉善县知事殷济具复地方收支各款迟未刊布原因由

来呈所称贫儿院、因利局、农会等开办经费,既经奉准提拨,且已议章举办,何以迁延至今,常年费尚未筹定。至水利经费,应如何从速提解,俾兴水利之处,均仰民政厅查案核令遵行,仍具复备查。除指令财政厅转令该县知事迅将特捐、附捐及杂捐等收支数目刊布,并呈送外。此令。呈抄发。

(原载《浙江公报》第一千六百十三号,一三页,指令)

浙江省公署批第二百二十一号

原具呈人龙泉县西北乡笋牙张赞和

呈一件为笋牙仲资被县详请豁免恳饬厅查案转饬维持由

呈悉。此案前据该县南乡公民张子环等以"西北乡笋牙仲资,由郑竟成等禀经县知事许其转详豁免,东南二乡请求并案一体豁免"等情到署。当以北乡郑竟成等请免笋牙仲资一案,查无该县详报卷据,无凭察核,究竟是项笋牙系于何时设置,原定办法如何,能否准予邀免,即经令行财政厅饬县查议复夺在案。据呈前情,候令财政厅并案核办。此批。九月 日

(原载《浙江公报》第一千六百十三号,一五页,批示)

浙江省公署批第二百二十三号

原具呈人德清县农民杨熙春等

呈一件为迭遭水灾请饬县缓征由

已于该县农民倪子美等呈文内明晰批示矣。此批。九月四日

（原载《浙江公报》第一千六百十三号，一五页，批示）

浙江督军吕牌示

为牌示事。照得八月份投效各军官，业经派员试验在案。兹据该考试委员长将试卷成绩表呈送前来，当由本督军详加评定。查有傅斌赓、韦以成两员成绩尚佳，应准先行存记，俟有相当位置，即予录用。合行牌示，仰即知照。此示。

右示傅斌赓、韦以成知悉。

中华民国五年九月四日

（原载《浙江公报》第一千六百十三号，一六页，牌示）

致孙中山黄兴胡汉民电

孙中山先生并转黄克强、胡汉民鉴：江电悉。阙公玉麒为国多劳，遽遭萎谢，春申在望，悯念同深。已派本署职员何志城于微日晨车，赴沪慰其家属，并赍送赙仪六百元，聊资丧助。特先复闻。公望。支。印。（中华民国五年九月四日）

（《浙江吕督军致孙中山电》，原载《申报》一九一六年九月六日，三版，公电）

附　孙中山黄兴等江电

杭州吕督军，周参谋长，王、莫、夏、范、殷厅长鉴：阙公玉麒于今晨在佐佐木医院病故。勤劳未报，鬼伯先催，身世萧条，至堪悯念。应乞派员来申办理一切是筹。孙文、黄兴、唐绍仪、柏文蔚、胡汉民。江。（中华民国五年九月三日）

（《发难党人之病逝》，原载《申报》一九一六年九月四日，十版，本埠新闻）

浙江督军署训令第一百零二号

令各县知事等为催造缉拿陆军士兵逃亡月报表由

令建德、兰溪、丽水团区司令部,省会警察厅厅长,新登、临安、平湖、长兴、慈溪、余姚、仙居、东阳、江山、寿昌、青田、余杭、昌化、桐乡、武康、定海、嵊县、温岭、永康、建德、玉环、松阳、海宁、嘉兴、吴兴、孝丰、镇海、黄岩、金华、浦江、桐庐、平阳、遂昌、於潜、海盐、安吉、鄞县、南田、天台、兰溪、龙游、遂安、泰顺、景宁、庆元县知事

照得缉拿陆军士兵逃亡月报表,系为稽核该警察厅、该团区、该县本籍逃兵而设,前经饬发,按月照式造送在案。现查此项月报表竟有视为具文,日久未据造送,本署殊难查核。合行令仰该厅长、该司令官、该知事遵照,须将本年八月三十一日以前奉缉未获各逃兵,限于文到五日内按名列表补送来署,毋再违延。并嗣后务须每月造送一次,即无奉缉逃兵,亦应按月呈明,以备查考。此令。

中华民国五年九月五日

督军吕公望

(原载《浙江公报》第一千六百十四号,一九一六年九月八日,三页,训令)

浙江省长公署训令第二百九十号

令民政厅严密咨缉已撤天台警佐朱英由

令民政厅长王文庆

案据天台许秋殿呈称,"已撤警佐朱英,初则匿迹本城小粉墙朱旭夫家,现探悉于本月旧历十九、二十等日乘车过沪,请求通告协缉"等情到署。据查此案前据该民暨潘廷献分别禀称,"已撤警佐朱英匿迹省城,当经令行该厅咨缉,并据呈复遵办"在案。据呈前情,如果属

实,何以任令脱逃,除批示外,合亟抄呈令仰该厅察办,严密咨缉,务获归案讯办,是为至要,毋得徇延,切切。此令。

中华民国五年九月　日

省长吕公望

（原载《浙江公报》第一千六百十四号,三至四页,训令）

浙江省长公署训令第二百九十六号

令民政厅为分发江西知事韦荣龄改分浙江任用由

令民政厅长王文庆

八月二十九日准江西行政公署咨开,"本年四月十日准内务部咨开,'准浙江巡按使咨称,查有第三届知事试验核准免试、分发江西任用县知事韦荣龄,才识俱优,拟请准予转咨改分浙省任用等因前来。查该知事韦荣龄前经本部分发在案,兹准浙江巡按使咨请调用,应准改分浙江。除咨复外,相应咨行查照可也'等因。准此,相应备文交给该员赍赴贵省长查照,听候任用"等因。准此,除注册外,合行令仰该厅查照。此令。

中华民国五年九月五日

省长吕公望

（原载《浙江公报》第一千六百十四号,四页,训令）

浙江省长公署训令第二百九十九号

令民政厅内务部咨复准咨解地方警察传习所

学员津贴已经收到饬即转发由

令民政厅长王文庆

案于八月三十一号准内务部咨复,准咨解京师地方警察传习所学员津贴,除另经寄给外,其余学员十三名,应给本年五月份起至十月份止,六个月津贴银一千二百三十六元,已如数收到。除饬地方警察传习所核收,按照清单分别转发外,相应咨复查照等因到署。准此,查此案前据该厅开单呈解,当经备文咨解在案。准复前因,合即令行该厅知照。此令。

中华民国五年九月　日

省长吕公望

(原载《浙江公报》第一千六百十四号,四页,训令)

浙江省长公署照会第　号

照会师范校长为崇圣祠正献官由

照会第一师范学校校长经亨颐

浙江省长公署训令第三百零四号

令本署政务参议员为崇圣祠分献官由

令本署政务参议会议员郑文德、汪嵚、樊光、胡祖同

案查《祀孔典礼》规定,"各地方长官祀孔子仪,有崇圣祠同时致祭,正献以国立或公立学校校长,分献以属官或地方员绅"等语,历经遵照分派,共襄祀事在案。现距本年九月七日即夏正八月初十日秋祭之期已近,所有是项正、分献官自应仍照原案,先期分别派定,以便届期承祀。兹派浙江第一师范学校校长经亨颐为崇圣祀正献官,本署政务参议员汪嵚、樊光、郑文德、胡祖同为崇圣祠分献官。除分行外,为此照会贵校长/令仰该员等一体查照,于祭期昧爽恭诣旧杭府孔子庙崇圣祠,恪诚将事,并于祀前一日午后二时齐集祠内习仪,以重祀典。此令。

中华民国五年九月五日

省长吕公望

(原载《浙江公报》第一千六百十四号,五页,训令)

浙江省长公署训令第三百零五号

令本署政务参议会会长王廷扬为祀孔纠仪由

令本署政务参议会会长王廷扬

案查《祀孔典礼》规定,各地方行政长官祀孔子仪,纠仪一职,历经派员遵办在案。现距本年九月七日即夏正八月初十日秋祭之期已近,除分行外,为此令该会长查照,于祭期昧爽恭着祭服,诣旧杭府孔子庙,恪诚将事,并于祀前一日午后二时齐集庙内习仪,以重祀典。此令。

中华民国五年九月五日

省长吕公望

(原载《浙江公报》第一千六百十四号,五至六页,训令)

浙江省长公署训令第三百零七号

令派省内行政司法各员为孔庙分献官由

令民政厅、财政厅、警政厅、盐运使、高等审判厅、高等检察厅、交涉公署、杭州关监督

案查本年九月七日即夏正八月初十日,为孔子庙秋祭之期。除正献官照例应由本省长躬任外,所有分献各官应即查照向章分别派定,以重典祀。兹派民政厅厅长王文庆分献东配,财政厅厅长莫永贞分献西配,警政厅厅长夏超分献东哲,盐运使胡思义分献西哲,高等审判厅厅长范贤方分献东贤,高等检察厅检察长殷汝熊分献西贤,浙江交涉公署署长林鹍翔分献东儒,杭州关监督程恩培分献西儒。合行分别令知,令到仰该员等即便一体查照前发礼节单及辨位图,于祭期昧爽恭着祭服,诣旧杭府孔子庙恪诚将事,并于祀前一日午后二时齐集庙内习仪,以期整肃。此令。

中华民国五年九月五日

省长吕公望

(原载《浙江公报》第一千六百十四号,六至七页,训令)

浙江省长公署训令第三百零八号

令各厅署为孔庙秋祭典礼转令所属遵照办理由

令财政厅、民政厅、警政厅、高审厅、高检厅、杭州关监督、浙江交涉员、内河水上警察厅、杭县知事

案查《祀孔典礼》规定,各地方行政长官祀孔子仪,有"在城文武官,委任以上咸与祭"等语,历经颁发礼节单及辨位图分别饬遵在案。现距本年九月七日即夏正八月初十日秋祭之期已近,应仍遵照原案办理。除分行外,为此令仰该   遵照,并转令所属一体祗遵。此令。

中华民国五年九月五日

省长吕公望

(原载《浙江公报》第一千六百十四号,七页,训令)

浙江省长公署指令第七百零六号

令民政厅长王文庆

呈一件具复桐庐县请免带征自治附税由

呈悉。准如所议办理。此令。九月五日

附原呈

呈为遵令具复事。

本月二十一日奉钧署指令桐庐县知事呈为公民请免带征自治附捐转乞核示由,内开,"呈悉。所请自治附捐免予带征一节,是否可行,仰民政厅查案核议,具复候夺。此令"等因。奉此,查前据该县并呈到厅,当以该县县税既由历任流垫至六千余元,而自治进行更属随在需费,此项附捐自应继续随征,以资应用而藉弥补,仍候省长暨财政厅核示遵行等语指令在案。兹奉前因,理

合将先前核令情形备文呈覆,仰祈钧长察核施行。谨呈。

（原载《浙江公报》第一千六百十四号,一三页,指令）

浙江省长公署指令第七百零七号

令民政厅长王文庆

　　　呈一件呈报宁海县绅董争执寿宁寺办法由

准如呈办理。此令。九月五日

附原呈

　　呈为查案呈复事。

　　奉钧署第九十六号训令内开,"案据宁海公民龚缉熙等禀控,'陈宸章等破坏公益,请予查案核办'各情。查该县寿宁寺产,既经历任知事禀准拨充该处小学及劝学所经费,何以事经多年,任令违抗,其中是何实情,除原呈业据并禀册庸抄发外,合令该厅查明饬县遵照办理,并具复备夺"等因。奉此,查宁海县寿宁寺,自晋迄今,积产颇厚,前清宣统年间因寺僧克璋不守清规,由邻近白峤、水车两庄绅董陈聚贤等禀请驱逐,酌拨寺产办学。嗣由城区劝学所总董查复,遂议将该寺产平分四股,以二股划作白峤、水车两庄小学常费,一股拨充劝学所所办宣讲、阅报事宜,一股仍归本寺,另选戒僧供奉香火。旋因城区、乡区意见各执,争持至今,迄未定案。厅长任事以后,选据委员秦镜及宁海县知事江恢阅先后拟议办法呈复前来,当经指令宁海知事云,"呈悉。查前据会稽道委员秦镜呈报调查此案情形及拟议办法前来,当经批候汇案核办。今据该知事呈复各节,核与秦委所拟未能尽同。查此案城乡争执时历七八年,案经四五任,迁延未结者,事实不得其平,则执行遂多困难。寿宁寺事,向由白峤、水车两庄绅董经管,寺中产业,揆情度势,亦必两庄人民施助者居其多数。

前清时寺僧克璋不守清规,提议驱逐、拨产办学者,亦出于两庄绅董。徒以当时查复之人为劝学所总董,遂强将劝学所所办之宣讲、阅报事宜列入一股,以城区公益之事,忽欲拨及两庄公产,无论为两庄绅董所不欲,抑亦不足以折服寺僧之心,此所以争持不已,而莘村庄田五十石虽已划拨,至今租谷仍无从收取也。本厅察阅案情,应如秦委所拟城内祠屋既已改造有年,准即永远拨作宣讲、阅报两所公产,祠前店屋年租洋六十元,亦准拨充该所经费,以资抟注。至另拟指拨莘村庄田五十石,应即毋庸置议,以杜纷争而昭公允。综计寿宁寺所有田产划分三份,以二份拨归白峤、水车两庄充小学常费,以一份留充寺中香火,仰该知事查照批指,分别执行,作为定案。嗣后不准怀挟私见,再生争议,仰即传集各方迅速遵结具报"等语各在案。兹奉前因,理合撮叙案情备文呈复,仰祈钧长察核备案。谨呈。

（原载《浙江公报》第一千六百十四号,一三至一四页,指令）

浙江省长公署指令第七百十一号

令民政厅长王文庆

呈一件临安县议会议长呈请电请中央速颁

明令恢复自治饬交钤记卷宗由

呈悉。此案昨准部电,已交国务会议,不日当有明文发表,应俟奉令后筹议饬遵,仰民政厅转饬知照。此令。呈抄发。九月五日

（原载《浙江公报》第一千六百十四号,一四页,指令）

浙江省长公署批第　　号

原具呈人天台许秋殿

呈一件为朱英脱逃请通告协缉由

呈悉。前据该民禀称已撤警佐朱英逃匿省城等情到署,当经令

行民政厅咨缉并批示在案。据呈各情,候再训令民政厅酌量严密办理。此批。九月 日

(原载《浙江公报》第一千六百十四号,一七页,批示)

浙江省长公署批第二百二十二号

原具呈人德清县农民倪子美等

呈一件为连遭风雨请再缓上年被灾缓征银米

并将上忙地丁展缓处罚由

据呈该县夏秋以来连遭风雨,秋收无望,请求缓征等情,应报由该县知事查勘,呈请主管官署核办,着即知照。此批。九月四日

(原载《浙江公报》第一千六百十四号,一七页,批示)

浙江省长公署批第二百二十六号

原具呈人季树功等

呈一件控张光策并僧普云请饬新知事公判由

呈及抄件均悉。昂山寺主持既经该县知事选定普云充任,该民等事不干己,出头讦讼,显系受人指使,不准并斥。九月五日

(原载《浙江公报》第一千六百十四号,一七页,批示)

浙江省长公署批第二百二十七号

原具呈人建德苏青云

呈一件为呈控叶杏堂强阻垦种续请派员迅查由

呈悉。事关诉愿,应依法向民政厅申请,仰即知照。此批。九月五日

(原载《浙江公报》第一千六百十四号,一七至一八页,批示)

浙江督军署训令第一百十八号

令师旅各部为更正军学补习所章程第四十一条文义由

令第六师师长、第二十五师师长、嘉湖镇守使、台州镇守使、第一旅旅长、军学补习所所长

照得《浙江陆军军学补习所章程》第四十一条，文义恐不明了，应更正为"学员薪水，均按照原薪八成发给，所提二成充该所教育费及所内开支"等二十八字。除分行知照外，合行令仰该　暨转令所属一体知照。此令。

中华民国五年九月六日

督军吕公望

（原载《浙江公报》第一千六百十五号，一九一六年九月九日，三页，训令）

浙江省长公署训令第二百十六号

令高审厅据天台张启善呈县判无罪请饬追赃惩办由

令高等审判厅长范贤方

本年八月二十六日据天台县民张启善呈称，"窃民国二年十二月除夜，同村张启元在东邑地方收讨账目，不知被何人劫财谋毙，伊亲张德友赴东起诉，并未牵及民名。旋其弟启贞、启朋等为前被警烟禁拘罚，疑民报告之嫌，并听与民素有怨隙之张月江、张紫垣等唆使，架民同场，将民家贵重物品分掳，诈民银洋，民不已亲赴东邑呈诉，将民暂留候讯，纠党张德友、启林、恭杰及张庞氏等数十人，各持器械将民新造房屋十间门窗、壁瓦片、什物敲为粉碎，并将衣服、首饰、药品、杂货等项掳抢一光，当有陆贤瑞等见劝可证。因民看守东邑，又纠原党将民妻陈氏局禁，勒去英洋二百四十元，确有张友好等过付，张月江、紫坦等收领。嗣民妻不已开单金前知事呈诉，饬司法警长袁云庆到地查勘，被抢被诈情形属实，禀复在案。迨后周匪入东，焚署劫狱，民

越火而出,就便来杭呈诉前巡按使,奉批转投东邑知事讯明交保。民妻陈氏亦随呈诉高检厅,奉批饬天台县迅予严缉,抢赃务获究办等示。不料张月江、启朋等恶念愈炽,运动本邑知事,诬民逃犯,迭次缉拿,又敢移祸民兄启富藏犯等语,勒去英洋二百元,由张仲礼等经手可质。及田知事到任,亲诣覆勘,又接东邑知事覆咨,以民'自行声明投案,交保候讯,而家已破,屋已毁,无可驻足,暂寄三兄启良家以度新岁。及启贞、启朋又敢架启良为藏犯,于本年正月纠党张德友为首,启林、恭杰等,将其家住屋器物敲毁,并将劝证张宜老殴受重伤,当到知事台前抬验,并由启良请县饬警勘明在案。孰意田知事仁柔为怀,饬警迭传五次,因抢犯德友、启贞等抗不到案,后遂不拘不讯,陷冤三载。呼吁未得一讯,未获一犯,真所谓上天无路,入地无门。际此共和再造,政治刷新,若不雷厉风行,民冤莫雪,则国法何存?至被诬同谋一节,已蒙东阳县八次研讯,判决无罪,除将该判文、抢单抄粘外附,为此请求省长电速施行,迅即严饬该原县迅速缉拿,务获抢赃,按律究办,一伸曲直。顶德上呈"等情。据此,查此案迭经该民及张陈氏控经前巡按使批饬回县投讯在案。据呈前情,究竟本案是否判决,该民有无确被张德友等毁抢,除批示"查阅粘钞,如果该民并无杀人嫌疑,经县判决无罪,自应另缉正凶。惟称先被张德友等迭次毁抢,是否属实,候令高审厅转令东阳县核案办理具复。此批"挂发外,合行令仰该厅即便转令东阳县核案办理具复,粘并发,仍缴。此令。

中华民国五年九月六日

省长吕公望

（原载《浙江公报》第一千六百十五号,三至四页,训令）

浙江省长公署训令第三百零九号

令新昌县据该县周杨氏禀夫为国殉身请发还原产由

令新昌县知事金城

案据新昌县民妇周杨氏禀称,"氏夫周正熊于民国二年投入民军,民国三年正月间被宁波司令部捕获枪毙,血产被充,请求饬县查还"等情到署。除批示"据呈各情是否属实,仰候令县查明复夺。此批"挂发外,合行令仰该县即便查明案情,呈复核夺。呈、黏均抄发。此令。

中华民国五年九月五日

省长吕公望

(原载《浙江公报》第一千六百十五号,四至五页,训令)

浙江省长公署训令第三百一十号

令临海县知事据该县民人马兆唐控何昌君劫抢一案由

令临海县知事戚思周

案据该县民人马兆唐禀称,"匪徒何昌君等抢劫擒人一案,业奉饬县严拿具复,各等因在案。惟案经四月,女未押回,犯无获案,请求再行饬县迅办"等情到署。除批示"据呈已悉。已令县克日究办呈复核夺,仰即知照。此批"挂发外,合行令仰该县即便遵照前饬,迅予查案办理,克日呈复核夺,毋稍延纵,切切。呈抄发。此令。

中华民国五年九月五日

省长吕公望

(原载《浙江公报》第一千六百十五号,五页,训令)

浙江省长公署训令第三百十三号

令财政厅为高审厅呈送编制各县监狱预算表请鉴核由

令财政厅长莫永贞

本年八月二十六日据高等审判厅呈称,"案查各县审检所(文云见'指令'高审厅原呈内)并请饬知财政厅查照办理,俾各县审检所得以礤日限期成立"等情,并送预算表到署。据此,察核所拟办法,尚属周妥,自应准予照办。除指令外,合行令仰该厅即便查照办理。此令。

计抄预算表一份(列"指令"门)。

中华民国五年九月五日

省长吕公望

(原载《浙江公报》第一千六百十五号,五页,训令)

浙江省长公署训令第　　号

令民政厅准农商部咨为商会改组展限六个月由

令民政厅长王文庆

案准农商部咨开,"为通咨事。案查《修正商会法》及《施行细则》曾于上年十二月及本年二月间先后奉令公布在案。《商会法》第四十三条内载,'自本法施行日起,得于六个月以内依法改组'等语,现在限期届满,核计未据报部者为数尚多,经本部于本年八月八日呈请准变通展限六个月,奉指令'准如所拟办理,即由该部转行遵照。此令'等因,相应附录原呈咨行贵省长查照饬遵可也。此咨"等因。准此,合令该厅通令各县转行各商会一体知照。此令。

中华民国五年九月　　日

省长吕公望

(原载《浙江公报》第一千六百十五号,五至六页,训令)

浙江省长公署指令第七百十二号

令高等检察厅长殷汝熊

呈一件镇海县呈已革催收生李祥丰伪造印串请通缉由

呈悉。此案已革催收生李祥丰即李于洲,伪造公印、粮串,向粮户王锦甫等诈取银元,先期潜逃,实属不法,亟应从严拿办,以儆效尤。除由本署分咨江苏省长、湖北省长,转令上海、汉口各处严缉解究外,合行令仰请厅即便通令各属一体查缉,务获解办,并咨财政厅

查照。呈、单均抄发。此令。九月五日

（原载《浙江公报》第一千六百十五号，九页，指令）

浙江省长公署指令第七百十三号

令高等检察厅长殷汝熊

呈一件为嵊县呈报客民张树山被匪轰死由

呈及格结均悉。本案究竟因何起衅致死，是否确系被匪疑为侦探计诱击毙，仰高等检察厅令即严密侦查确情，一面会派营警踩缉凶犯务获究报，切切。格结存。此令。九月五日

（原载《浙江公报》第一千六百十五号，九页，指令）

浙江省长公署指令第七百十六号

令高等检察厅长殷汝熊

呈一件上虞县呈报验明郑沈氏
被唐阿双等推跌堕胎身死由

呈悉。此案郑阿炳如被覆绝回家，唐永福等何致黈夜逼勒再去佃作，甚欲将阿炳捆去，以至酿成推跌郑沈氏堕胎身死，衅情恐有未确。合行令仰该厅即便转行查拘唐阿双等到案，传证质究明确，按律拟办。格结存。此令。

（原载《浙江公报》第一千六百十五号，九页，指令）

浙江省长公署指令第七百十七号

令高等检察厅长殷汝熊

呈一件缙云县呈报电拿王奕水等一案办理情形由

此案昨据永嘉县报获金希有、赵银敖二名，即经令厅转行青田县归案审办，仍令该县查拿王奕水等务获究报在案。据呈前情，赵银敖一名是否确与本案有关，所称取保释放，核与永嘉县呈报情形不符。

合行令仰该厅即便核行青田县赶紧查讯,明确具复,并饬事主冯福清往领起获牛只。余遵前批办理。呈钞发。此令。九月五日

(原载《浙江公报》第一千六百十五号,一○页,指令)

浙江省长公署指令第七百十八号

令高等审判厅长范贤方

呈一件永康县呈李烂货被李洪起等殴死由

呈及格结均悉。仰高等审判厅令即勒保跟交李洪起,并拘李洪银、金贵到案传证讯实,依法拟判,毋稍枉纵,切切。格结存。此令。九月五日

(原载《浙江公报》第一千六百十五号,一○页,指令)

浙江省长公署指令第七百十九号

令高等审判厅长范贤方

呈一件绍兴县呈报谢福锦家被劫案

内获盗高锦标等由

报据呈获犯高锦标、沈联发二名,并起获原赃,讯供承认不讳。合行令仰该厅即便转行提犯复讯明确,按法惩办,仍勒缉逸盗大伙亚毛等务获究报。此令。九月五日

(原载《浙江公报》第一千六百十五号,一○页,指令)

浙江省长公署指令第七百二十二号

令民政厅长王文庆

呈一件新委永康县知事魏佑孚准予

辞职遗缺以张元成署理由

呈及附件均悉。新委永康县知事魏佑孚,因病未能赴任,准予辞职。遗缺准以张元成署理,仰将发去任命状转给祗领。现吕知事因

病亟求交卸,应令张知事克日赴任,并分别咨令警政厅、吕知事知照。履历存。任命状存销。九月 日

（原载《浙江公报》第一千六百十五号,一〇至一一页,指令）

浙江省长公署指令第七百二十三号

令高等审判厅长范贤方

呈一件为该厅呈玉环县脱越重犯

将有狱各官惩处由

呈悉。此案先据该县呈报,当经令厅将该管狱员杜庭礼撤换留缉,并将该知事照章惩处。据呈前情,应准将该知事罚俸半个月存储修监,合行令仰该厅即便咨会财政厅查照,饬令列入交代,由后任查收具报。余遵前批办理。此令。九月六日

（原载《浙江公报》第一千六百十五号,一一页,指令）

浙江省长公署指令第七百二十四号

令高等审判厅长范贤方

呈一件警政厅呈报获盗葛瑞子等

五名送县审办由

据呈内河水警厅获盗葛瑞子等五名,连同赃物送县讯办等情已悉。捕务勤奋,甚属可嘉,合行令仰该厅即便转令吴兴县归案审办具报,并由厅咨复该警厅知照。此令。九月六日

（原载《浙江公报》第一千六百十五号,一一页,指令）

浙江省长公署指令第七百二十五号

令高等审判厅长范贤方

呈一件海盐县呈报郑小保等被盗受伤情形由

呈悉。仰高等审判厅令即提犯何小和即吴老三、何老大即吴老

大两名,研讯确情,按律拟办,仍派警会营勒缉指供各犯,务将赃盗悉获究报,切切。勘表、图说、失单存。此令。九月四日

（原载《浙江公报》第一千六百十五号,一一页,指令）

浙江省长公署指令第七百二十一号

令高等审判厅长范贤方

呈一件为编制各县监狱预算缮表呈请鉴核由

呈、表均悉。准如所拟办理,仰候令行财政厅查照。表存。此令。九月五日

附原呈

呈为编制各县监狱预算,缮书呈请鉴核示遵事。

案查各县审检所业经职厅呈请钧长核准,转咨参议会议决恢复,并将预算表修正通过,奉饬遵行各在案。窃查各县司法费,自民国三年七月之后,诉讼经费与监狱经费均系合并核定,现在审检所预算既经另行编定,奉准通行,而监狱预算原可毋庸另编,即将原有经费除去审检所预算之数,作为监狱预算,较为简便。唯查各县司法费,溯自三年七月核定之后,与各县实在状况多不相符,节据各县详请变更有案。本年预算虽照诉讼繁简重行编定,较为适当,而扭注范围实依各县司法收入之多寡为标准。兹查各县情形略有不同,或有以人民强悍刑事案件之多,或以地当孔道递解人犯之众,或以囚犯拥塞口粮医药之糜费,或以僻处山陬勘验拘传之耗费,司法收入虽不甚多,而支出款项确系浩繁,是以收入而定扭注范围,多与事实不符。数月以来,颇觉难以实行,原有之预算,既难实行,则原有预算除去审检所预算之数,作为监狱预算一节,当然在不能实行之列。厅长为整理之计筹画再三,拟将各县监狱预算参照本年一、二、三月分报册通

筹支配,酌量损益,重行编定,冀符事实,庶支出浩繁者不致有赔累之虞,支出较简者亦可免虚糜之弊。是否有当,理合缮具预算表备文呈请钧长训示施行。再,现查各县司法费,除金华、永嘉二县改设地方厅,原定省支预算应作为该县监狱预算呈案呈报外,核计七十一县原定省支预算连同奉准在准备金项下拨支,合计月支二万五千五百八十元,又奉准在七十一县司法收入项下挹注经费,月支九千七百八十元,共计三万五千三百六十元。现定七十一县审检所预算,月支二万零一百四十五元。又,现拟七十一县监狱预算,月支一万七千八百七十九元,共计三万八千零二十四元。先后比较,监所预算每月超过二千六百六十四元。查职厅原拟监所预算每月超过仅八百三十八元,嗣经参议会将审检所预算修正每月增加一千八百二十六元,合计超过如前数,核与各县现在实情,委系无可减少之余地。至此次额定之外,如果各县因囚粮增加稍有不敷,拟仍在各县司法收入余款项下酌量拨支,以免超过所定省支预算,业经咨询同级检察长殷汝熊,意见相同,函复在案。又查现在各县司法费内,一部分由财政厅核发,一部分由职厅在司法收入项下拨给核销,手续已不统一,而各县司法不敷仍多,纷纷向民政厅与财政厅呈请额外拨补,经民政厅与财政厅分别准驳或转咨职厅查案办理,复启各县额外请求之渐,且公牍往返动需时日,实于办事上窒碍良多。厅长爰拟嗣后各县审检所与监狱经费,均请由财政厅依照预算表数目支三万八千零二十四元,发由职厅转发。所有各县司法收入现正极力整顿,将来必有起色,并拟通饬一律按月解由职厅转解省库,俾便整理而利推行。合行随案呈请钧长并予批示,如蒙俞允,并请饬知财政厅查照办理,俾各县审检所得以克日限期成立,至为公便。谨呈。

浙省各县原定司法费与现定司法费比较表

县名	原定经费	收入拨补范围	审检所预算	监狱费预算	审检所监狱费预算合数	原定费与所预算预算比较数
嘉兴	预算八百元 准备二百元	七百元	四百〇九元	八百〇七元	一千二百十六元	余四百八十四元
吴兴	预算八百元 准备二百元	六百元	四百〇九元	八百〇七元	一千二百十六元	余三百八十四元
绍兴	预算八百元 准备八十元	五百元	四百〇九元	六百三十一元	一〇四十元	余三百四十元
临海	五百元	四百五十元	三百五十四元	六百二十四元	九百七十八元	亏二十八元
黄岩	五百元	一百五十元	三百五十四元	三百七十四元	七百二十八元	亏七十八元
温岭	五百元	二百元	三百五十四元	四百二十元	七百七十四元	亏七十四元
诸暨	五百元	三百五十元	三百五十四元	五百二十四元	八百七十八元	亏二十八元
余姚	五百元	一百五十元	三百五十四元	三百二十四元	六百七十八元	亏二十八元
嵊县	五百元	一百五十元	三百五十四元	三百八十四元	七百三十八元	亏八十八元
海宁	五百元	二百元	三百五十四元	四百〇八元	七百六十二元	亏六十二元
兰溪	五百元	三百元	三百五十四元	三百七十四元	七百二十八元	亏七十二元
衢县	五百元	二百元	三百五十四元	三百七十四元	七百二十八元	亏二十八元

续表

县名	原定经费	收入拨补范围	审检所预算	监狱费预算	审检所监狱费预算合数	原定费与监狱所预算比较数
嘉善	四百元	三百元	二百七十二元	三百六十五元	六百三十七元	余六十三元
平湖	四百元	二百五十元	二百七十二元	三百二十元	五百九十二元	余五十八元
崇德	四百元	八十元	二百五十六元	二百五十元	五百〇六元	亏二十六元
长兴	四百元	二百二十元	二百七十二元	三百十一元	五百八十三元	余三十七元
镇海	四百元	一百五十元	二百七十二元	三百〇四元	五百七十六元	亏二十六元
新昌	四百元	一百五十元	二百七十二元	二百五十四元	五百二十六元	余二十四元
东阳	四百元	二百元	三百五十四元	二百三十二元	五百八十七元	余十三元
永康	四百元	二百元	三百五十四元	三百〇二元	六百五十六元	亏五十六元
建德	四百元	一百元	二百七十二元	二百十五元	四百八十七元	余十三元
丽水	四百元	五十元	二百七十二元	二百十六元	四百八十八元	亏三十八元
余杭	三百元	一百五十元	二百七十二元	二百〇六元	四百七十六元	亏二十六元
富阳	三百元	五十元	二百五十六元	二百〇四元	四百五十六元	亏一百〇六元
新登	三百元	五十元	二百五十六元	一百五十元	四百〇六元	亏五十六元
临安	三百元	六十元	二百七十二元	一百七十四元	四百四十六元	亏八十六元

续　表

县名	原定经费	收入拨补范围	审检所预算	监狱费预算	审检所监狱费预算合数	原定费与监狱所预算比较数
海盐	三百元	五十元	二百五十六元	二百五十元	五百〇六元	亏一百五十六元
宁海	四百元	一百五十元	二百七十二元	三百〇四元	五百七十六元	亏二百七十六元
桐乡	三百元	一百五十元	二百五十六元	二百七十六元	五百三十二元	亏三百三十二元
德清	三百元	一百五十元	二百七十二元	二百六十七元	五百三十九元	亏八十九元
安吉	三百元	五十元	二百七十二元	一百五十四元	四百二十六元	亏七十六元
武康	三百元	五十元	二百五十六元	一百八十八元	四百四十四元	亏九十四元
孝丰	三百元	二百元	二百七十二元	二百五十四元	五百二十六元	亏二十六元
慈溪	三百元	二百五十元	二百七十二元	三百〇四元	五百七十六元	亏二十六元
定海	三百元	六十元	二百七十二元	二百〇六元	四百七十八元	亏一百十八元
奉化	三百元	一百一十元	二百七十二元	二百五十四元	五百二十六元	亏一百〇六元
象山	三百元	五十元	二百七十二元	一百九十四元	四百六十六元	亏一百十六元
萧山	三百元	一百五十元	二百七十二元	二百七十二元①	五百四十二元	亏九十二元

---

① 二百七十二元，据上下表格，应为"二百七十元"。

续表

县名	原定经费	收入拨补范围	审检所预算	监狱费预算	审检所监狱费预算合数	原定费与监狱所预算比较数
上虞	三百元	二百元	二百七十二元	三百〇二元	五百七十四元	亏七十四元
天台	三百元	五十元	二百七十二元	一百七十四元	四百四十六元	亏九十六元
仙居	三百元	五十元	二百七十二元	一百八十四元	四百五十六元	亏一百〇六元
义乌	三百元	一百五十元	二百七十二元	二百二十四元	四百九十六元	亏四十六元
武义	三百元	五十元	二百七十二元	一百八十四元	四百五十六元	亏一百〇六元
浦江	三百元	一百二十元	二百五十六元	一百九十元	四百四十六元	亏二十六元
汤溪	三百元	六十元	二百五十六元	一百六十元	四百十六元	亏五十六元
龙游	三百元	一百元	二百七十二元	二百〇四元	四百七十六元	亏七十六元
常山	三百元	五十元	二百七十二元	一百六十四元	四百三十六元	亏八十六元
江山	三百元	一百元	二百七十二元	二百十五元	四百八十七元	亏八十六元
淳安	三百元	一百二十元	二百五十六元	二百三十三元	四百八十九元	亏六十九元
桐庐	三百元	八十元	三百五十六元	一百五十元	四百八十九元	亏二十六元
玉环	三百元	五十元	三百五十六元	一百〇六元	四百六十二元	亏一百十二元
瑞安	三百元	一百二十元	三百七十二元	一百〇六元	四百七十八元	亏五十八元

续　表

县名	原定经费	收入拨补范围	审检所预算	监狱费预算	审检所监狱费预算合数	原定费与监狱所预算比较数
乐清	三百元	八十元	二百五十六元	二百十五元	四百七十一元	亏九十一元
平阳	三百元	六十元	二百五十六元	一百七十六元	四百三十二元	亏七十二元
青田	三百元	八十元	二百五十六元	一百九十四元	四百五十元	亏七十元
松阳	三百元	五十元	二百五十六元	一百五十七元	四百十三元	亏六十三元
缙云	三百元	一百二十元	二百五十六元	一百九十元	四百四十六元	亏二十六元
龙泉	三百元	五十元	二百五十六元	一百二十元	三百七十六元	亏二十六元
宣平	三百元	五十元	二百五十六元	一百二十元	三百七十六元	亏二十六元
於潜	二百五十元	五十元	二百五十六元	一百四十元	三百九十六元	亏九十六元
昌化	二百五十元	五十元	二百五十六元	一百〇八元	三百六十四元	亏六十四元
南田	二百五十元	五十元	二百五十六元	一百〇六元	三百六十二元	亏六十二元
开化	二百五十元	五十元	二百五十六元	一百四十二元	三百九十八元	亏九十八元
遂安	二百五十元	五十元	二百五十六元	一百三十五元	三百九十一元	亏九十一元
寿昌	二百五十元	五十元	二百五十六元	一百四十四元①	三百九十六元	亏七十六元

① 一百四十四元，据上下表格应为"一百四十元"。

续 表

县名	原定经费	收入拨补范围	审检所预算	监狱费预算	审检所监狱费预算合数	原定费与监狱所预算比较数
分水	二百五十元	五十元	二百五十六元	一百十八元	三百七十四元	亏七十四元
泰顺	二百五十元	五十元	二百五十六元	一百十八元	三百七十四元	亏七十九元
遂昌	二百五十元	五十元	二百五十六元	一百二十三元	三百七十九元	亏五十元
云和	二百五十元	五十元	二百五十六元	九十四元	三百五十元	亏五十元
景宁	二百五十元	五十元	二百五十六元	九十四元	三百五十元	亏七十九元
庆元	二百五十元	五十元	二百五十六元	一百二十三元	三百七十九元	
合计	二万一千五百八十元	九千七百八十元	二万〇一百四十五元	一万七千八百七十九元	三万八千〇二十四元	余洋一千四百八十八元 亏洋四千一百五十二元
备考	本表原定费与监狱所预算比较，计余一千四百八十八元，亏洋四千一百五十二元，冲抵净亏洋二千六百六十四元。谨登明。					

（原载《浙江公报》第一千六百十五号，一一至一八页，按令）

浙江省长公署指令第七百二十六号

令高等检察厅长殷汝熊

　　　　呈一件为於潜县呈报徐锡初家被劫情形由

　　呈及单、表、图均悉。仰高等检察厅转令勒缉逸犯真赃务获究报。单、表、图存。此令。九月六日

　　　　　　（原载《浙江公报》第一千六百十五号，一一至一二页，指令）

浙江省长公署指令第七百二十七号

令高等检察厅长殷汝熊

　　　　呈一件瑞安县呈报归并所犯酌裁口粮请备案由

　　据呈该县第一看守所房宇阔大，可以将第二所人犯归并看守，自应照准，以节虚糜。惟请酌裁所犯口粮，省费无多，有无流弊，合行令仰该厅即便核明饬遵具复。呈抄发。此令。九月六日

　　　　　　（原载《浙江公报》第一千六百十五号，一二页，指令）

浙江省长公署指令第七百二十八号

令高等检察厅长殷汝熊

　　　　呈一件嵊县呈报盗犯裘和焕因伤身死由

　　呈悉。获犯裘和焕纠众图劫，受伤身死，既据该哨官侯斌讯供属实，经嵊县知事验明无异，自应毋庸置议。至该犯所供行劫各处，何以均未据事主报案，应即查明复夺，一面仍饬勒缉指供各犯务获究报。仰高等检察厅转令知照。格结存。此令。九月六日

　　　　　　（原载《浙江公报》第一千六百十五号，一二页，指令）

浙江省长公署批第二百三十号

原具呈人田祖培

呈一件禀姚炳荣串买基地案不服判决由

案经三审判决确定，并不能提出合法再审条件，所请不准。附件发还。此批。九月四日

（原载《浙江公报》第一千六百十五号，二二页，批示）

浙江省长公署批第二百三十一号

原具呈人建德唐安锦等

呈一件控叶杏棠藉端寻衅由

此案迭据两造呈，经批饬禀县催讯，尔等有无牵涉，尽可赴县呈诉候质，毋庸越渎。此批。九月五日

（原载《浙江公报》第一千六百十五号，二二页，批示）

浙江省长公署批第二百三十三号

原具禀人龙泉吴作厉等

禀一件控前知事陈蔚吞没公款由

昨据李镜蓉续禀，即经明晰批斥。据禀前情，着即知照。此批。九月六日

（原载《浙江公报》第一千六百十五号，二二页，批示）

浙江省长公署咨省议会

为财警两厅派定到省议会出席员名由

浙江省长公署为咨行事。案据财政厅长呈称，"案奉钧长训令内开，'议案交省议会开议时，应有政务委员出席说明答复'。兹查省议会开会瞬届，前项委员亟应先期派定，仰即遴选开报，以便转咨"等因。奉此，查省议会开会在即，其提议财政各案，厅长拟派烟酒公卖局副局长萧鉴，主任叶永清，总务科科长王文炳，科员袁鼎、周铭钊，田赋科科长梁寿臧，科员潘江，捐税科科长陆庆楹，科员高矩、高其

炜、蔡埕，制用科科长吴文熊，科员沈作则、吴泽基，官产科科长张鸿，科员余德升，各就主管事务随时分别出席说明理由，答复质询。又据警政厅长呈同前情，并开单派定警政厅秘书吴敦义、第三科科长朱勘夫、第四科科长夏钟澍、省会警察厅行政科科长阮性山四员。据此相应备文咨行贵议会查照。此咨

浙江省议会

省长吕公望

中华民国五年九月六日

（原载《浙江公报》第一千六百十六号，一九一六年九月十日，二页，咨）

浙江省长公署训令第三百十九号

令民政厅据衢县孙文华呈为办学无款
停闭已久请饬县恢复由

令民政厅长王文庆

案据衢县国民学校教员孙文华等呈"为办学无款，停闭已多，公叩饬县迅赐恢复事。窃衢县县立初校经费向由县支给每校学款洋一百元、杂支洋二十元。民国初建，规定在案城乡计三十九所，上年秋季开始，桂知事饬令改换立别，停给县税后，各校毫无实款，乡区无力支持者纷纷停闭。教员等忝任城区，距家较近，又以桑梓义务，勉力支撑，延至本年仍复开办。惟城区原设十一所，现亦归并七所，乡区至本年则仅存三四所而已。统计城乡县立初校只十余所，教员等叠次禀请，知事均无批示。幸民国再造，知事始函饬改换区立国民学校名称，藉图敷衍，至区款之所在，仍无着落。在知事对于学校未尝不知郑重，伏查衢县办学经费，高等小学年有三千余元，女子学校年有一千余元，共兼收学费。讲习所虽学生寥寥，亦得开支二千余元。独视国民学校不甚注意，禀陈则置不批答，求见则诿为公忙，教员等固勉为其难，力担义务，而办学无款，纵具热心，其如无米之炊，计将安

出？以城乡林立之国民学校，因绌于学款，甫及一年，而稀若晨星。现阅报章，德清县吴知事到任后，增设国民小学至三十余所之多，此热心办学之长官，实深景仰。我衢县际此振兴学务之时，反尔递减，怅何如之？教员等但司课授之职，学款又不敢预闻，窃恐长此迁延，势必并现有十余校因无力维持而同归消灭，伊谁之咎？为此据情吁叩，除禀民政长外，伏乞省长电核，俯赐主夺，以维教育，衢县幸甚，国民幸甚”等情前来。查县税小学费系专为补助及兴办小学校之用，经前巡按使公布规程施行在案。如果该县所办各校均尚合格，该知事何以停给，且学款如果支绌，各校长何不依法呈请拨给？据呈各节，其中有无别情，除批示外，合行令仰该厅饬县查照呈复核办，切切。此令。

中华民国五年九月六日

省长吕公望

（原载《浙江公报》第一千六百十六号，三至四页，训令）

浙江督军公署训令第一三〇号
浙江省长公署训令第三三三号

令各属为日人吉井民三郎赴江浙等省游历令保护由

令嘉湖镇守使、温州交涉员、第二十五师师长、独立第一旅旅长、民政厅长、台州镇守使、警政厅长、交涉署署长、第六师师长、宁波交涉员

八月二十九日准江苏省公署咨开，“案据特派江苏交涉员杨晟呈称，‘顷准日本国总领事函，以吉井民三郎赴江苏、浙江、山西、陕西、直隶、山东、河南、湖南、湖北游历，缮给护照请盖印前来。除将护照印发外，理合呈请察照，转饬各属，俟该日本人到境呈验护照时，照约保护’等情。据此，除训令各属保护并分咨外，相应咨请贵省长查照，希即转行各属，照约一体保护”等因。准此，除分令外，合行令仰

该　　　遵即转令所属，一体照约保护。此令。

中华民国五年九月七日

督军兼省长吕公望

（原载《浙江公报》第一千六百十六号，三页，训令）

浙江省长公署训令第三百二十六号

令财政厅据萧山士民李兆淦呈彭知事将积谷

公款存庄被倒请指令克日理楚由

令财政厅长莫永贞

案据萧山县士民李兆淦等以该县"彭知事擅将积谷公款存放银号，所有损失应负完全责任，请求指令克日理楚"等情前来。查该县积谷公款，既由彭知事存庄被倒，自应完全负责。据呈前情，合行令仰该厅长转行前后任知事，将来会算交代时，即便遵章办理。此令。

中华民国五年九月　　日

省长吕公望

（原载《浙江公报》第一千六百十六号，四页，训令）

浙江省长公署指令第七百三十二号

令民政厅长王文庆

呈一件嘉善县教育会请即组织教育行政会议由

呈悉。教育行政会议所以促教育之改良，据呈该知事一再延玩等情，如果属实，殊属非是。仰民政厅转令遵照迅即组织，毋任再延，切切。此令。呈抄发。九月　　日

（原载《浙江公报》第一千六百十六号，一四页，指令）

浙江省长公署指令第七百三十四号

令民政厅长王文庆

呈一件据绍萧两县会呈请行知路局多筑桥工旱洞由

据呈已悉。候据情函知沪杭甬路局查照办理。仰民政厅转行该两县知事知照。此令。呈抄发。九月六日

（原载《浙江公报》第一千六百十六号，一四页，指令）

浙江省长公署批第　号

原具呈人衢县孙文华等

呈一件为办学无款停闭已久请饬县恢复由

呈悉。县税小学费系专为补助及兴办小学校之用，经前巡按使公布规程施行在案，该县各校如果合格，该知事何以停给，且学款如果支绌，各校长何不依法呈请拨给？其中有无别情，既据分呈民政厅，仰候令行该厅饬县查复核办。此批。九月六日

（原载《浙江公报》第一千六百十六号，一六页，批示）

浙江省长公署批第二百四十三号

原具呈人萧山县公民李兆淦等

呈一件为该县积谷公款由彭知事存庄
被倒请指令克日理楚由

该县彭知事经手积谷公款，将来会算交代时，例应移交后任。既据呈请，姑候令行财政厅，转行前后任知事于会算交代时遵章办理。此批。九月　日

（原载《浙江公报》第一千六百十六号，一六页，批示）

浙江省长公署批第二百四十七号

原具呈人盛韶等

呈一件为义民汪儋盦急公捐躯吁请表扬优恤由

呈悉。汪儋盦急公捐躯，殊堪矜悯。惟当癸丑之役，各省志士死

难者甚多,将来应如何议恤,政府必有划一办法公布施行,应候届时汇案办理,仰即知照。此批。九月七日

（原载《浙江公报》第一千六百十六号,一六页,批示）

浙江省长公署批第　　号

原具呈人汪莹

　　呈一件为先兄汪儋盫急公捐躯恳请优恤由

呈悉。已于盛韶等呈内批示矣。此批。九月七日

（原载《浙江公报》第一千六百十六号,一七页,批示）

浙江省长公署批第　　号

原具呈人沈定一

　　呈一件为汪儋盫为国捐躯请昭恤由

呈悉。已于盛韶等呈内批示矣。此批。九月七日

（原载《浙江公报》第一千六百十六号,一七页,批示）

浙江省长公署咨农商部

据民政厅呈据龙游县呈送改组商会
章程并名册公费由

浙江省长公署为咨陈事。案据民政厅长王文庆呈称,"案据龙游县知事庄承彝呈称,该邑商会发起人包涵、胡光炎等函送改组章程及发起人名册,连同领钤记公费银十五元,请予转送前来,理合检齐章程、名册暨公费银一并备文呈送等情到厅。察核所送章程,大体尚属妥洽。除指令并检取章程名册各一份备查外,理合检同章程、名册暨领钤公费银一并备文呈送,仰祈核转咨部备案,并请颁钤记,以便转发"等情前来。本省长复查无异,理合检同章程、名册暨钤记公费银一并备文咨请大部核准施行。此咨

农商部

　　附章程、名册各一份，钤记公费银十五元。

浙江省长吕公望

中华民国五年九月六日

　　（原载《浙江公报》第一千六百十七号，一九一六年九月十一日，四页，咨）

浙江省长公署咨省议会

据民政厅长呈遵拟处理萧山湘湖浚垦一案议案由

　　浙江省长为咨送事。案据民政厅厅长王文庆呈为遵拟处理湘湖咨询案仰祈鉴核交议事，前奉省长批本厅呈为遵议萧山湘湖浚垦事宜一案并送报告图说复请核示由，奉批，"呈及附件阅悉。湘湖为该处水利攸关，年久失修，需费浩大。兹拟浚垦兼施，即以放垦地价作为疏浚经费，双方并顾，尚属切实可行。仰俟省议会成立，提交议决可也。此缴。附件随发"等因到厅，自应遵照办理。惟查是案纠葛较多，兹经拟具处理办法咨询案，详叙理由办法，以备交议。理合照缮二份，连同附录两次测量报告，专案呈送，伏乞省长鉴核施行。至应附湘湖计划、图说，因原图转发水利委员会付印去后，尚未据送，俟该会呈送到厅，再行补交参考，合先陈明。谨呈。并两次测量报告书等情。据此，除令示外，相应检同议案一份，并测量报告书两份，咨请贵议会查照议决施行。此咨

省议会

　　计咨送议案一份、测量报告书两份。

浙江省长吕公望

中华民国五年九月七日

　　（原载《浙江公报》第一千六百十七号，四至五页，咨）

浙江省长公署训令第三百三十二号

令昌化县知事为查明分别整顿该县差警推收等项
并奖励织布厂及劝种杂粮由

令昌化县知事鲍湛

照得访闻该县法警尚有前清差役充任，难保无需索情弊，警察巡逻不甚认真，且有不着制服而执行职务者。又，推收所办理不善，或有收无推，发生重粮之弊。合行令仰即照前指事理查明，分别整顿。再，闻该县习艺所毕业艺徒，今设一织布厂，规模虽小，尚觉可观，应由县署加以奖励维持。该县山多田少，丰年尚难自给，并应设法选择适宜杂粮等种，广为劝导种植，以裕民食，仰即迅速筹拟具报查考。此令。

中华民国五年九月七日

省长吕公望

（原载《浙江公报》第一千六百十七号，六页，训令）

浙江省长公署训令第三百四十一号

令民政厅准教育部咨为咨送永嘉县绅诸燮元等
捐赀兴学褒章转令分别给领由

令民政厅长王文庆

案准教育部咨开，"准咨开，转送永嘉县绅诸燮元、萧山县女士汤马孝媛捐资兴学，请予给奖等因，并附事实表二纸到部。查该绅等以个人私财捐助兴学，热心公益，洵属可嘉。核其所捐银数与《修正捐资兴学褒奖条例》第二条第五项之规定相符，均准奖给金色二等褒章，以昭激劝。相应检同褒章两座、报照两纸，咨请查照转发，并金色二等褒章两座、执照两纸"等由前来。合行令仰该厅查照，分别转令该县知事给领，并将给领日期具报备查。此令。

计发金色二等褒章两座、执照两纸。

中华民国五年九月七日

省长吕公望

（原载《浙江公报》第一千六百十七号，六至七页，训令）

浙江省长公署训令第三百四十九号

令高审厅转令崇德县赶紧查办探警肇祸
非法逮捕平民一案由

令高等审判厅长范贤方

案据崇德县民妇唐顾氏及公民胡芝田等、民妇叶朱氏先后电呈，该县探警肇祸，非法逮捕平民等情一案，即经令行该厅转行详查明确，传证讯办在案。兹据胡芝田等、叶朱氏具呈前来，除批示外，合行令仰该厅即便遵照前令行催崇德县赶紧查办具复，毋再迟延，切切。原呈二件钞发。此令。

中华民国五年九月七日

省长吕公望

（原载《浙江公报》第一千六百十七号，七页，训令）

浙江省长公署训令第三百五十三号

令高检厅为速行分饬吴兴长兴二县声明
看守所教养局性质作用由

令高等检察厅长殷汝熊

照得访闻吴兴县看守所，除收押未决人犯外，兼收容轻罪人犯，几与监狱无异。教养局则专押未决人犯之尤无行者，视同看守所，尤不合设立教养局本旨。又，查长兴县所设教养局，弊病相同。合行令仰该厅速行分令该二县声明看守所、教养局性质、作用，务即一律改正具报。此令。

中华民国五年九月八日

省长吕公望

（原载《浙江公报》第一千六百十七号，七页，训令）

浙江省长公署训令第三百五十四号

令高检厅为转饬桐庐县迅将管狱员办公处及

犯人责贴膳资等情分别改良禁革由

令高等检察厅长殷汝熊

照得访闻桐庐县管狱员办公处与监狱相距较远，看守所空气、光线均甚恶劣，且将已经判决罪犯一同收押，并有责贴膳资情事，均应分别改良禁革，合行令仰该厅即便转行遵办具报查考。此令。

中华民国五年九月　　日

省长吕公望

（原载《浙江公报》第一千六百十七号，七至八页，训令）

浙江省长公署训令第三百五十六号

令高审厅为查禁分水县犯人自贴膳费及查察承审员态度由

令高等审判厅长范贤方

查分水县知事李浗驭下尚严，法警人等尚少需索情弊，惟对于监犯罪人，有令其补贴膳费之事，应由厅查明申禁。又，闻该县承审员年纪太轻，出庭时态度殊欠庄严，应由厅令其注意，并随时查察。合行令仰该厅迅即遵照办理。此令。

中华民国五年九月八日

省长吕公望

（原载《浙江公报》第一千六百十七号，八页，训令）

浙江督军公署指令第　号
浙江省长公署指令第七六六号

令民政厅长王文庆

　　呈一件临安县知事呈请明定钱武肃王祀典以垂久远由

　　呈悉。钱武肃王功德在民，允宜明定祀典，藉垂久远[①]。省议会业已成立，仰民政厅迅予会同财政厅编成议案，呈候交议，并转令该知事本届秋祭先行筹办致祭可也。此令。九月七日

　　　　　　（原载《浙江公报》第一千六百十七号，九页，指令）

浙江省长公署指令第　号

令盐运使胡思义

　　呈一件呈为遵令并案核议台盐运销永武一案由

　　呈悉。既已令行台属督销局查议，姑俟复到，即由该运使核明转呈。余仍查照迭次指令办理，毋延，切切。《售盐规则》存。此令。九月　日

附原呈

　　呈为遵令并案核议台盐运销永、武一案，仰乞鉴核示遵事。窃于本年八月二十日及二十二日奉到钧署第一百〇九号、一百二十四号训令，内开，"据永、武绅商胡莹等呈请承办盐引，逐条声复，请察核批准转饬运使施行"等情。据此，除批"呈悉。附股认办既有为难，未便勉强从事。此外应行修改各条，除额引无分正、备，已据承办外，捆运场分，原不妨自行指定，且据称运姚、党之盐较运温、台之盐，路近而费亦省，应准仍如所拟办理。巡费附税费外加缴一层，既与现章不符，自应改为并入正税一次完

―――――――――――

①　藉，底本误刊为"籍"，径改。

纳,俾归一致。督销事宜仍由台属督销局兼豁,如于事实无甚窒碍,固无须另设机关,致多糜费。巡务向归官办,则凡属运私要隘,本为官巡应缉之地点,巡费既并入正税,责任已归官巡。台商、永商事同一律,断不能因地分划而有所歧视。所请另设商巡之处,应毋庸议。总之,国计民艰,固宜兼顾,官厅信用,亦应维持。查阅该商等前禀所叙盐运使批示内有'永、武、壶镇引盐,本年三月甫台商承办,应俟试办一年,察看核办'等语,应否俟一年期满,再归该商等承办,以符批案,候即令行盐运使核议具复,再予察夺。再,当时台商承办时,系验明资本并保证金,该商等是否照办并着遵照前批径向该使署呈候核转等语挂发外,合行令仰该使即便遵照办理。"又据永、武公民李文燮、林履平等呈请,永、武引盐归该处绅商胡莹等承办,以苏民困等情。据此,除批'呈悉。已于胡莹等呈内明晰批示矣,候令行盐运使一并核议复夺。此批'等语挂发外,合行令仰该使即便遵照办理"各等因。奉此,仰见钧长上筹国计、下恤民艰,并对于官厅信用无不维持周至。思义承乏浙醝,素持此裕课惠民之本旨,有利必兴,有弊必除。对于商人取缔极严,而关于行政上之信用,则必贯始澈终,以维政体。前据胡莹及李文燮等呈同前由,当查税额、销额均经认定,并无何等问题之研究,惟呈内所指捆配场分及运销经过之地点,在该商等一方面筹画,固属便利适宜,不知由余姚、党山捆配,本无不可,而经义桥、富桐、兰金水道行运,则与纲盐运道毫无区别。浙盐税源纲盐居十分之七,最为大宗,纲盐每百斤完课二元五角,现永、武税则只认定每百斤一元。倘节节设卡查验,诚无虑以轻冲重,此项查验经费,今以运销永、武之盐而特增数卡,则公家之政费必增,并于岁入所增无多,而支出甚巨。此项预算,稽核分所恐难通过。若竟因循不设,则严州以上之纲地必至侵销殆遍,而引岸愈益破碎,税收大受影响。故该商等如愿照纲地完课,则改易运道一节,自可照准,否则于实际上万不能行,必待全省均税以后,方可达此目的。至现在盐价之是否高抬,肩贩之是否周折,固应实地调查,通盘核计,究竟盐本若干,运费若干,合之到地售价是否核实,有无居奇垄断情形,与司颁《取缔盐商售盐规则》有无抵触,此为台属督销局监督职权之所在,果有流弊,亟应取缔,以顺民情。卷查永、武二县暨壶镇一地,虽循历史上之沿革,向归台商承办,果使划归永、武人民承销,确能有裨国课,减轻售价,公家方维持之不暇,断无左袒旧商,抑压新商之理。究竟引岸应否划分,有无窒碍情形及利弊如何,亦非实地调查,不能将应否分划理由确行断定。前据该商等呈请到司,已令行台属督销局确切查明妥议复夺在案。奉令前因,除再令该局长亲往调查,务将盐本、运费、售价以及运道应否改良,肩贩如何保护,暨应否分划问题,切实查明,列表并详具理由书呈送核夺①,另文呈复外,理合先将奉文并案核议情形,具文呈报,并附陈《取缔盐商售盐规则》一份,仰乞钧署鉴核示遵。谨呈。

(原载《浙江公报》第一千六百十七号,九至一一页,指令)

浙江省长公署指令第　　号

令财政厅长莫永贞

呈一件为准以董宗彝钱寿彭王迈常接充
兰溪武康闸口各统捐局长由

呈、摺均悉。据称兰溪统捐局长汪莹、武康统捐局长邓心芬调省,闸口统捐局长陈亚春辞职,应即照准,并准以董宗彝充任兰溪统捐局长、钱寿彭充任武康统捐局长、王迈常充任闸口统捐局长,仰特

---

① 核夺,底本作"该夺",径改。

发去任命状三道,分别转给祗领,并转令汪、邓、陈三局长知照。此令。履历、摺存。九月八日

（原载《浙江公报》第一千六百十七号,一一页,指令）

浙江省长公署指令第七百三十六号

令财政厅长莫永贞

呈一件温岭县知事陆维李查复

刘驵渠等藉章勒勤捐一案由

刘驵渠等受派经征烟丝捐,乃竟征及烟叶,复敢越界挨户收捐,以致烟户闭业,迨至被控,尤敢藉称在海门统捐局认办烟丝、烟叶,希图朦混,实非轻微过失可比。仰财政厅迅令该县知事,将刘驵渠、林鹤鸣二人共同违法收捐情形澈查明确,分别撤办,以儆将来。嗣后对于经征人员务须严加督察,以重捐章而免索扰,并令将办理情形具报。此令。九月六日

（原载《浙江公报》第一千六百十七号,一一页,指令）

浙江省长公署指令第七百五十七号

令富阳县知事陈融

呈一件为条陈该县应兴应革事宜由

呈暨清摺均悉。所拟兴革各项,业经分别核明批答随令抄发,仰即遵照办理,仍将遵办情形具报。其原摺暨本署批答,并即录报主管各厅查考。清摺五扣存。此令。九月七日

财政条陈批答

经界不明,户柱不正,各县情形大抵如斯,正不独该县为然。实行清丈,既不能一时办到,自不能不以编审户粮为一时补救之计,各县知事果能选用妥慎人员,实事求是,认真办理,其成效必

有可观。乃临事辄敷衍塞责,而转咎在上者之期功太骤,持论殊属偏激。至《推收户粮规则》本有就原有征收机关附设推收所之规定,此项《推收规则》为编审户粮之补助办法,该县编审既已告竣,仍以推收所至今尚未设立,殊不可解。应即克日组织,限文到十日成立具报。所收户折公费仍须遵照通饬提解,其吊庄习惯并即严行禁止,以杜弊混。官中正在创办之时,该知事如有所见,苟与《章程》不背,而有利推行,自可申叙情形随时呈请核办。征收钱粮设有流动分柜,原为便利乡民起见,毋庸另划区域,致涉纷扰。规复督促费一层,前据崇德县条陈,批候令行财政厅核议,应候议复核夺。截串缴粮流弊滋多,碍难照办。各项新税仍须按照定章切实整顿,不得以收数无多,稍涉放任。牙商既有请帖愆期情事,并即克日派员清查,催令分别领换牙帖,毋稍徇延。

警政条陈批答

查《地方保卫团条例》第一条规定,凡未设有警察地方得设立保卫团。该县大源、场口两镇,警察派出所既经裁撤,而将城区警察派赴四乡巡逻,亦属权宜之计,未能持久。现在该县保卫团已否一律兴办,未据叙明,如已设立,应即切实整理,如尚未设立,应就四乡划定区域兴办保卫团,以辅警察所不及。果能按照定章认真督率办理,其成效必有可观,一面仍将警费设法筹集,以图逐渐扩充。所陈教练所、消防队两端,均系当务之急。教练所既据另文呈请核示,应俟文到再核。其消防队亦应拟定切实办法,呈候核夺,不得以空文塞责。民间沿路所设坑厕,既饬令陆续迁移,并应将公共厕所酌量设置,以资应用。其余添设路灯、清扫街道各节,并即力图整顿,毋稍松懈。至食物、饮料等取缔方法,据称已随时举办,究竟办法如何,亦应详细补报,以凭查核。

实业条陈批答

查此项条陈在原饬之意,在令该知事就该县地方应兴而向未兴、应革而向未革之事，分别拟议，呈由本署核定，以期次第实行，非欲该知事呈报已经过去之成绩，以铺张扬厉为能事也。来折所陈平民习艺所等四端，均系已经办理，且为奉饬通行之件，并非该知事之主张，已属意存粉饰。而查核所陈各种办法，又均系模糊影响、悬拟虚揣之词，并无切实计划。如习艺所既拟添设竹工一科，应即限期举办，而必曰应俟议定办法后再可集款。蚕业传习所既须改良扩张，何不及早为之，而必俟之他年。此种口吻仍属因循敷衍，藉词延宕之积习，尤为不合。究竟该县已办平民习艺所等四项，应如何妥筹的款，设法改良，应再切实筹拟，呈由民政厅核明转呈核夺。至筹办农事试验场，本系实业行政事务，应由该知事完全负责，即使委托农会办理，所需经费仍应由该知事妥筹的款，不得诿卸。至《农会应办事务规程》第二十、二十一、二十三、二十四等条，均经明白规定，如果办理毫无成效，该知事本有监督之责，应即督饬认真整顿，毋任废弛，仍将办理情形限一月内分案呈复，以凭查核。大盘山、阳陂湖、白洋溪等处，既系官荒，应即勘明界址，按照《国有荒地承垦条例》切实办理。湖南浦关系西北各乡农田水利，历久淤塞，自应亟议兴修，以资补救。据称已委自治委员前往查勘，应于半月内邀集就地士绅，议定施工计划暨筹款办法，作成预算书，呈由民政厅核明转呈核定。劝种茶桑、靛青，固属要图，改良造纸、造靛，尤为当务之计，惟须详细规划，俾可见之事实，若徒撰拟白话说明书，分头散送，或于接见士绅时以口头劝导，正不得谓已尽提倡之能事，应再将如何改良方法，悉心筹议，补呈核夺，毋得再以空言塞责。

教育条陈批答

该知事条陈教育事宜，计有四端。其一为设立教育研究会，其二为停闭附近学校里半以内之私塾，其四为改组教育会，设立教育行政会议，开办劝学所，均系奉饬办理之件，毋待该知事之主张。来折乃就题牵扯成文，希图塞责，其平日之办事敷衍，已可概见。且查该县劝学所，仅将职员、薪公等费及劝学所所址指定呈报，迄今并未筹定的款实行。开办教育会，且听其中途停止，即来折所称面商该会会长改组等语，亦系一味空言，毫无实际。似此因循贻误，尚复成何事体，应即记过一次，以示薄惩，仍将劝学所经费克期筹定开办，教育会亦即刻速改组，分案呈报核夺，如再延误，定干重咎。至第三条所陈筹集教育经费一节，除贤产准予查照向来办法改办族学外，其祠产、社产、会产均系一部份人之共有物，非全邑公产可比。如有前项团体自愿捐作学款，或由官厅劝令酌量拨充学费，均无不可。若由官定章程使之一体提成充用，办理易生争执，既据提交教育行政会议，应俟议决之后，抄同全案送呈本署核定饬遵。

司法条陈批答

该县有主山场，民间自由樵采，易起讼争，应由该知事先期剀切谕禁，使一般人民晓然于所有权之不容侵犯，庶不至习非成是，酿生事端。如有故意违犯，并应依法讯究，以资警戒。来折所陈，"邀集绅董分别有主、无主，以及管业年分之久暂，确查证据，勘定山界"各节，夫以一县之大，万山之众，界址淆混，册籍纠纷，岂能藉此最少时间遽予清厘，亦终于空言无补而已。清理沙地，具有专章，应即遵照办理，如有与习惯不甚适宜之处，亦应申明理由，呈请核示，不得自由处分，致涉纷歧。监狱工场，仅购纱织木机两架，殊嫌太少，应再多购二三架，刻日开办。其余如木器、裁缝等科，为日用必需之品，亦可酌量情形分别添设，仍将办理情形并检取出品一二件具呈查核。教养局经费，拟请以历任移交库书，缴还前清县令充公银二百元拨充，既据声称另文呈请核示，应即刻日呈核，毋得延宕。至所称司法警费不敷一节，查现在各县审检所行将成立，预算亦早规定，应即遵照办理，届时如确有为难之处,再行会同承审员分呈高等审检厅暨本署核夺。其唆讼棍徒及违法吏警,并即随案从严究惩,毋稍宽贷。

（原载《浙江公报》第一千六百十七号,一一至一四页,指令）

浙江省长公署指令第七百五十八号

令桐庐县知事

呈一件为条陈该县地方应兴应革事宜由

呈暨清摺均悉。所拟兴革各项业经核明分别批答,随令抄发,仰即遵照办理,仍将遵办情形具报。其原摺暨本署批答,并即分别录报主管各厅查考。清摺五扣存。此令。九月　日

财政条陈批答

《征收地丁章程》暨《施行细则》早经颁行,凡征收人员之设置以及进行手续,均经明白规定,何以该县至今迄未遵办? 据称弊窦丛生,征务毫无起色,历任知事殊难辞咎,至该知事既知此事之必须改革,何不毅然为之,而必迟至今日始拟改章,而其所谓改良方法又半系别出心裁,置定章于不顾,实属延玩已极,应即责成于上忙截数之后,一切按照《征收地丁章程》暨《施行细则》认真督率办理,并将办理情形专案呈报考核。该县县税一项,因收不敷支,历任流垫至六千余金之多,长此以往,如何结束? 据称邀集城乡士绅筹议弥补方法,自系切要之图,应即赶速办理,毋得徒托空言,仍俟议决之后,将决议情形报查。验契契税及牙当、烟酒牌照等税,近来库藏支绌,需款浩繁,应即切实整顿,认真征收,源源报解,以资应付。所请稍事变通之处,既未拟有办法,应毋庸议。

实业条陈批答

该县既系山多田少,宜于蚕桑、森林,自应设法提倡,以期逐

渐振兴。据称模范桑园早经成立，究竟该园面积若干，种有桑树几何，所种桑苗以之分发各乡者确数已有若干，来折语极含混，应再查明详细补报备核。模范桑林既经择定地点分别种植，且调查官有荒山，筹拟扩充，应即切实办理，积极进行，一面并将蚕桑、森林各种利益撰成白话，派员分头讲演，以期多种而资普及。其民间已经种植之区，并应竭力为之设法保护，俾一般人民闻风兴起，则成效必有可期，仍将办理情形连同讲演稿本呈报备核。

教育条陈批答

寒假、暑假之前，委派教育主任会同学务委员、教育会长分赴各区小学分别试验，评定甲乙，汇出总榜，系为激励办学人员起见，如果实行，自于教育前途不无裨补，应即认真办理，毋托空言。通俗教育讲演所，据称奉饬派员传习，究竟已否遵办，并即补报查核。学务委员，前已令饬民政厅通令裁撤，原有学务委员薪公尽可拨充劝学所经费，毋庸另议变通。此外该县私塾应否甄别，社会教育应如何整顿，各区学校应如何设法推广，各校教员应否实行检定，来折均未详细计划，殊嫌疏漏，应再悉心妥拟，补呈核夺。

警政条陈批答

所陈四项，均系日常应行督率办理之事，无当于应兴应革之计划。该知事乃就题牵扯成文，仍属敷衍塞责。据称该县地方偏旷，警察人数稀少，难免顾此失彼，则如何筹划进行，正宜妥为筹及。至称财力支绌，自是实情，然要不能藉此推诿。查地方保卫团，本所以补警察所不及，已、未举办，折内未据提及。该县警额既患其少，又苦经费无出，未能推广，应如何并散为整，以期得力；其他各地方应如何整顿保卫团，以资补充，皆为该知事应行筹计之事，应再悉心妥议，呈候核夺，仍将所陈四端认真办理，期收实效。

司法条陈批答

代撰状稿之人，应由递状人邀同到署，亲自署名签押，自系为资考核而明责任起见，一经实行，凡虚构事实、颠倒是非之弊，必能减少，应准照办。商事公断处，照章应附设于商会之内，其处长以下一切人员，亦应在商会会员内选出，是设置商事公断处必俟商会成立之后，方可议及。查《修正商会法》系民国四年十二月间公布，无论新设、改组，均限于六个月以内一律办竣报部，现在限期已过，该县商会既未成立，应即克期照章组织递呈核转，俟部复核准之后再将商事公断处照章设置，方合程序。来折所陈于现行章程殊多隔阂，保护出狱人事业，各国各地不同，有组织公司者，有由教会设施者，有由个人倡办者，公家直接或间接以奖励之，果能仿行，成效必有可观。该知事既有见及此，应即切实筹划，设法提倡，以期其成，否则空言塞责，纵陈义甚高，无当也。滞纳租赋与刑事案件不同，自不宜与犯罪人拘押一处，应即设法隔离，惟不必另立名目。至看守所，既多流弊，应如何妥筹的款，设法改良之处，应再详细筹议，呈候核夺，不得藉词诿卸。

（原载《浙江公报》第一千六百十七号，一四至一六页，指令）

浙江省长公署指令第七百六十号

令民政厅长王文庆

呈一件临海县张知事条陈应革应兴事宜由

据呈于司法、警政、财政、教育各项兴革事宜，绝未计画，且与原饬分折呈核办法不合，该知事因交卸在即，潦草塞责，殊堪不合，仰民政厅转饬该新任知事按照前饬切实条陈，毋再延误，是为至要。此令。九月七日

（原载《浙江公报》第一千六百十七号，一七页，指令）

浙江省长公署指令第七百六十七号

令民政厅长王文庆

呈一件为遵批筹设商品陈列馆必要情形呈送议案由

呈及议案均悉,候咨交省议会议决。此令。议案存。九月　日

（原载《浙江公报》第一千六百十七号,一七页,指令）

浙江省长公署指令第七百六十八号

令民政厅长王文庆

呈一件为遵拟处理萧山湘湖浚垦一案议案由

呈及附件均悉,候咨交省会议决可也。此令。九月七日

（原载《浙江公报》第一千六百十七号,一七页,指令）

浙江省长公署指令第七百七十号

令民政厅长王文庆

呈一件为据省立第三中学校校长潘凤起

为该校另行建筑一案由

呈悉。准予转咨。此令。九月七日

（原载《浙江公报》第一千六百十七号,一七页,指令）

浙江省长公署指令第七百七十七号

令民政厅长王文庆

呈一件具复各属裁撤自治委员及学务委员由

呈悉。准如所议办理。此令。

附原呈

呈为呈复请示事。案奉钧长训令开,"案查本年七月十四日

准本省前参议会咨请裁撤各属自治委员及学务委员等情,当经本省长在都督任内,'以学务委员情同骈拇,自应即予裁撤。至自治委员有经管地方公款、公产之责,应俟正式自治机关成立后再行裁撤'等情咨请复议在案。参议会旋即停会,此项复议事件,虽未准该会咨复,然既经提交复议,自无庸遽予裁撤。至学务委员一职,实系情同骈指,应即照案执行。合亟令仰该厅通令各属将旧设学务委员限于九月十五号以前一律裁撤,具报备案。所有该委员执管事务,分别移交县公署办理学务人员及视学员接管,以节糜费,毋延切切。此令"等因。奉此,自应遵照办理,惟本省调查应增国民学校校数、地点及私塾各表,系由各区学务委员专办。现查前项应增国民学校考查表未到者,尚有十县,私塾表未到者尚有六县,此项事务较繁,县公署办理学务人员及视学员等恐难兼顾,所有该十六县学务委员拟俟前两项调查办竣再行裁撤。是否有当,理合具文呈乞钧长鉴核示遵。谨呈。

(原载《浙江公报》第一千六百十七号,一七至一八页,指令)

浙江省长公署指令第七百九十号

令高等审判厅长范贤方

呈一件为兰溪县呈报童维涌被童金来等殴死由

呈及格结均悉。仰高等审判厅令即迅派干警勒缉被告凶犯童金来、童锡彬等务获,提同现犯童卸奶义传证集讯明确,按律拟判,毋枉毋纵,切切。格结存。此令。九月七日

(原载《浙江公报》第一千六百十七号,一八页,指令)

浙江省长公署指令第七百九十一号

令高等审判厅长范贤方

呈一件为呈送各县审检所钤记样本由

据呈已悉，准予备案。钤记、样册存。此令。九月七日

（原载《浙江公报》第一千六百十七号，一八至一九页，指令）

浙江省长公署指令第七百九十二号

令高等审判厅长范贤方、高等检察厅长殷汝熊

呈一件高等厅呈议复浦江县条陈兴革事宜各条由

呈悉。原定司法费与现定司法费比较表，已据该厅等造送到署，应俟核定后另令通行遵守。余如所议办理。此令。九月七日

（原载《浙江公报》第一千六百十七号，一九页，指令）

浙江省长公署指令第　　号

令财政厅长莫永贞

呈一件宁镇船货捐局局长顾思义调省遗缺以来壮涛补充由

呈、摺均悉。据称宁镇船货捐局局长顾思义调省另候委用，遗缺以来壮涛充任，应即照准。仰将发去任命状转给祗领。此令。摺存。九月六日

（原载《浙江公报》第一千六百十七号，一九页，指令）

浙江省长公署指令第　　号

令民政厅长王文庆

呈一件为奉化县知事董增春调省遗缺以屠景曾署理由

呈及履历均悉。据称奉化县知事董增春成绩平常，准予调省另候任用，遗缺即以屠景曾署理。仰将发去任命状转给祗领，并转令董知事知照。此令。履历存。九月七日

（原载《浙江公报》第一千六百十七号，一九页，指令）

浙江省长公署指令第　号

令民政厅长王文庆

呈一件为衢县知事请假遗缺准以王象泰代理由

呈及履历均悉。衢县知事桂铸西，既无重要未完事件，准予给假一月，遗缺准以王象泰代理。仰将发去任命状转给祗领，并转令桂知事知照。此令。履历存。

（原载《浙江公报》第一千六百十七号，一九至二○页，指令）

浙江省长公署咨司法部

咨送前巡按使办就江山县判决姜时风一案由

浙江省长公署为咨送事。案查接管卷内有高等检察厅详送江山县判决姜时风戳伤钱姜氏身死一案卷宗、供、判等件，相应备文咨送大部，请烦查照核办。此咨

司法总长

计咨送江山县原卷一宗，供、判各一件，高审厅复判决定书一件。

浙江省长吕公望

中华民国五年九月六日

（原载《浙江公报》第一千六百十八号，一九一六年九月十二日，三页，咨）

浙江省长公署咨司法部①

送浙江高等审判厅四年度九十两月分各属刑事进行期间表由

浙江省长公署为咨送事。案查接管卷内有浙江高等审判厅四年度九、十两月分各属刑事进行期间表一份，相应备文咨送大部，请烦查照核办。此咨

---

① 咨下"司法部"三字，底本脱，径补。

司法总长

计咨送四年度九、十两月分各属刑事进行期间表一份,清单一纸。

浙江省长吕公望

中华民国五年九月七日

（原载《浙江公报》第一千六百十八号,三页,咨）

浙江省长公署咨司法部

为咨送前巡按使办就江山县判决毛履滋一案由

浙江省长公署为咨送事。案查接管卷内有高等检察厅详送江山县判决毛履滋杀人及诈期取财一案卷、判等件,相应备文咨送大部,请烦查照核办。此咨

司法总长

计咨送江山县原卷一宗,供、判各一件,高审厅复判决定书一件。

浙江省长吕公望

中华民国五年九月　　日

（原载《浙江公报》第一千六百十八号,四页,咨）

浙江省长公署咨司法部

咨送前巡按使办就孝丰县判决王珠紫等一案由

浙江省长公署为咨送事。案查接管卷内有高等检察厅详送孝丰县判决王珠紫、王李氏杀人和奸俱发罪一案卷、判等件,相应备文咨送大部,请烦查照核办。此咨

司法总长

计咨送原审供词一件、判词一件、复判决定书一件。

浙江省长吕公望

中华民国五年九月七日

（原载《浙江公报》第一千六百十八号,四页,咨）

浙江省长公署训令第三百十一号

令各厅准财政部咨行饬属严禁销毁制钱由

令财政厅长、警政厅长、民政厅长、高等审判厅长、高等检察厅长

本年八月三十日准财政部咨开，"准京师警察厅函称，'案准京师地方检察厅函称，查销毁制钱著有禁令，揆诸立法之意，原期藉刑罚之力，以塞漏卮而挽利权，法至善也。乃近有日本居留民勾串本国奸商，巧立收买废铜之契约，由中国商人收集制钱，设炉镕化，然后装载运往外洋，名为收买废铜，实则教唆销毁中国制钱。而该日人偶因中国商人交货稍迟，又公然以违反契约，捏词告诉，要求损害赔偿，在法庭既无权惩办外人，明知无理要求，依法亦难于拒却。例如本厅近来收受山本四郎控告赵佩芝毁弃私文书一案，即其明证。该外商等犯罪虽无可原，然毫无智识，受人愚弄，亦属可悯，自应先事预防，力加保护，庶可免滋交涉，挽回利权。比来京津及京兆区域内，此等行为比比皆是，本厅触目惊心，难安缄默。除各该案业由本厅据理驳斥外，为此备函报告贵厅，查照饬属一体严防，并晓谕商民示以危害，俾知遵循，消患无形，实为公便等因。准此，查奸商嗜利，每被外人愚弄，明结买卖铜斤之约，暗为销毁制钱之举，此种犯罪事实早已数见不鲜。比因官厅稽查尚严，收集镕化殊不易易，以致无从交货，而外人遂得公然以违反契约有损害赔偿之告诉。在奸商行为固属咎由自取，然愚氓受骗，情至可矜。此等案件本厅亦曾收受，每苦无从处理，兹准地方检察厅函致前因，除令知区属及晓示商民外，为此函达贵部，请为设法收买制钱，由官销毁，庶几此种犯罪行为可以根本划除，并请咨商外交部转向日本使馆交涉，俾晓谕该国商民不得擅结此项不法契约，自滋拖累。如此办理，既可杜外人无理之要求，亦可免国内无形之损失'等因。查销毁制钱，《刑律》定有专条，奸商牟利，罔知顾忌，往往与外人明结买卖铜斤之约，暗为销毁制钱之事，殊堪痛恨，

亟应由各地方官严加防范,并晓谕商民,俾知危害。除分行外,相应咨请查照,饬属遵办,并希见复"等因。准此,除咨复外,合行令仰该厅长即便饬属遵照办理。此令。

中华民国五年九月六日
省长吕公望

（原载《浙江公报》第一千六百十八号,五至六页,训令）

浙江省长公署训令第三百三十六号

令各属准内务部咨为财政部发行新银辅币
如有流行到境均可兑换主币由

令财政厅、民政厅、警政厅、高审厅、高检厅、各海关监督、烟酒公卖局、交涉署、盐运使

本年九月二日准内务部咨开,"准财政部咨开,'据造币总厂详称,前奉部令依照《国币条例》预备续铸新银辅币'(文云见本月三日本报训令门)。至浙江地方何日开始发行,一俟议定,再行行文查照办理等因。准此,查此项新辅币为推行币制行用便利起见,亟应通行遵照。除分行外,相应咨请查照,转令所属出示一体遵照"等由。准此,查此案前准财政部咨行过署,即经分令遵照在案。兹准前由,除分行外,合行令仰该　　即便遵照办理。此令。

中华民国五年九月八日
省长吕公望

（原载《浙江公报》第一千六百十八号,六页,训令）

浙江省长公署训令第三百三十七号

令民政厅准农商部电请限九月内编送六年度预算由
令民政厅长王文庆

本年九月一日准农商部电开,"上年度预算急待编制,贵处关于

本部所管岁出、岁入各款标算,请即造册,限九月内送部核编,万勿再延"等因。准此,查本省实业费,多由地方款内支给,关于地方收支之预算,应由省议会议决,方能成立。为此令仰该厅长即将此项预算迅速编制,咨送财政厅汇编交会议决,仍将办理情形具报,以便先行核复。此令。

中华民国五年九月五日

省长吕公望

（原载《浙江公报》第一千六百十八号,六至七页,训令）

浙江省长公署训令第三百三十八号

令民政厅准财政部咨复全浙典业公会规条准予备案由[①]

令民政厅长王文庆

案准财政部咨开,"为咨复事。准咨称据民政厅长王文庆呈称,'窃查接管卷内全浙典业公会禀送修改《典业规条》一案,前经按署咨陈财政部核复,旋准财政部咨开,"准陈据全浙典业公会会长王锡荣等禀请核定典业公议通守规条一案,请核复,以便转饬遵照等因,并附送《规条》前来。本部详加复核,原咨所称各节均属妥协,除该《规条》第七条规定,利息至多不得过二分五厘,应即照准外,其第十二条规定盗劫及邻火延烧不再赔偿,核与前清《户律》实有未符,应请转饬参酌修改,再行报部备查。相应咨复贵使查照饬遵可也"等因咨复到浙。厅长查阅该公会所送修改《规条》,部咨既以其第十二条核与前清《户律》实有未符,应转饬酌修改,拟饬以十二、十三两条并作一条,改为未满之当货,除盗窃、火焚在《民法》未颁布以前仍照浙省成案办理外,如遇兵灾或大水漂没,概不赔偿等语,较为持平,请咨部核复饬遵。'据此,查该厅长所拟修改《全浙典业公会规条》以十二、十三两条

[①] 全浙典业公会规条,即《浙省典业公会通守规条》。

并改一条,似尚妥洽。除分咨外,相应照抄《规条》咨部核复等因前来。查该厅长所拟修改《浙江全省典业公会规条》第十二条①,本部详加复核,尚属可行。除由部准予备案外,相应咨复贵省长查照饬遵可也。此咨"等因。准此,合令该厅遵照并转饬该公会知照。此令。

中华民国五年九月 日

省长吕公望

（原载《浙江公报》第一千六百十八号,七至八页,训令）

浙江省长公署训令第三百五十六号

令警政厅为连附吕国明不候批示擅自
离营令水陆各警队弗予录用由

令警政厅长夏超

本月五日准督军署咨开,"据陆军第二十五师师长张载阳呈,'据陆军步兵第四十九旅旅长韩绍基呈称,窃查九十八团第三连连附吕国明因病恳请销差,业经旅长于八月八日据情转呈在案。嗣于十一日据该团团长吴思豫呈称,本月六日据第一营营长石国柱呈称,职营第三连连附吕国明因本年五月八日保升合格人员案内,未将该少尉列入,当时因该员虽供职连附少尉,尚系准尉实官,且服务未满三年,未便列案保升,致与定章不合,乃该少尉因是常怀怨望,服务日怠,迭次托故请假,始准转呈销差。讵该连附不待批回,擅自离营,虽经卫兵察视,以系第三连官长,不知情由,未便拦阻,经报告该连连长,当派随从兵前往追赶,时值绍轮开驶已久,未及追回。似此弃职蔑法,直与潜逃无异,应请缉究,并通咨各省勿予录用核示等情,并附面貌书一纸到旅转呈前来。据此,查该连附吕国明前经呈请销差,于本月十二日由师批饬呈奉核准在案。兹据旅长所呈该连附不候批示擅自

---

① 规条,底本误作"规则",径改。

离营,迹近潜逃,殊属目无法纪。惟现经奉准销差,似可免予缉究。拟请令行本省各军队勿予录用,以为弃职藐法者戒'等情。据此,除指令照准并通令外,相应咨请贵省长烦为转令所属水陆各警队遵照勿予录用"等由。准此,合行令仰该厅转令水陆各警队一体勿予录用。此令。

中华民国五年九月　日

省长吕公望

(原载《浙江公报》第一千六百十八号,八页,训令)

浙江省长公署训令第三百六十一号

令民政厅据沈维敏为捐赀兴学援例请奖由

令民政厅长王文庆

案据私立明敏女子小学校校长沈维敏呈称,捐赀办学,援例请奖等情前来,除批以"呈悉。该校长捐赀办学各节是否历报有案,候令行民政厅查复核办"外,合行令仰该厅查明,拟议具复核夺。此令

附抄发原呈并表件。

中华民国五年九月五日

省长吕公望

(原载《浙江公报》第一千六百十八号,八至九页,训令)

浙江省长公署指令第八百零二号

令高等检察厅长殷汝熊

呈一件绍兴县呈报郑熙家被劫由

呈及勘表、失单均悉。仰高等检察厅令即会督营警严密侦缉本案,真赃正盗务获究报。单、表存。此令。九月八日

(原载《浙江公报》第一千六百十八号,一二页,指令)

浙江省长公署指令第八百零九号

令民政厅长王文庆

　　呈一件嘉兴前县议会议长请取消第二联合县立师范

　　讲习所并饬县停解县税小学费以维地方小学由

　　呈悉。此案前据视学员陶承润等呈请取消联合县立师范讲习所,发还各县原解小学经费等情,已先后令知该厅核议裁并具复在案。据呈各节,仰该厅并案核办。此令。呈抄发。九月八日

　　　　　　（原载《浙江公报》第一千六百十八号,一二页,指令）

浙江省长公署指令第八百十二号

令高等审判厅长范贤方

　　呈一件呈报筹设各县审检所成立日期清单由

　　据呈筹设各县审检所成立日期清单已悉,具征办理迅速,殊堪嘉许。仍仰该厅会同高等检察厅督令按章妥办,务收成效,是所殷盼。单存。此令。九月　日

　　今将各县审检所成立日期开报于左

　　计开:

　　於潜、嘉兴、嘉善、平湖、吴兴、安吉、孝丰、慈溪、镇海、奉化、

　　绍兴、萧山、诸暨、临海、黄岩、海盐、崇德、富阳、浦江、德清、

　　桐庐、武康、长兴、建德、定海、海宁、上虞、桐乡、新登、临安、

　　余杭、余姚、昌化、兰溪。

　　以上各县均定于九月一日成立。

　　天台、仙居、宁海、青田、东阳、永康、开化、庆元、松阳、景宁、

　　宣平、龙泉、平阳、玉环、分水、南田、温岭、遂昌、缙云、嵊县、

　　武义、乐清、寿昌、义乌、云和、丽水、泰顺、瑞安、遂安、淳安、

江山、常山、龙游、衢县、汤溪、象山、新昌。

以上各县均定于九月十六日成立。

（原载《浙江公报》第一千六百十八号，一二至一三页，指令）

浙江省长公署指令第八百十三号

令高等检察厅长殷汝熊

呈一件吴兴县呈报盗犯马四龚小胖仔

二名中途投河溺毙一案验讯由

呈悉。此案盗犯马四、龚小胖仔二名，既据该知事验系中途投河自溺身死，赃经主认，其为事主沈凤鸣劫案正犯无疑，应准备案。惟解役陈继中等奉派迎提盗犯并不小心管解，致令中途投河溺毙，虽讯无贿纵情弊，究属异常疏忽，应即从严革究，以示惩儆，未便免议。该知事签差不慎，并予申斥。合行令仰该厅即便转令遵照，仍令勒缉逸犯务获究办。格结存。此令。九月八日

（原载《浙江公报》第一千六百十八号，一三至一四页，指令）

浙江省长公署指令第八百十六号

令高检察厅长殷汝熊

呈一件为填给指挥司法警察证请转警署知照由

呈、单均悉。候分令警政、民政两厅转行各警署一体知照。单存。此令。九月　日

（原载《浙江公报》第一千六百十八号，一四页，指令）

浙江省长公署指令第八百十八号

令高等审判厅长范贤方、高等检察厅长殷汝熊

呈一件为嵊县知事牛荫麐要求违章留用承审员请酌予处分由

呈悉。嵊县承审员王汝昌，既应照章调考，该知事牛荫麐竟

至函电纷驰，要求违章留用，殊属不合，应即记过一次，以示薄惩。除注册外，仰该厅转令该知事遵照，并咨行民政厅查照。此令。九月八日

（原载《浙江公报》第一千六百十八号，一四页，指令）

附　浙江民政厅训令第六百二十四号

令嵊县知事准高审厅咨该县要求

违章留用承审员记过一次由

令嵊县公署知事牛荫麐

本月十六日准高等审判厅咨开，"案奉省长第八一八号指令敝厅呈为嵊县知事牛荫麐要求违章留用承审员请酌予处分由，内开，'呈悉。嵊县承审员王汝昌既应照章调考，该知事牛荫麐竟至函电纷驰，要求违章留用，殊属不合，应即记过一次，以示薄惩。除注册外，仰该厅转令该知事遵照，并咨行民政厅查照。此令'等因。奉此，除饬该县知事遵照外，相应咨请查照"等因。准此，除注册外，合行令仰该知事知照。此令。

中华民国五年九月二十三日

民政厅长王文庆

（原载《浙江公报》第一千六百三十三号，一二页，训令）

浙江省长公署批第二百五十三号

原具呈人义乌方章福

呈一件控宗章兴捏情诬控由

案据控经高检厅批县重行判决，如果不服，尽可按限依法上诉，毋庸率渎。黏附。此批。九月八日

（原载《浙江公报》第一千六百十八号，一五页，批示）

浙江省长公署批第二百五十五号

原具呈人沈维敏

呈一件为捐赀兴学援例请奖由

呈悉。该校长捐赀办学各节,是否历报有案,候令行民政厅查复核办。此批。九月五日

（原载《浙江公报》第一千六百十八号,一五页,批示）

浙江省长公署批第二百五十六号

原具呈人余姚李墀身

呈一件为请援案改派西洋留学由

既据分呈民政厅,仰候该厅核示。此批。九月五日

（原载《浙江公报》第一千六百十八号,一五页,批示）

浙江省长公署批第二百五十九号

原具呈人龙泉李镜蓉

呈一件为续控陈蔚侵吞公款由

前批已明,缠渎无益。此批。九月七日

（原载《浙江公报》第一千六百十八号,一五页,批示）

浙江省长公署批第二百六十二号

原具呈人临安翁锦德

呈一件控知事违法纵役勒索由

人民控告官吏,应遵章出具坐诬切结,邀取殷实铺保来案证明,再行查办。此批。九月八日

（原载《浙江公报》第一千六百十八号,一五至一六页,批示）

浙江省长公署训令第三百五十五号

令高审厅查明淳安县承审员如病已全愈督促迅将积案审结
如病体尚未复原应即另委接替并禁止任意请假由

令高等审判厅长范贤方

照得访闻淳安县承审员身弱多病,办事迟缓,前因请假到省二月有余,致积案约及百起,合行令仰该厅速即查明,该承审员如病已全愈,即督促迅将积案审结具报,如病体尚未复原,即另委接替。现在各县承审员往往任意请假,不顾公务,实属不成事体,并由该厅通行禁止,非有特别事故呈明给假者,不得擅离职守,其请假至十日以上者,即应委员代理,并咨同级检厅查照。此令。

中华民国五年九月　日

省长吕公望

（原载《浙江公报》第一千六百十九号,一九一六年九月十四日,三页,训令）

浙江省长公署训令第三百五十九号

令民政厅据绍兴肉业代表陈文澜呈为举董办学县署刁难由

令民政厅长王文庆

案据绍兴县肉业代表陈文澜等呈称,"举董办学,县署刁难"等情。据此,除批"呈悉。是项肉捐,向章是否由官厅委员代收,抑由该商等自行认纳,候令民政厅令行该县知事查明具复核办"外,合行令仰该厅遵照办理。此令。

中华民国五年九月八日

省长吕公望

（原载《浙江公报》第一千六百十九号,三页,训令）

浙江省长公署训令第三百六十号

令民政厅准内务部咨送民国五年四五六
三个月进出口洋药数目表仰查照由

令民政厅长王文庆

案准内务部咨开,"查各口洋药进口复出口数目,历经总税务司按月列表,详由税务处咨送本部转咨查照在案。兹准税务处咨送民国五年四、五、六三个月表纸到部,除备案外,相应印刷原表咨送查照。附刷印原表一件"等由。准此,除备案外,合行抄录原表,令仰该厅查照。此令。

附抄原表一件。

中华民国五年九月八日

省长吕公望

附原表

通商海关造册处,谨将中华民国五年第二季(即四月、五月、六月)洋药由外洋进口及复往外洋。按关箱数呈报。

	种 类	白皮土	公班土	喇庄土	波斯土	台湾土	统 共
大连	进口总数				三箱甲		三箱
	复往外洋						
	进口净数				三箱甲		三箱甲
胶海	进口总数				十八箱乙	十箱乙	十八箱
	复往外洋						
	进口净数				十八箱乙	十箱乙	十八箱

	种　类	白皮土	公班土	喇庄土	波斯土	台湾土	统　共
江海	进口总数	一百二十二箱又一小箱	十八箱	二十九箱			一百六十九箱又一小箱
	复往外洋						
	进口净数	一百二十二箱二十一小箱	十八箱	二十九箱			一百六十九箱又一小箱
潮海	进口总数	一箱					一箱
	复往外洋						
	进口净数	一箱					一箱
粤海	进口总数	二箱	三箱				五箱
	复往外洋						
	进口净数	二箱	三箱				五箱
统共	进口总数	一百二十五箱又一小箱	二十一箱	二十九箱	二十一箱	十箱	二百六箱又一小箱
	复往外洋						
	进口净数	一百二十五箱又一小箱	二十一箱	二十九箱	二十一箱	十箱	二百六箱又一小箱

甲销在大连租借地,乙销在胶州租借地。另有熟膏五担六十二斤八两,由胶海关报运进口,销在租借地内。

(原载《浙江公报》第一千六百十九号,三至六页,训令)

浙江督军署指令第六百零一号

令平阳县知事张朝辅

呈一件为呈送七月分逃兵表由

呈、表均悉。查该县未获各逃兵已有十余名之多，未曾获到一人，殊属非是，仍仰该知事从严饬属设法查拿解办，以儆效尤。嗣后月报表务须提早填造送署，以便查考，不得过于迟缓，是为切要。表存。此令。九月八日

（原载《浙江公报》第一千六百十九号，一〇页，指令）

浙江省长公署指令第八百二十六号

令民政厅长王文庆

呈一件为请设改良靛青制造模范工厂

并送履历计画书及刊发图记由

呈及履历、计画书均悉。图记随发，仰即转饬具领。此令。九月九日

附原呈

呈为呈请事。案查浙省靛青向为农产大宗，自洋靛输入，土靛停销。此项农产若不亟谋改良制造，殊属坐失地利。现届新靛上市不远，亟应赶设改良靛青模范制造工厂，以示提倡而辟税源。所有是项工厂开办费已列入本年度预算经常费用，并已饬各县将遵照《查验茧灶条例》所收三、四两年验灶费解厅拨用在案。其工厂地点，业已饬衢县择定县属之樟树潭地方，缘以该处制靛原料较多，交通亦形便利，并经厅长委任柳堂为该厂厂长，一应筹备事宜，均已次第进行。兹据该厂长呈送计划书、履历并请颁发图记前来，除指令外，理合照抄履历、计划书备文呈请省长鉴核，刊发改良靛青制造模范工厂图记一颗下厅，俾便转饬祗领启用，以

资信守。所有请刊图记缘由,是否有当,伏乞察核施行。谨呈。

（原载《浙江公报》第一千六百十九号,一〇页,指令）

浙江省长公署指令第八百二十七号

令民政厅长王文庆

呈一件嘉善县议会为第二联合师范

讲习所经费该会殊难承认由

呈悉。县立联合师范讲习所,昨据该厅拟具变更办法案,呈送到署,业经提交省议会议决在案。应俟议决后再行饬遵,仰即转饬该前议员等知照。此令。呈抄发。九月七日

（原载《浙江公报》第一千六百十九号,一〇至一一页,指令）

浙江省长公署指令第　号

令高等审判厅长范贤方

呈一件为审检所成立之后各县烟案罚赎

并入司法项下报解由

呈悉。准如所请办理,仰即会同民政、财政两厅通令各县一体遵照。此令。九月九日

（原载《浙江公报》第一千六百十九号,一一页,指令）

浙江省长公署指令第　号

令民政厅长王文庆

呈一件为天台县田知事辞职遗缺

准以姜恂如署理由

呈及履历均悉。据称天台县知事田泽勋因病辞职,遗缺准以姜恂如署理。仰将发去任命状一道转给祗领,并转令田知事知照。此令。履历存。九月八日

（原载《浙江公报》第一千六百十九号,一一页,指令）

浙江省长公署指令第　　号

令民政厅长王文庆

　　呈一件为云和县知事赵铭传撤任遗缺准以王志鹤署理由

　　呈及履历均悉。据称云和县知事赵铭传欺蒙取巧,拟请撤任,应即照准,遗缺准以王志鹤署理。仰将发去任命状一道转给祗领,并转令赵知事知照。此令。履历存。九月八日

　　　　　（原载《浙江公报》第一千六百十九号,一一页,指令）

浙江省长公署指令第　　号

令民政厅长王文庆

　　呈一件为嘉善县知事殷济撤任遗缺准以樊光署理由

　　呈及履历均悉。嘉善县知事殷济撤任,遗缺准以樊光署理。仰将发去任命状一道转给祗领,并转令殷知事知照。此令。履历存。九月八日

　　　　　（原载《浙江公报》第一千六百十九号,一一至一二页,指令）

浙江省长公署批第二百五十七号

原具呈人李德顺等

　　　　呈一件为设立铁业协会请准饬立案由

　　呈悉。事关集会,应缮具详细章程,由主管官厅核办,勿得越渎。此批。九月五日

　　　　　（原载《浙江公报》第一千六百十九号,一五页,批示）

浙江省长公署批第二百六十号

原具呈人长兴许阿寿等

　　　　呈一件禀被鲍阿大等截劫一案请饬追办由

　　案据警政厅、吴兴县先后报获该民行船被劫案内盗犯鲍锦林、鲍

锦凤二名,即经令厅转行提讯明确,按法拟办在案。据呈前情,着即赴县禀催讯办,毋庸过虑。此批。九月八日

（原载《浙江公报》第一千六百十九号,一五页,批示）

浙江省长公署批第二百六十一号

原具呈人温岭孙奶豆等

呈一件呈被陈丙山欺诈滥押请昭雪由

本案未据粘抄县、厅控案,无凭核示。此批。九月八日

（原载《浙江公报》第一千六百十九号,一五页,批示）

浙江省长公署咨督军署

为准以高绍基充任警备队第三区第二营管带由

浙江省长公署为咨复事。本月二十七日准贵公署咨开,"案准贵公署咨调高兆麒为警备队第三区第二营管带等因。查高兆麒实系高绍基之误,该员业已发往步兵独立第一旅差遣,现既准咨调用,自应照办。除俟将任命状咨送过署再行令发遵调外,相应咨复贵公署,请烦查照施行"等由。准此,除将该员名字错误之处照咨更正,填给任命状,发警政厅转给祗领外,相应备文咨复贵公署查照转令施行。此咨

浙江督军公署

浙江省长吕公望

中华民国五年九月九日

（原载《浙江公报》第一千六百二十号,一九一六年九月十五日,四页,咨）

浙江督军公署训令第一三九号
浙江省长公署训令第三七六号

令各属准江苏省长咨请保护日人江头力平赴浙江等省游历由

令交涉署长、宁交涉员、温交涉员、民政厅长、警政厅长、第六

师长、第二十五师长、第一独立旅旅长、嘉湖镇守使、台州镇守使

　　本年九月四日准江苏省公署咨开，"案据特派江苏交涉员杨晟呈称，'顷准日本国总领事函，以江头力平赴江苏、浙江、安徽、山东、湖北、河南、江西、湖南、四川游历，缮给护照请盖印前来。除将护照印发外，理合呈请察照，转饬各属，俟该日本人到境呈验护照时，照约保护'等情。据此，除训令各属保护并分咨外，相应咨请贵省长查照，希即转行各属照约一体保护"等由。准此，除分令外，合行令仰该即便转令所属一体照约保护。此令。

　　　　　　　　　　　中华民国五年九月九日
　　　　　　　　　　　督军兼省长吕公望
　　（原载《浙江公报》第一千六百二十号，五页，训令）

浙江督军公署训令第一四〇号
浙江省长公署训令第三七八号

令各属为德国工程师毕象贤、商人施赖得
赴苏浙等省游历令保护由

　　令交涉署署长、温州交涉员、宁波交涉员、民政厅厅长、警政厅厅长、第六师师长、二十五师师长、独立第一旅旅长、嘉湖镇守使、台州镇守使

　　本年九月四日准江苏公署咨开，"案据特派江苏交涉员杨晟呈称，'顷准德国总领事涵，以工程师毕象贤随带猎枪二枝、弹六百五十粒，手枪一枝、弹五十粒，赴江苏、安徽、浙江、四川、湖北、湖南、贵州游历，缮给护照请盖印前来。除将护照印发外，理合呈请察照，转饬各属，俟该工程师到境呈验护照时，照约保护'等情。据此，除训令各属保护并分咨外，相应咨请贵省长查照，希即转行各属照约一体保护"。又同日准同署咨开，"案据特派江苏交涉员杨晟呈称，'顷准德国总领事函，以商人施赖得随带手枪一枝、弹少许，赴江苏、浙江、安

徽、湖南、湖北游历,缮给护照请盖印前来。除将护照印发外,理合呈请察照,转饬各属,俟该德商到境呈验护照时,照约保护'等情。据此,除训令各属保护并分咨外,相应咨请贵省长查照,希即转行各属照约一体保护"各等由。准此,除分令外,合行令仰该 即便转令所属一体照约保护。此令。

中华民国五年九月九日

督军兼省长吕公望

（原载《浙江公报》第一千六百二十号,五至六页,训令）

浙江督军公署训令第一四一号
浙江省长公署训令第三七七号

令各属准江苏省长咨为日本平尾精一郎等

赴苏浙等省游历请饬保护由

令台州镇守使、嘉湖镇守使、民政厅厅长、警政厅厅长、交涉署署长、宁波交涉员、温州交涉员、陆军第六师师长、第二十五师师长、独立第一旅旅长

本年九月四日准江苏公署咨开,"案据特派江苏交涉员杨晟呈称,'顷准日本国总领事函,以平尾精一郎、田中米郎赴江苏、浙江,鹤田正男赴江苏、江西、浙江、安徽、湖北、湖南游历,缮给护照请盖印前来。除将护照印发外,理合呈请察照,转饬各属,俟该日本人到境呈验护照时,照约保护'等情。据此,除训令各属保护并分咨外,相应咨请查照,希即转行各属照约一体保护"等由。准此,除分令外,合行令仰该 即便转令所属一体照约保护。此令。

中华民国五年九月九日

督军兼省长吕公望

（原载《浙江公报》第一千六百二十号,六至七页,训令）

浙江督军公署训令第一四二号
浙江省长公署训令第三七五号

令各属准江苏省长咨请保护德女士柯雷波
姑娘等赴苏浙等省游历令保护由

令交涉署署长、温州交涉员、宁波交涉员、民政厅厅长、警政厅厅长、陆军第六师师长、第二十五师师长、独立第一旅旅长、嘉湖镇守使、台州镇守使

本年九月四日准江苏公署咨开，"案据特派江苏交涉员杨晟呈称，'顷准德国总领事函，以柯雷波姑娘随带手枪一枝、弹少许，司第利考得姑娘赴江苏、浙江、山西、直隶游历，缮给护照请盖印前来。除将护照印发外，理合呈请察照，转饬各属，俟该德女到境呈验护照时，照约保护'等情。据此，除训令各属保护并分咨外，相应咨请查照，希即转行各属照约一体保护"等由。准此，除分令外，合行令仰该即便转令所属一体照约保护。此令。

中华民国五年九月九日

督军兼省长吕公望

（原载《浙江公报》第一千六百二十号，七页，训令）

浙江省长公署训令第三百七十二号

令警政厅据财政厅呈复增加模范警队增加两月经费由

令警政厅长夏超

案据财政厅长莫永贞呈称，"奉令核议增加模范警队展长两月教育经费银一万三千零六十七元八角六分二厘，是否有款动支等因。奉查模范警队第四期教育时间延长五周，须增加两月经费一万三千余元，虽为数甚巨，而揣其情形，既因种种障碍必须展长教育时间，则应增经费似亦不能不予以设法维持。厅长筹画至再，所有该队增加

两月经费银元,惟有仍由大帐款内统支造报,庶免悬而无着"等情。据查此案前由该厅长呈请核示前来,当经指令候核并令财政厅通盘计算核议复夺各在案。兹据前情,合行令仰该厅长知照。至该队教育事宜,应于展长期间内切实施行,如期完毕,以节经费,切切。此令。

中华民国五年九月九日

省长吕公望

(原载《浙江公报》第一千六百二十号,七至八页,训令)

浙江省长公署指令第八百二十九号

令民政厅长王文庆

呈一件分水县知事为呈报办理农工各要政情形由

呈、摺阅悉。该县产靛既较往年为多,亟应计画改良制造方法,免致欧战停后仍归失败。贫儿院系通饬办理事件,未便任令延缓,应即计画呈报。余如所拟办理。仰民政厅转饬知照。此令。九月八日

(原载《浙江公报》第一千六百二十号,一四页,指令)

浙江省长公署指令第八百三十号

令民政厅长王文厅

呈一件武义县知事为呈报办理农工各要政情形由

呈、摺阅悉。因利局为便民之举,岂有设局一年,无人向借之理,当系附设县署致生隔阂,应即另筹具报。贫儿院系通饬办理之件,无论何如为难,总须克期成立。余如所拟办理。仰民政厅转饬知照。此令。九月八日

(原载《浙江公报》第一千六百二十号,一四页,指令)

浙江省长公署指令第八百三十一号

令民政厅长王文庆

呈一件余姚县知事为呈报办理农工各要政情形由

据呈各节,尚属切实可行。惟贫儿院为通饬办理之件,迄未告成,殊近延缓,限一月内另行拟议呈报,毋再误延,仰民政厅转饬知照。此令。九月八日

（原载《浙江公报》第一千六百二十号,一四页,指令）

浙江省长公署指令第八百三十六号

令高等检察厅长殷汝熊

呈一件具复私立监狱学校业经呈准立案由

呈悉。该校既经呈准立案,应予照准,毕业证书验发,仰即转发该校长分别给领。此令。九月九日

计验发证书二十八张。

（原载《浙江公报》第一千六百二十号,一四至一五页,指令）

浙江省长公署指令第八百四十四号

令余杭县知事成健

呈一件为条陈该县地方兴革事宜由

呈暨清摺均悉。所拟兴革各项业经分别核明批答,随令抄发,仰即遵照办理,仍将遵办情形具报。其原摺暨本署批答,并即分别录报主管各厅查考。清摺存。此令。九月九日

财政条陈批答

该县赋额短绌甚巨,以熟报荒之弊,势所难免,应即设法实力□查,一面布告各业户赶紧呈验证据,按亩升科,如敢隐匿不

报,准予他人告发,一经查实,处隐匿者以相当之罚金,而予告发者以奖励,以期逐渐爬梳,恢复原额。至编查户粮,该县早已竣事,民间户折亦早发给,历时未久,又拟重行编审,于事无济,徒滋纷扰,应毋庸议。推收所为编审之辅助办法,该县已否照章设立,来折未据叙及,应再补报查核。各属屯田肥瘠,本自不同,是以原定缴价等则亦有区别,该县屯开各田果系硗薄居多,则所定价值当亦不甚昂贵。乃该知事并不切实催收,率请变通办法,展缓限期,名为体恤民艰,实则畏难苟安,作敷衍了事之计,殊属不合,应仍遵照定章认真催缴,如有纠葛,应即详细调查,秉公处理,毋任从前屯丁、卫书暗中把持舞弊,是为至要。

教育条陈批答

该县就学学龄儿童总计既不及百分之十,若仅仅每岁推广小学四所,断难收教育普及之效。应自本学年起,每年增设校数至少在八所以上,其每校收受学生至少亦须在六十名以上,庶几校所既逐渐推广,且杜以少数学生虚应故事之弊。派委各校教职员前赴苏沪各属实地考察,自系为参互考证、力图改良起见,应准照办。惟每年派往各员,应于考察时,将各校办理情形详细作成日记,一俟事竣之后,并将考察所得报由县署核明,如教授、管理各法确有可取,应即通知各校一律仿行,以期款不虚縻、事有实际。筹设讲演所自系要图,惟讲员宜选派乡望素孚之人,否则其人既为乡间所藐视,其言论又焉足动人听闻?此种计划办理甚易,应即于半月以内拟订章程,呈候核夺,不得延宕。

实业条陈批答

该县既系多山,振兴林业是其急务,何以模范森林至今尚未兴办?应即克期妥觅地点,拟订切实办法,呈候核定,不得延宕。改良黄纸尚待研究,此后宜开办何种纸厂,亦无端绪,该知事乃欲先令造纸各户捐助款项,以生其疑沮之心,不知是何用意。查该县曾有新设纸厂数处,成本不大,而所造皮纸直与日本所出无异,前项黄纸原料是否可以改造,抑或必须改制他种用纸之处,应由该知事延请制纸专家,悉心研究,一俟改良暨筹议销路办法,确有把握,再行筹款开办,方不至于失败。仍将办理情形具报,以资考核。

警政条陈批答

杨梅湾地方既称关系重要,建筑营房、拨驻警队一节,应即克日会同筹议,拟具详细办法,呈候核夺。清查户口、侦察匪情,均为保卫团所有事,据称该县北乡一带山深林密,匪徒最易潜踪,应即督同该处保卫团按照定章认真办理,毋庸另设常驻侦探,转滋流弊。惟警察为内政根本,凡所以维持秩序、增进公安者,万绪千端,均须兼筹并顾。据呈计划二端,仅注重于地方防务,而第一项又为警备队之布置,其地方警政范围以内所应计划之事,卒无一言道及,殊属疏漏,应再悉心妥议,补呈核夺。

司法条陈批答

该县讼事之多,既由于刁狡之徒从中播弄,应由该知事随时设法取缔,遇有颠倒是非、淆乱黑白情事,并即从严激究,尽法惩治,一面出示晓谕,准被害人指名禀控,庶几此风或可稍戢。至诉讼代理,各级审判厅试办章程本有明文规定,应即遵照办理。改建监狱需费二千余金,既据声称就地可以劝募三分之二,应即克期妥为筹募,一俟集有成数,再将工程经费核实估计、造具预算书呈候核办。

（原载《浙江公报》第一千六百二十号,一五至一七页,指令）

浙江省长公署指令第八百五十号

令两浙盐运使胡思义

呈一件为杭县善堂经费已呈准将签单费移拨请行县知照由

据呈杭县善堂经费已呈准将司署签单费一项移拨,足征维持公

益,深具热心,良堪嘉慰。仰候令行民政厅转行知照可也。此令。九月九日

(原载《浙江公报》第一千六百二十号,一七页,指令)

浙江省长公署指令第八百五十三号

令警政厅长夏超

呈一件为准以高绍基充任警备队第三区第二营管带由

呈悉。据称警备队第三区第二营管带项燃另行调用,遗缺拟以高兆麒补充,月薪照三等支给,应即照准。惟准督军署咨开,高兆麒实系高绍基之误,除照咨更正并咨复外,仰将发去任命状转给祗领,并补具该员履历呈报备案。此令。九月九日

(原载《浙江公报》第一千六百二十号,一七页,指令)

浙江省长公署指令第八百五十五号

令警政厅长夏超

呈一件为查明平湖陆江等控水警
分队长彭寿春渎职殃民一案由

呈悉。准如所拟办理。此令。九月十一日

按,原呈已见本月六日本报"呈文"门。

(原载《浙江公报》第一千六百二十号,一七页,指令)

浙江省长公署指令第　号

令民政厅长王文庆

呈一件为陈明绍商周同善不服县知事处分
一案审查结果及拟议办法由

呈悉。仰即依法办理。此令。缴件存。

附原呈

呈为遵令审查事。案奉钧长二零七号训令内开，"案据绍兴商民周同善、余衡以不服绍兴县知事不当处分，遵章诉愿前来，除批'人民诉愿应向原处分行政官署之直接上级行政官署提起，候检察令发民政厅查核办理'外，合行检察原案令仰该厅长依法审查。此令。计发来呈及附件，又原卷一宗，办毕仍缴"等因。奉此，遵查该商周同善以绍兴县知事对于该认商欠解鱼捐提案押缴为不当处分，向上级官署提起诉愿。在诉愿人之一方，依据《诉愿法》第一条第二项之规定，认为适法之提起，而审查结果，其事实与理由均未充分，为钧长一一陈之。查该商民呈称，认解癸丑年鱼捐截止后，未收欠缴洋二千九百五十元，由接商任鸿藻等承认代收解。又查该商前禀内称，认办鱼捐，经县议会议决定额八千元，除一成开支，各认缴七千二百元充地方公用，承办限满，各荡户积欠有二千九百五十元，未收未解既由任鸿藻等接办，彼之责任行为已完全消灭各等语。殊不知定额认缴者即包办之意，无论荡户积欠与否，该商应负完全缴纳之责任，不能以拖欠在人为藉口，否则匿留侵蚀者亦可托词诿卸，试问"认缴"字样有何界说？况该商欠缴有如此之巨，几少定额一半之数，断无有承办限满，即可置身事外。甲寅年之更换认商，显系该商等办事不力、营私舞弊所致。查该县知事宋承家详复内称，前知事批"准由任鸿藻等接办，一面饬知周同善等以癸丑旧捐短款立限清缴，如未缴足以前，该商等应仍同负责任，不得诿延"等语，案卷具在，何能仅缴二百元票银，即称责任消灭？此事实与理由均不充分者一。又查该商周同善等呈称，"由余衡会同新商任鸿藻并县警向各荡户一律查对明确，所有旧欠，除任鸿藻已收外，均实欠在荡，并无虚伪"等语。按诸该县知事宋承家详复内称，"据任鸿藻等查悉，周同善等所开荡户欠数虽有三千余元之多，其中或淡荡，或已收清，数多不实，虚捏欠款，请求提案押缴"，禀经知事批饬"新旧商会同向各欠户证明，迨查对荡户林亚三一名，捐洋二十二元，业由周同善等去当时质证，亦认司事隔手之误，俟全部证明后如数措缴"各等语。一户如此，其他可知，县案具在，确可查核，则诉愿呈内所述各节，显有不实不尽之弊。其事实与理由均不充分者二。且查《诉愿法》第八条，诉愿自行政官署之处分书或决定书到达之次日起六十日内提起之。该商周同善于民国四年二月到案发警所押缴，至十一月间始由其母周倪氏赴前按署提起诉愿。无论该商之诉愿已久逾法定期间，诉愿权早已消灭，即核迭次县批该商周同善之挺押延挨，希图卸责，情节显然。其事实与理由均不充分者三。要之，鱼捐一项，关系地方公款，认额之收入与支出，均与该县地方预算息息相关，该认商滞欠如此之巨，若听其脱离关系，势必效尤蚕起，一遇接替有人，即可任意侵蚀，则影响于地方之各项要政者，其害尤大。该前知事之立限清缴，于未缴足以前该认商周同善等应仍同负责任之饬，尚属正当办法。厅长意见，一面依据《诉愿法》第十三条，叙由驳回，一面查照前巡按使批该县详复原案办法，仍仰该县迅速秉公办结，毋稍延累。总以公益经费与人民私权兼筹并顾，方为正办。至该商附诉任鸿藻等接办时，所有荡户滞欠愿为代收代解，后忽翻异一节，系民事上私人契约问题，应向该管司法衙门提诉，尤不涉诉愿范围。奉令前因，理合将周同善等不服绍兴县知事不当处分遵章诉愿一案审查结果及拟议办法并呈缴全案卷宗各缘由，备文呈请，仰祈钧长鉴核示遵，实为公便。谨呈。

（原载《浙江公报》第一千六百二十号，一七至一九页，指令）

浙江省长公署指令第八百六十一号

令民政厅长王文庆

呈一件为呈请照拨警费余款扩充各县警额由

呈、表均悉。国步初夷，地方多故，扩张警政，自属要图。惟百务具兴，各方力图发展，经费一项辄觉困难，就警费余款而言，各县报解骤形短绌，恩饷发给每多截留。综核现情，几有收不敷支之势。警务研究所虽已停办，而模范警队展长教育期间，又须增加巨款，挹注益见艰难。统筹全局，政务固宜进行，经济亦宜兼顾。所请酌拨警费扩充警额及模范警队经费改款支出之处，应从缓议。此令。九月十一日

（原载《浙江公报》第一千六百二十号，一九页，指令）

浙江省长公署指令第八百六十六号

令高等审判厅长范贤方

呈一件警政厅报获匪犯林大花面解县讯办情形由

据呈获犯林大花面解县讯办等情已悉，合行令仰该厅转令江山县查案讯办具报，并由厅咨复该警厅查照。呈抄发。此令。九月十一日

（原载《浙江公报》第一千六百二十号，二〇页，指令）

浙江省长公署指令第八百六十八号

令高等检察厅长殷汝熊

呈一件崇德县呈报卫锡林等被劫一案勘讯由

呈悉。盗匪肆劫得赃，拒伤事主，不法已极，合行令仰该厅令即会营督警勒限侦缉，务将是案赃盗破获惩办具报，毋稍延纵，切切。表、册、图存。此令。九月十一日

（原载《浙江公报》第一千六百二十号，二〇页，指令）

浙江省长公署指令第八百六十九号

令高等检察厅长殷汝熊

呈一件警政厅报获德清县盗犯林荣昌解讯并小吴三淹毙由

呈悉。此案先据德清县具报，即经令厅转令归案办理，并以林荣昌系何案盗犯一并明白另呈察核在案。据呈前情，合行令仰该厅即便查照前令办理，并咨复该厅查照。单、表存。此令。九月十一日

（原载《浙江公报》第一千六百二十号，二〇页，指令）

浙江省长公署指令第八百七十号

令高等审判厅长范贤方、高等检察厅长殷汝熊

呈一件黄岩县遵饬解回鄞犯并请拨还垫款由

据呈报解回鄞县犯人江小弟等十六名缘由已悉，所请拨还囚粮垫款，合行令仰该厅即便会同核明饬造具复①。至公文式已经变更，嗣后呈报文件毋庸再备副呈，并即由厅通令各属遵照。表存。此令。九月十一日

（原载《浙江公报》第一千六百二十号，二〇至二一页，指令）

浙江省长公署指令第八百七十一号

令民政厅长王文庆

呈一件为呈送修正长警存饷规则请核示公布由

呈及清摺均悉，候公布遵行可也。清摺存。此令。九月十一日

（原载《浙江公报》第一千六百二十号，二一页，指令）

---

① 饬造，底本误为"饬遗"，径改。

浙江省长公署指令第八百八十四号

令民政厅长王文庆

呈一件请以柳云序补留欧官费生由

呈悉。准以柳云序补,候咨部备案。此令。九月十一日

（原载《浙江公报》第一千六百二十号,二一页,指令）

浙江省长公署批第二百七十六号

原具呈人温岭王必录

呈一件禀控县主被朦请吊卷伸冤由

据呈案已由县判决徒刑二年,该民果有不服,尽可依法上诉,毋庸来辕歧渎。此批。九月十一日

（原载《浙江公报》第一千六百二十号,二三页,批示）

浙江省长公署咨复交通部

准咨新华兴等小轮变更航线饬属保护由

浙江省长公署为咨复事。案准大部咨开,"据江海关监督呈称,'准税务司函,华商黄炳华号新华兴小轮、顺利通记局新连陞小轮,该两轮均系变更航路,又顺兴铁厂新置同华小轮,均各遵具呈式,送请转详注册给照,理合检同呈式,新华兴、新连陞旧照,呈请察核等情,并由该商汇交册照费'到部。查新华兴、新连陞两轮,改驶杭州至泗安,经过上柏、平窑、莫干山等处;同华一轮行驶苏州至杭州,经过湖州,尚无不合,除由本部涂销旧照,准予注册,填给轮照二纸,发交江海关监督转给承领,并训令杭州关监督查照,仍将同华一案分行江苏省长暨苏州关监督外,相应咨请查照。希即分令各该属随时保护,实纫公谊"等由。准此,除令民政厅查照分令各该属随时保护外,相应咨复大部查照。此咨

交通部

浙江省长吕公望

中华民国五年九月　日

（原载《浙江公报》第一千六百二十一号，一九一六年九月十六日，三页，咨）

浙江省长公署咨教育部

以柳云序补留欧官费生由

浙江省长公署为咨陈事。案据民政厅厅长王文庆呈称，"案奉钧长训令，以准教育部咨，据留欧学生监督朱炎详报，浙省留法学生顾用康于学校功课业经修毕，已将六月分学费及回国川资一并提早发给，遣送回国，咨请查照等因，令饬查照备案等因。奉此，查该生既已给川回国，所遗缺额应按照《选补规程》第五条及第七条规定办理，拟请以咨部核准存记在先之柳云一名序补。所有官费生出缺请补缘由，是否有当，理合呈请察核转咨"等情。据此，本省长复核无异，相应咨请大部察核备案，实纫公谊。此咨

教育部

浙江省长吕公望

中华民国五年九月　日

（原载《浙江公报》第一千六百二十一号，三至四页，咨）

浙江省长公署咨复省议会

省议会停止后之制定各种单行条例提交
省议会议决已饬各厅署照办由

浙江省长公署为咨复事。本月八日贵议会咨开，"查《省议会暂行法》第十六条，省议会有议决本省单行条例之职权，自本会解散后，以迄本年浙江独立止，内中由官厅制定及咨议会议决施行之各种单

行条例甚多,现在本会业已开会,理应提交本会。为此备文咨行,请烦查照"等由。准此,查浙省近两年所颁单行条例已于八月十五日训令各厅检送交议,并据各厅陆续送到,随时咨送贵会议决在案。准咨前因,相应备文咨复查照。此咨

浙江省议会

浙江省长吕公望

中华民国五年九月十三日

(原载《浙江公报》第一千六百二十一号,四页,咨)

浙江省长公署训令第三百九十三号

令警政厅各县知事据民政厅呈送修正长警

存饷规则请核示公布由

令警政厅长夏超/各县知事

案按崇德县知事汪寿鋆遵饬条陈该县地方应兴应革事宜,摺内"请变通警察存饷金额,以示体恤"等情,据查警饷微薄,存饷过巨,事畜艰难,诚可悯念。当即令发民政厅遵照核议复夺。兹据该厅遵令核议将《长警存饷规则》第二、第三、第四条修正呈复,并送《修正规则》清摺一扣到署,查核修正各节,尚属可行。除指令并《修正规则》印刷,令发各县知事兼警察所长/警政厅转令省会警察厅遵照办理外,合亟将《修正规则》随文令仰厅长转令省会警察厅一体遵照。再,查水警月饷亦甚微薄,应否分别等级,酌量减存,以示体恤之处,并仰查核情形酌拟办法呈候核夺。/知事兼警察所长一体遵照。此令。

计发《修正规则》一/十本。

中华民国五年九月六日

省长吕公望

(原载《浙江公报》第一千六百二十一号,五页,训令)

浙江省长公署训令第三百九十四号

令民政厅准内务部陆军部财政部函
停止宣讲爱国说以节经费由

令民政厅长王文庆

案准内务部、陆军部、财政部函开，"径启者。查《劝告国民爱国说》一书，自上年通行各省遴员宣讲以来，迄今年余，迭接各省函报办理情形，大致均已家喻户晓，成效昭然。近复先后接准直隶、河南以及镇江等处咨商到部，亦均以此项宣讲应否停止为词。查宣讲《爱国说》，既经行之逾年，实效丕著，且统计各处宣讲经费为数甚巨，当此财政奇艰，尤恐后难为继，应即一律停止宣讲，将宣讲经费即予截止，以资节省。除分别通知外，相应函达查照，务希于函到之日即行转饬遵照停办，是为至祷"等因到署。查《劝告国民爱国说》本省自奉部令，节经前巡按使通令各县遴员宣讲在案。兹准前因，合行令仰该厅通饬各属遵照办理。此令。

中华民国五年九月十一日

省长吕公望

（原载《浙江公报》第一千六百二十一号，五至六页，训令）

浙江省长公署训令第三百九十六号

令民政厅准农商部咨复更正浙省典业规则准予备案由

令民政厅长王文庆

农商部咨开，"本年八月二十二日接准咨称，'据民政厅厅长呈称，全省典业公会禀送《修改典业规条》一案，经前按署据情咨陈核复，旋准财政部咨复到浙，适宣布独立，未即办理。现在自应查案核办，请将改正《规条》咨明财政部，并咨催内务、农商两部核复，以便饬遵等情，咨请核复'等因，并附抄《改正全浙典业公会通守规则》一份前来。查此案前准浙江巡按使来咨，当经本部以'原咨声称现在《民法》既未颁布，自当适用前清《户律》，《户律》规定典当盗劫及邻火延烧均有酌赔明文，且浙省亦均有赔偿成案，向无不赔偿之例，咨请核复'等语。详核所拟各节，均属妥协，应即准如所咨，更正条文，由部备案，于本年五月间会同内务部咨复在案。兹准前因，所有《改正浙省典业规则》应即照准备案，除另由内务、财政两部核复外，相应咨行查照办理可也"等由。准此，合行令仰该厅转令查照，并转行该典业公会遵照。此令。

中华民国五年九月十一日

省长吕公望

（原载《浙江公报》第一千六百二十一号，六页，训令）

浙江省长公署训令第三百九十七号

令民政厅准教育部通电孔子诞日仍定旧历八月二十七日由

令民政厅长王文庆

案准教育部东电开，"孔子诞日，久有定说，阙里致祭，历世相承。本部前于民国二年曾援据孔广牧说改定为旧历八月二十八日，电行各省。惟经生考据之说，恐难喻诸人人，应自今始仍定为二十七日，各学校于是日举行圣诞纪念，放假行礼，一如曩例，希通饬所属一体遵照"等由。准此，合行令仰该厅转令所属一体遵照办理。此令。

中华民国五年九月十一日

省长吕公望

（原载《浙江公报》第一千六百二十一号，六至七页，训令）

浙江省长公署训令第三百九十九号

令民政厅准咨新华兴等小轮变更航线饬属保护由

令民政厅长王文庆

案准交通部咨开，"据江海关监督呈称（云云见前咨文门），实纫公谊"等由。准此,除咨复外,合行令仰该厅查照,迅即分令各属随时保护,是为至要。此令。

中华民国五年九月十一日

省长吕公望

（原载《浙江公报》第一千六百二十一号,七页,训令）

浙江省长公署训令第四百零一号

令高检厅为转饬淳安县迅将该县之卑湿看守所及

私打吗啡针实行改良禁革并查明该县之

监狱工场基本金及收状纸情形由

令高等检察厅长殷汝熊

照得访闻淳安县看守所地甚卑湿,光线不好,实于卫生大不相宜。又私打吗啡针者,尚未尽绝,应由厅转行改良禁革。又,监狱工场基本金,闻为前知事用罄,是何原因,曾否于交代时交出,应饬县明白呈复。又闻前任知事收受状纸,曾有不用状面者,应饬现任知事查明呈复,由该厅照章办理具报,均无违延。此令。

中华民国五年九月十一日

省长吕公望

（原载《浙江公报》第一千六百二十一号,七至八页,训令）

浙江省长公署训令第四百零二号

令淳安县知事为该县之农田水利以及

苗圃学校诸端亟应切实整顿由

令淳安县知事汤国琛

照得该县地常苦旱,所有农田水利,亟应分别兴办。习艺所从前规划颇大,旋即停止,而保存该所器具尚须百余元,殊属虚糜。又,苗圃被大水冲去,应如何规复;各乡国民学校虽多推广,然仅为私塾之变相,亟应切实整顿,以求实际;合行令仰该县迅即按照前指事理分别整理具报。该县民风淳厚,该知事到任伊始,凡地方应兴应革各事务宜调查明晰,切实举办,勿稍膜视,实有厚望,切切。此令。

中华民国五年九月十一日

省长吕公望

(原载《浙江公报》第一千六百二十一号,八页,训令)

浙江省长公署训令第四百零三号

令吴兴县知事为该县警察之训练征收役之舞弊以及
鸦片之私售等事应宜分别改良禁止由

令吴兴县知事吕俊恺

查得该县警察缺乏教练,现在城区事务所附设补习所一处,更番训练,镇乡则由各分所任其责。该县办理警察历有年所,何以曾受警察教练之人如是之少,务必慎加选择,认真督饬训练,以求实在,毋得再误。又,据闻该县催征役在外催纳,有私自零星收款并不报柜给串等弊,务即严密查明禁止,并于城乡广贴告示,遇有此等情事,准令乡民指明来县告发,严予惩办,以期杜绝弊端,毋任蠹役病民。又,该县距沪甚近,闻尚有私贩鸦片入境销售情事,务宜严密查禁,勿稍宽纵。又,习艺所机织物出品甚佳,惟因定价较昂,以致存货不能行销,务须设法减轻成本,核定廉价,一面并为广筹销路。又,广仁堂专为停柩掩埋之用,近来停柩过多,既与再来寄柩者有妨,亦于左近居户卫生有碍,宜令该堂通知寄户速行领葬,其无主者即为掩埋。以上各项,或关要政,或系公益,该知事莅任伊始,以前各弊无所用其回护,务必奋发精神,认真整理,实有厚望,毋违,切切。此令。

中华民国五年九月十一日

省长吕公望

(原载《浙江公报》第一千六百二十一号,八至九页,训令)

浙江省长公署训令第四百零四号

令长兴县为该县有添设法警及承发等吏并以差役
充当法警舞弊等情迅速查明禁绝由

令长兴县知事魏兰

查该县原报承发吏一人、法警八人、检验吏一人,现承发吏已增至三人,法警亦增至十二人,而每月薪饷仍依原定数目酌量分给,实属无此办法。又,法警中仍闻有以差役充当者,难保无舞弊等事,务必查照定章切实整顿,毋得敷衍了事。又,该县催征役赴乡催纳,闻有私自收受不满征额之丁粮并不报柜给串等弊,蠹役病民,尤为可恨,务即严密查明禁绝,一面出示四乡,准令人民指明告发,以期去恶务尽。该知事办事素尚切实,务希于下车之始,振作进行,毋负本省长殷殷属望之意,切切。此令。

中华民国五年九月　日

省长吕公望

（原载《浙江公报》第一千六百二十一号,九页,训令）

浙江省长公署训令第四百零五号

令桐庐县知事为迅速量移警察事务所整理习艺所
讲求水利并不时下乡等事由

令桐庐县知事颜士晋

查该县警察事务所地太偏僻,应量移繁盛处所。所有巡士应勤加教练,对于犯违禁律者,处罚多失之过重,应注意矫正。习艺所出品甚少,精神形式均应整理。水利应加意讲求,衙署应酌加修理,并应不时下乡访闻民间疾苦,设法禁革。合行令仰该县即速按照前指事理分别妥办,具报查考。此令。

中华民国五年九月十一日

省长吕公望

（原载《浙江公报》第一千六百二十一号，九页，训令）

浙江省长公署训令第四百一十号

令财政厅准财政部电所有国家税地方税及国家行政
经费地方行政经费亟应划分由

令财政厅长莫永贞

本年九月十日准财政部佳电内开，"查省议会业经奉令召集，所有国家税、地方税及国家行政经费、地方行政经费，亟应划分。惟现在国家、地方两税法案尚未议决，划分尚无一定标准。兹拟订暂时办法，业经国务会议议决，各省岁入照民国二年财政部《修正厘订国家税地方税草案》办理，岁出照民国三年核定预算案办理，其民三预算未列之收入为民五预算列入国家岁入者，仍暂依民五预算办理。至各省应解中央解款专款，仍暂按照现在定额，如数报解。国税内如有不敷，酌量由地方税内协拨，俟两税划分确定后，再为另定办法"等由。准此，除咨行省议会外，合行令仰该厅即便遵照办理。此令。

中华民国五年九月十二日

省长吕公望

（原载《浙江公报》第一千六百二十一号，九至一〇页，训令）

浙江省长公署训令第四百十四号

令财政厅准督军署咨请查照部函转令
各属停止宣讲爱国说一书由

令财政厅长莫永贞

本年九月六日准浙江督军署咨开，"案准内务部、陆军部、财政部函开，'查《劝告国民爱国说》一书（文云见本日第三九四号训令门），将宣讲经费即予截止，以资节省。除分别通知外，相应函达贵督军查照,务希于函到之日即行转饬遵照停办,是为至祷'等因。准此,相应咨请查照办理"等由。准此,合行令仰该厅即便咨行民政厅,并通令各属一体知照。此令。

中华民国五年九月十三日

省长吕公望

(原载《浙江公报》第一千六百二十一号,一〇至一一页,训令)

浙江省长公署训令第四百十七号

令省会警察厅准江苏交涉署电和兰华侨陈抚辰等
回国调查土货饬属保护并饬商会遇事指导由

令省会警察厅长夏超

顷准江苏交涉公署电开,"和兰华侨陈抚辰、陈森炎回国调查土货,力图振兴,不日起程前赴贵治。除专函介绍外,乞饬属俟陈等到境妥为保护,并饬商会遇事指导为荷"等由。准此,合行令仰该厅分别移知各县,暨转令所属妥为保护并函知商会指导。此令。

中华民国五年九月十三日

省长吕公望

(原载《浙江公报》第一千六百二十一号,一一页,训令)

浙江省长公署训令第　号

令民政厅财政厅为师部差遣卢旌贤令民财两厅
以县知事统捐局长存记任用由

令民政厅长王文庆、财政厅长莫永贞

案准浙江督军署咨开,"据陆军第二十五师师长张载阳呈称,'本年八月一日奉钧署第三三号饬,以嘉属戒严司令部业已撤销,将部内办事出力人员卢旌贤等发交师部分别充任差遣等因,当经行知到差在案。惟查卢旌贤一员,现年三十三岁,系师范学堂毕业,曾赴日本考察教育行政事宜,颇有心得,辛亥以来历充军事机关秘书、军需等职,民国三年十月蒙授一等军需实官,本年四月奉任命为嘉湖戒严司令部军需处长,参与机要,筹画军用,俱有劳绩,诚为办事出力之员,迹其学识、经验,于地方行政甚属相宜,于综核款项尤其能事。当此励精图治、节用爱人之际,若使该员得于地方行政或办理征收税务独当一面,必能胜任愉快。拟恳钧座俯准将该员饬民政、财政两厅,以县知事或统捐局长暂行存记,遇有缺出酌量任用,俾展其才。是否可行,理合具文呈请,仰祈察鉴示遵。再,该员于未奉别有任用时,自当遵饬仍在师部充任差遣,合并声明'等情。据此,除指令'据呈已悉,该差遣卢旃贤既系对于地方行政颇有经验,准予咨请省长公署查核,转令民、财两厅存记,量予录用,仰即知照。此令'印发外,相应咨请贵公署查核办理"等由。准此,查该员于行政、税务两项俱有学识、经验,应准以县知事或统捐局长存记。除注册并训令财政厅、民政厅外,合行令仰该厅即以县知事、统捐局长存记任用。此令。

中华民国五年九月十一日

省长吕公望

(原载《浙江公报》第一千六百二十一号,一一至一二页,训令)

浙江省长公署指令第八百七十二号

令警政厅长夏超、财政厅长莫永贞

　　呈一件武林艮山凤山候潮四城楼改建雉堞

　　　已承包拆修并请将拨款原案撤销由

　　呈及附件均悉。准如所拟办理,仰财政厅查照。此令。附件存。

九月十一日

附原呈

　　呈为呈请事。窃照武林、艮山、凤山、候潮四门城楼改建雉堞,前仍招人投标拆修,嗣因开标后,所投价目均未合格,应作无效,复经拟具办法自行饬匠拆修,并请筹拨临时经费,以资垫付,俟旧料变卖后,如数解还,不敷请在正税项下开支各缘由,呈请钧长察核在案。兹有包头卢得标来工务处声请情愿挽保承包是项工程,包拆包修,所需工料将四城门各旧料相抵,两不出入,并缴纳保证洋元,请核准等情。据此,厅长查此项城楼前经登报招投,不甚踊跃,标开价目均未合格,深恐危楼倾陷,有碍行人,因由工务处拟定自行拆修办法,此因为一时急就之计,现既据该包头情愿承包拆修,限期竣工,比较自办较为便捷,在公家又省拨垫款项,似更合算。业由该包头订立承揽,拟令照缮一分,并附做品章程随文呈请省长察核,令准自当克日开工,以速进行,并请将前呈所请拨款原案撤销,尤为公便。谨呈。

（原载《浙江公报》第一千六百二十一号,一六页,指令）

浙江省长公署指令第八百九十一号

令民政厅长王文庆

呈一件核议徐涵等呈请取消联合师范讲习所由

准如所拟办理。此令。九月十一日

附原呈

呈为核议徐涵等电呈取消联合县立师范讲习所一案,仰祈鉴核事。案奉钧长先后令开,"据徐涵、陶承渊、叶晋绥、沈文华等呈请'取消联合县立师范讲习所'等情,应否即予归并,或俟毕业后停办,令厅并案核议复夺"等因。奉此,查此项讲习所系前巡按使公署遵奉中央命令、斟酌地方情形呈准联合设立,至所定经费,因所既联合设立,故令解由前道署分别转发,嗣以道署裁撤,不得不改由省署经管,并非提充省用。本年度省教育费预算早已规定,各师范校现有房舍亦无余地可以并入,此项速成师范,拟自六年度再行并由各省立师校办理,统以省款支给,业奉钧长另案令发全浙教育会联合会建议案,另具议案呈请钧长核交省议会议决。所有现设各讲习所拟暂仍维持,俟前项议案议决后,再行查照办理。是否有当,理合呈乞钧长鉴核训令遵行。谨呈。

（原载《浙江公报》第一千六百二十一号,一六至一七页,指令）

浙江省长公署指令八百第九十四号

令警政厅长夏超

呈一件为呈复荐桥东山弄口三太傅祠
改筑小菜场一案由

据呈已悉。谢氏三太傅祠基址指定改建小菜场,虽经前巡按使一再批准有案,然未与该产主商议妥洽,遽行收用,致多纠葛,办理殊属疏忽。惟既据查明该处地点为建筑菜场之必要,且房屋业已告成,又于菜场后面仍划余屋空地为谢氏供奉栗主之所,尚与保存遗迹之旨相符。仰该厅转令省会警察厅会同杭县知事,邀集该代表说明理由,备价给领。该代表须知建筑菜场系谋公共利益起见,亦应劝谕族人领价结案,毋庸再生枝节,一并传令知照。此令。九月十一日

（原载《浙江公报》第一千六百二十一号,一七页,指令）

浙江省长公署指令第八百九十七号

令孝丰县知事芮钧

呈一件为奉发捏名灵岩区保卫团团总诬告平民
陈如玉等原呈核对笔迹不符由

据呈灵岩保卫团团总鲁馨呈报陈如玉等为匪一案,核对笔迹、图章,迥然不同,显系捏名伪造,并称陈如玉等四名业已保释等情均悉。除咨行督军备案外,仰该县遵照本署四一九号指令密查务获律办呈

报，毋稍疏玩，切切。此令。九月十一日

（原载《浙江公报》第一千六百二十一号，一七至一八页，指令）

浙江省长公署指令第九百号

令财政厅长莫永贞

呈一件为云和县前后任知事限内算结

交代请各记大功一次由

呈悉。前任云和县知事陈赞唐、现任知事赵铭传，准各记大功一次，仰候注册备案可也。此令。九月十三日

（原载《浙江公报》第一千六百二十一号，一八页，指令）

浙江省长公署指令第九百零二号

令财政厅长莫永贞

呈一件为嘉兴县呈为报解八月分印花税票价银元由

据报解本年八月分印花税票价银十元二角四分三厘等情已悉。仰财政厅核饬知照。此令。九月十三日

（原载《浙江公报》第一千六百二十一号，一八页，指令）

浙江省长公署指令第九百零五号

令民政厅长王文庆

呈一件南田县呈为录送四年七月起至五年六月止

地丁特捐收支各款刊示册由

呈、册均悉。仰民政厅核明令遵，并咨财政厅知照。再，收支各册既系刊示，应由厅令将刊印原本检送备查。册发。此令。九月十三日

附原呈

呈为遵令录送地丁特捐收支各数刊本事。本年八月二十一

日奉财政厅第七二号令内开，"本年八月十日奉省长训令，内开，'据嘉善县公民钱鸿逵等以地丁、抵补金两项附税及地方杂捐，请饬将收支数目详细刊布'等情具禀到署。查关于核准支拨抵补金特捐，与已经按成分配之地丁特捐每月收支各数，应按三个月汇总刊示一次，何以该县迄未遵办。合行令仰该厅迅即严催该知事克日详细刊示，以昭大信，并将刊本呈送查考。又，查前巡按使届于四年二月饬厅通饬各县将地丁、抵补金、附税、附捐，为地方特捐，元、二年度决算刊印成册，布告绅民。现已年余，各县曾否照办并由厅分别查明，如已照办，即将刊本呈送核阅，并令将三、四年度继续办理"等因转行下县。遵查南邑向征租课并无县税，民国二年委员设局办理清丈，凡遵章缴价三分之一者，准予随时改征地丁。惟开办之初，反对者多，报丈寥寥。三年四月，清丈事务由县兼理，劝导督促双方并进，人民知此事在必行，缴价始渐形起色。每征地丁银一两，奉定随收特捐银三角，遵照大章以四成学务、三成警察、二成公益、一成准备金分配支用，他如自治、积谷、塘工、水利各种附捐，均未议收，亦无抵补金附加税名目。其特捐项下收支各数历经按月查造清册，分文呈送前巡按使署并财政厅、会稽道署核示准销。嗣道署奉裁，四月分起又经改送民政厅，业已次第造送至本年六月分止。七月间查无收支，故未册报。至于刊布手续，节经遵饬办理，其四年六月以前特捐收支曾于四年十二月间遵奉财政厅第一零零七号饬汇造四柱清册，呈送前巡按使署查核，奉有批示；其七月以后至本年六月分止，又经区分三次列款刊布。所有开支各款，均经先行详奉批准核销，且与逐月报册毫无参差，并无案未明定、遽行列支者。此南邑地丁特捐收支各数，历经按月册报并遵饬刊示之情形也。至饬布告元、二年度特捐附税次第案，查南邑元、二年间尚征租课，并无县税，亦无由县经管之他种地方公款，委实无从遵行。迨三年以后，民间遵缴地价，陆续改租征粮，始有特捐之收入。然计每年收数亦仅五六百元之谱，扣除一成征费，再区十成分配，为数更属无几。收支款数本甚简单。四成学费，历系支给县视学员薪公之需。四年九月，视学一职，报奉会稽道署核准裁撤，所有视察职务由县署掾属兼任，不支薪津。各区国民小学按诸得受补助规则，学生名额又均未及，是以续征银元，除遵解联合师范讲习所经费银一十三元外，别无动支之款，现共积存银二百一十五元五角。三成警费，款有专属，尽数支放警察薪饷。至二成公益费，一成准备金，均无指定用途。设有应行支拨款项，均经随时随案先行详奉核销，然后列册开支，有案可稽，无虞侵混。若为征信于民起见，又经遵饬详细刊示与布告决算，名称虽异，实际则一，拟请免予补编决算、重行布告，以省烦牍。是否可行，敬乞钧裁。缘奉前因，理合照录特捐收支刊示汇订成本，备文呈送，仰祈钧长鉴核俯赐批示祗遵，实为公便。谨呈。

（原载《浙江公报》第一千六百二十一号，一八至二〇页，指令）

浙江省长公署指令第九百零七号

令财政厅长兼烟酒公卖局长莫永贞

呈一件为造送八月分支出计算书收支对照表及粘件册由

据呈及八月分支出计算书等件均悉。此令。九月　日

附原呈

呈为呈送事。案查职局月支经费支出计算书、收支对照表、粘件册等件，经局长造送至七月分止在案。兹查八月分局用，计支洋一千一百六十六元五分一厘，合与预算数，计节存洋一百三十三元九角四分九厘。连同上月节存洋二百二十八元八分八厘，业经局长另款如数保存外，理合造具八月分支出计算书、收

支对照表、粘件册，备文呈乞省长核销。谨呈。

（原载《浙江公报》第一千六百二十一号，二〇页，指令）

浙江省长公署指令第九百零八号

令民政厅长王文庆

　　呈一件景宁县为呈送七月份警察月报违警罚金各表册由

　　呈及表、册均阅悉，仰民政厅查核令遵。再，据呈称是项表册、报单，业经按月造送至本年六月分止，查本署并未收到该县六月以前呈报表、册，仰一并查核转令具报。此令。表、册共五件，连呈抄发，仍缴。九月十三日

（原载《浙江公报》第一千六百二十一号，二〇页，指令）

浙江省长公署指令第九百十一号

令警政厅长夏超

　　呈一件为呈请指令售药赠品展期办法由

　　呈悉。查此案前据金志芬等先后禀请展限，业以"应无庸议"批示在案。该药房事同一律，未便独异，仰即转令传谕知照。此令。九月十一日

（原载《浙江公报》第一千六百二十一号，二〇页，指令）

浙江省长公署咨复省议会

　　为议员金銮等质问联合县立师范讲习所一案由

　　浙江省长公署为咨行事。案准贵会咨交金议员銮等关于联合县立师范讲习所质问书一件。查联合县立师范讲习所，据省视学员陶承渊暨旧嘉属六县前县议会会长徐涵等先后呈电"请予取消"，经本公署以"应否即予归并，或俟毕业后停办之处，令仰民政厅分别核议具复"去后。旋据民政厅拟具变更办法呈送到署，业经提交贵会议决在案。究应如何办理之处，应候贵会议决后，再行查照办理。至续办

省立师范学校,亦经民政厅拟具议案,由本公署咨交贵会议决在案。兹准前因,相应备文咨复贵会,请烦查照。此咨

浙江省议会

浙江省长吕公望

中华民国五年九月　日

（原载《浙江公报》第一千六百二十二号,一九一六年九月十七日,三页,咨）

浙江督军署训令第一百四十九号

令文武各属嗣后请领输运免税物品护照
照章先行缴纳印花税由

令文武各属

照得运送军械军需免税物品,填发护照,每张贴用印花一元五角,出差人员填发行李护照,每张贴用印花一元各办法,历经遵办在案。乃近查各机关输运免税物品,请领护照贴用印花者固多,而遗漏未贴者亦复不少,殊不足以符定制。嗣后各机关请领前项护照,务须照章将印花税先行缴纳,由本署粘贴盖章,再行给领。除分令外,合行令仰该　　遵照(并转令所属一体遵照)。此令。

中华民国五年九月十四日

督军吕公望

（原载《浙江公报》第一千六百二十二号,四页,训令）

浙江省长公署训令第四百二十二号

令财政厅据武义县知事条陈该县地方兴革事宜仰该厅核议由

令财政厅长莫永贞

案据武义县知事刘应元呈称,遵饬条拟该县地方应兴应革事宜,请予核示等情,并附送清摺五扣到署。据此,除将条陈分别批答,并

指令该知事遵办外,合亟抄录原摺内应由该厅核议各节,暨本署批答令发该厅遵照办理具复。此令。

中华民国五年九月　日

省长吕公望

（原载《浙江公报》第一千六百二十二号,四页,训令）

浙江省长公署训令第四百二十四号

令财政厅为萧山县知事条陈内应由该厅核办

各项抄发原摺及批答由

令财政厅长莫永贞

案据萧山县知事彭延庆呈称,遵饬条拟该县地方应兴应革事宜,呈请核示等情,并附送清摺七扣到署。据此,查该县财政条陈内所称各钱庄行用抬签、抬票一项,此种情形恐不独该县为然,应由该厅通令各属一律禁革,以维金融。除将条陈分别核明批答并分令外,合将原摺内关于抬签、抬票一项,暨本署批答抄发该厅遵照办理,切切。此令。

计黏抄一件。

中华民国五年九月　日

省长吕公望

（原载《浙江公报》第一千六百二十二号,四至五页,训令）

附　浙江财政厅训令第五百七十六号

令各县知事奉省长令发萧山县财政条陈内

各钱庄行用抬签抬票转令禁止由

令各县知事

案奉省长训令内开,"案据萧山县知事彭延庆呈称,遵饬条拟该县地方应兴应革事宜呈请核示等情,并附送清摺七扣到署。

据此，查该县财政条陈内所称各钱庄行用抬签、抬票一项，此种情形恐不独该县为然，应由该厅通令各属一律禁革，以维金融。除将条陈分别核明批答并分令外，合将原摺内关于抬签、抬票一项暨本署批答抄发该厅遵照办理，切切。此令"等因计黏抄到厅。奉此，除分令外，合行抄发令仰该知事遵照办理毋违，切切。此令。

计粘抄原件。

中华民国五年十月五日

财政厅长莫永贞

财政条陈批答（已见九月十七日本报指令门）

萧山县财政条陈第四条

一、萧邑各钱庄进出交易，除行使现银外，多以期票、期签往来，此系钱庄习惯，便于周转起见，惟有一种抬签、抬票名目，亟应从严取缔，以维市面。所谓抬签者，如甲应付乙款，一时无现银筹备，则向素识钱庄借一期签，藉为抵制，俟到期时，如将现银交庄，则该钱庄自当代为照付；倘到期无银，即以款未交进为词，断不照付。至抬票一项，又名"上单"，如甲应付乙款，因无现银，则由个人开一期票，书明上某某钱庄字样，如本人不向该庄接洽，则此项期票即归无效。此等行为妨害市面，殊非浅鲜。兹拟饬令各钱庄嗣后如果切实可靠，签票自当照常行使，俾资周转。所有抬签、抬票名目，一律革除，以坚信用。

（原载《浙江公报》第一千六百四十三号，一九一六年十月八日，一一页，训令）

浙江省长公署训令第　　号

令民政厅为萧山县知事条陈内应由该厅核办

各项抄发原摺及批答由

令民政厅长王文庆

案据萧山县知事彭延庆呈称，遵饬条拟该县地方应兴应革事宜，呈请核示等情,并附送清摺七扣到署。据此,除将条陈分别批答并分令外,合亟抄录原摺内应由该厅核议一项,暨本署批答令发该厅遵照办理。此令。

计黏抄一件①。

中华民国五年九月　日

省长吕公望

（原载《浙江公报》第一千六百二十二号,五页,训令）

浙江督军署指令第六百九十四号

令桐庐县知事颜士晋

呈一件为呈送八月三十一日以前逃兵表由

呈、表均悉。查该县逃兵已有二十余名之多,未曾获到一人,殊属玩忽,仍仰该知事从严饬属设法查拿解办,以肃军纪而儆效尤。嗣后月报表务须按月填造送署,以备查考。表存。此令。九月十四日

（原载《浙江公报》第一千六百二十二号,八页,指令）

浙江省长公署指令第九百十八号

令警政厅长夏超

呈一件为外海水警第七第八两队长互调请加给任命状由

呈悉。据请将外海水警第二区第七队长张启元,与第八队长曹广辉互相对调,应即照准。仰将发去任命状二道转令祗领,并将前发任命状呈缴注销。此令。九月十三日

（原载《浙江公报》第一千六百二十二号,八页,指令）

---

① 黏抄,见浙江财政厅训令第五百七十六号《令各县知事奉省长令发萧山县财政条陈内各钱庄行用抬签抬票转令禁止由》（本集卷五,第1521页）及浙江省长公署指令第　号《令现任萧山县知事王右庚　呈一件条陈该县兴革事宜由》（卷五,第1530—1531页）。

附 浙江警政厅训令第二百二十号
令外海水警厅为本厅呈准将第二区
第七第八两队长互相对调由

令外海水上警察厅厅长王萼

本月十四日奉省长指令第九一八号本厅呈为外海水警第
七、第八两队长互调请加给任命状由，奉令，"呈悉。据请将外海
水警第二区第七队长张启元，与第八队长曹广辉互相对调，应即
照准。仰将发去任命状二道转令祗领，并将前发任命状呈缴注
销。此令"等因。奉此，查此案前据该厅长呈请前来，当经分别
指令转呈在案。奉令前因，合将奉发曹广辉、张启元任命状二
纸，令发该厅长转给祗领，并将各该队长旧任命状暨到调日期一
并缴报，以便核转。此令。

计发任命状二纸。

中华民国五年九月十七日

警政厅长夏超

（原载《浙江公报》第一千六百二十五号，一九一六年九月二
十日，七页，训令）

浙江省长公署指令第九百二十六号

令天台县知事

呈一件为报办理农桑水利各要政情形由

呈悉。农田水利关系重要，既拟定仿照《自来水管办法》①，应即
迅速举办具报。贫儿院系通饬办理事件，未便再延，限一月内详加计
画举办具报。余如所拟办理。仰即知照。此令。九月十三日

（原载《浙江公报》第一千六百二十二号，八页，指令）

---

① 底本如此，"管"字下疑脱"理"字。民国五年天台县出台此项办法，可谓先声
夺人。

浙江省长公署指令第九百二十七号

令瑞安县知事

　　呈一件为报办理农桑水利各要政情形由

　　呈悉。该县办理农桑、水利各项要政，于未来计画，殊欠实在，姑念该知事到任未久，准展限一个月另行详细计画，呈候核夺，仰即知照。此令。九月十三日

　　　　（原载《浙江公报》第一千六百二十二号，八至九页，指令）

浙江省长公署指令第九百二十九号

令民政厅长王文庆

　　呈一件新登县知事为报办理农桑水利各要政情形由

　　呈、摺阅悉。农田水利为根本要图，该县松、葛二溪工程既属重要，应即将工程范围及筹集经费方法等作成计画书，呈候核办。苗圃、贫儿院系通饬办理事件，尤应积极进行，呈报成立，毋得延误。余如所拟办理。仰民政厅转饬知照。此令。九月十三日

　　　　（原载《浙江公报》第一千六百二十二号，九页，指令）

浙江省长公署指令第九百三十号

令民政厅长王文庆

　　呈一件上虞县知事为报办理农桑水利各要政情形由

　　贫儿院教养兼施，为济贫要政，亟应筹办，毋得藉词延宕。苗圃为造林入手办法，来呈绝未提及，殊属疏玩，应即补报候核。因利局、水利两项，业于该县条陈应兴应革案内分别批示。余如所拟办理。仰民政厅转饬知照。此令。九月十三日

　　　　（原载《浙江公报》第一千六百二十二号，九页，指令）

浙江省长公署指令第九百三十一号

令民政厅长王文庆

　　呈一件桐庐县知事为报办理农桑水利各要政情形由

　　该县多山,林政最宜讲求,苗圃为造林入手办法,何以至今未办,殊属玩忽。既经自治委员查有荒山一片,堪为苗圃,究在何处,面积若干,何时可以开办,着即详呈候核。因利局请拨省款一节,应专案请由民政、财政两厅转呈候核。余如所拟办理。仰民政厅转饬知照。此令。九月十三日

　　　　（原载《浙江公报》第一千六百二十二号,九页,指令）

浙江省长公署指令第九百三十二号

令民政厅长王文庆

　　呈一件金华县知事为报办理农桑水利各要政情形由

　　呈悉。贫儿院经费请拨婴堂余款,未奉批准,应即另筹举办,搁置不理,殊属非是,着即另筹的款,克日开办具报,毋再延误。余如所拟办理。仰民政厅转饬知照。此令。九月十三日

　　　　（原载《浙江公报》第一千六百二十二号,一〇页,指令）

浙江省长公署指令第九百三十三号

令民政厅长王文庆

　　呈一件安吉县知事为报办理农桑水利各要政情形由

　　呈、摺阅悉。农会会员本有缴纳会费之义务,未经入会之农民,在法不能强令入会,所陈未便照准。贫儿院系通饬办理事件,亟应积极进行,毋得藉词延宕。余如所拟办理。仰民政厅转饬知照。此令。九月十三日

　　　　（原载《浙江公报》第一千六百二十二号,一〇页,指令）

浙江省长公署指令第九百三十八号

令民政厅长王文庆

　　呈一件为嘉兴县知事辞职遗缺以张梦奎署理由

　　呈及履历均悉。据称嘉兴县知事袁庆萱因公致病，呈请辞职。查该知事任职以来，颇著政声，此次改革，对于地方防务悉心措置，尤著勤劳，乃竟因此致疾不能支持，应准辞职，以资调摄。遗缺即以张梦奎署理，仰将发去任命状转给祗领，并转令袁知事知照。此令。履历存。九月十四日

　　　　（原载《浙江公报》第一千六百二十二号，一〇页，指令）

浙江省长公署指令第九百三十九号

令高等审判厅长范贤方

　　呈一件为呈请诸暨县疏脱监犯将知事管狱员分别惩戒由

　　如呈办理。逸犯许云山即锡祥一名，并即勒限严缉，务获究报。除分别注册外，仰即转令该知事暨管狱员遵照。此令。九月十四日

　　　　（原载《浙江公报》第一千六百二十二号，一〇至一一页，指令）

浙江省长公署指令第九百四十号

令分水县知事

　　呈一件为条陈该县兴革事宜由

　　呈暨清摺均悉。所拟兴革各项，业经分别核明批答随令抄发，仰即遵照办理，仍将遵办情形具报。其原摺暨本署批答，并即分别录报主管各厅查考。清摺存。此令。九月十一日

　　　财政条陈批答

　　　该县因地瘠民贫，财力艰困，拟振兴林业，为山乡辟利源，自

系根本办法。上年该县曾订有《清厘山业试办章程》,经财政厅修正呈奉前巡按使核准在案,自应切实进行。现在办理至如何程度,仰即将详情具报备核。

实业条陈批答

据陈该县连年水旱,民力凋敝,仅恃原有之丝茶、山木等利,不足以资救济,则丝茶如何推广,如何改良,森林如何扩充,官办、民办究有几处,均应切实计画,积极进行,断非仅仅出示劝谕即为尽职,着于月内将前指各节补呈候核。清查山地,确定产权,事不容缓,现在办理情形若何,预计何时可以竣事,着一并呈报察夺。

教育条陈批答

据陈已设各校由该知事编就讲义分发演讲等情,仰将讲义另缮副本呈候查核。讲演所由教员、视学员兼任,恐少实效,仍速筹集经费,另派专员讲演为要。

警政条陈批答

警政应行兴革事项,非特推广警额一端。该县地原贫瘠,于推广警额固所难言,而现有警察行政事宜,宁无一事可办?警察为内政根本,关于保持公秩、维护公安,万绪千端,难屈指计。该县捐税短少,虽不能百务并兴,而视察情形,度量财力,择其急要逐渐举行,该知事之所应有事也,幸毋藉口贫瘠,坐视不理,致负本省长殷殷属望之意。

司法条陈批答

所陈并非兴革事项,与前饬不符。现在审检所成立,审判事件虽属归承审员专责,然关于检察范围内之事,仍属知事兼任,法警应如何取缔,监狱应如何整理,应切实规划具复;以及告诉告发事件已否认真办理,此后每月收受若干件,起诉若干件,不起诉若干件,判决后由该知事提起上诉者若干件,应随时详晰呈报核夺，毋谓审检所成立，该知事即可置身事外也。

（原载《浙江公报》第一千六百二十二号，一一至一一二页，指令）

浙江省长公署指令第九百四十一号

令武义县知事

呈一件为条陈该县地方兴革事宜由

呈暨清摺均悉。所拟兴革各项，业经分别核明批答，随令抄发，仰即遵照办理，仍将遵办情形具报。其原摺内未经批厅核议各条，暨本署批答，并即分别录报主管各厅查考。清摺存。此令。九月　日

财政条陈批答

田赋紊乱，流弊甚多，亟应认真整顿，以期恢复旧额。所拟划分区域按产清查办法是否可行，候令财政厅确核妥议，呈复察夺。

内务条陈批答

池塘、堤堰、坝圳关系农田水利①，既据分饬调查并着手兴修，现在已修者究有几处，未修者尚有几处，按亩出资有无定则，着即详细声叙，呈候核夺。该县积谷既据拟有保管章程呈报在案，应准照章办理。

实业条陈批答

据陈各节，事属可行，惟无切实办法，仍归无济。着照原饬将经费预算及筹集方法、进行期限等详细计画，呈候核办。

教育条陈批答

清理校款至为紧要，应即切实调查，严行稽核。至讲习林学一节，高等小学本准增课实业，与其创设讲习所费多功少，转不若即就设各高等小学中酌量增课，较为便利，可酌行之。

---

① 关系，底本误作"阙系"，径改。

警政条陈批答

第一条　派出巡逻。据称该县警察,仅县警所长警三十二名,东皋分所长警十一名,四乡派出所均已裁撤,诚如所虑,幅员辽阔,巡察难周,自应妥为设法,以资保卫。所拟巡逻办法,自较零星分布稍有实益,应准照行。惟访闻各地方警察巡逻有名无实,则是警察既不站岗,又不巡逻,终日聚处警局,无所事事,甚至习为不善,殊非创办警察之本意。除密查惩办外,仰即随时督饬各长警认真巡察,是为至要。再,查《地方保卫团条例》,凡县属未设警察地方得设立保卫团,该县各乡已未设立,未据呈明,无凭查考。如已设立,应即切实整顿,以期得力;如未设立,亟应查照《条例》,于未设警察地方妥为筹设,以补警察所不足,并即将办理情形具报核夺。

第二条　加派侦探。据称拟交冬后选派干警分旬出发,专赴交界处所、草铺、窑户之中秘密侦探,自为杜绝盗匪起见。惟查该县警察总数仅止四十三名,既拟派定五人一班,轮乡出发巡逻,周而复始,并须轮巡城厢,是否尚有余警足敷分旬出发之用,务须预为筹计,勿得徒鹜其名,致涉粉饰。至派出之人,尤宜格外审慎,庶不致贻害闾阎。

司法条陈批答

禁止滥押,前已通饬各县一体遵照。所呈情轻者交保候审,明确者立予判决,自属正当办法。扩充监犯工作一层,所呈办法颇有见地,应即另拟详细办法,呈由高检厅核饬复夺。

（原载《浙江公报》第一千六百二十二号,一二至一三页,指令）

浙江省长公署指令第　号

令现任萧山县知事王右庚

呈一件条陈该县兴革事宜由

该县前知事所拟兴革各项业经分别核明批答,随令抄发,仰即遵照办理,仍将办理情形具报。其摺内未经批厅核办各项,暨本署批答,并即分别录报主管各厅查考,暨移彭前知事知照。清摺存。此令。九月　日

财政条陈批答

完纳钱粮,须用现银,兼收期票,本非正办,值此库藏支绌,待用孔殷,亟应出示禁革。且完纳银数在数十元至百元以上者,均系大户,非贫苦小民可比,如敢观望抵制,即属不明大义,自失体面,应即按照《征收地丁章程》第二十三四两条规定,择尤拘追,以儆其余。沙牧租课,由佃长裁串代收,流弊滋多,自应将佃长名义即行革除。所拟改编催粮役及分设征柜之处,系为便利沙民完纳租课起见,事属可行。征费设有不敷,可于地丁征费内酌量把注,不必另立名目设法再筹,重为民累,仰即遵照此次批答,切实计划,拟定办法,专案呈由财政厅核明,转呈核夺。旧有推收经费,系前清册书之非法收入,其种种勒索情弊,不胜枚举。民国成立,册以归官,卖买田地、过户承粮,定有专章。积弊既清,人民受惠非浅,何得再拟规复。行用抬票、抬签,于金融信用大有妨碍,应即出示禁止。且此等情形恐不独该县为然,并候令知财政厅通令各属一律严禁,以维市面。

实业条陈批答

拟设模范工场,既专为改良滞销国货,其开办之始,亏折自不待言。此等事业如有官款,未始不可举办,以资提倡,若欲责之商富,恐难办到。究竟此项工场,该县就地殷富能否出资筹设,应即切实会商办理,具报查考,毋得以空文塞责。添设第二平民习艺所暨养蚕模范场,即经前巡按使核准有案,应即照案实行。惟所拟抽捐办法,该处商民是否允洽,应令茧行暨沙民各举代表数人,到县妥速协商,俟得同意,再行呈请核示。改良造纸,

自是要图,惟各项用纸应如何改良,方收实效,改良以后,应如何推广销路,方能持久,此外经费约需若干,机器应否购置,均须先期详晰调查,俟有把握,再行集股开办,以资模范。如果办理确有成效,彼槽户等自能争先仿办,若如来折所陈,事前毫无布置,而贸曰改良,虽以之日号于众,其谁听之?查余杭等县办有造纸新厂数处,成本不巨,而所造皮纸,直与日本所出无异,应即派员前往调查,以资仿效。至所陈应行禁革各项,均属可行,并即认真随时查禁,毋得稍涉敷衍,是为至要。

教育条陈批答

添设各乡讲演团暨女子高小学校、乙种蚕业学校,均属可行,应将设立地点暨详细办法妥为筹议,分案呈候核夺。至推广学校,自以宽筹学款为第一要着,惟过于苛细之杂捐,收益无几,敛怨实多。如该知事拟办船厂、船埠各捐,以全县之大,岁收不过二三百元,其为苛细,不问可知,应毋庸议。叶行、鱼荡二捐,如果民情允洽,自于学款不无裨补,应即召集该处公正士绅,先期妥商,俟得同意,再行拟定章程,呈请核示。该县养鱼之家暨患盗窃者众①,保管为难,该知事身任地方,即不向之筹捐,亦应设法保护;来折所陈,一若保护,所以为捐款之报酬,不筹捐即毋庸为之保护,殊属非是。至地方公款、公产,自治委员负有完全清理之责,该县旧有学务款产,如果经管人员尚有不实不尽之弊,应即督同该委员等认真厘别,毋庸另设机关,致涉糜费。旧有田产变价生息,其收入自较租息为多,然每见地方公款为数本巨,偶遇事故发生,地方官与就地士绅往往怵于募集经费之难,即以团体名义提用存款,事平款散,再集无期,殊为可惜。故为便于保存计,总不若留田之较为稳固,所讲碍难照准。

①　暨,疑为“既”字之误。

警政条陈批答

扩充警额，自是言之成理，惟该知事对于此项经费并无切实计划，徒以"俸由省税给发，解省警费仍归县用"等词，为筹款方法。试问现在省库同一支绌，各县提省警费亦均定有用途，焉能办到？应先督率警佐，就原有警察切实整顿，务使一警得一警之用，一面将扩充应需警费如何筹集，拟定切实办法，再行呈候核夺，不得以空文塞责。其城区所添临时长警二十二名，现在有无添设之必要，该项经费系从何款支拨，并应详细补呈核夺。筹设警察教练所，事属可行，惟人员、经费暨授课时间、毕业期限，以及应授课目等项，均须详细规画，呈由民政厅转呈核定。分所未经规定，公费果有窒碍情形，当不止该县为然，应候令行民政厅详细核议具复，统筹办理。设立小菜场，添设清道夫，均可照准，惟该县究应设立小菜场几处，于何处设立，方于居民便利，摺内并未详细筹及。至招商承办，令各摊户酌付租金一节，将来实行有无窒碍，民情是否允洽；抽收戏捐可得实数若干，应如何办理方无流弊，均应妥为筹及，分案呈夺。

司法条陈批答

所陈第一、第二、第三、第五各项，原系正办，惟访闻该县诉讼事件，往往案已定期，传审当事人亦经届期报到，该县知事仍有延不审理者，平时除催征外，亦少亲自下乡，以其所行，证其所言，恐亦等于空文塞责而已。嗣后应即认真办理，毋得稍涉敷衍。法警对于调查事件，得贿徇情，既所难免，并应随时严密查察，有犯必惩，庶几此弊不致渐滋。第四项改良监所，既经详准有案，自可照办。惟该县监狱屡次失事，曾经批令另选看役，妥慎典守，以杜贿纵等弊在案，现在已否遵办，应即查明具报。第六项所陈囚粮不宜限制，尚有理由，惟各县审检所业已限期成立，所有该所暨监狱经费，亦均分别归定，应即遵照办理。将来囚粮一项，届时如确有不敷，应准按照高等厅所定拨补范围以内，在司法收入项下拨补。该县未决之犯，现在确有若干，来折语及含混，应再详细列报，嗣后并应遵照前都督府二百四十六号通饬，不得将案内人证滥行收押，其已决之犯，如非破廉耻及有合乎缓刑条件者，亦应随案宣告缓刑，以符立法本意。第七项拟于监狱工场，添制蒲包、蒲团等物，既系因地制宜，自可照办，惟该县此项工场原分几科，办理有无成效，出有成品若干，销路若何，应再详细补报，并将所出成品每种检取一件呈送查核。

（原载《浙江公报》第一千六百二十二号，一四至一六页，指令）

浙江省长公署咨财政部

据缙云县知事呈报县属下洋庄地方田亩
被灾分别转请备案由

浙江省长公署为咨行事。本年九月五日据缙云县知事呈称，“本年八月九日据十九都下洋庄民人刘骥等禀称，‘窃民等地居山野，均赖苦力耕种，以资糊口，不料于昨日夜半时候，山洪陡发，所有民庄兆弄屼及后畈等处田禾，约共三百余亩，均被冲没无存，其被沙淤石积者，尚有十余亩，外有石磷一带茅屋三间、石桥二条、池塘数口，概被冲坍，请履勘明确，转请救济豁粮，以恤灾民'等情前来。据此，当即委城警所警佐张耀南前往该庄周历履勘，饬将被灾田亩之户名、亩分、粮额查报核办去后。嗣据该警佐报称，查蛟水起发之地称兆弄屼，该屼共有九处山崩，距下洋地方计八九里，冲没田禾不下三百余亩，除受灾较轻之处田禾尚可扶植者，均由各该农民自行扶植外，其被沙积水漂颗粒无收者，共有田四十三亩七厘一毫五丝三忽，地三亩一分三厘，计额银四两六钱五分一厘三毫三丝一忽，并开具清单送署。据此，除呈报财政厅外，理合备文呈报，仰祈钧长察核派员复勘，以便造册呈请蠲赋而恤灾民，实为公便”等情。据此，除呈报大总统备案，

并令行财政厅迅委妥员会县复勘外,相应备文咨请大部备案。此咨
财政部

浙江省长吕公望
中华民国五年九月十三日

（原载《浙江公报》第一千六百二十三号,一九一六年九月十八日,二页,咨）

浙江省长公署咨台州镇守使

为台属保卫团经费不敷议将团丁分别裁减由

浙江省长公署为咨复事。本月四日由浙江督军署交到贵镇守使为台属保卫团经费不敷,议将团丁分别裁减归并由公文一件。准此,查台属前办团兵一营,名为保卫团,而编制则仿游击队,事权又归地绅主持,不由县署监督,办法诚属歧异。现经该团总陶祝华、黄崇威以月需薪饷为难,呈请裁减。贵镇守使议将该营四哨裁减两哨,其余两哨并入第四区警备队,与扩充兵额、统一营制原议悉相符合,深佩伟筹。除令行民政厅会同警政厅将是项团兵改编警备队妥议归并接收办法,具报核夺,暨已裁之两哨缴解枪械查核呈报外,相应备文咨复,以资接洽,请烦查照。此咨
台州镇守使兼警备司令官顾

浙江省长吕公望
中华民国五年九月　　日

（原载《浙江公报》第一千六百二十三号,二至三页,咨）

浙江省长公署训令第四百二十三号

令财政厅据上虞县知事条陈该县兴革事宜仰分别核议由
令财政厅长莫永贞
案据上虞县知事张应铭呈称,遵饬条陈该县应兴应革事宜,请予

核示等情,并附送清摺五扣到署。据此,除将条陈分别批答,并指令该知事遵办外,合亟钞录原摺内应由该厅核办各节,暨本厅批答令发该厅遵照办理具复。此令。

计黏抄一件。

中华民国五年九月　日

省长吕公望

（原载《浙江公报》第一千六百二十三号,四页,训令）

浙江省长公署训令第四百二十九号

令各厅署据公报处主任呈为寻常例行

通令公文一律刊登公报由

令各厅署

案据本署机要助理秘书兼浙江公报处主任陈焕章呈称,"窃维本署《公报》为宣布中央暨本省法令章制之枢纽,关系至为重要,业奉省长在都督任内通饬各机关团体一律购阅,以资查考各在案。查本署暨民政、财政、警政、审、检五厅及盐运、交涉两署,所有寻常例行通饬公文通盘匀计,每日当不下二十件,按照邮章,每公文一件应纳邮费八分,合七十五县计之,每件需邮费银六元,每日二十件,共需银一百二十元,而缮写、薪资及纸张、笔墨,尚不在内。兹特函商杭州邮政总局,规定《公报》到达各县日期,拟请省长通饬各机关所有本署暨上列各厅署日行公文,除关于紧要及秘密事项,与夫特别令饬外,一律刊登《公报》,不另行文。按照表列到达日期发生效力,藉省手续而节经费。且公报处因页数增加,纸价昂贵,开支过繁,入不敷出,即以撙节之款,为挹注补助之需,既堪省减文书,并克维持报务,似于政、报前途,均属不无裨益。愚昧之见,是否有当,理合开具《公报》到达各县日期清单,备文呈请省长鉴核,指令祗遵"等情,计呈送清单一纸。据此,除指令"呈、单均悉。查本署暨各厅署寻常例行通令公文为数颇多,若逐件发缮通令,非特多耗邮费,抑且徒劳钞胥,且于公文传达,多经手续,必致积滞时日。所请寻常例行通令公文一律刊登《公报》,不另行文,按照表列到达日期发生效力,本属正当办法,自应照准。惟各机关接到《公报》见有通令之件,应即从速遵办,并将接阅《公报》奉令遵办日期呈报查考,如有违延,即由上级机关查究。除分别咨、令督军署暨各厅署,转令所属于十月一日起,一体遵照办理外,仰即知照。此令。单存印发。并分别咨、令"外,合行印发清单,令仰该　　遵照于十月一日起遇有通令文件,即于文尾叙明"刊登《公报》,不另行文"字样,并即抄送公报处,以便提前刊登,并通令所属一体遵照。此令。

计发清单一纸。

中华民国五年九月十五日

省长吕公望

计抄公报到达各县日期清单

旧杭属

杭县一日　余杭二日　富阳二日　新登三日　海宁二日
於潜三日　临安二日　昌化三日

旧嘉属

嘉兴一日　海盐二日　崇德二日　嘉善一日　平湖二日
桐乡二日

旧湖属

吴兴三日　德清三日　安吉五日　长兴五日　武康三日
孝丰五日

旧宁属

鄞县二日　慈溪二日　镇海二日　定海三日　南田九日
奉化四日　象山四日

旧绍属

绍兴二日　萧山二日　诸暨三日　余姚二日　上虞三日
嵊县四日　新昌四日

旧台属

临海十日　黄岩十日　天台十三日　仙居十三日　宁海五
日　温岭十三日

旧金属

金华五日　兰溪四日　东阳六日　义乌六日　永康六日
武义六日　浦江五日　汤溪五日

旧衢属

衢县六日　龙游五日　常山七日　江山七日　开化八日

旧严属

建德三日　淳安七日　桐庐二日　遂安七日　寿昌四日
分水三日

旧温属

永嘉十日　玉环十日　瑞安十二日　乐清十二日　平阳十
三日　泰顺十六日

旧处属

丽水八日　青田十二日　松阳十一日　缙云七日　遂昌七
日　龙泉十二日　云和十二日　宣平十二日　景宁十三日　庆
元十五日

（原载《浙江公报》第一千六百二十三号，四至六页，训令）

浙江省长公署训令第四百三十号

令财政厅等核议丽水知事条陈清丈事宜由

令财政厅长莫永贞、高等审判厅长范贤方、高等检察厅长殷
汝熊

案据丽水县知事陈赞唐呈称,遵饬条拟该县地方应兴应革事宜,请予核示等情,并附送清摺五扣到署。据此,除将条陈分别核明批答,并指令该知事遵办外,合亟抄录原摺内应由该厅核议各节暨本署批答,令发该厅遵照议复核夺。此令。

计粘抄一件。

中华民国五年九月　日

省长吕公望

(原载《浙江公报》第一千六百二十三号,六至七页,训令)

浙江省长公署指令第九百四十二号

令上虞县知事

呈一件为条陈该县兴革事宜由

呈暨清摺均悉。所拟兴革各项业经分别核明批答,随令抄发,仰即遵照办理,仍将遵办情形具报。其原摺内未经批厅核办各条,暨本署批答并即分别录报主管各厅查考。清摺存。此令。九月　日

财政条陈批答

该县承上年灾歉之余,贫民生计艰难,已可概见,亟应将因利局认真办理,藉资救济。已令财政厅速将准拨之基本金二千元,克日如数支付具报,一面将所请抽收附捐及限制官中名额,严定《私牙罚则》《修正摊认屠宰税》各条,是否可行,分别核议呈复察夺。

实业条陈批答

该县多山,造林自不容缓。据陈长者山一带民荒,业经由县测定代垦,究竟种树若干,需费若干,有无租息,将来收益如何分配,此外尚有荒地若干,造林是否相宜,可以拨归学校作为树艺场者究有几处,面积几何,均应详细查明,补报备核。修浚曹江,

既经议决详准有案,亟应切实进行。余如所拟办理。

教育条陈批答

第一项至第四项,均系过去事实,无呈报之必要。第五、第六、第七三项,系该县奉饬办理之件,其为应兴,自不待言,若将通俗图书馆现在购存图书若干种,年费几何,每日观览人数平均若干,讲演所讲员何人,年费若干,每月讲演几次,各乡何时普设,及露天学校种种规则,详细声叙补呈候核。余如拟办理。

警政条陈批答

拟于章镇及沥海所添设警察,必须先将经费筹定确数,戏捐既无把握,自应另想办法,未便于县有余款内希冀截留;贫儿院经费,就地筹款,亦宜详细拟定办法,务即一并切实妥议,呈候核示。至私售鸦片,自应遵照《刑律》"鸦片烟罪"办理,无所用其原情。惩恶恤贫,截然两事,小民愁苦,未尝不可借与资本,俾营生计,然用意各有所在,自未可混为一谈也。其余各项均属县知事职务内应为之事,幸勿视作纸上空言,敷衍塞责,至要至要。

司法条陈批答

所陈各节,均系县知事应尽职责。惟司法事件,均应以法为标准,不可豫存宽严之见。现在审检所成立,该知事兼任检察事务,应即就检察范围内之事,查照定章及本署通令切实办理,不可放弃责任,亦不可干涉审判,是为至要。

（原载《浙江公报》第一千六百二十三号,一一至一二页,指令）

浙江省长公署指令第九百四十四号

令龙游县知事

呈一件为条陈该县兴革事宜由

呈暨清摺均悉。所拟兴革各项业经分别核明批答,随令抄发,仰

即遵照办理,仍将遵办情形具报。其原摺暨本署批答,并即分别录报主管各厅查考。清摺存。此令。九月十四日

财政条陈批答

开征期限虽有规定,然各县每有请予变通呈奉核准者。该县征期,如于事实上果有窒碍,不妨详叙理由,呈请主管官署察核准行。至催完粮赋,按照《征收地丁章程施行细则》,本得酌设催征役或借拨警察执行,而其薪工则从征收经费内提成支给,县知事仍有酌量伸缩之余地,但须选用得人,并于范围内严定赏罚规则,自无不可,固无庸更立名目。该县知事赴乡亲催,即睹成效,可见深居简出,徒恃役吏追呼无益也。关于民间垦荒成熟匿多报少一节,该县拟定限期责令民间将垦熟未报各产依限禀候勘办,事属可行,惟如何能使民间在限内自愿据实呈报,必先拟具妥善办法呈请主管官署核准施行,仰即分别遵照办理。

实业条陈批答

该县出纸最多,保护竹山自不容缓,该知事身任地方,除暴安良,责无旁贷。据陈谕令山主设法取缔,请饬原县禁止来龙等语,山主取缔,恐客民未易服从,邻县又何能禁止人民勿令他往?此等不负责任之语,殊所不取。仰即先行出示严禁,如有违抗即予严惩,以资保护。至造纸参用新法,以期改良,亦应切实劝导,并将有无成效具报查考。水塘为备旱要需,究竟该县北乡应开几处、需费若干,仰另查明详细声复核办。

教育条陈批答

国民学校基本经费,照章由各自治区负担,县税小学补助费不能作为基金,如果各该校基金不足,自应饬令设法另筹。至就县税项下特设女子国民学校一节,应专案呈由民政厅转呈核办。

警政条陈批答

第一条扩充警额,据称该县现存警额六十六名,城区长警二十二名,四乡各设十一名,是城乡各处均已略有基础,所拟添设二十名酌量分配,警力自属较厚,应准照办。至应解警察余款,事关通省,该县未便独异,所请在该款内动支一节,碍难照准,应由该县设法另筹,制成预算表,呈候察夺。

第二条分所量移地点,据称西乡分所现设于五都詹地方,于管辖上既有不便,防务亦属难周,不如改设团头汪地方,较为适中而扼要等情,应准照办,仍另案呈由民政厅察核备案。

司法条陈批答

据请以通俗讲演员二人轮流抽暇定期借赴监狱内讲演,以期感化狱囚,事属可行,但须限制外人不准随同入内听讲,以示区别而免意外。至囚粮请准核实支销,理论原属正当,然难免不发生滥押多人及浮冒之弊,应即拟具切实办法呈由高等检察厅核议转呈核夺。

(原载《浙江公报》第一千六百二十三号,一二至一三页,指令)

浙江省长公署指令第九百四十五号

令遂安县知事

呈一件为条陈该县地方兴革事宜由

呈暨清摺均悉。所拟兴革各项,业经分别核明批答,随令抄发,仰即遵照办理,仍将遵办情形具报。其原摺暨本署批答,并即分别录报主管各厅查考。此令。九月十四日

财政条陈批答

第一条既称该县征数锐减,由于习玩之户任意抗欠者居其多数,应即按照《地丁章程》第二十三四两条,从严拘追,以资惩

做。至举行清丈,既非易言,惟有先从编审户粮,为清理粮赋入手办法,该县编审事宜已未遵办,未据叙及,如未举办,并应遵照规定办法积极进行,庶几飞洒诡寄之弊得以渐就革除。

第二条所陈稽核经征办法,在《征收地丁章程施行细则》第十五、十六两条规定已极周密,如果照章实行,自足以示劝惩而资鼓励,应即遵照办理。

第三条所陈未验未税契据,因一时无力投税投验者,准其先行呈送契据立限缴款各节,此等办法在人民一方表面上似不无利益,实则仍须俟款项缴清后方可领回契据,先验与未验等;在官厅一方空费保存手续,徒有收数虚名,而逾限不偿,责成保人照赔,又多一番扰累,殊非正办,应另拟具督促办法呈候核夺。余如所拟办理。

第四条拟编撰讲稿由通俗宣讲员分头讲演,以期一般人民咸晓然于完纳赋税为应尽之义务,事属可行。惟讲稿内须将各项新税一并列入讲演,不必限于钱粮一项,仍将讲稿检取一份呈候查核。

实业条陈批答

森林、苗圃、蚕桑各端,均系奉饬办理之件,无当于兴革之计划,且苗圃尚未筹办成立,该知事辄以此铺张成绩,而于如何扩充、如何整顿之处,绝无切实计划,显系敷衍塞责。茶叶既为该县出产大宗,改良培护及采制各法自不容缓,惟须有切实办法方可见之实行,不能以劝禁二字了之。至着色一节,惟备有锡炉专制洋茶之栈户方有此弊,该县如有此种栈户,应商同商会切实劝禁,非仅一纸告示所能奏效,且茶叶着色系用石青取其色绿也,该知事竟称商民有以靛青着色者,亦恐系耳食之谈。工厂本有两种办法,一系招收艺徒,以教养为目的,一系雇用工人,以营业为目的。教养之工厂本易亏折,除由公家拨款或向绅商募捐开办外,断不能以招股之法行之。该知事既称该工厂有艺徒毕业,其为教养机关无疑,乃以亏折责前知事未能整顿,而拟续招商股,以期扩充,不知此项工厂断无营业,商人肯附股本?凡事须求切实,慎无徒托空言也。至该县矿产既多,自应设法开采,惟县内究有矿区几处,该知事并不查明具报,乃惟欲以调查之责推之上官,开采之责诿之商民,而自己仅以撰分讲稿即为了事,殊属不负责任,实堪痛恨,应即传谕申斥,并将此项条陈另行妥拟呈候核夺。

教育条陈批答

第一、第三两条,名为推广学校筹集经费,其如何推广筹集并无切实计划,仍属空言无补,应再分别筹议,拟定详细办法,呈候核示。第二条改良私塾,自是急务,应即刻期认真办理,并限三个月以内一律竣事,仍将办理情形专案具报。第四条所陈教员程度不齐情形,不独该县为然,前据汤溪县呈请业经令知民政厅拟订《检定教员章程》呈候复核,交由省议会议决公布通行,应静候公布遵照办理。其现在各校需用教员,并责成各校长尽师范毕业生中选聘,不得以毫无学识之人滥竽充数。第五条区立高等小学校应否筹设,当以该县现有高小学校能否容受国民学校毕业学生为断,该县国民学校仅八十余处,已有高等小学七处,较之各县已不为少,如因校址多在城区,不便学童就学,尽可酌量移设于各区适中之地,毋庸多添校所,虚糜巨款;一面仍将各区国民小学毕业暨能入高小学校肄业学生详细调查,核实统计,如此项学生该县现有高小学校实系不能容受,再行酌定地点实行筹设。

警政条陈批答

第一条设所教练长警,事属可行,惟应需教员、经费及科目、时间、班次,尚须详晰规划呈候核定。

第二条拟派警务宣讲员,自系为开导乡民起见。惟查现在各属均设有宣讲员,关于警务上应使人民共知之事项,尽可妥为编订,责成该宣讲员详为讲演,俱能认真办理,自可渐收实效,毋庸另设警务宣讲员名目,致涉粉饰。

第三条拟修城区拘留所。据称该县原有拘留所被风倾坏一隅,颇形危险,自应亟为修筑,本无与于警务上之计画,该县明知是项工程势难延缓,仍以警费出入仅足相抵为词,而所称现拟另筹的款从速修整等语,亦未详及所筹的款为数若干以及动工时日,仍属空言搪塞。应即克日筹定的款,妥速修筑,以免疏虞,仍具报查考。

第四条拟增设长警名额。据称该县城区警察仅二十名,南乡一所仅八名,西、北两乡距城窵远,兼顾为难等语,自是实情。惟地方官每办一事,要必以有无实益为衡,摺内既称财政困难,费无所出,则其势断不能于原额之外增设多数警察,纵使勉力筹措,亦无非酌增若干,零星分布,试问有何实益?况据称该县西、北两乡情形,既极重要,尤非添设少数警察便足以资保卫。查《地方保卫团条例》第一条,"凡县属未设警察地方,得设保卫团。"该县保卫团已未设立,未据叙及,无凭查核,如已设立,应即切实整顿,以补警察所不足,否则亟应查照《条例》,于未设警察地方妥为筹设保卫团,迨各区保卫团办有成效,再行酌量地方情形,就原有警额化散为整,择要驻扎,以期得力。如此办理,果能实事求是,较之仅仅添设少数警额、零星分布,似于地方稍有实益,应由该县斟酌就地情形,妥为办理,仍呈由民政厅核转察夺。

司法条陈批答

查究作词之人,以分虚伪,令觅殷实铺保,以期速结。从前本有此等办法,日久遂成具文,清理积案限一月不续呈,作一结束,虽系旧例注销之意,却与现行章程不合①。应分别查明,如系刑事案件,告诉人、告发人原呈不实,即可却下;民事案件,原告避不到案,查照定章可以缺席判决。将来审检所成立,知事兼任检察,刑事案件应否起诉,本属检察官之职权,民事案件即由承审员照章办理。至藉命图诈与贿和,实为恶习,所拟限制犯数及取具坐诬切结,不准更正与加入,似足稍杜弊端。然习惯如是,终不如遇案按律究办之为得,应即认真整顿,以挽恶习,并将女监赶紧筹款建设,另文呈报。工场注重织布,并准照办,仍应力图扩充,以期益臻发达,是为至要。

(原载《浙江公报》第一千六百二十三号,一三至一六页,指令)

浙江省长公署指令第九百四十六号

令吴兴县知事

呈一件为条陈该县兴革事宜由

该县前任张所拟兴革各项,业经分别核明批答,随令抄发,应由该知事遵照继续办理,仍将遵办情形具报。其原摺内未经批厅核办各条,并即分别录报主管各厅查考。清摺存。此令。九月十四日

财政条陈批答

整理田赋,自非办理清丈不为功。该知事因客民承垦田地,隐匿者尤多,拟先从清丈客粮田地着手,俟办有成效,再推及土粮,以免阻滞,事属可行,应即从速拟具细则送厅核明转呈察夺。催征钱粮,应按照《修正浙江地丁章程施行细则》第十三条之规定,酌设催征役或借拨警察执行之,所有承催吏等名目应即革除,如有私收挪用情弊,务须从严究惩,勿稍宽贷。

---

① 却,底本误作"欲",径改。

实业条陈批答

设立农桑协进会,以谋改良农业,事属可行,惟会中经费每年六百元,是否连各区分所在内,详细章程若何,并何时可以成立,应即查照原饬详晰补报备核。卖空买空,系属赌博性质,自应示禁,并随时查访,按律究办。

教育条陈批答

推广单级学校,使教育易于普及,事属可行。第二项规定学费办法,事实上恐多窒碍,未便照准。教员兼职,如果有碍功课,自应查明谢退,无庸另行规定。

警政条陈批答

所拟教练检阅办法甚是,应即切实进行。惟教练所不敷经费就警费内支销,此项警费系何种类,未据声明,无从查核,仰呈明核夺。消防亦为警政急要之图,吴兴人烟稠密,尤为急务,据拟办法亦尚妥洽,惟经费一节,地方税公益费内是否可以开支,应详细查明妥议复夺。路灯改用电火,费不加而用较大,应即照行。罚金由兼所长名义刷印榜示,自较自由榜示为善,然查核务须精密,以免错漏。私擅拿赌,原属一种恶习,急宜查禁,所拟联票办法,尚属可行,仰将制定票式、拟订使用规则呈候核夺。

司法条陈批答

工作因经费支绌未著成效,所请借拨准备金二三百元,应即照准,惟须指明监狱工场或教养局借拨,并定借拨数目另文呈办。添设司法侦探,即以减警饷项抵充,并准照办,仍由县随时查察,勿任稍滋流弊。禁革藉令滋扰告示,当时系由高检厅撰拟,由前巡按使列衔通颁严禁,应由该知事查案另文呈请该厅照案颁禁,仍列本省长督同字样可也。至积惯讼棍为害闾阎,应即严密访查,果有教唆实据,按律究办,以除民蠹而清讼源。

(原载《浙江公报》第一千六百二十三号,一七至一八页,指令)

浙江省长公署指令第九百四十八号

令宁波交涉员

呈一件为外人建筑房屋不允照警章让宽
街道请核鉴并咨部办理由

呈悉。既据一再磋商迄未就范,并据录具警章呈部核夺,仰候咨
请外交部核复令遵可也。此令。九月十四日

(原载《浙江公报》第一千六百二十三号,一八页,指令)

浙江省长公署指令第　　号

令杭县知事姚应泰

呈一件为报办理农桑水利各要政情形由

呈、摺阅悉。各项计画均尚周妥,除上塘河修浚事宜,先于该县
条陈应兴应革事宜案内批示外,余如所拟办理,仰即知照。此令。
九月　日

(原载《浙江公报》第一千六百二十三号,一八页,指令)

浙江省长公署指令第九百五十号

令丽水县知事

呈一件为条陈该县地方兴革事宜由

呈暨清摺均悉。所拟兴革各项,业经分别核明批答,随令抄
发,仰即遵照办理,仍将遵办情形具报。其原摺内未经批厅核议各
条暨本署批答,并即分别录报主管各厅查考。清摺存。此令。九月十
五日

财政条陈批答

各县以粮额紊乱,主张清丈者十居八九,是清丈之不能复

缓,理论上固无疑义,惟事关重大,应候令行财政厅详加核议,再定办法。惟历年欠粮之户是否实系逃亡故绝,既有户名,即可查考,应先就最近五年查列详表,于户名下详注都图村庄、亩数、粮数、历年欠数及田主真确姓名、年岁、职业,其逃亡故绝事由亦应详细开列,然后由该知事遴派妥人或亲自下乡时实地复查,果系逃亡故绝,即将其田亩管收,招人垦种,以杜弊混,并由财政厅将表式拟就呈核通行。至设立官中,原以增进契税为主旨,应由该县体察情形依法办理,征收经费县知事有支配之权,尽可酌量提成,严订赏罚规则,以示奖惩。所请减轻滞纳处分一节,该县征期如事实上果有窒碍,自可申叙理由,呈请核办,若为下户家贫,宽以期限,则就法理论,税法本以公平普及为原则,就事实论,田少者粮亦微,岁时所获,何至并区区粮赋而不能纳?果系极贫之户,纵使期限再宽,亦复何补?故延长征收期间,仅为县知事展缓考成计则得,而于人民一方,而迟早总须完纳,终无当也,煦子之策,匪关宏旨,所请自无庸议。

实业条陈批答

该县多山,保护林场该知事责无旁贷,如有不法棍徒阻挠损害,应即依照《森林法》严行惩办。水利工程关系尤巨,亟应会商士绅通盘筹画,将工程范围、经费筹集方法以及支配用途等项作成计画,呈候核夺。余如拟办理。

教育条陈批答

儒田、贤租及庙产、寺租提成办学,事属可行,惟调查结果若何,有无别项阻碍,未据声叙,着即补呈候核。至校园现设几处、面积大小、附课农桑者究有几校,着一并呈报。余如所拟办理。

警政条陈批答

据折仅就推广警所而言,而该县警政现在至如何程度,将来应如何兴革,均未叙及,县知事对于地方警察负有完全责任,岂容漠不关心如此?房铺等捐,如有遗漏及弊混等情,自应切实整顿,以裕税源,惟据称增收数额,是否别厘弊混,抑系增加捐率,未据声明,难以核办。殷富捐是乐捐性质,折称办法迹近勒派,殊未妥洽,究竟该知事对于各种捐款增加收入是否确有把握,仰将办理方法及其手续详细叙明,呈候核夺。

司法条陈批答

印花、状纸等费均系部章规定,应解之款未便率议减轻,但能结案勤速,民间已受其益。审检所既经高等厅通令筹设,知事兼任,检察厅就检察范围内之事研究利弊,另呈核夺。民诉状现在全出讼棍之手,流弊甚大,应采用律师制度,以救其弊,所见甚是,候令行高等审检厅核议呈复咨部示遵。添设庭丁,以肃观瞻,事属可行,应于组织审检所案内一并筹办。至清理监狱,系有狱官应尽之责,所请添建病浴、洗衣等室,应即照办。经费一节,应与拟建看守所炊室之费一并在司法收入项下拨用,仰即分别另文呈办。余如所拟办理。

(原载《浙江公报》第一千六百二十三号,一八至二〇页,指令)

浙江督军署咨省长公署

为奉令任命暂编浙江各师旅团军官请即查照由

浙江督军署为咨行事。本年八月准国务院、陆军部艳电内开,"各省秩序初平,各队官长未经任命,现拟订变通办法,暂就各本省所有之队呈请编号任官。浙省原有第六师应改为暂编浙江第一师,二十五师应改为暂编浙江第二师,其混成旅即改为暂编浙江混成旅。"现接京电,奉大总统令,"任命童保暄为暂编浙江第一师师长,张载扬为第二师师长。此令。任命来伟良为暂编浙江第一师步兵第一旅旅长,李炜章为步兵第二旅旅长,韩绍基为第二师步兵第三旅旅长,潘国纲为步兵第四旅旅长,俞炜为混成旅旅长。此令。任命陈肇英为暂编浙江第一师步兵第一团团长,陈璠为步兵第二团团长,李全义为步兵第三团团长,伍文渊为步兵第四团团长,余宪文为骑兵第一团团长,郝国玺为炮兵第一团团长,刘炳枢为第二师步兵第五团团长,吴思豫为步兵第六团团长,胡大猷为步兵第七团团长,施承志为步兵第八团团长,陈瓒为混成旅步兵第一团团长,郑炳垣为步兵第二团团长。此令。陆军总长段祺瑞呈请以章世嘉充任暂编浙江第一师副官长,蔡源充任第二师副官长,徐康圣充任第一师工兵第一营营长,沈宗约充任辎重兵第一营营长,应照准。此令"各等因。除分令遵照更改并通行知照外,相应咨行贵公署请烦查照。此咨

浙江省长公署

浙江督军吕公望

中华民国五年九月十六日

（原载《浙江公报》第一千六百二十四号,一九一六年九月十九日,二页,咨）

浙江省长公署咨复省议会

为答复省公署设立政务参议会理由书由

浙江省长公署为咨复事。案准贵会咨送议员张立等关于省公署设立政务参议会之质问书一件。查政务参议会系为参议全省重要行政事务而设,无对外之权,所议事件亦以省长交议者为限,其性质系为一种咨询机关。《限止添设茧厂条例》前据民政厅呈请修正,由本省长令交讨论,俟讨论定稿,仍须交由贵会议决。历据徐廷超等呈请添设茧行,均经批明,俟《条例》交省议会议决后,再行查照办理,登载八月二十五等日《浙江公报》,可以稽考。与《省议会暂行法》第十六条第一项毫无抵触。其核减岁修塘工案,该会亦未提议,来书所称报载各语,不知系据何报。政务参议会经费,现系包括在省公署经费之

内。特此答复，即希贵会查照为荷。此咨
浙江省议会

浙江省长吕公望

中华民国五年九月十四日

（原载《浙江公报》第一千六百二十四号，二至三页，咨）

浙江省长公署咨省议会

为答复浙省独立后所用顾问谘议等员理由书由

浙江省长公署为答复事。案准贵会咨送议员胡禧昌等关于浙江独立后省城上级官厅顾问、谘议、调查、视察、差遣各名不一而足等情质问书一件。查浙省独立之初，大局情形深滋危惧，外而各省态度不一，内而各县变故时虞，联络防维，刻不容缓，集思广益，需人自殷。是以各级官厅每各就其情势之所宜，冀获众擎易举之效，此迫于军事上、政治上之需要，而于保全地方尤不能不量为措置。嗣以时事渐定，即已酌量裁减。现编制预算力求节缩，所有本署谘议、顾问及各厅差遣、视察等类，已分别令行再加裁减，总期于本省财力、地方情势兼筹并顾，两有裨益。特此答复，即祈贵会查照为荷。此咨
浙江省议会

浙江省长吕公望

中华民国五年九月十四日

（原载《浙江公报》第一千六百二十四号，三至四页，咨）

浙江省长公署咨复省议会

质问前屈巡按使家驻兵保护由

浙江省长公署为咨复事。案准贵会咨送议员胡禧昌等提出关于前浙江巡按使屈映光家驻兵保护质问书一件。准此，查前浙江都

督屈映光辞职归里时当独立之初，地方变故时虞，酌带前巡按使署卫队沿途护送。适因该县受时局影响，伏莽蠢动，原驻兵力不敷分布，即经将前项兵队留防该县，分驻东塍等处，系为保卫地方，并非专为一人一家而设。嗣已由警政厅酌量编入第四区警备队，现已划区分驻，防护地方，呈报有案。是前项兵队并非以公家之兵保护一私人身家财产，亦非以私人而招兵护卫。相应备文答复，即希查照。此咨

浙江省议会

浙江省长吕公望

中华民国五年九月十五日

（原载《浙江公报》第一千六百二十四号，四页，咨）

浙江省长公署咨江苏省长北京巡警总监

据警政厅呈革弁孙渊查传无获请通缉归案讯办由

浙江省长公署为咨请事。本年九月九日据浙江警政厅呈称，"本年九月五日准浙江高等检察厅咨奉省长指令拿办已撤哨官孙渊一案，宕延日久，应咨行警政厅'严令该统带限日查交审办，并查明该革弁籍隶何处，呈请咨缉，暨将该管带项燃先行议处'各等因。同日并据洪统带转据项管带呈复，'查明孙渊自五月间潜回无锡县原籍之后，复往北京谋事，住址未明，无从查传'等情到厅。查此案迭准高等检察厅来咨，均经严令该统带以'孙渊为此案最关紧要应行讯办之人，且案关伤毙数命，情节重大，责成该统带限令该管带侦查务获解究'在案。迄今多日，未据报获，殊属玩延。准咨奉令前因，除将该管带项燃先行记过一次，以示惩儆，并严令该统带限期侦获，以便解县讯办外，查该革弁孙渊原籍前据该统带转据该管带呈称系江苏省无锡县人，现在既未查传到案，应请咨行江苏省长转令无锡县缉拿该革弁孙渊，务获解究，实为公便"等情。据此，查革弁孙渊系萧山县详倪

传宗诉场差串兵搜索毙命案内，指控纵兵诈扰，撤差归案讯办之人，现既潜回原籍，并赴京谋事，除指令该厅并咨北京巡警总监饬属/江苏省长令行无锡县知事查缉外，相应备文咨请贵省长/贵总监请烦查照，希即令行无锡县/饬属查缉孙渊一名，务获解浙归案讯办，至纫公谊。此咨

江苏省长

北京巡警总监

浙江省长吕公望

中华民国五年九月十六日

（原载《浙江公报》第一千六百二十四号，四至五页，咨）

浙江督军署训令第一百五十七号

令各师旅长转令所属自营长以下各官佐应行改给任命由

令陆军第六师师长童保暄、陆军第二十五师师长张载扬、陆军步兵独立第一旅旅长俞炜

本年八月准国务院、陆军部艳电内开，"各省秩序初平（文云见本日"咨文"门），沈宗约充任辎重兵第一营营长，应照准。此令"各等因，自应遵照更改。除通行知照并应换关防，俟刊齐再行发给外，合行令仰该师长、该旅长并转令所属一体遵照。至所属自营长以下各官及其余各官佐，应行改给任命，除参谋长外（令师长令文加此句），仰照原有额定人员迅即汇造职名清册呈候核办。此令。

中华民国五年九月十六日

督军吕公望

（原载《浙江公报》第一千六百二十四号，六页，训令）

浙江督军训令第同上号

令文武各厅为本省军队奉令改编转令所属一体遵照由

令文武各属（除第六师、第二十五师、独立第一旅）

本年八月准国务院、陆军部艳电内开，"各省秩序初平，各队官长未经任命（文云见本日"咨文"门），沈宗约充任辎重兵第一营营长，应照准。此令"各等因。除分令遵照更改并通行知照外，合行令仰该知事并转令所属一体知照。此令。

中华民国五年九月十六日

督军吕公望

（原载《浙江公报》第一千六百二十四号，六页，训令）

附　浙江高等审判厅训令第七百零六号

令各厅庭所奉督军令准部院电任命暂编

浙江各旅团军官转令所属知照由

令各地方审判厅、各高等分庭、各县审检所

案奉督军训令第一五七号内开，"本年八月准国务院、陆军部艳电内开，'各省秩序初平（文云已见九月十九日咨文门），沈宗约充任辎重兵第一营营长，应照准。此令'各等因。除分令外，遵照更改并通行知照外，合行令仰该厅长并转令所属一体知照。此令"等因。奉此，合行登报通令，仰该厅、该庭、该所一体知照。此令。

中华民国五年十月一日

高等审判厅长范贤方

（原载《浙江公报》第一千六百三十八号，一九一六年十月三日，一〇页，训令）

附　浙江高等检察厅训令第五百六十三号

令各庭厅监奉督军令知改编军队任命军官转令知照由

令瓯海高等分庭检察官金文谔、金华高等分庭检察官李廷恺、杭县地方检察厅检察长陈毓瑄、鄞县地方检察厅检察长金兆銮、杭县监狱典狱长陈灏

案奉督军训令第一五七号内开，"本年八月准国务院陆军部艳电内开，'各省秩序初平（文云见九月十九日本报训令门），沈宗约充任辎重兵第一营营长，应照准。此令'各等因。除分令遵照更改并通行知照外，合行令仰该厅长并转令所属一体知照。此令"等因。奉此，除查照外，合行通令该庭、该厅、该监一体知照。此令。

中华民国五年十月六日

高等检察厅长殷汝熊

（原载《浙江公报》第一千六百四十八号，一九一六年十月十五日，一七页，训令）

浙江省长公署训令第四百三十二号

令高检厅为武康王沈氏呈吴金生被警殴死由

令高等检察厅长殷汝熊

案据武康县王沈氏呈称，"知事诬良为莠，冤抑莫伸，请求饬县查明，秉公讯判"等情到署。除批示"前据武康县呈报'吴金生犯赌被捕，脱逃溺毙'等情，当经指令高等检察厅查复，来呈所称'吴金生被警殴伤毙命'等情，是否即系该案，所控各情，候令高等检察厅并查复夺。此批"挂发外，合行令仰该厅即便令委一并查明，据实呈复，毋稍偏徇，切切。呈抄发。此令。

中华民国五年九月　　日

省长吕公望

（原载《浙江公报》第一千六百二十四号，七页，训令）

浙江省长公署训令第四百三十三号

令财政厅为慈溪县人魏万祥禀为蹂躏征收发封房屋
再请派委饬县依法征收以便启封由

令财政厅长莫永贞

本年九月五日据慈溪县经征人魏万祥禀"为蹂躏征收,发封房屋,粘单请求恩准派委饬发慈溪县依法规定征收完纳,以便启封而免苛虐"等情。据此,除批示"禀悉。《征收地丁章程》暨《施行细则》早经公布①,何以该县并不遵照办理,复有库总名目,并责成经征人裁串征收情事,殊不可解。究竟是何实情,候令行财政厅即饬慈溪县知事克日明白呈复,再予核夺。黏抄附。此批"等语挂发外,合行令仰该厅即便遵照办理。禀、粘并发,仍缴。此令。

中华民国五年九月十六日

省长吕公望

(原载《浙江公报》第一千六百二十四号,七页,训令)

浙江省长公署训令第四百三十四号

令财政厅为衢县米业张泰来等认办米捐实系捐上加捐
于中取利电请饬县取销由

令财政厅长莫永贞

本年九月六日据衢县全体米业电称,"张泰来等认办米捐,实系捐上加捐,于中取利勒索,商民困苦难鸣,务乞恩准电饬衢县火速取销,阖市幸甚"等情。据此,查此案已据该县知事查明呈复,张泰来等认办米捐,每袋抽银七分,以视原案,业经减轻,并无刁难勒索情弊,是来电所称"捐上加捐"等语,显有不实,应毋庸议。合行令仰该厅转

① 细则,底本误作"细行",径改。

饬该知事传该米商一体知照。此令。

中华民国五年九月十六日

省长吕公望

（原载《浙江公报》第一千六百二十四号，八页，训令）

浙江省长公署指令第八百九十八号

令财政厅长莫永贞

呈一件前任镇海县知事、监盘鄞县知事、现任镇海县知事
为亏垫公益费及自治附捐为数颇巨拟请分别移抵弥补由

呈悉。该县卸任知事洪锡范任内亏垫公益费及自治附捐各款，是否历据呈报有案，现在请以警费、学费、抵补金、附捐及费任移交之地方杂税等款悉数移抵[①]，不足再于地方相当公款内支还弥补等情，是否可行，仰财政厅分别核明令遵，并咨民政厅查照，仍具复备核。此令。抄呈发。九月 日

附原呈

呈为镇邑地丁特捐、自治附捐款项亏短甚巨，垫补为难，专案呈请察核事。

窃知事万里应接知事锡范镇海任内交代，奉委知事绍箕监盘，业经三面会算清楚。惟查地丁特捐项下公益费一项，亏垫银二千九元二分三厘，知事万里以是项系县参、议两会经费，三年停止自治，始归县署拨充公益，现在省会定期召集，县会回复亦必不远，未便久悬无款。又，自治附捐二千八百五十六元八角四分一厘，此项每年收入约计不过六千三百元，而指定用途已年需六千六百余元，设若再遇选举等费用，其亏垫更难约计。且自治

---

① 费任，即下文费前知事昌祖，费昌祖，民国三年八月至民国四年四月任镇海县知事。

回复在即，以上两项亏垫势难接收。至学费虽存一千二十二元八角六分二厘，惟查四年第一期补助费尚未发给，未便移抵别款。知事锡范以接收费前知事昌祖交代公益费一项，原垫银二千一百一十七元四角六分三厘之多，知事任内不特并无亏短，实已稍有余存，似无勒令追赔之理。至自治附捐一项，费前知事原存银二千三百八十四元二角八厘，苟不移抵警费亏短，任内所短实不过四百余元，以收支本属不敷之款，又遇奉饬办理之立法院、国民会议议员等选举特别费用，短绌自在意中。然若上年不过风灾减成，或本年上忙不受金融及时局影响，如期开征，收数既多，亦便不至于短绌，此实非寻常亏短者可比。且任内收支均系实在，亏尽因公，仍以列存之警费、学费、抵补金、附捐及费任移交之地方杂税等款悉数移抵，再有不敷，请在地方相当公款内支还弥补。两相争持，颇难解决。知事绍箕以双方持论均有理由，惟款既因公亏垫，若款知事锡范赔交，于理究有未合。应将前项垫款请分别移抵外，尚有不敷之款，可否在于地方相当公款内提还弥补之处，出自逾格鸿施。所有镇邑交代案内亏垫二成公益费及自治附捐请予移抵弥补缘由，理合会衔呈请，仰祈鉴核示遵。谨呈。

（原载《浙江公报》第一千六百二十四号，一〇至一一页，指令）

浙江省长公署指令第八百九十九号

令财政厅长莫永贞

　　　　呈一件前任镇海县知事监盘鄞县知事

　　　　后任镇海县知事会送收支存垫总册由

呈悉。仰财政厅长就所送收支存垫总册查核转行遵照，并令速造分册，出具印结，呈厅核转。其应归洪知事自行批解之款已否解到，并即查明核办。此令。册存。九月十三日

附原呈

前任镇海知事洪锡范、监盘鄞县知事祝绍箕、现任镇海县知事吴万里，呈为交代算结，造送三印总册事。

窃照知事万里应接知事锡范镇邑任内交代，奉委知事绍箕监盘，遵经造送总册，三面会算清楚，存垫相抵，计应补交四、五两年地丁正税银元二千九百五十四元六角七分八厘，统归知事锡范另文清解掣收移交，知事万里备文。又，知事锡范任内有支给摹绘县图费银元一百四十元，办理道试甄录试费用银元九十六元四角，宣讲爱国说宣讲员伙食银元一百二十八元六分，均在准备金项下开支。又，国民会议议员选举费用银元一千八元八角，在自治附捐项下开支，知事万里以此款未经详奉准销，应行补存。又，准备金项下垫给银元二百八十七元八角七分六厘，自治附捐项下垫给银元一百三十元一角三分，公益费项下原接费前知事昌祖抵垫银元二千九元二分三厘，现在省议会已奉召集，县、参两会及城乡自治回复在即，公益费与自治附捐两项当然划还自治，无款弥补，应行列册。知事锡范以款已补销，惟未奉批示，现在交限已迫，未便停案以待，垫给各款，事出因公，亏尽实在，未便赔补。兹凭知事绍箕公议已支未销各款，就请补销垫给各款，会衔呈请移抵于三印总册内暂时分别列存、列垫，如奉批驳，即归知事锡范补交，以重公款。除由知事万里造具各款分册，取具印结，另文呈请财政厅核转外，合将交代算结缘由造具三印总册，备文呈送，仰祈钧长鉴核。谨呈。

前任镇海县知事洪锡范、监盘员鄞县知事祝绍箕、现任镇海县知事吴万里，今将知事万里接收、知事锡范交代，自民国四年四月七日到任起，至五年七月一日交卸前一日止，任内经手征收解给各款，除分款造册外，理合造具总册呈送察核。

今开：

存库项下

一、存民国元年地丁正税，银元一百三十一元五角三分七厘；

一、存民国二年地丁正税，银元二百三十三元四角九分六厘；

一、又　　四年　　又，银元一千二百三十七元九角八分七厘；

一、又　　五年　　又，银元一千七百十六元六角九分一厘；

一、又　　元年抵补金正税，银元一百四十六元八角九分五厘；

一、又　　二年　　又，银元二百七十四元五角二分七厘；

一、又　　四年　　又，银元九百二十八元二角四厘；

一、又　　二年盐课正税，银元三十九元五角八分三厘；

一、又　　三年　　又，银元一百七十元一角九分二厘；

一、又　　四年　　又，银元五千四百八十一元三角四分一厘；

一、又　　五年　　又，银元六百六十三元九角五分七厘；

一、又　　元年地丁粮捐，银二十六元三角一分；

一、又　　二年　　又，银元四十六元六角九分九厘；

一、又　　三年　　又，银元二百元七角九分六厘；

一、又　　五年　　又，银元七百八十三元三角三分八厘；

一、又　　二年盐课粮捐，银元五元二角七分七厘；

一、又　　三年　　又，银元二十二元六角九分二厘；

一、又　　四年　　又，银元七百三十元八角四分四厘；

一、又　　　五年　又　　，银元八十八元五角二分八厘；

一、又　　　元年地丁罚金,银元三十一元五角六分八厘；

一、又　　　二年　又　　，银元五十六元三分九厘；

一、又　　　三年　又　　，银元二百四十元九角五分四厘；

一、又　　　四年　又　　，银元二百九元四角三分九厘；

一、又　　　元年抵补金罚金,银元二十九元三角七分八厘；

一、又　　　二年　　又　　　，银元五十四元九角五厘；

一、又　　　三年　　又　　　，银元三百八元九角七分六厘；

一、又　　　四年　　又　　　，银元四元九角一分三厘；

一、又　　　二年盐课罚金,银元六元三角三分四厘；

一、又　　　三年　又　　，银元二十七元二角三分二厘；

一、又　　　四年　又　　，银元二十三元六角六分八厘；

一、又　　　五年第一期烟酒牌照税,银元九百二十五元一角二分；

一、又　　　三年营租,银元一百七十六元七角二分二厘；

一、又　　　四年营租,银元一百七十八元二分；

一、又　　　五年一月至六月《浙江公报》费,银元十一元七角；

一、又　　　五年　　又　　《政府公报》费,银元五元；

一、存　　　四成学费,银元一千二十二元八角六分二厘；

一、存抵补金附捐,银元二百八十一元九角四分八厘；

一、存警费余存,银元六百八十九元八角九分三厘；

一、存费任移交历任结存地方杂款,银元四百三十二元三角二分六厘；

（说明）自四成学费起,至地方杂款止,计四款,共银元二千四百二十七元二分九厘,业经会衔呈请与垫款项下公益准备金、自治附捐三款对抵。

一、又五年浮支四、五、六三个月司法收入，拨补司法不敷，银元六十六元二角一分九厘；

一、又浮支三年度编查农商统计表费，银元二十五元；

一、又已支未销摹绘县图费，银元一百四十元；

一、又已支未销办理道试甄录试费用，银元九十六元四角；

一、又已支未销宣讲爱国说宣讲员伙食，银元一百二十八元六分；

一、又已支未销国民会议议员选举调查会、事务所、投开票经费，银元一千八元八角。

前四件如奉批驳，归知事锡范补交。现在存垫并列登明。

以上共存库银元一万九千一百一十元三角七分

垫款项下

一、垫准备金，银元二百八十七元八角七分六厘；

一、垫公益费，银元二千九元二分三厘；

一、垫自治附捐项下，支出银元一百三十元一角三分。

（说明）以上三款计银元二千四百二十七元二分九厘，其对抵之款已于存库项下登明。如奉批驳，归知事锡范补交。惟查自治附捐一款，实计垫银元二千八百五十六元八角四分一厘，除列垫上数外，尚有亏短银元二千七百二十六元七角一分一厘，已提出交案会衔呈请于地方相当款内另行弥补。

一、咨交民国元、二年地丁正税，银元三百六十五元三分三厘；

一、　又　元、二、三、五年地丁粮捐，银元一千五十七元一角四分三厘；

一、　又　元、二、三、四年地丁罚金，银元五百三十八元；

一、　又　元、二、四年抵补金正税，银元一千三百四十九元六角二分六厘；

一、　又　元、二、三、四年抵补金罚金,银元三百九十八元一角七分二厘;

一、　又　二、三、四、五年盐课正税,银元六千三百五十五元七分三厘;

一、　又　粮捐,银元八百四十七元三角四分一厘;

一、　又　二、三、四、五年盐课罚金,银元五十七元二角三分四厘;

一、　又　三、四年营租,银元三百五十四元七角四分二厘;

一、　又　五年第一期烟酒牌照税,银元九百二十五元一角二分;

一、　又　五年一月至六月《政府公报》《浙江公报》费,银元十六元七角;

一、　又　浮支五年四、五、六月司法收入,银元六十六元二角一分九厘;

一、　又　浮支编查三年度农商统计表费,银元二十五元。

一、垫已支未销摹绘县图费,银元一百四十元;

一、垫已支未销办理道试甄录试费用,银元九十六元四角;

一、垫已支未销宣讲爱国说宣讲员伙食,银元一百二十八元六分;

一、垫已支未销国民会议议员选举调查会、事务所、投开票经费,银元一千八元八角。

前四件存垫并列。

以上共垫交银元一万六千一百五十五元六角九分二厘。

存垫相抵,计应补交银元二千九百五十四元六角七分八厘。

一、认解民国四年地丁正税,银元一千二百三十七元九角八分七厘;

一、又 五年地丁正税,银元一千七百十六元六角九分一厘。

前件银元归知事锡范自行批解。

（原载《浙江公报》第一千六百二十四号,一一至一六页,指令）

浙江省长公署指令第九百四十九号

令本署机要助理秘书兼公报处主任陈焕章

呈一件为规定公报到达各县日期请寻常例行

通饬公文刊登公报不另行文由

呈、单均悉。查本署暨各厅署寻常例行通令公文为数颇多,若逐件发缮通令,非特多耗邮费,抑且徒劳钞胥,且于公文传达多经手续,必至积滞时日。所请寻常例行通饬公文一律刊登《公报》,不另行文,按照表列到达日期发生效力,本属正当办法,自应照准。惟各机关接到《公报》见有通令之件,应即从速遵办,并将接阅《公报》奉令遵办日期呈报查考。如有违延,即由上级机关查究。除分别咨令督军暨各厅署转令所属于十月一日起一体遵照办理外,仰即知照。此令。单存。九月十五日

（原载《浙江公报》第一千六百二十四号,一六至一七页,指令）

浙江省长公署指令第九百五十二号

令高等审判厅长范贤方

呈一件警政厅报获桐乡盗犯沈宝生解县讯办由

呈悉。查桐乡县事主宓福生家劫案,未据该县具报。据呈拿获盗犯沈宝生即茄子阿大一名,解县讯办等情,合行令仰该厅转饬桐乡审检所归案讯办具报,仍勒缉逸犯庄阿九务获究报,并由厅咨复该警厅知照。呈钞发。此令。九月 日

（原载《浙江公报》第一千六百二十四号,一七页,指令）

浙江省长公署指令第九百五十三号

令高等审判厅长范贤方

呈一件警政厅报获匪犯陈池虎一名并枪械送县讯办由

据呈获匪陈池虎一名,并起获枪械,讯供承认不讳。合行令仰该厅即令临海审检所归案讯办具报,仍勒缉匪首徐云龙等务获究报,并由厅咨复该警厅知照。呈抄发。此令。九月十五日

（原载《浙江公报》第一千六百二十四号,一七页,指令）

浙江省长公署指令第九百五十四号

令高等审判厅长范贤方

呈一件义乌县清理积案委员宋化春呈请销委由

前据义乌县知事呈请将该员留办三月,业经指令照准。据呈期满销委,核与该知事前请不符,惟据该厅呈报该县审检所将于本月十五日成立,所有未了积案自应移交专审员核办,应即准予销委。合行令仰该厅即便转令,并行义乌县知照。再,该委员到差以来,审结积案若干起,仍存若干起,应由该厅查复核夺。此令。九月十五日

（原载《浙江公报》第一千六百二十四号,一七页,指令）

浙江省长公署指令第九百五十五号

令高等审判厅长范贤方

呈一件呈复长兴县管狱员记大功一次由

如呈将长兴县管狱员魏世杰记大功一次,兹填就功状一纸,合行令发该厅即便转发袛领。此令。九月十五日

（原载《浙江公报》第一千六百二十四号,一八页,指令）

浙江省长公署指令第九百五十六号

令高等检察厅长殷汝熊

　　呈一件富阳县呈复陈凤锵控法警勒索规费一案讯办情形由

　　呈悉。催征警究竟有无诈财情事，仰该厅即饬查明，照章办理具报。呈抄发。此令。九月十五日

　　　　　（原载《浙江公报》第一千六百二十四号，一八页，指令）

浙江省长公署指令第九百五十八号①

令高等检察厅长殷汝熊

　　呈一件民政厅呈复奉化倪温福禀被陈和高等
　　　焚屋并毙邻妇一案情形由

　　呈悉。匪党焚烧房屋并毙邻妇，当地必有乡警或地保，何以不报县勘办？其后既经被害者告诉，何以不往查勘？直至本署饬查，乃以倪温福畏匪避沪并不立时报勘为词，一若被害者苟不告诉，无论何等刑事事件，该管官吏即可不闻不问，良堪浩叹！此等积习不独该知事一人为然，应由该厅剀切通令诰诫，并咨会民政、警政两厅转行各属一体遵照，仍饬会督营警赶紧破获惩办，毋稍藉延。呈抄发。此令。

九月　　日

　　　　　（原载《浙江公报》第一千六百二十四号，一八页，指令）

　　　　附　浙江高等检察厅训令第七百四十九号
　　　令各属为命盗案件务须立时驰诣勘验奉令转行遵照由
　　　令杭县地方检察厅、鄞县地方检察厅、七十三县知事
　　　案奉浙江省长公署指令第九五八号内开，民政厅呈复奉化

---

① 底本无第字号，据浙江高等检察厅训令第七百四十九号补。

倪温福禀被陈和高等焚屋并毙邻妇案情形由，"呈悉。匪党焚烧并毙邻妇，当地必有乡警或地保，何以并不报县勘办？其后既经被害者告诉，何以不往查勘？直至本署饬查，乃以倪温福畏匪避沪并不立时报勘为词，一若被害者苟不告诉，无论何等刑事事件，该管官吏即可不闻不问，良堪浩叹！此等积习不独该知事一人为然，应由该厅剀切通令诰诫，并咨会民政、警政两厅，转行各属一体遵照，仍饬会督营警赶紧破获惩办，毋稍藉延。呈抄发。此令"等因。奉此，除分别咨令外，查命盗等案，首重勘验，为有司专职，如奉化倪温福家被匪焚劫并致毙邻妇一案，情节何等重要，该知事于事前既不防范，事后又不即勘验，实属漫无觉察，不成事体。奉令前因，合行通令该厅、该县遵照，嗣后凡关于命盗及重要案件，务须立时驰诣勘验，毋得藉故诿延，致干未便，切切。此令。

中华民国五年十月三十一日

高等检察厅长殷汝熊

（原载《浙江公报》第一千六百六十九号，一九一六年十一月五日，一五至一六页，训令）

浙江省长公署指令第九百五十九号

令高等检察厅长殷汝熊

呈一件富阳县呈报陈朱氏病故情形由

呈及格结均悉。既据验明陈朱氏确系患病身死，自应毋庸置议。陈巨华果与陈朱氏身死并无关系，陈巨彬即系诬告，应即依法起诉，以儆刁风，仰高等检察厅转令遵照。格结存。此令。九月十五日

（原载《浙江公报》第一千六百二十四号，一八页，指令）

浙江省长公署指令第九百六十号

令高等检察厅长殷汝熊

　　呈一件吴兴县呈报陆金富等家被劫由

　　呈悉。陆金富家既系被劫,该处现有地保何以并不禀报,水陆警察又何以一无闻知,是否当时该县讳匿,仰高等检察厅转令新任吕知事查复[①],并分别移水上警察署及令行警察所,遇有盗劫等案随时报知该县勘缉,不必等候被害者告诉,一面会营督警勒限侦缉余犯姚阿宝等,务将正盗真赃一并解究,毋稍玩忽。勘表、图存。此令。九月十五日

　　　　（原载《浙江公报》第一千六百二十四号,一九页,指令）

浙江省长公署指令第九百六十一号

令高等检察厅长殷汝熊

　　呈一件兰溪县呈报陈贤贤家被盗情形由

　　呈悉。该处距城仅止十里,盗匪肆劫并伤事主两人,事后赃盗一无破获,不知兵警所司何事。仰高等检察厅令即派警会营勒缉本案真赃正盗务获究报,并咨警政厅转饬警备队管带遵照办理,毋稍玩忽,切切。图、表单存。此令。九月　　日

　　　　（原载《浙江公报》第一千六百二十四号,一九页,指令）

浙江省长公署指令第九百六十二号

令高等检察厅长殷汝熊

　　呈一件丽水县呈报陈大年殴死徐蔡氏由

　　呈悉。徐蔡氏究竟因何致毙,并未切实验明,检验吏结内混称血

---

① 新任吕知事,即吕俊恺,浙江永康人,民国五年八月至民国六年九月任吴兴县知事。

行体伤,究竟是否殴伤,亦未声叙,殊属含混。仰高等检察厅转令该县取具该检验吏切实结状呈核,一面查讯明确,依法办理。格结姑存。此令。九月十五日

（原载《浙江公报》第一千六百二十四号,一九页,指令）

浙江省长公署指令第九百七十三号

令警政厅长夏超

呈一件革弁孙渊查传无获请通缉归案讯办由

呈悉。此案革弁孙渊既据查明潜回无锡县原籍,复往北京谋事,候分咨江苏省长、北京巡警总监饬属查缉务获,解浙归案讯办,仍限令该统带限期侦获交案,仰即一并从严议惩,以儆玩泄,并由厅咨会高检厅知照。此令。九月十六日

（原载《浙江公报》第一千六百二十四号,一九至二〇页,指令）

浙江省长公署指令第九百七十四号

令民政厅长王文庆

呈一件黄岩县为呈送四五六月分违警罚金清册报单由

呈及清册、报单、领结均悉。仰民政厅查核转令遵照。清册二本、报单十四纸、领结五纸/清册一本、报单一纸发,仍缴。此令。抄呈发。九月　日

附清册

黄岩县警察所造送民国五年四月分违警罚金收支数目,造具四柱清册,恭请鉴核。

计开:

旧管

前存县署违警罚金,十六元三角一分。

新收

一、收陈老四类似赌博,罚洋二元;

一、收陈妹妹类似赌博,罚洋二元;

一、收黄小保类似赌博,罚洋五角;

一、收徐老富类似赌博,罚洋五角;

一、收张桂地加暴行于人未至成伤,罚洋三元;

一、收张桂普加暴行于人未至成伤,罚洋三元;

一、收章阿奶类似赌博之营业,罚洋二元;

一、收章阿三类似赌博,罚洋三元五角。

以上共收洋十六元五角。

开除

一、支本月分奖赏,洋二元四角;

一、支本月分拘留饭费,洋六元八角九分;

一、支警察送公文暨分贴告示,洋三元九角;

一、支津贴模范警察陈元道一、二两月,洋八角;

以上共支洋十三元九角九分。

实在

除前缴存县署违警罚金十六元三角一分不计外,本月收支相抵,尚余洋二元五角一分。

路桥分警察所

旧管

存洋二角二分。

新收

一、收潘裕泰,罚洋一元;

一、收陈运华,罚洋五角;

一、收周得胜,罚洋二元;

一、收刘大奶,罚洋一元;

一、收管康标,罚洋一元;

一、收徐岳培,罚洋十六角。

以上共收洋六元八角四分八厘。

开除

一、支一成公费,洋六角八分;

一、支奖赏长警,洋五元;

一、支拘留饭费,洋一元二角。

以上支洋六元八角八分。

实在

连前月存洋一角八分八厘。

黄岩县警察所造送民国五年五月分违警罚金收支数目,造具四柱清册,恭请鉴核。

计开:

旧管

除前缴存县署违警罚金十六元三角一分不计外,上月存所洋二元五角一分。

新收

无。

开除

一、支本月分拘留饭费,洋二元六角六分;

一、支警察送公文暨分贴告示,洋一元九角;

一、支奖赏长警,洋一元六角;

一、支津贴模范警察陈元道三、四、五三个月,洋一元二角。

以上支洋七元三角六分。

实在

除缴存县署违警罚金十六元三角一分不计外,以上月存所洋二元五角一分相抵，本月分尚不敷洋四元八角五分。

路桥分警察所

旧管

一、上月存洋一角八分八厘。

新收

无。

开除

一、支拘留饭费，洋一元二角；

一、支警察投递公文，洋三角；

以上共支洋一元五角。

实在

以上存所洋一角八分八厘相抵，尚不敷洋一元三角一分二厘。

说明：本月分本所以及分所开支项下，共不敷洋六元一角六分二厘，应请将前存贵署违警罚金拨补归垫，理合声明。

黄岩县警察所谨将五年六月份违警罚金名目，除填报单并榜示外，所有收支报缴等数，理合分晰造具四柱清册，送请察核。

今开：

旧管

上月底止流存县署罚金十元另一角四分八厘。

新收

一、收戴王氏罚金，洋四元。

开支

一、支本所拘留饭费，洋四角二分；

一、支分所拘留饭费一百二十餐，计洋三元六角；

一、支枪匠一名工食，洋十元。

共计支洋十四元零二分。

实在

存洋一角二分八厘。

（原载《浙江公报》第一千六百二十六号,七至一六页,指令）

浙江省长公署指令第九百七十八号

令警政厅长夏超

呈一件为遵饬呈送各项章则表式由

呈、摺均悉。惟本署单行条例应交省议会议决,仰即查照前令汇核办理。此令。摺存。九月十六日

（原载《浙江公报》第一千六百二十四号,二〇页,指令）

浙江省长公署指令第九百七十九号

令民政厅长王文庆、警政厅长夏超

呈一件为会送浙省关于警务各项单行章程请察核交议由

呈及单行章程共七种均悉。仰候咨送省议会议决可也。此令。九月十六日

（原载《浙江公报》第一千六百二十四号,二〇页,指令）

浙江省长公署指令第九百八十四号

令民政厅长王文庆

呈一件为奉化县署财政主任更委胡祉昌充任由

呈及履历均悉。准予注册,仰民政厅转令知照。此令。抄呈并履历发。九月十六日

（原载《浙江公报》第一千六百二十四号,二〇页,指令）

浙江省长公署批第二百九十一号

原具呈人上虞县金六三

　　禀一件为兄金秀山被王水堂等殴伤由

尔兄金秀山被戳受伤，已据上虞县验明并报，并据金陈氏控，经令厅转行提犯王世宝、王谷生传证质讯拟办在案，着即赴审检所禀催，并投候备质可也。此批。九月十五日

　　　　（原载《浙江公报》第一千六百二十四号，二三页，批示）

浙江省长公署批第三百号

原具呈人诸暨朱锡藩等

　　呈一件控西乡分所警佐金林吞没公款请查办由

据禀各节是否属实，候令行诸暨县查明呈复核夺。此批。九月十六日

　　　　（原载《浙江公报》第一千六百二十四号，二三页，批示）

浙江省长公署批第三百零四号

原具禀人龙游学董吴际元

　　禀一件请改第八联合师范讲习所为省立第八师校由

呈悉。此项讲习所应否变更，昨经民政厅拟具办法，经本公署提交省议会议决在案。应俟议决后，再行筹议饬遵，仰即知照。此批。九月十六日

　　　　（原载《浙江公报》第一千六百二十四号，二三页，批示）

浙江省长公署批第三百零五号

原具禀人云和陈锡三等

　　禀一件请饬县撤销叶锡璋议员资格由

地方自治未奉明令恢复，议员资格尚未发生，叶锡璋如果有违法

行为，应俟该县议会召集后，提出证据，照章办理，毋得越渎。此批。

九月十六日

（原载《浙江公报》第一千六百二十四号，二三至二四页，批示）

浙江省长公署批第三百零六号

原具呈人绍兴县斯久等

呈一件为呈请保全乌门山名胜专祠由

查此案前据民政厅饬县查复，该石岩与东湖及陶烈士专祠均在百丈以外，所请保全名胜一节，碍难照准。至该山应否准予开采，以有无陶氏私产在内为断，业于陶方管禀内批令，提出证据，自行请县裁断在案，仰俟该县裁判后，再予核办可也。此批。九月十六日

（原载《浙江公报》第一千六百二十四号，二四页，批示）

浙江省长公署批第三百零七号

原具呈人陆友篯

呈一件请免除附加自治费由

呈悉。仰候令厅查明核饬遵照。此批。九月十六日

（原载《浙江公报》第一千六百二十四号，二四页，批示）

浙江省长公署批第三百零八号

原具呈人黄岩纯一女校校长陈文衡

呈一件请将裁撤学务委员经费拨充纯一等女校由

查教育联合会呈送议案，并无请将裁撤学务委员经费作为扩充女学之用等语，该校如果办理合法，无力支持，应呈请该县知事设法维持，毋得摭拾浮词，越级混请，仰即知照。此批。九月十六日

（原载《浙江公报》第一千六百二十四号，二四页，批示）

浙江省长公署咨复驻美公使

据民政厅呈复代购美国棉种结存余款拟请
无庸汇还以便续购咨请查照由

浙江省长为咨复事。案准贵公使函开，"前公使夏交存代购棉种结存余款，计美金三百九十五元一角，应否汇还，抑仍暂存，并附帐单两纸"等因，当即令厅查核议复去后。兹据呈称，"查前按署函托代购美国棉种，原为改良本省棉种起见，明岁拟仍继续办理，已将购种经费列入六年度预算支出实业费款内，汇送财政厅编列在案。所有此项余款拟请无庸汇还，以便续购"等情，相应咨复贵公使查照施行。此咨

驻美公使

浙江省长吕公望

中华民国五年九月十六日

（原载《浙江公报》第一千六百二十五号，一九一六年九月二十日，三页，咨）

浙江省长公署咨农商部

据民政厅呈送邬珍洪沛两矿商图结咨请查照由

浙江省长为咨陈事。案据民政厅厅长王文庆呈，"为呈请事。窃照前据矿商洪沛禀称，'拟在遂安县北区横溪源姜塆山试采锑矿，共计矿区面积一百六十二亩五分八毫'。又，矿商邬珍禀称，'拟在浦江县西乡三都五保塘濮村试探铅矿，共计矿区面积五百十七亩二分'，先后各遵章备具矿图、保结等件，送请核给探照等情。经本厅分别饬县查复，并无纠葛、错误，所呈矿图、保结等件，核与《条例》规定亦属符合，应各准给予采矿权。惟此项探照按照法定，应据情报由农商部查核填发转给。前以时局关系，业经暂由本厅先行给予饬文一道，以为核准探矿之证。现在大局统一，自应换给正式探照，以归一律。理

合检同该矿商等所呈矿图各三份、保结各二份,备文呈送,伏乞省长鉴核转咨办理,实为公便。再,应发还该矿商等矿图一纸,已由厅钤印给发,合并陈明。谨呈"等情前来。据此,除指令并抽存图、结各一份备查外,相应咨请贵部查照核给施行。此咨

农商总长

计咨送矿商洪沛矿图二分、保结一纸,又邬珍矿图二份、保结一纸。

浙江省长吕公望

中华民国五年九月十六日

(原载《浙江公报》第一千六百二十五号,三至四页,咨)

浙江省长公署训令第四百三十六号

令财政厅据临海李超群等电前任张知事挪用县税并未
表示请饬新任知事认真核案清算接收保管由

令财政厅长莫永贞

本年九月六日据临海李超群等电称,"案查民国二年临海县议会县税分配案,除警费六千五百三十元外,年计小学、公益两费二万三千七百七十元,自议会停止,统归知事配用保存。张知事在任年半①,将大宗县税任意挪用,并未表示,刻新旧交代,县议会又未奉令开会,无从直接清查,请赐准电令新任戚知事向张前任认真核案清算②,接收保管,以备自治进行,各归各款,呈另"等情。据此,合行令仰该厅即便转饬新任临海县知事查照办理。此令。

中华民国五年九月十六日

省长吕公望

(原载《浙江公报》第一千六百二十五号,五页,训令)

---

① 张知事,即张兰,直隶任丘(今河北任丘)人,民国四年十二月至民国五年八月任临海县知事。与电文称"在任年半"有出入,年半,疑为"半年"互乙。

② 戚知事,即戚思周,浙江嘉兴人,民国五年九月至民国六年三月任临海县知事。

浙江省长公署训令第四百三十八号

令财政厅据昌化县知事条陈该县地方
兴革事宜仰分别核议由

令财政厅长莫永贞

案据昌化县知事鲍湛呈称,遵饬条拟该县应兴应革事宜,请予核示等情,并附送清摺五扣到署。据此,除将条陈分别批答、指令该知事遵办外,合亟抄录原摺内应由该厅核议各节,暨本署批答令发该厅遵照议复。此令。

中华民国五年九月十六日

省长吕公望

（原载《浙江公报》第一千六百二十五号,五页,训令）

浙江省长公署训令第四百四十五号

令财政厅准直隶省长咨为前兴武将军
朱瑞灵柩回籍请查照办理由

令财政厅长莫永贞

案准直隶省长咨开,"为咨明事。据前兴武将军、督理浙江军务朱瑞之子朱积壖等呈称,'窃于八月二十五日奉令开,本年八月二十二日准内务部咨开,准咨开,前兴武将军、督理浙江军务朱瑞在津病故等因到部。查此案于本年八月九日奉大总统令,前兴武将军、督理浙江军务朱瑞,当民国肇造之际,艰难赴事,功在国家,嗣浙江将军任内,绥靖地方,军民翕服,中年撄疾,属望方长,溘逝骤闻,深为悯惜。朱瑞着交陆军部照陆军上将例从优议恤,以旌往绩。此令。奉此,相应恭录令文咨复查照等因。准此,查此案前经本省长呈请在案。兹准前因,合行抄录原呈令知该家属即便遵照。此令。等因。奉此,旋于二十六日《政府公报》内恭读大总统指令陆军总长呈前兴武将军、督理浙江军务朱瑞积劳身故遵令议恤由,内开,'准如所议,照上将例给予一次恤金七百元,并特给治丧银二千元。其灵柩回籍时,着沿途地方官妥为照料,以示优异,即由该部转行遵照。此令'等因。仰蒙我大帅眷念故人,表扬往绩,大总统恩浓勖旧,典重饰终,泉壤有光,殁存均感。积埂现已择定九月二十五日,恭扶先父灵柩,自天津起程,趁津浦路车直达浦口渡江,再由沪宁路车运至苏州,换乘内河小轮径回浙江海盐县原籍。伏查搬运灵柩关卡稽查綦严,而各路局亦须先行接洽,始能装运妥速。为此呈请俯准将先父灵柩回籍日期分咨陆军部、交通部、税务处、江苏省长、山东省长、安徽省长、浙江省长查照转行,并请税务处先期颁发执照,以利遄行而免阻滞,实为德便。伏祈鉴核转咨施行'等情。据此,除批示并分咨外,相应咨明贵省长请烦查照办理"等因。合令该厅通令前兴武将军灵柩经过各关卡、局、所免验放行,以免阻滞,至为切要。此令。

中华民国五年九月十五日

省长吕公望

(原载《浙江公报》第一千六百二十五号,五至七页,训令)

浙江督军署指令第七百六十一号

令东阳县知事俞景朗

呈一件为呈送八月份逃兵表由

呈、表均悉。查该县未获逃兵已有百余名之多,为各县所未有,若不设法拿获,殊于军事进行有碍。仍仰该知事从严饬属侦获解究,以肃军纪,毋稍宽纵。表存。此令。九月十六日

(原载《浙江公报》第一千六百二十五号,八页,指令)

浙江省长公署指令第九百零六号

令民政厅长王文庆

呈一件孝丰县知事为送本年七月分地方各款收支清册由

呈、册均悉。仰民政厅就送厅各册核明令遵。此令。九月十三日

附 原呈

呈为造送民国五年七月分地方各款收支清册,请赐鉴核事。案查征收地方各款及分配开支数目,业经分别列册,按月造报,至本年六月份止在案。所有七月份征收款项及分配收支数目,理合造具收支清册,备文呈送,仰祈钧长察核照销,实为公便。除呈民政厅长暨财政厅长外。谨呈。

附清册

孝丰县知事芮钧造送民国五年七月分一成准备金收支清册,呈请鉴核。

计开:

旧管

一、上月结存,洋三百五十四元三分三厘。

新收

一、收五年分县税一成准备金,洋二百八十九元四角六厘;

一、收四年分县税一成准备金,洋十一元八角九分五厘;

一、收三年分县税一成准备金,洋五角六分二厘。

以上三柱,共收洋三百零一元八角六分三厘。

开除

一、支教养局口粮工食等,洋三十三元三角八分。

前件经知事造册,呈送民政厅察核,奉批准销登明。

一、支警队出差费,洋二元八角。

前件奉民政厅指令在准备金项下开支登明。

一、支临时侦探饷,洋三十六元。

前件奉省长吕暨前都督屈批准,每月支洋七十二元,嗣因大局统一,知事详请于七月十五日裁撤,仅支洋如前数登明。

一、支常雇侦探,洋六元。

前件由知事详请每月雇常川侦探一名,每月饷洋十二元,奉民政厅批准照办。本月仅支半月饷洋,如前数登明。

一、支临时保卫团补助费,洋一百二十元。

前件奉前都督屈批准补助洋六百元,共成立陆区,每区每月补助洋二十元,每月合洋一百二十元。再,是项保卫团已于七月底撤销登明。

以上五柱,开除洋一百九十八元一角八分。

实在

收支相抵,实存洋四百五十七元七角一分六厘。

孝丰县知事芮钧造送民国五年七月份二成公益费收支清册,呈请鉴核。

计开:

旧管

一、上月结存,洋九百一十三元一角二厘。

新收

一、收五年分县税二成公益费,洋五百七十八元八角一分三厘;

一、收四年分县税二成公益费,洋二十三元七角九分;

一、收三年分县税二成公益费,洋一元一角二分六厘。

以上三柱,共收洋六百三元七角二分九厘。

开除

一、支自治办公处经费,洋六十元;

一、支教育会七月份经费,洋二十元。

前件奉前财政厅长吴批准支给,登明。

以上共开除,洋八十元。

实在

收支相抵,实结存洋一千四百三十六元八角三分一厘。

孝丰县知事芮钧造送民国五年七月分三成警费收支清册,呈请鉴核。

计开:

旧管

一、上月结存,洋一千六百九十七元七角八分四厘。

新收

一、收五年分县税三成警费,洋八百六十八元二角二分;

一、收四年分县税三成警费,洋三十五元六角八分六厘;

一、收三年分县税三成警费,洋一元六角八分九厘;

一、收房捐,洋七十八元一分八厘;

一、收固有警捐,洋一百十九元七角五分六厘。

以上五柱,共收洋一千一百三元三角六分九厘。

开除

一、支七月分警所经费,洋二百五十四元;

一、支房捐征收公费,洋七元八角二厘;

前件遵照规定公费银不得过十分之一支用;

一、支固有警捐征收公费,洋十一元九角七分五厘。

前件援照房捐例不得过十分之一支用。

以上三柱,共开除洋二百七十三元七角七分七厘。

实在

收支相抵,实结存洋二千五百二十七元三角七分六厘。

孝丰县知事芮钧造送民国五年七月分四成学款收支清册,呈请鉴核。

计开:

旧管

一、上月结存,洋二十九元七角九分六厘。

新收

一、收五年分县税四成学费,洋一千一百五十七元六角二分七厘;

一、收四年分县税四成学费,洋四十七元五角八分一厘;

一、收三年分县税四成学费,洋二元二角五分一厘。

以上三柱,共收洋一千二百七元四角五分九厘。

开除

一、支视学员薪公,洋三十四元;

一、支学务委员薪水,洋十六元;

一、支广安区第一国民学校六月分补助费,洋十六元;

一、支南岅区第二国民学校六月分补助费,洋二十元;

一、支灵岩区第一国民学校六月分补助费,洋十六元;

一、支金石区第二国民学校六月分补助费,洋十六元;

一、支城区第一国民学校六月分补助费,洋二十元;

一、支解联合师范讲习所经费,洋九百四十四元。

以上八柱,共支出洋一千八十二元。

实在

收支两抵,结存洋一百五十五元二角五分五厘。

孝丰县知事芮钧造送民国五年七月分随征一成自治附捐收支清册,呈请鉴核。

计开:

旧管

一、上月结存,洋六百三十七元八角八分六厘。

一、存各自治委员认购储蓄票,洋二千一百八十三元。

新收

一、收五年分县税附捐,洋一千八十一元二角九分九厘;

一、收四年分县税附捐,洋四十四元四角四分四厘;

一、收三年分县税附捐,洋二元一角三厘。

以上三柱,共收洋一千一百二十七元八角四分六厘。

前件经征五年分地丁银四千二百四十两三钱九分二厘,又带征四年分地丁银一百七十四两二钱九分,又带征三年分地丁银八两二钱四分七厘(二五五),合洋如前数。

开除

一、支警队饷,洋一百十七元;

一、支平民习艺所经费,洋一百元。

前件四年一月十六日奉钱塘道尹饬转奉巡按使批准在自治附捐项下提十分之一,归作习艺所经费,登明。

以上共开除,洋二百一十七元。

实在

收支相抵,实结存洋一千五百四十八元七角三分二厘。

孝丰县知事芮钧造送民国五年七月份随征地丁特捐收支清册,呈请鉴核。

计开:

旧管

无项。

新收

一、收五年分特捐,洋三千一百八十元二角九分四厘;

一、收四年分特捐,洋一百三十元七角一分八厘;

一、收三年分特捐,洋六元一角八分五厘。

以上三柱,共收洋三千三百一十七元一角九分七厘。

前件经征五年分地丁银四千二百四十两三钱九分二厘。又带征四年分地丁银一百七十四两二钱九分,又带征三年分地丁银八两二钱四分七厘(七五),合洋如前数。

开除

征起五年分特捐支配数:

一、支四成学费,洋一千一百五十七元六角二分七厘;

一、支三成警费,洋八百六十八元二角二分;

一、支二成公益费,洋五百七十八元八角一分三厘;

一、支一成准备金,洋二百八十九元四角六厘;

一、支照章九厘征收费,洋二百八十六元二角二分六厘。

征起四年分特捐支配数:

一、支四成学费,洋四十七元五角八分一厘;

一、支三成警费,洋三十五元六角八分六厘;

一、支二成公益费,洋二十三元七角九分;

一、支一成准备金,洋一十一元八角九分五厘;

一、支照章九厘征收费,洋一十一元七角六分四厘。

征起三年分特捐支配数:

一、支四成学费,洋二元二角五分一厘;

一、支三成警费,洋一元六角八分九厘;

一、支二成公益费,洋一元一角二分六厘;

一、支一成准备金,洋五角六分二厘;

一、支照章九厘征收费,洋五角五分七厘。

以上十五柱,统共开除洋三千三百十七元一角九分七厘。

实在

收支相抵无存。

(原载《浙江公报》第一千六百二十五号,八至一五页,指令)

浙江省长公署指令第九百八十七号

令昌化县知事

呈一件为条陈该县兴革事宜由

呈暨清摺均悉。所拟兴革各项,业经分别核明批答,随令抄发,仰即遵照办理,仍将遵办情形具报。其原摺内未经批厅核议各条,暨本署批答,并即分别录报主管各厅查考。清摺存。此令。九月十六日

财政条陈批答

税率之轻重随税源为转移,欲加减税率,平均负担,必先从调查税源入手。究竟近来该县田地、山荡按照时值折中估计,每亩价值约各若干,应详细查明填列比较表,呈由财政厅核明转呈。至请将抵补金并入下忙地丁一串征收之处,是否可行,候令财政厅核议饬遵具复。

实业条陈批答

改良造纸及茶、靛各业,应有切实办法,非一纸示谕所能奏效,仰即会合绅商妥拟办法呈核。模范桑园开办、经常各费如何支配,及茧捐带收如何规定,商民是否允洽,未据声叙,无从核办,应即赶紧商定补报。

教育条陈批答

应增小学七所,何时可以成立,应需经费如何筹集,按年筹设如何分配;第一师校及师范讲习所,该县究送学生几名;县校添课农学,是何科目,每周几小时;蚕桑传习所办法若何,课程若

何,开办、经常各费如何支配,带收茧捐约数几何,能否允洽;均未据切实声叙,仅以一纸空言搪塞,殊非实事求是之道,前于该知事呈报办理农工要政案内业经申斥。据陈各节,仍仰查照批指各节,克日详为计画另呈候核,毋再敷延干咎,切切。

警政条陈批答

整顿警政,在选警士,多而不良,徒滋纷扰,立论自属正确;服务之余,均令补习,学术并授,亦属正当办法,苟能实事求是,不托空言,警务前途裨益实多,仰即切实办理,毋以空文了事。至增设警所,视该县各区有否必要增设为标准,如无增设之必要,又无款项之可筹,则毋宁就现有警额悉心整理,较为实在。离城窎远之处①,应督率地方保卫团认真执行职务,以收保持公安之用。据陈拟就西区先设警察十名,经费半由地方筹集,半由省款拨补,究竟用何方法筹措,未据叙明,无从核办,仰即拟具筹款方法呈核。警察余款,事关通省,未便率准拨给,并即知照。

司法条陈批答

该县审检所业据高审厅具报成立,预算经费亦经另文呈经核定,通令遵守,应即按照定章切实办理。至监狱工场添设织带一科,既据就地筹款开办,究竟用款几何,此后月需若干,应另文呈报查核。如果用款不逾司法经费额定范围,所请在此项内开支自可照准。惟织履织带既知无余利可言,且极微薄,仍应另筹相当工艺,如织布、毛巾等类,设法扩充,不得以款绌敷衍,置而不办,是为至要。

（原载《浙江公报》第一千六百二十五号,一五至一七页,指令）

---

①　离城,底本误作"离成",径改。

浙江省长公署指令第九百九十一号

令民政厅长王文庆

呈一件呈复驻美公使代购美国棉种结存

余款拟请暂存该馆以便续购由

据呈已悉。此令。九月十六日

（原载《浙江公报》第一千六百二十五号，一七页，指令）

浙江省长公署指令第九百九十七号

令平阳县知事张朝辅

呈一件呈报贫儿院成立日期由

据呈已悉，仰将办理情形详晰具报查考。此令。九月十五日

（原载《浙江公报》第一千六百二十五号，一七页，指令）

浙江省长公署指令第九百九十八号

令崇德县知事汪寿鋆

呈一件该县议会议长请取消第二师范讲习所由

呈悉。县立联合师范讲习所，昨据民政厅拟具变更办法呈送到署，业已提交省议会议决在案。应俟议决后，再行筹议饬遵，仰即转行该前议长知照。此令。九月十六日

（原载《浙江公报》第一千六百二十五号，一七至一八页，指令）

浙江省长公署指令第九百九十号

令民政厅长王文庆

呈一件为送邬珍洪沛两矿商图结请咨部由

呈及附件均悉。准予转咨。此令。九月十六日

（原载《浙江公报》第一千六百二十五号，一八页，指令）

1589

浙江省长公署指令第一千零零二号

令民政厅长王文庆

　　　　呈一件该厅为叶容葆开采煤矿并送图结请转咨由

呈及图、结阅悉。候咨部核夺。此令。图、结存。九月十六日

　　　　（原载《浙江公报》第一千六百二十五号，一八页，指令）

浙江省长公署指令第一千零零四号

令缙云县知事欧阳忠浩

　　　　呈一件为报办理农桑水利各要政情形由

据呈该县董事侵蚀水利公款等情，究竟董事何人，侵蚀若干，现在有无追还，均应明白呈报，毋得含混。平民习艺所既附设因利局，未便再附贫儿院，且艺徒与贫儿年格不同，何得混并，着即另筹设立。余除于条陈应兴应革事宜案内批示外，均如所拟办理，仰即知照。此令。九月十六日

　　　　（原载《浙江公报》第一千六百二十五号，一八页，指令）

浙江省长公署指令第一千零零五号

令海宁县知事刘蔚仁

　　　　呈一件具报销毁烟土烟具并附摄影清单由

呈及摄影清单均悉。准予备案，仰即知照。此令。附件存。九月十六日

　　　　（原载《浙江公报》第一千六百二十五号，一八页，指令）

浙江省长公署批第二百九十二号

原具呈人绍兴景瑞三

　　　　呈一件禀请饬高审厅迅释结案由

案经饬厅迅予查核办理，仰自向该厅呈催，毋庸率渎。此批。

九月十五日

浙江省长公署批第二百九十三号

原具呈人陆晓风等

呈一件控平湖县署书记毛凤济等营私舞弊由

呈情如果属实，何以被害人并未出面指控？据称合邑代表，究系何人所举，未据声明，显系冒称，殊属不合，不准。此批。九月十五日

浙江省长公署批第二百九十四号

原具呈人奉化王陈氏

呈一件禀被刘阿康毒殴诬奸由

据呈并未粘抄县案，无凭核办，不准。此批。九月十五日

浙江省长公署批第二百九十七号

原具呈人旅严金华会馆同乡会代表朱学金等

呈一件为请求给还翁氏义民遗产由

据呈各节，本署无案可稽，无凭察核，应抄录全案另呈候夺。此批。九月十六日

浙江省长公署批第二百九十八号

原具呈人浙江地方实业银行股东金文粹

呈一件为本行特别公积金恳请咨部仍照
原案由官划拨以全信用由

呈悉。前据财政厅以该行"原定股本即系官六商四，是项公积金

应仍以四六暂行分任，以昭公允"等情具呈到署，业经据情转咨在案。所请应毋庸议。此批。九月十六日

（原载《浙江公报》第一千六百二十五号，二一至二二页，批示）

浙江省长公署批第二百九十九号

原具呈人分浙任用知事冯秉乾

呈一件为缴验知事分发凭照由

呈、照、履历均悉，准予注册。此批。履历暨分发凭照存缴，知事凭照发还。九月十六日

（原载《浙江公报》第一千六百二十五号，二二页，批示）

浙江省长公署咨省议会

准咨请回复各级自治由

浙江省长为咨复事。案准贵会咨请回复自治等情到署，查此案本公署先据各属人民禀请，即经咨内务部以"地方自治（文云见八月十三日本报"咨文"门）以慰民望而成法治"等语，请予察核见复，一面令厅通令各属一体知照在案。旋奉部电，"地方自治现由部呈请恢复，俟国务会议通过后，当有明令发表"等因，复经令厅通令各属知照在案。事关民意，一俟明令发表，自应力促进行。兹准前因，除另电催内务部外，相应咨复贵会查照。此咨

浙江省议会

浙江省长吕公望

中华民国五年九月十六日

（原载《浙江公报》第一千六百二十六号，一九一六年九月二十一日，三页，咨）

浙江督军署训令第一百四十六号

令师旅各军官为军官升级加薪办法应即停止由

令第六师司令部师长童保暄、第二十五师司令部师长张载阳、步兵独立第一旅司令部旅长俞炜、宪兵营营本部营长包焕庚

照得浙省陆军各官长,前于本省举义,深明大体,备尝艰苦。曾经规定实任各师旅正式军职及与现职相当职在三年以上者,予以分别升级加薪,以示优异而资奖励在案。查此项办法系专为举义后奖励各官长起见,本非永以为例,现本省陆军各军队官长应予奖叙者,均经分别照办。所有原定办法应即停止,嗣后各该管长官亦不得援例呈请,以昭限制。除分令外,合行令仰该 遵照,并转令所属一体知照。此令。

中华民国五年九月十八日

督军吕公望

（原载《浙江公报》第一千六百二十六号,四页,训令）

浙江省长公署训令第四百四十八号

令崇德县知事据该县教育会等电请撤销联合县立师范
讲习所一案应俟省会议决后再行令遵仰分别转知由

令崇德县知事汪寿鋆

案据该县教育会庚电称,"联合县立师范讲习所徒糜巨款,无裨教育,学界一致非难;崇邑小学款绌,将有用教育费设无用讲习所,大非正办,请速撤销,以维学款";又据士绅李庭华等庚电称,"第二联合师范讲习所学生稀少,巨款虚糜,提各县补助小学之血本金,仅养三十余名讲习生,于教育无益,于小学有害,请立予撤销,以维小学"各等情前来。查县立联合师范讲习所,昨据民政厅拟具变更办法案呈送到署,业经提交省议会议决在案。应俟议决后,再行筹议令遵,仰

即分别转行知照。此令。

中华民国五年九月　日

省长吕公望

（原载《浙江公报》第一千六百二十六号，四页，训令）

浙江省长公署训令第四百五十号

令高审检厅该厅会同议定各县审检所办事手续通令具报由

令高等审判厅长范贤方、高等检察厅长殷汝熊

案照各县审检所已具报成立者不少，所有关于手续是否适用《审判厅试办章程》，抑仍用《县知事审理诉讼章程》，未据该厅等会同报明有案，易启误会。合行令仰该厅即便会同议定，通令各县遵办具报毋延。此令。

中华民国五年九月十六日

省长吕公望

（原载《浙江公报》第一千六百二十六号，五页，训令）

浙江省长公署训令第四百五十三号

令警政厅准部咨海军轮流梭巡办法令行查照
并转令沿海地方官接洽由

令警政厅长夏超

案准海军部咨开，"迩来沿海各省海盗披猖，商民被劫之案凡数十起，迨地方展转报部请兵，事已逾月，匪早远扬，莫可踪迹，若不设法防范，商旅将永无安全之望。查沿海缉盗本为外海水警专责，惟设备未完，海面辽阔，力有未逮，而海军平时原有操防职务，中外遭风船只，海军亦有保护之责，自无膜视之理。兹经本部通饬各舰队司令，将该管区域画分地段派舰轮流梭巡，并将布置情形暨换防地点先期与地方接洽，以资联络。除分令暨分咨外，相应咨明贵省长查照，并

令沿海地方官妥为接洽"等因。准此，除咨复外，合亟令行该厅查照并转令外海水警厅暨沿海各县知事妥为接洽，其外海水警本有沿海缉盗专责，并应随时督饬认真巡缉，以资保卫，切切。此令。

中华民国五年九月十六日

省长吕公望

（原载《浙江公报》第一千六百二十六号，五页，训令）

浙江省长公署训令第四百六十号

令民政厅为省议会咨复议员何勋业等质问书由

令民政厅长王文庆

案准省议会咨送议员何勋业等质问书一件，内开，"本会第一届第一次临时会议决钱江义渡改良跳板一案，业经依法咨请公布，乃时逾三载，该义渡局并未执行，致使人人病涉，衣裤沾濡，失足灭顶者不知凡几，坏法残民，莫此为甚"等因。查此案系前民政长公布，现归该厅接管，本公署无案可稽。准咨前因，除咨复外，合亟令仰该厅迅饬该义渡局查照原案，克日改良，毋再延误干咎，切切。此令。

中华民国五年九月　　日

省长吕公望

（原载《浙江公报》第一千六百二十六号，五至六页，训令）

附　民政厅呈省长为省议会议员何勋业等质问
钱江义渡改良跳板并未执行一案由

呈为呈复事。案奉钧长令开，"案准省议会咨送议员何勋业等质问书一件，内开，'本会第一届第一次临时会议决钱江义渡改良跳板一案，业经依法咨请公布，乃时逾三载，该义渡局并未执行，致使人人病涉，衣裤沾濡，失足灭顶者不知凡几，坏法残民，莫此为甚'等因。查此案系前民政长公布，现归该厅接管，本公署无案可稽。准咨前因,除咨复外,合函令仰该厅迅饬该义渡局查照原案,克日改良,毋再延误干咎"等因。奉此,查此案自民国二年七月间经前行政公署公布,并令行该前义渡公所按照议决案切实改良去后。旋据该前所长呈请拨给款项等情前来,经前公署以此项经费当时并未列入二年度预算,一再函请前审计分处审定,于三年四月间如数拨交该前所长具领遵办在案。是年八月又因义渡船只亟需大修,经前按署饬据委员王万舞勘复,计需费银三千五百余元,即经饬行财政厅设法筹拨,嗣据复称"本省收入之款丝毫均解存金库,一时实无从设法"等由。但是项渡船为旅客生命所寄,又未便置为缓图,其时适有公民樊恭煦等禀称,"钱江义渡创自胡绅雪岩,所有款项纯系地方捐集,并非出自公家,改革时前政事部误为官有,收归官办,两年以来,岁修不勤,船多朽腐,本年又值大修之期,闻财政厅以款越预算,无从支给。公民等为维持善举起见,拟请仍归绅办,以便募集捐款,及时修理"等情前来。即经前按署饬据财政厅议复照准,由前按署饬知该前义渡公所,截至三年九月分止,将所有船只及改良跳板、跳蹬、银钱等项一律移交该公民等接收,一面并咨陈财政部备案又在案。奉令前因,除令行杭县知事转行该义渡公所,仍照议决案切实办理具复外,理合将是案始末略情备文呈复,仰祈钧长察核施行。谨呈

浙江省长吕

民政厅长王文庆
中华民国五年九月二十五日

(原载《浙江公报》第一千六百三十五号,一九一六年九月三十日,一八至一九页,呈)

浙江省长公署训令第四百六十二号

令民政厅警政厅准内务部电示关岳祀典办法由

令民政厅长王文庆、警政厅长夏超

案准内务部寒电开,"各省省长鉴：准广西陈省长电称[①],'关岳祀典应如何办理,希即电知,以便照办'等因。查本届关岳祀典自应援案举行,其礼节服制,现经参照《秋丁祀孔办法》,定为迎神、送神各三鞠躬,受祚一鞠躬,正献、分献,文官服晚用大礼服,武官服军大礼服、警官服、警礼服,有勋章勋位者一律佩带,其余与祭各官,文职服常礼服,军警官服制服。本届秋成即行照此办理。除电复桂省外,特此通行"等由。准此,除咨请督军查照外,合行令仰该厅查照,迅即分令各属一体遵照办理。此令。

中华民国五年九月　日

省长吕公望

（原载《浙江公报》第一千六百二十六号,六页,训令）

浙江省公署训令第四百七十三号

令民政厅准教育部咨为撤销教育纲要由

令民政厅长王文庆

案准教育部咨开,"为咨行事。案查《教育纲要》一册,于民国四年一月间,由前政事堂片交到部,兹承准国务院公函内开,'此项《纲要》业经国务会议议决撤消'等因。准此,除分咨外,相应咨请贵省长查照,并转行所属知照。此咨"。准此,合令该厅通令各属一体知照。此令。

中华民国五年九月十八日

省长吕公望

（原载《浙江公报》第一千六百二十六号,六至七页,训令）

---

① 广西陈省长,即陈炳焜(1868—1927),字舜琴,广西马平县(今柳州市)人。民国五年七月六日任广西督军,七月十九日兼署省长,民国六年春调任广东督军。

浙江省长公署训令第四百七十四号

令民政厅准交通部咨新飞马小轮变更航线饬属保护由

令民政厅长王文庆

案准交通部咨开，"据江海关监督呈称，'华商招商内河轮船公司禀称，旧置新飞马小轮前领部照，现拟变更航线，遵具呈式，附缴旧照送请转详换照前来，理合检同呈式旧照，呈请察核'等情，并由该商汇交册照费到部。查该轮航线起嘉兴，讫海盐，经过平湖乍浦，尚无不合，由本部涂销旧照，准予注册，填给轮照，发交江海关监督转令承领外，相应咨行贵省长查照，希即分令各该属随时保护①，实纫公谊"等由前来。除咨复外，合行令仰该厅查照，迅即分行各属随时保护，是为至要。此令。

中华民国五年九月十八日

省长吕公望

（原载《浙江公报》第一千六百二十六号，七页，训令）

浙江省长公署训令第四百七十七号

令警政厅据长兴公民徐鸿基等呈为该处警备队哨官温长胜
办事认真请晋级加薪一案由

令警政厅长夏超

案据长兴县合溪区公民徐鸿基等以该处"警备队哨官温长胜办事认真，劳绩卓著，胪陈事实，呈请晋级加薪"等情前来。据查该哨官于民国元年剿匪出力，已经汤前督给奖在案②，嗣后禁缉赌盗、防范地方，均属分内之事，并无特殊劳绩。且惩奖属员，上官自有权衡，该公

---

① 护，底本误作"议"，径改。
② 汤前督，即汤寿潜（1856—1917），原名震，字蛰仙，浙江萧山人。宣统三年十月，任浙江军政府都督。

民等何得率行陈请。据呈前情,合行抄发原呈令仰该厅长即便转令该管统带,传谕该公民等知照。此令。

计抄发原呈一件。

中华民国五年九月十八日

省长吕公望

(原载《浙江公报》第一千六百二十六号,七至八页,训令)

浙江省长公署训令第四百七十八号

令警政厅据巡长黄一梅呈控警厅科员
余廷栋侵越职权滥用私刑由

令警政厅长夏超

案据省会第一区第三所巡长黄一梅呈控省会警察厅司法科科员余廷栋侵越职权,滥用私刑,并粘附照片请查办等情前来。据此,除以"据控各情,该科员殊属荒谬已极,惟据已赴地方检察厅报验起诉,自应由法律解决,仰候令行警政厅转令先行停职就讯可也"等语批示发挂外,合行抄发原呈,令仰该厅长遵照。此令。

计抄发原呈一件。

中华民国五年九月十八日

省长吕公望

(原载《浙江公报》第一千六百二十六号,八页,训令)

浙江省长公署训令第四百八十号

令高检厅据嘉兴吴晋甫等电禀被盗连劫
十二家请饬县严缉由

令高等检察厅长殷汝熊

本年九月十一日据嘉兴公民吴晋甫等电禀,被盗连劫十二家请饬县严缉等情。除原电声明并电该厅毋庸详叙外,案情重大,合亟令仰该厅即便严限嘉兴县知事赶紧勘验,务将此案正盗真赃破获惩办,毋任延纵干咎,切切。此令。

中华民国五年九月十八日

省长吕公望

(原载《浙江公报》第一千六百二十六号,八至九页,训令)

浙江省长公署训令第四百八十二号

令高审检厅准司法部电复废止高审厅办事权限条例一案由

令高等审判厅长范贤方、高等检察厅长殷汝熊

本年九月十二日准司法部电开,"有、虞两电悉。《高审厅办事权限条例》诚应废止,已提交国务会议矣。司法部。真。印"等因。准此,合行令仰该厅即便知照。此令。

中华民国五年九月十八日

省长吕公望

(原载《浙江公报》第一千六百二十六号,九页,训令)

浙江省长公署训令第四百八十三号

令各厅准司法部咨行奉令严禁鸦片由

令民政厅长王文庆、高等审判厅长范贤方、高等检察厅长殷汝熊

本年九月十日准司法部咨开,"本年八月十三日奉大总统令,'近年以来,严禁鸦片,三令五申,内地已绝种植,而贪利不法之徒巧借护符,暗中贩卖,蠹国病民,殊堪痛恨。着内务、司法两部通行各省行政长官,暨稽查、运输各官署,遵照迭次命令,于禁种、禁吸、禁运各端切实查惩,以期永绝根株,净消流毒。此令'等因。当以此项通行应由本部会同内务部办理,咨请内务部核办去后。旋准内务部咨称,'此案本部业经通行在案'等因,自应由本部另文通行。除分咨外,相应

咨请查照转行所属一体遵照办理"等因。准此,合行令仰该厅即便转令所属一体遵照办理。此令。

中华民国五年九月十八日

省长吕公望

（原载《浙江公报》第一千六百二十六号,九至一○页,训令）

浙江省长公署训令第四百八十六号

令财政厅准财政部咨复余姚余支湖新垦田亩自本年起归入地粮造串征收由

令财政厅长莫永贞

本年九月十一日准财政部咨开,"案准贵省长咨开,'据财政厅呈称,据余姚县知事详称,余支湖工竣后派员勘丈,共计新垦田一千九百七十四亩二厘五毫一丝三忽,每亩照民田科银一钱一分八厘一毫一丝四忽八微八尘,每年应征银二百三十三两一钱六分一厘九毫八丝,造具田亩总分清册各一本,新垦田亩全图一幅,由厅查核无异。批饬将项田亩自本年起造串入册征粮外①,检同原送图册具文呈请转咨等情,咨请查核'前来。查余支湖新垦田亩一千九百七十四亩二厘五毫一丝五忽②,应征银二百三十三两一钱六分一厘九毫八丝,核数尚属相符,应准自本年起归入地粮造串征收,相应咨行查照饬遵可也"等由。准此,合行令仰该厅即便转行余姚县知事遵照办理。此令。

中华民国五年九月　　日

省长吕公望

（原载《浙江公报》第一千六百二十六号,一○页,训令）

---

① 项田亩,"项"字上疑有脱字,脱"是"或"此"。
② 底本如此。数字出入原由,参见1186页。

浙江省长公署指令第一千零三十五号

令民政厅长王文庆

呈一件庆元县知事呈请独立时电费准在另款开支由

呈、摺阅悉。国民捐系私人捐款，如果各前任未及领回，应留充地方公益或慈善事业。至该县所支临时电费一百三十余元，能否准予特别报销，并应从何项支给，仰民政厅会同财政厅核议饬遵，并具报备案。此令。抄呈连折发。九月十八日

（原载《浙江公报》第一千六百二十六号，一六页，指令）

浙江省长公署指令第一千零三十九号

令高等检察厅长殷汝熊

呈一件为桐乡县呈请将司法完全独立捐俸补助请示由

据呈请派员专司检察应需薪俸由该知事俸银内提拨，用意可嘉。惟检察员官俸由知事捐助，无此办法，碍难照准。若虑不暇兼顾，照《审检所办事细则》，知事有不得已事故，本可派员代理，惟代理之员应由知事遴选科员中法政毕业，通晓司法程序者，不得任意指派，前已通令在案。仰该厅即便转行该县查照定章及本署通令办理毋违，切切。此令。九月　日

（原载《浙江公报》第一千六百二十六号，一六至一七页，指令）

浙江省长公署指令第一千零四十号

令高等检察厅长殷汝熊

呈一件为常山县呈报江有生跌死情形由

呈及格结、图均悉。既据验讯明确，江有生委系生前因砍树由山上跌下，受有内伤，兼被树压身死，自应毋庸置议，应准备案存查。仰高等检察厅转令知照。格结存。此令。九月　日

（原载《浙江公报》第一千六百二十六号，一七页，指令）

浙江省长公署指令第一千零四十一号

令高等检察厅长殷汝熊

呈一件余姚县呈报陈惠和等被劫诣勘由

盗匪行劫得赃，不法已极，失事日久，该知事既不能立时破获赃盗，辄又藉口事主迄未补报，延至二十日之久，始行呈报，一若不负责任，所司何事，殊堪痛恨，应将该知事记过一次，以示惩儆。合行令仰该厅令即振作精神，会营督警勒限严缉是案赃盗悉获究报，毋任延纵干咎。至此案失赃甚巨，是否连劫，原勘一门出入，有无讳饰，并即由厅行查复夺。表单存。此令。九月十六日

（原载《浙江公报》第一千六百二十六号，一七页，指令）

浙江省长公署指令第一千零四十二号

令高等检察厅长殷汝熊

呈一件青田县呈报缉捕王奕水一案情形由

此案前据永嘉、缙云两县呈报，当以"呈情不符，即经令厅转令该县查讯明确具复，并饬事主冯福清往领起获牛只"在案。据呈前情，赵银敖究竟已未保释，是否与本案有关，合行令仰该厅遵照前今令指各节，赶紧核行该青田县查讯明确，刻日具复核夺，毋稍延混。余照前令办理。至乡愚动辄掳人拔牛，实属野蛮不法，亟应按法惩办，以儆恶习，并令遵照仍勒缉王弈水等务获究报①。此令。九月十六日

（原载《浙江公报》第一千六百二十六号，一七至一八页，指令）

---

①　王弈水，标题作"王奕水"，两者必有一误。前文浙江省长公署指令第七百十七号《呈一件缙云县呈报电拿王奕水等一案办理情形由》（载《浙江公报》第一千六百十五号，一〇页）作"王奕水"。

浙江省长公署指令第一千零四十三号

令高等检察厅长殷汝熊

呈一件奉化县呈报张孝瑞呈报无名男尸二具勘验由

呈悉。该无名男尸二具,究竟因何被人致伤身死、埋尸窖中,合行令仰该厅即便令即严密访缉是案正凶务获究办,一面示召尸属认领归葬,毋以一呈了事,是为至要。并由厅通令各属一体出示招领可也。格结存。此令。九月十六日

（原载《浙江公报》第一千六百二十六号,一八页,指令）

浙江省长公署指令第一千零四十四号

令高等审判厅长范贤方

呈一件松阳县呈报民人郭馀旺受伤后被勒身死一案验讯由

呈悉。此案两造供词各执,案情出入甚巨,究竟郭馀旺确被何人殴勒至死,合行令仰该厅令即行松阳县审检所详细侦查,传同见证程根仁等提集两造研讯明确,依限按律拟办具报,毋稍宕延,切切。格结存。此令。九月　日

（原载《浙江公报》第一千六百二十六号,一八页,指令）

浙江省长公署指令第一千零四十六号

令高等检察厅长殷汝熊

呈一件奉化县呈报应兴德家被劫伤害三人由

呈悉。盗匪纠众劫财砍伤事主三人,实属不法已极,仰高等检察厅令即会督营警严密侦缉,务将正盗真赃悉数捕获,解究讯办,毋稍延纵,切切。勘表、伤单存。此令。九月　日

（原载《浙江公报》第一千六百二十六号,一八页,指令）

浙江省长公署指令第一千零五十号

令财政厅长莫永贞

　　呈一件具报石门丝茧捐稽查局长以周煦海接充由

据呈已悉,仰即查取周煦海履历补送备查。此令。九月十八日

　　　　（原载《浙江公报》第一千六百二十六号,一九页,指令）

浙江省长公署批第三百十二号

原具呈人开化县公民郭质斋

　　呈一件为声明茶商新隆泰被开化余渭浙等
　　朋吞茶款与伊无涉请令县施行由

呈悉。此案既已构成诉讼,该民果无违法私售、得价朋分情事,尽可当庭剖白,该管官厅自能依法审理,毋庸越渎。此批。九月十八日

　　　　（原载《浙江公报》第一千六百二十六号,二二页,批示）

浙江省长公署批第三百十三号

原具呈人海盐丝业商民梅垗等

　　呈一件为请求援照前案限制茧行以维丝业由

呈悉。《限制茧行条例》业经民政厅修改送署,因系本省单行章程,办理不厌详慎,尚须提交省议会议决,再行公布施行,仰即知照。此批。九月十八日

　　　　（原载《浙江公报》第一千六百二十六号,二二页,批示）

浙江省长公署批第三百十五号

原具呈人天台卢吉山等

　　呈一件为控林化南藉学吞占宏福寺产由

据呈各节,既未详叙事由,又不抄黏批判,无凭查核,所请不准。

此批。九月十八日

（原载《浙江公报》第一千六百二十六号，二二页，批示）

浙江省长公署批第三百十六号

原具呈人省会一区三所巡长黄一梅

呈一件为呈控警厅科员余廷栋侵越职权滥用私刑由

呈、黏均悉。据控各情，该科员殊属荒谬已极，惟据已赴地方检察厅投验起诉，自应由法律解决。仰候令行警政厅转令先行停职就讯可也。此批。黏附。九月十八日

（原载《浙江公报》第一千六百二十六号，二二至二三页，批示）

浙江省长公署批第三百十七号

原具呈人泰顺潘鸿康等

呈一件为援例组织温州法政讲习所请立案由

呈及简章均悉。所请组织讲习所，核与部章不合，碍难照准，仰即知照。此批。九月十八日

（原载《浙江公报》第一千六百二十六号，二三页，批示）

浙江省长公署批第三百十八号

原具呈人余杭王应氏

呈一件续呈王克彬通盗杀死二命请饬速判由

案经批厅提犯确讯，拟办日久，未据具复。据呈前情，候令催速办具报。此批。九月十八日

（原载《浙江公报》第一千六百二十六号，二三页，批示）

浙江省长公署批第三百十九号

原具呈人汪长至

呈一件奉批未准重申理由请再澈究由

据呈是否属实,候令杭县查案复夺。此批。九月十六日

（原载《浙江公报》第一千六百二十六号,二三页,批示）

浙江省长公署批第三百二十号

原具呈人绍兴许新发

呈一件控童春泉串通庄书李阿奴种种舞弊由

据呈案经三审判决确定,除备具再审条件,可向司法衙门呈请再审外,别无翻案之余地,所请提讯,违背现行法规,不准。此批。九月十八日

（原载《浙江公报》第一千六百二十六号,二三页,批示）

浙江省长公署批第三百二十一号

原具呈人丁崇光

呈一件控韩士衡唆串诬陷知事藐法滥刑由

该民既尚被拘在县,何以能在现呈切结内画押。代递人与该民是何关系,既未声明,亦未画押,寄宿舍主人又未闻列姓名画押,均属无凭查核。仰即遵照指饬详细声叙,并遵章邀取殷实铺保来案证明,再行核办。此批。结附。九月十八日

（原载《浙江公报》第一千六百二十六号,二三至二四页,批示）

浙江省长公署批第三百二十二号

原具呈人柯璈卿

呈一件续控鄞地检察长庇护检察官沈秉德由

既已向该地方检察长具状声诉,着即诉催核示遵行,如再不服,仍应照章呈请上级厅核办。司法事件必须按照法定程序办理,不能因一人一事逾越范围也,仰即知照。此批。九月十八日

（原载《浙江公报》第一千六百二十六号,二四页,批示）

浙江省长公署批第三百二十三号

原具呈人海宁自治委员陆鉴棠

呈一件呈为因公获咎并未溺职请澈查由

呈悉。经理公款公产,原在《自治办公处章程》应行继续照旧办理范围之内,所称各节,实属误会,既经民政厅饬县撤退,勿庸渎辩,仰即知照。此批。九月十八日

（原载《浙江公报》第一千六百二十六号,二四页,批示）

浙江督军公署训令第一六五号
浙江省长公署训令第四八八号

令各属准江苏省咨请饬属保护

德万力系赴浙江等省游历由

令交涉署长、温交涉员、宁交涉员、民政厅长、警政厅长、第六师师长、第二十五师师长、独立第一旅旅长、嘉湖镇守使、台州镇守使

本年九月八日准江苏省公署咨开,"案据特派江苏交涉员杨晟呈称,'顷准德国总领事函,以商人万力系偕妻万尔,随带手枪各一、猎枪各二枝,弹少许,赴江苏、浙江、安徽、江西、湖南、湖北、广东、广西、四川、河南、云南、贵州游历,缮给护照请盖印前来。除将护照印发外,理合呈请察照,转饬各属,俟该德人到境呈验护照时,照约保护'等情。据此,除训令各属保护并分咨外,相应咨请贵省长查照,希即转行各属照约一体保护"等由。准此,除分令外,合行令仰该　　即便转令所属一体照约保护。此令。

中华民国五年九月　日

督军兼省长吕公望

（原载《浙江公报》第一千六百二十七号,一九一六年九月二十二日,三页,训令）

浙江督军公署训令第一六六号
浙江省长公署训令第四八九号

令各属准江苏省咨请饬属保护日人
石田正雄王佐庭赴浙江等省游历由

令交涉署长、温交涉员、宁交涉员、民政厅长、警政厅长、第六师师长、第二十五师师长、独立第一旅旅长、嘉湖镇守使、台州镇守使

本年九月十二日准江苏省公署咨开，"案据特派江苏交涉员杨晟呈称，'顷准日本国总领事函，以石田正雄赴江苏、浙江、福建、江西、安徽、湖南、湖北/王佐庭赴江苏、浙江、福建游历，缮给护照请盖印前来。除将护照印发外，理合呈请察照，转饬各属，俟该日本人到境呈验护照时，照约保护'等情。据此，除训令各属保护并分咨外，相应咨请贵省长查照，希即转行各属照约一体保护"等由。准此，除分令外，合行令仰该　　即便转令所属一体照约保护。此令。

中华民国五年九月十八日

督军兼省长吕公望

（原载《浙江公报》第一千六百二十七号，三至四页，训令）

浙江督军公署训令第一六七号
浙江省长公署训令第四九○号

令各属准江苏省咨请饬属保护英人
陈景芝等赴浙江等省游历由

令交涉署长、温交涉员、宁交涉员、民政厅长、警政厅长、第六师师长、第二十五师师长、独立第一旅旅长、嘉湖镇守使、台州镇守使

本年九月八日准江苏省公署咨开，"案据特派江苏交涉员杨晟呈

称，'顷准英国总领事函，以矿师陈景芝赴江苏、安徽、奉天、山东、直隶/商人施德之赴江苏、浙江游历，缮给护照请盖印前来。除将护照印发外，理合呈请察照，转饬各属，俟该英人到境呈验护照时，照约保护'等情。据此，除训令各属保护并分咨外，相应咨请贵省长查照，希即转行各属照约一体保护"等由。准此，除分令外，合行令仰该即便转令所属一体照约保护。此令。

中华民国五年九月十八日
督军兼省长吕公望

（原载《浙江公报》第一千六百二十七号，四页，训令）

浙江督军公署训令第一六八号
浙江省长公署训令第四九一号

令各属准江苏省咨请饬属保护
美人戴明赴浙江等省游历由

令交涉署长、温交涉员、宁交涉员、民政厅长、警政厅长、第六师师长、第二十五师师长、独立第一旅旅长、嘉湖镇守使、台州镇守使

本年九月八日准江苏省公署咨开，"案据特派江苏交涉员杨晟呈称，'顷准美国总领事函，以戴明赴江苏、浙江、安徽、福建游历，缮给护照请盖印前来。除将护照印发外，理合呈请察照，转饬各属，俟该美国人到境呈验护照时，照约保护'等情。据此，除训令各属保护并分咨外，相应咨请贵省长查照，希即转行各属照约一体保护"等由。准此，除分令外，合行令仰该　即便转令所属一体照约保护。此令。

中华民国五年九月十八日
督军兼省长吕公望

（原载《浙江公报》第一千六百二十七号，四至五页，训令）

浙江督军公署训令第一六九号
浙江省长公署训令第四九二号

令各属准江苏省咨请饬属保护
英妇顾兰德赴浙江等省游历由

令交涉署长、温交涉员、宁交涉员、民政厅长、警政厅长、第六师师长、第二十五师师长、独立第一旅旅长、嘉湖镇守使、台州镇守使

本年九月十二日准江苏省公署咨开,"案据特派江苏交涉员杨晟呈称,'顷准英国总领事函,以英妇顾兰德赴江苏、浙江游历,缮给护照请盖印前来。除将护照印发外,理合呈请察照,转饬各属,俟该英妇到境呈验护照时,照约保护'等情。据此,除训令各属保护并分咨外,相应咨请贵省长查照,希即转行各属照约一体保护"等由。准此,除分令外,合行令仰该 即便转令所属一体照约保护。此令。

中华民国五年九月十八日

督军兼省长吕公望

(原载《浙江公报》第一千六百二十七号,五至六页,训令)

浙江督军公署训令第一七〇号
浙江省长公署训令第四九三号

令各属准江苏省咨请饬属保护美人
柏乃德赴浙江等省游历由

令交涉署长、温交涉员、宁交涉员、民政厅长、警政厅长、第六师师长、第二十五师师长、独立第一旅旅长、嘉湖镇守使、台州镇守使

本年九月八日准江苏省公署咨开,"案据特派江苏交涉员杨晟呈称,'顷准美国总领事函,以柏乃德赴江苏、江西、浙江、安徽、湖北游

历,缮给护照请盖印前来。除将护照印发外,理合呈请察照,转饬各属,俟该美人到境呈验护照时,照约保护'等情。据此,除训令各属保护并分咨外,相应咨请贵省长查照,希即转行各属照约一体保护"等由。准此,除分令外,合行令仰该　　即便转令所属一体照约保护。此令。

中华民国五年九月十八日

督军兼省长吕公望

（原载《浙江公报》第一千六百二十七号,六页,训令）

浙江督军公署训令第一七一号
浙江省长公署训令第四九四号

令各属准江苏省咨请饬属保护德员

沙乐赴浙江等省游历由

令交涉署长、温交涉员、宁交涉员、民政厅长、警政厅长、第六师师长、第二十五师师长、独立第一旅旅长、嘉湖镇守使、台州镇守使

本年九月八日准江苏省公署咨开,"案据特派江苏交涉员杨晟呈称,'顷准德国总领事函,以书记员沙乐随带猎枪二枝、手枪一枝、弹少许,赴江苏、浙江、安徽游历,缮给护照请盖印前来。除将护照印发外,理合呈请察照,转饬各属,俟该德员到境呈验护照时,照约保护'等情。据此,除训令各属保护并分咨外,相应咨请贵省长查照,希即转行各属照约一体保护"等由。准此,除分令外,合行令仰该　　即便转令所属一体照约保护。此令。

中华民国五年九月十八日

督军兼省长吕公望

（原载《浙江公报》第一千六百二十七号,六至七页,训令）

浙江省长公署训令第四百九十九号

令各县知事据财政厅兼烟酒公卖局长呈烟酒商人纷入
联合会愚民误会滞纳费款请饬各县切实劝禁由

令各县知事

案据浙江财政厅长兼烟酒公卖局长呈称，"窃照烟酒公卖费款为国家新税一种，大宗收入例须照额征解，以济军用各项要需。现在国会再开，《处分公卖章程》尚未提议，各处烟酒商人纷纷加入联合会有所讨论。查该会宗旨无非为改良办法起见，集思广益，姑为请愿之举，并非谓一经请愿，国会便当通过，可达免费之目的。多数商民深知此义，无不照常营业，遵守旧例，仍然完纳捐费，踊跃输将。然有少数愚民误会，联合请愿公卖必将停止，费款即行滞纳。殊不知此项章程如何改良，必待国会议决之后公布施行，方成事实。万无请愿伊始，可以不遵定章，不受滞纳处分制裁之理。现在收数短绌，已受影响，诚恐良善商民因此误会，相率观望，滞纳日甚，无所底止。尤恐无知之徒借此造谣生事，抗阻征务，贻害大局，所关非轻。除撰述布告广布周知，并令饬各分局晓谕商民照常办理外，查县知事有帮办公卖事宜之责，各局征务全赖实力协助，方能济事，而商民方面威信相孚，若能切实劝谕，似此误会滞纳之害，不难即日解除。一面查禁造谣抗征之人，随时按律拘办。维持大局，效用甚宏。为此具呈陈请，仰祈鉴核，迅赐电饬各县知事切实分别劝禁，认真维持局务，以重计政而副考成，深为公便。布告录陈备考，合并声明"等情。据此，合亟令仰该知事切实劝谕查禁，是为至要，切切。此令。

中华民国五年九月十八日

省长吕公望

（原载《浙江公报》第一千六百二十七号，七至八页，训令）

浙江省长公署训令第五百零一号

令高审厅据永嘉朱华等禀控警佐方秉林违法滥刑案由

令高等审判厅长范贤方

案据永嘉自治议员朱华等禀称，"前控警佐方秉林违法滥刑一案，虽蒙批县查复，久无影响，再求派员密查确实，饬县移厅讯究"等情到署。除批示外，合行令仰该厅即行转令永嘉县知事遵照前批迅予秉公克日查复，如再徇延，定干重咎，切切。禀抄发。此令。

中华民国五年九月十九日

省长吕公望

（原载《浙江公报》第一千六百二十七号，八页，训令）

浙江省长公署指令第一千零六十七号

令财政厅长兼烟酒公卖局长莫永贞

呈一件为烟酒商人纷入联合会愚民误会

滞纳费款请饬各县切实劝禁由

呈悉。已通令各县知事切实劝禁矣。此令。九月十六日①

（原载《浙江公报》第一千六百二十七号，一九页，指令）

浙江省长公署指令第一千零七十号

令高等审判厅长范贤方

呈一件富阳县呈请将历任移交库书缴款

二百元作教养局经费由

据呈，将历任移交追起库书缴还前清县令可以充公银二百元，拨作教养局经费，应即照准。合行令仰该厅转令按章督同管狱员认真

---

① 相关训令，即浙江省长公署训令第四百九十九号（见 1613 页），落款"九月十八日"，指令作"九月十六日"，疑为"九月十八日"之误。

办理,毋再有名无实,切切。呈抄发。此令。九月十九日

(原载《浙江公报》第一千六百二十七号,一九页,指令)

浙江省长公署指令第一千零七十一号

令高等审判厅长范贤方

    呈一件温岭县补报陈合斌家被劫勘验获犯由

呈悉。此案获犯李滥户玉一名,既据讯供明确,呈由高审厅核转,应俟到日再行核办。至陈合斌家被劫报案,事在本年三月一日,该前任知事严伟讳匿于前,该知事复稽迟不报,均属不合,应将严伟追记过一次,并将该知事申斥。合行令仰该厅咨明民政厅查照,并转令该知事遵照,仍勒缉各逸匪务获究报。表、单存。此令。九月十九日

(原载《浙江公报》第一千六百二十七号,一九页,指令)

浙江省长公署指令第一千零七十二号

令高等检察厅长殷汝熊

    呈一件核复鄞县监狱工场尚须拨款添置器具由

如呈办理。摺存。此令。九月十九日

(原载《浙江公报》第一千六百二十七号,一九至二〇页,指令)

浙江省长公署指令第一千零七十三号

令高等检察厅长殷汝熊

    呈二件孝丰县查复保卫团团总鲁馨诬告平民陈如玉讯实
        情形又呈据鲁馨以捏名诬控呈请澈究由

此案既据查讯桂金有、万森生二名私刻图记、捏诬有据,并据另呈鲁馨呈请澈究,应即并讯明确,按律拟判具报。合行令仰该厅即便转令遵照办理。供单并呈二件,均钞发。此令。九月十九日

(原载《浙江公报》第一千六百二十七号,二〇页,指令)

浙江省长公署指令第一千零七十四号

令高等检察厅长殷汝熊

呈一件为金华县呈报庄光宪被金宗梅等挟嫌致死由

呈悉。此案庄光宪究被金宗梅等挟何嫌隙因而致死，合行令仰该厅令即严缉凶犯金宗梅等务获，集证研讯确情，按律拟办具报。格结存。此令。九月十九日

（原载《浙江公报》第一千六百二十七号，二〇页，指令）

浙江省长公署指令第一千零七十五号

令高等检察厅长殷汝熊

呈一件为该厅呈送八月分诉讼月报表由

呈、表均悉。仍仰该厅长督饬，将未结各案赶紧清厘，毋稍积压为要。表存。此令。九月十九日

（原载《浙江公报》第一千六百二十七号，二〇页，指令）

浙江省长公署指令第一千零七十六号

令高等检察厅长殷汝熊

呈一件为云和县呈请通缉命案逃犯许豹儿一名由

呈悉。合行令仰该厅通令缉拿，仍令该县督警设法侦缉务获究办，不得以案经通缉，稍涉懈弛，切切。此令。九月十九日

（原载《浙江公报》第一千六百二十七号，二〇至二一页，指令）

浙江省长公署指令第一千零七十八号

令萧山审检所

呈一件呈报陈天有家被劫由

呈悉。盗匪强劫窖藏，并烙伤事主两人，实属愍不畏法，务即迅

派干警会同营汛勒缉正盗真赃获解究报，毋稍疏纵。单、表存。此令。九月十九日

（原载《浙江公报》第一千六百二十七号，二一页，指令）

浙江省长公署指令第一千零七十九号

令萧山审检所

呈一件呈报丁永孝家被劫由

呈及图、表、单均悉。该县辖境于八月二十八日、八月三十日两日之间，连出盗匪纠劫财物、刀伤事主等案，足见该县平时捕务废弛。该知事莅任伊始，务必切实整顿，并即迅派干警会同营汛勒限严缉，务将该案赃盗获解到案，毋稍玩忽。图、表存。此令。九月十九日

（原载《浙江公报》第一千六百二十七号，二一页，指令）

浙江省长公署指令第一千零八十号

令高等检察厅长殷汝熊

呈一件平阳县呈复闽省咨缉拦劫海关灯塔
一案境内并无来澳地名由

呈悉。既据查明此案失事之来澳洋面，并非该县辖境，仰候据情咨复福建省长、税务处督办查核，仍一体勒缉赃盗，务获究报。合行令仰该厅即便转令，并咨民政厅知照。呈钞发。此令。九月十九日

（原载《浙江公报》第一千六百二十七号，二一页，指令）

浙江省长公署指令第一千零九十一号

令警政厅长夏超

呈一件为请调二十五师差遣单平充任
警备队第一区统部副官由

呈悉。据称警备队第一区统部副官陈公毅另行委用，遗缺拟以

二十五师差遣单平充任等情,业准督军署咨复准予调用。除将单平任命状咨送转给外,仰即查照。此令。九月　日

（原载《浙江公报》第一千六百二十七号,二一至二二页,指令）

浙江省长公署指令第一千零九十三号

令衢县知事

呈一件为条陈该县地方兴革事宜由

呈暨清摺均悉。所拟兴革各项,业经分别核明批答,随令抄发,仰即遵照办理,仍将遵办情形具报。其原摺暨本署批答,并即录报主管各厅查考。再,现在该知事业经请假,所有应办事件应专案移交代任继续办理。清摺五扣存。此令。九月十九日

财政条陈批答

保正借款垫粮,与库书之包征包解,庄书之把持粮册,同为丛弊之端。其年收租谷即系陋规,浙省前订《征收章程》暨《施行细则》,原为设法整顿、扩清积弊起见,施行以来,成效颇著①。该县二、三、四年钱粮收数既有每况愈下之势,即应按照定章督率经征员役认真办理,征务方有起色。不此之务,乃欲规复前清弊政,以期程功,所见殊不切要。至印花税公平普及,为财政学家所公认,各国均恃为大宗收入,吾国推行未久,成效亦已卓著,各县知事果能实心劝导,积极进行,将来收数自必日旺一日,岂能诋为苛细?究竟该县办理印花税情形如何,每月收入若干,近年收数有无起色,应即查明列报,并拟定切实整顿办法呈候核定。其余契税、屠宰税、烟酒牌照税及各种牙税,关系通案,未便轻议变更,并即照章认真整顿,以期国计民生兼筹并顾。

---

① 颇著,底本互乙,径改。

实业条陈批答

改良造纸,自是要图。本年该县秋收既丰,应于两个月内将拟办模范纸厂组织成立,具报查考。至土靛畅销,由于洋货停运,若非乘此时机设法讲求制造,则欧战一经停止,洋货充斥,土靛虽多,终归失败。究竟如何切实改良之处,并即拟定办法呈候核定,以期实行。该县出皮既多,除劝令现制皮箱各家设法改良外,尽可按照公司章程,纠集股分,组织制革公司,凡军用革货及一切皮鞋、皮靴、皮带、皮包等件,均可依法仿造,如能办理得人,当于实业前途大有裨补,应由该知事会同商会切实筹议,设法提倡,呈报查核,毋得违延。

教育条陈批答

该知事既拟扩充讲演所,仿办露天学校,应将切实办法详细筹议,并分别造具预算书呈候核示,不得以空言搪塞。至师范讲习所为旧府属公设机关,存废问题关系全省,即使停办,其余款亦非该县所能单独提用。况实业学校分农、工、商三种,该县究以何种为最要,未据声叙,显系敷衍塞责,应再妥筹的款,并酌量该县地方情形,应行设立何种实业学校,妥为筹议,专案呈夺。余如所拟办理。

警政条陈批答

增设警所,当从经费着手,各县解省警费早经指有用途,万难截留。该县分所果系必须添设,应即邀集就地绅富妥筹的款,分别举办。如地方财力一时实系不能负担,尽可按照《地方保卫团条例》,就应设分所各区筹设保卫团,以补警察所不及,仍俟筹有专款,再行设立分所,不得以空文塞责。至疏浚内河、添设路灯两项,均属可行,着将应需经费核实估计,拟具详细办法呈候核夺。

司法条陈批答

原被告屡传不到,《县知事审理诉讼章程》第三十二条,本有阙席判决之规定,应即遵照办理,何庸立异?未决犯尚有三十人左右,仍应将积案认真清厘,其已决之犯,如非破廉耻及有合乎缓刑条件者,亦可随案宣告缓刑,以符立法本意。监狱工场据称设有竹、木、石粉、纸印四科,应将每种出品检取一件,呈送本署备阅。其教养局亦应另筹的款,认真整顿。至不法讼棍干预诉讼,应由该知事随时严密查禁,如敢教唆播弄,颠倒是非,并即依法提案讯究,以昭儆诫,毋稍宽贷。

（原载《浙江公报》第一千六百二十七号,二二至二四页,指令）

浙江省长公署批第三百二十四号

原具呈人永嘉朱华等

呈一件禀控警佐方秉林违法滥刑案由

据呈已悉。已令催该县迅予秉公查复矣,仰即知照。黏抄存。此批。九月 日

（原载《浙江公报》第一千六百二十七号,二五页,批示）

浙江省长公署批第三百二十五号

原具呈人宋周氏

呈一件禀伊子被匪张庄福等轰毙一案由

呈悉。仰候令厅转县迅予勒缉凶犯,依法办理可也。此批。九月十九日

（原载《浙江公报》第一千六百二十七号,二五页,批示）

浙江省长公署批第三百二十七号

原具呈人绍兴县景瑞泰

呈一件续控陈六四等挟嫌报复县官处分违法请饬取消由

前经明晰批斥,何复混渎图翻,显见健讼,不准并斥。粘掷还。此批。九月十九日

（原载《浙江公报》第一千六百二十七号,二五页,批示）

浙江省长公署批第三百二十八号

原具呈人金华余祉等

呈一件为前控黄毓材黄在中等一案请示期集讯由

呈悉。此案前准督军署咨送过署,已饬民政厅查核办理在案。据呈前情,仰该民等自向民政厅呈候核办可也。此批。九月十九日

（原载《浙江公报》第一千六百二十七号,二五页,批示）

浙江省长公署训令第五百号

令各县知事准海军部咨送海军学生考选章程仰遵照办理由

令各县知事

案准海军部咨开,"本部挑选学生办法一案,业于民国四年八月间通咨各省查照在案。现在考选学生章程业经订妥,除刊登《公报》外,特随咨送上前项《章程》并《海军教育规程》各两本,应请贵省长按照该《章程》拣选合格生童数名,按期送沪报考,并将选定各生姓名、履历先行咨部,以凭备案可也"等因,并准咨送《章程》《规程》各两本到署。准此,除咨复外,合亟训令该县遵照章程办理,并出示晓谕,限于本年十一月十五日以前将拣选合格生童姓名、履历呈报,以凭咨部,并届期送沪报考,是为至要。再,是项《章程》《规程》即在《浙江公报》内登载,不再另行印发,以省手续,并仰知照。此令。

中华民国五年九月十九日

省长吕公望

海军部令第一二六号

兹制定《海军学生考选章程》,特即公布施行。此令。《章程》附。部印。

中华民国五年八月二十八日

海军总长程璧光

海军学生考选章程

第一条　海军学生由各省行政长官依本章程所定考格拣选各该管地方生童按期送沪报考，并将选定各生履历先行咨部。

第二条　考选海军学生每年分上下二期，其报到时日，上期订于六月一日起至十日止，下期订于十二月一日起至十日止，每期均于十一日开考，选取额数定以五十名为限。

第三条　考格

（甲）身家清白，不入外国籍者；

（乙）年龄已满十四岁至满十六岁，尚未完娶者；

（丙）身体健壮，无暗疾，目不近视，能辨颜色者；

（丁）国文通顺，能作浅近论说者；

（戊）曾习英文读本第一二集者；

（己）曾习算学比例、代数加减乘除者。

第四条　考选学生由部临时组织考选委员会，并将各省咨送学生汇编名册，交由该会考选地点举行考试。

前项考选地点，暂定于上海高昌庙。

第五条　考选委员会应以上级海军军官一人为会长，以学校总教官一人、海军部秘书一人、军医官二人及其他委员若干人为会员，均由海军总长临时指派之。

第六条　考选委员会除依照第三条规定之考格办理外，所有与选学生应再加面试，务以口齿爽利、精神灵敏者为合格。

第七条　侨民子弟如有合格者，可呈请驻扎该处之本国公使或领事官分别咨呈外交部转送与考。

第八条　海军上校以上之官佐得准以合格之亲属一人，呈部保送应选，惟每员只以保送二次为限。

第九条　海军官佐中如遇有阵亡或因公殒命，有事实可以证明者，其子嗣如果合格，准由该家属呈部应选，但每员只能呈送一人为限。

前两条之规定,虽不在考选期间,得准其随时呈送,由部考核。果系合格,交司存记,如遇学校中有相当之额缺,准予插班,以示优异。

第十条　送考各生均应依第二条之规定日期内,携带四寸相片一张,径赴考选委员会报到,逾期概不收录。其往返川资、寄宿等费均由自备。

第十一条　凡送考学生经录取后,即在考选地点听候派船载送赴校。

第十二条　送考各生之父兄或其监护人,须将部定表式亲笔填写,交由该生,俟录取后带校存案,以备便于通信及校对笔迹之用(表式附后)。

第十三条　本章程自公布日施行。

考选海军学生履历表	
姓　　名	
籍　　贯	
年　　龄	
曾在某校修业	
父母存殁	
兄弟人数	
父或监护人职业　姓名	
住　　址	
通信处	
中华民国　　年　月　日　　父或监护人签名	

海军军官教育规程

第一条　海军军官教育以造就航海轮机完全人材为宗旨，教育次序悉依本规程行之。

第二条　海军军官教育分初级、中级、高级三等，其课程表附后。

第三条　凡学生考取后，先派入烟台海军学校，授其海军初级教育三年，每年分为两学期，每学期考试一次，满六学期后，用掣签法分别派归轮机学校及练习舰肄业。

前项初级学生，暂以三百名为额。

第四条　轮机学校校课定为四年毕业，每年分为两学期，每学期考试一次，满八学期派登练习舰见习，一年后照章授为轮机少尉。再派各舰差遣二年，其间须充当值更官一年，期满后得升授轮机中尉，并得与考海军大学校肄业。

第五条　练习舰舰课定为二年，每年分为二学期，每学期考试一次，满四学期后派入吴淞海军学校，授以中级教育。

第六条　吴淞海军学校校课定为一年，每年为两学期，期满后派入海军雷电学校肄习鱼水雷电各专门学。

第七条　雷电学校校课定为半年，期满后派入枪炮学校（现时暂送入枪炮练习所），练习枪炮。

第八条　枪炮学校校课定为半年，期满后派登练习舰见习，一年后照章授为海军少尉。再分派各舰差遣二年，其间须充当值更官一年，期满后得升授海军中尉，并得与考海军大学校肄业。

第九条　学生每历一处肄业期满，由校或由舰考试及格后，给以修业证书。俟历学七年期满时，即将所得各证书平均核计其成绩，逾九成者为最优等，逾八成者为优等，逾七成者为一等，逾六成者为二等，由部分别给予毕业证书。其列于最优等者，得依照《军官进级条例》第四条，减少其服役限三个月，升授中尉。

第十条 海军大学校校课定为一年,毕业后由部颁给证书,并得依照《军官进级条例》,减少其服役年限三个月,升为上尉。

（原载《浙江公报》第一千六百二十八号,三至七页,训令）

浙江省长公署训令第五百零八号

令财政厅据象山县条陈该县地方兴革事宜由

令财政厅长莫永贞

案据象山县知事张鹏霄呈称,遵饬条陈该县地方应兴应革事宜,请予核示等情,并附呈清摺到署。据此,除将条陈分别核明批答,并指令该县知事遵办外,合亟钞录原摺内应由该厅核议各条,暨本署批答令发该厅遵照办理。此令。

计黏抄一件。

中华民国五年九月十九日

省长吕公望

（原载《浙江公报》第一千六百二十八号,八页,训令）

浙江省长公署训令第五百十九号

令民政厅等为绍兴县知事条陈该县地方兴革事宜由

令民政厅长王文庆、财政厅长莫永贞、高等审判厅厅长范贤方

案据绍兴县知事宋承家呈称,遵饬条拟该县地方应兴应革事宜,请予核示等情,并附呈清摺五扣到署。据此,除将条陈分别批答并分令外,合亟钞录原摺内应由该厅核议各条暨本署批答,令发该厅遵照办理。此令。

计黏抄一件。

中华民国五年九月　日

省长吕公望

（原载《浙江公报》第一千六百二十八号,八页,训令）

浙江省长公署指令第一千零九十二号

令象山县知事

呈一件为条陈该县地方兴革事宜由

呈暨清摺均悉。所拟兴革各项，业经分别核明批答，随令抄发，仰即遵照办理，仍将遵办情形具报。其原摺内未经批厅核议各条暨本署批答，并即分别录报主管各厅查考。清摺存。此令。九月十九日

财政条陈批答

粮产不符，应于办理编审之时，随时查勘，逐渐清厘。如果户绝田存，例应归诸国有。该县拟将荒绝之粮匀摊于产业较多之户，既乖定率，尤欠公平，殊非妥善办法，碍难照行。丁漕宜合串并征，及变更征收丁漕串簿各节，是否可行，候令行财政厅核议令遵。至催征旧粮之传费，其性质与督促费相类，前据崇德县条陈财政兴革事宜内有规复督促费一条，批仰财政厅核议在案，应候令行该厅并案议复核夺可也。

实业条陈批答

森林、水利关系民生甚巨，该县民有山地，究竟已成林者几处，未成林者几处，招租开垦已否定有办法，堤塘应修者究有几处，需费若干，款项如何筹集，均应详细声叙呈候查核。余如所拟办理。

教育条陈批答

学务委员已令厅饬属裁撤，教员研究会应另将会章详细拟订呈核。余事可行。

警政条陈批答

警备队移驻问题，顷由警政厅统筹全局办理。该县各防期间果有移驻哨兵之必要，届期应行声叙理由，呈由警政厅核办。消防事业既经办有数处，急应筹集的款，购备器械，督率练习，并

期推行，以收全效。筹款浚渠自是要务，惟非挑浚之为难，所贵挑浚以后，能使人民知公众卫生之利益，不致任意将污秽各物入渠，是为至要。巡缉事项系警察日常职务，并非特别计划，要在督饬长警切实整顿耳。

司法条陈批答

痞徒讼棍，扰累民间，现在审检所成立，该知事身任地方，职司检察，均有访拿之责，应即访查明确，依法办理。至下列二条，各有定章可以依据，并应随时查照办理。

（原载《浙江公报》第一千六百二十八号，一四至一五页，指令）

浙江省长公署指令第一千零九十四号

令民政厅长王文庆

呈一件黄岩县呈为估计修缮警察所新移屋宇费由

据呈已悉，仰民政厅咨会财政厅查核令遵。此令。九月十九日

（原载《浙江公报》第一千六百二十八号，一五页，指令）

浙江督军署训令第一百七十三号

令各属准内务部电本属关岳祀典自应参照秋丁祀孔办法由

令第六师师长童保喧、第二十五师师长张载阳、警政厅厅长夏超、独立第一旅旅长俞炜、民政厅厅长王文庆、财政厅厅长莫永贞、高等审判厅厅长范贤方、高等检察厅厅长殷汝熊、嘉湖镇守使王桂林、台州镇守使顾乃斌、交涉署署长林鹍翔、杭关监督程恩培、各县知事、测量局局长董绍祺、军械总局长张国威

本月十五日准内务部寒电开，"准广西陈省长电称，'关岳祀典应如何办理，希即电知，以便照办'等因。查本届关岳祀典自应援案举行，其祀节服制现经参照《秋丁祀孔办法》，定为迎神、送神各三鞠躬，

受裋一鞠躬,正献、分献,文官服晚用大礼服,武官服军大礼服,警官服警礼服,有勋章勋位者一律佩带,其余与祭各官,文职服常礼服,军警官服制服。本届秋戍即行照此办理。除电复桂省外,特此通行"等因。准此,除分行外,合行令仰该　　即便转饬各属一体遵照。此令。

中华民国五年九月二十日

督军吕公望

(原载《浙江公报》第一千六百二十八号,一九一六年九月二十三日,三页,训令)

浙江省长公署指令第一千零九十八号

令警政厅长夏超

呈一件请转咨给恤已故郭炳麟由

呈、黏均悉。该员积劳病故,核与《警察官吏恤金给予条例》第四条第三款尚无不合,应准转咨核给可也。书、表存。此令。九月二十日

(原载《浙江公报》第一千六百二十八号,一五页,指令)

浙江省长公署指令第一千一百号

令警政厅长夏超

呈一件呈送考试投效人员规则请备案由

呈及《规则》均悉。所拟各条尚属妥洽,应准备案。《规则》存。此令。九月二十日

(原载《浙江公报》第一千六百二十八号,一五页,指令)

浙江省长公署指令第一千一百零三号

令民政厅长王文庆

呈一件呈复核议兰溪县警政教练情形由

呈悉。仰照核议办法转令该知事遵照办理可也。此令。九月二十日

(原载《浙江公报》第一千六百二十八号,一五至一六页,指令)

浙江省长公署指令第一千一百零五号

令绍兴县知事

呈一件为条陈该县地方兴革事宜由

呈暨清摺均悉。所拟兴革各项,业经分别核明批答,随令抄发,仰即遵照办理,仍将遵办情形具报。其原摺内未经批厅核议各条暨本署批答,并即分别录报主管各厅查考。清摺存。此令。九月二十日

财政条陈批答

举办田单,与户折相附而行,于人民产权,诚多裨益;创办测绘传习所,为实行清丈之预备;推广银行营业,加发纸币,以期革除划洋、现水;均为切要之图。烟酒公卖分局既已设置,所有向归县署征收之烟酒牌照税,自可由局征收,以一事权。候令行财政厅分别筹议具复核夺。

公款公产设立经理处,专司其事,系为慎重用度、振兴地方事业起见。惟察阅所拟组织人员为数较多,深恐开支浩大,得不偿失,应先通盘计划,编制预算,并妥拟规则,呈送主管官厅核明转请示遵。免除带征杂捐、永征备荒特捐,于民食、水利,洵属双方交利,但既系永久带征,则民力能否负担,亦应计及,应否于每两带征三角六分内再予酌减,以示体恤,并即悉心核议分呈察核可也。

实业条陈批答

所陈四项,尚属切实可行,仰即次第举办,呈报备核。

教育条陈批答

县立高等小学以能容受国民学校毕业生为度,该县现有高小学校如果不能容受,自应酌量增设。宣讲员仅设一人,自属太少,以后增添人员,须择乡望素孚者充之,毋得轻率委任,启乡民

轻视之心。第四、第五、第六三项，用意甚善，惟未筹定切实办法，无凭察核，仰即详晰计画，呈候核夺。

警政条陈批答

第一条　县警察所拟附设巡警教练所，应准照行。惟所拟办法是否妥洽，经费能否由省款支出，该县原设讲习所经费可以抵充者有几，候令行民政厅查核复夺令遵。

第二条　县属沥海乡临时分驻所，拟改设分所。据称该乡系绍兴、上虞两县交界处所，地势滨海，盗匪最易出没，则改设分所，自系为保卫地方起见。惟由两县合设办理，有无窒碍，警佐官俸由省款支出，是否可行，候令行民政厅核议复夺令遵。

第三条　县警察所拟添设卫生科员，查《县警察所官制》无分科之规定，所有地方上关于卫生事宜，应由该兼所长暨警佐随时酌量地方情形，妥慎办理，毋庸多立名目，致涉分歧。

第四条　城区市肆拟筹设小菜场，该项办法，据称"拟俟地方自治恢复后，与自治会协商筹措办理"等语，届时应即妥具议案，交由县议会议决施行。至现在应如何督饬长警认真取缔，并即体察就地情形，妥为办理具报。

第五条　城区坑厕拟分期筹改，据称"拟招商人筹办肥料公司，并酌设改良厕所，分期筹办"各节，是否与该处情形悉属妥洽，应即会商就地士绅，妥为筹议。如果无所窒碍，再行拟具详细办法呈候核夺。其未经议定办法以前，此项有碍公共卫生并关系路政事件，仍应妥为设法取缔，惟不得稍涉纷扰，仍将取缔情形具报查考。

司法条陈批答

第一、二两条，自为事实上便利起见，应归入组织审检所案内呈请高等厅核示遵办具报。

第三条　延聘专员教诲盗犯，以期勉为善良，事属可行，应准照办。

第四条　客籍人犯递解原籍执行，虽为疏通人犯起见，惟该县情形与杭、鄞两县不同，且鄞县解犯一节，亦已停止，所请应无庸议。至设立审检所，司法收支预算已经高审厅呈经核定，通令遵守，所请不敷之处，候令厅核议饬遵具复。

（原载《浙江公报》第一千六百二十八号，一六至一八页，指令）

浙江省长公署训令第五百二十号

令民政厅据留欧学生监督函请兑汇冬费准予电汇由

令民政厅长王文庆

案据留欧学生监督朱炎函称，"本月二日接上海中国银行函汇贵省留欧秋季学费英金五百二十八镑，又敝处公费五百元，合英金五十一镑八先四便，均已如数收到，并掣给该行正副收据矣。查目下欧战方殷，交通顿滞，函汇办法每多迟延，敝处曾函请采用电汇之法，业承允许照办。此次秋季汇费由上海华比银行转汇一法，至为妥便。惟仍用函汇，致耽迟一月余之久，于敝处支付，未免困难。拟恳贵公署于汇冬费时，仍嘱原行经理，以资熟手，惟'声明电汇'字样，至为感荷。再，贵省所担敝处公费上年已收一千元，应截至本年五月底为止，本年一月三十一日续收五百元，应截至本年十一月底为止，此次又承汇寄五百元，应截至明年五月底为止。台函所称，'本年下半年公费，想有不接洽处'，用特详细陈明"等情。据此，合行令仰该厅查照办理。此令。

中华民国五年九月二十日

省长吕公望

（原载《浙江公报》第一千六百二十九号，一九一六年九月二十四日，四页，训令）

浙江省长公署训令第五百二十四号

令民政厅据缙云陈文鹏等呈为前控欧阳知事一案
请饬委再查本旧款以维旧校由

案据缙云陈文鹏等呈称,"民等控欧阳知事徇私改判,押人废学等情一案,经批'仰民政厅饬查具复察夺在案。应候复到,再行核办,仰即知照。此批'等因,仰见先生以重法律、以维学务之至意。无如陈缵琳医愈、欧阳知事患病后,托请改判,一味偏袒。虽饬到之日已将擅押学董丁唐福释放,而正本旧校总不肯与民等兴办,儿童就学不便孰甚,何以开智识而促文明? 兹将欧阳知事殃民之点违法者三、渎职者二,详论于下:

张前知事判令民等兴复旧校判文①,去年六月廿五号正式送达。九月十八号陈瓒琳禀地痞擅收校租,由欧阳批:'查此案早经张前任判决在卷,上诉期间既已经过,其判决即为确定,双方均应查照执行。此批。'民等视张判为有效,合力修复旧址,至正本开办,招集学生六十余名,接请中、科两学教员,一切均照章办理。乃欧阳知事不肯立案,此违法殃民一。继而传集复讯,将铁案全翻,此违法殃民二。其改判也,既不将前判收回涂销,又不将新判正式送达,抑压无聊,此违法殃民三。又,继而出示晓谕,令各佃户所有正本旧有租课挑送兆岸庄新建校内存储,示谕黏电可核,此渎职殃民一。七月六号,又将学董丁唐福擅押,勒令废毁旧校,唐福专执不毁,待至八月九号省饬之日,始行释放。既押必不释之,既释之必无辜之,无辜擅押,此渎职殃民二。况澄川庄十三、十四两都之中心点办学最宜,兆岸庄十三、十四两都之偏隅地,儿童就学不便孰甚。乞查欧阳知事改判移建,系陈瓒琳等数人心愿,其余均不允惬,为此不得已再匍叩省长察核饬委查

① 张前知事,即张祓年,湖南人,民国三年十月接刘景晨任缙云知事,次年十月因违法征收一案被褫职。

办。本旧款以办旧校,以惬舆情,以扶学务"等情前来。查此案前据该民呈控,业仰该厅饬查具复察夺在案。事隔两月,未据复到,合即令催该厅迅予查明,具复候核。此令。

中华民国五年九月　日
省长吕公望

（原载《浙江公报》第一千六百二十九号,四至五页,训令）

浙江省长公署训令第五百二十五号

令民政厅为钓台石用亭已募人捐建修祭各费
请饬县照原定银数拨给由

令民政厅长王文庆

据建德县公民严汉清禀称,"钓台石亭已募人捐建,修、祭各费请饬建、桐两县仍照原定银两发给"等情。据此,除批示外,合行令仰该厅查案核饬遵照。此令。

中华民国五年九月二十日
省长吕公望

（原载《浙江公报》第一千六百二十九号,五页,训令）

浙江省长公署训令第五百二十六号

令临安县知事准农商部咨送临安县商会钤记由

令临安县知事

案准农商部咨开,"为咨行事。本年八月十九日接准咨送临安县商会钤记公费银十五元,请察核施行等因前来。查临安县商会前经核准有案,所请颁发钤记,应即照准,附去钤记一颗"等因。合行令仰该县转知该商会具领,并将启用日期呈候转咨。此令。

计发钤记一颗。

中华民国五年九月二十日

省长吕公望

（原载《浙江公报》第一千六百二十九号，五至六页，训令）

浙江省长公署训令第五百二十七号

令镇海县知事准农商部咨送商会钤记并照改会章条文由

令镇海县知事

案准农商部咨开，"本年八月十九日接准咨送《镇海县商会修正章程》暨《职员名册》并钤记公费十五元，请察核办理等因前来。查核该会《章程》惟调处工商争议一条，应于《章程》'处理'之句下增二句云：'俟公断处核准成立后，即归公断处办理'，其余均属妥协。所举会长江义昌、副会长王景星等，核阅名册，亦无不合，应并准予备案，并附钤记一颗"等因。合行令仰该县转知该商会遵照指定各条按文修正，并将启用钤记日期呈候转咨。此令。

计发钤记一颗。

中华民国五年九月　日

省长吕公望

（原载《浙江公报》第一千六百二十九号，六页，训令）

浙江省长公署训令第五百二十八号

令高检厅据遂安人民汪洋控该县知事
孙法受贿一案遵批取具切结由

令高等检察厅长殷汝熊

案据遂安人民汪洋前后呈控该县知事违法受贿各情，除批示外，合即抄发两次原呈及本公署批示，令仰该厅遵照批示，先予询明该事人，再行依法核办。此令。

计发抄呈二纸、批词二纸。

中华民国五年九月二十日

省长吕公望

（原载《浙江公报》第一千六百二十九号，六至七页，训令）

浙江省长公署训令第五百二十九号

令高检厅准湖南省长咨请通缉前古丈县知事张武由

令高等检察厅长殷汝熊

本年九月十三日准湖南省长公署咨开，"案据湖南财政厅厅长袁家普呈称，'案据古丈县知事满以谦详称，前知事张武弃职潜逃，经征税款未准移交，详请查办等情。据此，查前署古丈县知事张武系浙江乐清县人，当军务紧急之时，辄即私擅离职，既不将经征税款扫数解厅，及至事定之后，复不回县清理交代，殊属荒谬。除饬满知事查明张知事征存未解契税等项若干，有无亏挪别项公款，据实呈复外，理合呈请俯赐察核，咨行浙江省长迅即饬传来湘，以便清查追缴，深为公便'等情。据此，除指令外，相应备文咨请贵省长查照，希即迅令乐清县知事查传前任古丈县知事张武到案解湘，以便清追而重公款，望切施行"等因。准此，合行令仰该厅即便转令乐清县知事查照办理，切切。此令。

中华民国五年九月二十日
省长吕公望

（原载《浙江公报》第一千六百二十九号，七页，训令）

浙江省长公署训令第五百三十号

令财政厅准审计院为第十六次审定各征收机关二三年度及
四年下半年各月支出计算书开单通知由

令财政厅长莫永贞

案准审计院咨开，"兹将本院第十六次审定各征收机关二、三年度及四年下半年各月支出计算书，开单通知，仍俟年度决算办理完竣,再行填发核准状,以符定章,相应咨请查照分照饬遵可也"等因。合行令仰该厅长遵照。此令。

计抄单。

中华民国五年九月二十日

省长吕公望

（原载《浙江公报》第一千六百二十九号,七至八页,训令）

浙江省长公署训令第五百三十六号

令财政厅准财政部电为官产收入民五预算已列入

中央收入项下请照章解库由

令财政厅长莫永贞

本年九月十六日准财政部删电内开,"查省议会业经奉令召集,应分国家、地方两税,已拟订暂时办法,经国务会议议决,各省岁入照民国二年财政部《修正厘订国家税地方税草案》办理,岁出照民国三年核定预算办理;其民三预算未列之收入,为民五预算列入国家岁入者,仍暂依民五预算办理,前经通电在案。各省官产收款,民五预算已列中央收入项下,当然属于国家,仍希照章解库"等由。准此,合行令仰该厅遵照。此令。

中华民国五年九月二十一日

省长吕公望

（原载《浙江公报》第一千六百二十九号,八页,训令）

浙江省长公署训令第五百三十七号

令民政厅准教育部咨请饬属废止高等

小学校考试摘默办法由

令民政厅长王文庆

案准教育部咨开,"查民国四年八月十日本部准政事堂交片奉颁

《教育要旨》一书,当经遵照通行在案。查此项《要旨》,系根据于《教育纲要》,现在《教育纲要》业经国务会议议决撤销,所有从前规定高等小学以上学生考试摘默办法,应即一律废止"等因。准此,合亟令仰该厅通令各属一体遵照。此令。

中华民国五年九月二十一日

省长吕公望

(原载《浙江公报》第一千六百二十九号,八至九页,训令)

浙江省长公署训令第五百三十八号

令民政厅准交通部咨据王树槐呈请
撤销普济轮船公司案请查复由

令民政厅长王文庆

案准交通部咨开,"据杭州关监督呈,据绍萧越安轮船公司呈称,'向航户王清夫价购越康汽油小轮,行驶西兴至曹娥,请转呈注册给照,并附呈呈式旧照暨照费到署,理合呈核'等情前来。正核办间,复据绍兴县曹娥等乡自治委员王树槐等呈称,'绍、萧一带居民全赖塘堤为保障,河道未见宽深,民船时遭撞沉。自越安公司小轮行驶以来,虽商旅称便,而动启衅端,人民啧有烦言,若再添轮,将见多数轮船经行,民船则避让更难,堤岸则浪蚀尤甚,非求官厅加以限制,后患何堪设想?近闻商人陆逵组织普济轮船公司,欲在绍萧河内参加行驶,请撤销原案'等语。查绍萧越安公司价购越康汽油小轮,拟定航线起西兴讫曹娥,经过萧山、钱清、衙前、柯桥、西郭、绍兴、五云、皋埠、陶堰、东关、蒿坝等处,尚无不合,惟与王树槐等所述绍萧河道情形两相抵触。近年航商习惯,往往因行驶在先,藉口于各种妨碍,阻挠创办在后之商轮。须知河道为公共水流,向无专利之规定,各该航路但使向通轮行,核与约章及海关现行章程不背,经部核准,各商均可营业,何能听凭一公司占据,致开垄断之风。前浙省钱江、振兴、杭诸各公司互争线路,本部曾经严禁把持积习,分别行知在案。绍萧河道如果实系窒碍,非特新设轮只应予撤销,即越安旧有之船亦当饬令停业,方足以昭公允。今越安公司又添置越康一轮,更与王树槐等公呈所称未许多轮之意相反,岂他商行轮辄生妨害,越安加添多艘,独无碍于塘堤、民船?本部详加酌核,人民职业之自由,固未便准彼拒此,致违法律而阻交通。而民船、塘堤亦未便任令冲害,不加维护,似宜厘定免碰规则、巩固堤岸办法,或仿照钱江、振兴、杭诸各公司行驶临浦以上航路成例,岁纳堤岸修费,由各航商平均摊认,或各该轮驶至该河某段较险处,缓车慢行,初不难设法补救,双方兼顾。除越康小轮一案暂缓办理,普济公司应俟呈报有案,再行酌夺,并分令杭州、江海各关监督外,相应抄录王树槐等原呈咨行贵省查照,希即饬属秉公查明该项河道实在详情,有无厘订免碰规则暨公摊堤岸修费之必要,迅速呈请转咨到部,以凭核办"等因。准查此案先据王树槐等并呈到署,业饬该厅查复在案。准咨前因,合令该厅一并饬查议复核夺毋延,切切。此令。

中华民国五年九月二十一日

省长吕公望

(原载《浙江公报》第一千六百二十九号,九至一〇页,训令)

浙江省长公署训令第五百三十九号

令财政厅为孝丰酒商郑信成等禀请取销酒斤加价之学捐由

令财政厅长莫永贞

案据孝丰酒商郑信成等以学董违背税章,妄议加捐,知事朦混,详请定案等情,禀请饬令取消前来。此项酒价兹按署批准日期是否在公卖筹备处成立之后,又每缸带捐至一元四角以上,与民力、商情有无妨碍,合亟令仰该厅查案核议具复察夺。原禀随发,仍缴。此令。

中华民国五年九月二十一日

省长吕公望

（原载《浙江公报》第一千六百二十九号，一〇页，训令）

浙江省长公署训令第五百四十一号

令民政厅准农商部公报编辑处函寄农商公报由

令民政厅长王文庆

案准农商公报编辑处函称，"兹照寄贵公署认购《公报》一百六十份，并送阅二份，共一百六十二份，即希察收见复"等情。除检存二份备案并函复外，合行令仰该厅查照，迅予分发各属可也。此令。

计发《农商公报》一百六十份。

中华民国五年九月二十一日

省长吕公望

（原载《浙江公报》第一千六百二十九号，一〇页，训令）

浙江省长公署训令第五百四十二号

令民政厅准京兆尹咨送讲演汇编第一期二册由

令民政厅长王文庆

案准京兆尹咨开，"兹因本公署附设通俗书说编纂会，所编《讲演汇编》第一期业经出版，除俟续编印竣再行咨送外，相应先将第一期咨送贵公署查阅，并转发通俗讲演机关，以资参考。并附《讲演汇编》二本"等情。除检存一本备案外，合行令发该厅查照，仰即转发通俗讲演机关，以备参考。此令。

计发《讲演汇编》一册。

中华民国五年九月二十一日

省长吕公望

（原载《浙江公报》第一千六百二十九号，一一页，训令）

浙江省长公署指令第一千一百一十号

令民政厅长王文庆

呈一件呈送永康县立中学校毕业表请予咨部由

呈、表均悉。候咨部核复。惟毕业表一份,不敷存转,仰该厅转令该校长迅即补送备案。此令。九月二十日

（原载《浙江公报》第一千六百二十九号,一四页,指令）

浙江省长公署指令第一千一百十二号

令民政厅长王文庆

呈一件遂安县知事呈复方本义呈称并未

将余景贤推跌受伤似尚可信由

呈悉。方本义既据查明并无推跌余景贤情事,应予免议。余照前令办理,仰即知照。此令。九月二十日

（原载《浙江公报》第一千六百二十九号,一四页,指令）

浙江省长公署指令第一千一百十五号

令交涉署长林鹍翔、民政厅长王文庆

呈一件为上海英工部局请续租麞陡

二山开取石子候示遵行由

呈悉。麞、陡二山采石,既经前委员等查明于民情生计均无妨碍,复经英领一再申请,应准继续议租,以全交谊。至前巡按使饬向英领提议各款,仰民政厅迅派干员查明岁出石子总数,交纳警厅石子沟管等代价,并应设委员等名额分别估计,呈候核夺可也。此令。九月二十日

（原载《浙江公报》第一千六百二十九号,一四页,指令）

浙江省长公署指令第一千一百十六号

令民政厅长王文庆

呈一件缴嘉兴新塍商会钤记费请转咨由

呈悉。准予转咨。此令。钤记费银十五元存。九月二十日

（原载《浙江公报》第一千六百二十九号，一四至一五页，指令）

浙江省长公署指令第一千一百十七号

令民政厅长王文庆

呈一件姚先雅等禀成材老木请饬弛禁应毋庸议由

呈悉。准予免查。此令。九月二十日

（原载《浙江公报》第一千六百二十九号，一五页，指令）

浙江省长公署指令第一千一百十九号

令民政厅长王文庆、财政厅长莫永贞

呈一件为张世枃等禀请息借官款改良制纸碍难照准由

如呈备案。此令。九月二十日

附原呈

呈为会衔呈复事。案奉省长指令据张世枃等禀请息借官款改良制纸由，奉令内开，"据禀此案经前按署批准饬厅核借在案。查我国纸业改良方始萌芽，自当力予维持，所请息借官款按年摊还一节，是否可行，仰民政厅会同财政厅查案核议饬知，并具复备案。此令。禀及摊还表随发，仍缴"等因。奉此，查本民政厅前据张世枃等以此案并禀前来，当经批示"候咨商财政厅核办见复，再行饬遵"，本财政厅亦据禀同前情，当以此案前于本年一月间据该商等禀奉前巡按使公署饬厅传知实业银行酌量借给，一

面由该商觅保与银行接洽等因,业经前吴厅长饬知遵照①。原因公款无从拨借,故令自向该银行交接。今来禀以银行还期、利率均难通融,仍请借给官款。值此财政困难之际,本厅筹办各项要用,尚虞支绌,何来余款,堪以提借?该商等如因厂本不敷周转,或另再招股,或仍向银行商办,应即自行计划,以期营业发展。所请碍难照准,批饬知照各在案。奉令前因,理合查案会衔呈复,并检同奉发禀件随文呈缴,伏乞省长鉴核备案。谨呈。

（原载《浙江公报》第一千六百二十九号,一五页,指令）

浙江省长公署指令第一千一百二十号

令高等检察厅长殷汝熊

呈一件为上虞县呈报落河身死无名男尸由

呈及格结均悉。既据验明该无名男尸委系身前落水身死,究竟有无别故,仰高等检察厅令即查明呈复。格结存。此令。九月二十日

（原载《浙江公报》第一千六百二十九号,一六页,指令）

浙江省长公署指令第一千一百二十一号

令高等检察厅长殷汝熊

呈一件为淳安县呈报办理叶贤和诉王灶章等抢劫一案由

呈悉。王灶章等自恃族大人众,负势掠取,藉端滋扰,虽非纠众行劫,亦属罪有应得,自应按法严惩,以示儆戒。王嫩嫩一名,既据讯明供认不讳,仰即转令该县依法办理,一面仍勒缉王灶章、王章年等务获讯究,毋稍延纵,切切。此令。九月二十日

（原载《浙江公报》第一千六百二十九号,一六页,指令）

---

① 前吴厅长,即吴钫(1868—1928),字柏臣,号伯琴,江西宜黄县人。民国四年七月二十一日署浙江财政厅长,九月十八日任,民国五年八月七日免。

浙江省长公署指令第一千一百二十二号

令盐运使胡思义

呈一件为续议胡莹等承办永武

盐引案变通办法请示遵由

呈悉。所拟变通办法尚属可行,仰即谕饬胡莹等查照办理。倘试办数月,商情实有为难,应再妥拟取缔侵销纲地办法,准予改运姚、党之盐,以示体恤,一面由该运使先行分别呈咨备案可也。此令。九月二十一日

附原呈

呈为续议胡莹等承办永、武盐引一案变通办法,遵令复陈,仰祈鉴核示遵事。

本年八月三十一日奉钧署第二十四号训令,"饬将胡莹等承办永、武盐引一案克日议复,并将简章一并修正附送,以凭核明定案,并附钞件"等因。奉此,遵查此案迭据该商等来禀,要求承办,复奉钧座迭令垂询,历经缕陈该处盐务更张利弊呈复,并明白批示该商等在案。此次抄发原呈,仍以运署办法无方针之准,据二三其批枝枝节节为言,该商等似于历次所批犹有未能明了者,敢为钧座缕晰陈之。

据该商等初次来禀,系以八千之认额,每引三元之税额为言,是于现在台商之办法且毫无研究,公家断无舍多取少之理。故批示中但以引额、税率,均较台商为少为驳斥之词,于义已足,更无与之讨论他项手续之余地。嗣据二次来禀,另立六千引备额之名目,于每引三元正税外,照输巡费附税,虽税额引销与台商无甚出入,然此种办法于公家税课上并无绝大之利益,盐务改良上又无绝大之关系,骤予更张,徒滋纷扰。况台商加税,甫于

本年三月详署定案,今忽又划分区域,变更数百年成法,盐署及分所必难通过,故批示中但饬其应俟台商试办一年,期满察看,能否销足,再行核办,已予以准许之余地。乃该商等急不能待,复有三次之禀,遂批以"如愿照金华、兰溪纲地认引纳税,自可照准"等语。盖以如果欲速,非如此则未便详署翻案,且不足以服台商之心而杜争端也。嗣后该商等迭次来禀,暨向钧署所禀之词,均系以岁增六千余元之税为口实,似国家得此,即应认为绝大之税源,而引税既不肯准照纲地,所拟章程又多不合。其中指运余姚党山之盐一节,尤属弊窦滋多,故各禀均未便与之哓哓费词。但已呈请钧署核示为批答,因于七月二十日呈复钧署文内,除将该商等所拟章程加以驳正外,更为之设与台商合办之法,是思义为该商等所以筹曲全之法者已觉备至,于旧商既毫无左袒,于新商更无抑压,前呈所陈种种,已早在钧座洞鉴之中。至饬台属督销局将此案情形查复一节,乃系该局责任上应有之办法,亦系公事上应备之手续,该商等率请取销饬文,尤为不合。

总之,思义对于此案所主张原属始终贯澈,现在该商等既数四要求不已,重以钧座之虚衷下询,遂不能不于无可设法之中勉求其事之可行,而不虞生意外之障。兹经悉心筹画,拟将永康、武义、壶镇三处照温处办法悉予开放,该商等任于温州各场或台州各场自择一途,设厂开运,径向温处或台州收税官将正附各税并巡费一次豫缴,即可领单承运,毋容豫定承销年额,并不必呈验资本,豫缴保证金。如果能照台商售价酌量减轻,则台商营业必以自由竞争而失败。似此变通办理,盐署可望核准,分所尤易通过,事之便捷,莫过于此。倘必须改运余姚党山之盐,则仍应照纲地税则每担完纳正税二元五角,方能照准。所有遵令续议胡莹等承办永、武盐引缘由,是否有当,理合具文呈复,仰乞钧署鉴核示遵。谨呈。

（原载《浙江公报》第一千六百二十九号，一六至一八页，指令）

浙江省长公署指令第一千一百二十四号

令财政厅长莫永贞

呈一件上虞县知事张应铭报明解交五年及

元二三四年地丁粮捐等款日期由

据呈九月十二日解库兑收银三千二十五元九角一分七厘等情已悉，惟报解各数是否相符，仰财政厅查核，并转行知照。此令。报解数抄发。九月二十日

（原载《浙江公报》第一千六百二十九号，一八页，指令）

浙江省长公署指令第一千一百二十五号

令财政厅长莫永贞

呈一件上虞县知事张应铭具报征存二三四年分

地丁罚金解库日期由

据呈九月十二日解库兑收银一百三十八元一分七厘等情已悉，报解各数是否相符，仰财政厅查核，并转行知照。此令。报解数抄发。九月二十一日

（原载《浙江公报》第一千六百二十九号，一八页，指令）

浙江省长公署指令第一千一百三十号

令财政厅长莫永贞

呈一件嘉兴县知事袁庆萱报解元二三四等

年正税粮捐等款日期由

据呈于本月十一日解库银七千七百七元三角六分八厘等情已悉，惟报解各数是否相符，仰财政厅查核，并转行知照。此令。报解

数抄发。九月二十一日

（原载《浙江公报》第一千六百二十九号，一八页，指令）

浙江省长公署指令第一千一百三十三号

令财政厅长莫永贞

呈一件安吉县知事姜若为编审户粮两次完竣
请将财政主任胡楷嘉奖由

呈悉。该县编审户粮业已两次完竣，足见办事勤敏，复因挤查所得增出粮额一百余两、米三十七石余斗，自不无劳勚足录。据请将财政主任胡楷嘉奖之处，仰财政厅详查该县所办编审，如果调查缜密、记载合法，即由厅核议具复，藉施奖励而昭激劝。此令。表存。九月二十一日

（原载《浙江公报》第一千六百二十九号，一八至一九页，指令）

浙江省长公署指令第一千三百一十四号

令财政厅长莫永贞

呈一件议复通惠公息款列入预算碍难变更
未便援照通益公成案办理由

据呈已悉。此令。九月　日

附原呈

呈为遵令核议通惠公纱厂呈请拨款维持，并免官款年息，呈请察核事。本年九月八日奉钧署第三二五号训令，内开，"案据萧山县通惠公纱厂经理楼景晖以'商困难支，恳请拨款维持，并将原存官款免缴年息，并声明已分呈'该厅等情前来。查库款已形支绌，所请拨借官款势难照准，惟请予援照通益公成案办法，将原存官款停息拨本一节，是否可行，应由该厅长查案核议复

夺。除批示外,合行令仰该厅长遵照办理。此令"等因。奉此,查现在库储异常支绌,所请拨借官款自应遵照钧令,毋庸置议。至停息拔本一节,查此项息款业已列入预算,碍难变更,且今昔情形不同,该厂未便以通益公成案援为定例,前据分呈到厅,当经批饬在案。兹奉前因,理合具文呈报,仰祈钧长鉴核指令遵行。谨呈。

(原载《浙江公报》第一千六百二十九号,一九页,指令)

浙江省长公署指令第　号①

据呈积匪巨盗悬赏购缉办法,系前将军、巡按使会呈中央批准,候咨请督军查案核办。此令。

附　民政厅呈省长核办由呈复盗匪悬赏购缉
办法应否送交省议会议决请咨查案

呈为呈覆事。案奉钧长指令,本厅呈送修改保卫团表式及续行发布积匪巨盗悬赏购缉办法由,奉令,"本省单行条例应交省议会议决,仰即查照前令汇查核办"等因。奉此,查积匪巨盗悬赏购缉办法,系奉中央申令,如能捕获积匪巨盗,所需赏犒准其作正开销等因,当由前兴武将军朱主稿,会同前巡按使屈商酌拟订,呈奉中央批令照准施行。应否交省议会议决,应请钧长咨请督军查案核办,以资接洽而昭郑重。奉令前因,除遵照前令汇查核办外,理合备文呈复,仰祈钧长察核。谨呈。

(原载《浙江公报》第一千六百二十九号,二〇至二一页,呈)

---

① 《浙江公报》作为民政厅呈文的回应,编列于下方,开头冠以"中华民国五年九月十一日奉指令"字样。

浙江省长公署批第三百三十六号

原具禀人詹光宸等

禀一件为徐秉彝已丧失议长资格仍召集县议会请查办由

禀悉。候令厅查案核办。此批。九月二十日

（原载《浙江公报》第一千六百二十九号，二二页，批示）

浙江省长公署批第三百三十七号

原具呈人李超群等

呈一件为保存县税请饬县照案交代由

呈悉。候令该县新任知事核办①。此批。九月二十日

（原载《浙江公报》第一千六百二十九号，二二页，批示）

浙江省长公署批第三百三十八号

原具呈人临安僧宏美

呈一件为太平庵田产被郑良等朦详翻案由

据呈，案已经审检所判决，果有不服，尽可依法向该上级司法衙门控诉，无庸来辕率渎。此批。九月二十日

（原载《浙江公报》第一千六百二十九号，二二页，批示）

浙江省长公署批第三百三十九号

原具呈人温岭陈江槐

呈一件为禀请饬传陈九香到案对质由

本案未据粘抄控县全案，无凭核办，不准。此批。九月二十日

（原载《浙江公报》第一千六百二十九号，二二页，批示）

---

① 据浙江省长公署训令第四百三十六号《令财政厅据临海李超群等电前任张知事挪用县税并未表示请饬新任知事认真核案清算接收保管由》，该县，即"临海"。

浙江省长公署批第三百四十号

原具呈人萧山来慎生等

　　　呈一件为藉塘渔利朦官残民请取销县示由

　　呈悉。仰候令厅查明核办。此批。九月二十日

　　（原载《浙江公报》第一千六百二十九号，二二至二三页，批示）

浙江省长公署批第三百四十一号

原具呈人缙云陈文鹏等

　　　呈一件前控欧阳知事一案请饬委再查本旧款以维旧校由

　　此案前据该民呈控，业仰民政厅饬查具复察夺。据呈各情，仰候令催该厅速复候核。此批。九月　日

　　（原载《浙江公报》第一千六百二十九号，二三页，批示）

浙江省长公署批第三百四十三号

原具呈人汪洋

　　　呈一件控遂安县知事遵批取具切结由

　　呈悉。控关官吏受贿，虚实均应澈究，应候令行高等检察厅查明核办。该民既未遵章具保，仰即前赴该厅听候面询办理可也。此批。九月　日

　　（原载《浙江公报》第一千六百二十九号，二三页，批示）

浙江省长公署批第三百四十四号

原具呈人杭县葛向义等

　　　呈一件呈开掘支江徒加民害请赐撤销由

　　此案兹据该民等禀请，业经令厅转饬杭县知事集绅妥议具复在案，应俟复到核办，仰即知照。此批。九月二十日

　　（原载《浙江公报》第一千六百二十九号，二三页，批示）

浙江省长公署批第三百五十号

原具禀人嵊据俞瑞等[①]

禀一件为承垦官荒请饬县派勘以便缴价由

禀及图说阅悉。人民承垦荒地,照章由该管县知事核准详办,既据径禀余姚县署,应候该县详报后,再行核办。此批。九月二十一日

（原载《浙江公报》第一千六百二十九号,二三至二四页,批示）

浙江省长公署批第三百五十一号

原具呈人沈肇湘等

呈一件为毛仲办学成绩卓著请核奖由

呈悉。学务委员系县知事补助机关,如果办学得力,该知事自能据情请奖,越渎不准。此批。九月二十一日

（原载《浙江公报》第一千六百二十九号,二四页,批示）

浙江省长公署咨复省议会

咨送议员陈振椒为派员考查柞蚕质问书由

浙江省长为咨复事。案准贵会咨送陈议员振椒等关于派员考察柞蚕状况质问书一件。准此,查柞蚕饲育较家蚕尤易,历据考查浙东各旧府属宜于植柞育蚕处所,计非少数,前清劝业道董元亮虽经择地饲蚕,然中更变故,寻即中止,致未收效,非尽由土地不宜所致。民国以来,两级师范学校庶务员蔡德久、乐清大荆镇自治议事会议长陈永清及黄岩正南镇董事会董事章宪杰等先后呈议提倡柞蚕,或请给蚕种,或询查饲蚕缫丝方法,足见人民于是项事业希望颇多。适民政厅长王文庆以派员赴奉考察柞蚕等情呈请到署,当即批准照行。此后

---

① 嵊据,疑为"嵊县"之误。

应作何改进,须俟考察报告到后,再饬审慎拟办。准咨前因,相应咨请贵会查照。此咨

浙江省议会

浙江省长吕公望
中华民国五年九月二十二日

(原载《浙江公报》第一千六百三十号,一九一六年九月二十五日,三页,咨)

浙江省长公署训令第五百四十七号

令民政厅据已撤天台警佐朱英禀为朋谋构陷求请平反
仰令催该县知事迅传人证研讯判决由

令民政厅长王文庆

案据已撤天台县警佐朱英以朋谋构陷等情,请求察核平反,并粘抄县呈前来,据查此案原被两造互相控辩,案牍盈尺,迭经令行该厅转令天台县知事迅集讯结具报在案。兹据前情,何以该已撤警佐历次在县催讯,而县知事竟置不理,如此要案,任令纠缠,殊属疲玩已极。合亟抄发原件,令仰该厅长即便令催该县知事迅即传集人证,研讯判决具报,勿再稽延干咎。此令。

计抄发原呈一件、县呈二件。

中华民国五年九月　　日
省长吕公望

(原载《浙江公报》第一千六百三十号,四页,训令)

浙江省长公署训令第五百五十号

令各县知事为饬发国民浅训仰分发各属备览照购由

令各县知事

查梁任公所著《国民浅训》一书,内容叙述申明立宪国体之要素,

旨约而尽，词显且详，为一般国民所应知。兹由本省长订购二千册，分发各县转发各机关备览，以资提倡而期普及。为此合行将书饬发，令仰该知事遵照办理。此令。

计发《国民浅训》　册。

中华民国五年九月二十一日

省长吕公望

（原载《浙江公报》第一千六百三十号，四页，训令）

浙江省长公署训令第五百五十九号①

令民政厅为嵊县知事条陈该县地方兴革事宜由

令民政厅长王文庆

案据嵊县知事牛荫麐呈称，遵饬条陈该县地方兴革事宜请予核示等情，并附清摺到署。合亟抄录原摺内应由该厅核议各节，令发该厅遵照办理。此令。

中华民国五年九月　日

省长吕公望

附　**民政厅呈省长** 奉训令嵊县条陈兴革事宜
抄发警政条陈第一条仰查照议复由

呈为遵核嵊县知事警政条陈第一条所陈各节复请察核事。案奉钧长训令第五五九号内开，"案据嵊县知事牛荫麐呈称，遵饬条陈该县地方兴革事宜请予核示等情，并附清摺到署。合亟抄录原摺内应由该厅核议各节，令发该厅遵照办理。此令"等因，并奉抄发该县警政条陈批答暨该条陈第一条各到厅。细核该条陈第一条所称"所长一职，仍照民国元年另设专员，归县知

---

① 本文由民政厅呈省长《奉训令嵊县条陈兴革事宜抄发警政条陈第一条仰查照议复由》析出。

事监督，以专责成"一节，查所长由县知事兼任，种种窒碍情形，前于钧长在都督任内曾经备文声叙，并拟呈《改革警察官制草案》请予提交参议会议决施行在案。现在政局业经统一，凡百官制亟待更新，前项改革警察官制，拟请即予呈咨中央政府采择施行，以祛牵掣而图发展。至称"警佐由县知事荐任，责任全归县知事负担"一节，县知事无暇日趋警所办事，该县知事已自言之矣，如警佐一节改为知事荐任，则知事去任，警佐亦遽易生手，新旧交替之际，情形两多隔膜，办事尤觉困难，警务前途何堪设想？近来知事对于警政遇有细微过误，类多藉案铺张，非称撤换，即请调省，名为整顿警务、儆戒僚属，实则将因此遴员荐委，冀以位置私人，迭经本厅严令申斥，此议万难照行。奉令前因，理合将核议情形备文呈复，仰祈钧长察核。谨呈

浙江省长吕

民政厅长王文庆

中华民国五年九月三十日

（原载《浙江公报》第一千六百四十三号，一九一六年十月八日，一六页，呈）

浙江省长公署指令第一千一百四十五号

令监征员丁福田、崇德县知事汪寿鋈

  呈一件呈为会送八月份征解正杂捐税表由

呈、表均悉。仰将实在未解银一万八百四十七元六角二分，克日扫解具报毋延，切切。此令。九月二十一日

（原载《浙江公报》第一千六百三十号，一一页，指令）

浙江省长公署指令第一千一百五十一号

令财政厅长莫永贞、民政厅长王文庆、警政厅长夏超

　　呈一件呈为修正浙省店屋捐章程请交省议会议决由

呈及章程均悉。已复核交议矣，仰即知照。此令。九月二十一日

　　　　（原载《浙江公报》第一千六百三十号，一一页，指令）

浙江省长公署指令第一千一百五十二号

令长兴监征员朱一鸣、长兴统捐局局长毕兆熊

　　呈一件为会送八月分征解比较表由

呈、表均悉。八月分征收银七千三百八十一元七角七分，较之比额，计盈收银三千六百二十一元七角七分，具见该局长办事认真，良堪嘉许。仰仍督饬司巡人等切实征收，以期征数益臻起色。此令。九月二十一日

　　　　（原载《浙江公报》第一千六百三十号，一一页，指令）

浙江省长公署指令第一千一百五十六号

令临安县知事

　　呈一件为报查禁烟苗并请在准备金项下开支经费由

呈悉。查禁烟苗为知事应尽职务，与非常事件不同，所需经费应在该署公费内搏节开支，据请动支准备金一节，应毋庸议。此令。九月二十一日

　　　　（原载《浙江公报》第一千六百三十号，一一至一二页，指令）

浙江省长公署指令第一千一百五十七号

令民政厅长王文庆

　　呈一件复新女校校费支绌请饬县补助由

国民小学不得请省款补助，明敏女校前请拨款补助，本公署亦并

未核准。所请饬县援案补助之处，未便照准，仰民政厅令杭县知事转饬知照。此令。九月二十一日

（原载《浙江公报》第一千六百三十号，一二页，指令）

浙江省长公署指令第一千一百六十二号

令民政厅长王文庆

呈一件为呈复孝丰知事条陈兴革事宜

案内关于康山庄新辟河道经费由

呈悉。准予备案。此令。九月二十一日

附原呈

呈为遵令查复事。案奉省长第二三七号训令，内开，"案据孝丰县知事芮钧呈称，遵饬条拟该县应兴应革事宜，请予察核等情，并附送清摺五扣到署。据此，除将条陈分别批答，并指令该知事外，合亟钞录原摺内应由该厅查案核办一条，并公署批答，令发该厅遵照办理"等因，并抄件到厅。奉此，查所称康山庄新辟河道，确经前按署饬由水利委员会派员测量，发交前咨议会核议在案。实为疏浚苕溪工程之一段，自应并入浙西水利全案办理，并未另行提拨款项。现在浙西水利经费已据各县解省者，为数尚属有限，业经本厅开摺报明。该知事条陈声称，经费已由各县征收，积有成数，恐系误会。奉令前因，理合查案呈复，伏乞省长鉴核施行。谨呈。

（原载《浙江公报》第一千六百三十号，一二页，指令）

浙江省长公署指令第一千一百六十四号

令民政厅长王文庆

呈一件据黄岩县知事检送剿办金清港匪案内用款收据由

呈及粘据簿均悉。该县补请电费银六元五角七分，应准一并照

销,仰即咨行财政厅备案,并转令该知事遵照。此令。粘据簿附发。
九月二十一日

（原载《浙江公报》第一千六百三十号,一二至一三页,指令）

浙江省长公署指令第一千一百六十五号

令民政厅长王文庆

　　呈一件拟复教育联合会第四次议决案办法由

呈悉。准如所拟办理。此令。九月二十一日

（原载《浙江公报》第一千六百三十号,一三页,指令）

浙江省长公署指令第一千一百六十六号

令民政厅长王文庆

　　呈一件为呈复留德矿务大学生朱家华
　　　　请给予官费由

呈悉。该生存记留学,本省既无可查考,所请给予官费一节,应
毋庸议,仰即转行知照。此令。九月二十一日

（原载《浙江公报》第一千六百三十号,一三页,指令）

浙江省长公署指令第一千一百七十三号

令警政厅长夏超

　　呈一件警政厅呈缴徐俊英等四员八九十三个月津贴由

呈及清单均悉。该员徐俊英等四员八、九、十三个月津贴,银元
一百二十六元,已点收无误,候咨解转给可也。清单存。此令。九月廿
一日

（原载《浙江公报》第一千六百三十号,一三页,指令）

浙江省长公署指令第一千一百七十五号

令民政厅长王文庆

呈一件呈复昆阳女校争执茶捐一案由

呈悉。此项茶捐既经黄任批准[①]，暂时拨付昆阳女子学校。如果办理婴局，此款当予收回，应即仍照黄任原案另款筹拨，明令遵照，何以任令南港、昆阳两校自行争取？办学人员专事争款，固属非是，然地方有司于学校经费，岂得不予维持？该知事于该校初次禀请，茫然不知，直待茶市过半，始予饬警追缴，而于该校禀省饬催一节，特予严词申斥，其为平日漫不经心，临时专用意气，不问可知。该知事张朝辅应即记过一次，以示惩儆。其昆阳女校经费，无论提拨茶捐，或另款支付，均责成该知事切实维持，以重学款，毋再敷衍干咎，切切，仰饬知照。此令。九月廿二日

（原载《浙江公报》第一千六百三十号，一三至一四页，指令）

浙江省长公署指令第一千一百七十八号

令高等审判厅长范贤方

呈一件呈复义乌清案员宋化春准留二月由

如呈办理，仰即知照。此令。九月廿二日

（原载《浙江公报》第一千六百三十号，一四页，指令）

浙江省长公署指令第一千一百七十九号

令高等审判厅长范贤方

呈一件丽水县呈教养局经费筹垫为难情形由

据呈，"教养局经费后难为继，请嗣后司法收入项下如有余款先

---

① 黄任，即平阳县知事黄夏钧，字初庵，湖南湘乡人，民国三年六月到任。民国四年五月，由张朝辅接任。

行提拨银二百元,并可否在县税公款内开支"等情,合行令仰该厅即便核明饬遵具复,并咨民政、财政两厅知照。此令。九月二十二日

（原载《浙江公报》第一千六百三十号,一四页,指令）

浙江省长公署指令第一千一百八十号

令高等审判厅长范贤方

呈一件呈云和县知事对于私砍官木
一案办理失当请酌予处分由

呈悉。此案云和县赵知事轻听法警报告,率予添传人证,以致利用勒索,酿成人命,虽非有心故纵,实属办理不善,应准将该知事赵铭传记大过一次,以示惩儆。合行令仰该厅迅令该知事即将倪廷崇传案严究,一面将法警徐树林等斥革,一并归案严讯究办,毋稍轻纵回护,并干重咎,切切。此令。九月廿二日

（原载《浙江公报》第一千六百三十号,一四页,指令）

浙江省长公署指令第一千一百八十一号

令高等检察厅长殷汝熊

呈一件长兴县呈报事主王德清家被劫勘验情形由

呈及表单均悉。合行令仰该厅令即会营督警勒限严缉是案赃盗,务获究办,毋稍延纵干咎。表单存。此令。九月二十二日

（原载《浙江公报》第一千六百三十号,一五页,指令）

浙江省长公署指令第一千一百八十二号

令高等检察厅长殷汝熊

呈一件呈复各县法警现定额数办法由

如呈办理,仰仍随时督察,勿任阳奉阴违。特要。此令。九月二十二日

附原呈

呈为呈覆各县法警现定额数办法,仰祈钧鉴事。案奉钧长训令内开,"照得访闻富阳县署向有额外警察二十余名,经现任知事裁去,惟留预备四名,薪饷在定额内酌定分配。查法警月饷本微,若再酌提分配,更为减少,流弊滋大。现在各县多以法警不敷差遣为言,应由该厅调查各县司法事件实在情形,如果法警实在不敷差遣,应即酌添名额,以免各县藉词私用额外及预备等名目,扰害闾阎,是为至要。又闻富阳县法警、承发吏,均积习甚深,各县情形亦多相类,应如何严加整顿,并由该厅会商同级审判厅议定办法,呈复核夺毋延,切切。此令"等因。查《县知事兼理司法事务暂行条例》第七条"司法警察以县知事公署巡警兼充之"等语,自应遵照办理。惟其时各县知事纷纷以行政警察不敷分配,势难兼充司法警察事务,呈请核示前来,曾经本厅酌量情形,先后核准各该县仍得照旧,另设法警,总以每月支出不逾核定各县诉讼经费为限各在案。本年八月间,同级审判厅呈请筹设各县审检所,乃将各县司法经费通盘筹画,分别等类,编定预算,呈奉核准在案。查富阳列在丁等县分,法警定额六名,但其薪额得照旧定数目发给,或酌量添设一二名,以不逾每月预算总额为限。又拘传时,如仍不敷分配,由县知事调行政警察协助,并于审检所成立之期遵照实行。似此从根本改革,以定划一办法,则各县法警不致再有额外及预备名目,又得调行政警察协助,亦不致再有不敷差遣情事。除富阳县法警、承发吏积习甚深一层,由本两厅分别整顿、另文呈报外,兹奉前因,理合将各县法警现定额数办法备文呈复,仰祈钧长察核施行。谨呈。

（原载《浙江公报》第一千六百三十号,一五至一六页,指令）

浙江省长公署批第三百五十七号

原具呈人绍兴孙斯久

呈一件禀奉批抄送决定书请行施监督权由

查阅粘抄,本案关于刑事部分之呈诉,业经高审厅决定驳回。该民提起抗告,亦由高检厅依法认为无理由,予以批驳,照法定手续已无可以图翻之余地。至私诉部分,仍照高等检察厅批示遵行可也。此批。九月二十二日

（原载《浙江公报》第一千六百三十号,一七页,批示）

浙江省长公署批第三百五十八号

原具呈人开化李郭氏

呈一件为伊夫李笃斋之事累及母弟郭质斋请再饬县公判由

案据上海总商会先后禀电到署,均经令行民政厅转令开化县先行查案呈复,一面秉公核办具报等因在案。据禀前情,着俟复到核夺。此批。九月二十二日

（原载《浙江公报》第一千六百三十号,一七页,批示）

浙江督军署咨江苏省长江西省长

为吴兴县民人张静江前因政治犯罪没收股票息摺单
请令知南通县浮梁县转饬该公司知照准予补填给领由

浙江督军署为咨行事。案查吴兴县民人张静江前因政治犯罪没收财产案内,有通海实业总公司/江西瓷业有限公司股票息折/单各三/四件,曾经前兴武将军行署于本年三月二十二日咨请贵前巡按使公署转饬该公司查照注册在案。现在从前政治犯罪没收财产,均应一律发还,惟是项股票息摺、息单本署未准前兴武将军行署移交接收,已否遗失,无从查明。除牌示该家属张增熙等径赴该公司陈明补

给外,相应抄录股票息折号数、息单号数,咨达贵省长请烦查照,令知南通/浮梁县知事转饬通海实业总公司/江西瓷业有限公司知照,准予该家属张增熙等挂失、补填股票给领,实纫公谊。此咨

江苏省长、江西省长

浙江督军兼省长吕公望

中华民国五年九月　日

计粘抄通海实业总公司股票息折号数清单一纸、江西瓷业有限公司股票息单号数清单一纸。

计开:

(甲)通海实业总公司股票息折号数

一、慎记股票第七万二千五百二十四至七万二千八百三十八号,共三百十五股,计规银一千五百七十五两。

一、慎记股票第七万二千八百三十九至七万三千零五十一号,共二百十三股,计规银一千零六十五两。

一、舜记股票第六万六千零八十二至六万六千二百五十一号,共一百七十股,计规银八百五十两。

一、皞记股票第七万二千三百五十四至七万二千五百二十三号,共一百七十股,计规银八百五十两。

以上四纸,各附息折一扣。

(乙)江西瓷业有限公司股票息单号数

一、蓬莱仙馆第三百零八号股单,共八百股,计银四千元;

一、益记第四百三十一号股单,共二百六十股,计银一千三百元;

一、畴五堂第三百零九号股单,共八百股,计银四千元。

以上三纸,各附息单一纸。

(原载《浙江公报》第一千六百三十一号,一九一六年九月二十六日,四至五页,咨)

浙江省长公署咨复省议会

为筹设浙江实业行政会议案等七案由

浙江省长公署为咨请事。本年九月二十二日准贵议会咨开，"筹设浙江实业行政会议案、筹设气象测候所案、设置浙江劝业员案、筹设省立第二女子师范学校案、筹设通俗图书编查馆案、设置巡回讲演兼讲演视察员案、筹设省立通俗教育讲演传习所等七案，均经本会议决认为不成立。又准另咨处置各族原有贤产条例及追认各校成绩优异生免学费及津贴膳杂费办法两案议决情形"各等因。准此，查《省议会暂行法》第三十八条，省议会议决，省行政长官如不以为然时，应于五日内声明理由，咨交复议。前列各案，贵议会所认为不能成立及修正之理由未据开送，无凭核办。为此咨请贵议会即将各案议决之理由书抄送过署，所有期限当然由接到抄示理由书之日起算。以后各案，无论成立与否，并请一律办理，足纫公谊。此咨

浙江省议会议长沈①

浙江省长吕公望

中华民国五年九月二十三日

（原载《浙江公报》第一千六百三十一号，五页，咨）

浙江省长公署公函 五年政字第八号公函

日本总领事为日商请行销戒烟药丸碍难照准由

径启者。案准贵领事函请给示保护行销亚支奶戒烟药及戒烟平肝养心丸等由，当经令仰民政厅会同警政厅核议具复在案。兹据该厅会呈称，"本省烟禁綦严，售卖戒烟药品，业于民国元年八月终止，一律禁止在案。上海戒烟社新药，即前浙江省立戒烟局局长徐锡骥

---

① 浙江省议会议长沈，即沈定一(1883—1928)，字叔言，又字剑侯，号玄庐，浙江萧山人。民国五年九月至次年四月任浙江省议会第二任议长。

所制之戒烟新药，系经另案认定，制备官厅勒戒烟犯等用，亦非通常店铺所可行销。至前咨江苏等省要以各该省鸦片尚未禁绝，或可行销此药，究竟准销与否，其权仍在各该省长官，未便强与浙省同例。现浙省已经英使认为禁绝鸦片省分，其他戒烟药品又系早经禁止，所有亚支奶戒烟丸药，断难准其在省行销，致妨烟禁。其平肝养心丸，即系与亚支奶相辅而行，当然一例办理。所请给示保护之处，似应毋庸置议。惟事关警政范围，应由贵厅主裁。奉令前因，相应附述意见，备文咨请贵厅长查核定议，即希主稿挈衔会呈"等由。准此，查戒烟药品本省早经禁止在案，如有私售，一经查获或被人告发，讯明属实后，无不按照《刑律》分别罚办。即如上海新药戒烟社所制之戒烟新药，虽经前巡按使饬属行销，系在浙江戒烟期限之内，现在戒烟限期早经届满，此项戒烟新药亦只准由县购备，给与拘案之烟犯吞服，以为善后之计，并非通常商店可以行销。该日商所售之亚支奶烟药及附售之戒烟平肝养心丸，在浙省地方当然一体禁止，所请给示保护、饬属行销各节，未便照准等语，本省长复核无异，相应函复贵总领事查照。此致驻沪日本总领事

中华民国五年九月　　日

（原载《浙江公报》第一千六百三十一号，六页，公函）

浙江省长公署训令第五百六十四号

令委袁钟瑞为招劝华侨兴办实业事务处处长由

令本署法律顾问袁钟瑞

照得吾国散居海外华侨为数甚夥，其中大都热心祖国、富有资本之人，而于经营实业尤饶经验，只以生长外邦，于内地人士素少联络，一切实业事项不肯轻易投资，识者惜之。兹特设立招劝华侨兴办实业事务处，专以敦劝联络为职志，设处长、通译各一员，书记一人，其处长一职即以该员充任，通译、书记由该员自行分别聘用，并觅定相

当地点为该处办公之所,经费准照所定预算表开支,由本公署公费项下支给。合行令仰该员遵照克日组织成立,具报察夺。此令。

中华民国五年九月二十二日
省长吕公望

（原载《浙江公报》第一千六百三十一号,七页,训令）

浙江省长公署训令第五百七十一号

令高审检厅准审计院咨请汇送各县兼理诉讼
暨各监狱计算书仰遵照办理由

令高等审判厅长范贤方、高等检察厅长殷汝熊

本年九月十八日准审计院咨开,"案查浙省三年七月至十二月各县兼理诉讼,暨各监狱计算书据,尚属参差不齐,四年一月至六月则全未到院,曾经开列清单咨请汇齐转送在案,迄今数月,尚未补送。事关计政,碍难久延,相应咨请贵省长克日查明汇案补送,以凭核办"等因。准此,查接管卷内有本年四月十二日审计院咨请前项交件,因值独立,未经转行。咨准前因,合行照录前咨清单,令仰该厅即便遵照克日查明,汇案补送,呈候核咨,毋稍片延,切切。此令。

中华民国五年九月二十三日
省长吕公望

（原载《浙江公报》第一千六百三十一号,七至八页,训令）

浙江省长公署训令第　　号

令民政厅核议嵊县知事警政条陈由

令民政厅长王文庆

令高审厅核议嵊县知事司法条陈由

令高等审判厅长范贤方

案据嵊县知事牛荫麟呈称,遵饬条陈该县地方兴革事宜,请予核

示等情,并附呈清摺到署。据此,除将条陈分别批答并分令外,合亟抄录原摺内应由该厅核议各节,令发该厅遵照办理。此令。

中华民国五年九月　日

省长吕公望

(原载《浙江公报》第一千六百三十一号,八页,训令)

浙江省长公署训令第五百七十三号

令财政厅为泰顺县条陈地方兴革事宜由

令财政厅长莫永贞

案据泰顺县知事刘钟年呈称,遵饬条陈该县地方应兴应革事宜,请予核示等情前来,并附呈清摺到署。据此,除将条陈分别核明批答并指令外,合亟抄录原摺内应由该厅核议各节令发该厅遵照办理。此令。

中华民国五年九月二十三日

省长吕公望

财政条陈批答

振兴工商事业,端赖金融灵通。该县城乡既无钱庄,则银钱周转不灵,工商无从发展,于地方生计关系匪轻,应即由该知事邀集绅商妥为筹议,设法组织,或先组一汇兑所,以资提倡。至清理田赋,自非办理清丈不可,惟兹事体大,开办非易,应候令行财政厅核议具复另文饬遵。

实业条陈批答

该县处万山之中,培植森林自为当务之急,柞蚕既与土性相宜,尤应竭力整顿,毋托空言,是所厚望。

教育条陈批答

教育为立国根本,未便以地方苦瘠遽置缓图。据陈购备单级教授书分给各校自行研究各节,恐于事无裨补,仰另悉心拟议呈候核办。

警政条陈批答

据称拟将已停水龙会旧存水龙重新修理,拨归警察所应用,自可照办,仰即查照《修正各县消防队规则》办理,具报查考。余如择地掩埋城厢以内停枢,自系卫生之一端,应仍酌量办理。至称该县赌博甚盛,花会为害尤烈,拟广派密探四出侦查等情。查赌博固宜严禁,而办法亦忌操切,所派密探是否可靠,切须审慎从事,总以禁赌确有实效,地方不受警扰为要。总核该县所陈各节,皆系警务上应有之事,无关于警政计划,以后仍应悉心体会,如有所见,仍准随时呈候核夺。

司法条陈批答

监狱工场及教养局开办年余,缝纫、竹工迟未出品,草织出品究系何种,亦略而不详,应即检呈出品数种,一面将缝纫、竹工两科赶办,其各项出品销路务须设法推广,教诲师、医师既宜亟设,应速赶紧筹设,专文呈报,毋得藉延。

(原载《浙江公报》第一千六百三十一号,八至九页,训令)

浙江省长公署指令第一千一百八十六号

令德清县知事

呈一件为条陈该县地方兴革事宜由

呈暨清摺均悉。所拟兴革各项,业经分别核明批答,随令抄发,仰即遵照办理,仍将遵办情形具报。其原摺暨本署批答,并即分别录报主管各厅查考。清摺存。此令。九月二十三日

财政条陈批答

该知事拟于财政科内添设调查牙帖专员,自系为力图整顿

起见,既系不另请款,应准照办。推收处为编审户粮之补助方法,此项规则早经国税厅筹备处订定,通饬各属一律遵行,何以该县迄今尚未组织成立,殊属玩延,应即赶紧照章设置,督率征收人员认真办理,仍将推收处成立日期分呈察夺。

实业条陈批答

平民习艺所及苗圃二项,均系通饬举办之件,今乃列入条陈,作为自己政见,殊属敷衍,应即赶速按照通饬分别办理,专案具报。此外,关于实业应行兴革事宜,该县地方颇称繁盛,大可有为,并应另行筹议,呈候核夺。

教育条陈批答

通俗教育讲演所自应从速设立,惟讲演所主任须聘乡望素孚之士绅充之,凡遇重要地方讲演时,尤须亲自出席,使一般人民易于感动。教育科主任未必本地士绅,乡望自无可言,以漠不相关之人与毫无智识者接谈,其收效必少,应由该知事另选充任,并将详细办法及经费预算专案呈夺。国民小学经费,每校仅定一百五十元,办理已属为难,若再减为一百元,则更觉不敷,该知事不计开学后有无成效,但求节费,以便多设校所,殊所不取,嗣后应仍按照原定经费办理。其地方实系万分瘠苦,无法筹措者,方准将伺应夫、杂用两项酌量减少。各处私塾应饬县视学分投认真考察,其管教合宜、办理得法者,准其作为代用学校。至如来折所称,荒谬蒙塾应立即勒令停闭,毋稍迁就,仍将遵办情形专案报查。各校自收捐款毫无稽察,流弊滋多,亟应设法禁革,惟学董亦仅能按照各校向来原有收数代收代发,不能予以支配之权,一面仍由该知事制定三联捐票,发给学董,凡遇代收学款,以一联发给出款人收执,一联存校,一联缴由县署查验,以杜弊混,其一切支款并由学董随时认真稽察,仍饬各校将全年预算决算依照表式分别造送县署查核。似此严密监察,庶几滥支捏报之弊得以渐革,而学款亦渐就整理。

警政条陈批答

推广乡镇警察,如有的款可筹,自可照准,惟《店屋捐章程》现据警政厅修正,呈由本署复核,咨交省议会议决公布通行。该县征收前项铺捐,应俟《店屋捐章程》议复公布后,再行遵照办理,以归一律。余如所拟办理。

司法条陈批答

审理案件除不应公开者外,本无禁止旁听明文,惟各县大抵均仍旧时办法,未能如审判厅另设旁听席,据呈酌设坐位,事属可行。指令原告一节,现在各县已设专审员,将来审检职务权限已清,毋庸另指巡警,自可照行无阻。诉状必用旧面,所以防流弊,重证据也。乡民有鼠牙雀角之细故,所争甚微,原有即决办法。至布告诉讼人,不必先送书状,径由两造要约,即时为口头审问,既与定章不符,自应毋庸置议。所呈仿照"集治监"办法,颇有见地,应另呈由两高等厅核议妥善办法,再行核夺。

（原载《浙江公报》第一千六百三十一号,一二至一三页,指令）

浙江省长公署指令第一千一百八十七号

令奉化县知事

呈一件为条陈该县地方兴革事宜由

呈暨清摺均悉。所拟兴革各项,业经分别核明批答,随令抄发,现在该知事业经调省,所有应办事件,仰新任知事继续办理,仍将遵办情形具报。其原摺内未经批厅核议各项暨本署批答,并即分别录报主管各厅查考。清摺存。此令。九月二十二日

财政条陈批答

苛细杂捐,固应蠲除,自治事业,亦应兼顾。前据该知事将

各项地方捐款列表呈报到署,因填列殊欠明晰,即经批饬详细查明,另填送核在案。仰即遵照前批,赶紧查填呈送核夺。竹场捐、秤捐及田价等捐,既称收数甚微,应准先行蠲免,并于表内逐一声注,以便查核。推广乡柜,系为便民纳税起见,事属可行,惟设柜地点,必须择定市镇或人烟稠密地方,以免发生意外危险。陈粮罚金增加征收一层,事关变更定制,应候令行财政厅核议具复,另文令遵。

实业条陈批答

收买棉种,便民购取,事属可行,惟应仍令呈缴价银,准备金只准暂垫,不得作正开支。种靛之利已见,农民自能趋之若鹜。靛种缺乏,亟应设法。又制造不能得法,将来欧战告停,恐不免仍归失败,并应设法改良制造。造纸改良,原足兴利,惟设厂购机,恐非一县之力所能举,该知事可即会绅妥议,就现有纸业设法改良,以求实在。

教育条陈批答

该县文聚学校果系成绩昭著,该知事可传谕各校前往参观,藉资考证,改名模范一节,殊可不必。检定教员,系一种审查资格之办法,与甄别现职人员不同,该县教职员既多不合资格,该知事应随时认真别择,亦无庸另行陈请检定。讲演团关系社会教育,亟宜举办,以前宣讲员既以书痴见轻于乡里,后此宜择乡望隆重者任之,庶信仰所在,灌输自易。两等学校本为法所不禁,然必各有完全之编制与科程,方为合度。该县以高小附设于国民学校,其编制、科程是否合法,应再查明,呈由民政厅转呈核办。又,学费多少,并应按照地方情形斟酌规定为要。

警政条陈批答

(甲)应兴事宜摺内

第一条,筹设消防。据称"现已就地筹定捐款,将婴堂旧存废坏洋龙一具归入警所，克日兴修应用，其人员、夫役之配置，即于原有长警、伙夫中选择兼充，不另开支饷项"等语，应准照行，并即查照《修正各县消防队规则》办理呈报察核。

第二条，整理清道。据称原有清道夫二名太少，拟添设二人，并请由本署出示晓谕劝捐等情。查清道系警务上应有之事，本不足与言警政计划，该县遽以此塞责，已属非是，乃并请由本署示谕劝捐，似此不负责任，安望力图治理，仰新任知事妥筹办理具报。

（乙）应革事宜摺内

第一条，更调长警。据称"长警服务为时既久，则人地较熟，徇情舞弊之事在所不免，非互相更调不为功"等语。查长警服务有无徇情舞弊情事，全在所长、警佐随时认真督察，若不此之务，徒以更调为事，适滋纷扰，无裨地方，所陈应无庸议。惟警察职务与地方人民关系密切，该县职兼所长，应即督同警佐随时认真严密查察，如发见有徇情舞弊情事，并应照章惩办，毋得徇隐，是为至要。

第二条，停办谍报。查各县谍报前经督军电饬停办在案，并登载于八月二日《浙江公报》，该县何以尚未遵办，殊所不解，仰即遵照督军前电办理。

司法条陈批答

查《各级审判试办章程》，民事判决确定后，拍卖查封之物产，原系法定手续，所拟在署内选择地点设立拍卖所，责成收发员及承发吏兼管，不另支薪水，事属可行，唯须随时查察，勿使渐久弊生，是为至要。监狱工作物所，拟在监狱头门内附设工场陈列所，难免混杂之弊，应另筹妥美办法。至应革事宜，禁止歇家，本属地方官应尽职责，自应按法严办，以儆唆讼之风。收状员以署内人兼充，亦属应有之事，并非条陈意见。总之，关于司法事宜,须以实心行实事,确守法律不稍逾越,自能日见起色,否则徒托空言无益也。

（原载《浙江公报》第一千六百三十一号,一三至一六页,指令）

浙江省长公署指令第一千一百八十八号

令定海县知事

呈一件为条陈该县兴革事宜由

呈暨清摺均悉。察核所拟兴革各项,半系敷衍塞责,而对于该县财政事宜,且无一字提及,尤属疏忽,应予记过一次,以示薄惩。现在该知事业已调任,所有应办事件应由新任知事遵照本署批答切实办理,仍将遵办情形具报,其原摺暨批答并即分别录报主管各厅查考。至财政暨此外应行兴革事宜,仍应由新任详悉筹议补呈核夺。清摺存。此令。九月二十二日

教育条陈批答

学务委员已令厅饬属裁撤,所遗薪费以之办理贫儿院,尚属可行,仰即录批补呈民政厅备案。余如所拟办理。

实业条陈批答

试种柏靛乃农场应办事件,应予照准。负贩团前经通饬办理在案,着即妥拟办法,呈候核夺。

警政条陈批答

清道及革除陋俗,固是警察应办之事,然以此为警政计画,殊属敷衍,况又尚在拟办耶?该知事对于一邑警务应负完全责任,详为计画,毋得随举一二,以相搪塞。

司法条陈批答

改良司法,狱政为先。管狱员既负专责,知事为有狱之官,应如何整顿改良,平日早应筹计。至若严禁凌虐、克扣及待遇诸

法,只须慎选守役督饬办理,何患有前项情弊,乃于奉饬计画率请附设看守教练所,名为整顿,实属敷衍,应不准行。

（原载《浙江公报》第一千六百三十一号,一六页,指令）

浙江省长公署指令第一千一百八十九号

令嵊县知事

呈一件为条陈该县兴革事宜由

呈暨清摺均悉。所拟兴革各项,业经分别核明批答,随令抄发,仰即遵照办理,仍将遵办情形具报。其原摺内未经令厅核议各项暨本署批答,并即分别录报主管各厅查考。清摺存。此令。九月二十二日

财政条陈批答

征收捐税,虽有定章,而揆诸就地情形,或有扞格难行者,亦不妨胪列事实,详细敷陈,以备采择,乃谓无所谓应兴应革,未免胶柱鼓瑟。经征田赋照额全完,例有应得奖励,该县年征仅九成以上,并未足额,再加整顿,当可达全完目的,乃该知事竟认为无整顿之必要,殊不可解。此外,所陈不宜过事搜括及政令宜慎两条,所见尚是,亦属空谈。

民政条陈批答

疏浚剡溪一节,已于该知事呈报农工要政案内批示矣。县志为一方文献所关,绅富既肯出资修辑,自不容缓。该县出产甚富,商人消息不灵,实为障碍,请设电局,不为无见,应候另案令局议复饬遵。

教育条陈批答

学务委员一职,业经令厅饬属裁撤,应无庸另议。就各旧府属筹设师范学校一节,昨已由民政厅拟具议案,经本署提交省议会议决在案,应俟议复饬遵。

实业条陈批答

据陈各节，全无办法，实属敷衍，着即将整顿茶茧章程及改良靛纸办法详细拟议，呈候核夺。

警政条陈批答

所陈各节，陈义甚高，惟二、三两条，苟欲实行，牵动财政，影响太巨，应从缓议。第一条候令行民政厅查照议复。

司法条陈批答

前节泛论刑民诉讼情形，而补救之法如广设工厂、设所宣讲，卒以人才缺乏，经济困难，尚应俟诸异日，仍属空谈无补。至十家互保，有匪庇匪，责成家长告发，隐匿罪之，即从前保甲办法，办理而善，固为清乡要举，否则循例取结，徒为法警、乡保开需索之门，是在地方官实力行之，务祛昔年敷衍流弊。所请励行假扣押、假处分，以济执行之穷，现在审检所已据具报成立，应归入组织案内另文呈请高等厅核示遵办。囚粮一节，不仅该县应如何妥筹救济，候令行高审厅通筹核议具复，再行通令遵行。

（原载《浙江公报》第一千六百三十一号，一七至一八页，指令）

浙江省长公署指令第一千一百九十六号

令民政厅长王文庆

呈一件温岭县知事为报办理农桑水利各要政情形由

该县水利重要，亟应派员测量，妥议办法，呈候核夺，毋得依违众论，延误要工。抽收运米，照费补助公益一节，前据该县详经民政厅批驳有案，未便照准。贫儿院系通饬办理事件，未便再延，限一月内计画呈报。余如所拟办理。仰民政厅转饬知照。此令。九月二十二日

（原载《浙江公报》第一千六百三十一号，一八页，指令）

浙江省长公署指令第一千一百九十八号

令民政厅长王文庆

　　　　呈一件呈复教育部催解欠缴教育公报费由

呈悉。仍仰该厅催缴齐全,呈候咨解。此令。九月二十二日

　　　　（原载《浙江公报》第一千六百三十一号,一八页,指令）

浙江省长公署指令第一千二百号

令民政厅长王文庆

　　　　呈一件民政厅长呈徐马陈三烈士墓石破裂

　　　　请饬估计补砌由①

呈悉。准如所请,仰饬知照并咨财政厅查照。此令。九月二十二日

　　　　（原载《浙江公报》第一千六百三十一号,一八至一九页,指令）

浙江省长公署指令第一千二百零二号

令民政厅长王文庆

　　　　呈一件为崇德县自治委员杨文焘捐资兴学请奖由

　　呈、表均悉。既据称该县自治委员杨文焘,核与《修正捐资兴学褒奖条例》相符,准由该厅给予银色一等褒章,令发该县转行给领可也。此令。表存。九月二十二日

　　　　（原载《浙江公报》第一千六百三十一号,一九页,指令）

---

　　① 徐马陈三烈士,指山阴徐锡麟、慈溪马宗汉、会稽陈伯平三位烈士,光绪三十三年五月二十六日（一九〇七年七月六日）安庆起义中牺牲。

浙江省长公署指令第一千二百零三号

令民政厅长王文庆

呈一件为煤矿公司改定矿业权代表请咨部注册由

呈悉。候据情咨部核复饬遵。图照、保结暂存。此令。九月二十二日

（原载《浙江公报》第一千六百三十一号，一九页，指令）

浙江省长公署指令第一千二百零五号

令财政厅长莫永贞

呈一件为添设酒捐主任人员任尔康由

呈及履历均悉。据称烟酒公卖局并厅以来，酒捐一项势难兼顾，拟请添设主任一员，以任尔康充任，应即照准。此令。履历存。九月二十二日

（原载《浙江公报》第一千六百三十一号，一九页，指令）

浙江省长公署指令第一千二百零六号

令高等审判厅长范贤方

呈一件呈报杭县金坤山等家劫案内
盗犯俞士林拟处死刑请示由

呈及原卷、钞判均悉。此案杭县盗犯俞士林行劫金坤山等四家，拒伤事主，犯系当场拿获，并据金玉才指证，既经该地审厅提审，环质无异，自可按法惩办。应如所呈转令该地厅将原判引律错误之处依法更正，另行制具判词，呈由该厅转报核示遵办。原卷、钞判发还。此令。九月二十三日

（原载《浙江公报》第一千六百三十一号，一九至二〇页，指令）

浙江省长公署指令第一千二百零七号

令高等审判厅长范贤方

    呈一件转报义乌县判处匪犯傅樟法死刑请示由

    呈及供、判等件均悉。此案义乌县匪犯傅樟法,虽经事主费运周等供指,并经同案匪犯、先获正法之吴璜兰等先后均供该犯在场,惟该犯对于抢劫各案始终并未供认,亦未起获原赃,遽行定为匪伙,究嫌证据不足。案关大辟,审办不厌精详。合行令仰该厅即便转令义乌县再提傅樟法即傅樟发一名,研鞫明确,录具切供,按照法律通常程序办理,以期详慎而免冤滥,仍令勒缉逸匪务获究办。供、判等件发还。此令。九月二十三日

        (原载《浙江公报》第一千六百三十一号,二〇页,指令)

浙江省长公署指令第一千二百零八号

令高等审判厅长范贤方

    呈一件呈报义乌县判处匪犯沈田爬死刑请示由

    呈及供、判、钞状均悉。此案义乌县匪犯沈田爬结伙抢劫及焚毁学堂、警所,虽据同案著匪、先获正法之吴龙宝等前后供指,惟该犯仅认同行,对于焚劫重情坚不承认,亦未查起原赃,供证既未充分,亟应究讯明确,以成信谳,未便遽准按法惩办。合行令仰该厅即便转令义乌县提犯沈田爬即沈锦田一名,再行研鞫明确,录具切实供词,按照法律通常程序办理,毋稍率延,仍令勒缉逸匪务获究办。供、判、抄状发还。此令。九月二十三日

        (原载《浙江公报》第一千六百三十一号,二〇页,指令)

浙江省长公署指令第一千二百一十号

令高等检察厅长殷汝熊

呈一件慈溪县呈报警察拿赌被殴落水身死由

据呈乡警董纪南及被告凶犯舒芳雨所供,核与警所来文,诸多互异。本案究竟如何实情,聚赌殴警时,舒芳雨有无在场,已死向乾亨因何致毙,究被何人追赶落水,抑系自溺,仰高等检察厅令即切实查明,并传集人证讯实,依法办理,一面勒缉舒芳林等务获质讯拟办,毋稍枉纵,切切。格结存。此令。九月二十三日

（原载《浙江公报》第一千六百三十一号,二〇至二一页,指令）

浙江省长公署指令第一千二百十一号

令高等检察厅长殷汝熊

呈一件警政厅呈报四区二营获匪吴炳根解县讯办由

据呈获匪吴炳根一名,供认为匪不讳,送县讯办等情,合行令仰该厅即令临海县查案讯供,拟办具报,仍勒缉各逸匪务获究办,并由厅咨复该警厅知照。呈钞发。此令。九月二十二日

（原载《浙江公报》第一千六百三十一号,二一页,指令）

浙江省长公署指令第一千二百十二号

令高等检察厅长殷汝熊

呈一件建德县呈报勘验无名男尸情形由

呈悉。该无名男尸伤多且重,究被何人、因何致死,合行令仰该厅令即严密访缉是案正凶,讯明拟办具报,毋以一呈了事,致令死者含冤,切切。格结存。此令。九月二十三日

（原载《浙江公报》第一千六百三十一号,二一页,指令）

浙江省长公署指令第一千二百十三号

令高等检察厅长殷汝熊

呈一件永嘉县呈报杜季顺被杜严焕等殴伤气闭身死诣验由

呈悉。此案杜季顺所受生伤,曾否报经该县验填,呈未叙明。合

行令仰该厅令即勒拿被告杜严焕等，务获集证，研讯起衅确情，查明服制，按律拟办，毋稍延纵。格结存。此令。九月二十三日

（原载《浙江公报》第一千六百三十一号，二一页，指令）

浙江省长公署指令第一千二百十四号

令高等检察厅长殷汝熊

呈一件警政厅报获嘉兴姜珠福等劫案

盗犯傅长能等六名解县讯办由

据呈先后拿获嘉兴事主姜珠福等家被劫盗犯傅长能等六名，讯供承认，送县讯办等情，捕务尚属认真。合行令仰该厅即令嘉兴县提犯研讯明确，按律惩办具报，并由厅咨复该警厅知照。呈、供均钞发。此令。九月二十三日

（原载《浙江公报》第一千六百三十一号，二一至二二页，指令）

浙江省长公署指令第一千二百二十六号

令嘉善县知事殷济

呈一件呈为该县周乃熙已考取江苏省立第二师范请予转咨由

据呈已悉，候据情转咨可也。此令。九月二十三日

（原载《浙江公报》第一千六百三十一号，二二页，指令）

浙江省长公署指令第一千二百二十七号

令民政厅长王文庆、警政厅长夏超

呈一件会复日商请行销戒烟药丸碍难照准由

据呈已悉，候函复日本总领事查照可也。此令。九月　日

（原载《浙江公报》第一千六百三十一号，二二页，指令）

浙江省长公署指令第一千二百三十一号

令警政厅长夏超

呈一件呈报核奖第三区三营哨长侯斌等由

呈悉。应准备案。此令。九月二十三日

附原呈

呈为呈报备案事。本年九月十一日据警备队第三区统带洪士俊呈称，“本年八月二十七日据第三营管带王国治呈称，‘本月二十二日据驻扎崇仁之第一营四哨哨官侯斌函称，哨官奉令率队调扎嵊邑之崇仁镇，甫经到防，而地方谣风颇炽，查该处四面多山，匪徒出入所在皆有，哨官初到此间，人地生疏，路径不熟，极难办理，若非严密防范，殊不足以保地方治安。乃自本月十四日起，日则率领什长王荣贵等装扮樵农，四处侦探，夜则仍同该什兵等巡逻，分伏要道，藉探匪踪。迨二十日夜，哨官仍率二棚什长王荣贵等十二名暗伏于马前村山面一带，适遇匪首裘和焕等二十余人正向该村一带抢劫。经哨官出而查问，该匪胆敢开枪先击，哨官当令各什兵等迎击，彼此互相拒捕计一小时许，匪势不支，始向山岙逃遁。哨官仍督各什兵等前往搜捕，嗣以山路崎岖，夜昏莫辨，加以榛莽塞路，未便穷追，天明收队回防。当于道旁捕获已受枪伤之著匪裘和焕一名，并夺获九响快枪一支、子弹五粒、壳一粒、油竹筒三根等物。行至山下，又获嫌疑犯裘锡海、裘运瑞二名，均崇仁人。旋有本镇士绅及自治委员裘赞邻等具保前来，哨官查询二人委系良民，因准就近开释。除用去子弹九十八粒另案径报统带核销外，所有放哨侦探、获匪夺械各缘由，理由连同枪弹解请核办等情前来。据此，查验该盗匪腿部均受重伤，未及讯供，当即在营毙命，比由管带函请嵊县知事验明该盗匪尸身,填格饬保掩埋在案。伏查嵊邑匪性刁猾,于崇仁、富润两防更调之际,即纷纷出而抢劫。经侯哨官抵防后,不辞劳瘁,逐日督队四出放哨,夜间派兵轮流梭巡,到防未及旬日,击散股匪,拿获匪首,匪徒因而敛迹,其对于缉捕,实属认真。什长王荣贵一见匪伙,即开枪奋勇还击,卒能击伤匪首、夺获枪弹,亦属异常出力。应如何奖励之处,伏乞钧裁。除将枪枝及销耗子弹另文缴销外,呈请核转,并据侯哨官呈报前情'各等情。据此,查侯哨官甫经调防,而于捕务能若此认真,诚属难得,拟请将该哨官记大功一次,以示勤劳;什长王荣贵前曾以哨长存记,拟请以尽先补用;其他在事出力各伍兵,均拟由部分别嘉奖,用昭激劝。除指令务将在逃各逸匪严密查拿,捕匪用去枪弹准予报销,匪枪留营妥为保护外,理合具文呈请核转"等情。据此,除以"据呈已悉。查此案前据嵊县知事呈报,验明盗匪裘和焕因伤身死,并请将该哨官从优给奖等情,业经令行该统带查复核夺在案。兹据呈叙各节,该哨官甫经调防,辄能留心捕务,诚属勤奋可嘉,应如所拟将该哨官侯斌记大功一次;其随同出力之什长王荣贵一名,前经记升有案,并准如拟尽先拔补,俾资鼓励;用去子弹准予核销备案,所获匪枪应着送由该统部汇缴,并补送夺获匪械表,以凭查核。除注册并转呈外,合将功状一纸随令发由该统带转给祗领,并着转咨嵊县知事知照。此令"等语指令印发外,理合备文呈报,仰祈省长鉴核备案。谨呈。

（原载《浙江公报》第一千六百三十一号,二二至二四页,指令）

浙江省长公署指令第一千二百三十二号

令警政厅长夏超

呈一件为呈报核奖第四区第二营哨官黄斌由

呈悉。该哨官黄斌擒击盗匪,救回难孩,缉捕奋勇,殊堪嘉许。

应按照第三区第三营哨官侯斌获匪有功案办法,准记大功一次,以示鼓励,仰即转令遵照。此令。九月二十三日

（原载《浙江公报》第一千六百三十一号,二四页,指令）

浙江省长公署指令第一千二百三十三号

令常山县知事

呈一件为条拟该县地方兴革事宜由

呈暨清摺均悉。所拟兴革各项,业经分别核明批答,随令抄发,仰即遵照办理,仍将遵办情形具报。其原摺暨本署批答,并即分别录报主管各厅查考。清摺存。再,该县兼理司法,关于司法各事未据条议,并仰查照前饬妥筹呈夺。此令。九月二十三日

财政条陈批答

该县拟就原有自治附捐加征一角,专充县公益事业之需,民力能否负担,自应俟县议会召集后,提议核办。

教育条陈批答

创设图书馆,以便学人观览,事属可行。惟此项图书馆基址究定何处,酌提县税五百元,究系一次支出,抑系逐年开支,何时可以成立,着即详细计画呈候核夺。

实业条陈批答

推广模范桑园,所陈办法尚属切实。惟该县实业除推广桑园外,岂遂无应兴应革之事?该知事条陈,于教育则仅列图书馆一事,于实业则仅列桑园一事,殊近敷衍,仰另行详实查明各项应行兴革事件呈候核办。

警政条陈批答

据称该县南乡白石街地方实有添设警察派出所之必要,又有的款可筹,自应准予照办。惟米袋之可否抽收,与抽收之方法

如何,均应妥为计画,俟县议会回复后,提交议决办理。

（原载《浙江公报》第一千六百三十一号,二四至二五页,指令）

浙江督军署牌示

照得本省自宣告独立以后,所有从前因政治犯罪没收财产,业经分别发还具领在案。兹查有吴兴县民人张静江案内没收财产,前由该家属张增熙等代缴通海实业总公司股票暨江西瓷业有限公司股票,连同息摺、息单等,共计价额二万零二百七十四千文。此项票据本署未准前将军行署移交接收,已否遗失,无从查明,惟当时没收后,曾经前将军行署咨明苏、赣两省地方长官,转饬各该公司知照注册在案。现虽未据该家属等呈请给领,自应一律发还,以昭公允。除分咨江苏、江西省长,饬县转知各该公司准予挂失补给股票外,合将股票息摺、息单等号数牌示该家属等知照,仰即径向各该公司请予补给具领可也。此示。

右示吴兴县民人张增谦、张增华、张增熙、张鉴、张增翰、张增佩等。准此。

中华民国五年九月　日

（原载《浙江公报》第一千六百三十一号,二六页,牌示）

浙江省长公署咨省议会

据财政厅呈为查复省议员王倬等质问各统捐局带征之二成自治附加捐一案由

浙江省长公署为咨复事。案查前准贵会咨送议员王倬等提出之二成自治附加捐质问书一件,请即依限答复等由。准此,当因是项货物附加税系归财政厅主管,即经饬厅明白呈复,以凭核转,一面先行依限咨复在案。兹据该厅呈称,"查浙省征收货物附加税原因,系因民国三年预算案内应由国家税开支之警备队及省会警察、内河外海水警各项经费中央削减过巨,而此项警队有关地方治安,又未便因噎废食,遽议裁减,迭经争持,迄无效果,不得已暂由原划省地方税内挹注弥补,约计每年七十万元。而省地方税内骤短此数,又不能将地方各种事业停止进行,于是拟办货物附加税,于民国三年四月,经前民政长屈呈奉财政部批准照办。所有各县向来就货物附抽之各项自治公益经费,仍照数拨还,其余一律解交金库,以弥补省地方教育、实业、慈善工厂等费,统筹支配,尚苦不敷。盖附税收入只有此数,而地方事业日益扩张。现在编造六年预算,已将前项警队经费完全列入国家支出,此项货物附税完全列入地方收入,就地方税出入相抵,不敷尚巨,至加抽二成办法,系比照财政部厘定国家地方两税单案内营业附加税办法规定"等情。据此,本省长复核无异,相应答复,请烦查照。此咨

浙江省议会

浙江省长吕公望

中华民国五年九月二十三日

(原载《浙江公报》第一千六百三十二号,一九一六年九月二十七日,三页,咨)

浙江省长公署指令第　　号[①]

令民政厅长王文庆

呈一件为查明缙云县知事于徐兆官案内用刑示威一案由

呈悉。既据查明该缙云县知事对于徐兆官殴警拒捕抗粮聚众一案办理本无不合,惟略用笞刑,查系在通饬禁止以前,应从宽,准予记大过一次,以示薄惩。除注册外,合行令该厅查照并转令知照。此令。

---

① 本文由浙江民政厅训令第六百四十七号析出。

附　浙江民政厅训令第六百四十七号

令缙云知事奉省令于徐兆官案内用刑

示威准记大过一次由

令缙云县公署知事欧阳忠浩

　　案查本厅呈为查明该知事于徐兆官案内用刑示威一案,兹奉省长公署指令内开,"呈悉。既据查明该缙云县知事对于徐兆官殴警拒捕抗粮聚众一案办理本无不合,惟略用笞刑,查系在通饬禁止以前,应从宽,准予记大过一次,以示薄惩。除注册外,合行令该厅查照并转令知照"等因。奉此,除注册外,合行抄发原呈,令仰该知事知照。此令。

中华民国五年九月二十五日

民政厅长王文庆

（原载《浙江公报》第一千六百三十三号,一二页,训令）

浙江督军公署训令第二〇一号
浙江省长公署训令第五八九号

令各属准江苏省咨请饬属保护上海工部局员

李彻赴浙江等省游历由

令文武各属

　　本年九月十八日准江苏省公署咨开,"案据特派江苏交涉员杨晟呈称,'顷准英国总领事函,以上海工部局员李彻赴江苏、浙江,又英商艾文兰赴江苏、安徽、河南游历,缮给护照请盖印前来。除将护照印发外,理合呈请察照,转饬各属,俟该英人到境呈验护照时,照约保护'等情。据此,除训令各属保护并分咨外,相应咨请贵省长查照,希即转行各属照约一体保护"等由。准此,除分令外,合行令仰该即便转令所属一体照约保护。此令。

中华民国五年九月二十三日

督军兼省长吕公望

（原载《浙江公报》第一千六百三十二号，四页，训令）

附 浙江民政厅训令第七百七十四号
令宁警厅各知事奉督军省长训令英人李彻及
日人三原介一台湾人张兴来浙游历由

令宁波警厅、各县知事

本年九月二十四日奉督军公署、省长公署训令内开："本年九月十八日准江苏省公署咨开，'案据江苏特派交涉员杨晟呈称，顷准英国总领事函，以上海工部局员李彻赴江苏、浙江，又英商艾文兰赴江苏、安徽、河南游历，缮给护照请盖印前来。除将护照印发外，理合呈请察照，转饬各属，俟该英人到境呈验护照时照约保护等情。据此，除训令各属保护并分咨外，相应咨请贵省长查照，希即转行各属照约一体保护'等由。准此，除分令外，合行令仰该厅长即便转令所属一体照约保护。此令。"同日，又奉训令内开："本年九月十八日准江苏省公署咨开，'案据特派江苏交涉员杨晟呈称，民国五年九月四日接驻苏日本领事池永林一函称，敝国人三原介一现由苏州前赴江苏、浙江、安徽、江西、山东、河南、福建、湖南、湖北、直隶等省通商游历，具禀请给执照，相应填请盖印，即交来人带下，并乞檄行经过地方一体保护等因到署。当查送到执照系第六号，限用十三个月，除于照内加印交还转给并函复日领事，饬知该领照人凡所至地点，将照呈由地方官验明，以便接洽保护，如有不靖省县，均勿前往，期免疏虞外，合亟呈请仰祈省长鉴核俯赐分别咨明，通令一体照约办理等情。据此，除训令各属保护并分咨外，相应咨请贵省长查照，希即转行各属照约一体保护'等由。准此，除分令外，合行令仰该厅长即便转令所属一体照约保护。此令。"又奉训令内开，"本年九月十四日准福建省公署咨开，'案据厦门交涉员陈恩涛呈称，准驻厦日本领事照送，台湾人张兴往福建、浙江两省地方，日本人田村荣太郎、野崎常毂往福建、广东两省地方游历通商，请将护照加印发还给执等因。除将原照加印送还外，理合具文呈请察核等情。除分别咨令外，相应咨请贵省长查照，转令所属一体照约保护'等由。准此，除分令外，合行令仰该厅长即便转令所属一体照约保护"各等因。奉此，除分令外，仰该厅长、该知事即便遵照，按约保护，并将该英人、该日人等入境出境日期呈报备查。此令。

中华民国五年九月三十日

民政厅长王文庆

（原载《浙江公报》第一千六百四十三号，一九一六年十月八日，六至七页，训令）

浙江督军公署训令第二〇二号
浙江省长公署训令第五九〇号

令各属准江苏省咨请饬属保护德人
师领事赴浙江等省游历由

令交涉署长、温交涉员、宁交涉员、民政厅长、警政厅长、暂编第一师长、暂编第二师长、台州镇守使、嘉湖镇守使、暂编混成旅长

本年九月十八日准江苏省公署咨开，"案据特派江苏交涉员杨晟呈称，'顷准德国总领事函，以师领事随带手枪一杆、弹少许，携眷赴江苏、浙江、安徽游历，缮给护照请盖印前来。除将护照印发外，理合呈请察照，转饬各属，俟该领到境呈验护照时，照约保护'等情。据此，除训令各属保护并分咨外，相应咨请贵省长查照，希即转行各属照约一体保护"等由。准此，除分令外，合行令仰该　　即便转令所

属一体照约保护。此令。

中华民国五年九月　日
督军兼省长吕公望

（原载《浙江公报》第一千六百三十二号，四至五页，训令）

浙江督军公署训令第二〇三号
浙江省长公署训令第五九一号

令各属准江苏省咨请饬属保护德人柏德医生来浙游历由

令文武各属

本年九月十八日准江苏省公署咨开，"案据特派江苏交涉员杨晟呈称，'顷准德国总领事函，以柏德医生携带手枪、猎枪各一杆，药弹少许，赴江苏、浙江、安徽、山东、直隶游历，缮给护照请盖印前来。除将护照印发外，理合呈请察照，转饬各属，俟该德人到境呈验护照时，照约保护'等情。据此，除训令各属保护并分咨外，相应咨请贵省长查照，希即转行各属照约一体保护"等由。准此，除分令外，合行令仰该　　即便转令所属一体照约保护。此令。

中华民国五年九月二十三日
督军兼省长吕公望

（原载《浙江公报》第一千六百三十二号，五页，训令）

浙江督军公署训令第二〇四号
浙江省长公署训令第五九二号

令各属准江苏省咨请饬属保护德人博雅尔等来浙游历由

令交涉署长、温交涉员、宁交涉员、民政厅长、警政厅长、暂编第一师长、暂编第二师长、台州镇守使、嘉湖镇守使、暂编混成旅长

本年九月十八日准江苏省公署咨开，"案据特派江苏交涉员杨晟

呈称,'顷准德国总领事函,以博雅尔随带猎枪、手枪各一杆,弹少许,携眷赴江苏、安徽、浙江游历,缮给护照请盖印前来。除将护照印发外,理合呈请察照,转饬各属,俟该德人到境呈验护照时,照约保护'等情。据此,除训令各属保护并分咨外,相应咨请贵省长查照,希即转行各属照约一体保护"等由。准此,除分令外,合行令仰该　　即便转令所属一体照约保护。此令。

中华民国五年九月二十三日

督军兼省长吕公望

（原载《浙江公报》第一千六百三十二号,五至六页,训令）

浙江督军公署训令第二〇五号
浙江省长公署训令第五九三号

令各属准江苏省咨请饬属保护德人
铁贝克赴浙江等省游历由

令交涉署长、温交涉员、宁交涉员、民政厅长、警政厅长、暂编第一师长、暂编第二师长、台州镇守使、嘉湖镇守使、暂编混成旅长

本年九月十八日准江苏省公署咨开,"案据特派江苏交涉员杨晟呈称,'顷准德国总领事函,以铁贝克赴江苏、浙江、安徽、山东、直隶游历,缮给护照请盖印前来。除将护照印发外,理合呈请察照,转饬各属,俟该德人到境呈验护照时,照约保护'等情。据此,除训令各属保护并分咨外,相应咨请贵省长查照,希即转行各属照约一体保护"等由。准此,除分令外,合行令仰该　　即便转令所属一体照约保护。此令。

中华民国五年九月　　日

督军兼省长吕公望

（原载《浙江公报》第一千六百三十二号,六页,训令）

附　浙江民政厅训令第七百七十六号

令宁警厅各县知事奉督军省长训令德国
师领事及德人柏德等来浙游历由

令宁波警厅长、各县知事

本年九月二十四日奉督军、省长训令内开，"准江苏省公署咨开，'案据特派江苏交涉员杨晟呈称，顷准德国总领事函，以师领事随带手枪一杆、弹少许，携眷赴江苏、浙江、安徽游历，缮给护照请盖印前来。除将护照印发外，理合呈请察照，转饬各属，俟该领到境呈验护照时照约保护等情。据此，除训令各属保护并分咨外，相应咨请贵省长查照，希即转行各属照约一体保护'等由。准此，除分令外，合行令仰该厅长即便转令所属一体照约保护"等因。又奉训令内开，"准江苏省公署咨开，'案据特派江苏交涉员杨晟呈称，顷准德国总领事函，以柏德医生携带手枪、猎枪各一杆，药弹少许，赴浙江、江苏、安徽、山东、直隶游历，缮给护照请盖印前来。除将护照印发外，理合呈请察照，转饬各属，俟该德国人到境呈验护照时照约保护等情。据此，除训令各属保护并分咨外，相应咨请贵省长查照，希即转行各属照约一体保护'等由。准此，除分令外，合行令仰该厅长即便转令所属一体照约保护"。又奉训令内开，"准江苏省公署咨开，'案据特派江苏交涉员杨晟呈称，顷准德国总领事函，以博雅尔随带猎枪、手枪各一杆，弹少许，携眷赴江苏、安徽、浙江游历，缮给护照请盖印前来。除将护照印发外，理合呈请察照，转饬各属，俟该德人到境呈验护照时照约保护等情。据此，除训令各属保护并分咨外，相应咨请贵省长查照，希即转行各属照约一体保护'等由。准此，除分令外，合行令仰该厅长即便转令所属一体照约保护"。又奉训令内开，"准江苏省公署咨开，'案据特派江苏交涉员杨晟呈称，顷准德国总领事函，以铁贝克赴江苏、浙江、安徽、山东、直隶游历,缮给护照请盖印前来。除将护照印发外,理合呈请察照,转饬各属,俟该德人到境呈验护照时照约保护等情。据此,除训令各属保护并分咨外,相应咨请贵省长查照,希即转行各属照约一体保护'等由。准此,除分令外,合行令仰该厅长即便转令所属一体照约保护"各等因。奉此,除分令外,仰该厅长、该知事即便遵照按约保护,并将该德人等入境出境日期呈报备查。此令。

中华民国五年九月三十日

民政厅长王文庆

(原载《浙江公报》第一千六百四十三号,一九一六年十月八日,四至六页,训令)

浙江督军公署训令第二〇六号
浙江省长公署训令第五九四号

令各属为日人三原介一赴苏浙等省游历令保护由

令文武各属

本年九月十八日准江苏省公署咨开,"案据特派江苏交涉员杨晟呈称,'民国五年九月四日接驻苏日本领事池永林一函称,敝国人三原介一现由苏州前赴江苏、浙江、安徽、江西、山东、河南、福建、湖南、湖北、直隶等省通商游历,具禀请给执照,相应填请盖印,即交来人带下,并乞檄行经过地方一体保护等由到署。当查送到执照系第六号,限用十三个月,除于照内加印交还转给,并函复日领事,饬知该领照人所至地点,将照呈由地方官验明,以便接洽保护,如有不靖省县,均勿前往,期免疏虞外,合亟呈请仰祈省长鉴核,俯赐分别咨明,通令一体照约办理'等情。据此,除训令各属保护并分咨外,相应咨请贵省长查照,希即转行各属照约一体保护"等由。准此除分令外,合行令仰该   即便转令所属一体照约保护。此令。

中华民国五年九月二十三日

督军兼省长吕公望

（原载《浙江公报》第一千六百三十二号,六至七页,训令）

附　浙江交涉公署训令第三十二号

令各县知事奉省长训令保护外人来浙游历由

令各县知事

案奉省公署训令内开,"准福建省公署咨开,'据厦门交涉员呈称,准驻厦日本领事照送,台湾人张兴往浙江地方游历'。同日,又奉省公署训令,'准江苏省公署咨开,据特派江苏交涉员呈称,日本人三原介一前赴浙江游历'。又准驻杭大英领事函称,'本国女教士李宝明前往浙江地方游历',均缮给护照,请饬保护"各等因前来。除函复英领事外,合将各人姓名分别开列名单,令仰该知事查照,俟该台湾人张兴等到境呈验护照时一体照约保护,并将出入境日期具报备查。此令。

中华民国五年九月三十日

交涉署署长林鹍翔

附名单

计开

台湾人　张兴　日本人　三原介一　英国人　女教士李宝明

（原载《浙江公报》第一千六百三十九号,八至九页,训令）

浙江督军公署训令第二〇七号

浙江省长公署训令第五九五号

令各属准福建省咨为台湾人张兴赴闽浙游历令保护由

令文武各属

本年九月十四日准福建省公署咨开,"案据厦门交涉员陈恩涛呈称,'准驻厦日本领事照送,台湾人张兴往福建、浙江两省地方,日本人田村荣太郎、野崎常榖往福建、广东两省地方游历通商,请将护照加印发还给执等因。除将原照加印送还外,理合具文呈请察核'等情。除分别咨令外,相应咨请贵省长查照,转令所属一体照约保护"等由。准此,除分令外,合行令仰该　　即便转令所属一体照约保护。此令。

中华民国五年九月　日

督军兼省长吕公望

（原载《浙江公报》第一千六百三十二号,七页,训令）

浙江省长公署训令第五百七十五号

令高检厅据温岭谢在舜呈为子侄

被谢经文等枪毙请饬拿办由

令高等检察厅长殷汝熊

案查温岭县详县民谢经文与谢经洪等彼此械斗致毙三命一案,迭经前巡按使批行该厅饬县详复缉究在案。兹据谢在舜呈催前来,除批"查此案迭据控经前巡按使批厅饬县详复缉究在案,械斗多命重案,延宕年余,迄未报获究办,殊属玩泄。候令高检厅严令催办具复。此批"挂发外,合行令仰该厅即行令催温岭县勒缉凶犯务获究办,一面遵照前批呈复察夺,毋任再延干咎。呈抄发。此令。

中华民国五年九月　日

省长吕公望

（原载《浙江公报》第一千六百三十二号,七至八页,训令）

浙江省长公署训令第五百七十八号

令财政厅准财政部咨请转行各种银钱行号迅即照章注册由

令财政厅长莫永贞

本年九月十八日准财政部咨开,"查各种银钱行号等金融机关皆应遵照《银行注册章程》禀请本部核准注册,上年四月间曾由部抄录未经注册各行号清单,咨请转饬遵照办理在案。现在历时已久,贵省所属各行号仍未禀请注册,殊属不合,相应咨请查照前咨转行严饬各该行号迅即照章办理,是为至要"等由。准此,合行令仰该厅即便转行各县严饬各该行号迅即照章办理,毋任违延,切切。此令。

中华民国五年九月二十三日
省长吕公望

(原载《浙江公报》第一千六百三十二号,八页,训令)

浙江省长公署训令第　　号

令财政厅核议青田县条陈该县地方兴革事宜由

令财政厅长莫永贞

案据青田县知事张鹏呈称,遵饬条陈该县地方应兴应革事宜,请予察核等情,并附呈清摺一扣到署。据此,除将条陈分别批答并指令外,合亟抄录原摺内应由该厅核议各节暨本署批答,令发该厅遵照议复毋延。此令。

计黏抄一件。

中华民国五年九月二十三日
省长吕公望

(原载《浙江公报》第一千六百三十二号,八至九页,训令)

浙江省长公署训令第五百八十一号①

令民政厅转行杭县知事《全浙典业公会通守规则》
仍遵照浙省成案办理由

令民政厅长王文庆

案准内务部咨开,"为咨行事。准贵省长咨送《改正全浙典业公

---

① 本文自浙江民政厅训令第七百四十四号析出。

会通守规则》请查核见复等因前来。查原咨内开《修改全浙典业公会规条》仍以十二、十三两条并作一条,改为未满之当货除盗窃、火焚,在《民法》未颁布以前,仍遵照浙省成案办理外,如遇兵灾或大水漂没,概不赔偿等语,该《规则》经贵省长按照事实,参酌本省习惯,并历办成案改正,本部自应照咨备案。除另由农商、财政两部核复外,相应咨行贵省长查照办理可也。此咨"等因。合行令仰该厅转行知照。此令。

中华民国五年九月　日

省长吕公望

附　浙江民政厅训令第七百四十四号

令杭县奉令准内务部咨《改正全浙典业公会通守规则》

照咨备案由

令杭县公署知事姚应泰

本年九月二十五日奉省长公署训令第五八一号,内开,"案准内务部咨开,'为咨行事。准贵省长咨送《改正全浙典业公会通守规则》请查核见复等因前来。查原咨内开《修改全浙典业公会规条》仍以十二、十三两条并作一条,改为未满之当货除盗窃、火焚,在《民法》未颁布以前,仍遵照浙省成案办理外,如遇兵灾或大水漂没,概不赔偿等语,该《规则》经贵省长按照事实,参酌本省习惯,并历办成案改正,本部自应照咨备案。除另由农商、财政两部核复外,相应咨行贵省长查照办理可也。此咨'等因。合行令仰该厅转行知照。此令"等因。奉此,查该公会初次禀送《典业规条》,经前按署批,"据财政厅核议具复,以'原拟十二、十三两条未妥,应并作一条',饬遵照批指各节改正,嗣据该公会呈以'典商集议第十二条,关于盗劫、火焚仍主免赔,而于失窃及自行失慎,赔偿办法分列第十三条缮送',当以'所禀虽具理由,究与浙省成案未符,姑予转咨核复,再行饬遵'。旋奉财政部咨开,

'准咨陈据全浙典业公会会长王锡荣等禀请核定典业公议通守规条一案请核复,以便转饬遵照等因,并附送《规条》前来。本部详加复核,原咨所称各节,均属妥协,除该《规条》第七条规定利息至多不得过二分五厘,应即照准外,其第十二条规定盗劫及邻火延烧不再赔偿,核与前清《户律》,实有未符,应请转饬参酌修改,再行报部备查。相应咨复贵使查照饬遵可也'等因到浙。适在独立期间,未即办理。嗣大局统一,本厅长于接管卷内查阅该公会所送《修改规条》,其第十三条与第十二条实有连带关系,部咨既以'其第十二条核与前清《户律》实有未符,应转饬参酌修改',则第十三条亦应在修正之列,拟饬仍以十二、十三两条并作一条,即由厅改正条文呈请省长咨准财政部、农商部核准备案,先后奉令转令行知"各在案。兹奉前因,合亟照抄原拟规条,连同改正条文,令仰该知事即便转行该公会遵照。此令。

计钞典业公会原拟《规条》及改正条文一纸。

中华民国五年九月三十日

民政厅长王文庆

全浙典业原拟通守规条

第一条至第十条(见八月二十日本报"指令"门,从略)

第十一条 窃盗当赃确有证据者,设有官厅印凭查提,应照浙省成案办理。

第十二条 未满之当货,设遇兵灾、盗劫、大水漂没、邻火延烧,非人力所能抵抗救护者,概不赔偿。

第十三条 典中失窃及自行失慎者,应报地方官厅勘查当时失事情形,并查明该典两年内售卖满货加贯之价值并计折半作为当物原值,以赔当户,惟当本及失事以前之利息均应扣除。

第十四条 当户遗失当票,须报明该票花色、当本日期及货物特别记认，由典查对相符，准当户邀的实保证挂注失票、付清以前之利息，转换新票，无的保者不准挂失。

第十五条　当票以底簿骑缝图记为凭，如伪造当票或在票上添注、涂改及执持遗失之白票及无效之废票向典无理索扰者，验明票簿不符，准典商陈明地方官厅查究办理。

第十六条　时会变迁，每有不同，本规条如有因时会所迫，应行修改事宜，得由典商随时陈请官厅核准施行。

改正条文

十二、十三两条并作一条，改为，"未满之当货，除盗窃、火焚，在《民法》未颁布以前仍遵照浙省成案办理外，如遇兵灾或大水漂没，概不赔偿"等语。

（原载《浙江公报》第一千六百四十号，一九一六年十月五日，一〇至一一页，训令）

浙江省长公署训令第五百八十三号

令财政厅核议仙居知事财政条陈由

令财政厅长莫永贞

令高审厅核议仙居知事司法条陈由

高等判厅长范贤方

案据仙居县知事孙熙鼎呈称，遵饬条陈该县地方兴革事宜，请予核示等情，并附呈清摺到署。据此，除将条陈分别批答并分令外，合亟抄录原摺内应由该厅核议各节暨本署批答，令发该厅遵照办理。此令。

计黏抄一件。

中华民国五年九月　日

省长吕公望

（原载《浙江公报》第一千六百三十二号，九页，训令）

浙江省长公署训令第五百九十六号

令杭县知事准省议会咨请传补议员
徐文霨辞职缺由

令杭县知事姚应泰

案准省议会咨开，"案查《省议会暂行法》第七条，'议员因故出缺时，以本选举区候补人名次表之列前者递补之'，现在本会第一区议员徐文霨辞职，业经大会许可准予解职，其遗缺应由该选举区候补当选者递补。相应备文咨行省长请烦查照，该本选举区候补当选名次表之列前者递补到会，并请先将应补议员姓名咨复本会，实为公便"等因。查第一区候补议员前经补过三名，此次徐文霨辞职，应以汤尔和递补，除咨复外，合亟令仰该知事查照，克日传知给证，以便到会。此令。

中华民国五年九月二十三日

省长吕公望

（原载《浙江公报》第一千六百三十二号，九至一〇页，训令）

浙江省长公署指令第一千一百八十三号

令高等检察厅长殷汝熊
呈一件开化县呈报续获邻省盗匪蔡金荣一名由

据呈续获邻省盗犯蔡金荣一名已悉，合行令仰该厅令即解赴休宁县归案审办。至该知事、警佐迭获邻省盗匪，捕务尚属勤奋，应由厅咨会安徽高检厅，俟本案办结后复浙由厅照章呈请奖励，并咨民政厅查照。此令。九月二十二日

（原载《浙江公报》第一千六百三十二号，一三页，指令）

浙江省长公署指令第一千二百三十四号

令遂安县知事陈与椿

呈一件为条拟该县地方兴革事宜由

呈暨清摺均悉。所拟兴革各项，业经分别核明批答，随令钞发，仰即遵照办理，仍将遵办情形具报。其原摺暨本署批答，并即分别录报主管各厅查考。再，该知事现已请假，所有应办事项应于移交时专案移交代任继续办理。清摺存。此令。九月　日

财政条陈批答

该县既无钱庄，则汇解款项殊属不便，挑运现金亦多危险，亟应组织汇兑所，以资便利，仰即筹定办法克日分呈核夺，毋得徒托空言。

实业条陈批答

开塘、凿井，关系农田水利，亟应切实进行，不得藉口民间迷信，延不举办。保护森林会，为振兴林业要图，亦应竭力推广，着将办理情形详细呈核。

教育条陈批答

高等小学之应否增设，应以能否容受国民学校毕业生为度。该县西乡果有增设之必要，自应由县设立，呈报备案。

警政条陈批答

（一）据称"湖山、北界两警所未成立以前，拟采循回警察制度，每日定三班，此往彼来，周而复始"等情，既据批准有案，应即照案切实办理。至每警日给膳宿等费，准俟核定后，呈报查核。再，湖山、北界两处，既据称一系龙游交界通衢，一系赌风向炽之处，则巡缉保卫，自是要图。此次筹办循回警察，系因筹设分驻所，款无所出，为一时权宜之计，则所以为各该地方保卫治安者，

仍应由该县悉心筹划，或设立保卫团，或集款设立分驻所，总以于各该地方确有实益为要，仍将筹备情形呈核。

（一）据称该县僻处山隅，风气闭塞，民间往往有信巫舍医之习惯，并称每逢寺庙会期，辄多奢靡各节，此关系于人民智浅程度问题①，该县拟分别饬派委员讲演开导，以期革除陋习，自是正办。惟此项办法每易成为具文，应由该县切实督饬办理，毋徒以空言塞责，是为至要。

司法条陈批答

据称该县山路，往返需时，法警不敷分派，自系实情。惟现在改设审检所，应照该所编制办理，如果于事实上仍确有窒碍情形，自可据实呈明高等检察厅核示。典妻恶习，所关于人心风俗至深且大，应准实行严禁，有犯必惩，即将查禁情形通呈立案。至奸民唆讼，贻害民间，应即严密查明，依照现行法令办理。未结各案及监犯，仍分别清厘为要。

（原载《浙江公报》第一千六百三十二号，一三至一四页，指令）

浙江省长公署指令第一千二百三十五号

令缙云县知事欧阳忠浩
呈一件为条陈该县兴革事宜由

呈暨清摺均悉。所拟兴革各项，业经分别核明批答，随令抄发，仰即遵照办理，仍将遵办情形具报。其原摺暨本署批答，并即分别录报主管各厅查考。清摺存。此令。九月廿三日

财政条陈批答

征收以田赋为大宗，所有征收田赋应行设置人员及劝惩方

---

① 智浅，疑为"智识"之误。

法,《征收地丁章程施行细则》内业经明晰规定,毋庸另议更张。此外各捐税,如果催收查察,恐有未周,尽可于署内酌添人员相助为理,不必特设机关,致滋縻费。分设粮柜系为便民纳税起见,本为定章所准行,当然可以照办。举行标勘,以冀恢复粮额,既经前国税厅批准有案,应即照录原案,妥拟细则,呈送察核。整顿契税,责成经征人认真办理,事属可行,然必须随时切实监督,严加考核,以杜流弊。验契事宜,务于展限期内积极进行,勿稍疏懈。官中牙帖能否添增年换、季换二种,应专案呈由财政厅核议呈夺。

实业条陈批答

塘池关系农田水利,至为紧要,究竟该县已兴修者共有几处,未兴修拟着手者共有几处,各处面积几何,需款若干,仰即详细查明呈核。余如所拟办理。

教育条陈批答

近来地方官骛于兴学美名,遇有禀请开设学校,不加审查,遽准立案,自是一弊。该知事能慎之于始,不为无见。改组各校,事尚可行,惟称校长任用教员,须带同候考,未免过于烦琐,应另设法审查。

警政条陈批答

警额单少、莠民众多之处,警察职务巡逻自比站岗为良。据陈该县自大局底定后,匪徒绝迹,审时度势,已无巡逻之必要,如果属实,则因地制宜,回复站岗,未始不可。教练长警不宜偏重术科,学科亦宜循序教授,庶各项规程均能明白晓畅,服务之时可以因应。地保改为乡警,数年前已通令遵行,惟因习惯已深,官吏又视为不急之务,致未实行者尚居多数,据陈办法于未设警察之处,诚属不无裨益,仰将拟订规则专案呈核办理。消防原属要政,但须实事求是,不得以示谕劝导塞责。

司法条陈批答

慎选法警与收发员,办理甚是,仍应随时加意查察,免滋弊端。积案既有五十八起之多,并应限日清厘,专文呈报。监狱之弊,不胜枚举,虽称随时改革,百密终虑一疏,应仍额外注意,有犯必惩。至工场添设机织一科,应将办理情形另文呈报。教养局不能因无款缓办,并即妥筹经费刻日开办具报,勿稍藉延。

（原载《浙江公报》第一千六百三十二号,一四至一六页,指令）

浙江省长公署指令第一千二百三十六号

令青田县知事

呈一件为条陈该县兴革事宜由

呈暨清摺均悉。所拟兴革各项,业经分别核明批答,随令抄发,仰即遵照办理,仍将办理情形具报。其原摺内未经批厅核议各项,并即分别录报主管各厅查考。清摺一册存。此令。九月廿三日

财政条陈批答

兴办清丈,诚为整理田赋必要之图。察阅所拟办法,大致亦无不合。惟兹事体大,办理不厌详慎,应候令行财政厅核议具复,另文令遵。

教育条陈批答

单级教授固为便利,惟欲编制单级学校,必先造就单级教师。据陈编制办法,绝不提及教师,恐属空言无补,仰即另筹具报。余如所拟办理。

实业条陈批答

该县多山,林业自应振兴,惟所拟《推广森林办法》第六条、第七条对于有主荒山之处分,于法未合,又第八条、第十二条之

处分,亦应分别有主荒山及官荒,给与两种办法,免致将来争执,仰逐条修改呈候核夺。看青简章尚妥,应准照行。

警政条陈批答

据称该县黄坛庄宜添设警察分所等情,既据遵饬派员驰赴该处调查,并会集该处绅商筹议各项捐款,仰即妥速筹办,另呈核夺。

司法条陈批答

添筑监狱,以便管理,自是要图,既据称另文呈请,应俟文到核办。添设监狱医员,酌给月薪,事属可行。至新收监狱并建工场,原有监狱内添筑房舍改办教养局一节,仰即一并筹划具呈核办。至加充法警名额,优给薪水,应另呈高检厅核复办理。司法经费,已由高等审判厅改正通行,所陈应毋庸议。

（原载《浙江公报》第一千六百三十二号,一六至一七页,指令）

浙江省长公署指令第一千二百三十七号

令泰顺县知事

呈一件为条陈该县地方兴革事宜由

呈暨清摺均悉。所拟兴革各项,业经分别核明批答,随令抄发,仰即遵照办理,仍将遵办情形具报。其原摺内未经令厅核议各项暨本署批答,并即分别录报主管各厅查考。清摺存。此令。九月二十三日

（原载《浙江公报》第一千六百三十二号,一七页,指令）

浙江省长公署指令第一千二百三十八号

令金华县知事

呈一件为条陈该县地方兴革事宜由

呈暨清摺均悉。所拟兴革各项,业经分别核明批答,随令抄发,仰即遵照办理,仍将遵办情形具报。其原摺内未经批厅核办各条暨

本署批答，并即分别录报主管各厅查考。清摺存。此令。九月二十三日

财政条陈批答

浙省田赋之凌乱，不仅该县为然，欲清其源，实非办理清丈不可。惟兹事体大，需资浩繁，一切进行手续尤宜审慎出之，庶于国计、民生两有裨益，应候令行财政厅详加核议，再定办法。积谷为备荒政，必须存储富足，方克实惠及民。该县现仅旧道仓及县社等仓积谷三千六百余石，设遇水旱偏灾，杯水车薪，诚难济事，亟应筹款添办，以期有备无患。所拟随粮带征办法，亦属可行，惟每年每两带征银一角，民力能否担负，应否加长年限，减少征数之处，仰再悉心查议，专案分呈核夺。

实业条陈批答

北山种植杂粮，既系有妨水利，应由该知事督同绅士劝令逐渐改植林木，以弥水患。平民习艺所据称成绩已著，则筹款拟充，计非难事，应即迅速计画进行，毋庸另待省会议决，并设工厂。

教育条陈批答

据陈各节，尚见留心兴学，究竟学款经理处办法能否实行，增设学校究有若干，成绩品展览室何时可以设立，仰再详细拟议具报核夺。

警政条陈批答

查该县孝顺地方毗连义、浦，民俗强悍，应添警额，以资防范，自系实情。惟俸饷就地筹措，其筹措方法未据陈明，仰即拟具切实办法，呈候核夺。警佐是否可比照升等，应候令行民政厅查核办理。枪械为防御之具，领用自是要图，惟据称款无所出，拟先借缓缴，是否可行，应据情呈由督军署核办。至警察行政，不仅防缉一端，凡消防、卫生等项，均为警政之要务，务宜分头计画，切实进行为要。

司法条陈批答

监狱分房制度,既因款巨难成,所请添建监房十间,藉免拥挤,实不可缓,仰即赶紧绘具图说,并造具预算表,另文呈办。至所拟疏通狱囚办法,如假出狱、宣告缓刑各项,如果核与定律相符,自可依律办理。羁押未结案内人证,分别情节,酌量取保候讯,自可照行。惟一面仍应赶速清理积案,是为至要。

（原载《浙江公报》第一千六百三十二号,一七至一八页,指令）

浙江省长公署指令第一千二百五十六号

令财政厅长莫永贞

呈一件为呈复省议员王倬等质问各统捐局

带征之二成自治附加捐一案由

呈悉。已据情咨复矣,仰即知照。质问书存。此令。九月二十三日

（原载《浙江公报》第一千六百三十二号,一八至一九页,指令）

浙江省长公署指令第一千二百五十八号

令高等检察厅长殷汝熊

呈一件呈复核议瑞安县归并所犯酌裁口粮一案由

如呈办理。此令。九月　日

（原载《浙江公报》第一千六百三十二号,一九页,指令）

浙江省长公署指令第一千二百五十九号

令高等检察厅长殷汝熊

呈一件嘉兴县呈报吴晋甫等被劫一案勘讯由[①]

此案前据吴晋甫等电禀,即经令厅转令该县勘缉具报在案。据

---

① 吴晋甫,正文无误,标题误作"吴敬甫",径改。

呈前情,盗匪持械连劫拒捕,一死二伤,不法已极。该管营、县平日捕务废弛,任令匪盗肆无忌惮至此,殊堪痛恨,合行令仰该厅责令将此案凶盗会营督警勒限破获追赃,按法惩办,毋稍延纵,致干重咎。格结、图表、单存。此令。九月　日

（原载《浙江公报》第一千六百三十二号,一九页,指令）

浙江省长公署指令第一千二百六十号

令高等检察厅长殷汝熊
> 呈一件汤溪县呈报赌犯朱海清病故由

呈及格结、证书均悉。既据验明监犯朱海清一名,委系因病身死,狱卒并无凌虐情弊,自应毋庸置议,应即备案存查,仰高等检察厅转令知照。格结、证书存。此令。九月二十三日

（原载《浙江公报》第一千六百三十二号,一九页,指令）

浙江省长公署指令第一千二百六十一号

令高等审判厅长范贤方
> 呈一件呈复天台张启善案已饬县核复由

据呈已悉。粘件二纸存。此令。九月二十三日

（原载《浙江公报》第一千六百三十二号,一九至二〇页,指令）

浙江省长公署指令第一千二百六十二号

令高等审判厅长范贤方、高等检察厅长殷汝熊
> 呈一件仙居县会同承审员呈法警薪饷太微
> 及囚粮不敷情形由

据呈法警薪饷太微及囚粮不敷情形已悉,合行令仰该厅等即便会同核明饬遵具复。此令。九月二十三日

（原载《浙江公报》第一千六百三十二号,二〇页,指令）

浙江省长公署指令第一千二百六十六号

令仙居县知事

呈一件为条陈该县地方兴革事宜由

呈暨清摺均悉。所拟兴革各项,业经分别核明批答,随令抄发,仰即遵照办理,仍将遵办情形具报。其原摺内未经批厅核议各项暨本署批答,并即分别录报主管各厅查考。清摺存。此令。九月　日

财政条陈批答

寄户承粮,几成习惯,实为紊乱田赋之一大原因,亟应认真整顿,以期力矫积弊。惟仅由乡警就田问赋随时稽查,势必徒托空言,无裨实际,仰即妥拟切实办法,分呈核夺。清丈事宜,应候令行财政厅核议饬遵。

实业条陈批答

茶、靛既为该县出产大宗,亟应改良制造,以图畅销。森林、苗圃等,已于另案批示矣。

教育条陈批答

劝学所系奉部章规定,各县一体奉行,该县未便独缓。如果因县中师资缺乏,尽可另筹款项,选派学生学习师范,断不能以缓办劝学所之经费改办师范讲习所也。半日学校能多设更好,据陈每校年定经费仅五十元,恐仍属粉饰政策,于实际无甚补益。该知事前于呈报农工要政案内,已因玩延被斥;兹阅所陈,仍属毫无实在,殊为不取,仍仰查照原饬切实声叙补呈察夺,毋得延误。

警政条陈批答

警政为内务行政之一部,关系至为重要,应办事项原不以扩充警额而止,教育、卫生、消防、巡缉诸大端,皆不宜稍置缓图。

该县虽属贫瘠，扩充警额固所难言，惟公秩公安，自应完全负责，酌量财力，分别缓急，孰先孰后，分期进行，宁非该知事之所应计画者，乃藉口贫苦，遂欲一事不办，殊属非是。仰即悉心筹议，另呈核夺。至称认真整顿，努力进行，究竟如何整顿进行，总须切实从事，毋徒以空言敷衍，是为至要。

司法条陈批答

该县审检所已据高审厅具报成立，办理一切，定有专章。据称"添设专审员，以免顾此失彼，并请每月所增薪俸，归全省司法预算案内支配"等情。查所属词讼繁赜之处，不仅该县，应如何量予变通之处，候令高审厅核议饬遵具复。至看守所既不敷容纳，自应设法推广，并即赶紧筹办，另文呈报，一面仍应将积案迅速理结，以资疏通，是为至要。

（原载《浙江公报》第一千六百三十二号，二〇至二一页，指令）

浙江省长公署指令第一千二百六十七号

令景宁县知事

呈一件为条陈该县地方兴革事宜由

呈暨清摺均悉。所拟兴革各项，业经分别核明批答，随令抄发，仰即遵照办理，仍将遵办情形具报。其原摺暨本署批答，并即分别录报主管各厅查考。清摺存。此令。九月二十三日

财政条陈批答

寄户承粮为紊乱田赋之一大原因，亟应设法禁革。察核所拟办法，亦颇扼要，应即切实办理，以期征务日有起色。至关于验契之积极、消极两种方法，各县行之颇有成效，自可照办。屠宰、印花等税，亦宜竭力整顿，不得以地方贫瘠稍涉放任。

实业条陈批答

该知事酌捐官俸为树艺公司保息之资，用意自是可嘉。惟振兴林业，决非恃官绅少数人之力，所能收远大之功，应由该知事将造林利益编成白话，分头劝导，一面并将民间现有山林随时设法保护，使牛羊践踏、奸民盗窃等弊无自而生，则人民置有山业，其利息本较田业为优，未有不闻风兴起者。否则仅恃该知事之酌捐廉俸，必不足以持久，即一二树艺公司以言推广森林，仍恐难收实益也。

教育条陈批答

该县各校捐款虽已集有成数，惟不将所有权完全移转，将来捐户兴败不齐，易滋纠葛。据称已拟定保管方法十二条，呈请民政厅核示，应候令行该厅核明转呈本署查核。课本因陋就简，既由于经费之支绌，欲谋改良，恐非文告所能为力，应由该知事将各校经费通盘筹画，力予维持，期收实效。

警政条陈批答

所陈各节，均属可行，应即督率认真办理，毋托空言。至道路之间，散养家猪，于交通、卫生均有妨碍，并应严定办法，实行取缔，仍将取缔情形，呈报察核。

司法条陈批答

司法收入关系通案，未便县自为风。惟茇勘费及其他一切诉讼费用，如当事人实系无力缴纳，自可遵照司法部颁定《民事诉讼费用征收规则》第十七条办理，以资救济。此外，如办理手续，有足为当事人利益者，但于法令并无违背，不妨随时酌量通融，以示体恤，毋庸列作兴革条陈。该县监狱工场暨教养局现在究竟办理情形如何，内设几科教授及工作时间每日几小时，曾否出有成品，来折语极含混，并即详细补报核夺。

（原载《浙江公报》第一千六百三十二号，二一至二二页，指令）

浙江省长公署批第三百六十号

原具禀人陈真卿

禀一件请饬县修复先贤吕成公祠墓由

禀悉。候令武义县知事查明修复。此批。图略存。九月二十二日

（原载《浙江公报》第一千六百三十二号，二三页，批示）

浙江省长公署批第三百六十一号

原具禀人上虞县公民王佐等

禀一件请饬厅速拨因利局经费由

禀悉。此项经费现因库款支绌暂缓拨给，所请碍难照准。此批。
九月二十二日

（原载《浙江公报》第一千六百三十二号，二三页，批示）

浙江省长公署批第三百六十三号

原具呈人温岭王永旺

呈一件控自治委员韩士衡敲诈串陷由

已于丁崇光呈内批示，着即遵照。此批。结发还。九月二十三日

（原载《浙江公报》第一千六百三十二号，二三页，批示）

浙江省长公署批第三百六十五号

原具禀人湖南客民李懋卿

呈一件呈缴恤金证书由

禀及证书均悉。察阅禀词，语多费解，推尔之意，无非请将恤金
一次领足，累禀不准，愤而出此。须知恤金一项，必分季给予者，为有
种种关系，断不能因受领人之困顿，遂置他种关系于不顾。尔之本年
度各季恤金，准予提前给发，已属悯尔颠踬，格外体恤。此外万难照

办,仰即遵照警政厅批示办理,勿再自误。此批。证书一纸发还。九月二十三日

（原载《浙江公报》第一千六百三十二号,二三至二四页,批示）

浙江省长公署批第三百六十七号

原具呈人温岭谢在舜

呈一件为子侄被谢经文等枪毙请饬县拿办由

查此案迭据控经前巡按使批厅饬县详复缉究在案,械斗多命重案,延宕年余,迄未报获究办,殊属玩泄,候令高检厅严令催办具复。此批。九月二十三日

（原载《浙江公报》第一千六百三十二号,二四页,批示）

浙江省长公署批第三百六十八号

原具呈人上虞陈美奂等

呈一件禀请回复上诉权由

确定案件除具备再审条件者,得向原审衙门请求再审外,别无可以图翻之余地,所请不准。此批。九月二十三日

（原载《浙江公报》第一千六百三十二号,二四页,批示）

浙江省长公署批第三百六十九号

原具呈人临安徐嘉祥

呈一件禀控章邦达势占山地由

查阅粘抄案,已由县判决,如果不服原判,尽可遵章上诉,无容来辕歧渎。此批。九月二十三日

（原载《浙江公报》第一千六百三十二号,二四页,批示）

浙江省长公署批第三百七十九号

原具呈人龙泉李镜蓉

  呈一件续呈用度不明请饬查追归公由

前批已明，仍不准。原呈掷还。九月二十三日

  （原载《浙江公报》第一千六百三十二号，二四页，批示）

浙江省长公署批第三百八十号

原具呈人温岭冯秀宝

  呈一件禀自治委员韩士衡不法由

据呈已悉。尔果与陈桂友斗殴案无关系，自应赴温岭审检所辨诉，毋得来案率渎，不准。此批。九月二十三日

  （原载《浙江公报》第一千六百三十二号，二四至二五页，批示）

浙江省长公署批第三百八十一号

原具呈人张纲等

  禀一件申明志愿兵性质请予解释由

呈悉。志愿军不在学校统系以内，未经中学毕业者不能因曾充志愿兵取得毕业之资格，即已毕业者亦不因曾充志愿兵消灭其毕业之资格，来呈殊属误会，应无庸议。此批。九月二十三日

  （原载《浙江公报》第一千六百三十二号，二五页，批示）

浙江省长公署批第三百八十二号

原具呈人余杭龙泉寺僧鑱祯

  呈一件对于民政厅决定龙泉寺产管理权提起诉愿由

诉愿书及附件均悉。候民政厅将书状送到，再行核办。此批。九月二十三日

  （原载《浙江公报》第一千六百三十二号，二五页，批示）

浙江省长公署咨热河都统①

据警政厅呈为分发热河知事吴敦义
留厅任用咨销履历凭照由

浙江省长公署为咨行事。案据警政厅长夏超呈称，"窃职厅秘书吴敦义系分发热河任用知事，曾于四年十二月八日领凭后由该员以本籍供差，经手未了事件亟须清理，向内务部禀请给假两月。嗣于五年间，由前工程局总办孙启泰以该员充任事务主任一差，未便遽离，详请前巡按使屈批准转咨内务部暨热河都统准予续假三月，并奉内务部咨复照准转饬该员遵照。又因浙省独立，该员奉差日久，前工程局总办不许骤易生手，仍由该员于七月间自行呈请内务部再行续假三月各在案。惟该员现已由厅长呈请任命为警政厅秘书，任职以来，深资臂助，一时未便使之到省，拟请将该员暂留本省供职，所有该员由内务部所给分发凭照暨履历一并呈送察核，仰祈准予转咨热河都统查照咨销，即以咨文到达之日，作为该员到省之期，先行注册，并免扣资，以昭鼓励。理合备文呈请核转"等情，计呈送吴敦义分发凭照一纸，履历一扣。据此，相应将该员凭照、履历咨送贵都统查照咨销，应准以咨文到达之日，即作为该员到省之期，先行注册，免予扣资，并希见复为荷。此咨

热河都统

计咨送凭照、履历各一纸。

兼署浙江省长吕公望

中华民国五年九月二十三日

（原载《浙江公报》第一千六百三十三号，一九一六年九月二十八日，四至五页，咨）

---

① 热河都统，指姜桂题（1843—1922），字翰卿，安徽亳州人。毅军统领。民国二年八月署理，次年六月督理热河军务，兼热河都统。

浙江省长公署咨铨叙局

为新昌县已故财政主任黄吉在职病故
请恤一案咨局催发由

浙江省长公署为咨行事。查接管卷内案据前会稽道尹详称，"转据新昌县知事详称，'县公署财政主任黄吉在职积劳病故，详请给恤'，于本年三月间经前巡按使公署核准，与《文官恤金令》第七条第一项相符，业将该故员生前月俸数目并遗族名字、住址开具清单，咨报贵局核办在案，迄今未准核复。兹据该县知事呈称，该故员身后萧条，寡妇孤儿不堪困顿，恳将此项恤金咨催早日给发，以资丧葬而恤孤寒"等情前来。相应备文咨请贵局查案，迅予核发凭照，以便给领。

此咨
铨叙局长

兼署浙江省长吕公望
中华民国五年九月二十五日

（原载《浙江公报》第一千六百三十三号，五页，咨）

浙江省长公署咨江苏省长

据警政厅呈为第四科科长夏钟澍
留厅供职由

浙江省长公署为咨行事。案据警政厅长夏超呈称，"窃职厅第四科科长夏钟澍系分发江苏候补知事，曾于三年间到省候补，迄未擅离。迨职厅组织成立，非有熟悉警务人员以为襄助不可，该员在前清及光复后历在警界服务，故当时约其回籍藉资臂助，相应请求转咨江苏省长准予该员暂留本省供差，如蒙委署县事，仍应遵令即遣该员驰赴，以供驱策。理合备文呈请，仰祈核转"等情。据此，相应咨行贵省长查照。此咨

江苏省长齐

兼署浙江省长吕公望

中华民国五年九月二十五日

（原载《浙江公报》第一千六百三十三号，五至六页，咨）

浙江省长公署咨安徽省长

据警政厅呈为第一科长杨桂钦分发安徽拟请

暂留本省任用转咨凭照履历由

浙江省长公署为咨行事。九月十八日案据警政厅厅长夏超呈称，"窃职厅第一科科长杨桂钦，系省会警察厅警正，由前巡按使屈于第四届保免试验知事。该员曾于四年十月间赍咨赴部，考询合格，十二月七日由内务部发给知事凭照，签分安徽任用。该员曾以回籍修墓，向内务部禀请给假三月。五年五月又以患病初痊，暨母病未愈，禀请续假三月。六月三十日又以母老需人侍奉，再请续假三月各在案。惟是假期瞬将届满，该员现供职务又甚重要，且熟悉警务，自呈奉任命以来，赞襄一切，深资得力，拟请将该员暂留本省任用。为此取具该员履历暨分发凭照，一并备文呈请察核，准予转咨安徽省长查照咨销，即以咨文到达日期作为到省日期，先行注册，并免扣资，仰祈核转示遵，实为公便。计呈杨桂钦分发凭照一纸，履历一扣"等情。据此，相应将该员凭照、履历咨送贵省长查照咨销，准以咨到之日作为该员到省之期，先行注册，免予扣资，并祈见复，实纫公谊。此咨

安徽省长

计咨送杨桂钦分发凭照一纸，履历一扣。

兼署浙江省长吕公望

中华民国五年九月二十五日

（原载《浙江公报》第一千六百三十三号，六页，咨）

浙江督军公署训令第二一一号
浙江省长公署训令第六〇七号

令各属准外交部咨请饬属保护美人
盖梅月女士等赴浙江等省游历由

令交涉署长、温交涉员、宁交涉员、民政厅长、警政厅长、暂编第一师长、暂编第二师长、嘉湖镇守使、台州镇守使、暂编混成旅长

本月二十日准外交部咨开,"准驻京美使馆函称,'兹有本国人盖梅月女士等前往浙江省游历,请发给护照并转交盖印'等因前来。除由本部照办外,相应开具名单咨请贵省长查照转饬保护可也。附单一纸"等由。准此,除分令外,合行抄单令仰该　遵即转令所属一体照约保护。此令。

计黏抄名单一纸。

中华民国五年九月二十五日
督军兼省长吕公望

前往浙江省游历名单

美国人:盖梅月女士、艾凤宝女士、大卫斯、梅女士、魏博尔。

(原载《浙江公报》第一千六百三十三号,七页,训令)

附　浙江交涉公署训令第三十四号
令各县知事奉省长训令为保护美人
盖梅月女士来浙游历由

令各县知事

案奉省公署训令内开,"准外交部咨开,准驻京美使馆函称,兹有本国人盖梅月女士等前往浙江省游历,缮给护照,请饬保护"等因。奉此,合行开列名单,令仰该县知事查照,俟该美人盖

梅月女士等到境呈验护照时，一体照约保护，并将出入境日期具报备查。此令。

中华民国五年九月三十日

交涉署署长林鹍翔

附名单

计开

美国人：盖梅月女士、艾凤宝女士、大卫斯、梅女士、魏博尔。

（原载《浙江公报》第一千六百三十九号，一九一六年十月四日，一〇页，训令）

浙江督军公署训令第二一二号
浙江省长公署训令第六〇六号

令各属准江苏省咨请饬属保护英员裨德本
赴浙江等省游历由

令交涉署长、温交涉员、宁交涉员、民政厅长、警政厅长、暂编第一师长、暂编第二师长、嘉湖镇守使、台州镇守使、暂编混成旅长

本年九月二十一日准江苏省公署咨开，"案据特派江苏交涉员杨晟呈称，'顷准英国总领事函，'以翻绎官裨德本赴江苏、浙江、安徽游历，缮给护照请盖印'前来。除将护照印发外，理合呈请察照，转饬各属俟该英员到境呈验护照时，照约保护'等情。据此，除训令各属保护并分咨外，相应咨请贵省长查照，希即转行各属照约一体保护"等由。准此，除分令外，合行令仰该　　即便转令所属一体照约保护。此令。

中华民国五年九月二十五日

督军兼省长吕公望

（原载《浙江公报》第一千六百三十三号，七至八页，训令）

附　浙江民政厅训令第七百七十五号
令宁警厅各知事奉省令英翻译官裨德本
美人盖梅月女士等来浙游历由

令宁波警厅、各县知事

本年九月二十五日奉督军公署、省长公署训令内开，"本年二十一日准江苏省公署咨开：'案据特派江苏交涉员杨晟呈称，顷准英国总领事函，以翻译官裨德本赴江苏、浙江、安徽游历，缮给护照请盖印前来。除将护照印发外，理合呈请察照转饬各属，俟该英员到境呈验护照时照约保护等情。据此，除训令各属保护并分咨外，相应咨请贵省长查照，希即转行各属照约一体保护'等由。准此，除分令外，合行令仰该厅长即便转令所属一体照约保护。此令。"同日，又奉训令内开，"本月二十日准外交部咨开，'准驻京美使馆函称，兹有本国人盖梅月女士等前往浙江省游历，请发给护照并转交盖印等因前来。除由本部照办外，相应开具名单咨请贵省长查照转饬保护可也。附单一纸'等由。准此，除分令外，合行抄单令仰该厅长遵即转令所属一体照约保护"各等因，并抄发名单一纸到厅。奉此，除分令外，仰该厅长、该知事即便遵照按约保护，并将该英人、该美人入境出境日期呈报备查。此令。

计抄发名单一纸（见九月二十八日"训令"门）。

中华民国五年九月三十日

民政厅长王文庆

（原载《浙江公报》第一千六百四十四号，一二页，训令）

浙江省长公署训令第五百九十九号

令警政厅各县知事准督军咨复退伍兵毛鸿文业已
革除兵籍年金请转饬所属一体协拿由

令警政厅、各县知事

案准督军署咨复，"退伍兵毛鸿文兵籍及减饷，业经先行革除，并训令所属军队暨原籍奉化县知事一体严缉，务获解办，粘抄籍贯、住址、年龄、箕斗表，咨请转饬所属一体协拿，务获解办"等因。准此，查此案前据该厅/警政厅于呈报饬属侦缉嵊县唐田村匪首王恩溥等案内呈称，"退伍兵毛鸿文即毛如水，通匪滋扰，应请转咨核办"等情到署，当经咨请在案。兹准前因，除分令各县知事/训令警政厅转令所属协拿外，合亟照录退伍兵毛鸿文籍贯、住址、年龄、箕斗表训令该厅查照办理，并转令所属遵照/该县遵照，一体协拿，务获解办，切切。此令。

计令发退伍兵毛鸿文籍贯、住址、年龄、箕斗表一纸。

中华民国五年九月　日

省长吕公望

退伍兵毛鸿文籍贯、住址、年龄、箕斗表

姓　名	所属及职级	籍贯	住址	年龄	箕　斗
毛鸿文	前充陆军步兵第二十三团机关枪连下士	奉化县	石门	二十七岁	左无箕右二斗

（原载《浙江公报》第一千六百三十三号，八至九页，训令）

附　浙江警政厅训令第三百十九号

令各属奉省长令为通缉退伍兵毛鸿文由

令内河水上警察厅、外海水上警察厅、省会警察厅、各区警备队统带本年九月二十六日奉省长训令第五九九号内开,"案准督军署咨复退伍兵毛鸿文兵籍及减饷(文云见九月二十八日本报训令门),合亟照录退伍兵毛鸿文籍贯、住址、年龄、箕斗表,训令该厅查照办理,并转令所属遵照一体协拿,务获解办。计令发退伍兵毛鸿文籍贯、住址、年龄、箕斗表一纸"等因。奉此,查是案前据警备队第三区统带洪士俊呈报,"该退伍兵毛鸿文通匪滋扰,拟转请革除兵籍、年金,并查明年貌通令协缉"等情到厅,当经据情呈报转咨核办在案。兹奉前因,除分令外,合亟粘抄该退伍兵籍贯、住址、年龄、箕斗表,令仰该厅长、该统带即便遵照,转饬所属一体协拿务获解办,切切。此令。

中华民国五年十月一日

警政厅长夏超

计粘抄退伍兵毛鸿文籍贯、住址、年龄、箕斗表一纸(见九月二十八日"训令"门)。

(原载《浙江公报》第一千六百三十九号,一九一六年十月四日,一一至一二页,训令)

浙江省长公署训令第六百零一号

令财政厅暨各关监督准税务处咨蒙古制硷公司
运销之硷应照洋硷纳税成案只完值百
抽五正税一道沿途概免重征由

令浙海关监督、瓯海关监督、杭关监督、财政厅

本年九月十九日准税务处咨开,"案查前准财政部咨称,'准农商部咨,'商人何振彝等设立蒙古制硷公司,请照洋硷纳税,核与定例大致尚合,该公司并经部准注册咨行转知税务处查照'等因。应抄录何振彝原禀并章程咨行查照'等因。本处当以该公司仿制此项洋硷是否仅销内地,自须查明,并应由农商部调取该公司所制硷样送处查

验，再行核办，咨行农商部查照办理，并咨复财政部查照各在案。兹准农商部咨称，'当经批饬该公司遵照办理去后。兹据复称'公司所制各种曹达确系用化学制造，与机器仿造洋货者相同，且必须运往各通商口岸，不仅行销内地，自应按照机器仿造洋货例，在张家口税务监督署完值百抽五正税一道，沿途概免税厘。谨将制成碱样禀请咨送税务处核准转饬各海关遵照，并请咨行财政部饬知张家口税务监督遵照办理'等情，并附件到部。查该公司所送碱样品质纯洁，堪与洋碱相衡，相应检齐原件咨送贵处考验核办，所请援照成案纳税一节，如予照准，即希饬关遵照，并请咨行财政部转饬张家口税务监督遵照办理'等因前来。查华商用机器仿制洋式货物，历经本处核准，只完值百抽五出口正税一道，沿途概免重征有案。今蒙古制碱公司业由农商部注册察验转送之碱样，实与洋碱相仿，既据声明，必须运往通商口岸，不仅行销内地，自应准予援案办理，以广行销。所有该公司所制之碱运销出口时，应以张家口为第一关，按切实值百抽五征收正税一道，给予运单，沿途各关卡查验单货相符，并无夹带影射及漏税等情弊，即予放行。除崇文门落地税外，不再重征税厘。此外如限期十二个月缴销运单，既货品转运各办法，均照本处通行成案并修正简章办理。至此项特别税法系为奖励实业而设，将来中英续订商约，第八款内第九节实行或机制货品税法另有变更之处，该公司应即一律改照办理。除分行外，相应咨行贵省长查照转饬遵照可也"等因。准此，除分行外，合行令仰该监督、该厅长饬属遵照办理。此令。

中华民国五年九月二十五日

省长吕公望

（原载《浙江公报》第一千六百三十三号，九至一〇页，训令）

浙江省长公署训令第六百零五号[①]

令高等检察厅转令所属令知嗣后非经准假不得擅离职守由

令高等检察厅长殷汝熊

照得各属警佐、管狱员有管理监狱、看守所暨办理警察事宜之责,职务至为重要,应如何勤慎从公,力图报称。乃近闻各属管狱员有不待调考,一闻考试信息擅自晋省者。似此来往自由,实属不成事体。嗣后管狱员请假,应呈由高等检察厅核准,各检察官、看守所长亦照此办理,其非奉经核准擅自离任,即由该厅分别呈请撤换,以重职守而昭儆戒。此令。

中华民国五年九月　日

省长吕公望

附　浙江高等检察厅训令第六百十三号

令各属令知嗣后非经准假不得擅离职守由

令瓯海高等分庭检察官、金华高等分庭检察官、杭县地方检察厅检察长、鄞县地方检察厅检察长、杭县监狱典狱长、各县管狱员、杭县地方看守所所长、鄞县地方看守所所长

案奉浙江省长公署第六○五号训令,内开,"照得各属警佐、管狱员有管理监狱、看守所暨办理警察事宜之责,职务至为重要,应如何勤慎从公,力图报称。乃近闻各属管狱员有不待调考,一闻考试信息擅自晋省者。似此来往自由,实属不成事体。嗣后管狱员请假,应呈由高等检察厅核准,各检察官、看守所长亦照此办理,其非奉经核准擅自离任,即由该厅分别呈请撤换,以重职守而昭儆戒"等因。奉此,除遵照外,合行登报转令该检

---

① 本文由浙江高等检察厅训令第六百十三号析出。

察官、该检察长、该典狱长、该管狱员、该看守所长一体遵照，不另行文。此令。

中华民国五年十月十四日

高等检察厅长殷汝熊

（原载《浙江公报》第一千六百五十二号，一九一六年十月十九日，一一页，训令）

浙江省长公署训令第六百零九号

令民政厅准农商部咨为嘉兴新塍镇商会改组章程等情由

令民政厅长王文庆

案准农商部咨开，"为咨行事。本年九月三日接准称，'据嘉兴县知事呈送该县新塍镇商会改组章程及发起人名册、捐税比较表，并于王店地方设分事务所，请察核见复'等因前来。查该县新塍镇、王店两处商务分会当民国四年四月间曾准来咨于嘉兴县商会改组案内照旧《商会法》第五条之规定，将王店、新塍、新篁、王江泾四处商务分会决议改为该县商会应设之分事务所，并于章程内明定本会区域，遵照《商会法施行细则》第四条，每县以一会制，根据嘉兴县境为区域等语各在案。是新塍镇、王店两处商务分会早已合并消灭，并非继续存在，虽于旧《商会法》施行前业曾成立，亦自不能援用新颁《商会法施行细则》第二条，作为本法施行前成立之商会，仍称改组。但新塍镇地方既称汽轮来往，商务繁兴，审度地势商情，自应准予设立商务①，惟是否合于商会在三十里以上，尚未据该县知事声明，未便遽行准予备案，希饬查明并与该商会协议区域如何划分，各于章程内明白规定，修改妥协，咨送到部，再行核办。相应咨行贵省长查照核办见复可也。此咨"等因。查部咨所指该商会是否合于《商会法施行细则》

---

① 商会，疑下脱"分会"两字。

第二条规定、与区域如何划分各节,昨据该厅呈复,业已据情转咨在案。兹准前因,除俟接准部复另行饬知外,合行令仰该厅令县先饬知照。此令。

中华民国五年九月二十五日

省长吕公望

(原载《浙江公报》第一千六百三十三号,一〇至一一页,训令)

浙江省长公署训令第六百二十二号①

令警政厅长转令警备队第一区统带据委员冯惠安呈复
查明陈谘议由馀搬运木器经周管带派兵拦阻情形由

令警政厅长夏超

案准督军公署咨开,"本月十八日据谘议陈步棠禀称,'窃步棠自辛亥年九月在陆军步队八十一标一营管带任内,奉调委浙江中路左翼统领,元年九月移驻余杭天目下院庙内,至民国三年四月奉调镇海炮台总台官,其时步棠即将公家一切军械、军装、器具等件逐一点交前警备队第一区参军官兼第一营管带王国治接收清楚,有移交清册可稽。所有步棠之私置木器等件,因途中不便,且件数不少,实属难于搬带,除王管带国治商借之器具不计外,所有步棠私置之木器等项,已与该院僧商借房屋数间,封储于内。后王管带国治交卸时,即将所借之件转借后任管带,一再更动,辗转数年,步棠直至本年九月奉令改编调委谘议官,始得回省。本拟闭户养晦,但上无片瓦、下无寸地,只能租他人之房屋,藉藏鸠拙之所,于本月十三日亲赴余杭将借与王管带国治及封存之木器等件搬回杭垣,以资应用。不意到馀后,赴该院询查木器各件,损失不少,最异者内有加封之门户封条业已扯毁,而房内所存之物件则搬出已属不少。后询之现编警备队一

---

①　本公文自浙江警政厅训令第四百零八号析出。

区六营二哨哨官陈祖禄，据云，封条系为风雨打毁，房内之物件虽有搬出，为数无多，均在营内，不致外出。后晤该营秦会计，据云，管带有病不克奉陪，并询步棠有何贵干，而步棠答以特来搬取家具，并无他事。于十六日上午始得晤该营周管带，谈及步棠寄存物件及借与王管带之物件现欲搬回各情由。当由该管带偕至各房检查，比时该管带意欲商借大眠床、马鞍、桌椅子、茶几各等件，步棠以寅谊相关，当即允诺，其余之物亦均交出，下船开驶。是晚行至沈家坝，该管带突派哨官陈祖禄执枪实弹，带兵十一名，追至步棠船上，声势汹汹，如临大敌，且遍知各卡，不准经过。据称奉统带公文，所有物件必须一律搬回。步棠询以何故，答称，其物件上黏有中路左翼封条，不得擅自搬移；步棠向其取视公文，答称，系统带与管带之公文，哨官并未带来各等语。比闻之下，不胜骇异。窃思个人之私置物，应有自由之权，公家之物与私有之物固已泾渭攸分，不难一目了然。况步棠交卸中路左翼统领时，移交清楚，业经造册呈报有案，该管带事前不加查明，率尔派兵扣留，不仅步棠名誉有关，而该管带渎职之罪，实由自取。为此具禀恳求督军咨行省长，会同迅赐派员查明，秉公核办，以肃官箴而全名誉。倘步棠果以公物而作私，亦应听候处分，不胜迫切待命之至'等情。据此，相应咨请贵公署迅予查照核办，实纫公谊"等由过署。准此，查谘议陈步棠前卸中路左翼统领，将私置木器各物借寄僧房，自系实在，此次赴馀搬取，该管带何得无端留难，即据认为公家之物，亦应检查移交册籍，逐项查明为公为私，再行办理，何得漫派兵丁截途拦阻，此种行为殊属不知大体。准咨前由，合行令仰该厅长查照咨开各节，派员查明该项物件是否属公、有无遗失各情，切实呈复，以凭核办，毋稍徇延，切切。此令。

中华民国五年九月　日

省长吕公望

附 浙江警政厅训令第四百零八号

令警备队第一区统带据委员冯惠安呈复查明陈谘议
由馀搬运木器经周管带派兵拦阻情形由

令警备队第一区统带王凤鸣

本年九月二十七日奉省长公署训令第六二二号,内开,"案准督军公署咨开,'本月十八日据谘议陈步棠禀称,窃步棠自辛亥年九月在陆军步队八十一标一营管带任内,奉调委浙江中路左翼统领,元年九月移驻余杭天目下院庙内,至民国三年四月奉调镇海炮台总台官,其时步棠即将公家一切军械、军装、器具等件逐一点交前警备队第一区参军官兼第一营管带王国治接收清楚,有移交清册可稽。所有步棠之私置木器等件,因途中不便,且件数不少,实属难于搬带,除王管带国治商借之器具不计外,所有步棠私置之木器等项,已与该院僧商借房屋数间,封储于内。后王管带国治交卸时,即将所借之件转借后任管带,一再更动,辗转数年,步棠直至本年九月奉令改编调委谘议官,始得回省。本拟闭户养晦,但上无片瓦、下无寸地,只能租他人之房屋,藉藏鸠拙之所,于本月十三日亲赴余杭将借与王管带国治及封存之木器等件搬回杭垣,以资应用。不意到馀后,赴该院询查木器各件,损失不少,最异者内有加封之门户封条业已扯毁,而房内所存之物件则搬出已属不少。后询之现编警备队一区六营二哨哨官陈祖禄,据云,封条系为风雨打毁,房内之物件虽有搬出,为数无多,均在营内,不致外出。后晤该营秦会计,据云,管带有病不克奉陪,并询步棠有何贵干,而步棠答以特来搬取家具,并无他事。于十六日上午始得晤该营周管带,谈及步棠寄存物件及借与王管带之物件现欲搬回各情由。当由该管带偕至各房检查,比时该管带意欲商借大眠床、马鞍、桌椅子、茶几各等件,步棠以寅谊相关,当即允诺,其余之物亦均交出,下船开驶。是晚行至沈家坝，该管带突派哨官陈祖禄执枪实弹，带兵十一名，追至步棠船上，声势汹汹，如临大敌，且遍知各卡，不准经过。据称奉统带公文，所有物件必须一律搬回。步棠询以何故，答称，其物件上黏有中路左翼封条，不得擅自搬移；步棠向其取视公文，答称，系统带与管带之公文，哨官并未带来各等语。比闻之下，不胜骇异。窃思个人之私置物，应有自由之权，公家之物与私有之物固已泾渭攸分，不难一目了然。况步棠交卸中路左翼统领时，移交清楚，业经造册呈报有案，该管带事前不加查明，率尔派兵扣留，不仅步棠名誉有关，而该管带渎职之罪，实由自取。为此具禀恳求督军咨行省长，会同迅赐派员查明，秉公核办，以肃官箴而全名誉。倘步棠果以公物而作私，亦应听候处分，不胜迫切待命之至等情。据此，相应咨请贵公署迅予查照核办，实纫公谊等由过署。准此，查谘议陈步棠前卸中路左翼统领，将私置木器各物借寄僧房，自系实在，此次赴馀搬取，该管带何得无端留难，即据认为公家之物，亦应检查移交册籍，逐项查明为公为私，再行办理，何得漫派兵丁截途拦阻，此种行为殊属不知大体。准咨前由，合行令仰该厅长查照咨开各节，派员查明该项物件是否属公，有无遗失各情，切实呈复，以凭核办，毋稍徇延，切切。此令'等因。奉此，遵即令委本厅差遣冯惠安前往调查切实具复去后。兹据该员复称，奉令后遵经驰往详细调查，并检同该谘议陈步棠前任中路左翼统领时移交清册，逐一核对，所有公家物件均存营中，并未缺少，此次搬取各物确系私置之件，惟搬运入船时，周管带适在病中，未知底蕴，因据哨官陈祖禄、会计秦华报告，陈谘议所搬各物均黏有中路左翼封条，如系公物，一经搬去，恐令赔偿，故派哨官陈祖禄带兵数名前往查问，并具一函交由该哨官带呈本管统带请示办法。迨该哨官等赶至沈家坝地方向陈谘议索取运物收条，未允掣给，即拟知会经过局卡暂行扣留，因时已迟，未及知会，即令各兵随船开行，一面投函统部，当经王统带复以，'陈谘议所搬各物，如为移交册内所无者，自应听其搬回'等语。该哨官因统带复函如此，即将随船各兵率带回营。至原禀内称，奉统带公文所有物件必须一律搬回一节，一再调查，统带并无此项公文，惟该哨官当时究竟有无此言，已为过去事实，无从证明。所有惠安遵令调查情形，理合据实呈复，仰祈厅长鉴核"等情。据此，查该管带周辉接事已久，营中什物早应检点清楚，乃对于陈谘议所运木器是私是公并不检册核对，漫听人言，派兵拦阻，虽非有意留难，而办事粗疏，已可概见，应即严加申斥，以示儆戒。除注册并呈复外，合行令仰该统带即便转饬遵照，切切。此令。

中华民国五年十月二十一日

警政厅长夏超

（原载《浙江公报》第一千六百五十七号，一九一六年十月二十四日，五至七页，训令）

浙江省长公署指令第一千二百七十三号

令高等检察厅长殷汝熊

呈一件义乌县呈报吴章时等被骆贵发等凶杀由

呈悉。仰高等检察厅令即迅派干警勒限严缉被告凶犯骆贵发、骆奉升、骆正田等务获到案，提同骆樟维等，并传集人证查明本案起衅、致毙各情，分别诉由专审员按律拟办。事关杀伤人命重案，务宜详细研鞫，毋稍枉纵，切切。格结存。此令。九月二十三日

（原载《浙江公报》第一千六百三十三号，一六页，指令）

浙江省长公署指令第　　号

令高等检察厅长殷汝熊

呈一件为嵊县呈报吴益三即直谦被匪掳擒抢掠由

匪徒明火持械抢劫，掳人勒赎，不法已极，合行令仰该厅即令会营督警勒限上紧跟踪侦缉，务将是案赃匪缉获起诉律办，一面查明吴益三即直谦下落，设法押回具报，毋稍延纵干咎，仍将赃单补送查核。此令。九月二十三日

（原载《浙江公报》第一千六百三十三号，一六页，指令）

浙江省长公署指令第一千二百七十五号

令高等检察厅长殷汝熊

呈一件警政厅报获匪犯谢金朝送临海县讯办由

据呈，"获匪谢金朝即老启一名，讯供为匪不讳，送县讯办"等情已悉。合行令仰该厅即令临海县查案提犯查明，诉由专审员按律审判具报，并由厅咨复该警厅知照。呈钞发。此令。九月二十三日

（原载《浙江公报》第一千六百三十三号，一六页，指令）

浙江省长公署指令第一千二百七十六号

令高等检察厅长殷汝熊

呈一件绍兴县呈报事主俞仲立等被劫一案勘验由

盗匪持械肆劫得赃，拒伤事主，胆玩已极，盗数众多，失赃甚巨，亟应勒限破获，以靖地方。合行令仰该厅，即令会督水陆兵警购觅眼线，上紧踪缉，务将此案正盗真赃悉获诉办，毋稍延纵干咎。表单存。此令。九月二十三日

（原载《浙江公报》第一千六百三十三号，一六至一七页，指令）

浙江省长公署指令第一千二百七十七号

令高等检察厅长殷汝熊

呈一件永康县呈报赵朱氏被吕万金戳毙获犯勘验由

呈悉。强奸不从，遽行刀砍致死，凶暴已极，既将凶犯吕万金一名拿获，合行令仰该厅，即令勒限严缉吕简有等务获，一面侦查明确，诉由专审员按律严办。俟定案后应将赵朱氏拒奸不从因而被杀身死缘由专文呈请褒扬，以慰幽魂而彰节烈，并将该氏幼子由县酌予抚恤以资养赡。至格填肚腹臌胀有无错误，并令随呈附复。格结存。此令。九月二十三日

（原载《浙江公报》第一千六百三十三号，一七页，指令）

浙江省长公署指令第一千二百七十八号

令高等检察厅长殷汝熊

呈一件警政厅报获盗犯马浩章由

据呈，获犯马浩章即阿章一名解县讯办等情已悉。仰该厅即行转令余姚县审检所归案研讯明确，依法办理，仍勒缉逸犯马茂金等务获究报，并由厅咨复该警厅知照。此令。九月二十三日

（原载《浙江公报》第一千六百三十三号，一七页，指令）

浙江省长公署指令第一千二百七十九号

令高等检察厅长殷汝熊

呈一件嵊县营县会呈前获钱竹安等一名应否释放请示由

呈悉。现在该县审检所成立，应将钱竹安等当时在东乡犯事情形讯明依法办理具报。合行令仰该厅行县遵照办理，并咨该管带知照。此令。九月二十三日

（原载《浙江公报》第一千六百三十三号，一七至一八页，指令）

浙江省长公署指令第一千二百八十四号

令民政厅长王文庆

呈一件衢县为呈明警佐缉获匪犯请奖由

呈及履历均悉。仰民政厅查案核明议复察夺。此令。呈及履历均抄发。九月二十三日

（原载《浙江公报》第一千六百三十三号，一八页，指令）

浙江省长公署指令第一千二百八十六号

令民政厅长王文庆

呈一件为警佐朱英现已销假并未脱逃由

呈悉。仰查照本署叠次饬令，严令天台县知事按照现行法令迅速办理，并令俟判决后录报查考。此令。九月二十五日

（原载《浙江公报》第一千六百三十三号，一八页，指令）

浙江省长公署指令第一千二百八十七号

令龙泉县知事

呈一件为呈复严禁花会赌博情形由

呈悉。既据访闻，该县于每岁新谷登场之后，有莠民在乡僻地方，或挂做花会，或开设赌场等情，自应预为查禁。仰即随时认真访察，依法究办，毋稍松懈。此令。九月二十五日

（原载《浙江公报》第一千六百三十三号，一八页，指令）

浙江省长公署指令第一千二百八十九号

令民政厅长王文庆、财政厅长莫永贞

呈一件会议临安县呈请明定钱武肃王祀典由

准如呈办理。此令。抄件存。九月二十五日

附原呈

呈为遵令会议呈复事。案奉钧长令，据临安县知事呈请明定钱武肃王祀典以垂久远由，内开，"钱武肃王，功德在民，允宜明定祀典，藉垂久远。省议会业已成立，仰即会编议案呈候交议，并转令该知事本届秋祭先行筹办致祭"等因。奉此，查民国四年四月前巡按使届巡视该县时，曾据钱王裔孙钱简禀请，连同原禀批发该县知事，饬"将钱王陵陇保护，并会同绅耆筹议设复岁享之仪，所有陈令、俞绅捐款，如数缴存自治办公处经理生息并充祭费，着克日详拟复夺施行"等因在案。本年八月三十一日据该县知事以"呈为钱王功德在民，拟于本岁夏正二、八月仲丁致祭，每次祭银三十元，在准备金项下开支，若有不敷，由知事捐廉补助，请训示施行"等情并呈到各职厅，并未叙及前案。窃思陈令、俞绅既有捐存生息之款可充祭费，该县自应遵将此项息金每岁共有若干，是否敷春秋两祭之用，切实查明核议呈夺。乃该县来呈不就原案核议，竟拟在准备金项下另支祭银，前后案情不符，其中恐有别因，似应指令查明声复，并缴原禀。视此项指款共有基金几何，岁入息金是否敷两祭之用，再将如何提交省议会之处酌拟呈核。奉令前因，除因祭期孔迫，先由民政厅转令遵办外，所有遵令会议办法是否有当，理合抄同原呈，备文呈请钧长核示祗遵。谨呈。

（原载《浙江公报》第一千六百三十三号，一八至一九页，指令）

浙江省长公署指令第一千二百九十三号

令民政厅长王文庆

呈一件为萧山县闻堰镇商会分所禀请禁止开港维持市面由

查此案迭据葛向义等先后禀呈，均经批令民政厅查议复夺在案。据禀各节，是否可行，仍仰该厅并案核议并转行知照。此令。

九月二十五日

（原载《浙江公报》第一千六百三十三号，一九页，指令）

浙江省长公署指令第一千二百九十七号

令民政厅长王文庆

呈一件为黄岩县知事呈各校表册应否

照旧城镇乡区填送请批示由

呈悉。仰民政厅核饬知照。此令。抄呈发。九月二十五日

（原载《浙江公报》第一千六百三十三号，一九至二〇页，指令）

附　浙江民政厅训令第七百九十八号

令黄岩县奉省长令该知事呈各校表册应否

照城镇乡区填送请示由

令黄岩县知事汤赞清

案奉省长指令该知事呈各校表册应否照旧城镇乡区填送请示由，内开，"呈悉。仰民政厅核饬知照。此令"等因。查上年巡按使公署规定小学校立别改称办法，本系于"区立"字样之上仍冠以旧城镇乡名，应仍遵照办理，合就令仰知照。此令。

中华民国五年九月三十日

民政厅长王文庆

（原载《浙江公报》第一千六百四十二号，一九一六年十月七日，二页，训令）

浙江省长公署指令第一千三百号

令警政厅长夏超

呈一件为请更换四区七营管带陈金棠任命状由

呈及任命状均悉。据称"警备队第四区第七营管带陈金棠，前表

误作陈锦棠①,请将任命状更正换给"等情,应即准予更正,仰将发去任命状一道转令祗领。此批。所缴任命状存销。九月二十五日

（原载《浙江公报》第一千六百三十三号,二〇页,指令）

浙江省长公署指令第一千三百零二号

令警政厅长夏超

呈一件为第四科科长夏钟澍留厅供职准予转咨由

呈悉。准予转咨。此令。九月二十五日

（原载《浙江公报》第一千六百三十三号,二〇页,指令）

浙江省长公署指令第一千三百零三号

令警政厅长夏超

呈一件为呈送分发热河知事吴敦义履历凭照由

呈及履历、凭照均悉。准予转咨热河都统查照办理可也。此令。履历、凭照存缴。九月二十三日

（原载《浙江公报》第一千六百三十三号,二〇页,指令）

浙江省长公署指令第一千三百零四号

令警政厅长夏超

呈一件为呈送第一科长杨桂钦凭照履历请转咨由

呈及履历、凭照均悉。准予转咨安徽省长查照办理可也。此令。履历、凭照存缴。九月二十五日

（原载《浙江公报》第一千六百三十三号,二〇页,指令）

---

① 前表,见浙江省长批《警政厅厅长呈为奉批遵改警备队编制表并送清摺请核由》,载《浙江公报》第一千五百八十四号,一八至一九页,收入本集卷三,页941—942。

浙江省长公署指令第一千三百零五号

令民政厅长王文庆

　　　呈一件呈送省议会议员递补名单由

呈悉。已电各属传补矣。此令。单存。九月二十四日

　　　（原载《浙江公报》第一千六百三十三号，二一页，指令）

浙江省长公署指令第一千三百零六号

令民政厅长王文庆

　　呈一件呈复来慎生等请加宽附工一法改抛坦石应毋庸议由

　　查此案前据该民"呈诉理事汪望庚藉塘渔利，朦官残民，并请取销县示派员督抛坦石"等情到署，业令该厅转县查明具复核夺在案。据呈各情，改抛坦石一节，应毋庸置议。至所称理事贻误塘工，究竟情形若何，仰仍遵照前批办理。此令。九月二十五日

　　　（原载《浙江公报》第一千六百三十三号，二一页，指令）

浙江省长公署指令第一千三百零八号

令新昌县知事金城

　　　呈一件为请咨催故员黄吉恤案由

呈悉。已咨催铨叙局查照办理，候复到再行饬领可也。此令。九月二十五日

　　　（原载《浙江公报》第一千六百三十三号，二一页，指令）

浙江省长公署指令第一千三百零九号

令桐乡县知事余大钧

　　　呈一件为条陈该县地方兴革事宜由

呈暨清摺均悉。所拟兴革各项，业经分别核明批答随令抄发，仰

即遵照办理,仍将遵办情形具报。其原摺内未经令厅核议各节暨本署批答,并即分别录报主管各厅查考。至司法一项,该县审检所业据呈报于九月一日成立,所有兴革事宜,应再会同专审员妥议列摺呈报察夺。清摺存。此令。九月　日

财政条陈批答

该县田赋紊乱,荒额竟占三分之一,主张清丈,自是切要之图。呈送《章程》第三十条规定,开办时由县借拨公款垫充,拟在何款内借拨若干,仰即切实议定,连同详细章程专案呈由财政厅详加核议,呈复核夺,一面仍应实行编审,为暂时治标之策。官中牙帖章程,其中固无牙额之限制,但亦无每县必设若干家之规定,各县区域大小不同,尽可由县体察情形呈请主管官署核办,不能因噎废食也。该县渔税岁收几何,能否取销,亦应由县详叙沿革及其弊害情形专案办理。仰即遵照。

实业条陈批答

第一、第二、第四三项,已于该知事呈报农工要政案内批示矣。余如所拟办理。

教育条陈批答

据陈整顿教育各项,不为无见,亟应切实进行。至筹集学款各项,迹近苛细,未便照准,应由该知事会商士绅,就择其切实可行、不生流弊者一二事,拟具办法,另呈候核。

警政条陈批答

第一条,清查客民,三户联保。第二条,无市乡村禁开茶铺及航船取缔办法;为保安防患计,不得不尔,仰将清查、取缔各规则详妥拟订呈候查核令遵。第三条,自为警政扼要之图,所需款项为数无多,不难筹集,仰即迅速进行,俾早观成而裨警

政。至表内教练官名目,应改为教练员,以免与警备队之教练官相混。

（原载《浙江公报》第一千六百三十三号,二一至二二页,指令）

浙江省长公署批第三百八十五号

原具呈人菱湖商民倪佩绶等

呈一件菱湖镇警佐王文棣被控公恳澈查由

呈悉。查此案前据吴兴公民朱桐等以"该警佐侵权勒罚,纵警虐民"等情呈请查办到署,当经令行吴兴县知事切实查办具报在案。应俟复到核办,仰即知照。此批。九月二十五日

（原载《浙江公报》第一千六百三十三号,二七页,批示）

浙江省长公署批第三百八十七号

原具呈人浙江候补知事唐濬煊

呈一件为请假三月回籍措资由

呈悉。准予给假三月。此批。九月二十五日

（原载《浙江公报》第一千六百三十三号,二七页,批示）

浙江省长公署批第三百八十八号

原具呈人吴兴公民陈其佐等

呈一件为代请录用陆鸿由

呈悉。查此事前据该县公民徐瀛升等代为请求录用,业经批斥在案,该陆鸿如果才行卓著,自不患无效用之地,何庸该公民等一再干请？否则,奔竞钻营,希图幸进,迹其志节,已属可鄙,将欲爱之,适以累之,殊为该公民等不取也。此批。九月二十五日

（原载《浙江公报》第一千六百三十三号,二七页,批示）

浙江省长公署批第三百八十九号

原具呈人分浙任用县知事恽福斌

呈一件为具报到省缴验凭照由

呈及履历、凭照均悉。准予注册并咨缴内务部备案,仰即知照。此批。履历存,凭照两张分别缴发。九月　日

（原载《浙江公报》第一千六百三十三号,二七至二八页,批示）

浙江省长公署批第三百九十号

原具禀人胡景福

禀一件呈控场长捺给工资放弃场务请饬催给发由

禀悉。查此案前据该工头禀控,业经饬据民政厅查复,"是项工程尚有补做之处,应由场督催赶做完固,再予核明给发"在案。仰即遵照迅将是项工程补做完竣,再行照数请领,勿得饰词越渎。此批。九月二十五日

（原载《浙江公报》第一千六百三十三号,二八页,批示）

浙江省长公署批第三百九十一号

原具呈人候补知事刘云

呈一件为陈请意见书由

察阅所陈,专就用人一端立论,抑郁之情溢于言表,本省长亦深悯念。惟现外省官制尚未确定,各种政务不能发达,致人才有过剩之患,不独浙江一省为然。有志之士正宜趁此时机精研旧学,并考察社会情形,一日得所假手,乃可措置裕如也。仰即知照。此批。九月二十二日

（原载《浙江公报》第一千六百三十三号,二八页,批示）

浙江督军署咨省长公署

据汤溪县知事呈为缉获逃兵吴培元请奖由

浙江督军署为咨行事。据汤溪县知事丁燮呈称,"本年七月二十八日准陆军第二十五师师长函请缉拿逃兵吴培元等由过县,即经知事分饬队警严密侦缉。旋据警佐朱善元于八月十一日拿获该逃兵吴培元一名,解送到署,知事验明属实,即于十三日备文解送陆军第二十五师惩办各在案。惟查《缉拿本省陆军逃亡士兵惩劝暂行章程》第十一条,'该管团区司令官及原籍县知事,能于限内一月后即行缉获者,每名记大功一次'等语。在知事责任所在,不敢仰邀非分,惟该警佐能于一月内将该逃兵缉获解送,其任事实心,不无微劳足录,可否酌予奖叙,以示鼓奖之处,理合备文呈请,仰祈督军察核俯赐令遵"等情。除指令"据呈,缉获逃兵吴培元在一月以内,核与《缉拿本省陆军逃亡士兵惩劝暂行章程》第十一条相符,该知事应记大功一次,除咨省长公署注册外,合将记功状令发,仰即祗领。至请将警佐朱善元酌予奖叙一节,核与定章不合,即由该知事酌量给奖可也。此令"印发外,相应咨请贵公署烦为查照办理。此咨

浙江省长

浙江督军吕公望

中华民国五年九月二十三日

(原载《浙江公报》第一千六百三十四号,一九一六年九月二十九日,三页,咨)

浙江省长公署咨复督军

咨送本年三月至八月执行死刑人犯表由

浙江省长公署为咨复事。本年九月二十一日准贵督军咨送本年三月至八月份督率所属军队办理盗匪案件执行死刑人犯一览表六纸,咨

请查照等因。除将来表存查外，相应备文咨复贵督军请烦查照。此咨

浙江督军

浙江省长吕公望

中华民国五年九月二十五日

（原载《浙江公报》第一千六百三十四号，四页，咨）

浙江省长公署咨教育部

据民政厅呈送天台县立中学校四年

十二月毕业表册请备案由

浙江省长为咨行事。案据民政厅厅长王文庆"呈为呈请事。案据天台县知事呈送县立中学校四年十二月毕业表到厅，复核无异，理合检同来表，备文呈请钧长察核转咨教育部备案。谨呈。并送毕业表一册"等因前来。据此，除指令外，相应检同原表备文咨请贵部察核施行。此咨

教育总长

计咨送天台县县立中学校毕业生名册一本。

浙江省长吕公望

中华民国五年九月　　日

（原载《浙江公报》第一千六百三十四号，四页，咨）

浙江省长公署训令第六百零五号

令各厅为警佐等请假应呈由主管上级官厅核准由

令民政厅长王文庆、警政厅长夏超、高等审判厅长范贤方、高等检察厅长殷汝熊

照得各属警佐、管狱员有管理监狱、看守所暨办理警察事宜之责，职务至为重要，应如何勤慎从公，力图报称。乃近闻各属警佐有因警察协会开会纷纷来省情事，各管狱员亦有不待调考，一闻考试信

息,擅自晋省者。似此来往自由,实属不成事体。嗣后警佐请假,应呈由该民、警两厅核准;管狱员请假,应呈由高等检察厅核准;各检察官、看守所长,亦照此办理;至各推事、专审员请假,应呈由高等审判厅核准;其非奉经核准擅自离任,即由各该厅分别呈请撤换,以重职守而昭儆戒。除分令外,合亟令仰该厅遵照,并通令所属一体知照,切切。此令。

中华民国五年九月二十五日

省长吕公望

（原载《浙江公报》第一千六百三十四号,七页,训令）

浙江省长公署训令第六百十二号

令高审检厅据旧台属调查委员张矗报称各县关于
司法上应行禁止者厥有两端由

令高等审判厅长范贤方、高等检察厅长殷汝熊

案据旧台属调查各县知事委员张矗报称,“查各县关于司法上应行禁止者两端:一,各县司法警察每多不敷分用,率以旧日胥差充额外法警,此辈本非纯洁,又所给过薄或全不发给,以致鱼肉乡民,遇案需索,所在多有,似应严禁,酌量增设名额,即或不敷调遣,不妨临时指挥行政警察补助。此额外法警应革者一。二,近来各科人员率出外见客,而不肖之人因缘为奸,最甚者则为承审员。查《审检所编制》,知事兼检察事务,是司法行政纯属知事,承审员惟专司问案,问案之人断不可与地方人应酬,多一应酬既多一牵制,每见不肖承审员会客赴饮,络绎不绝,弊窦由此而生,谤毁由此而起,于吏治前途大有妨碍。此承审员见客及出外应酬宜禁者二”各等情。查各县添设额外法警,前经本省长在都督任内于六月十九日第二〇六号饬高检厅/该厅查禁,并于八月三十一日第二六一号令“查各县法警实有不敷调遣之处,酌添名额,免致藉口私添额外名目”各在案。至所称承审员

出外应酬一节,流弊滋多,正恐各县同此情形,并仰该厅/高审厅通令各县严行禁止,以杜弊窦。为此令该厅长/检察长遵即分别通令所属遵照办理。此令。

中华民国五年九月二十四日

省长吕公望

（原载《浙江公报》第一千六百三十四号,七至八页,训令）

浙江省长公署训令第六百十四号

令各厅署为抄登公报不另行文各公件须认真缮校由

令民政厅长、财政厅长、警政厅长、高等审判厅长、高等检察厅长、交涉署署长

查本署暨各厅、署寻常例行公文于十月一日起,一律刊登《公报》,不另行文,各属按照表列到达日期发生效力,业于本月十五日分别咨令照办各在案。惟此项公文,既经刊登《公报》,不另行文,凡抄录稿件时务希饬缮校人员对于此种抄件,勿得过于潦草,并应详加校对,以免讹误为要。此令。

中华民国五年九月二十五日

省长吕公望

（原载《浙江公报》第一千六百三十四号,八页,训令）

浙江省长公署训令第六百十五号

令财政厅据谘议章箴呈为杭县由单串票不遵章饬办理
各县恐亦不免请通令饬遵由

令财政厅长莫永贞

据本署谘议章箴呈称,"窃查《浙江省征收地丁暂行章程》第十四条规定,'版串造竣后,随掣由单一联散给各业户'。又民国四年三月间前财政厅长张寿镛拟定串式,附以《造串说明》,详奉前巡按使批准

通饬各县遵办。是由单必须照章掣给，串票必须依式制造，皆一定不易之理。乃杭县由单掣给者固有之，而不掣给者实居多数，既不掣给，则业户惟有赴柜完纳，乃经征人及向业户索阅上年旧串，如无旧串即拒绝不收，完纳必带旧串，不知载在《征收章程》何条也。此不遵章者一①。《造串说明》第一条载，'串内某都某图某庄业户某某，须核实填列并注明所有产额，如田几亩几分，地几亩几分，原额银两折合银元数，均盖用放大宋体大写木戳'等语。乃杭县串票，除业户某某及原额折合各银数尚填列注明外，其关于某都某图某庄之填列，所有产额之注明，率皆或有或无，不完不备，其所盖几亩几分之木戳，亦多用小写，不用大写。此不遵饬者一。《造串说明》第二条载，'串内带收特捐、附捐、征收费各项，该户应纳数目，于给串时逐项填明合几元几角几分几厘字样'等语，虽无必须大写之明文，但就前条均盖用大写木戳及第四条均用大写数字之语观之，此几元几角几分几厘当然大写，自不待言。乃杭县串票有时竟用小写。此不遵饬者又一。《造串说明》第三条载，'业户完纳之年月日及经征人姓名，应于串内填明，不得遗漏'等语。乃杭县串票惟填业户完纳之年，其月日及经征人姓名率皆遗漏。此不遵饬者又一。《造串说明》第四条载，'骑缝字号及已完银元数目'等语，是骑缝应有字号，乃杭县串票上年尚知遵办，本年则但有完数而无字号矣。此不遵饬者又一。以上所举虽仅指杭县而言，恐各县亦必不免，自非认真整顿，难期弊绝风清。拟请通令各县，嗣后关于由单串票务遵《征收章程》及张前财政厅长通饬办理，违者执法以绳，其后庶吏胥不敢为奸，征务前途亦有裨益。是否有当，理合呈请察核"等情。据此，察阅所呈各节，征收人员办事如此玩率，若不亟行整顿，为日稍久，弊窦必缘此滋生，粮赋亦受其影响，而于纳税人权利亦多妨碍。合亟令仰该厅转行杭县知事严饬经

---

① 底本"一"后衍一"一"字，径删。

收人员，此后务遵章饬办理，县知事负征收全责，毋得放任，致干咎戾。并令嗣后开征前应刊版串戳记，须由县缮式分呈，以凭查核，并仰通令各县遵照。此令。

中华民国五年九月二十五日

省长吕公望

（原载《浙江公报》第一千六百三十四号，八至九页，训令）

浙江省长公署训令第六百二十一号①

令警政厅转饬内河水警厅办理送茶银解竣准予销差由

令警政厅长夏超

案据茶商永达祥等、钱商万康等禀称，"沐准水警卫送茶、银解竣，请饬销差"等情到署。据此，除批"据禀已悉。仰候令行警政厅查核办理"等语印发外，合行抄禀令仰该厅查核办理。

计令发抄禀一件。

中华民国五年九月　日

省长吕公望

附　浙江警政厅训令第三百二十一号

令内河水警厅奉省长令据茶商永达祥等

禀称水警卫送茶银解竣请饬销差由

令内河水上警察厅厅长徐则恂

本年九月二十七日奉省长训令第六二一号内开，"案据茶商永达祥等、钱商万康等禀称，'沐准水警卫送茶、银解竣，请饬销差'等情到署。据此，除批'据禀已悉。仰候令行警政厅查核办理'等语印发外，合行抄禀令仰该厅查核办理。计令发抄禀一

① 本文自浙江警政厅训令第三百二十一号析出。

件"等因。奉此,查选派炮船保护徽商运送茶、银并缴纳津贴一案,系查照向章办理。本届所派炮船长警既据将茶、银护送解竣,自应准予销差,照常服务。兹奉前因,合行粘抄原禀,令仰该厅长即便转饬遵照并转谕该商等知照。此令。

计粘抄原禀一纸。

中华民国五年十月一日

警政厅长夏超

附原禀

具禀茶商永达祥、汪广生、谦吉东、李祥记,钱商万康、致祥、通裕、德记等,万康杭庄住清河坊巷安孚钱庄,代递人绍兴陈辛伯,年四十九岁。

禀为沐准水警卫送茶、银解竣请饬销差事。窃本年二月间,商等遵章缴纳津贴银圆,禀请循旧赏饬选派炮船护送茶、银船只等因在案。查自开运至今,所有运徽茶、银船只均蒙水警遵饬选派炮船保卫,循环护送,深资得力,不特商等茶、银船只仰仗恩威,共庆安澜,即此数月间,各商船亦沐福荫,自浙至徽,崔符敛迹,均无意外之虞。兹值茶、银解竣,理合遵照禀明,伏叩钧鉴,赏饬水警厅长饬令该管署长准予炮船弁勇解竣销差,开年茶、银上运,商等再当恪循旧章禀请饬遵照办。合并声明。谨禀。

(原载《浙江公报》第一千六百三十九号,一九一六年十月四日,一二页,训令)

浙江省长公署训令第六百二十四号

令财政厅为寿昌县条陈该县地方兴革事宜由

令财政厅长莫永贞

案据寿昌县知事金兆鹏呈称,遵饬条陈该县地方应兴应革事宜,请予核示等情,并附呈清摺五扣到署。据此,除将条陈分别核明批答并指令外,合亟钞录原摺内应由该厅核办各节暨本署批答,令发该厅遵照办理。此令。

计黏抄一件。

中华民国五年九月二十六日

省长吕公望

(原载《浙江公报》第一千六百三十四号,一〇页,训令)

浙江督军署指令第九百三十号

令汤溪县知事丁爕

呈一件为缉获逃兵吴培元请奖由

据呈缉获逃兵吴培元在一月以内,核与《缉拿本省陆军逃亡士兵惩劝暂行章程》第十一条相符,该知事应记大功一次,除咨省长公署注册外,合将记功状令发,仰即祗领。至请将警佐朱善元酌予奖叙一节,核与定章不合,即由该知事酌量给奖可也。此令。九月二十三日

计发记功状一纸。

(原载《浙江公报》第一千六百三十四号,一二页,指令)

浙江省长公署指令第一千二百九十五号

令民政厅长王文庆

呈一件呈复蒋慎身庸医误人条陈取缔方法由

呈悉。如拟办理。此令。九月二十五日

附原呈

呈为呈复事。本年八月三十日案奉钧长令,据诸暨蒋慎身呈述庸医误人各情,条陈取缔方法,令厅核议复夺等因。奉此,查取缔医生本属要图,但观察现时社情,颇为一困难之问题。盖

吾国以儒学立国，重道轻艺，相沿已久，有硕学通儒潜心医理，博览方书，要亦不数数觏，以故市上行医者，非失业之药伙，即读书不就之下士，若欲严行取缔，势必尽归陶汰，而社会信仰已久，难保不私相延请，操之过切，流弊无穷。正本清源，非各县设立中医学校，造就医材，不足以摈庸医而重民命，但此项计画收效须在数年以后，民间不能一日无病，即不能一日无医，急则治标计，惟有由省酌定考验医生办法，通令各县将具有医术学识及经验者，每县保送若干员，来省考验，考验及格，给予执照，发回原籍行医。随后再定取缔方法，俾资遵守而就范围，庶于庸医误人之弊，可以逐渐扫除。所有遵令核议缘由，是否有当，理合备文呈请，仰祈省长核示，如蒙允准，再拟由厅会同警政厅拟具章程呈候钧长察核交议施行。谨呈。

（原载《浙江公报》第一千六百三十四号，一二至一三页，指令）

浙江省长公署指令第一千三百十二号

令高等检察厅长殷汝熊
呈一件为各县征收罚金遵令取缔仍令按月
具报印发榜示并抄登公报由

呈悉。征收罚金本系执行之事，应仍由兼检察官之县知事办理，并由该厅监督。据称各县审检所征收罚金各款，系由高审厅发结，惟《高审厅办事权限条例》已奉明令废止，该厅对外之责任，未便放弃。除已发联单俟用罄再由该厅印发外，各审检所征收罚金，仍应由该厅取缔，并照通令登报公布。其从前未报各县，亦应严密查催，如有入己等情，照律惩办，限一个月将办理情形具报，并咨行同级审判厅查照。此令。九月廿六日

（原载《浙江公报》第一千六百三十四号，一三页，指令）

浙江省长公署指令第一千三百十八号

令高等检察厅长殷汝熊

　　　　呈一件平湖县呈报申平小轮被劫查

　　　　在江苏金山县界请转咨办理由

　　呈悉。此案申平小轮被劫，如果确在江苏金山县辖境，自应归金山县缉办，合行令仰该厅即便查明呈候核咨江苏省长转令办理。呈钞发。此令。九月二十六日

　　　　（原载《浙江公报》第一千六百三十四号，一三页，指令）

浙江省长公署指令第一千三百二十二号

令寿昌县知事

　　　　呈一件为条陈该县地方兴革事宜由

　　呈暨清摺均悉。所拟兴革各项，业经分别核明批答，随令抄发，仰即遵照办理，仍将遵办情形具报。其原摺内未经批厅核议各项，并即分别录报主管各厅查考。清摺存。此令。九月二十六日

　　　财政条陈批答

　　察阅所拟清查田地变通办法，大致尚无不合，惟事属创办，不厌求详，应候令行财政厅核议具复，再行令遵。改良粮串加结总数，不特业户得以一目了然，而经征人员亦可免临时核算之繁，自系一举两得。惟事关修改粮串，全省应归一致，并候令厅核饬各属一体遵办可也。

　　　实业条陈批答

　　苗圃责成自治职员推广，事属可行，合旧府属之力以办一工厂，须得各县同意，未便遽准。水利一项，既据分别调查，仰即切实进行，并具报候核。

教育条陈批答

选派师范毕业生为各私塾巡回教师，用意甚善。惟私塾教师仍宜严加取缔，勿俾滥竽，至为切要。余如所拟办理。

警政条陈批答

第一条，关于现在办理警政之困难，言之亦复成理。然于补苴罅漏之余，不得不求整齐划一之道，以为他日进行之准备，此计画之所以必要也。国会已开，两税划分当然有一种办法，惟未划分以前，自不容不照旧办理，以免牵动财政之全部。所请拨还解省警费，应毋庸议。

第二条，规划保卫团办法，亦自井井有条。查《保卫团条例》第六条规定，各团按户指定一人，编入保卫团名册云云，原为多集团丁籍资防卫起见。折称每甲挑壮丁一名，是否由指编人数内选出，抑不遵《条例》指编办法，自由挑选。由前之说，则同《条例》第十五条原有各团壮丁由保董督率教练等语，自可照行。教练及服役时期，依同《条例》第十五条及本条例《施行细则》第五条第二项之规定，总监督自有活动之余地，仰斟酌行之可也。至筹款一层，尤在地方得力公正绅董相助为理，推诚开导，来折已言之，仰即切实进行，毋托空言为要。

司法条陈批答

民事败诉人于负担讼费之外，尚须赔偿相手方因诉讼所生之损失，此项办法在《各级审判厅试办章程》第六节早经规定，不得于法定以外，使人负责，所陈应毋庸议。至拍卖财产强制债权者承受一节，此系事实问题，不能一概而论，所陈殊难贯澈。关于诉状事宜，其形式亦有规定，至写状人原无一定，即口头陈述，录事据述直书，亦属常有之事。诉状形式与严办讼棍系属两事，来呈并为一谈，殊欠斟酌。所陈关于处罚证人办法，只须按法办理，事属可行，但不得任意科罚，致失平允。监犯服役狱外，应另议详细办法呈候核夺。狱内赏表一层,亦应另呈由高等检察厅核议复夺。

（原载《浙江公报》第一千六百三十四号,一三至一五页,指令）

浙江省长公署指令第一千三百二十三号

令高等检察厅长殷汝熊

呈一件吴兴县呈报勘验无名男尸受伤后弃尸水中一案由

呈悉。该无名男子究竟因何被人致伤身死,弃尸水中,何处人氏,合行令仰该厅即令严密访查,勒缉正凶,究明仇盗,按律拟办具报,一面示召尸属认领归葬。格结存。此令。九月二十五日

（原载《浙江公报》第一千六百三十四号,一五页,指令）

浙江省长公署指令第一千三百二十四号

令高等审判厅长范贤方

呈一件呈复东阳县砍柴社会内容由

呈悉。此项禁山社会虽为培养山林、杜绝盗砍起见,惟不严加取缔,易启争端。此次东阳吕老侃等一案,即属殷鉴。应即妥定名目,订立章程,呈由永康县知事核明立案,以弭衅端而杜流弊。合行令仰该厅咨会民政厅一体转令遵办具报。此令。九月二十六日

（原载《浙江公报》第一千六百三十四号,一五页,指令）

浙江省长公署指令第一千三百二十五号

令高等审判厅长范贤方

呈一件东阳县呈清理积案人员既难
裁撤应需经费仍请酌给由

据呈"清理积案委员既难裁撤,所有核减后应需经费银一百九元,请仍照旧支销"等情,应否照准,合行令仰该厅即便核明饬遵具

复。此令。九月二十六日

（原载《浙江公报》第一千六百三十四号，一六页，指令）

浙江省长公署指令第一千三百二十七号

令高等审判厅长范贤方、高等检察厅长殷汝熊

呈一件高等厅呈复金华自治委员刘受谦等

对于收回地方厅房屋电旨误会由

呈悉。既据查明金华县自治委员刘受谦等对于该厅收回前地方厅房屋一案，原电种种误解，自可毋庸置议。惟此电是否该委员等所发，抑有指使、冒捏别情，应再令县严查办理，合行令仰该厅等即便遵照。此令。九月二十五日

（原载《浙江公报》第一千六百三十四号，一六页，指令）

浙江省长公署批第四百零三号

原具呈人董士廉等、陆宗蛰等

呈一件请求准予考试由

据呈已悉，候令高等审检厅查核饬遵具复可也。此批。九月二十六日

（原载《浙江公报》第一千六百三十四号，一八页，批示）

浙江省长公署批第四百零四号

原具呈人景宁鲍占鳌

呈一件呈请核示祀孔执事及与祭人员资格由

丁祭执事及与祭人员，其资格已于《祀孔典礼》内明白规定，通饬各属遵照，毋庸再行宣示。此批。九月二十六日

（原载《浙江公报》第一千六百三十四号，一八页，批示）

浙江省长公署咨省议会

为公布议决处置各族原有贤产办法条例一案由

浙江省长公署为咨行事。本年九月二十二日准贵会咨开，"本年九月八日准省长咨送追认《规定各校成绩优异生减免学费及津贴膳杂费办法》案，暨追认《处置各族原有贤产办法条例》案两件到会。经次第提付大会讨论，所有追认《处置各族原有贤产办法条例》一案，业经审查修正，三读通过，相应缮具清摺，咨送省长，请即公布施行。再，追认《规定各校成绩优异生减免学费及津贴膳杂费办法》一案，本会决议认为不能成立，并请查照。计附送清摺一扣"等由。准此，除将议决《处置各族原有贤产办法条例》一案刊登《公报》公布外，相应备文咨复查照。此咨

浙江省议会议长沈

浙江省长吕公望

中华民国五年九月二十六日

处置各族原有贤产条例议决案

第一条 各属所有贤产，在本条例公布以前已经拨办学校者，永远作为学校经费，不得变更。

第二条 各属贤产凡未经拨办族学者，由各该族公议拨办族学，如产少不敷办学者，经族众议决，得联合他族合设学校，或提作该族子弟学费；其产多而办学有余款者，经族众议决，亦得提作子弟学费。

第三条 各属贤产有不属阖族共有，而为数房共有者，或合并族有贤产共同办学，或自办学校，或提作各该房子弟学费，准由各该房自行处置。

第四条 贤产拨办族学，其经理方法仍由各该族议定之。

第五条　各属贤产名目不一,其性质确系贤产者,一律按照本条例办理。

第六条　本条例自公布之日施行。

（原载《浙江公报》第一千六百三十五号,一九一六年九月三十日,三至四页,咨）

浙江省长公署咨督军

为军人经过租界携带枪械预为知照饬属遵办由

浙江省长公署为咨复事。本月二十一日准贵公署咨开,"案准陆军部咨开,'准国务院函称,据直隶警务处报称,窃查前有陆军某师正兵一名因公过津,带枪误入租界,致被将枪枝扣留,现已备函索回交付去讫。查《各国租界章程》不准携带枪械,如违犯《章程》不能不受其取缔。拟请密饬各军,凡军人经过租界,或结成队伍,抑或一人,如须携带枪枝,似应预为知照经过该界警局,俾免有所藉口而生交涉,致失国家信用等语。希密饬各军队遵照等因。除分行外,相应密咨查照转饬遵照可也'等因。准此,除分令所属各师、旅、两镇守使署、镇海炮台、特编游击队转令遵照外,相应咨请贵省长即烦查照,转饬所属一体遵照"等因。准此,除照咨密令该管厅、署转令所属队警一律遵照外,相应备文咨复贵督军查照。此咨

浙江督军

浙江省长吕公望
中华民国五年九月二十七日

（原载《浙江公报》第一千六百三十五号,四页,咨）

浙江省长公署指令第一千三百五十三号[①]

令高等审判厅长范贤方

　　呈一件天台县呈报余守树被余老三等因奸谋杀由

　　呈悉。本案凶犯余老三，既据讯供不讳，应即按律拟判。至余徐氏究竟有无同谋，仰高等审判厅令即传集人证隔别研讯，务得确情，依法严办，切切。格结、供单存。此令。九月二十七日

　　　　（原载《浙江公报》第一千六百三十五号，一四至一五页，指令）

浙江省长公署指令第一千三百五十四号

令高等检察厅长殷汝熊

　　呈一件呈复永嘉李黎臣落水身死尸亲骚扰抗传一案由

　　此案既据委查明确李徐氏藉尸诈扰，并敢聚众抗传，均属不法，合行令仰该厅即令会营勒拘到案，讯明拟办，仍将相验李黎臣情形填具格结呈报察夺。此令。九月二十七日

　　　　（原载《浙江公报》第一千六百三十五号，一五页，指令）

浙江省长公署指令第一千三百五十七号

令东阳县知事

　　呈一件为呈报办理农桑水利各计画由

　　据呈各种计画，均尚切实，惟维持华新染织厂未据拟有办法，应即补报备核。因利局由该知事及橡属垫款开办，殊堪嘉尚，永久基金仍应亟为筹定，另呈备案。余如所拟办理，仰即知照。此令。九月二十三日

　　　　（原载《浙江公报》第一千六百三十五号，一五页，指令）

---

　　①　底本作浙江民政厅指令，从指令对象及编号看，应为"浙江省长公署指令"，径改。

浙江省长公署指令第一千三百七十八号

令民政厅长王文庆

呈一件为据绍兴县拟具追还认商

所欠渔捐办法请核示由

呈悉。该县所拟办法尚无不合,应准如拟办理,仰即转行知照。此令。九月二十七日

附原呈

呈为据情转呈事。案据绍兴县知事宋承家呈称,"窃属县征收鱼捐依据前县议会议决,照前清办法继续征收。各荡户养鱼,照出鱼斤数每斤捐钱二文,招商承办,专为地方公益之用。查照金前任内支配以六分之五为警察消防之费①,以六分之一为学款之需,认商缴捐,凭认定捐额取包办主义,盈绌均所不计。癸丑年捐款系认商周同善、余衡二人承办,认定捐额年缴银七千二百元,经办一年,欠缴捐银二千九百五十元。旋由公民任鸿藻、朱菊泉等禀请接办甲寅年鱼捐,前商欠缴照折开各荡户欠数有三千六十一元零,尚属有盈无绌,情愿代收代解,完全负责。周同善等亦以因事外出,禀举任鸿藻等接办,并称'任等家道殷实,熟悉荡户,已与妥议'各等语。经金前知事批准接办,一面饬知周同善等癸丑年短缴捐款未缴足以前,该商等应仍同负责任,不得诿延。又于周同善等详报移交文内批明,癸丑旧欠为数尚巨,俟会催清缴后,方得脱离关系。迨任鸿藻等接办之后,查悉周同善等所开欠数类多不实,迭禀提案押缴。金前知事批饬自向理明,并严词饬追,而任鸿藻等情急,将周同善扭送到署,金前知事当

① 金前任,即金彭年,字吟谷,江苏吴县人。民国二年十一月至民国三年六月任绍兴县知事。

即收押警所。旋周同善等以款非无着,捏词朦笮等情具禀到县,金前知事批饬新旧商会同向各欠户证明催收。知事接任之后,查核前项捐款不特旧欠无缴,新捐亦缴仅及半,是以催缴新捐、整理旧欠,而周同善之母周倪氏以脱离关系为词,禀请将周同善释放,当以癸丑旧捐前后商应同负责,金前知事任内批有定案,未予准释。又据该氏禀奉前巡按使屈批准饬查,奉经历叙前情具复。嗣因新捐积欠更巨,分文不缴,旧捐虽据禀称各乡均已证明,而收息只有六十余元,据称交后商汇缴,亦未缴到,且有前商司事误收林阿三捐款二十二元,当即饬传前后商讯追,仅得朱菊泉逮案抑追,后商任鸿藻及前商余衡均逃匿远扬,着保跟追。当据后商保人广益丰、亿锦轩、童信昌等开呈,任鸿藻田产三十二亩零并住房一所请求封抵,据经将田产先行注册禁止推收,一面饬警催传任、余二人,杳无踪迹。本年二月间,据在押后商朱菊泉之母朱章氏禀请,将该氏子与原押之周同善凭保释放,限三个月内向熟悉荡户催收欠捐,抵解公款。知事以该氏尚属言出有方,将朱菊泉、周同善二人先后保释。现期限已逾,款仍未了。周同善与余衡复以任鸿藻等违背契约、私逮滥押等词,控奉高等检察厅饬查具复,并据该商等禀称,已赴省公署诉愿等情。查该商等不将捐款清缴,百计宕延,犹复藉词歧控,未免逞习。伏思是项鱼捐为地方公款所关,讵可久任悬宕,癸丑年旧欠二千九百五十元,甲寅年捐款短交三千六百元,二共欠缴六千六百五十元,若任该商等互相推诿,款终无着。查甲寅年捐款当然由任鸿藻、朱菊泉共同负担,而癸丑年旧欠银二千九百五十元,后商于接办之初已承认代收代解、完全负责,虽任鸿藻等续禀声辩只有收解之责,并无赔垫之责,而不收不解,贻误要公,亦属咎无可贷。惟金前知事既有'旧商同负责任'之饬知,复有'欠款未清,不能脱离关系'之批示。周同善等事前既未声辩,事后讵能诿卸？况该前商如果早已脱离关系，岂复有司事误收捐款之理？迨至前后商会同催收，仅得六十余元，其所开欠数，虽非虚列，而类多贫穷难收之户，似与实抵不同。知事为郑重公款、平均负担起见，拟责成该前后商四人各认解银七百三十七元五角，任鸿藻虽逃匿不家，将铺保开呈之田产、房屋实行封抵，如有盈余不足，再行找割追偿；余衡避不到案，着原保查产跟追；周同善、朱菊泉二商限日追缴，设有已收未缴之款，足以证明者照数扣算，其有私人纠葛，应提出证据，状诉追偿，实欠在荡者，将册列欠户分别匀配拈阄认回，各自催收归垫。倘有玩户抗缴，准其随时禀请饬追。似此责有攸归，庶使无从诿卸。是否有当，知事未敢擅便，理合拟具办法，敬祈核转示遵"等情。据此，查此案前据该县商民周同善等以不服知事处分，遵章诉愿等情，禀奉钧长检发原卷，令厅审查，遵经审查结果及拟议办法奉钧长令准依法办理等因，当即遵办在案。据呈前情，厅长复核该知事所拟办法，系为慎重公款、平均负担起见，大致尚无不合，可否准予照办之处，理合据情转呈，仰祈钧长鉴核示遵，实为公便。谨呈。

（原载《浙江公报》第一千六百三十五号，一五至一七页，指令）

浙省文武长官复梁任公先生电

梁任公先生鉴：

有电敬悉。前者驺从来杭，公望等迭次侍坐，啸傲湖山，从无一言牵及政治。浙人仰公德望，目绘心摹，揣测之谈，根于崇信，幸蒙涵宥。特电声明。吕公望、周凤岐、童保暄、张载阳、来伟良、李炜章、潘国纲、韩绍基、俞炜、王文庆、莫永贞、夏超、范贤方、殷汝熊同叩。寝。（中华民国五年九月二十六日）

（原载《浙江公报》第一千六百三十五号，二〇页，电）

浙江省长公署咨内务部财政部

据民政厅呈拟裁撤县警队腾出经费留办自治请核示由

浙江省长为咨行事。案据民政厅呈称，"案查接管卷内前行政公署于民国二年一月七日奉内务部令，以二月十四日奉大总统令①，饬各省参酌川省筹办警队办法，提拨停办地方自治之款暨团练经费，于凡有匪盗地方，转饬各县一体仿办等因，曾经前巡按使届于民国三年十一月核订《县属警队章程》通饬遵办，一面呈奉大总统批令交内务、财政两部查照，并准内务、财政两部分别行知各在案。浙省自添设县属警队以来，各属防缉匪盗成效尚属可观，惟其所需经费，多数县分均就停办地方自治之款提拨借用。现在自治事宜伫待中央明令一律恢复，警队经费无着，按诸实际，似难存在。且体察各属地方情形，目下尚属安谧，警备队及水上警察名额又均视前增加，兵力已不为单薄。此次警队亦无存在之必要②，似应一律停办，腾节经费，以为后日办理自治之用。至防缉事务，本属水、陆营警专责，此项警队裁撤以后，拟请钧长咨商督军，会令主管军、警各长官转令所属互相协助，认真办理，藉维秩序而免疏虞。厅长为权衡缓急、双方兼顾起见，所有定期裁撤县属警队拟具办法缘由，理合开具清摺，备文呈请察核示遵"等情，并呈送裁撤县属警队办法清摺一扣前来。据此，查各县警队前系提拨停办自治之款以资举办，现在地方自治回复在即，自应预为筹及。而考察各县所设警队对于防缉事宜，虽有时亦颇资得力，容以名额有限，收效亦微。该厅拟裁撤警队，腾出经费，仍留作后日办理自治之用，不为无见，所拟办法亦尚可行。除指令并分令水、陆队警切实办理以资防缉暨分咨外，相应抄录清摺，备文咨请大部察核备案。此咨

---

① 一月七日奉内务部令，以二月十四日奉大总统令，底本如此，前后日期，疑有一误。
② 此次，疑为"此项"之误。

内务部

财政部

浙江省长吕公望

中华民国五年九月二十八日

（原载《浙江公报》第一千六百三十六号，一九一六年十月一日，三至四页，咨）

浙江省长公署咨复督军署

咨为永嘉陆军调回所有防务移并警备队办理由

浙江省长公署为咨复事。案准贵署咨开，"案查本省陆军第一师步兵第二团开驻永嘉，为期甚久，现在伏莽已清，地方绥靖，亟应调回原团，俾资训练。兹经本署电饬该营营长周之鼎于十月二日以前，开回吴兴，所有防务事宜移并警备队第四区统带戴任办理。除分电外，相应备文咨请查照"等由过署。准此，除训令警政厅转令警备队第四区统带戴任认真办理，并将移并日期报查外，相应备文咨复，请烦查照。此咨

浙江督军

浙江省长吕公望

中华民国五年九月二十八日

（原载《浙江公报》第一千六百三十六号，四页，咨）

浙江省长公署咨督军署

据民政厅呈拟裁撤县警队腾出经费留办自治请核示由

浙江省长为咨请事。案据民政厅呈拟裁撤各县警队，腾出经费，以为后日办理自治之用，并以此项警队裁撤以后，地方防缉事务拟请咨商贵署，令行主管军、警各长官转令所属互相协助，以免疏虞等情前来。据此，除指令照准并令行水、陆队警对于地方防缉事务切实办

理外,相应备文咨请贵署准予令行各军队长官,转令所属关于地方防缉事务互相协助,以资保卫而免疏虞,至纫公谊。此咨

浙江督军

浙江省长吕公望

中华民国五年九月二十八日

（原载《浙江公报》第一千六百三十六号,四页,咨）

浙江省长公署委任令第 号

令朱章宝为调查学务委员由

令调查学务委员朱章宝

照得政治之隆替,系乎教育之良楛。本省长莅任以来,迭经督饬任事各员竭力振兴教育,以冀渐臻上治。乃闻各属办理学务诸员,黾勉将事者固不乏人,而因循敷衍者尚复不少,自非派员切实调查,不足力图整理。兹查有朱章宝堪以委任为学务调查员,月给薪水一百二十元、川资八十元,以资办公。除填给任命状外,合行令仰该员迅即驰往本省各县切实调查,随时详晰列表报告,以凭稽核。此令。

计发任命状一纸。

中华民国五年九月二十七日

省长吕公望

（原载《浙江公报》第一千六百三十六号,五页,训令）

浙江省长公署委任令第十一号

令章长庚等四员为政务厅各科长由

令政务厅总务科科长章长庚、内务科科长黄毓林、教育科科长冯学壹、实业科科长杨毓琦

案查民政厅 科科长,前经该厅任命该员充任在案。现在民政厅既改组为政务厅,自应重加任命,以重职守。兹仍任该员为本公

署政务厅　　科科长,任命状一纸随令并发,仰即祗领,督率各科员、书记等继续任事。此令。

中华民国五年九月二十八日

省长吕公望

（原载《浙江公报》第一千六百三十六号,五页,训令）

浙江省长公署训令第　　号

令警政厅准督军咨永嘉陆军调回

所有防务移并警备队办理由

令警政厅长夏超

案准督军公署咨开,"案查本省陆军第一师步兵第二团第二营开驻永嘉,为期甚久,现在伏莽已清,地方绥靖,亟应调回原团,俾资训练。兹经本署电饬该营营长周之鼎于十月二日以前,开回吴兴,所有防务事宜移并警备队第四区统带戴任办理。除分电外,相应备文咨请查照"等由过署。准此,除咨复外,合亟令行该厅查照,迅即转令警备队第四区统带戴任对于该处防务事宜认真办理,以免疏虞,并令将移并日期具报查考。此令。

中华民国五年九月二十八日

省长吕公望

（原载《浙江公报》第一千六百三十六号,五至六页,训令）

浙江省长公署训令第　　号

令警政厅据民政厅呈拟裁撤县警队

腾出经费留办自治请核示由

令警政厅长夏超

案据民政厅呈,"拟裁撤各县警队,腾出经费,以为后日办理自治之用,并以此项警队裁撤以后,地方防缉事宜,拟咨商督军,令行所属互相协助"等情前来。据此,除指令照准并咨商外,查地方防缉事宜,水、陆队警均有专责,现在各县警队既经裁撤,尤应不分畛域,认真办理,以资防护而免疏虞。为此合亟令行该厅迅即转令所属一体遵照,认真办理,是为至要。此令。

中华民国五年九月二十八日

省长吕公望

（原载《浙江公报》第一千六百三十六号,六页,训令）

浙江省长公署指令第　　号

令民政厅长王文庆

呈一件为查明平湖警佐郑福煃嗜酒怠职已撤任由

据呈,查明该警佐郑福煃嗜酒怠职属实,应准如呈办理。现据平湖保卫团程度等、业董余穉鸿等分别电称,该警佐患病咯血,请予给假等语,显见徇情扶饰,合亟抄发原电,仰该厅并案令行平湖县知事分别传令申斥,毋违,切切。此令。电二件抄发。九月　日

（原载《浙江公报》第一千六百三十六号,一二页,指令）

浙江省长公署指令第　　号

令民政厅长王文庆

呈一件为拟裁撤县警队腾出经费预备

办理自治缮具办法请核示由

呈、摺均悉。所拟裁撤县警队办法,应准照行,仰即通令各县遵照办理,并候咨部备案。惟此项警队经费,各县多寡不一,现在裁撤警队,腾出经费,以为日后办理自治之用,并仰分别查明确数具报,以资稽考而凭计画。至县警队裁撤之后,各县防缉事务,自应预为顾及,并候咨请督军饬属协助,并令警政厅转令所属水、陆队警切实办理。其各县警察及保卫团均有防护地方之责,并应由厅分令认真整

1761

顿，以免疏虞，是为至要。此令。九月二十八日

（原载《浙江公报》第一千六百三十六号，一二页，指令）

浙江省长公署指令第　号

令民政厅长王文庆

呈一件该厅呈请取消各县集会结社月报表由

如拟办理。此令。九月二十八日

按原呈（已见九月二十八日"呈文"门）。

（原载《浙江公报》第一千六百三十六号，一二至一三页，指令）

浙江省长公署批第四百二十三号

原具呈人王植善

呈一件南洋中学校长请补助经费由

呈悉。浙省补助学费以省内各校为限，该校设在省外，所请补助之处，核与定章不符，未便照准。此批。九月二十八日

（原载《浙江公报》第一千六百三十六号，一八页，批示）

浙江省长公署委任令第十二号

令委任王理孚署理松阳县知事由

令王理孚

案照松阳县知事余生球因案撤任，遗缺查有该员堪以委署。除指令民政厅暨训令余知事外，任命状一纸随令并发，仰即祗领赶速赴任视事，仍将接印日期连同详细履历具报查考。此令。

中华民国五年九月二十九日

省长吕公望

（原载《浙江公报》第一千六百三十七号，一九一六年十月二日，三页，训令）

浙江省长公署委任令第十三号

令委任沈士远代理遂昌县知事由

令沈士远

案查遂昌县知事程荫毅请假三月，业经照准。遗缺查有该员堪以委代，除分别令知民政厅暨程知事外，任命状一纸随令附发，仰即祗领赶速赴任视事，仍将接印日期暨详细履历具报考查。此令。

中华民国五年九月二十九日

省长吕公望

（原载《浙江公报》第一千六百三十七号，三页，训令）

浙江省长公署委任令第十四号

令委任徐肃代理崇德县知事由

令徐肃

案查崇德县知事汪寿鋆呈请给假三月，业经指令照准。遗缺查有该员堪以委代，除分别令知民政厅暨汪知事外，任命状一纸随令附发，仰即祗领赶速赴任视事，仍将接印日期暨详细履历具报查考。此令。

中华民国五年九月二十九日

省长吕公望

（原载《浙江公报》第一千六百三十七号，三页，训令）

浙江省长公署委任令第十五号

令委任邱少羽署理武康县知事由

令邱少羽

案查武康县知事宗彭年呈请辞职，业经照准。遗缺查有该员堪以委署，除指令民政厅并训令宗知事知照外，任命状一纸随令并发，仰即祗领赶速到任视事,仍将接印日期具报查考。此令。

中华民国五年九月二十九日

省长吕公望

(原载《浙江公报》第一千六百三十七号,三至四页,训令)

浙江省长公署训令第　　号

令民政厅为王镇守使电留嘉兴姚警佐由[①]

令民政厅长王文庆

案准嘉湖镇守使电称,"据嘉兴公民徐绍玉等来电,'以姚警佐允中,地方依赖,被诬控调省,业由军政商学各界分电挽留,乞转电留任'等情。查该警佐办事认真,既地方电留,拟请准予留任,以资熟手而顺舆情"等由。准此,查此案前由嘉兴商民并陈团长送电到署,业经令行该厅转令照旧任事,并澈查控告人等各在案。准电前由,除电复外,合再令仰该厅长查照前令并案办理。此令。

中华民国五年九月二十八日

省长吕公望

(原载《浙江公报》第一千六百三十七号,四页,训令)

浙江省长公署训令第六百五十九号

令松阳知事业已因案撤任并委王理孚署理由

令松阳县知事余生球

案查前据该县警佐何光耀密报,该知事"克扣恩饷,请予查办",并据该知事迭次电呈辨白,并反讦该警佐"矇领费银"等情先后到署,当经饬行民政厅派员查复,以凭核办去后。兹据该厅复称,"案奉钧长前在都督任内饬开,'代理松阳县警佐何光耀密报该县知事余生球

---

① 王镇守使,即嘉湖镇守使王桂林,字悦山,浙江东阳人,民国五年八月至民国九年九月任嘉湖镇守使。

克扣恩饷一案，暨该知事先后电呈辨白并反讦该警佐朦领费银’等情，奉饬并查到厅，并据该警佐等分别电呈前来，遵经密委张炯前往确查去后。兹据该委员呈称，‘委员当即前往该县，托名商人，密向各学校、阅报所、商会等处详询，佥谓余知事于七月二日给发恩饷，计行政警三十三名、县警队七名，共计四十名，均由何警佐按名照给，余县警队五名，则由余知事按名直给，实以铜元计算，当得月饷六元者给以铜元六百枚，月饷七元者给以铜元七百枚，以次类推。余款初无处置，嗣以所为不满众论，乃于七月二十五日始将余款摊给法警、狱卒，共计十四名，亦以铜元计算。再询之各警兵，言亦相符。窃思发给恩饷，原令限于行政警、县警队两项，而法警、狱卒并无规定在内，应否通融发给，委员不敢拟断。又，该县铜元市价每元兑换一百四十二枚或一百四十枚及一百四十四枚不等，时价纵略有参差，然亦无大出入，若以原令指定以银元计算，则每警所得恩饷相去实多，更按之发给恩饷日期，前后相距二十余日之多，究不知其是何用意。或谓其克扣不成，有心文过，度情揆理，不得谓非无因。此委员查明松阳县警佐何光耀密报该县知事余生球克扣恩饷之实在情形也’等情。据此，厅长复核该知事余生球对于奉发恩饷一案，始则实行克扣，继因该警佐密揭，报载传扬，乃于时隔二十余日，设计弥缝，将扣余饷银分给法警、狱卒，以掩耳目，居心巧诈，无可讳言，似应酌予惩处，以肃官方。查《知事惩戒条例》第六条列有侵吞公款查有实据一项，处分颇极严重，该知事现将扣得饷银转发不应享受之法警、狱卒等，应否查照该《条例》酌予惩戒，并令赔缴擅发余饷之处，理合具文呈复，仰祈钧长鉴核指令施行。再，该知事反讦该警佐冒领服装及修葺费一节，是否属实，拟再另案查办，合并声明”等情。据此，查该知事对于克扣恩饷一节，虽尚未成事实，然必俟该县警佐密揭，报纸传载，且距发给警队恩饷时已二十余日之后，始将扣余饷银违背命令擅给法警、狱卒等，以期掩饰，迹其居心，已不可问，应即撤任。遗缺查有本署民政秘书王理孚堪以接署，一俟新任到县，仰即遵章办理交代。其发给法警、狱卒等恩饷，并应责成该知事照数赔偿，以为贪诈者戒。除任命并指令民政厅外，合亟令仰该知事遵照。此令。

中华民国五年九月　日

省长吕公望

（原载《浙江公报》第一千六百三十七号，四至五页，训令）

浙江省长公署训令第六百六十一号

令崇德知事委任徐肃代理该县遗缺由

令崇德县知事

前据该知事呈请给假三月，回籍修墓，当经指令照准在案。所遗县缺，查有徐肃堪以委代，除任命并令知民政厅外，合亟令仰该知事知照，一俟代任到署，即行照章交替具报，毋延。此令。

中华民国五年九月二十九日

省长吕公望

（原载《浙江公报》第一千六百三十七号，五至六页，训令）

浙江省长公署训令第六百六十六号

令财政厅准税务处咨为吉林双城兴华火柴公司
税厘一案饬属遵照由

令财政厅长莫永贞

本月二十六日案准税务处咨开，"准农商部咨称，'据吉林省双城县兴华火柴公司经理杨宗锡呈称，东三省每年行销之火柴不下数百万，商人等招集股本羌洋五万元，创办兴华火柴公司，现拟续招股本五万元。但火柴运销各处，重关叠税，赔累堪虞，恳请破格维持，咨准将木植自制原料豁免税厘，并请将制出火柴准予援案完纳正税一道，沿途概免重征等情。查该商人等创办火柴公司，业经本部注册有案，此次请将木植自制原料豁免税厘及制出火柴援案完税，应否核准，钞录原文咨请酌复'等因前来。查镇江义生火柴厂制造火柴请援案完税，并请将柳木原料概予免税厘，曾经本处以该厂所制火柴运销各处，应准完纳值百抽五正税一道，沿途不再重征，其柳木原料，请免税厘，碍难照准，分别准驳通行遵办有案。此次双城兴华火柴公司制造火柴，核与义生火柴厂情事相同，自应准援照该厂成案分别核办，所有该公司制成火柴运销时，应即准由经过第一关切实值百抽五征税一道，给予运单，沿途各关卡验明单货相符，并无夹带影射及漏税情事，即予放行，除崇文门落地税外不再重征税厘。此外如限期十二个月缴销运单暨货品转运各办法，均照本处通行成案并修正简章办理。至此项特别税法，系专为奖励实业而设，如将来另有变通之处，该公司亦应一律照办。至木植自制原料豁免税厘一节，查制造各货原料向无准免税厘之先例，即如义生火柴公司请予免征柳木原料税厘，亦并未照准，所请应毋庸议。除分行外，相应咨行查照，饬属遵照"等由。准此，合行令仰该厅查照，并令各属遵照办理。此令。

中华民国五年九月　日

省长吕公望

（原载《浙江公报》第一千六百三十七号，六至七页，训令）

浙江省长公署训令第六百七十六号[①]

令民政厅转令水利委员会奉省长令准省议会咨处理
萧山湘湖案令仰该技正派员切实勘估具报由

令民政厅长王文庆

案准省议会咨开，"本年九月八日准省长咨送处理萧山县湘湖谘询案一件、测量报告书两份（文云见本月六日"训令"门），相应咨复省长请

---

① 本文由浙江民政厅训令第八百十九号析出。

为查照办理"等因。准此,合令该厅查照并饬水利委员会知照。此令。

中华民国五年九月　日

省长吕公望

附　浙江民政厅训令第八百十九号

令水利委员会奉省长令准省议会咨处理萧山湘湖案

令仰该技正派员切实勘估具报由

令水利委员会技正林大同

案奉省长第六七六号训令内开,"案准省议会咨开,'本年九月八日准省长咨送处理萧山县湘湖咨询案一件、测量报告书两份(文云见本月六日训令门),相应咨复省长请为查照办理'等因。准此,合令该厅查照并饬水利委员会知照。此令"等因。奉此,查湘湖禁垦问题关系重大,经本厅拟具办法呈请省长谘询省议会议复在案。兹奉前因,合亟令仰该技正知照,并即由会按照《增高堤坝办法》派员切实勘估具报,以凭转行遵办。此令。

中华民国五年九月　日

民政厅长王文庆

（原载《浙江公报》第一千六百四十四号,一九一六年十月九日,一二至一三页,训令)

浙江省长公署指令第　号①

令民政厅长王文庆

呈一件安吉县呈报八月分无新结会社由

呈悉。仰民政厅核饬知照。再,此项结社调查表,前经该厅议

---

① 本文自浙江民政厅训令第七百一十号析出。

复,改为季报,以省手续在案,仰并饬知。此令。九月　日

附　浙江民政厅训令第七百一十号

令安吉县知事奉省长指令该县呈报八月分无结社集会由

令安吉县公署知事姜若

本年九月二十二日奉省长指令安吉县呈报八月分无新结会社由,奉令开,"呈悉。仰民政厅核饬知照。再,此项结社调查表,前经该厅议复,改为季报,以省手续在案,仰并饬知。此令"等因。奉此,查是项月报前奉省长指令富阳县呈报案内,业经令由本厅核议改为季报呈准通令遵行在案。兹奉前因,合行转令知照。此令。

中华民国五年九月二十八日

民政厅长王文庆

（原载《浙江公报》第一千六百三十七号,七页,训令）

浙江省长公署训令第　号

令民政厅准交通部咨饬属秉公勘明绍萧一带河道
并有无厘订免碰规则暨公摊堤岸修费由

令民政厅长王文庆

准交通部咨开,"据杭州关监督呈,'据绍萧越安轮船公司呈称,向航户王清夫价购越康汽油小轮,行驶西兴至曹娥,请转呈注册给照并附呈呈式旧照暨照费到署,理合呈核'等情前来。正核办间,复据绍兴县曹娥等乡自治委员王树槐等呈称,'绍、萧一带居民全赖塘堤为保障（文云已见九月二十四日本报训令门）,相应抄录王树槐等原呈,咨行贵省长查照,希即饬属秉公查明该项河道实在详情,有无厘订免碰规则暨公摊堤岸修费之必要,迅速呈请'转咨到部,以凭核办"等因。准此,查此案先据王树槐等并呈到署,业饬该厅查复在案。准

兹前因,合令该厅一并饬查议复核夺,毋延,切切。此令。

中华民国五年九月　日

省长吕公望

附　浙江民政厅训令第七百十二号
令绍兴县知事奉省长令准交通部咨饬属秉公勘明绍萧
一带河道并有无厘订免碰规则暨公摊堤岸修费由

令绍兴县公署知事宋承家

案奉省长令开,"准交通部咨开,'据杭州关监督呈,据绍萧越安轮船公司呈称,向航户王清夫价购越康汽油小轮,行驶西兴至曹娥,请转呈注册给照并附呈呈式旧照暨照费到署,理合呈核等情前来。正核办间,复据绍兴县曹娥等乡自治委员王树槐等呈称,绍、萧一带居民全赖塘堤为保障(文云已见九月二十四日本报训令门),相应抄录王树槐等原呈,咨行贵省长查照,希即饬属秉公查明该项河道实在详情,有无厘订免碰规则暨公摊堤岸修费之必要,迅速呈请转咨到部,以凭核办'等因。准此,查此案先据王树槐等并呈到署,业饬该厅查复在案。准兹前因,合令该厅一并饬查议复核夺,毋延,切切。此令"等因。奉此,查该处河道行驶轮船并无妨碍,前据该知事于转呈自治委员王树槐等呈请案内,业经明白指令在案。究竟应否厘订免碰规则暨公摊堤岸修费之处,合就令仰该知事会同萧山县知事迅速勘明办理呈候核转,毋延,切切。此令。

中华民国五年九月二十八日

民政厅长王文庆

(原载《浙江公报》第一千六百三十七号,七至八页,训令)

浙江省长公署指令第一千二百九十一号

令民政厅长王文庆

呈一件议复永康县立中校情形由

呈悉。准如所议办理，仰即令行该知事遵照。此令。九月　日

附原呈

　　呈为呈复事。案据永康县知事呈称，"本年八月十六日奉钧厅第一五五七号饬，以奉省长批发永邑县立中校呈请提拨县税公益费一案，'究竟此项公益费及自治附捐，除自治小队等费外，尚有若干，该校请款公文，该知事何以月余不批饬，限文到三日内分别查明声复，俾凭转呈'等因。奉此，知事查阅中校校长黄云书原呈，情节诸多误会，合将提拨该校经费经过情形查明原案，为我厅长觇缕陈之。

　　"查永邑中校民国三年五月间因经费无着，曾经吴前知事电呈请自三年起，每征地丁银一两带收附捐银四分作为该校补助专款，嗣奉前行政公署以'部定税案田赋附加税不得过百分之三，浙江沿用前清征价，除一八正税外，余充县税，即属附加性质，为数已过无不及，碍难再加附税，所请毋庸置议。至该县中校经费，自应由该知事于县税项下四成教育费内撙节妥筹补助'等因指令遵办。奉经吴前知事令行中校校长会同妥筹议定，每年在四成教育费内酌拨银一千元作为该校补助费定额。此第一次筹定中校经费之情形也。

　　"上年四月间，该校以经费不敷，请将停办之小学教员养成所经费八百元以一半拨充该校，藉资弥补，当经陆前知事据情转详，嗣奉前巡按使届以'中校经费应在公益费内酌拨，不准在四成教育费内提拨'等因批饬下县。是前次批定在教育费内酌拨

之案,已奉根本取消,而永邑公益费实无余款可拨,自此以后该校则执定三年五月间批定原案请求照发,前巡按使公署则根据四年四月间批定原案屡次批驳,上下争持,迄未定案。此第二次变更中校经费之情形也。

"知事于上年九月间到任,调查原案,以中校开办有年,势不能因经费无着,任其中止,自应设法维持,免致偏废。当经知事于上年十二月间,以'永邑公益费每年约收实银三千二三百元,除额支自治委员办公处每月薪费银七十八元,全年需支银九百三十六元;又支县警队每月薪饷银一百四十六元,全年应支银一千七百五十二元;又冬夏两季服装银约一百元;又呈奉批准拨补平民习艺所经费年额银四百元;统共年额支银三千一百八十元。其他如奉文提解之道苗圃经常费银二百余元,模范桑园开办、经常等费银约一百六七十元,及临时奉文指定提拨之款尚不在内,是二成公益费银,每年以收抵支已属不敷,实无余款可以提充该校经费。请仍照三年五月间批准成案,准在四成教育费内每年酌拨银一千元,以资维持'等由,详请前巡按使公署批示祗遵。旋奉前巡按使屇以'县税小学费,既经颁布分配规程,自应一律遵办,非经本公署核准,不得变更。所有该校经费,应由该县另筹拨补。所请仍无庸议'等因批饬下县。此第三次筹议中校经费请求无效之情形也。

"自此以后,公益费内既无余款可拨,教育费内又不准动支,该校经费竟无着落,虽经知事面嘱自治委员及县视学员、各区学务委员、区董设法另筹,而意见不同,或请将县立高小学固有串票捐银一千余元移充中校,或请仍在公益费内设法腾挪,言易行艰,莫衷一是。而该校照常开课需费甚急,万难置之不顾,不得已由知事在四成教育费余存款内陆续借支,计自上年九月起至本年七月止,已借支银一千另五十元,有该校领据可稽。此永邑暂时维持该校经费之情形也。

"至地丁项下带收六分自治附捐,全年约收银一千八百余元,当初系专充城乡自治经费,自治停办后是项附捐仍照常征收,作为地方特别发生公益事项及县警队薪饷不敷之用。知事自上年九月十六日到任起,截至现在止,共计带收自治附捐银一千七百四十元三角九厘,除支给上年九月至十二月县警队薪饷银三百三十四元二角三厘,又详奉批准支给立法院议员选举经费银五百五十一元一角九分六厘,警察警队恩饷银三百八十二元二角,共支银一千二百六十七元五角九分五厘,余存银四百七十二元七角一分,曾经列入月报册内,非详奉核准不敢动支。该校长原呈谓,'每年可余银三千余元',不知如何所据而云然。

"窃维地方公益款项,本充地方公益之用,如果实有余款可提,岂有不照数提拨之理,且收入则有簿据可核,支出则有详案领据可查,丝毫不能朦混,现在交代章程又非常严密,与元、二两年之可以自由动支、含糊交接者,情形迥不相同,应支则支,应存则存,无故留挂,为知事者亦愚不至此。该校长原呈谓,'如果因公悉数开支,非为人民所共悉,尽可照章宣示,以昭大公'等语,似疑地方公益捐款每年可余剩银三千余元,均被知事吞没,其妄加揣测,令人骇异。至该校长于本年一月十二日详请将当捐银五十元及盐埠捐银七十二元拨充该校经费,当经知事以'当捐系县立高小校专款,盐埠捐应收入杂款内列报,非详奉批准不能动支'等由,于一月十三日批发。又,一月十二日据自治委员应赔哲、马贰卿、夏文铨,县视学员施维藩,学务委员应耀文、方文翰、童授袁、王景亮,教育会长程仁毅、应继韩等联名详请将县小学固有串票捐改充中校经费;再,在四成教育费内每年提银一千元填补县立高小学校经费等情请予转详前来。又经知事以'串票捐系县立高小校固有经费，未便改充，教育费内提银一千元作为高小校经费，核与奉定分配小学费规程不符，未便率予转详，致干驳诘'等由，于一月十三日批发各在卷。此外，并无该校长请拨经费禀件送署，原呈谓'该校请款公文，月余不批'，其饰词耸听耶，抑有意诬蔑耶？此知事所百思不得其故者也。奉饬前因，理合沥陈原委，备文呈复，仰祈察核转呈"等情到厅。查该中校常年经费于元年九月间据该县知事王亮熙呈称，由县税内补助洋二千元，当经前教育司批以"县税三分之一系专充小学经费，该中校常年费二千元，当于三分之一小学经费以外支取，不能于小学经费项下拨充"。旋于二年十一月间，据知事张志纯于呈送该校立案事项清摺案内声明，"所有该校不敷经费，责成县议会在县税公益项下支配"等语，由前行政公署并咨教育部立案。嗣三年五月间，据知事吴敦义电以"中学经费向赖县税公益费补助，本年公益费无款可拨，可否由地丁加收附捐"等情，经行政公署以附税碍难再加，令饬于县税教育费撙节筹补。四年五月据知事陆清翰详请"将停办小学教员养成所经费内，原支之县税教育费以半数拨充该校"，又经前巡按使公署以"教员讲习所仍须续办，未便改拨，该校经费应仍照原案在公益费内酌拨"。迨该知事接任，续据详称，该校执定前案，请求照发，钧署则根据后案屡奉批驳，上下争持，迄未定案。复由前巡按使公署以"该中学经费本系由公益费内支拨"，三年五月间吴前知事原电既系指三年分而言，前行政公署三年五月指令当然亦以三年分为限，本公署饬令仍用公益费项下拨补，本以该校从前原案为断批饬各在案。兹据来呈仍以三年五月指令为该校第一次筹定经费情形，是于元年九月前教育司批示及二年十一月咨准教育部立案各案均未详细查明。姑无论三年指令本系依据原电为一时救济之方，县税教育费系经省议会议决专充小学之用，该校经费由公益费支配，又经咨部立案，断难改变。即就三年五月原电而论，亦以公益费无款可拨，遂有另谋补充之议，倘公益费仍可腾支，即无另行拨款之理。查该县所报公益费开支，如警队薪饷一款，本系详准于自治附捐及公益费内支拨，该县自治附捐既现尚余银四百余元，而选举经费五百余元系属一次支出，嗣后无庸再支，以之并拨警队薪饷，既与原案相符，而公益费内即可腾余千元，足敷中学之用，何患无法维持？况该校立案原案不敷经费，本系责成在县税公益项下支配，则所需经费尤应核列在先，是该知事所称，竟无着落，误会在以三年五月指令为该校第一次之定案。现在县税教育费项下已借支一千余元之巨，万难再行拨借，致碍小学，拟由县先行查明该校预算究尚不敷若干，暂由前项自治附捐余银内拨付应用，一俟将来县自治成立，即责成照案支配，以资维持。至该校请款公文，既据该知事声明均经随时批发，拟请免予置议。所有查议永康县立中学校经费情形缘由，是否有当，理合呈请钧长鉴核训示遵行。谨呈。

（原载《浙江公报》第一千六百三十七号，一〇至一三页，训令）

浙江省长公署批第四百二十六号

原具呈人松阳私立高小校长陈樾等

呈一件为该县知事政绩卓著请核奖由

呈悉。查松阳县知事余生球，业已因案撤任，其平日办事成绩，亦早经派员查复在案，所请应无庸议。此批。九月　日

（原载《浙江公报》第一千六百三十七号，一四页，批示）

省长电复王镇守使

为电请留任嘉兴姚警佐由

湖州王镇守使鉴：径电悉。前据禾商会暨人民先后电禀，已令厅遵照

转令留任矣。此复。省长。俭。印。（中华民国五年九月二十八日）

（原载《浙江公报》第一千六百三十七号，一五页，电）

浙江省长公署咨交通部

据永康公民陈焕章等呈请设立永康电报局由

浙江省长为咨陈事。

案据永康公民陈焕章等呈称，"电报一项为交通之要图，我国自清光绪八年敷设以来，日事扩充，今则电线延长，几遍于通都大邑，功效之著，无待赘言。惟有局则拍发迅速，百端易于占先；无局则递转稽迟，事机每多坐误。兹将永康应设电局之理由谨为钧长陈之。

"电局为地方需要最重大之部，在军事与工商业，永康地势处浙东八属之中心，虽无重要军事之价值，然通衢四达，不得谓绝无军事之关系。况近年以来，地方多事，变故窃发，靡有定时，消息若不灵通，军机定多贻误，调兵输饷，非电何以能神？此对于军事必需设立电局者一。

"南由处、温以达闽，北下严、绍以抵杭，东接宁、台，西通衢、赣，负贩往来，络绎不绝，而本邑农产品之输出，工商品之输入，无虑数十百种，故旧金、衢、严、处四属之商务，除兰溪外，永当首屈一指。前巡按使屈巡行到地，颇蒙嘉许。然以交通不便，信息不灵，输入输出各品，均致坐失时机，难获巨利。即以腿业而论，业此者易得赢余，而近年反多亏折，何以故？即此电信不通，商情阂隔之所致也。腿业如此，其他可知矣。此对于工商业必需设立电局者又其一。

"顾或者以局费关系，恐或得不偿失。顾以永康现时商业之需要，事务之纷繁计算，发电之平均数每日可得七八通，虽创办之初，未能遽望盈余，然养局则无不足。又或谓，缙、武二县城均有专局，赴拍亦尚不远。然缙、武距永计程自六十里至九十里，军机、商情瞬息万变，穷日之力越境而发电，复电至而事机将如何矣？此对于种种关系，必需设立电局者又其一。

"综上理由，均系实在情形。为此联名公叩，伏乞钧长俯赐电察，核准施行"等因。据查所禀各节，尚属实情，应否准予添设，相应咨请大部查核施行。此咨

交通部

浙江省长吕公望

中华民国五年九月二十九日

（原载《浙江公报》第一千六百三十八号，一九一六年十月三日，三页，咨）

浙江督军公署训令第二二九号
浙江省长公署训令第六八二号

令各机关准江苏省咨请饬属保护德人
奔恩赴浙江等省游历由

令交涉署长、温交涉员、宁交涉员、民政厅长、警政厅长、暂编第一师长、暂编第二师长、嘉湖镇守使、台州镇守使、暂编混成旅长

本年九月二十三日准江苏省公署咨开，"案据特派江苏交涉员杨晟呈称，'顷准德国总领事函，以奔恩随带手枪、猎枪各一杆，弹少许，偕眷赴浙江、直隶、江苏、安徽、山东、河南、湖北、江西游历，缮给护照请盖印前来。除将护照印发外，理合呈请察照，转饬各属，俟该德商到境呈验护照时，照约保护'等情。据此，除训令各属保护并分咨外，相应咨请贵省长查照，希即转行各属照约一体保护"等由。准此，除分令外，合行令仰该　　即便转令所属一体照约保护。此令。

中华民国五年九月　　日

督军兼省长吕公望

（原载《浙江公报》第一千六百三十八号，四页，训令）

浙江督军公署训令第二三〇号
浙江省长公署训令第六八一号

令各机关准江苏省咨请饬属保护日人
中岛任雄赴浙江等省游历由①

令交涉署长、温州交涉员、宁波交涉员、民政厅长、警政厅长、暂编第一师长、暂编第二师长、暂编混成旅长、嘉湖镇守使、台州镇守使

本年九月二十三日准江苏省公署咨开，"案据特派江苏交涉员杨晟呈称，'顷准英国总领事函，以翰墨林赴江苏、浙江、山东、安徽游历，缮给护照请盖印前来。除将护照印发外，理合呈请察照，转饬各属，俟该英商到境呈验护照时照约保护'等情。据此，除训令各属保护并分咨外，相应咨请贵省长查照，希即转行各属照约一体保护"等由。准此，除分令外，合行令仰该 即便转令所属一体照约保护。此令。

中华民国五年九月 日

督军兼省长吕公望

（原载《浙江公报》第一千六百三十八号，四至五页，训令）

浙江督军公署巡令第二三一号
浙江省长公署训令第六八〇号

令各属准江苏省咨请饬属保护义人
郅路砥赴浙江等省游历由

令交涉署长、温交涉员、宁交涉员、民政厅长、警政厅长、暂编第一师长、暂编第二师长、嘉湖镇守使、台州镇守使、暂编混成旅长

本年九月二十三日准江苏省公署咨开，"案据特派江苏交涉员杨

---

① 底本事由误植。据浙江警政厅训令第三百五十号援引，当作"令保护英人翰墨林赴浙江等省游历由"，见《浙江公报》第一千六百四十五号，一九一六年十月十日，四页。

晟呈称，'顷准义国总领事函，以郅路砥赴江苏、浙江游历，缮给护照请盖印前来。除将护照印发外，理合呈请察照，转饬各属，俟该义商到境呈验护照时照约保护'等情。据此，除训令各属保护外，相应咨请贵省长查照，希即转行各属照约一体保护"等由。准此，除分令外，合行令仰该　　即便转令所属一体照约保护。此令。

中华民国五年九月　日

督军兼省长吕公望

（原载《浙江公报》第一千六百三十八号，五页，训令）

浙江省长公署委任令第十六号

令沈毓麟为政务参议会议员由

令沈毓麟

案据本署政务参议会参议员周延礽因病函请辞职，业经照准，遗缺查有该员堪以委任，除令知政务参议会外，发去任命状一纸，仰即查收任事。此令。

中华民国五年九月二十九日

省长吕公望

（原载《浙江公报》第一千六百三十八号，五至六页，训令）

浙江省长公署训令第六百七十三号

令民警二厅暨各县知事为参谋部续出

中国舆图请通饬各属购取由

令民政厅长、警政厅长、各县知事

案准参谋本部咨开，"查本部督饬制图局制印之百万分一中国舆图四十九面，早经呈准并通咨京内外各官署购用在案，数月以来，各机关因公购取者颇多。现又续行出版五十六面，其图价仍订每张大洋一角二分，兹特检出该图一份，共计五十六张，咨送贵省长查收备考。嗣后如因公需用此项地图,请按照向章备文来部购取,并请令行所属知照。余图俟出版后再行通知,合并声明"等因。准此,除分令外,合令该厅长、该知事查照。此令。

中华民国五年九月二十九日

省长吕公望

（原载《浙江公报》第一千六百三十八号,六页,训令）

浙江省长公署训令第六百八十三号

令高审厅据永康徐宗岳禀盗首陈隆兴等请饬正法由①

令高等审判厅长范贤方

案据永康县民人徐崇岳禀称,"盗首未毙,请求饬县迅详按法执行,以快民心"等情到署。查徐宗岳家被劫一案经前巡按使迭次饬县查案办理,迄今日久,仍未判决执行,殊属不合。据禀前情,合行令仰该厅即便转令永康县知事迅予查案,依法办理,克日呈复,毋再玩延,切切。禀抄发。此令。

中华民国五年九月二十九日

省长吕公望

（原载《浙江公报》第一千六百三十八号,六页,训令）

浙江省长公署训令第六百八十四号

令高审厅准四川省长咨为四川卸任忠县知事

冯元铢潜逃仰转令绍兴县查传由

令高等审判厅长范贤方

本年九月二十三日准四川省长咨开,"案据四川忠县知事沈霈以'卸任知事冯元铢未办交代,即行潜逃,恳饬回县'等情,当经饬行省

---

① 徐宗岳,正文一作徐崇岳,孰是孰非,难以判断。

会及重庆警察厅查传去后。旋据该厅等先后详复以'冯元铄实未在川,闻以南旋,无从查传'等情。据此,查该员冯元铄籍隶浙江绍兴县,相应咨请贵省长转饬该县知事查传冯元铄到案,勒饬速回忠县交代,实纫公谊"等因。准此,合行令仰该厅即便转饬绍兴县知事遵照办理。此令。

中华民国五年九月　日

省长吕公望

（原载《浙江公报》第一千六百三十八号,七页,训令）

浙江省长公署训令第　号①

令民政厅转饬各县知事各学校奉令
转奉部咨教育纲要议决撤消由

令民政厅长王文庆

准教育部咨开,"案查《教育纲要》一册,于民国四年一月间由前政事堂片交到部,兹承准国务院公函内开,此项《纲要》业经国务会议议决撤销等因。准此除分咨外,相应咨请贵省长查照并转行所属知照。此咨"。准此,合令该厅通令各属一体知照。此令。

中华民国五年九月　日

省长吕公望

附　浙江民政厅训令第六百七十号

令各县知事各学校奉令转奉部咨教育纲要议决撤消由

令各县知事、各学校

案奉省长令开,"准教育部咨开,'案查《教育纲要》一册,于民国四年一月间由前政事堂片交到部,兹承准国务院公函内开,

---

① 本文自浙江民政厅训令第六百七十号析出。

此项《纲要》业经国务会议议决撤销等因。准此,除分咨外,相应咨请贵省长查照并转行所属知照。此咨'。准此,合令该厅通令各属一体知照"等因。奉此,合就令仰该知事遵照并转行所属学校一体/校长知照。此令。

中华民国五年九月三十日

民政厅长王文庆

（原载《浙江公报》第一千六百三十八号,七页,训令）

浙江督军署指令第一千零四十六号

令临海县公署知事戚思周

　　呈一件为送八月份逃兵表由

呈、表均悉。该知事到任未久,即拿获逃兵王日水、黄大芦二名解办,足见热心任事,洵属可嘉。其余未获各逃兵之限期,应准照《缉拿逃兵惩劝章程》第十三条以接任之日起算,仍仰该知事饬属侦获解究,以肃军纪。表存。此令。九月三十日

（原载《浙江公报》第一千六百三十八号,一五页,指令）

浙江省长公署指令第九百二十一号

令财政厅长莫永贞

　　呈一件为调委杭县统捐局长等员由

呈及履历均悉。据称杭县统捐局长汪曾保、永嘉统捐局长李寿慈调省另候委用,所遗杭县局务以威坪统捐局长殷李铣调充,永嘉局务以常开统捐局长汪张黻调充,递遗威坪局务以姚景夔充任,常开局务以罗念慈充任。又,余姚统捐局长兼办安馀慈镇花捐局务李光邺调省另候委用,所遗局务以徐元瀛调充。俱即照准,仰将发去任命状五道分别转给祗领。此令。履历存。九月三十日

（原载《浙江公报》第一千六百三十八号,一五页,指令）

浙江省长公署指令第九百三十七号

令财政厅长莫永贞

　　呈一件为雪水桥统捐局长刘凤起调省遗缺以陈炳华接充由

　　呈、摺均悉。据称雪水桥统捐局长刘凤起调省另候委用,所遗局务以陈炳华接充,应即照准,仰即发去任命状转给祗领。此令。履历存。九月三十日

　　　　（原载《浙江公报》第一千六百三十八号,一五页,指令）

浙江省长公署指令第一千零零九号

令财政厅长莫永贞

　　　　呈一件为改调严东关新市统捐局长由

　　呈、摺均悉。据称严东关统捐局长章桢调省另候任用,所遗局务以新市统捐局长黄又望调充,递遗新市局务以周昌寿接充,应即照准,仰将发去任命状二道转给祗领。此令。摺存。九月　日

　　　　（原载《浙江公报》第一千六百三十八号,一六页,指令）

浙江省长公署指令第一千四百十六号

令财政厅长莫永贞

　　　　呈一件为民政厅呈复女师学请拨校址一案由

　　呈悉。准如所拟办理,仰财政厅查照。此令。呈抄发。九月三十日

附原呈

　　呈为遵批查复女子师范学校请拨校址一案乞察核示遵事。

　　案奉钧长在都督任内批发前清理官产处呈为省立女子师范学校请拨官地筹建校舍绘具图说请示遵由,奉批内开,"呈、图均悉。该校建设十余年,成效卓著,自应准予拨地建舍,以资持久。

所请拨给旧牙厘局等官地四十余亩,可否照行,仰民政厅会同财政厅查明具复察夺。此次该校、处来往函禀,均未经该直属上级机关核转,手续上实有未合,仰并转饬知照。此批。抄呈连同原图发"等因。奉此,查此案前据女子师范学校径呈到厅,当以旧教场北段官地,前经医药专门学校详由届前都督批准拨给三十亩作为校址在案。兹阅图内所绘操场地点,核与该校原案相同,究竟有无冲突,批饬查明声复去后。旋据医药专门学校呈称,"窃本校于四月三十日禀请前督署将旧教场北段官地拨充校址,业蒙批准在案。今得女子师范学校函,'以敝校请拨牙厘局等地亩须与旧教场北段官地相连,贵校原拨样址可否略予通融,量为移改'等情。伏思本校与女子师范学校同为公家建筑,第得相当地址,自不必坚执原案。查旧教场南段空地尚多,倘能将该地全部拨给本校,则将来添设附属病院及药用植物圃均得相当地点,呈请派员勘定,以利进行"等情。复经以"该校原拨校址,既与女子师范学校请拨地亩有碍,据请量为移改,事属可行,惟仍应以原拨亩数为限,以符前案。仰即由该校会同女子师范学校勘定界址,另绘详细图说送候核办"等语批示在案。兹据各该校遵批分别绘图声复前来。查女子师范学校请拨牙厘局及旧教场等地亩,现在既与医药专门学校校址并无冲突,前项地亩并经前清理官产处查明均属官产,核与部定《官立机关准用官有产业办法》尚属相符,自可准予照拨,俾资建筑。至医药专门学校移改校址,仍以前拨亩数为准,与届前都督批准原案亦无出入,并乞准予备案,以完手续。是否有当,理合并绘两校校址图说一份,备文呈请钧座察核指令遵行。再,此件拟自奉准后行知财政厅查照,合并陈明。谨呈。

(原载《浙江公报》第一千六百三十八号,一六至一七页,指令)

浙江省长公署指令第一千四百十八号

令高等检察厅长殷汝熊

呈一件警政厅报获盗犯金阿高等四名
并枪支赃物送萧山县讯办情形由

据呈,"先后缉获萧山县盗犯金阿高等四名,并枪支原赃送县讯办"等情,捕务尚属认真,应准俟定案后核明给奖,以昭激劝。合行令仰该厅即令萧山县分别查案提犯讯明拟办,并将原赃给主认领暨由厅咨复该警厅知照。呈抄发。此令。九月三十日

（原载《浙江公报》第一千六百三十八号,一七页,指令）

浙江省长公署指令第一千四百十九号

令高等检察厅长殷汝熊

呈一件桐乡县呈报勘验淹死无名男尸由

呈悉。仰高等检察厅令即侦查,该无名男尸因何致毙,由何处抛入河内,迅派干警密拿凶犯,依法讯办,毋稍延纵,切切。格结存。此令。九月二十九日

（原载《浙江公报》第一千六百三十八号,一七页,指令）

浙江省长公署指令第一千四百二十号

令高等检察厅长殷汝熊

呈一件警政厅报四区五营获盗王小畚等由

据呈,"获犯王小畚、王三、王仙普三名,讯供不讳,送县讯办"等情已悉。合行令仰该厅即便令县迅予研讯确情,诉由专审员按律判决,一面仍勒缉逸犯务获究报,并由厅咨复警政厅知照。此令。九月二十九日

（原载《浙江公报》第一千六百三十八号,一七至一八页,指令）

浙江省长公署指令第一千四百二十一号

令高等检察厅长殷汝熊
　　　　呈一件桐乡县呈报熊尚氏落河身死由

呈悉。熊尚氏究竟因何起衅致死，陈明志有无诱逃情事，合行令仰该厅即便令县切实查讯，务得实情，按法办理，毋枉毋纵，切切。格结存。此令。九月二十九日

　　　　　　　（原载《浙江公报》第一千六百三十八号，一八页，指令）

浙江省长公署指令第一千四百二十二号

令高等检察厅长殷汝熊
　　　　呈一件平湖县呈报汪子馀家被劫由

呈及图表单均悉。仰即令县咨饬营警勒限侦缉本案赃盗，务获究报，切切。图、表、单存。此令。九月二十九日

　　　　　　　（原载《浙江公报》第一千六百三十八号，一八页，指令）

浙江省长公署指令第一千四百二十三号

令高等检察厅长殷汝熊
　　　　呈一件江山县呈报自治委员周正熺被杀情形由

呈及格结均悉。仰高等检察厅迅令该县会督营警勒限严缉正凶务获，按律讯判，毋稍疏纵，致干重咎。拟请悬赏洋一百元，准在准备金项下开支，并即转令知照。格结存。此令。九月二十九日

　　　　　　　（原载《浙江公报》第一千六百三十八号，一八页，指令）

浙江省长公署指令第一千四百二十四号

令高等检察厅长殷汝熊
　　　　呈一件义乌县报吴华祝受伤身死由

呈及格结均悉。仰即令县迅缉逸犯骆贵发等务获，提同骆樟维、

骆志告等并案讯明拟判,毋任延纵,切切。格结存。此令。九月二十九日

（原载《浙江公报》第一千六百三十八号,一八至一九页,指令）

浙江省长公署指令第一千四百二十五号

令高等审判厅长范贤方、高等检察厅长殷汝熊

呈一件为议复丽水县司法条陈由

如呈办理,仰即通令遵照。此令。九月二十九日

（原载《浙江公报》第一千六百三十八号,一九页,指令）

附　浙江高等审判厅训令第八二八号

浙江高等检察厅训令第五六五号

令各县审检所奉省长指令本厅议复丽水县知事

司法条陈仰即通令遵照由

令各县审检所

本年十月三日案奉浙江省长公署第一四二五号指令,本厅呈一件为遵令议复丽水县知事陈赞唐司法条陈乞核示由,奉令内开,"如呈办理,仰即通令遵照。此令"等因。奉此,合亟照录该知事原条陈暨省公署批答并本厅原呈各一件,登报通令,不另行文,仰各该审检所一体遵照办理。此令。

计抄件。

中华民国五年十月六日

高等审判厅长范贤方

高等检察厅长殷汝熊

司法条陈批答（已见九月十八日本报"指令"门,从略）

司法条陈

一诉讼　窃丽水僻处山陬,民情狭陋,诉讼案件之发生,大抵皆为薄物细故者居多,凡凶伤命盗各案,素称罕有。兹查民事

案件，照章向有印花状纸抄录、路程膳宿等费收入，自去年奉饬分别加征后，综计一案之判决当事人应纳诉讼上之费用，其数往往倍于诉讼物之价格者，恒数见不鲜。迨至审判终了，败诉人负担费用，执行手续每难完结，且有因费用而发生他案者。人民无知，偶因物薄细故涉讼公庭，致受负担费用之苦，言之殊堪怜悯。此讼费之所宜减轻，以苏民困者也。

又，丽水自民国三年间，地初审检厅裁撤后，司法归并县知事兼理，业已无完全司法机关之设置，律师制本不能行，故近来人民诉状之投，其讼大半皆出诸讼棍之手，海市蜃楼，空中结撰，胜则索取报酬，败者怂恿上诉，甚至设言撞骗，遇事生波，乡愚往往受其煽惑。此词讼之所宜革禁，急应采用律师制者也。

若承发吏之赍书送达，法警之奉票拘传，职务如有专属，况丽水每月收受民刑各案多则五六十起，少亦四十余宗，诉讼手续不甚简单。乃自奉饬司法变等后，只准用承发吏一人、司法警察六人，实属不敷派遣。今知事为诉讼策进行计，除添设承发吏三名、司法警察四名，以资办公外，并查开庭审讯照章得酌用庭丁，原为审判时维持秩序也，今迫于经费废而不用，故庭审时旁听人拥挤喧哗、谈笑自如，法庭之威严莫保，断难行使其审判权，应即酌用庭丁二，以肃法庭之观瞻。至吏、警及庭丁之薪给，预算月支洋共四十余元，知事拟请于司法临时费项下支给。

以上数端，初不过于诉讼一方之利弊，就其易于与兴革者举而言之耳。

呈

呈为遵令议复仰祈鉴核事。

本年九月十六日案奉钧署训令第四三〇号内开，"据丽水县知事陈赞唐呈称（文云见九月十八日本报"训令"门）遵照议复核夺。此令"等因，并黏抄司法条陈一件下厅。奉此，查原条陈关于承发吏、司法警察各节，业经职厅等规定员额预算通令各县遵行在案，该县事同一律，自可遵照办理。至庭丁系执行开庭时之职务，原得由法警公役兼任，如实有不敷情形，不妨由预算范围内酌量匀摊添设，似可毋庸特定，以节经费。其各县采用律师制度一节，本救弊补偏之心，筹保障民权之道，用意甚善，惟查现在各县审检所系过渡时代一种权宜制度，虽仿照审检厅组织，而以经费、人员等种种制限，其程序究不如正式审检厅完备，故律师制度能否推行无碍，非从各方面详细熟究，无以审其利弊。查《律师暂行章程》第二十一条内载，律师应于执行职务之审判厅所在地置事务所；同条第二项，置前项事务所，应即报告于各该级审判厅及检察厅；第二十二条第一项，律师应于地方审判厅所在地设立律师公会；第二十三条，律师公会受设立地之地方检察长之监督。综观各条，是律师与正式审、检厅鼎峙而立，各县审检所知事虽兼理检察职务，究与检察长有别。采用律师制度，官厅无监督之权，律师无应循之法，流弊所届，靡所底止。此就法理上论审检所碍难采用律师制度者一。

查律师制度之本旨，要在维持审判之公平，若如该知事条陈以防止人民之诉讼为采用律师制度之理由，恐理想与事实适见相反。况欲保障人民权利，尤非各县兼设义务律师，不足以济其平，否则即采用后而对于无力委任律师者，仍未免生不平之结果。纵云有胜于无，窃恐弊逾于利。况律师尤非公会不足以维持风纪，而公会尤非仅少数人所能组成。此就事实上论审检所碍难采用律师制度者二。

总之，该知事条陈系在抵制讼棍之招谣、唆讼，不知讼棍撞骗，正可依法办理，其唆人诉讼亦得出示禁止。此种不法之徒，到处皆有，防微杜渐，要在各该县知事随时严密查禁，未必因采用律师制度便可防止弊。窃以为与其采用律师制度，仍未能收完美之效果,不如俟将来正式地方审检厅筹备成立,即以地方厅所在地为律师制度采行之区,庶人民得受实益,法制不致纷歧,官民交感其便,而后制度始可推行无碍。厅长等往返磋商,意见佥同。所有遵令核议丽水县知事司法条陈缘由,是否有当,理合具文呈请钧署察核指令祇遵。再,此呈系由职审厅主稿,会同职检厅办理,合并声明。谨呈。

（原载《浙江公报》第一千六百四十八号,一九一六年十月十五日,一三至一五页,训令）

浙江省长公署批第四百三十六号

原具禀人泰顺吴铗等

禀一件为福林巡缉队越界侵扰请咨禁由

禀悉。候据情转咨可也。此批。九月二十九日

（原载《浙江公报》第一千六百三十八号,二〇页,批示）

浙江省长公署批第四百三十七号

原具呈人永康公民陈焕章

呈一件请添设永康电报局由

呈悉。候咨部核示可也。此批。九月　日

（原载《浙江公报》第一千六百三十八号,二〇页,批示）

浙江省长公署批第四百四十二号

原具呈人监狱毕业生方霖、王城等

呈一件禀请饬厅准予考试由

案据董士廉、陆宗赟等禀,经令厅查明学校资格核饬遵照具复在案,该生等事同一律,着即抄批径呈高检厅核示遵行可也。此批。九月二十九日

（原载《浙江公报》第一千六百三十八号,二〇页,批示）

浙江省长公署电大总统

呈请任命王文庆为政务厅厅长由

北京大总统、国务总理、内务总长均鉴：浙省自改革后，都督之下设有民政厅，管理全省民政事宜，并以王文庆任民政厅长，业于七月间分别电陈在案。公望继任之始，原拟暂仍其旧，静候官制确定，再行改组。惟外官制颁布尚须时日，而自军民分治以后，省长公署外有民政厅，权限既难划清，经费所需尤巨，兹当编制预算之时，拟仍遵照现行省官制，就原有民政厅改组为政务厅。查现任民政厅长王文庆，任职以来对于地方兴革事宜，均能不避劳怨，力谋整顿，以之改任政务厅厅长，必能胜任愉快。应请大总统俯念浙省百端待理，需才孔亟，准予任命王文庆为省公署政务厅厅长，俾资助理而专责成。谨此电呈，伏祈鉴核。浙江省长吕公望。俭。印。（民国五年九月二十八日）

（原载《浙江公报》第一千六百三十八号，二二页，电）

浙江省长公署电大总统

呈请任命林鹍翔为外交部特派员由

北京大总统、国务总理、外交总长均鉴：浙省交涉署长前委张嘉森署理，业于七月间分电呈报。嗣据张嘉森呈请辞职，复经委任林鹍翔接署在案。查林鹍翔系前清候选知府，日本法政大学速成科毕业，历任宪政编查馆谘议官，日本公使馆参赞、随员，代理日本游学生监督，湖南政务厅厅长等职。该员洞明法理，谙习外交，任职以来，办理交涉案件，尤能洞中肯綮。现在大局业经统一，浙省交涉署长一职，自应仍照现行官制正名为外交部特派员，以符法制。应请大总统俯念浙事孔艰，外交人才尤为难得，准予任命林鹍翔为浙江省外交部特派员，以资熟手。谨此电呈。浙江省长吕公望。艳。印。（民国五年九

月二十九日）

（原载《浙江公报》第一千六百三十八号,二二页,电）

浙江省长公署电大总统

呈请任命范贤方为高审厅长殷汝熊为高检厅长由

北京大总统、国务总理、司法总长均鉴：浙省独立后,经屈前都督任命庄景珂为高审长,王天木为高检长,继续任事。嗣因庄景珂、王天木辞职,由公望委任范贤方、殷汝熊接署,均于七月间分别电陈在案。查范贤方系日本法政大学速成科毕业,历任浙江省检察长、司法筹备处处长,并继续担任前四明法政学校法律教科五年。殷汝熊系日本早稻田大学专门部毕业,历任浙江省法院暨高等审判厅推事,江苏高等审判厅推事兼民一庭庭长,共计四年以上,资格均属相符。此次任职以来,对于司法事宜,均能力图整顿,尤著成绩。浙省财政厅长莫永贞早奉任命在案,该员等事同一律,应请大总统俯念浙省司法事务急待进行,准予分别任命,俾资鼓励而专责成。谨此电呈。浙江省长吕公望。艳。印。（民国五年九月二十九日）

（原载《浙江公报》第一千六百三十八号,二二至二三页,电）

吕省长复台州第六中校张校长电①

台州第六中校张校长：电悉。邬荣枢等为首闹假,准斥退。余如不悛,并准严惩,以维学风。省长。艳。印。（中华民国五年九月二十九日）

（原载《浙江公报》第一千六百三十八号,二三页,电）

---

① 张校长,即张炘,民国三年三月至民国七年七月任省立第六中学（台州中学前身）校长,后为省议会议员。

浙江省长公署咨福建省长

据泰顺吴铗等禀为福林巡缉队越界侵扰请咨禁由

浙江省长为咨行事。案据敝省泰顺县民吴铗等禀称,"籍隶泰顺,住居归仁镇地方居民,食盐向由本地劳动界,自赴平阳桥墩门官盐分局零买肩挑而来。前因邻省福鼎巡缉队屡屡持枪越界,藉口缉私,截路劫夺,甚至开枪伤毙,惨无人道。去年冬,经铗等抄汇案由列陈自实禀请巡按、盐运两使咨会福建巡按使出示勒石严禁侵越,业蒙屈前巡按使批饬前瓯海道尹转饬平、泰两县知事会同查勘、绘图详复在案。复由铗等将西关路上路下阙姓、董姓之田契检投泰顺县查验,其钱粮并归泰顺征收,则该路实属浙江管辖地,确无疑义。迄今时逾半载,未沐施行,以致该队益无顾忌,虽经县知事出示禁止,终莫奈何,不已联名佥请察核检查卷档迅予施行"等因。查此案先据该民禀请,经前巡按使屈仰道饬县会勘详复去后。旋据平阳县知事张朝辅、泰顺县知事陈毓康会详称,"窃查此案争端在于两省界线,平盐入泰,皆自桥墩门而来,经西关岭头大路过犁壁坑而直西抵泰邑,万不能越雷池一步。西关岭大路下为西关隔,皆闽浙两省平阳、泰顺、福鼎三县交界地,肇衅即在于此。查西关隔一隅,于管辖上颇致疑问,其南畔有水沟,一经小坑而下,接连大溪,绵长四十余里。询之地人,佥称泰、鼎两县向以水沟为分界,沟北属泰,沟南属鼎,据是可知此疆彼土,划作鸿沟,实无讨论之余地。惟查水沟以北、大路以南,所有钱粮现有或归福鼎征收者,据是则据处又疑属诸鼎辖,此中疑义颇难明了,非特档案无可稽考,即志乘亦书缺有间。知事毓康以为泰邑毗连闽省凡四县,山岭丛杂,大率皆以溪水为界,如霞浦县则以交溪为界,福安、寿宁两县则以双港溪为界,悉本天然形势。而福鼎当明代设置泰顺县治时,亦必以沟为界,确无可疑。惟地处荒僻,居民稀少,人迹亦罕经,历来皆视同瓯脱,故沟北钱粮不知何年归入福鼎征收,迄今代远年湮,已难深考。而福鼎巡缉队遂以西关隔归鼎管辖,敢于拦夺盐挑,枪毙人命,职此之由。然此姑不俱论,该巡缉队上年枪毙泰民杨朝铿,其尸身虽停在西关隔温姓田中,其被击时实在西关岭头,浙属山麓之大路上,后中弹毙命,始坠落路下田中。盖挑盐入泰,断无舍大路而不行,而反纡回绕道于田陇中者,此尤事实上之万无可逃者也,其为越境杀人,自不待言。且查该巡缉队从前屡有至犁壁坑干涉盐挑情事,犁壁坑之为泰辖确无可疑。自杨朝铿案发生后,其犁壁坑一段虽不敢公然再致,而西关岭头大路仍有抢夺仍事①。即如此次会勘后,知事毓康又于一月五日据民人王士逢、卓华笋禀称,'于旧历十一月二十三日(即履勘之次日)被福鼎盐兵十余人藉口缉私,强夺盐担而去'。又于一月六日据吴铗等联名禀同前情,请予核办各情到县。盖犬牙交错,唇齿相依,彼终有所藉口,其祸正未有艾也。至泰民肩盐入鼎一节,亦查无其事,盖入鼎入泰显分两路,与福鼎管辖地点亦渺不相涉也。为今计,若将水沟北之地划归泰辖,固为根本上解决办法,然此诚非旦夕所可蒇事。即为目前治标计,其路确系浙辖之西关山麓经过,惟有咨请闽省饬令该队不得再至西关岭头一路妄为干涉,如再任其自由活动,平盐销路既多影响,泰民生命尤岌岌可危,此则可为殷忧者也"等情,并送图说一纸各在案。据此,查敝省与贵省交界之处在西关岭下西关隔地方,现在虽据该民等呈出阙姓、董姓田契,证明西关隔一地应归敝省管辖,惟据该知事等详称,"该地水沟以北,大路以南,有归福鼎征粮之地,未经两省会勘划界,不敢擅为断定。至西关岭头之为敝省辖地,已无疑义"。所有福鼎巡缉队借名巡盐越界侵扰,实属不合,相应咨请贵省长严饬该队,勿得再行越境巡缉,一面派员会同平阳、泰顺二县知事勘明地界,详细划分,以清积牍而维治安,至纫公谊。此咨

---

① 仍有抢夺仍事,后一"仍"当为误植。

福建省长

　　计送勘图一纸。

浙江省长吕公望

中华民国五年九月二十八日

　　（原载《浙江公报》第一千六百三十九号，一九一六年十月四日，三至四页，咨）

浙江省长公署训令第　　号

令政务参议会为参议员周延礽因病辞职
另委沈毓麟充任由

　　令本署政务参议会

　　案据该会参议员周延礽函称，"礽以匪材，猥蒙特委，乃两月以来，孱躯时有不适，数次请假，职是之由，近缘事到都，病仍未愈，政务参议会会员一席，特肃函敬辞，俾政务不致久旷"等情。据此，查周参议员既经因病函请辞职，自应照准。遗缺查有沈毓麟堪以委任，除任命外，合亟令仰该会知照并转函周参议员知照。此令。

中华民国五年九月二十九日

省长吕公望

　　（原载《浙江公报》第一千六百三十九号，五页，训令）

浙江省长公署训令第六百八十五号

令高审检厅准司法部咨各审检衙门所报之
诉讼月表分别编辑汇总呈报由

　　令高等审判厅长范贤方、高等检察厅长殷汝熊

　　本年九月二十六日准司法部咨开，"查本部关于统计事项通行文件，前因贵省文电不通，暂行停发，兹特检同原件咨请贵省长查

照。此咨。附咨文一件"。查原咨内开,"查京外各审检衙门关于民刑事诉讼案件报部办法,原有表报与册报两种,自去年六月本部奉大总统申令,'京外法庭原有诉讼月报应由司法部及各省巡按使有监督司法之责者,将各该法庭受理案件分别已结、未结摘由汇总,按月呈报,用资亲览,予得以周知民隐,整饬官方。此令'等因。经本部酌拟《民刑事诉讼案件摘由汇报办法》及清单附表格式,呈奉批令,准如所拟办理,由部通行遵照。单、表存。此批等因,遵即钞印通行。嗣以兼理司法各县署所报单表凌乱无序,不得已于本年三月呈请变通办理,所有各县单表概存该管厅处备案,内容有无不合,即责令认真查核,随时纠正,并由各该厅处分别民刑案件,将旧管、新收、已结、未结各项总数,按月列表,依原办法所列程序报由本部复核,分起汇呈。至各厅处暨各道署附设上诉机关,仍照向章造报。旋奉批令照准,业经本部通饬遵办,并咨请查照在案。惟查各审检衙门之有表报与册报,填写已费时日,按期造送,常恐不及,再令填报单表,实属不胜其烦,故自去年以来,单表之成效未见,而册表之进行反滞,若不亟行变通,深恐窒碍滋多。今拟将该项单表全行废止,其六月以前应行造报之单表除已到部者暂行存查外,余悉免予补报。至于呈报办法,拟改为每年举行一次,仅列收结之总数,不摘原案之事由,即由本部就各该审、检衙门所报之诉讼月表,分别编辑汇总呈报,以期简便而收实效。除通饬遵照外,相应咨请贵省长查照"各等因。准此,合行令仰该厅即便遵照,嗣后每届年终,即行列表呈候核咨。此令。

中华民国五年九月三十日

省长吕公望

（原载《浙江公报》第一千六百三十九号,五至六页,训令)

附　浙江高等检察厅训令第四百七十三号
令各属遵照部咨废止民刑诉讼已未结摘由单表
并查照办理诉讼月报等三种按月造送汇核由

令浙江高等分庭检察官金文谔、浙江高等第二分庭检察官李廷恺、杭县地方检察厅检察长陈毓璿、鄞县地方检察厅检察长金兆銮、金华县知事钱人龙、永嘉县知事郑彤雯、七十一县审检所

本年十月二日奉省长训令第六八五号开，"准司法部咨开，'关于统计事项，前经部拟《民刑事诉讼案件摘由汇报办法》及清单附表格式通行遵照。惟查各审检衙门之有表报与册报填写，已费时日，按期造送，常恐不及，再令填报单表，实属不胜其烦。故去年以来，单表之成效未见，而册表之进行反滞，若不亟行变通，深恐窒碍滋多。今拟将该项单表全行废止，其六月以前应行造报之单表，除已到部者暂行存查外，余悉免予补报。至于呈报办法，拟改为每年举行一次，仅列收结之总数，不摘原案之事由，即由本部就各该审、检衙门所报之诉讼月表分别编辑汇总呈报，以期简便而收实效。除通饬遵照外，相应咨请贵省长查照'等因"行令到厅。查统计表册本厅奉部颁行格式转饬造报者，有诉讼案件月报表、刑事进行期间表、分配暨办结案件表、已未结民刑事诉讼案件摘由单表等四种，兹奉部废止诉讼案件单表，并将六月以前未经造报之单表免予补造，所有每月应行造送之诉讼月表、进行期间表、分配暨办结案件表三种，仰各该庭、该厅、该所依照颁行表式按月造报，其未报各县并仰克日补报，以凭分别编辑总表而咨转报。此令。

中华民国五年十月四日

高等检察厅长殷汝熊

（原载《浙江公报》第一千六百四十二号，一九一六年十月七日，四至五页，训令）

浙江省长公署训令第六百八十九号

令吴兴县知事准湖南省长咨请令知
甄用合格人员郑德凝一员由

令吴兴县知事

案准湖南省长公署咨开，"案准铨叙局咨开，'查此次保荐甄用人员业经文官甄用会审查完竣，分别准驳，于本年八月二十二日呈奉大总统指令，'此次审查合格，吴渊等七十九员应准交国务院照章注册，分发任用，余如拟办理。审查书并发。此令'等因。前湖南巡按使沈金鉴保荐郑德凝、陈继训，兼护湖南巡按使严家炽保荐俞文麟、范公说等四员，业审查合格，并经本局酌定赴局报到限期，于八月二十三日公布在案。相应抄录布告，咨行贵省长查照转知该员遵照可也。此咨。计发布告一纸'等因。准此，查该员郑德凝籍隶浙江吴兴县，由前湖南巡按使沈任内委充贫民工艺厂差，现已回籍，相应备文咨请查照，转令该员遵照"等由，并附送布告一纸到署。准此，合亟抄录布告，令仰该知事转知该员遵照。此令。

计抄发布告一纸。

中华民国五年九月三十日

省长吕公望

（原载《浙江公报》第一千六百三十九号，六至七页，训令）

浙江省长公署指令第　　号[①]

令民政厅议复吴兴商会总理请截留县税房警捐一案由

令民政厅长王文庆

呈悉。查该厅前请酌量拨警费余款拨充各县警额一案，业经明晰指令，应从缓议矣。仰即由厅令饬吴兴县转行该商务分会知照。此令。

---

① 本文自浙江民政厅训令第七百四十号析出。

附　浙江民政厅训令第七百四十号

令吴兴县奉省长指令议复吴兴商会总理请截留县税房警捐由

令吴兴县知事吕俊恺

为令知事。本年九月二十六日奉省长指令本厅议复吴兴商会总理请截留县税房警捐一案由①，内开，"呈悉。查该厅前请酌量拨警费余款拨充各县警额一案，业经明晰指令，应从缓议矣。仰即由厅令饬吴兴县转行该商务分会知照。此令"等因。奉此，查各县警费，前经本厅统筹扩充办法，拟除收支不敷各县外，其收入有余各县准将额定解省余款内留拨七成，扩充各该县警察名额，其余三成仍按月解省，以便扩充模范警队及各县短收拨补之需，并缮具各县警费收支盈绌细表，呈请省长核示。嗣奉省长训令，据吴兴商务分会总理王树枬呈请截留房警捐等情，令厅核议复夺，当经本厅仍照前拟《扩充各县警额办法》将该县所余警费准留七成，其余三成仍须解省支配等语，呈复请示。旋于九月十四日奉省长指令本厅酌拨警费余款扩充各县警额由，内开，"呈、表均悉。国步初夷，地方多故，扩张警政，自属要图。惟百物具兴，各地方力图发展，经费一项辄觉困难，就警费余款而言，各县报解骤形短绌，恩饷发给每多截留，综核现情，几有收不敷支之势。警务研究所虽已停办，而模范警队展长教育期间，又须增加巨款，挹注益见艰难。统筹全局，政务固宜进行，经济亦宜兼顾，所请酌拨警费扩充警额及模范警队改款支出之处，应从缓议。表存。此令"等因各在案。兹奉指令前因，合行令仰该知事即便转行该商务分会知照。此令。

中华民国五年九月三十日

民政厅长王文庆

（原载《浙江公报》第一千六百三十九号，七至八页，训令）

---

① 九月二十六日，疑有误。

浙江省长公署指令第　　号

令民政厅长王文庆

　呈一件呈复王树槐等撤销陆逵呈办普济小轮公司碍难照准由

据呈已悉。此令。九月　日

附原呈

　　呈为呈复事。案奉钧长指令内开，"案据绍兴自治委员王树槐等呈称，'陆逵呈办普济小轮公司有碍河塘堤岸，请予撤消'等情前来，除批'绍萧普济小轮公司未据陆逵呈报有案，候令民政厅查明具复核夺'外，该小轮公司是否在该厅立案，该自治委员等所称各节是否属实，合行令仰该厅逐一查明，具复候夺"等因，并奉抄发原呈一件到厅。查此案前由商人陆逵等遵照部案，"请在越安公司航线内设立普济公司，以利交通"等情前来，即经前按署批饬准予试办在案。嗣据该自治委员王树槐等暨绍兴县知事先后分呈来厅，经厅长查明旧案，以"该处航路前于俞昌言等创办越安公司案内，曾据绍、萧两县知事勘明，东西河道约长一百八十里，河面窄者三丈左右，广者二三十丈不等，并据声称二岸塘堤均尚坚固。至越兴、保安两公司合并为一，查原案系由禀办人车驰倡议，交由绍县议会议决，并非由绍、萧两县议会提议限制。来呈所称，均有不符。且此项公共河流行驶轮船，既与堤岸并无妨碍，未便任令一公司占据。前于茅智濬禀办杭诸轮船公司案内，由交通部咨明饬属出示晓谕等因，业经前按署转饬遵办在案。是该商人陆逵等禀办之普济轮船公司，既与越安公司同一航线，且与部案亦复相符，自未便事涉两歧，致抱向隅。如谓该处河道不适煤轮，现在已据该商人陆逵等禀称，业经派人前往测量，公司利害有关，自能以河身深浅广狭购置若干马力、若干吨数之轮船,以求适用。至碰撞覆溺一层,均由驾驶者之不慎,来呈诬为船多,亦属非是。所请碍难照准"等语,分别批令知照又在案。奉令前因,理合备文呈复,仰祈钧长察核。谨呈。

(原载《浙江公报》第一千六百三十九号,一三至一四页,指令)

浙江省长公署指令第一千四百二十六号

令高等审判厅长范贤方

呈一件高等厅呈复嘉兴警探至崇查赃被乡民误挐一案情形由

呈悉。此案既据令查明确,应如所呈除曹阿三一犯解归嘉兴县讯办外,其余各人即由崇德县复讯拟办,并令将叶尹峰一案另文呈复,合行令仰该厅遵照。此令。九月　日

(原载《浙江公报》第一千六百三十九号,一四页,指令)

浙江省长公署指令第一千四百二十八号

令象山县知事

呈一件呈复石浦渔民滋扰亲往办理情形由

据呈查办石浦渔民滋扰一案情形已悉。渔民寻衅报复,激成罢市风潮,此风断不容长,仰将真正滋事要犯查拘惩办,以示儆戒;一面督饬该董事等妥为约束,不得再滋事端,是为至要。此令。九月二十九日

(原载《浙江公报》第一千六百三十九号,一四页,指令)

浙江省长公署指令第一千四百二十九号

令新昌县知事

呈一件呈复周杨氏控潘链杰一案由

据呈已悉。既经查明周正熊即周小和尚,系著名土匪,因案枪毙,遗产变卖充公,自应毋庸置议。仰即转令知照。此令。九月二十九日

(原载《浙江公报》第一千六百三十九号,一四页,指令)

浙江省长公署指令第一千四百三十四号

令本署机要助理秘书兼公报处主任陈焕章
　　呈一件为呈送预算并请拨款补助由

　　呈暨清单、预算书均阅悉。查该处自该员兼办以来，悉心整理，篇幅增至十数页，销数扩充七百份，成效卓著，深堪嘉许。虽《公报》销路较广，各项纸张工本耗折愈多，惟该报为颁布法令机关，与营业性质不同，所有每月短绌经常费洋三百元暨六、七两月份临时支出洋四百元，并该处编辑、会计、校对、发行所办事等六员事繁薪薄，请每月各加津贴洋四元，应一并照准，由本公署杂款项下拨给支销，仰即知照。此令。清单、预算书存。

　　　　（原载《浙江公报》第一千六百三十九号，一四至一五页，指令）

浙江省长公署指令第一千四百四十一号

令绍兴县知事、萧山县知事
　　呈一件火神塘监工袁委员呈为工程将竣请拨给款项由

　　呈悉。此案需款四千元，除本省长在都督任内捐廉二千元、移拨风灾赈款九百余元外，不足之数由临浦商会筹集，系由该县知事呈请经本公署饬据民政厅议复核准在案。现在塘工告竣，该处商民实受绝大利益，何得以无款可筹据请免缴，仰绍、萧两县知事迅予照案转令遵照办理，毋稍延缓，切切。此令。九月二十九日

　　　　（原载《浙江公报》第一千六百三十九号，一五页，指令）

浙江省长公署训令第六百九十七号

令警政厅添设南城脚下岗警由

令警政厅长夏超
　　案查本城南城脚下一带，长度达里许，地势荒僻，烟居寂寞，实为

涌金门达府前街等处必经之路。近闻远乡孤客、单身妇女经过该处，竟有流氓痞类暗地尾随，乘间掠夺物件，肆行秽亵等情事，致往来行人时有戒心。省会之中演成此种怪状，尚复成何事体？为此令仰该厅长即转令省会警厅遵即派员相度地址，添设岗位，认真稽察，以惩宵小而惠行人为要。此令。

中华民国五年九月三十日

省长吕公望

（原载《浙江公报》第一千六百四十号，一九一六年十月五日，三页，训令）

浙江省长公署训令第六百九十八号

令温岭县知事准农商部咨为温岭松门卫商会应将章程一并送核由

令温岭县知事

案准农商部咨开，"为咨行事。本年九月十七日接准咨送'温岭县商会章程暨发起人名册，并钤记公费十五元，请察核办理'等因。准此，查该商会所拟章程大致尚属妥协，惟该章程第二条内有'本会除南乡松门卫另设商会外'一语，查该县松门卫商会本部并未核准有案，该处是否距城三十里以上，商务是否繁盛，请饬查明，如与《商会法》第四条第二项之规定相符，应饬其将章程一并送核转咨到部，以便汇案核办，所有会长、会董各员并应遵章选举，造具名册补报备核。除将钤记公费暂存外，相应咨行贵省长转饬查明核办见复可也。此咨"等因。合行令仰该县转行知照。此令。

中华民国五年九月三十日

省长吕公望

（原载《浙江公报》第一千六百四十号，三页，训令）

浙江省长公署训令第六百九十九号

令永嘉县知事据该县公民范继文等禀称外海
水警派出所巡官并永嘉警局分驻所警察搜获
烟土未经送县请澈查追毁由

令永嘉县知事

案据该县公民范继文等禀称，"浙产烟土已报肃清，外人认为有效，印土停止入境，若得水陆警之严密取缔，地方官之按法进行，何难达到绝吸目的。乃警察人等利令智昏，缘法为奸，遇有私运烟土，一经得贿，即任逸脱，间或报缴，该警官亦不依法送毁，其属于传闻，无实在证据可指者，俱置勿论。惟本年二月间，外海水警第十一署第一派出所巡官童霄伟在坎门搜获建昌轮船搭客私运烟土五瓶，当时经该署长详解第二总署。又本年七月间，永嘉警局第一区所第五分驻所警察陈俊在朔门外轮船马头搜获私土六包，匿变后因发觉缴送第一区所一包。以上两案查获烟土，均未经送县当众烧毁。伏查警察负内政治安之责，禁烟为外人观听所系，烟毒之敛戢与否，警察应有完全之负担。然禁烟固以取缔私运为第一要着，拟恳垂厪要政，迅行澈查追毁"等因。查警察搜获烟土，照法应将人证移送司法官署判处，据禀各情，如果属实，该知事有检察之责，何得置若罔闻？合亟令仰该知事迅速查明，依法办结，并将办理情形具报备案，毋稍徇延，切切。此令。

中华民国五年九月　日

省长吕公望

（原载《浙江公报》第一千六百四十号，四页，训令）

浙江省长公署训令第七百零四号

令民政厅准省议会咨复甲种实业各校设留学生额案不成立由

令民政厅长王文庆

案准省议会咨开，"本年九月十二日准省长咨开，'案据民政厅长王文庆呈称，'省立甲种实业学校拟设留学专额，由各校循环选派教员及毕业生赴外国留学，拟具条例，呈乞察核交议，并呈送条例一件'等情。据此，相应抄具条例，备文咨请贵会议决施行'等情，并抄送条例一件到会。业经提付大会讨论决议，认为不能成立。理合备文咨复省长，请烦查照"等因。准此，合令该厅知照。此令。

中华民国五年九月　日

省长吕公望

（原载《浙江公报》第一千六百四十号，四至五页，训令）

浙江省长公署训令第七百零五号

令警政厅准内务部咨为查禁各项不良小说由

令警政厅长夏超

案准内务部咨开，"准教育部咨开，'据通俗教育研究会呈称，'窃维不良小说最为风俗之害，其传播之由，厥有三途，一编售新书，二翻印旧籍，三刊行杂志。本会成立以来，对于新印及翻板之不良小说，已次第详加审核，择其尤甚者呈请钧部咨行查禁在案。惟杂志一类襞积成书，则内容复杂，继续出版则篇帙繁重，调查审核尤宜详慎。近时坊间此种杂志日出不穷，经本会查得有《眉语》一种，其措辞命意几若专以抉破道德藩篱、损害社会风纪为目的，在各种小说杂志中实为流弊最大。查是项杂志现正陆续出版，亟应设法查禁，理合检送原书呈送钧部，拟请咨行内务部转饬严禁发售并令停止出版，似于风俗人心不无裨益'等因到部。查《眉语》杂志所载小说、图画各种，大率状态猥亵，意旨荒谬，几不知尊重人格为何事，此种风气之流布，其为害于社会道德，实非浅鲜，将原书十五册咨部查照，转饬所属严禁再行印售，以正人心而维风教'等因到部。除训令京师警察厅遵照并咨复教育部查照外，相应咨请饬属严禁可也"等因。准此，合令该厅长查照转饬各属知事及警察各机关一体遵照。此令。

中华民国五年九月　日

省长吕公望

（原载《浙江公报》第一千六百四十号，五页，训令）

浙江省长公署训令第七百零六号

令各县知事准内务部电订期恢复各级自治
机关俟国会议决即行公布由

令各县知事

案准内务部电："准国务院咨开，'准贵部提议订期恢复各级自治机关，并废止三年、四年公布之试行条例及施行规则案，兹经议决缓议，请查照'等因到部。本部现正将自治制恢复，速起草，俟提出国会议决即行公布。除通电外，相应电请查照转饬各县。内务总长。沁。印"等因。准此，除分行外，合行令仰该县知事知照。此令。

中华民国五年九月三十日

省长吕公望

（原载《浙江公报》第一千六百四十号，五至六页，训令）

浙江省长公署训令第七百零七号

令各属准司法部咨奉大总统令认真查禁鸦片复萌由

令警政厅、高等检察厅、各县知事、高等审判厅、财政厅

案准司法部咨开，"本年九月十九日奉大总统令，'鸦片流毒垂数十年（文云见九月二十六日本报命令门），惟有执法以绳，其后不容遗孽再毒新邦，懔之毋忽。此令'等因。奉此，除分行外，相应咨请贵省长查照转令所属一体遵照办理"等因。准此，除分行外，合令该厅长查照并饬属一体遵照办理/知事查照办理。此令。

中华民国五年九月三十日

省长吕公望

（原载《浙江公报》第一千六百四十号，六页，训令）

浙江省长公署训令第七百零八号

令各县知事各学校为着用校服服料务从朴实由

令各县知事、公立法政学校、各中学学校、各师范学校、商业学校、工业学校、医药学校、女子师范学校、女子职业学校

案准教育部咨开，"为咨行事。查学校制服前经本部于民国元年九月指定《规程》五条，以部令颁行在案。乃近来各学校学生对于此项制服多未遵用，无论校内校外，任意服用各种衣帽，形神放弛，矩范荡然，揆之指定此项《规程》本旨，良深惋叹。夫礼仪所范，筋骸之束必严；瞻视欲尊，衣冠之式必正。矧乎学校为社会所观摩，形式为精神所托寄，此而不讲，遑论其他。方今世界竞强，人思奋厉，欲祛泄沓之习，宜以振肃为先。又如校内管理，校外稽查，不有服色，何从鉴别？凡此种种，均与着用制服有切要之关系，负有管理学校职任者，讵可视为具文？本部总揽教育，有整饬督行之责，自系高等小学以上各校学生，均应遵照《规程》，一律着用制服，服料务从朴实，当无物力不济之虞。所望各长官督责从严，各学校遵行不怠，学风整顿，此尤其显著之一端也。除令行外，相应咨请贵署转饬遵照，此咨"等因。准此，除分行外，合行令仰各县转行知照。此令。

中华民国五年九月　日

省长吕公望

（原载《浙江公报》第一千六百四十号，六至七页，训令）

浙江省长公署训令第七百零九号

令杭县知事据公民韩复等呈称救生公所形同
虚设仰查明妥议整顿办法由

令杭县知事姚应泰

案据公民韩复等呈称"救生公所形同虚设"等情，除批以"呈阅。

救生公所为地方慈善事业，据陈各项情弊，如果属实，殊堪痛恨。应候令行杭县知事迅予查明，妥议整顿办法呈候核办。此批"等语外，合令该知事迅将该所收支款项、办事情形，并应如何设法整理之处，切实查明，拟议候核毋延，切切。此令。

中华民国五年九月　日

省长吕公望

（原载《浙江公报》第一千六百四十号，七页，训令）

浙江省长公署指令第一千四百七十八号

令高等审判厅长范贤方

呈一件为各县监狱月报造报迟延请分别记过由

呈悉。此项监狱月报延不造报，任催罔应，诚如来详，殊属玩忽。应准如详将天台等五县管狱员分别记过，以示惩儆，仍勒限造送具报。除注册外，合行令仰该厅知照。此令。九月三十日

（原载《浙江公报》第一千六百四十号，一二页，指令）

浙江省长公署指令第一千四百七十九号

令高等审判厅长范贤方

呈一件为呈复王时雨控徐宝宝一案判词由

呈悉。案既早经确定，应如原判办理，合行令仰该厅即便转令知照。钞判存。此令。九月三十日

（原载《浙江公报》第一千六百四十号，一二页，指令）

浙江省长公署指令第一千四百八十号

令高等检察厅长殷汝熊

呈一件呈为余姚县报王信满受伤落水身死由

呈悉。仰高等检察厅令即迅派干警侦缉，被告凶犯熊宝兴等务

获,提同熊云福并传集人证讯明,诉由专审员依法拟办,毋稍延纵,切切。格结存。此令。九月三十日

（原载《浙江公报》第一千六百四十号,一二至一三页,指令）

浙江省长公署指令第一千四百八十一号

令高等检察厅长殷汝熊

呈一件仙居县报验王金氏身死一案由

呈悉。既据该县验明,王金氏即王杨氏,委系生前气闭身死,尸体并无伤痕,自应毋庸置议。王四弟藉尸索诈,应即按法惩办,以儆刁风。仰高等检察厅转令知照。格结存。此令。九月三十日

（原载《浙江公报》第一千六百四十号,一三页,指令）

浙江省长公署指令第一千四百八十二号

令高等检察厅长殷汝熊

呈一件江山县呈报监犯毁械脱逃当场格毙一名由

监犯结伙反狱脱逃,虽据追获七名、格毙一名,尚有杨长存等三名未获。该管狱、有狱各官平时防范不严,事后又未能将逃犯悉数就获,实属疏忽,未便量予减议,合行令仰该厅照章议惩,呈候察夺,一面责令勒限严缉杨长存等务获究办,并提狱卒严讯惩办,不得以一革了事,暨由厅通令各属一体缉拿,均毋纵延,切切。格结、清摺存。此令。九月三十日

（原载《浙江公报》第一千六百四十号,一三页,指令）

附 浙江高等检察厅训令第六百十七号

令各属协拿江山逃犯杨长存杨顺根二名务获究办由

令杭县地方检察厅检察长、鄞县地方检察厅检察长、七十二县知事（除江山）

案奉省长公署据江山县呈报监犯毁械脱逃当场格毙一名由，指令内开，"监犯结伙反狱脱逃，虽据追获七名，格毙一名，尚有杨长存等三名未获，该管狱、有狱各官，平时防范不严，事后又未能将逃犯悉数就获，实属疏忽，未便量予减议，合行令仰该厅照章议惩，呈候察夺，一面责令勒限严缉杨长存等务获究办，并提狱卒严讯惩办，不得以一革了事，暨由厅通令各属一体缉拿，均无纵延，切切。格结、清摺存"等因。奉此，查此案前据江山县知事程起鹏呈称，该县"监犯于本年九月十九日二更时候，约同毁械、殴伤狱卒，一齐轰出号门，防守警队上前拦阻，各犯用石块与警队格斗、拼命图逃，当场格毙一名，余犯却退，复从栊内用栅门为梯，打穿屋顶，从监墙上脱逃。当时追回朱电、地狗等七名，尚有杨长存、杨顺根、姜树林三名，赶追未获。旋又续呈缉获姜树林一名"各等情前来，业经本厅分别指令在案。奉令前因，除另文转行并将管狱员林志定另行议处外，合亟通令该厅、该县迅将逃犯杨长存、杨顺根二名一体协缉，务获究办，毋得延纵，切切。此令。

计开：逃犯杨长存、杨顺根年貌籍贯

杨长存，年三十二岁，江山县人。身中面白无须。杨姜氏呈报杀死伊子杨登梯案内凶犯，业于四年一月十三日判处一等有期徒刑十三年。

杨顺根，年二十三岁，江山县人。身中面白无须。系事主杨钟骏等呈报纠党截抢案内之犯，业于四年三月十日判处两个一等有期徒刑十八年。

中华民国五年十月十六日

高等检察厅长殷汝熊

（原载《浙江公报》第一千六百五十七号，一九一六年十月二十四日，八至九页，训令）

浙江省长公署指令第一千四百八十九号

令警政厅长夏超

呈一件呈请奖叙第五区各管带防务出力由

呈、表均悉。查核各员事实,第五营管带吕桂荣定变迅速,弭患无形,较各员尤为异常出力,应照《警备队官佐奖惩章程》第五条办理。惟查该员前因所属哨官玩职吞赃案内曾记大过一次,应将前记大过取销并另记大功一次。余均如呈办理。事实表存,记功状并发。此令。九月三十日

计发记功状三纸。

（原载《浙江公报》第一千六百四十号,一二页,指令）

附　浙江警政厅训令第三百四十五号
令警备队第五区统带奉省长指令本厅呈请
奖叙警备队第五区防务出力各员由

令警备队第五区统带刘凤威

本年十月二日奉省长指令本厅呈请奖叙警备队第五区防务出力各管带由,奉令内开,“呈、表均悉。查核各员事实,第五营管带吕桂荣定变迅速,弭患无形,较各员尤为异常出力,应照《警备队官佐奖惩章程》第五条办理。惟查该员前因所属哨官玩职吞赃案内曾记大过一次,应将前记大过取销,并另记大功一次。余均如呈办理。事实表存,记功状并发。此令”等因。奉此,查此案前据该统带呈请前来,业经本厅指令将副官、哨官等分别核准给奖,并拟定各管带奖叙办法呈请省长鉴核在案。兹奉前因,除注册外,合将奉发吕桂荣、吴德馨、董永安记功状各一纸并抄呈、表,令行该统带即便转饬查照,并将发去记功状分别转给祗领,仍将领到功状日期具报备查。此令。

计发记功状三纸并抄呈附表。

中华民国五年十月六日

警政厅长夏超

（原载《浙江公报》第一千六百四十四号，一九一六年十月九日，一三至一四页，训令）

浙江省长公署指令第一千四百九十二号

令高等检察厅长殷汝熊

呈一件警政厅报获匪梁周咸送黄岩县讯办由

呈悉。查黄岩县事主梁纯保等劫案，未据该县知事呈报有案。既据报获梁周咸一名，合行令仰该厅即令黄岩县归案讯办具报，案系连劫掳人，匪盗众多，并令限日严缉余盗究报，暨将被掳梁氏子女赶紧查追押放，务保无虞，毋稍玩纵干咎，并由厅咨复该警厅查照。呈抄发。此令。九月　日

（原载《浙江公报》第一千六百四十号，一三至一四页，指令）

浙江省长公署指令第一千四百九十三号

令高等检察厅长殷汝熊

呈一件警政厅呈报续获嘉兴事主姜珠福劫案内

盗犯戴小麻子等送县讯办由

据呈"续获嘉兴县事主姜珠福等劫案内盗犯戴小麻子、仲金玉二名并赃衣一包，解县讯办"等情已悉。合行令仰该厅转令归案提犯一并讯办具报，并将原赃给主认领，一面勒缉余犯务获究办，暨由厅咨复该警厅知照。单存，呈抄发。此令。九月三十日

（原载《浙江公报》第一千六百四十号，一四页，指令）

浙江省长公署指令第一千四百九十四号

令高等检察厅长殷汝熊

　　呈一件警政厅报获盗犯吴阿荣解平湖县讯办由

　　呈悉。查马庆荣划船被劫一案，未据平湖县呈报有案。既据缉获吴阿荣一名，讯供承认并行劫史槐庭等家不讳，送县讯办，合行令仰该厅即令平湖县分别归案讯明，拟办具报，并令究明两案同伙盗犯姓名一并勒缉究办，暨由厅咨复该警厅查照。单存，呈抄发。此令。

九月三十日

　　　　　　　　（原载《浙江公报》第一千六百四十号，一四页，指令）

浙江省长公署批第四百五十二号

原具呈人姜桂兴

　　呈一件为司法滥用职权请饬秉公讯究由

　　如果该民并无受寄贼赃情事，案经县讯，何致久羁不释，县案未据钞呈，显有隐匿，不准。此批。九月三十日

　　　　　　　　（原载《浙江公报》第一千六百四十号，一八页，批示）

浙江省长公署批第四百五十三号

原具呈人张兆亨

　　呈一件控于吉人等串盗祀田由

　　据禀，案经判决，并未黏抄判词，无从查核，所请复审之处，不准。此批。九月三十日

　　　　　　　　（原载《浙江公报》第一千六百四十号，一八页，批示）

浙江省长公署批第四百五十四号

原具呈人曹大富

呈一件请饬拿凶犯孔小回等讯办由

案经令厅转县勒缉被告凶犯孔培意等到案讯明,依法办理。仰即抄批自向原县呈催可也。此批。九月三十日

（原载《浙江公报》第一千六百四十号,一八页,批示）

浙江省长公署批第四百五十六号

原具禀人翁兆霆

禀一件请将湘湖咨询案提交省会复议由

查此案先准省议会咨复,业经饬厅查照在案。该民等所陈各节,不为无见,应候另予查明核办。省会议案系备谘询,所请提交复议,应无庸议。此批。九月　日

（原载《浙江公报》第一千六百四十号,一八页,批示）

浙江省长公署训令第六百七十六号

令民政厅准省议会咨复处理湘湖案由

令民政厅长王文庆

案准省议会咨开,"本年九月八日准省长咨送处理萧山县湘湖谘询案一件,测量报告书两份,十六日续准函送湘湖疏浚计划图及测量报告书各一百二十份到会,当经分别配布付议。本会查萧山湘湖既有湖税由九乡人民公同负担,自不能认为官荒;既非官荒,即无议价标卖之理。至于关系九乡水里,考其沿革,尚不尽恃湘湖。然以近年淤垫日增,湖身日小,蓄水之量不如从前,上年旱干,田水已形缺乏,自不可再就淤垫之处开垦成田,以分此有限之水利。似此情形,正应永远禁止开垦,非特客民不能承领,即九乡人民亦应同在禁止之列。如为

蓄水起见,应即督饬各该乡设法增高堤坝,以资潴蓄,是费不大而功立见。所有处理湘湖办法,业经本会审查,并由大会讨论公决。相应咨复查照办理"等因。准此,合令该厅查照,并饬水利委员会知照。此令。

中华民国五年九月二十八日

省长吕公望

(原载《浙江公报》第一千六百四十一号,一九一六年十月六日,三页,训令)

浙江省长公署训令第　号①

令民政厅转饬各属遵限造送四年度学校统计表由

令民政厅长王文庆

准教育部咨开,"案查教育统计前经刊发图表两次,其第三次统计尚有数省迟未送部,亦经分别电催速送,以凭汇办在案。现自四年八月至本年七月止,一学年又已经过,所有第四次教育统计自应继续办理,应请即日转饬各属查照历届所用表式及本部四年一五三六号通咨事项,克期举办。至此项表册送部之期,按照暂行规则,至迟不得逾次学年五个月,倘各县不遵期造报,应由各该管长官查照《知事惩戒条例》第九条第六项,将该县知事分别记过或记大过,以资整顿,并经本部于四年六月间呈奉大总统批准通行。惟本届办理统计,因前者政局未定,是以咨行稍迟,现由本部酌核准将报部之期展迟三个月,至明年三月间为限。所有各属送省之期自可准此展迟,但仍须严饬赶办,以免延误,并声明下届不得援以为例。相应一并咨请查照通饬遵办"等由。准此,合行令仰该厅查照,迅即通饬各属遵限造送毋延,切切。此令。

省长吕公望

---

① 本文由浙江民政厅训令第七百六十七号析出。

附 浙江民政厅训令第七百六十七号
令各县知事各专门学校填送四年度学校统计表由

令各县知事、各专门学校校长

案奉省长令开，"准教育部咨开，'案查教育统计前经刊发图表两次，其第三次统计尚有数省迟未送部，亦经分别电催速送，以凭汇办在案。现自四年八月至本年七月止，一学年又已经过，所有第四次教育统计自应继续办理，应请即日转饬各属查照历届所用表式及本部四年一五三六号通咨事项，克期举办。至此项表册送部之期，按照暂行规则，至迟不得逾次学年五个月，倘各县不遵期造报，应由各该管长官查照《知事惩戒条例》第九条第六项，将该县知事分别记过或记大过，以资整顿，并经本部于四年六月间呈奉大总统批准通行。惟本届办理统计，因前者政局未定，是以咨行稍迟，现由本部酌核准将报部之期展迟三个月，至明年三月间为限。所有各属送省之期自可准此展迟，但仍须严饬赶办，以免延误，并声明下届不得援以为例。相应一并咨请查照通饬遵办'等由。准此，合行令仰该厅查照，迅即通饬各属遵限造送毋延，切切。此令"等因。奉此，合即印发《县教育统计表》两份，仰即查照前省署节次饬行办法，转行境内初等教育暨中等教育各省县区私立学校一体遵照分填四年度学校表，依限送县，汇填四年度《县教育统计表》两份，于本年十二月以前一律送省核编，毋稍延误，/除通令各县外，仰该校长迅即查照前省署饬颁表式，填送四年度学校表，于本年十月以前呈送本厅汇编毋延，切切。此令。

计发《县教育统计表》纸两份（训令专门学校文内无附表）

中华民国五年九月三十日

民政厅长王文庆

县教育统计表

县	学校数 公 男	学校数 公 女	学校数 公 总	学校数 私 男	学校数 私 女	学校数 私 总	学校数 总 男	学校数 总 女	学校数 总 总	学生数 公	学生数 私	学生数 总	毕业生数 公	毕业生数 私	毕业生数 总	辍学生数 公	辍学生数 私	辍学生数 总	死亡生数 公	死亡生数 私	死亡生数 总	教员数 公	教员数 私	教员数 总	备注
初等教育 小学 初等																									
初等教育 小学 高等																									
初等教育 乙种实业 农业																									
初等教育 乙种实业 工业																									
初等教育 乙种实业 商业																									
初等教育 其他																									
中等教育 中学																									
中等教育 师范																									
中等教育 甲种实业 农业																									
中等教育 甲种实业 工业																									
中等教育 甲种实业 商业																									
中等教育 其他																									
总																									

备注：本表因高等学校各少，故仅列初等、中等两育。县高育各有教育，亦接照省高等格式，作别表附之本表务。

县	职员数 公			私			总			岁入数 公	私	总	岁出数 公	私	总	资产数 公	私	总	备考
	男	女	总	男	女	总	男	女	总										
初等教育 小学 初等																			
初等教育 小学 高等																			
初等教育 乙种实业 农业																			
初等教育 乙种实业 工业																			
初等教育 乙种实业 商业																			
初等教育 其他																			
中等教育 中学																			
中等教育 师范																			
中等教育 乙种实业 农业																			
中等教育 乙种实业 工业																			
中等教育 乙种实业 商业																			
中等教育 其他																			
总																			

（原载《浙江公报》第一千六百四十四号，一九一六年十月九日，四至一一页，训令）

永康文献丛书

吕公望集

九

吕公望 著

卢礼阳 邵余安 编校

永康文献丛书

吕公望集

九

吕公望　著

卢礼阳
邵余安　编校

吕公望集卷九 公牍九 一九一七年一月一日至二十日

致上海各报馆电

上海各报馆鉴：

公望前因脑病骤发，电请辞职，未蒙中央允准，并承各界坚留，势难推诿，自元旦起力疾供职。谨闻。吕公望。东。（中华民国六年元旦）

（《浙江吕督军电》，原载《民国日报》一九一七年一月三日，二版）

致各省军政长官及各报馆电

各省督军、省长、巡阅使、都统，申报转各报馆均鉴：

奉大总统令"浙江督军兼省长吕公望准免本职"，又令"特任杨善德为浙江督军，齐耀珊为浙江省长"，又令"齐耀珊未到任以前，着杨善德兼署省长"各等因。公望服务梓桑，于今五年，幸得退归林下，休息尘劳，闻令欢忻，感何可喻。浙局安靖如常，现正准备交卸，一面电请中央转催杨督军从速履任，藉得早卸仔肩。谨电闻。吕公望叩。江。（中华民国六年一月三日）

（《杭州吕公望来电》，原载《时事新报》一九一七年一月四日，二版）

致吴思豫电

绍兴吴思豫团长：省城秩序如常，该团长及各营长仍照常视事毋误。吕公望。鱼。印。（中华民国六年一月六日）

附　绍兴吴思豫通电

申报转各报馆鉴：

　　此番浙事，在我辈部下，义无偏袒。譬如家庭，乃祖乃父，偶有口角，为子孙者，将杀祖以留父乎，抑杀父以留祖乎？此理易明。故维持地方秩序，静候中央解决，乃豫等当时之主张。不意本团第二营长王伟以第六团团长名义，猝然布告，率师声讨。豫等当时因方针未合，万不得已，完全解职。今幸我长官推诚相与，终底和平。惟豫等当时既不能以自己意思贯澈所部，尚何敢望覆水重收，恭居原职。兹奉吕督军鱼电开，"绍兴吴思豫团长：省城秩序如常，该团长及各营长仍照常视事毋误。吕公望。鱼。印"等因。待罪之余，辱承高厚。谨于虞日遵电照常视事。第六团团长王伟，亦仍回本团第二营长原职。特此电闻。驻绍兴第六团长吴思豫、第一营长石国柱同叩。虞。（中华民国六年一月七日）

　　（《绍兴来电》，原载《申报》一九一七年一月八日，二版转三版，公电）

浙江省长公署咨行福建省长

承准院咨请查照办理由

浙江省长公署为咨行事。

　　五年十二月二十七日承准国务院咨复，"准咨呈以分浙任用知事李云峰现充福建省议会议员，应否消灭候补知事资格等因。查《省议会议员选举法》第六条第二款、第三款规定，现任司法官吏及现任本省行政官吏，停止其选举权及被选举权等语，候补知事与现职不同，自不能停止其当选，亦不能因当选消灭其候补资格。惟该员现既当选为省议会议员，应俟省议会议员三年任期满后，始得到省候补。除咨内务部外，相应咨请查照可也"等因。承准此，查此案前准贵省长咨行到浙，当以《省议会议员选举法》条文并未明定，即经咨呈请示解释，并咨复在案。兹既承准前因，相应咨复，请烦查照施行。此咨

福建省长

浙江省长吕公望

中华民国六年一月六日

（原载《浙江公报》第一千七百二十九号，一九一七年一月十日，四页，咨）

浙江省长公署公布第一号

公布省议会议决试办水产品制造模范工场案由

省议会议决试办浙江水产品制造模范工场案，兹照《省议会暂行法》第三十七条公布之。特此公布。

中华民国六年一月六日

省长吕公望

计开：

试办浙江水产品制造模范工场案

第一条　本场设立于定海之舟山。

（理由）无论企业何事，地点最为紧要。本场创办伊始，为民树之模范，非择交通便利、商务繁盛之区，不足以开风气而收振兴之效。详细研究比较，我浙宁、台、温三属渔业，以宁为最，而宁又以定海之舟山为中心点，轮舶交通、商务会萃，附近各岛更与温、台各埠声气联络，不特风气易开，且每当三、四月间，渔舟聚集，购货起货，莫此为便。故定本工场于此。

第二条　本场制造物品，先办食用、工用两种。各种又择要举办，细别如下：

食用：盐干品、腌藏品、干制品、罐储品。

工用：钮扣-介壳、牙粉-鱼骨、洋菜-藻类。

（理由一）我浙水产品出产虽多，然素不讲求制造之法。如上列四种食品制造中,除罐储素不谙习外,其余如盐干、腌藏、干制等之制法,本为我国所固有,只因制造欠宜,致所制物品不耐久藏,每经三五月后,非走油,即虫蛀或变色味,而外洋干盐、腌藏各食品,经久不变,色味如一,其精细物品更用罐储之法,数年如新。故一般人民多趋用外洋食品,致我浙水产品渐为所侵夺。故本场制造食品,应以民间需用之多寡为标准,寻常日用大都干盐、腌藏品为大宗,罐储食品居其次,盖罐储品成本大而价值巨,非一般人民日用所必需。本场虽为提倡起见,但其有模范性质,亦宜自营业上着想也。

(理由二)介壳一物,我国废弃无用,向视为儿童玩具,而东西各国以之制成钮扣,分大小、厚薄各色,别具价值,行销我国,年来内地男女老少,衣衫器物,莫不用之,几成为普通用品。而蛎壳及墨鱼骨类更可精制牙粉及粉笔之用。沿海一带多生藻类,俗名洋菜,又名石花菜者,弃作柴烧,或充作肥料,而日用所供食品之洋菜,则皆由外洋输入,岁不下数十万元。此项物品虽属零星细物,然积而计之,已为一大漏卮。我国原有生产,不知制造,利权外溢,良用慨然。应各特设专科,分别制造,既可为民生利,且可为国储财。况制造并不为难,资本亦无庸多大,将来一有提倡,势必容易推行。

第三条　本工场分为六大部如左:

(一)事务部;

(二)原动力部;

(三)罐储部;

(四)盐干腌藏部;

(五)骨壳部;

(六)洋菜制造部。

第四条　本工场之组织如左:

场长兼技术员 $\begin{cases} 技术员—助理技术员—工头—工人; \\ 庶务兼会计—工役。 \end{cases}$

第五条　本场预算，另表定之。

（原载《浙江公报》第一千七百二十九号，五至六页，公布）

浙江省长公署委任令第四号

令委杨悌代理上虞县缺由

令杨悌

案据上虞县知事张应铭呈称，"因病请予给假三月，俾便就医，恳即派员接替"等情。除指令照准外，兹查有该员堪以代理上虞县知事，合就填发任命状，令仰该员遵照祗领，克日驰赴该县，妥为接替，并遵章会算交代结报察核，并将接代日期连同履历分报备查。此令。

计发任命状一道。

中华民国六年一月六日

省长吕公望

（原载《浙江公报》第一千七百二十九号，七页，训令）

浙江省长公署指令第一十一号

令常山县审检所

呈一件常山徐起鳞呈伊弟起云被人谋命请饬县诉究由

呈及黏抄均悉。事关谋毙人命，何以未据该县具报有案，究竟实情如何，仰该所录案具复，一面迅将正凶查缉到案，依法诉办，毋稍延纵，切切。此令。呈抄发，黏抄存。一月六日

（原载《浙江公报》第一千七百二十九号，一七页，指令）

浙江省长公署批第一号

原具呈人周熊飞等

呈一件呈与申屠喆等寺产纠葛一案不服县批请准抗告由

呈悉。该民不服该县批谕，仰即自向该管上级审提起抗告可也。

此批。一月六日

浙江省长公署批第二号

原具呈人象山陈全恩

呈一件呈王永木等焚毁财产一案续请并案察办由

呈及黏抄均悉。此案既经高等检察厅查明，该县承审员等并无受贿偏断、拒绝上诉等事，该民犹复饰词越渎，实属刁顽已极，仍不准。此批。黏件存。一月六日

浙江省长公署批第三号

原具呈人常山徐起鳞

呈一件呈伊弟起云被人谋命请饬县诉究由

呈及黏抄均悉。事关谋毙人命，何以未据该县具报有案，究竟实情如何，候令该县审检所录案具复，一面迅将正凶查缉到案，依法诉办可也。此批。黏抄存。一月六日

浙江省长公署批第六号

原具呈人永嘉县人黄馀卿

呈一件禀为第八区烟酒监察员王镛被控查办之际
擅离职守乞令解职留省归讯由

呈悉。候令行财政厅并入前案澈查核办，具复察夺。此批。一月六日

浙江省长公署批第七号

原具呈人德清县酒商杏花村等

　　呈一件为捐征酒碗迹涉苛细请求豁免由

察阅声叙，县批甚属明晰，着即查照办理，所请应毋庸议。此批。

一月六日

　　　　（原载《浙江公报》第一千七百二十九号，一九页，批示）

浙江省长公署牌示

昌化县知事鲍湛调省另候委用，遗缺以童鸣岗署理。一月四日

安吉县知事姜若调省另候委用，遗缺以季衡署理。一月四日

　　　　（原载《浙江公报》第一千七百二十九号，二〇页，牌示）

浙江省长公署公布第二号

公布省议会议决试办改良靛青制造模范工厂案由

省议会议决《试办改良靛青制造模范工厂案》，兹照《省议会暂行法》第三十七条公布之。特此公布。

　　　　　　　　　　　　　中华民国六年一月六日

　　　　　　　　　　　　　　省长吕公望

计开：

　　　　试办改良靛青制造模范工厂案

　　一、本厂择产靛既多、交通便利之处为设立工厂地点。我浙产靛以金、衢、严、处四属为最旺，此四属中又以衢属之江山县地方为最合宜，盖江山地方居衢属之中心，种户较多，交通亦便。

　　二、本厂为改良靛青起见，应设植蓝场一处，改良种植法示民模范，使一般农民有所观摩，逐渐改良，以期土靛发达。

三、本厂组织如左：

厂长兼技术员 {
　化验技术员 {
　　监工—助手—小工
　　植蓝场工头—场工
　}
　事务员—工役
}

四、本厂开办之初雇用监工、小工，俟三个月后厂务布置周妥，工人手术熟悉可裁减，以节经费；至于助手，原为开通风气易于传授起见，亦不宜久用，应以三个月为限。其余日常所用工人，均可就近招雇，工资、饭食即以制品中除之。

（原载《浙江公报》第一千七百三十号，一九一七年一月十一日，四页，公布）

浙江省长公署公布第三号

公布省议会议决浙江省丝厂单行条例由

省议会议决《浙江省丝厂单行条例》，兹照《省议会暂行法》第三十七条公布之。特此公布。

中华民国六年一月六日

省长吕公望

计开：

浙江省丝厂单行条例

第一条　本条例凡创办汽机、木机之丝厂适用之。

第二条　凡设立丝厂，应报明姓名、厂号、资本、地点、丝车种类、部数，并将组织方法拟具章程，呈由该管县知事转呈省长公署核准办理。

第三条　汽机丝厂备有丝车一百部者，得在厂内收茧，附设烘茧单灶十乘；百部以上，其灶数比例增加，丝厂所设地点不受茧行条例之限制。

第四条 木机丝厂备有丝车一百部者,得在厂内收茧,附设烘茧单灶十乘;一百部以上,其灶数比例增加,丝厂所设地点不受茧行条例之限制。

第五条 丝厂内附设之茧行所收之茧,由茧捐委员复秤,查勘担数,照章收捐,俟该厂缫成丝斤后,准将丝捐护照照章换给经捐护照出运。

第六条 丝厂内所收之茧不得超过本厂需用之额,如有超过需用之额而贩卖者,除将货物充公外,并停止其营业。

第七条 每县得设汽机、木机丝厂各一所,凡设丝厂之所在县,五年内不得有第二厂之设立。

第八条 丝厂由该管县知事加意保护,其办理已满二年而成效昭著者,呈由省长公署按照《农商部奖章规则》第三条第一款规定,转咨核给奖章。

第九条 本条例自公布之日施行。

（原载《浙江公报》第一千七百三十号,五至六页,公布）

浙江省长公署公布第四号

公布省议会议决浙江省模范缫丝厂招商承办规则由

省议会议决《浙江省模范缫丝厂招商承办规则》,兹照《省议会暂行法》第三十七条公布之。特此公布。

中华民国六年一月六日

省长吕公望

计开:

浙江省模范缫丝厂招商承办规则

第一条 就原有各丝厂分处招商承办。

第二条 每厂由省款借给五千元,分五年免息归还。

前项归还日期，无论亏本与否扣足，自承办之第二年末日实行。

第三条　承办商人须确系本省殷实商人，并有殷实商铺三家以上之保证。

第四条　承办人资本至少须备齐一万元，呈请省署查验。

第五条　每厂设传授生十名，每人年贴膳费四十元，其膳费由应缴垫本内扣还。

第六条　每厂传授生每年换招一次。

第七条　每厂准各设收茧所一处，得照《丝厂条例》办理。

第八条　原有丝车及各项厂用器具，承办人须郑重使用，不得任意损坏。

第九条　每厂办理情形及成效，除由省公署随时派员抽查外，各承办人每满六个月须呈报一次。

第十条　各厂如有亏折、水火等险，概由承办人负责。

第十一条　本规则自公布日施行。

（原载《浙江公报》第一千七百三十号，六页，公布）

浙江省长公署公布第五号

公布省议会议决浙江省立苗圃办法由

省议会议决《浙江省立苗圃办法》，兹照《省议会暂行法》第三十七条公布之。特此公布。

中华民国六年一月六日

省长吕公望

计开：

浙江省立苗圃办法

一、省立苗圃先设二处，一设于省城，即前钱塘道所办苗圃，定名为省立第一苗圃；一设于兰溪西乡，即前金华道所办苗圃，定名为浙江省立第二苗圃,均直隶省署。

一、各苗圃各设圃长一人,由省委任,其余人员、公役,均按照预算规定,由圃长任用。

一、苗圃应行整顿、改良各事宜,由省署随时察核督率遵办。

一、苗圃种植情形,由圃长先具全年设计书送省查核,年终并将种植成绩具报。

一、苗圃内部办事章程,由圃长按照本办法各条另拟呈核。

一、苗圃经费自六年一月份起,均由省税支出,所有栽培苗木预备分发全省各县造林及分给人民种植之用,酌免缴价。

一、从前各县拨解之款,截至年终如有余存,仍存省署,为将来推广添设之用。

一、苗圃收支各款,应照造报销册及收支计算书据等件,以便汇转,上月报销册等并限于下月内送到。

（原载《浙江公报》第一千七百三十号,六至七页,公布）

浙江省长公署公布第六号

公布省议会议决省立甲种水产学校章程由

省议会议决《省立甲种水产学校章程》,兹照《省议会暂行法》第三十七条规定公布之。此令。

计抄《省立甲种水产学校章程》一件。

中华民国六年一月六日

省长吕公望

省立甲种水产学校章程

第一条　本校依照教育部令《甲种实业学校办法》,教授关于水产业必需之技能、知识。

第二条　本校先设渔捞、制造两科,并附设补习科。

第三条　本校补习科学生免收学膳费,并第一班预科生学费减收半费。

第四条　本校应设置左列各场、艇:

一、校内实习场;

一、校外实习场,于宁、温两处海产丰富地方各分设实习场一所,俟第一班本科至第三学年时筹办成立;

一、实习渔艇。

第五条　本校教职员除实习场艇管理员依照场艇数目酌设外,其余照《省立各中等学校通行办法》及班次之多寡定之。

第六条　本校学科修业期限及学生入学资格,悉照《实业学校规程》办理。

第七条　本校岁出入经费,另以预算案定之。

第八条　本章程自公布日施行。

（原载《浙江公报》第一千七百三十号,七至八页,公布）

浙江省长公署公布第七号

公布省议会议决修正本省省立中等学校校长任用规程由

省议会议决修正本省省立中等学校校长任用规程,兹照《省议会暂行法》第三十七条规定公布之。此令。

计抄修正本省省立中等学校校长任用规程一件。

中华民国六年一月六日

省长吕公望

修正浙江省立中等学校校长任用规程

第二条

二、在本国或外国实业专门学校毕业,曾充甲种实业学校教员或学舍监一年以上者;

第三条

二、在本国或外国高等师范学校毕业,曾充师范或中学或大学预科教员或学舍监一年以上者;

三、在优级师范学校选科毕业,曾充师范或中学或大学预科教员或学舍监三年以上者;

第四条

二、在本国或外国高等师范学校或理科专门学校或外国语专门学校毕业,曾充中学或师范或大学预科或外国语专门学校教员或学舍监一年以上者;

三、在优级师范学校选科或大学预科或高等学校毕业,曾充中学或师范或大学预科教员或学舍监三年以上者;

四、曾充中学或师范或大学预科或高等师范学校教员五年以上者。

（原载《浙江公报》第一千七百三十号,八至九页,公布）

浙江省长公署公布第八号

公布省议会议决修正本省派遣留学生规程由

省议会议决修正本省派遣留学生规程,兹照《省议会暂行法》第三十七条规定公布之。此令。

计抄修正本省派遣留学生规程一件。

中华民国六年一月六日

省长吕公望

浙江省派遣留学生规程修正案

第一章　总纲

第一条　（照原文）

第二条　（照原文）

第三条　派遣留学生以籍隶本省,年在二十岁以上三十五岁以下,有左列资格之一者为限:

（一）曾任本国大学教授或助教授继续至二年以上者;

（二）曾任本国专门学校、高等师范学校教授继续至二年以上者;

（三）曾经留学外国大学、高等专门学校、高等师范学校本科毕业者;

（四）本国大学本科毕业者;

（五）本国专门学校、高等师范学校本科毕业者。

第三章　试验

第四条　派遣留学生,每年由省长查照缺额定期举行试验,于一月前布告,但留学日本缺额,应先尽本省考入特约学校各生补充。

第五条至第九条　（照原文）

第四章　学科制限及毕业后之服务

第十条至第十三条　（照原文）

第五章　附则

第十四条　（照原文）

第十五条　其余事项依照教育部《选派留学外国学生规程》第四、第五、第六、第七、第八、第十条及第二条第三、四、五、六、七项,第九条第一、二项,并附则内各条办理。

第十六条　本规程自公布日施行。

（原载《浙江公报》第一千七百三十号,九至一〇页,公布）

浙江督军公署训令第五号
浙江省长公署训令第四号

令各属保护和人番柯尔巴赴浙游历由

令特派交涉员、宁波交涉员、温州交涉员、警务处处长、各县

知事、暂编第一师师长、暂编第二师师长、混成旅旅长、嘉湖镇守使、宁台镇守使

本年十二月二十五日准江苏省长公署咨开，"案据特派江苏交涉员杨晟呈称，'顷准和兰国总领事函，以番柯尔巴随带猎枪四枝、弹二千粒，赴江苏、浙江、安徽游历，缮给护照请盖印前来。除将护照印发外，理合呈请省长察照，转饬各属，俟该和人到境呈验护照时照约保护'等情。据此，除训令各属保护并分咨外，相应咨请贵省长查照，希即转行各属照约一体保护"等由。准此，除分令外，合行令仰该即便转令所属一体照约保护，并将该和人出境入境日期具报备查。此令。（刊登《公报》，不另行文）

中华民国六年一月六日

督军兼署省长吕公望

（原载《浙江公报》第一千七百三十号，一一页，训令）

浙江督军公署训令第六号
浙江省长公署训令第三号

令各属保护日人松本菊熊赴浙游历由

令特派交涉员、温州交涉员、宁波交涉员、警务处处长、各县知事、暂编第一师师长、暂编第二师师长、混成旅旅长、嘉湖镇守使、宁台镇守使

本年十二月二十五日准江苏省长公署咨开，"案据特派江苏交涉员杨晟呈称，'顷准日本国总领事函，以松本菊熊赴江苏、浙江、江西、安徽、山东、河南、山西、直隶游历，缮给护照请盖印前来。除将护照印发外，理合呈请省长察照，转饬各属，俟该日本人到境呈验护照时照约保护'等情。据此，除训令各属保护并分咨外，相应咨请贵省长查照，希即转行各属照约一体保护"等由。准此，除分令外，合行令仰该　即便转令所属一体照约保护，并将该日人出境入境日期及在

境行为具报备查。此令。（刊登《公报》，不另行文）

中华民国六年一月六日

督军兼署省长吕公望

（原载《浙江公报》第一千七百三十号，一一至一二页，训令）

浙江省长公署训令第一十五号

令各县知事转行各校采用中华书局新出教科书由

令各县知事

案据中华书局局长陆费逵呈称，"窃本局出版春季始业新式国民学校、高等小学教科书，秋季始业新制国民学校、高等小学教科书，单级国民学校教科书，为范源廉、王宠惠、沈恩孚、沈颐、李步青等编辑，新式教科书系本年出版，适两学期之用，编辑方法较前稍有进步，教育部批有'在最近教科书中洵推善本'等语。新制教科书系前年出版，适三学期之用，早已通行，本年复就经验所得及新颁法令重加修正，呈教育部审定，批有'每学期一册，于用书者最便'等语。现在各校年假将届，下学期用书正宜及早预备，用敢检呈该教科书书目单，呈乞俯赐通饬各县转饬各校一律采购，以裨教育"等情。据此，除批示外，合即令仰该县知事转行境内各学校一体知照采用。此令。（刊登《公报》，不另行文）

中华民国六年一月八日

省长吕公望

（原载《浙江公报》第一千七百三十号，一二页，训令）

浙江省长公署训令第一十六号

令松阳县知事据邮务局函请保护邮局由

令松阳县知事

案据浙江邮务管理局函称，"兹因本管理局所属松阳三等邮局改派学习一级邮务生徐子良充当该局三等邮局长,相应函达贵厅查照备案,并希行知该处地方官推情照拂"等情。据此,合就令仰该知事妥为保护。此令。

中华民国六年一月八日

省长吕公望

（原载《浙江公报》第一千七百三十号,一二至一三页,训令）

浙江省长公署训令第一十七号

令龙游县知事据邮务局函请保护邮局由

令龙游县知事

案据浙江邮务管理局函称,"兹因本管理局所属龙游二等邮局改派学习二级邮务生郑寿涛充当该局二等邮局长,相应函达查照备案,并希行知该处地方官推情照拂"等情。据此,合就令仰该知事妥为保护。此令。

中华民国六年一月八日

省长吕公望

（原载《浙江公报》第一千七百三十号,一三页,训令）

浙江省长公署牌示

上虞县知事张应铭因病请假三月,遗缺以杨悌代理。一月六日

（原载《浙江公报》第一千七百三十一号,二三页,牌示）

浙江省长公署指令第七十九号

令上虞县知事张应铭

呈一件为因病请假三月请派员接替由

应准给假三月,遗缺兹查有杨悌堪以代理,除另令外,仰俟代任前往接替交代清结后,再行回籍就医,着即遵照。此令。一月六日

（原载《浙江公报》第一千七百三十号,一八页,指令）

浙江省长公署指令第九十一号

令临海县知事

呈一件为掾属人员遵令改组请注册由

徐嗣溥等员准予注册。惟顾思义一员资格核与《文职任用令》不符，碍难照准，仰即知照。履历及清摺存。此令。一月六日

附原呈

呈为掾属人员遵令改组，俯赐核准注册事。

本年十一月廿二日奉钧长指令知事呈报委任掾属请注册由，内开，"呈及清摺、履历均悉。查各县委任掾属诸多歧异，业于一千二百五十二号通令指示办法在案。该县掾属人员之组织亦多不合，仰即查照前令改组，呈候核夺。清摺、履历均发还。此令"。并先奉通令"各县公署应将教育特别设立一科"等因。奉此，知事遵于十二月分起设立政务、财政、教育三科，分科办事，以专责成。兹委任徐嗣溥为政务科主任员，陈钺西、王大闲为政务助理员；胡镇澜为财政科主任员，沈珏麟、吴藩翰、蔡尚德、顾思义为财政助理员；郁成章为教育科主任员，沈锡麒、郑惠为教育助理员。各该掾属或谙练政治、或熟悉计政、或长于教育，资格均属相符，除各员薪水遵照预算分等支配按月造报外，理合取具履历汇造清册加具考语备文呈送，仰祈钧长察核，俯赐核准注册，实为公便。再，前委政务助理员顾廷璜，业已另有差委，现以郑惠改补为教育科助理，合并声明。谨呈。

（原载《浙江公报》第一千七百三十号，一八至一九页，指令）

浙江省长公署指令第一百零七号

令诸暨县知事

呈一件为县立中校长边棠赴日求学

拟以孙廷珍接充请分别给照加委由

呈、摺均悉。应准分别委任给咨,仰将发去咨文及任命状分给领报。摺存。此令。一月八日

计发咨文一件、任命状一纸。

（原载《浙江公报》第一千七百三十号,一九页,指令）

浙江省长公署批第十六号

原具呈人柳毛古等

呈一件呈熊文佐侵蚀谷款请令县买补以重仓储由

既据呈县,应即静候县知事核办可也。此批。一月八日

（原载《浙江公报》第一千七百三十号,二〇页,批示）

浙江省长公署第二十号

原具呈人汤溪县民徐长庚等

呈一件控方寅亮擅权蠹欺赈款由

所称各节是否属实,本公署无凭察核,既据诉经金华地方厅行县查复,应即静候核办,毋庸歧渎。此批。件姑存。一月八日

（原载《浙江公报》第一千七百三十号,二〇页,批示）

浙江省长公署第二十一号

原具呈人楼佩全等

呈一件为武康城乡成衣工价以马加梁创议

增加工资不能一律请饬县示禁由

呈悉。雇工工作,其每日工资若干,应由雇工及雇工者双方同

意,未便由官厅加以干涉,所请应不准行。此批。一月八日

（原载《浙江公报》第一千七百三十号,二〇页,批示）

浙江省长公署批第二十二号

原具呈人温岭江彝之等

　　　　呈一件为呈请令县保存溢征米摺存款由

呈悉。所称各情,查与金文治等来呈同一情事,已于金文治等呈内明白批示矣[1],仰即知照。此批。一月八日

（原载《浙江公报》第一千七百三十号,二〇页,批示）

浙江省长公署公布第九号

公布省议会议决浙江省大义富三仓章程由

省议会议决《浙江省大义富三仓章程》一案,兹照《省议会暂行法》第三十七条规定公布之。此令。

中华民国六年一月八日

省长吕公望

浙江省大义富三仓章程

第一章　总则

第一条　三仓直隶省公署管辖之。

第二条　三仓之名称地点如左:

一、永济仓,即大仓,省城宝善桥;

一、义仓,省城武林门（现借作陆军粮秣厂）;

一、富义仓,武林门外湖墅。

第二章　职权

第三条　总董二员,名誉总董一员,秉承省长会同管理三仓

---

① 底本缺"金文"两字,第三字"治"大体可辨,据文意补全。

全部事务。

驻仓主任一员，商同各总董管理三仓全部事务；办事员六员，秉商各总董暨驻仓主任员分任文牍、会计、庶务各项事务。

第三章　仓务

第四条　三仓应办之事务如左：

一、推易，于每年大暑后、秋分前行之，但至多不得过十分之四；

二、粜补；

三、施粥。

依前项各款之规定，应由各总董于举办以前分别酌议，先期呈请省长核准。

第四章　经费

第五条　三仓经费依预算案之规定，由财政厅颁给之，其于应造之支付、支出各计算书，并应查照现行法令办理。

第五章　附则

第六条　三仓办事细则，由各总董拟订，呈请省长核定行之。

（原载《浙江公报》第一千七百三十一号，一九一七年一月十二日，六至七页，公布）

浙江督军署训令第七号

令分浙见习军官蒋定宇周启植等派往各师见习由

令分浙见习陆军军官学校毕业各生蒋定宇周启植等

照得该生由陆军军官学校毕业分浙见习，业经陆军训练总监咨明在案。兹据来浙投到，准发往陆军第一师、第二师听候分发指定各团营，以资见习。除令该师长知照外，合行令仰该生即便遵照前往投到。此令。

附发《规则》一本。

中华民国六年一月八日

督军吕公望

（原载《浙江公报》第一千七百三十一号，八页，训令）

浙江督军署训令同上号

令第一师长为分浙见习军官蒋定宇第二师长
为分浙见习军官周启植等发往各师见习由

令暂编浙江陆军第一师师长童保暄、暂编浙江陆军第二师
师长张载阳

五年十二月二十五日准陆军训练总监咨开，"陆军军官学校第三期生现已考试毕业，一律送回本省入队见习。查楼志献等一百三十六名均系籍隶贵省，除发给该生等川资，限于六年一月十日以前饬令自行投到外，相应检同《见习军官在队规则》暨《学生名册》一并咨行，查照办理可也。再，学生见习期限暨见习津贴均自投到之日起算，合并声明"等因，附《规则》《名册》到署。准此，查该军官学校第三期毕业生蒋定宇/周启植等四十/五/三名堪以派往该师分发各团、营、连见习，除饬该生投到外，合将《见习军官在队规则》，令仰该师长即便遵照办理，并将各生投到日期具报，以凭转咨。此令。

附《规则》　　本、名单一纸。

中华民国六年一月八日

督军吕公望

计开：

步兵科

蒋定宇　金　让　杨　存　俞咏裳　裘守成　马　骏
於　达　徐培根　吴　椿　应　振　吴持温

骑兵科

葛钟山　裘育德　李家鼎　张国华　秦西藩　樊　颐
吴　谦　李　钦　谢仁寿

炮兵科

    毛辉忠　蔡培元　赵翊邦　周　晷　许　康　蔡忠笏

    周钟华　毛镜仁　洪锡纯　王振燧　裘振豪　曹友仪

工兵科

    陈耀文　章吴俊　孟超禹　石　英　韦和协　徐家钧

    孙廷扬　计　斌

辎重兵科

    赵鼎文　俞遇期　王　槐　周汉屏　朱景楠

       以上四十五员派往第一师。

   计开：

步兵科

    周启植　余绍甘　葛唐彪　葛　云　慎茂榆　陈　庠

    叶　林　陈　荦　何超然　陈达源　成国庆　赵观涛

    宋　澄　丁友松　李　弢　王济安　傅庆霖　何　俊

    应　鹏　楼志献　沈创明　陈　器　金　定　王启明

    周才华　毛　侃　应　征　何陛三　张　琪　钱　敞

    沈逊斋　汤敏时　孙国平　苏炳瑜　厉圣溢　朱　煌

    李广汉　章　培　沈　钰　姚　镛　高畸民　陈训祺

    陈　铖

       以上四十三员派往第二师。

（原载《浙江公报》第一千七百三十一号，八至一〇页，训令）

浙江省长公署委任令第　号

令委施钟汉等为本公署警政助理秘书由

令施钟汉、彭彝、顾谟

兹委任该员为本公署警政助理秘书，月支薪水银八十/一百/八十元，委状附发。此令。

计发委状一道

中华民国六年一月　日

省长吕公望

（原载《浙江公报》第一千七百三十一号，一〇页，训令）

浙江省长公署训令第一十八号

令慈溪县知事据委员查复该县习艺所情形由

令慈溪县知事

案据委员王超凡呈复调查该县平民习艺所情形并附清摺等件到署。据此，查该所经常经费年约一千七百余元，为数不为不多，何以全所艺徒只有十五名，实属有意敷衍、虚糜公款，应将该所长胡钟端撤差，另由该知事查照前民政厅通令遴员呈请核委。至该所布科出品，纯系沿用旧式，虽由该所长之督率无方，实亦该艺师之不能胜任，应俟新所长接事后，饬即另行遴用，以资整顿而期改良。再，查该县为产竹之区，废弃殊为可惜，应即向奉化县平民习艺所雇用竹工毕业艺徒一人，添设专科，俾兴土产，并将艺徒如额招足，以宏教养。所有该所事务员是否原未设置，抑系现时遵裁，未据委员声叙，应即查明补报。为此令仰该知事遵办具复。此令。

中华民国六年一月八日

省长吕公望

（原载《浙江公报》第一千七百三十一号，一〇至一一页，训令）

浙江省长公署指令第八十九号

令龙游县知事

呈一件为更调掾属请予注册由

应准如呈注册。清摺存。此令。一月六日

附原呈

呈为报明更调掾属准予注册事。

窃龙邑政务主任张晋升请假回里,旋即病故,当以本署财政助员李希纲调充,另选郑其善补充财政助理员。现已试办月余,均能称职。除李希纲系调职人员毋庸再送履历外,理合取具郑其善履历,加具考语,开摺备文呈送,仰祈省长察核,准予注册备案,实为公便。谨呈。

（原载《浙江公报》第一千七百三十一号,一七页,指令）

浙江省长公署指令第一百零九号

令公立医药专门学校

呈一件呈报收到成绩品并请令知审查评点及有无奖励由

呈悉。查专门以上各学校成绩分数及给奖办法,业准教育部核定于十一月十一日《政府公报》布告在案。该校应得奖状及匾额,仰即遵照布告静候发给可也。此令。一月八日

（原载《浙江公报》第一千七百三十一号,一七页,指令）

浙江省长公署指令第一百五十六号

令旧温属水产讲习会

呈一件为呈送十一月份计算书据等件由

呈、件均悉。查列支各数尚无不合,惟本年七月起收支各款现应归入新五年度办理,该会前送之七月至十月各月份书、表及此次据送十一月份书、表,均照旧继续六月份结算,与各机关未能一律,应并查照改缮呈送,以凭汇案核转。其六月份结存余款即存,俟十二月份支款核准后,连同支存余款一并呈缴,仰即知照。十一月份书、表及前送之七至十各月份书、表均发还。此令。一月八日

（原载《浙江公报》第一千七百三十一号,一七至一八页,指令）

浙江省长公署指令第一百五十七号

令旧宁属水产讲习会

呈一件为呈送十一月份计算书据等件由

呈、件均悉。查列支各款尚无不合,惟收据尚多漏贴印花,且本年七月以后应归入新五年度,该会此次造送书、表及前送之七月至十月各书、表,其收存各数均照旧继续六月份结算,亦欠一律,应并改造,再行呈候核转。至六月份结存款项即存,俟十二月份计算书据核准后,连同结存余款并缴,仰即知照。十一月份书、表、收据及前送之七月至十月各书、表均发还。余件暂存。此令。一月八日

（原载《浙江公报》第一千七百三十一号,一八页,指令）

浙江省长公署指令第一百五十八号

令旧台属水产讲习会

呈一件为呈送十一月份计算书据等件由

呈、件均悉。查册列各款尚无不合,惟收据尚多漏贴印花,且本年七月以后应归入新五年度,该会此次造送书、表及前送之七月至十月各书、表收存各数均继续六月份结算,亦欠一律,应并改造,再行呈候核转。至六月份结存,俟十二月份支款核准后,连同支存余款一并呈缴,仰即知照。十一月份书、表、收据及前送之七月至十月各书、表均发还。余件暂存。此令。一月八日

（原载《浙江公报》第一千七百三十一号,一八页,指令）

浙江省长公署指令第一百七十五号

令新昌县知事

呈一件据何绍韩等呈为抄呈新昌上坑坞及东阳里冈矿区租约由

呈、件均悉。该矿区有无抵触《矿业条例》第十三条各款规定及

他项纠葛情事,仰新昌县知事会同东阳县知事详细查复核夺。先后呈文及抄呈租约均抄发,前呈矿图检发乙纸,仍缴。件存。此令。

一月八日

（按,第六○三四号指令已见上年十二月三十一日本报"指令"门。）

（原载《浙江公报》第一千七百三十一号,一八至一九页,指令）

浙江省长公署批第二十三号

原具呈人温岭金文治等

呈一件为呈请令县保存溢征米摺存款由

呈悉。查此项溢征米摺存款,前据该县知事呈复,经严前知事集绅议定,详奉前都督及财政厅批准拨作金清港疏浚经费,并于据复令查徐象来等请保存米折余款案内,指令将办法及前款存典生息各情迅行集议具报各在案。嗣据江彝之等电称有"徐佩瑛等邀议藉词朋分"等情,又经调令该县迅将现在办理是案情形据实陈明,并遵照指令将办法等切实妥议并呈核夺,迄尚未据呈复。据呈各情,仰候复到察夺办理可也。此批。一月八日

（原载《浙江公报》第一千七百三十一号,二一页,批示）

浙江省长公署批第二十五号

原具呈人何绍韩等

呈一件据呈为抄呈新昌上坑坞及东阳里冈坞矿区租约由

呈、件均悉。该矿区有无抵触《矿业条例》第十三条各款规定及他项纠葛情事,仰新昌县知事会同东阳县知事详细查复核夺。此批。

一月八日

（原载《浙江公报》第一千七百三十一号,二一页,批示）

浙江省长公署批第二十七号

原具呈人庄朱氏

　　呈一件呈庄秋晖宠媳逐妾请饬高审厅准予上诉由

呈悉。本案上诉期间既已经过，依法不能再理，仰即知照。此令。一月九日

　　　　　（原载《浙江公报》第一千七百三十一号，二一页，批示）

浙江省长公署咨省议会

准财政部咨复屠宰税仍应照旧征收由

浙江省长公署为咨行事。

　　本年一月四日准财政部咨开，"准咨开，'浙江省议会议决免除屠宰税一案能否免除之处，据情咨请核复'等因，当以'屠宰税关系国家收入，究应如何办理，缮具手摺，说明理由，咨请国务院提交国务会议公决'去后。兹准函复，'准贵部提议浙江省议会议决请免除屠宰税一案，现经议决，仍应照旧征收，俟国家税、地方税划分后，再定办法。亟达查照径复'等因前来。除将手摺抄送外，相应咨复贵省长转致遵照可也"等由。准此，查是案前准贵议会建议，即经本署咨部核复并先行咨答在案。准兹前由，相应抄摺备文咨请贵议会查照。此咨
省议会

　　附抄件。

　　　　　　　　　　　　　　　　　　浙江省长吕公望

　　　　　　　　　　　　　　　　　中华民国六年一月九日

　　　（原载《浙江公报》第一千七百三十二号，一九一七年一月十三日，四页，咨）

浙江省长公署咨省议会

据财政厅呈为查复划拨实业银行
特别公积金一案请核明转咨由

浙江省长公署为咨行事。

本年一月四日据财政厅呈称，"案奉钧长训令，'以准省议会咨查五年度省地方岁入预算书，浙江地方实业银行股息项下有登明该行原领股本五十一万三百元，划拨十二万元作为特别公积金，其余三十九万三百元仍为官股，常年六厘计息云云，颇滋疑义，请即查明答复'等由转令到厅。奉此，查实业银行官股项下划拨特别公积金一案，前奉钧长转准省议会开单咨请提交，业经列摺呈复在案。兹就来咨疑问再为详晰言之：

夫银行之有公积，本应由营业盈余项下提存，惟实业银行改组之时，有前浙江银行滥帐亏损，为数至巨，无从清理，前厅长张寿镛念其辛亥改革以后，历年协助官厅筹垫款项、收发军票，均能力顾大局，不无微劳，故拟由官股项下提拨银二十万元，名谓'特别公积金'，实则暂时抵补积欠难收之帐，且并不摊及商股，以示优待。嗣经详奉部复，此项公积金未便全归官股划拨，遂又查照原定股本官六商四之数，复请将公积一项官商按成分任，藉昭平允，已奉钧长核明转咨。是以五年度省地方岁入预算，前项股息暂照官股三十九万三百元开列详核，原定办法无非因实业银行改组以前滥帐过多，与其架空，何如核实，不得不曲予维持，而有此特别之举，但求以后营业发展，公积渐增，则股款仍各回复原状，所损失者不过目前股利耳。若谓该行假名避息弥补亏空泛论之，不无可疑，其实为巩固银行基本、保全银行信用起见，如此办法亦属无其出入。况续议官商按成分任，似更得情理之平。至于官股股票，前据该行填送三十一万三百元，系就原案削减二十万元之数照填，嗣议改照官六商四匀摊，应俟定案后即令补填送存。其该行内容如何，曾于本年八月间由委员周锡经等遵令清查该行情形案内详晰报告。缘奉前因,理合具文呈复,仰祈鉴赐核咨"等情。据此,查是案前准贵议会咨行到署,即经咨答并令厅查复在案。据呈前情,相应备文咨请贵议会查照。此咨
省议会

浙江省长吕公望
中华民国六年一月九日

（原载《浙江公报》第一千七百三十二号,四至五页,咨）

浙江省长公署公布第十号

公布省议会议决浙江内河运放竹木取缔规则由

省议会议决《浙江内河运放竹木取缔规则》,兹依照《省议会暂行法》第三十七条之规定公布之。特此公布。

中华民国六年一月九日
省长吕公望

浙江内河运放竹木取缔规则

第一条　本规则凡在本省内河运放竹木者均须一律遵守。

第二条　运放竹木须先期将左列事项报告该管水上警察署核明,给予执照,方准落河。

（一）竹木所有人姓名、籍贯、住址;

（二）包运人姓名、籍贯、住址;

（三）竹木种类及数目;

（四）起运、到达地点。

如竹木落河地方距离该管警署在二十里以上者,准于在首先经过之地方警署将前列事项遵章补报。

第三条　公共埠头或同一航路竹木落河之先后,以报告到署之先后为次序。

第四条　竹木落河须遵守左列各项：

（一）落河之初即须随拨随装，不得俟全数下河再行装排；

（二）每装足一排，即须运放下流；

（三）落埠装排，须于二十四小时之内告竣；

（四）排竣之后，须于十二小时之内起运。

第五条　竹木在运放中务须鱼贯而行，并应遵守左列各款：

（一）不得无故停系；

（二）不得横占河面；

（三）不得并排放运；

（四）不得阻滞船只；

（五）不得争越先后。

第六条　左列各款依各处河道情形，由各该管水上警察署定之。

（一）每日准与竹木落河之多少（以下流能通行若干者为限）；

（二）运放到埠日期；

（三）竹木运行应靠河左边或右边；

（四）长大竹木之起落运载方法；

（五）停系竹木及埋藏石桩之地点；

（六）夜间运行或定泊时应设置标灯几处。

第七条　竹木运放到达，务须随到随起，不得停留。

第八条　装卸或停置竹木，务在宽旷之河岸，不得横堆道路妨碍行人。

第九条　竹木打迭水仓一律禁止，但在不妨害交通地方，经水上警署核准者不在此限。

第十条　本规则应用《执行细则》，由该管水上警察署酌量地方情形呈由该管水上警察厅核定，转呈浙江警务处查考。前项规定《细则》，有关二署以上事务者，由各署协定之。

第十一条　违背本规则者按照《违警罚法》第三十三条第一项酌量处罚。

第十二条　本规则自公布之日施行。

（原载《浙江公报》第一千七百三十二号，六至七页，公布）

浙江省长公署委任令第　号

令委卢旌贤代理孝丰县知事缺由

令代理孝丰县知事卢旌贤

案查孝丰县知事芮钧因病请假三月，业经照准。遗缺兹查有该员堪以代理，除指令外，合行填发任命状，令仰该员遵照祇领，克日驰赴该县妥为接替，并遵章会算交代结报察核，仍将接事日期连同履历分呈备查。此令。

计发任命状一道。

中华民国六年一月九日

省长吕公望

（原载《浙江公报》第一千七百三十二号，八页，训令）

浙江省长公署委任令第十三号

令张翅为公立法政学校校长由

令张翅

案查公立法政专门学校校长周伯雄已免职另候任用。兹查有该员堪以接充该校校长，合就令委，仰即遵照前往该校妥为接替具报，并将履历报查毋延。此令。

计发委任状一道。

中华民国六年一月十日

省长吕公望

（原载《浙江公报》第一千七百三十二号，八页，训令）

浙江省长公署训令第三十三号

令杭县知事据本署实业科长呈复
查勘将台山等处种树成绩由

令杭县知事

案据本署实业科科长呈称，"奉令内开，'案查前巡按使任内曾经率同杭县知事在江干将台山、临平丘山二处种树，以为造林模范。嗣据杭县知事四年七月详称，将台山面积四十余亩，可种松、栎等树五千株；龟山面积计五十余亩，可种桃、梅、茶等树七千株；万松岭面积约百亩，可种松、杉等树七千株；丘山官荒六百亩，约可种松、栎等树万株；俟交春后筹款开办等语。现在将台山所种之树成绩如何，杭县前详种树计划曾否实行，合行令仰该员前往详查呈复，以凭核夺毋延。此令'等因。奉此，遵即前往将台山勘得前巡按使率同杭县知事手植柏树共计四百株，现在成活者约占八分以上，其成绩尚称优美。至杭县前详种树计划，丘山因距城较远不宜种树，龟山又因民业错伍，官地无多，未能造大片森林，均未实行，经杭县知事详报有案。其将台山山东、山西山岗及万松岭各处，本年清明节前后虽经实行种植松、杉，第综计成活者不过松万株、杉六万株左右，核诸杭县呈报种杉四十八万零株、种松九万零株之数，殊不足示人模范耳。奉令前因，理合据实备文呈复，仰祈核夺"等情到署。据此，合行令仰该知事依照前定计划切实继续办理，毋托空言为要。此令。

中华民国六年一月九日

省长吕公望

（原载《浙江公报》第一千七百三十二号，八至九页，训令）

浙江省长公署训令第三十五号

令各县知事准海军部电海军学生推广为一百名
并以后改定每年十二月考取一次由

令各县知事

案准海军部哿电内开，"此次各省送考各生颇多英俊，兹推广额数为一百名，拟嗣覆改定每年在十二月考取一次①。特闻"等由过署。准此，查《考选海军学生章程》前经公布并经本公署按照《章程》送考在案。兹准前由，合行令仰该县知照。此令。

中华民国六年一月九日

省长吕公望

（原载《浙江公报》第一千七百三十二号，九页，训令）

浙江省长公署训令第三十六号

令财政厅核定省议会各议员公费由

令财政厅长莫永贞

案查浙江省议会自民国二年十月一日起至三年三月三日止，中间停止期间各议员未支公费，前据该厅长呈称，"应由省议会核明数目，加入五年度预算内务费临时门，以便核发。至其余办公、杂支等费，须实用实销，与公费不同，似无补支之必要"等情前来，业据转咨在案。兹准该会咨复开，"现经本会核得自二年十月一日起至三年三月三日止，计五个月另三日，本会议员额定一百五十二人，内除正、副议长另计外，实一百四十九人，每人月支公费银八十元，五个月另三日共应补支公费银六万另七百九十二元；又，正议长一人，月支公费银一百八十元，除已支外，自三年一月一日起至三年三月三日止，尚

---

① 嗣覆，疑为"嗣后"之误。

短支二个月另三日,共应补支公费银三百七十八元;又,副议长二人,月各支公费银一百二十元,除已支外,一自二年九月一日起至三年三月三日止,尚短支六个月另三日,共应补支公费银七百三十二元,一自二年十二月一日起至三年三月三日止,尚短支三个月另三日,共应补支公费银三百七十二元。以上四项合计,共应补公费银六万二千二百七十四元,相应填具请款凭单咨请查照拨给"等由,并附送请款凭单一纸过署。准此,合亟检单,令仰该厅长核明照拨为要。此令。

中华民国六年一月九日
省长吕公望

(原载《浙江公报》第一千七百三十二号,九至一〇页,训令)

浙江省长公署训令第三十九号

令天台县知事为该籍参议员张曙现更名复元由

今天台县知事

案准内务部咨开,"准国务院咨达,'参议院议员张曙,现更名复元,请转行原选地方官厅一体知照'等因到部,相应抄录原咨咨行查照"等由,并附抄件过署。准此,查张参议员籍隶天台,除将抄件存案外,合亟令仰该知事知照。此令。

中华民国六年一月九日
省长吕公望

(原载《浙江公报》第一千七百三十二号,一〇至一一页,训令)

浙江省长公署指令第一百四十八号

令永嘉县知事

呈一件据黄佐新等呈为处罚烟犯未革陋规请饬移送审厅办理由

呈悉。处罚烟犯固属司法范围,惟县知事现负禁烟专责,所有查获调验各烟犯,该知事应有职权。至判处刑罚,当然送由司法机关审理。该民禀指不送地方审厅,认为侵及司法权限,未免误会。至所称调查员在外舞弊,调验室内容腐败等情,是否属实,仰永嘉县知事澈底查明,认真整顿。案关禁烟要政,毋得稍涉疏纵,切切。原呈抄发。此令。一月八日

(原载《浙江公报》第一千七百三十二号,一三页,指令)

浙江省长公署指令第一百九十六号

令财政厅长莫永贞

呈一件呈为新登县前后任知事均于限内
算清交代请各记大功一次由

呈悉。准将该前知事李兆年、现任知事徐士瀛各记大功一次,以示鼓励。除注册外,仰即转行知照。此令。一月九日

(原载《浙江公报》第一千七百三十二号,一三页,指令)

浙江省长公署指令第一百九十八号

令财政厅长莫永贞

呈一件瑞安人民项鸿畴为伊父玉润被李复等挟嫌控告
造册宣示一案胪陈困难情形乞饬查摘销由

呈悉。该县元年灾册究竟应归何人造报,项玉润当时征收银米究竟有无情弊,仰财政厅迅行瑞安县查明,据实具复,以凭核夺。此令。抄呈发。一月九日

(原载《浙江公报》第一千七百三十二号,一三页,指令)

浙江省长公署指令第二百零三号

令本署实业科科长

呈一件呈复查勘将台山等处种树成绩由

据呈已悉,已转行杭县知事查照矣。此令。一月九日

(原载《浙江公报》第一千七百三十二号,一四页,指令)

浙江省长公署指令第二百一十三号

令富阳县知事

　　呈一件请仍委朱邦彦为劝学所所长开送履历由

　　呈、摺均悉。查高等小学校教员仍不能认为地方教育事务[1]，据称又属误会，惟前经询准部咨，"倘因地方特别情形，合格人材实难其选，得以曾任中小学校教员五年以上者选任，但须声明原由，经最高级长官核定"等语。究竟该县是否确无与《规程》第四条各项合格人员，仰再切实查明具复，再行核办。履历暂存。此令。一月九日

　　（原载《浙江公报》第一千七百三十二号，一四页，指令）

浙江省长公署指令第二百一十九号

令省立甲种农业学校

　　呈一件呈报本学期未到学生业已除名请备案由

　　呈悉。应准备案。此令。一月九日

附原呈

　　呈为呈报未到学生请予备案事。查本校各科学生名数前经黄校长呈报在案[2]，兹查本学期一年级学生封又开、汪启祥，二年级学生吴祥骥三名，开学至今尚未到校。查三月未到，照章应即开除。为此备文呈请钧署备案，以符实数。谨呈。

　　（原载《浙江公报》第一千七百三十二号，一四页，指令）

---

　　①　认为，疑为"任为"之误。
　　②　黄校长，指黄勋，字赞尧，江苏崇明（今属上海市）人。见《浙农》，浙江省立甲种农业学校校友会民国十年七月印行。

浙江省长公署指令第二百二十一号

令省立甲种农业学校

呈一件呈复卢炳晁蒋润二名证书籍贯

误填缘由并请将证书验发由

呈悉。应准将证书印发,仰即查收分给。此令。一月九日

计发还证书二纸。

（原载《浙江公报》第一千七百三十二号,一四至一五页,指令）

浙江省长公署指令第二百二十三号

令余姚县知事

呈一件为开办学校成绩展览会缮送简章预算摺表由

呈、件均悉。应准照办。惟学校行政成绩品类,应一并征集展览,藉资观摩,仰即转令遵照。件存。此令。一月九日

（原载《浙江公报》第一千七百三十二号,一五页,指令）

浙江省长公署指令第二百四十一号

令警务处长夏超

呈一件为呈复董顺生等控警察分队长

陈荣保一案请察核由

呈悉。既据查明董顺生即董阿才①,当解厅讯问时董阿才并无供出,该队长刑讯情事似属可信,惟据董顺生等第二次禀内有赔偿说和等语,则前项供词自不无审究之余地。该厅于董顺生等第一次原禀,则谓为于操刀者之误,于第二次原禀,则又谓恐系下流之徒所为,未予澈查。控关官吏违法,亟应切实报究,仰即由该处遴派妥员,按照

---

① 董顺生,标题、正文出现四次,此处误作"董顺在",径改。

董顺生等迭次禀词切实复查核办具报。此令。一月九日

（原载《浙江公报》第一千七百三十二号，一五页，指令）

浙江省长公署指令第二百六十一号

令桐乡县知事

呈一件为送节烈妇及耆年硕德事实名册

请核咨褒扬由

呈、件均悉。查是项褒扬汇案须遵前按署迭次通饬办法，由县按名分造事实详册并加具证明书、取具注册费，一并呈送，始能据以核咨褒扬。前巡按使出巡时，所据查报各案因手续未尽完备并未汇转。兹核来摺所列耆民董燿、朱学诗事实，仅合于前项《条例》第六款而列入耆年硕德款内，嫌未相称，其余各节烈妇事实，虽合于同条第二款，然未并送证明书及注册费，办未尽合，未便据以转咨。兹将原摺三件一并发还，仰即遵照指令各节分别查明改办，并取具应备各附件呈候复夺。此令。一月九日

计发还事实摺三件。

（原载《浙江公报》第一千七百三十二号，一五至一六页，指令）

浙江省长公署批第二十号

原具呈人瑞安人民项鸿畴

呈一件为伊父玉润被李复等挟嫌控告造册宣示

一案胪陈困难情形乞饬查摘销由

呈悉。该县元年灾册究竟应归何人造报，项玉润当时征收银米究竟有无情弊，仰财政厅迅行瑞安县查明据实具复，以凭核夺。此批。一月九日

（原载《浙江公报》第一千七百三十二号，一七页，批示）

浙江省长公署批第三十一号

原具呈人上四乡各酿户代表郑效年

呈一件为控告华东生等行使小票浮收缸捐

一案已由检厅讯办请一并发交质讯由

此案既由地方审判厅讯办,该民尽可提出证据,径行声诉,该厅自能按照诉讼程序依法办理,着即知照。此批。一月九日

(原载《浙江公报》第一千七百三十二号,一七页,批示)

浙江省长公署批第三十二号

原具呈人绍兴县民人高道安

呈一件为知事偏护顽佃搁案不批乞令眷保跟追租田由

呈悉。黄元生欠缴租价乃债权债务关系,如果理处无效,该民可径向该管审检所正式提起民事诉讼,该所自能依法办理,毋庸越渎。此批。一月九日

(原载《浙江公报》第一千七百三十二号,一七页,批示)

浙江省长公署通告

开化县知事林应昌呈报于五年十二月十三日下乡催粮验契、布置冬防,署务委政务主任张家封暂代。

镇海县知事吴万里呈报于五年十二月二十一日事毕销假回署。

金华县知事钱人龙呈报于五年十二月二十一日公毕回署。

遂安县知事千秋鉴呈报于五年十二月二十一日由乡禁烟、募债、催粮、验契公毕回署。

浦江县知事张鼎治呈报于五年十二月二十二日销假视事。

海盐县知事朱丙庆呈报于五年十二月二十二日下乡催征、募债,二十六日公毕回署。

建德县知事夏曰璈呈报于五年十二月二十六日亲往东、北两乡禁烟、验契、清查积谷、会视防务,职务分别委员暂代。

高等检察厅长殷汝熊呈报于五年十二月二十七日卸任。

松阳县知事余生球呈报于五年十二月十二日卸任。

(原载《浙江公报》第一千七百三十二号,一九页,通告)

浙江省长公署公布第十一号

公布省议会咨送议决钱江义渡收回省有并改设轮渡案由

省议会议决钱江义渡改设轮渡一案,兹照《省议会暂行法》第三十七条规定公布之。此令。

计抄省立钱江义渡改设轮渡议决案及预算书各一件。

中华民国六年一月十日

浙江省长吕公望

附原咨

浙江省议会为咨行事。

案照本会何议员勋业等提出钱江义渡仍应收归省有及钱江义渡改设轮渡两案,当付大会讨论,佥谓查钱江义渡业经本会列入二年度预算案内认为省地方自治经费,本案隶属地方行政已成法案,嗣因本会中断,官厅任意变更付诸绅办,殊背成案本旨。且义渡公款由多数民人捐集,经官厅一再提倡,始抵于成,决非少数人民自认承办所能代表两浙全体而行使其职务。且若者为绅,若者为民,既无阶级可分,又无资格可限,而禀请承办之绅,是否即为全体公认办理义渡之人,是则尤难确定。翎自付诸绅办以来,敷衍因循,行旅皆称不便,自应撤消绅办,收回省有,藉以维持法案而洽舆情。至于改设轮渡一举,尤为收归省有后首要之图。盖民船渡江悉付天命,其或平帆投向,水波不兴,果属庆幸,设遇风涛汹涌,势若吞天浴日、倒海排山,岂能以有限之人力而与之抵御哉？以故覆没全船、身捐鱼腹之事,时有所闻,即或幸而获免,亦已时间延长,受惊万状。虽有专船救生救尸,尚属难必。今若欲图救济,端赖改设汽轮,速率既得增加,风涛尽可抵御,往来便捷,化险为夷,法至善也。假使尘封故步,不加改良,则纵收回省有,亦属无补于人民。且按预算表所列岁出之数,与二年度预算相较,所增之数甚微(二百二十七元),而有益于人民实非浅鲜。故钱江义渡应收归省有,改设轮渡,以便行旅,业经公决以该两案并为省立钱江义渡改设轮渡案并制定预算表,审查修正三读通过,相应缮具清摺咨送省长,请烦查照公布施行。再,自六年一月一日起至六年六月末日止之钱江义渡现经议决收归省办,其经费业照二年度预算减半列入,五年度预算书改设轮渡预算表应请列入六年度预算,并于六年上半年先期筹办实行,相应一并咨明。此咨

浙江省长吕

浙江省议会议长沈定一

计附清摺一扣。

钱江轮渡经常费预算案

第一项	薪水工食	四九二〇	
第一目	薪水	七四四	
第一节	局长夫马	三六〇	局长不支薪水,月给夫马三十元,年计如上数。
第二节	职员	三八四	会计一人、庶务一人,月各支十六元,年计如上数。
第二目	工食	四一七六	
第一节	跳板夫	八四〇	两岸雇用跳板夫十名,每名每月七元,年计如上数。

续　表

第二节	公役	一六八	公役二名，每名每月七元，年计如上数。
第三节	司机	八一六	每轮雇正手一人，月支二十元；副手一人，月支十四元。二轮并计，岁支如上数。
第四节	司舵	六七二	每轮雇正手一人，月支十六元；副手一人，月支十二元。二轮并计，岁支如上数。
第五节	水手	二四〇	水手二名，每名每月十元，年计如上数。
第六节	拖船舵工	一四四〇	拖船舵工十二名，每名每月十元，年计如上数。
第二项	添修及消耗	一二四四八	
第一目	添修	一四二〇	
第一节	机件	二四〇	每月须添配机件及木料，约计银元二十元，惟如何核实支用，须临时酌定，故年计如上数。
第二节	缆绳	一二〇	每月约添换拖船绳索等件，须由局长核给置配，年计如上数。
第三节	轮船	六〇〇	是数为每年修理轮船之用。
第四节	拖船	四〇〇	是数为每年修理拖船及跳板之用。
第五节	牛车	六〇	是数为每年修理贫民乘坐牛车之用。
第二目	消耗	一一〇二八	
第一节	燃料	九七二〇	每日用十字牌火油十一听，每听约价二元；汽油每日一听，每听约价五元；年计如上数。
第二节	滋油	一一八八	滋油即机油，每日一听，每听以三元三角计算，年计如上数。
第三节	发电机	一二〇	发电机及电筒月耗十元，年计如上数。

岁出总计一万七千三百六十八元

说明

是项经常岁出之款,核与义渡局固有公款生息每岁一万四千数百金之数,惟稍有短绌,但事关公益,应由省税补之。至局用器皿物件及两岸跳板并西兴之牛车,义渡局均有设备,此次改办似可无庸新置,故不列入预算。再,购置浅水汽轮两艘,以吃水深二尺五寸为度,以便靠近停船,每艘二十匹马力、单副引擎,约须规银二千二百两。又,船壳每艘约须规银二千两,共计八千四百两,一四合洋共计一万一千七百六十元,应于义渡局存款项下先行提付。将裁汰之渡船十六号逐渐变价归公,约值洋三千二百元,所缺仅八千五百六十元,如由官商合力筹劝,似不难立时弥补,故开办费暂不列入。

(原载《浙江公报》第一千七百三十三号,一九一七年一月十四日,四至六页,公布)

浙江省长公署训令第五十九号

令各县知事准农商部咨行译送美国国会
新议决行船议案与国税议案由

令各县知事

民国五年十二月二十七日准农商部咨开,"案准外交部咨开,'准美芮使函称,本国政府饬驻扎各国美国使署,将美国国会新议决行船议案与国税议案达知各国政府专意看视行船议案三十六条、国税议案八百零二条至八百零八条。现本公使遵照本国政府训条,将议案各一份函送查照等因。相应将美国政府声明该议案各条照录一份,咨送查照'等因。准此,相应将原送各议案照译汉文,咨送查照"等因,并附件到署。准此,除分行外,合亟照抄附件,令仰该知事查照并布告各商民一体知照。此令。(刊登《公报》,不另行文)

附抄件。

中华民国六年一月十日

省长吕公望

照译美国国会新议决行船议案第三十六条

凡载运货物之船只以及他项载运货物之器物，开赴外国或本国口岸时，美国人民欲附装货物运往所赴之口岸或中途经过之口岸，照付运价，其货物亦无腐坏情形，而该船只等不允代为载运，经财政总长查明，得停发该船只等所应领之出港免状。如该船只等货已装齐实无隙地或装载前项货物确不相宜者，不在此例。

照译美国新议决国税议案

第八百零二条　凡外国工商业家运货赴美销售，与输入商人或他人订定契约，不准购用别处货物，或于购用别处货物一事加以限制，则此项外国货物除纳法律规定之常税外，须纳特别税款。此项税款以常税两倍为准。

上开条款不得视为禁止外国工商业家在美国设立包办代理人，亦非禁止此项包办代理人订定不得购用别处货物之契约。惟此项包办代理人若与外国工商业家订明卖货于他人时，亦责令履行契约之条件，则须受本条款之限制。

第八百零三条　财政总长为第八百零二条之施行，得订定各种规则。

第八百零四条　各国如有禁止美国货品入口情事，所禁货品于道德、卫生并无妨碍，美国大总统得在同一时期内禁止该国同样货品轮入美国，如无同样货品，得禁止该国之他种货品入口。

财政总长为本条款之施行，经大总统认可，得订定各种规则。

第八百零五条　在有战事之时，美国并未牵入，大总统如查有某国违犯国际公法订定法律禁止或限制，于道德、卫生并无妨碍之美国货品输入该国，或他国认为损伤美国人民利益，得在同一时期内禁止或限制该国同样货品或其他货品输入美国，即将所禁货品名称公布，如有私运此项货品入口之人，或与私运有关之人，应科以五万元以下二千元以上之罚金、或二年以内之监禁、或罚款与监禁并科，由法庭酌定之。

大总统得酌将前途述公布事项变更、取消或延长之[①]。

第八百零六条　在有战事之时，美国并未牵入，大总统查有本国或外国船只遵照交战国政府之法律，对于在美国或其属地之个人或公司行号、或某种货品、或对于居住中立国之美国人民予以无论何种非分之利益或于运输货物、乘载搭客等事，加以特别之阻碍、损伤，得停发该船只应领之出港免状或正式通告扣留之。

大总统得酌将前项命令变更或延长之。

第八百零七条　在有战事之时，美国并未牵入，大总统查有某交战国对于美国人民船只不予以商务便利，而该交战国人民等在美国或其属地实享有此项便利，或美国人民船只在该交战国所享之便利，不与他国人民所享者相等，得将该交战国船只应领之出港免状暂予停发，俟该交战国对于美国人民船只予以相当便利为止，或将该交战国人民船只在美国或属地所享同样之便利酌予取消。关于此项事宜，由大总统公布办法并开明某交战国船只人民所享利益业被取消，如有对于此项船只人民予以便利即视为违法，应科以五万元以下二千元以上之罚金、或二年以内之监禁、或罚金与监禁并科，由法廷酌定之。凡船只因本条款之施行而被扣留者，若私离美国境地、或设法私离美国境地，

---

① 　底本如此，前途，"途"字疑衍文。

该船主或管理人均应分别科以二千元以上一万元以下之罚金、或二年以内之监禁、或罚金与监禁并科,该船一并充公。

第八百零八条 大总统因本条款之施行,得酌调海陆军队。

(原载《浙江公报》第一千七百三十三号,七至九页,训令)

浙江省长公署训令第六十二号

令警务处准内务部咨发该处简任状仰祗领由

令警务处长夏超

案准内务部咨开,"准铨叙局咨称,'本年十二月八日奉大总统令,任命夏超为浙江全省警务处处长。此令等因,将简任状一张送请转发'等因到部。相应将简任状一张咨送查照转发,并希饬将领到日期暨该处长详细履历咨部备查"等因,计咨送简任状一件到署。准此,合将简任状随令转发,仰该处长即便祗领,并将领到日期连同履历克日呈署以凭转咨。此令。

计发简任状一件。

中华民国六年一月十日

省长吕公望

(原载《浙江公报》第一千七百三十三号,九页,训令)

浙江省长公署训令第六十七号

令省城贫儿院院长据省警厅查复贫儿院
请拨墙外隙地一案由

令省城贫儿院院长

案据省会警察厅厅长呈称,"案查前奉钧署训令内开,'案据省城贫儿院院长汪钦呈称,本院墙外尚有畸零隙地六分有零,恳请划入本院,以为推广寝室之用等情。该地究于路政有无关系,仰即查明具复'等因,计附略图。奉此,当经抄图令行第二区署长张良楷查复去后。兹据该署长复称,'奉令即行亲率一等巡长履勘,该隙地适坐贫儿院西首墙外,地形长锐,当经丈量,该地长共一十八丈八尺,南头阔计三丈,北头阔计一丈八尺,均以英尺计算,随即商同工务处主任酌议按照该院所呈图式,拟留人行通路,仍应加阔若干尺,约合一丈之谱作为公街,以便行人,其余划归该院筑造,庶于路政无碍。奉令前因,理合将查勘情形附呈原图备文呈复,仰祈核转施行'。据此,复查无异。除指令外,理合具文呈复,仰恳察核施行"等情到署。据此,查此案前据该院长呈请前来,当经指令并令行查复在案。兹据前情,除指令外,合行令仰该院长遵照办理。此令。

中华民国六年一月十日

省长吕公望

（原载《浙江公报》第一千七百三十三号,一〇页,训令）

浙江省长公署训令第六十九号

令清理官产处据冯丙然等电请严令赵所长

祝知事取消范姓请买原业由[①]

令清理官产处

案据鄞县公民冯丙然等电称,"旧鄞县学署于民国元年七月,由鄞县议会呈奉蒋前都督批准拨给作为确定场所[②],现官营产事务所赵所长将县会余地及北首房屋即旧学署东序进德斋,不查不标,擅准范姓请买。祝知事身任自治,监督一方,兼任该所会办,亦不应扶同隐狗,任听所为,况自治回复在即,尤不能将县会场所私行出卖。公叩严令赵所长、祝知事即日取消范姓请买原业,仍暂交县自治委员保

---

① 赵所长,指赵秉良,鄞县官营产事务所所长。祝知事,指祝绍箕(1884—1932),字星五,浙江绍兴人。民国五年四月至十二月任鄞县知事。

② 蒋前都督,指蒋尊簋(1882—1931),字伯器,浙江诸暨人。民国元年七月十二日至七月二十三日任浙江都督。

管，以维公产而平众愤"等情到署。据此，查该县旧学署除民国元年拨充县议会议场暨办公室外，所有余屋业经该县遵照前都督通饬拨改劝学所之用，并由前民政厅咨行财政厅转知该处在案。兹据前情，究竟是否属实，合行令仰该处长即便饬查具复，以凭核办。此令。

中华民国六年一月十日

省长吕公望

（原载《浙江公报》第一千七百三十三号，一〇至一一页，训令）

浙江省长公署训令第七十一号

令各县知事据省立甲种农校呈请通令
任用农科毕业生仰查照办理由

令各县知事

案据省立甲种农业学校呈称，"窃本校农科学生吴荣堂等四十二名前经呈准毕业在案。查甲种农校本为造就应用人才而设，该生等在校四年，于农学上重要各科俱已修毕，且存入研究科学力尤富，似应广为任用，俾可实地练习，以展其长。且查吾浙农业尚在萌芽，农学人才亦颇缺乏，前次东西洋及国立大学农学毕业生俱以资望较高，于地方农事机关不肯俯就，以致各县乙种农校、县农事试验场或县农会等人员，虽有适当人才，农业之鲜进步，半由于此。本校此次毕业人员实最适合于地方农业之需要，若使投闲置散，非惟于吾浙实业前途大有影响，且使一般学子以本校第一次毕业人员尚无相当职业，将以农学为不甚需要之学问，而视本校为畏途，于本校前途亦复大有关系。为此开具该毕业生等名单，呈乞通饬各县知事转饬乙种农业等校或其他农事机关，酌量任用，以资鼓励而图改良"等情，并名单一纸到署。据此，查呈称各节系为奖励农学、改进农业起见，所请通令任用，自应照准。除分令外，合就抄单令发该知事，仰即查照办理。此令。（刊登《公报》，不另行文）

计发名单一纸。

中华民国六年一月十日

省长吕公望

毕业生姓名籍贯

吴荣堂	上虞	杨兴芝	义乌	蒋步瀛	东阳	金尔成	东阳
陈 鹏	浦江	沈光熙	绍兴	雷铭丹	陕西朝邑		
陈燏珍	萧山	周汝沅	诸暨	杜一桂	上虞	单纬章	奉化
朱培栋	上虞	林廷悦	青田	余垂组	遂安	周铨元	诸暨
王尧年	天台	卢炳晁	东阳	张联甲	武康	张考先	余姚
王乐周	萧山	胡时雍	兰溪	周耀昌	鄞县	陈秉楹	富阳
何祥熊	萧山	顾华荪	武义	赵启能	杭县	林宗逊	黄岩
范光华	兰溪	徐莱书	诸暨	童书丹	兰溪	陈敬民	黄岩
徐松铨	仙居	刘云朝	江山	顾光祖	嘉兴	张嗣恩	临海
阮有壬	绍兴	杨郁熙	临海	孙 陵	鄞县	俞宝璁	桐庐
潘明法	余杭	蒋 润	寿昌	童尚麟	萧山		

（原载《浙江公报》第一千七百三十三号，一一至一二页，训令）

浙江省长公署训令第七十五号

令警务处准内务部咨行宁波警厅警正
陈绍舜积劳病故准予给恤由

令警务处处长夏超

五年十二月十二日准内务部咨开，"案准咨陈，'宁波警察厅警正陈绍舜积劳病故，请照章给恤'等因。当经本部核与《警察官吏恤金给与条例》第四条第二款规定给恤事例相符，即经据情呈请，于本年十一月三十日奉大总统指令：'呈悉。准如所拟给恤。此令'等因。奉此，相应抄本部原呈咨行查照办理"等因，并附原呈一件到署。准此，查此案前据宁波警察厅厅长周琼呈请,当经咨部核办在案。准咨前因,合亟钞发原呈,令仰该处转令该厅遵照办理,并录案报明财政厅知照。此令。

中华民国六年一月十日

省长吕公望

(原载《浙江公报》第一千七百三十三号,一二页,训令)

浙江省长公署指令第一百九十九号

令财政厅长莫永贞

呈一件富阳民人朱印农等为控告征收主任沈逸波

违法浮收一案再求饬厅立提对质由

呈悉。前据富阳县知事来呈,谓"征收主任沈逸波在署供职,夙夜奉公,陆树堂等诉其浮收分肥,不特查无实据,且亦毫无所闻。惟其性情固执,易招怨尤诽谤之来,或由于此"等语。兹据该民等来呈则称,"业户赴柜完纳,勒交规费,多由沈逸波直接,名单所开,可传可查",并称法警拘吊系奉沈逸波之命等情。究竟是否属实,非依法讯问不足以明实在,应由该管审检所迅即传集一干人证到案,质讯实究虚坐,毋稍徇延。仰财政厅转行遵照。此令。呈抄发。一月九日

(原载《浙江公报》第一千七百三十三号,一三页,指令)

浙江省长公署指令第二百一十号

令兰溪县知事

呈一件为添委掾属呈报察核由

应准注册。履历存。此令。一月九日

附原呈

呈为添委掾属襄办检察事务,缮具履历送请鉴核事。窃照职署各科办事人员,知事抵任时曾经开具履历加考详报前巡按

使核准注册在案。兹查审检所自本年九月奉令改组成立,知事兼理检察职务,法定手续既繁,时有兼顾不遑之虑,科中人员各有专司,亦未便临时委代。转瞬省道开办,关于募捐收地各事宜皆属知事应尽之责,广田务荒,势不能不遴员佐理,冀无贻误。现拟于政务科内添设助理一员,襄办检察事务,仍由知事负完全责任,所有薪水即在知事俸给项下开支。查有王定甲法学精深、兼富经验,堪以委充斯职。除由知事给委任事外,理合缮具履历备文呈报,仰祈省长察核并赐指令遵行。除呈高等检察厅外,谨呈。

(原载《浙江公报》第一千七百三十三号,一三至一四页,指令)

浙江省长公署指令第三百号

令天台县知事

呈一件据天台许文祥等呈张国治
图占官塘私自缴价请饬县取消由

呈悉。该县旗塘系准由旗塘灌溉区域内各村庄轮流完纳粮税,其张国治等所缴价款,前据呈明亦系筹自当地各田户,并拨入旗塘公户管业,张国治何能遽为私产霸占科派①? 该民等呈请取销,恐有别情,仰天台县知事查明复夺。原呈抄发。此令。一月十日

(原载《浙江公报》第一千七百三十三号,一四页,指令)

浙江省长公署指令第三百零六号

令公立图书馆长

呈一件为沥陈春节前后暨曝书期内及
休息日闭馆理由请察核示遵由

据呈已悉。除阳历年假应改为"自一月一日起停阅三天"外,余

---

① 霸,底本误作"羁",径改。

如拟办理。此令。一月十日

（原载《浙江公报》第一千七百三十三号，一四页，指令）

浙江省长公署批第二十九号

原具呈人富阳县民人朱印农等

呈一件为控告征收主任沈逸波违法浮收

一案再求饬厅立提对质由

呈悉。候饬厅转行该管审检所传集人证依法质讯可也。此批。

一月九日

（原载《浙江公报》第一千七百三十三号，一五页，批示）

浙江省长公署批等三十七号

原具呈人沈德庆等

呈一件为张梦龄朦缴地价一案乞准备价赎回由

此案业据财政厅厅长兼清理官产处处长查明复署，即经牌示该民等遵照在案，所请应毋庸议。此批。一月九日

（原载《浙江公报》第一千七百三十三号，一五页，批示）

浙江省长公署批第三十八号

原具呈人嵊县董德瑜等

呈一件为马先仕亲见七代五世同堂请褒奖由

所呈果实，应照章呈县核转，仰即遵照办理。此批。一月九日

（原载《浙江公报》第一千七百三十三号，一五页，批示）

浙江省长公署批第四十四号

原具呈人天台许文祥等

呈一件据呈张国治图占官塘私自缴价请饬县取消由

呈悉。该县旗塘系准由旗塘灌溉区域内各村庄轮流完纳粮税，

其张国治等所缴价款，前据呈明亦系筹自当地各田户，并拨入旗塘公户管业，张国治何能遽为私产霸占科派？该民等呈请取销，恐有别情，仰天台县知事查明复夺。此批。一月十日

（原载《浙江公报》第一千七百三十三号，一五页，批示）

浙江省长公署牌示

海宁县知事刘蔚仁调省，遗缺委任陈景銮署理。一月九日

平湖县知事张濂调省，遗缺委任张志纯署理。一月九日

绍兴县知事宋承家调省另候委用，遗缺即委原任该县知事金彭年回任供职。一月九日

孝丰县知事芮钧因病请假三月，遗缺委任卢旌贤代理。一月九日

（原载《浙江公报》第一千七百三十三号，一六页，牌示）

致大总统国务总理电

大总统、国务总理钧鉴，各院部、南京副总统、各省督军省长、热河张家口归化都统、上海护军使、徐州巡阅使，并转镇守使均鉴：奉令"浙江督军兼署省长吕公望电请辞职，吕公望准免本职，特任杨善德为浙江督军"等因。奉此，公望遵令于一月十二日交卸督军任务，杨督军即于是日接印视事。谨电奉闻。吕公望叩。真。印。（中华民国六年一月十一日）

（原载《政府公报》第三百六十七号，一九一七年一月十七日，二七页，公电，杭州吕公望来电一月十三日）

吕公望留别全浙父老暨僚友书

公望行矣。回首五年中，东南半壁，经三次之变。吾浙僻处海滨，潮流湍激，以父老之教督，军民官吏，协力和衷，内则耕市晏然，不惊匕鬯，外则声誉藉甚，为国雄藩。公望行能无似，勉从邦人君子，范

我驰驱,碌碌频年,因人成事。辛亥之役,浙军攻克名城,扬旆江表,壮士披坚执锐之所就,公望无劳焉。癸丑之役,朱、屈二公主持于上,诸将士戮力于下,奉令承教,慎固封疆,公望无功焉。迨乎帝制议兴,人心慕义,公望方率偏师镇守嘉湖,赖省垣文武投袂枕戈,宣昭义问,云集响应,列郡从风。公望不过勉策驽骀,以呼邪许而已。

猥以屈公介举,军民推戴,忝拥节旄,来承大乏。言勋伐则不足以孚众望,言设施则不足以隆省治,言能力则不足以护中央。伈伈俔俔,辱高位以速官谤者,八月于兹。此八月中,虽未尝任一私人,牟一私利,而以种种不足之故,举凡军政、民政,因陋就简,无一成绩之堪言,徒使吾父老忧履霜之危,吾僚友作抱冰之救。愆尤丛积,职为厉阶。轩然大波起于堂奥,风鹤之警闾里惊传。此公望所为悼心失图,抚膺而负疚者也。

今幸得以罪戾之身退归林下,将闭门而思过,作雅言以娱亲。且公望服务梓桑,不为不久。我马瘏矣,我仆痡矣。家山泉石,慭我尘劳。中央之遇公望厚矣。微闻令下以来,邦人君子,过爱之深,奔走呼号,攀留綦切。公望何德何能,而有此不虞之誉?方当共和再造,文轨攸同,畛域之见,既不可存,毁誉之公,尤不容没。杨督军、齐省长,皆盘错轮囷,望实并茂,才胜公望,何啻百倍。但愿自今以往,我军人□服从命令之天职,我人民凛自求多福之良箴,浙省前途,无疆惟休。公望亦得于陔余之暇,扶杖而观□□,是尤赖我父老僚友之忠告善道相与有成者也。北风雨雪,送我征车;雪鹤梅花,犹留泥爪。公望行矣。

(《吕公望之宣言》,原载《申报》一九一七年一月十四日,七版,要闻二)

浙江省长公署咨省议会

据杭县呈复查海慧寺崧祠改设宗泽祠由

浙江省长公署为咨行事。

案据杭县知事呈称,"案奉训令内开,'案据义乌绅民陈伟绩等函请执行民国二年省议会议决西湖海慧寺崧骏祠改设宗忠简公祠一案等情到署。据查，此案前由省议会议决咨行前行政公署，并经前民政长公布登入第四百五十四册《浙江公报》各在案，中更改变，此案遂未执行。兹省议会已经回复，从前议决法案，自应有效。惟该崧骏旧祠是否有他项关系，改设宗祠有无阻碍，合行令仰该知事查明呈复察夺'等因。奉经委派内务科员杨肇豫前往调查得，'崧骏旧祠系前清光绪年间，将海慧寺旧有会客所在安设木主，额曰崧公祠，并非别有建筑，是此祠之缘起，本极简陋。辛、壬之交，政体改革，木主既难存在，崧祠亦遂由奉直同乡改祀该省先贤，名实俱亡，非经识者指明，几不能辨崧祠之所在。该寺现为混成旅军队驻扎，所存寺僧已移住广润寺，荆榛满目，无复庄严。总之，海慧寺为公家之产，宗公祠为议决之案，崧祠早毁无所谓关系，宗祠应设无所谓阻碍。惟此崧祠绝续期间，忽为奉直同乡移转所有，既无可稽成案，又难探悉理由，究应如何办理之处，呈请核夺'等情具复前来。正在核办间，即据旅浙奉直同乡会李荫梧等呈称，'此案发生于民国二年春间，敝同乡会曾于是年五月提出呈请书，向省议会依理力争，并将各种关系及阻碍情形呈请前都督朱维持各在案。现闻陈伟绩等提议改建宗祠，不胜骇异，呈请维持'等情。当经批令钞录建祠原案附绘图说，续呈核办。兹据复称，'查此祠建于前清光绪二十年，其原案向在官厅咨存京部，荫梧等尚忆当时有清廷上谕一道，内称，光绪二十年二月初六日奉上谕，刘树棠奏抚臣政声卓著，遗爱在民，恳请立传建祠一摺。已故浙江巡抚崧骏自调任浙江以来，于该省漕务、赈抚、水利、海塘各要政均能认真筹办，其余地方各事亦悉心经理，劳瘁不辞。据刘树棠转据该省绅士发兵部侍郎朱智等胪陈该故抚政声治绩，合词呈请，实属勤劳卓著，遗爱在民。着宣付国史馆立传，并准其于浙江省城捐建专祠，列入祀典，地方官春秋致祭，以彰茂绩。该衙门知道。钦此。既云准其于浙江省城捐建专祠，并无令地方筹款字样，其无分文国帑可想而知。至于捐助姓名,系由敝同乡会公债金项下拨用,本无须乎碑记,只有账目可查。其簿据及一切书面向存于敝会馆,因光复时事出仓猝,敝会馆值年司事因满人有同乡关系,一闻警信,连夜奔逃,即个人私物亦不暇兼顾。迨敝会馆被军队占据后,横遭蹂躏,四处皆空,用品摧残,又其余事,一切簿据更不堪问矣。然有前清谕旨及光复后敝会馆修理墙垣承揽并此祠之书面,尚有同乡张曾敔修理匾额,皆证据之凿凿者。而督工人又系久在浙江之魏献宸偕同海会寺方丈慧持一手经理,均七十余岁、道德高劭之人,则又可为人证也。绘具图说,呈请保存'等情到县。知事伏查崧祠建设之初,既就海慧寺客堂改设,是为地方公产,已无疑义,该会馆所主管者无非岁祀瞻拜而已。虽现在奉直同乡指为捐建,然既一无稽考,似亦不能主张所有。惟崧骏有功于浙,究属昭昭在人耳目,且又列入祀典,自不应遽予废止。应否另觅场所改祀崧公,抑将该祠依旧存在,别择相当地点为宗忠简公祠宇之处,理合具文呈请,仰祈鉴核示遵"等情。据此,查西湖海慧寺崧骏祠改设宗忠简公祠一案,既经贵议会议决,自当照行。唯据该知事呈称"崧骏有功于浙,应否另觅场所改祀"等语,自应咨询贵会议复办理。相应咨行贵议会,请烦查照,于本年开会时付议咨复为荷。此咨
浙江省议会

浙江省长吕公望
中华民国六年一月十一日

(原载《浙江公报》第一千七百三十四号,一九一七年一月十五日,四至五页,咨)

浙江督军公署训令第四七号
浙江省长公署训令第五四号

令各属保护日人美浓金三郎等赴浙游历由

令特派交涉员、温州交涉员、宁波交涉员、警务处处长、各县

知事、暂编第一师师长、暂编第二师师长、混成旅旅长、嘉湖镇守使、宁台镇守使

本年一月四日准江苏省长公署咨开，"案据特派江苏交涉员杨晟呈称，'顷准日本国总领事函，以美浓金三郎、石冢繁藏赴江苏、浙江、福建游历，缮给护照请盖印前来。除将护照印发外，理合呈请省长察照，转饬各属，俟该日人到境呈验护照时照约保护'等情。据此，除训令各属保护并分咨外，相应咨请贵省长查照，希即转行各属照约一体保护"等由。准此，除分令外，合行令仰该 即便转令所属一体照约保护，并将该日人等出境入境日期及在境行为具报备查。此令。（刊登《公报》，不另行文）

中华民国六年一月十一日

督军兼署省长吕公望

（原载《浙江公报》第一千七百三十四号，六页，训令）

浙江督军公署训令第四八号
浙江省长公署训令第五三号

令各属保护日人向井正生等赴浙游历由

令特派交涉员、宁波交涉员、温州交涉员、警务处处长、各县知事、暂编第一师师长、暂编第二师师长、混成旅旅长、嘉湖镇守使、宁台镇守使

本年一月四日准江苏省长公署咨开，"案据特派江苏交涉员杨晟呈称，'顷准日本国总领事函，以东亚同文书院教授山崎百治、向井正生、山本博人赴江苏、浙江游历，缮给护照请盖印前来。除将护照印发外，理合呈请省长察照，转饬各属，俟该教士到境呈验护照时照约保护'等情。据此，除训令各属保护并分咨外，相应咨请贵省长查照，希即转行各属照约一体保护"等由。准此，除分令外，合行令仰该 即便转令所属一体照约保护，并将该日人等出境入境日期

及在境行为具报备查。此令。（刊登《公报》，不另行文）

中华民国六年一月十一日

督军兼署省长吕公望

（原载《浙江公报》第一千七百三十四号，六至七页，训令）

浙江督军公署训令第四九号
浙江省长公署训令第五二号

令各属保护德教士高有耀赴浙游历由

令特派交涉员、温州交涉员、宁波交涉员、警务处处长、各县知事、暂编第一师师长、暂编第二师师长、混成旅旅长、嘉湖镇守使、宁台镇守使

本年一月四日准江苏省长公署咨开，"案据金陵关监督兼江宁交涉员冯国勋呈称，'准驻宁德领事寿尔慈函开，据敝国教士高有耀禀称，现由南京前往江苏、江西、安徽、浙江等省游历，缮具护照一张请盖印发还转给等因。准此，除已将护照一张盖印发还德领，并属转告该教士游历到境时，先将护照呈验询明内地情形再行前往外，理合具文呈请省长饬登省《公报》行知地方官，俟该教士游历到境时照约妥为保护，实为公便'等情。据此，除训令各属保护并分咨外，相应咨请贵省长查照，希即转行各属照约一体保护"等由。准此，除分令外，合行令仰该　　即便转令所属一体照约保护，并将该德人出境入境日期具报备查。此令。（刊登《公报》，不另行文）

中华民国六年一月十一日

督军兼署省长吕公望

（原载《浙江公报》第一千七百三十四号，七页，训令）

浙江督军公署训令第五〇号
浙江省长公署训令第五一号

令各属保护丹商赖森赴浙游历由

令特派交涉员、温州交涉员、宁波交涉员、警务处处长、各县知事、暂编第一师师长、暂编第二师师长、混成旅旅长、嘉湖镇守使、宁台镇守使

本年一月四日准江苏省长公署咨开，"案据特派江苏交涉员杨晟呈称，'顷准丹总领事函，以商人赖森随带鸟枪二枝，赴江苏、浙江游历，缮给护照请盖印前来。除将护照印发外，理合呈请省长察照，转饬各属，俟该丹商到境呈验护照时照约保护'等情。据此，除训令各属保护外，相应咨请贵省长查照，希即转行各属照约一体保护"等由。准此，除分令外，合行令仰该　　即便转令所属照约一体保护，并将该丹人出境入境日期具报备查。此令。（刊登《公报》，不另行文）

中华民国六年十月十一日

督军兼署省长吕公望

（原载《浙江公报》第一千七百三十四号，八页，训令）

浙江督军公署训令第五一号
浙江省长公署训令第五〇号

令各属保护英人马斯等赴浙游历由

令特派交涉员、温州交涉员、宁波交涉员、警务处处长、各县知事、暂编第一师师长、暂编第二师师长、混成旅旅长、嘉湖镇守使、宁台镇守使

本年一月四日准江苏省长公署咨开，"案据特派江苏交涉员杨晟呈称，'顷准英国总领事函，以英律师马斯携眷、商人吸克林，赴江苏、

浙江游历,缮给护照请盖印前来。除将护照印发外,理合呈请省长察照,转饬各属,俟该英人到境呈验护照时照约保护'等情。据此,除训令各属保护外,相应咨请贵省长查照,希即转行各属照约一体保护"等由。准此,除分令外合行令仰该　　即便转令所属照约一体保护,并将该英人等出境入境日期具报备查。此令。(刊登《公报》,不另行文)

中华民国六年一月十一日

督军兼署省长吕长望

(原载《浙江公报》第一千七百三十四号,八至九页,训令)

浙江督军公署训令第五二号
浙江省长公署训令第四九号

令各属保护日人票田富赴浙游历由

令特派交涉员、温州交涉员、宁波交涉员、警务处处长、各县知事、暂编第一师师长、暂编第二师师长、混成旅旅长、嘉湖镇守使、宁台镇守使

本年一月四日准江苏省长公署咨开,"案据特派江苏交涉员杨晟呈称,'顷准日本国总领事函,以票田富赴江苏、江西、山西、甘肃、浙江、安徽、湖北、湖南、山东、直隶、陕西、四川、广东、广西、云南、贵州、福建游历,缮给护照请盖印前来。除将护照印发外,理合呈请省长察照,转饬各属,俟该日人到境呈验护照时照约保护'等情。据此,除训令各属保护并分咨外,相应咨请贵省长查照,希即转行各属照约一体保护"等由。准此,除分令外,合行令仰该　　即便转令所属一体照约保护,并将该日人出境入境日期及在境行为具报备查。此令。(刊登《公报》,不另行文)

中华民国六年一月十一日

督军兼署省长吕公望

(原载《浙江公报》第一千七百三十四号,九页,训令)

浙江督军公署训令第五三号
浙江省长公署训令第四八号

令各属保护英巡捕贺睦卓等赴浙游历由

令特派交涉员、温州交涉员、宁波交涉员、警务处处长、各县知事、暂编第一师师长、暂编第二师师长、混成旅旅长、嘉湖镇守使、宁台镇守使

本年一月四日准江苏省长公署咨开,"案据特派江苏交涉员杨晟呈称,'顷准英国总领事函,以英巡捕贺睦卓、那朴宿赴江苏、浙江游历,缮给护照请盖印前来。除将护照印发外,理合呈请省长察照,转饬各属,俟该英巡捕到境呈验护照时照约保护'等情。据此,除训令各属保护外,相应咨请贵省长查照,希即转行各属照约一体保护"等由。准此,除分令外,合行令仰该　　即便转令所属照约一体保护,并将该英人等出境入境日期具报备查。此令。(刊登《公报》,不另行文)

中华民国六年一月十一日

督军兼署省长吕公望

(原载《浙江公报》第一千七百三十四号,九至一〇页,训令)

浙江省长公署训令第七十六号

令各属准督军署咨照陆军测量局职员
王狮撤差请饬属一体知照由

令财政厅长莫永贞、高等审判厅长经家龄、高等检察厅长陶思曾、警务处长夏超、各县知事

案于本月二十日准浙江督军公署咨开,"据陆军测量局局长董绍祺呈称,'窃据职局地形课课长张国柱呈称,职属班员王狮学术平庸,上期外业成绩甚少,又复无故旷职,屡诫不悛,曾于九月八日报告奉饬记过在案。在该员宜如何思愆补过,力自振奋,乃竟玩忽性成,自

甘暴弃。此次外业派测乌岩等处，时已届满，成图无几，与各员业务比较不及五分之一，回局又不理内业，出入自由。似此玩视职务、难策后效。为此请予免职，以利进行而儆效尤等情前来。局长查该员王狮历届成绩均不称职，复敢罔遵诰诫，作辍任情，委属无可姑容，除批准予呈请将该员免职外，合行据情备文呈请，仰祈鉴核令遵'等情到署。据此，除指令准予撤差并通令外，相应咨达请烦查照，希即转令所属一体知照"等由过署。准此，除分令外，合行令仰该　　知照并令所属一体知照。此令。

中华民国六年一月十日

省长吕公望

（原载《浙江公报》第一千七百三十四号，一〇至一一页，训令）

浙江省长公署指令第三百一十二号

令嵊县知事

呈一件孙明标等呈为珠溪小学校长孙树廷腐败请饬撤换由

据呈是否属实，仰嵊县知事查明催复核办具报。此令。原呈抄发。一月十日

（原载《浙江公报》第一千七百三十四号，一二页，指令）

浙江省长公署指令第三百二十号

令高等审判厅长经家龄

呈一件福建柯德润呈被匪首夏大妹
抢劫一案请令县迅予判决由

呈悉。该犯夏大妹如果确系本案正盗，自应从速讯究，以寒匪胆而靖地方。据呈各情，仰该厅转令温岭审检所迅予查案讯判具报，毋稍违延，切切。此令。呈抄发。一月十日

（原载《浙江公报》第一千七百三十四号，一二页，指令）

浙江省长公署指令第三百二十一号

令上虞县知事

呈一件上虞王连氏呈知事违法溺职请查办由

呈及黏抄均悉。此案业经悬赏勒限购缉，应俟限期届满再行核办。惟所称王廿九及王水亭均系案内凶犯，经该知事及警佐等拘获释放等情，如果属实，殊属不合，仰该知事迅行查案具复察夺，毋稍讳饬。此令。黏抄存，呈抄发。一月十日

（原载《浙江公报》第一千七百三十四号，一二页，指令）

浙江省长公署指令第三百二十二号

令高等审判厅长经家龄

呈一件余姚施姜氏呈氏子在押八月迄未审判请饬县讯释由

据称该氏子施锦堂在押八月迄未审判等情，如果属实，殊有不合。仰该厅转令该县审检所迅予查案，依法讯办，毋再延玩，切切。此令。呈抄发。一月十日

（原载《浙江公报》第一千七百三十四号，一二至一三页，指令）

浙江省长公署指令第三百七十七号

令杭县知事

呈一件呈复查明崧祠所有权并请改祀崧公由

呈及附图均悉。崧祠既非奉直同乡所有，自应依照二年省议会议决案执行。惟据称崧骏有功于浙，不应遽予废祀，请另觅场所改祀之处，候咨询省议会议复令遵，仰即传谕该奉直同乡知照可也。图存。此令。一月十一日

（原载《浙江公报》第一千七百三十四号，一三页，指令）

浙江省长公署指令第三百七十八号

令淳安县知事

呈一件为据呈择地筹设农事试验场并附图表由

呈、件均悉。查农事试验场为研究改良农植之基础,筹议设立自属必要。惟所择地点在县署头、二门之间,与县署界限未能划清,既多窒碍,民间观摩亦有不便,应另择妥适地亩,妥拟章程,再行呈候核夺,仰即遵办。来件均发还。此令。一月十一日

（原载《浙江公报》第一千七百三十四号,一三页,指令）

浙江省长公署指令第二百七十九号

令上虞县知事

呈一件为据呈送拟具提倡蚕桑办法缮摺请核由

呈、摺均悉。既据称该县各乡蚕桑情形不同,自应分别办理,惟计叶分配办法恐有误会,如虑桑叶供不应求,致生危险,应即设法剀切劝导,并查照《富阳县推广植桑章程》拟办,以利进行。其县农会培植桑苗、购办蚕种等不敷经费,拟由公益费内酌助一节,并应详具预算另呈核夺,仰即知照。摺存,核定《富阳县推广植桑章程》随发。此令。一月十一日

（原载《浙江公报》第一千七百三十四号,一三页,指令）

浙江省长公署指令第三百九十六号

令开化县知事

呈一件据呈请续办因利局以示体恤由

查各县因利局业均停止出贷,该县事同一律,未便独异,仰即转行知照。此令。一月十一日

（原载《浙江公报》第一千七百三十四号,一四页,指令）

浙江省长公署指令第四百零八号

令浦江县知事

呈一件为送古物调查表由

据呈各项尚属详晰,惟闻该县县立高等小学校后面洪氏宗祠内第二进厅之壁面留有名人书画,似亦应在保存之列,仰即查明补报,并切实保存,是为至要,切切。调查表发还。此令。一月十一日

（原载《浙江公报》第一千七百三十四号,一四页,指令）

浙江省长公署指令第四百二十二号

令德清县知事

呈一件为送姚大炳等因与沈宏昌庵产纠葛不服县署
原处分提起诉愿一案辩明书及必要书状由

据送各件业经本公署检同原诉愿书及杭县地方审判厅转送该县卷宗详细审查,办就决定书,除分达外,合即照缮一份,连同该厅、县前送各卷一并令发该县,仰即查收具报。此令。一月十一日

计发决定书一本,又卷三宗、证据一包、书状七件（决定书明日续登）。

（原载《浙江公报》第一千七百三十四号,一四页,指令）

浙江省长公署指令第四百三十一号

令永嘉县知事

呈一件为查复永嘉潘岩福因继承营业
被县拒绝注册一案情形由

查收发员对于投递文件,除附件不符应令投递人注明外,均应一律照收。至手续欠缺与否,应由该知事查核办理,岂容收发员径行拒绝？据呈各情,难保无别项情弊,仰再秉公查明,切实声复,以凭核转

毋违。此令。一月十二日

（原载《浙江公报》第一千七百三十四号，一四至一五页，指令）

浙江省长公署指令第四百三十七号

令泰顺县知事

呈一件为补送掾属陈海瑚等详细履历请注册由

准予注册。履历存。此令。一月十二日

（原载《浙江公报》第一千七百三十四号，一五页，指令）

浙江省长公署批第四十二号

原具呈人周光祖等

呈一件为呈江浙渔会改组浙海渔会自办护船请照准达部由

呈、件均悉。查此案前据鄞县知事呈转到署，当以《江浙渔业公司附设渔会章程》未据并报，内容若何，本署无案可稽，惟该公司办理渔会如果未洽众情，在会各渔商、渔户尽可要求改良，即欲另树一帜，亦应由各渔商、渔户联名呈请核办，不能即以未准立案之董事等名义具呈，察核拟订章程，尤欠切实详细，所请碍难准行，指令查照并转令各原具呈人知照在案。所请照准达部之处，应毋庸议。此批。一月九日

（原载《浙江公报》第一千七百三十四号，一六页，批示）

浙江省长公署批第四十三号

原具呈人义乌何肇松等

呈一件据呈九石殿水堰经费奉判另举

经理案请指令限期办理由

呈悉。查此案前据该县知事呈报两方争执、会员执行困难情形，当以该民何肇松系此案原控诉人，如果对于会员资格别有主张，应于奉判后提起控诉或请求复判。现在案经确定已久，该县办理是案惟

有仍照原判执行,未便以行政处分变更确定之判决。至虑将管种田亩交与利害不切己之人管理或有变卖,及不实行兴修水利,致恃堰灌溉田亩受其影响,则利害关系各户尽可随时查察或呈请核办,不必定为该会会员,指令迅照先令令指情形速予办结具报在案。该民等如果为水利起见,应即静候办理,毋庸渎呈。此批。一月九日

(原载《浙江公报》第一千七百三十四号,一六页,批示)

浙江省长公署批第四十五号

原具呈人嘉兴吴富高等

呈一件陆润田请在大收圩开设茧行不合条例请取消由

呈、单均悉。查各商请设茧行以能否符合《条例》为准驳,陆润田请在大收圩设行地点距离旧行里数,业经令县详查复核在案,该机户等毋庸过虑,仰即知照。此批。一月十日

(原载《浙江公报》第一千七百三十四号,一六至一七页,批示)

浙江省长公署批第四十八号

原具呈人嵊县孙明标等

呈一件为珠溪小学校长孙树廷腐败请饬撤换由

据呈是否属实,仰嵊县知事查明催复核办具报。此批。一月十日

(原载《浙江公报》第一千七百三十四号,一七页,批示)

浙江省长公署批第四十九号

原具呈人杨春騋等

呈一件为创办浙江中医学校请报案咨部由

呈、件均悉。仰候转咨教育部核复令遵。此批。件存。一月十日

(原载《浙江公报》第一千七百三十四号,一七页,批示)

浙江省长公署批第五十一号

原具呈人余姚施姜氏

呈一件呈氏子在押八月迄未审判请饬县讯释由

据称该氏子施锦堂在押八月迄未审判等情，如果属实，殊有不合，候令高等审判厅转令该县审检所迅予查案依法讯办可也。此批。

一月十日

（原载《浙江公报》第一千七百三十四号，一七页，批示）

浙江省长公署批第五十二号

原具呈人上虞王连氏

呈一件呈知事违法溺职请查办由

呈及黏抄均悉。此案业经悬赏勒限购缉，应俟限期届满再行核办。惟所称王廿九及王水亭均系案内凶犯，经该知事及警佐等拘获释放等情，如果属实，殊属不合，候令该县知事迅行查案具复，再行察夺。此批。黏抄存。一月十日

（原载《浙江公报》第一千七百三十四号，一七至一八页，批示）

浙江省长公署批第五十三号

原具呈人福建柯德润

呈一件呈被匪首夏大妹抢劫一案请令县迅予判决由

呈悉。该犯夏大妹如果确系本案正盗，自应从速讯究，以寒匪胆而靖地方。据呈各情，候令高等审判厅转令温岭审检所迅予查案讯判可也。一月十日

（原载《浙江公报》第一千七百三十四号，一八页，批示）

浙江省长公署批第五十四号

原具呈人天台蒋荣耀等

　　呈一件为创设集贤国民学校由

　　查私立国民学校之设置，须经县知事之认可，既据呈县立案，仰候该县核办可也。此批。一月十日

　　　　　（原载《浙江公报》第一千七百三十四号，一八页，批示）

浙江省长公署批第五十九号

原具呈人龙游余镇藩

　　禀一件为被选县议员高审厅判决确定

　　知事延不查复请令速复由

　　禀及黏件均悉。业经饬县催复，仰候复到核夺令遵可也。此批。一月十一日

　　　　　（原载《浙江公报》第一千七百三十四号，一八页，批示）

浙江省长公署通告

　　永嘉县知事郑彤雯呈报于五年十二月二十三日由乡公毕回署。

　　景宁县知事余光凝电呈于五年十二月二十三日下乡检验，署务委财政主任姚会升暂代。

　　象山县知事张鹏霄呈报于本年一月二日赴宁波镇守使署听候面询，职务委政务主任杨荣荫暂代。

　　慈溪县知事林觐光电呈于五年十二月廿八日赴宁波镇守使署听候面询，署务委政务主任萧维任暂代。

　　奉化县知事屠景曾电呈于五年十二月廿八日赴宁波镇宁使署听候面询，署务委政务主任梅绍福暂代。

　　瑞安县知事李藩电呈于五年十二月二十三日下乡禁烟，即日

回署。

缙云县知事欧阳忠浩电呈于五年十二月二十五日因公赴乡,九日回署。

常山县知事赵钲铉呈报于五年十二月二十七日下乡催征、缴债、会哨,署务委政务主任金声暂代。

（原载《浙江公报》第一千七百三十四号,一九页,通告）

浙江省长公署咨督军署

为据开化林知事电遵令防缉赣省匪徒地方一切靖平由

浙江省长公署为咨行事。

十二月十八日案据开化县知事林应昌真日快邮代电称,"窃属县对于赣省匪徒防务事宜,遵令会督营警,并广派侦探严密巡缉,并无匪踪窜入,地方一切靖平,堪以上慰廑注,合肃电陈"等语。据此查是案前据常山县知事赵钲铉呈报,节经本署会同贵督军令行衢县、江山、开化各县知事随时查剿具报,嗣据该开化县呈报"栾匪思德,亟图蠢动"等语,复经本署指令认真办理各在案。兹据前情,除以"真电悉,仰仍会督营警加意侦缉,毋稍疏懈"等语指令外,相应备文咨行贵署,即烦查照备案。此咨

浙江督军

浙江省长吕公望

中华民国六年一月十一日

（原载《浙江公报》第一千七百三十五号,一九一七年一月十六日,三至四页,咨）

浙江省长公署咨宁台镇守使

准咨为警备队黄统带移驻海门及其他调驻情形由

浙江省长公署为咨复事。

案于十二月十九日准贵署咨照,"拟饬警备队统带黄继忠将统部移驻海门镇署,并饬于兼带之第一营中抽调两哨就海门地方择要驻扎,其兼带之第一营营部仍驻临海,备文咨请查照"等由。准此,除令警务处查照外,相应备文咨复,请烦查照。此咨
宁台镇守使

浙江省长吕公望

中华民国六年一月十一日

（原载《浙江公报》第一千七百三十五号,四页,咨）

浙江省长公署训令第八十五号

令绍兴县知事为该县融和炉房禀被同业嫉妒

妄禀警佐偏听勒迁请核办由

令绍兴县知事

案据该县商民高春林等禀称,"商等开设融和炉房,被同业嫉妒妄禀,警佐偏听勒迁,请准饬县秉公办理,一律迁移"等情到署。据此,除批示外,合行抄禀,令仰该县迅予查明,秉公核办,具复察核,仍录报警务处查考。此令。

计令发抄禀一件。

中华民国六年一月十一日

省长吕公望

（原载《浙江公报》第一千七百三十五号,六页,训令）

浙江省长公署训令第九十二号

令各县知事准财政部咨行凡殖业银行发行债票未经

本部核准或经核准而无期限利息者均应禁止由

令各县知事

案准财政部咨开,"查《殖业银行则例》第二十一条内载,'债票金

额每张以五元为率,并可加彩偿还,惟应照下列各条于发行前另订详细专章呈候财政部核准。(一)债票额息及付息方法;(二)逐项发行总数;(三)抽签偿还年限及方法;(四)加彩数目及方法'各等语。乃近来各殖业银行有未经报部核准、擅发债票者,殊属不合,相应咨请贵省长通令各县知事一体查照。嗣后凡殖业银行发行债票,如未订发行债票详细专章呈由地方官转请本部核准登载《政府公报》有案,或债票专章虽经本部核准,而债票上并无期限、利息等条件,与纸币相类者,均应一律概行禁止,以维币政"等由。准此,合行令仰各该县一体知照。此令。(刊登《公报》,不另行文)

中华民国六年一月十一日

省长吕公望

(原载《浙江公报》第一千七百三十五号,六至七页,训令)

浙江省长公署指令第三百一十九号

令黄岩县知事兼清丈局长

呈一件为呈复清丈情形并报进行方法由

据呈各节,办理尚是,仰仍督促任事各员妥洽积极进行,俾得早收成效,并随时将办理情形呈核。此令。一月十日

附原呈

呈为陈复清丈情形并具报进行方法事。

前奉钧长艳电内开,"闻该县丈量员办事异常迟滞,殊于丈务前途有碍,该知事同负进行之责,应严加督催,如果延不振作,由省另行拨员接办,仰即查明复夺"等因。奉查黄岩创办清丈,节经议具《章程》呈奉钧长虞电准先试办。惟时晚禾未尽登场,会绅议于十一月九日先就宁溪开始试丈,该区田亩既甚畸零,丈生技术又甫试验,加以乡愚疑阻,复须随丈解释,因而濡滞,初非

得已,煞费经营,始渐妥洽。旋自本月一日六区并举,分投督催,核计本月六区四十四组,除遇雨及扣内业时间外,共丈四万余亩。历经会督员绅酌订督促方法,前以填造印票划归登记员办理丈单,无裨事实,徒稽丈量,公议删除,报明有案。又因从前丈法过求精密,易涉拘泥,现参用交会法,冀减一分烦琐手续,即增一分进行速度,以原设丈班每组丈手二人,揆诸事实,一人已足。兹议每组裁汰丈手一人,即以所节经费改设丈员专办内业,俾各丈组主任助理、丈手专办外业,并由预备测量费内另组测量班测量村图,似此分营并进,现约每组每日可丈至五十亩以上,将来春日渐长,手术渐熟,当必日进有功,不止此数。兹趁农隙,正宜施丈,拟自下月设法各区添足十组丈组以外,另再酌设丈量预备员,以备丈班员遇有事故及请假时轮流挨代,免致旷误,务使事无怠废,款无虚糜,以期及时图成,早收效果。诚以此次清丈虽限一隅,成败利钝,影响关乎全局。知事谋而后定,讵不知此惟丈甫浃旬,而责难已起,图始维艰,苦衷谁谅? 总之,此事系出个人志愿,无论如何劳怨,决所不辞,即各任事员生朝夕淬厉,亦尚相见以诚,共喻斯旨。除仍随时认真督促办理外,合将清丈经历情形及进行方法详晰呈复,仰祈钧长察核施行。再,因待月终结报丈量亩分数目,呈复稍稽,合并声明。谨呈。

(原载《浙江公报》第一千七百三十五号,一三至一四页,指令)

浙江省长公署指令第三百八十号

令财政厅长莫永贞

呈一件为南浔统捐局转呈丝业董事请免加浙西水利附捐由

呈悉。案经省议会议决公布,行政官厅只能依法执行,未便如该董事等所请准予免加。至经丝,原案既与运丝并列,当然按数重征;用丝一项,原案未列,并非《公报》遗漏,仰财政厅令知该局转行遵照。

此令。一月十一日

附原呈

呈为浙西水利经费一案,据情转呈请赐令遵事。

　　窃查浙西水利经费,经奉财政厅长转令于货物及丝捐两项随正照收呈解,遵即录案布告商民,照会丝业董事遵令刊刻戳记,于本月二十一日起实行带收专文呈报在案。嗣据南浔镇丝业董事张为第、梅履中、庄赓敽等呈称,"窃为第等前于铣日,以丝包带收水利经费一元,群情惶迫,电请省长、财政厅长维持在案。兹奉照开各等因,伏查丝捐规定之初,曾以江浙毗连,设或畸重畸轻,商务顿有盛衰之分,是以两省议会会商议决,一致办理,庶免轩轾,以归划一。三年五月议会停止,以向称担负最重之丝捐每包增加至五元二角之巨,经捐本为苛微,每包亦复增加四元八角,商力凋敝,民命垂绝。共和回复,群庆更生,佥谓非法之政策,当为法律所不许,自必迅予纠正,以苏民困。此人民所殷殷希望于议会者也。乃不此之图,而于附税之外向归省税支出之水利经费亦复加派于丝、经,姑无论商力难胜,而煌煌法案似不宜因帝制摧残而不思回复,自应尊重以往之法案,蠲免非法之负担,以振共和国法治之精神。否则,南浔与江苏向称丝埠之震泽镇,相距仅十有二里,收买货物咸仰给于太湖一带,果使担负悬殊,自必相形见绌,浔商不竞,可为预决。盖捐重病商,自古已然,无可讳言,而避重就轻,势所必然,迁地为良,计或出此。是浙省税收反将因是而锐减矣。尤不解者,浙丝、苏丝同一丝也,浙商、苏商同一商也,以十二里之距离,担负遽相悬殊,殊不足以昭公允。不宁维是,甚有一货已经数捐,亦复一律增加,即所谓经丝每包抽收大洋一元者是也。殊不知经丝即以运丝雇工纺成,并非另是一种货物,既有丝捐矣,复加以经捐,已属重征,今复曰经丝每包抽收大洋一元,则省会对于运丝、经丝,究系是一是二,迄未明了,当属误会,即或力能担负,亦当辨别其性质,殊不应以一种货物故意分列两项,而使以迭床架屋之负担也。又况欧战未已,货物滞销,支持现状,力且未逮。为此沥陈困难敬乞俯念商艰据情转详准予免加"等情前来。查浙西水利经费一案,业经省议会议决,咨奉钧长公布施行,亟应照案办理。运丝为浙省税入大宗,局长职任稽征,自未便徇该董事之请求遽予呈请蠲免,第捐税之增加,应先辨明货物之性质。经丝一项,浙省惟浔镇所独有,内分本经、客经两种,本经系以本镇细丝纺做成经,出运之时由职局征收运丝捐每包二十二元,并加经捐九元六角;客经则系浔镇经行向浙省产丝各处采购细丝,由各该管统捐局征收运丝捐,给照运浔,成经出运时职局仅补收经捐每包九元六角。是运、经同是一丝,特因其加工成经,加收经捐,并非另是一种货物。故运丝不必尽加经捐一切,加经则未有不兼收运丝捐,非如丝货两项,性质绝相殊异。该董事等所称各节,系属实在情形,局长细绎议案,不无疑义,既未敢擅予免收,亦未便遽相责迫。此次议决案以运、经丝并列,是否运丝报捐时每包随正带收一元,成经出运仍行按数重征,抑或于运丝项下既经带收一元,加收经捐时不再带收,事关法案解释,局长未敢擅拟,除将运丝及货物捐项下应征水利经费先行带收并呈请财政厅长核示外,理合据情转呈,仰祈钧长鉴核,迅赐指令祗遵。再,浙省用丝亦为税入大宗,《公报》第一六七八号所载议决案第三款,专以运、经丝并列,独未议及用丝,是否《公报》漏列,并祈核示遵行。谨呈。

(原载《浙江公报》第一千七百三十五号,一四至一五页,指令)

浙江省长公署指令第四百三十八号

令代理遂昌县知事

　　　　呈一件呈报遴委掾属请注册由

准予注册。清摺存。此令。一月十二日

附原呈

　　呈为遴委掾属缮陈履历加具考语送请察核注册咨部事。

　　窃查《县官制组织条例》第七条内载，"县知事得自委掾属，其职掌、员额详省核定注册，并咨陈内务部"等语，历经遵办在案。知事奉委代理斯缺，于本年十月十六日接印视事，原有掾属人员多已辞职，即经知事遴员接充，所有编制办法计分政务、财政、教育三科，每科设主任一员，并委政务科助理二员、财政科助理一员，其教育事宜即由该科主任督率政务助理一员兼办，均经分别令委在案。现在时逾两月，佐治均能尽职，理合调取履历加具考语备文呈报，仰祈钧长察核，俯赐注册，并予咨部备案，实为公便。谨呈。

附清摺

政务主任	焦文基	浙江黄岩人	资深学瞻	器宇宏通
财政主任	畲应铎	浙江平湖人	力果心精	力长综核
教育主任	项　畴	浙江遂昌人	学有本源	心存乐育
政务助理	张泰昌	浙江杭县人	才具开展	
又	丘寿铭	浙江吴兴人	勤慎安详	
财政助理	巫希贤	浙江遂昌人	老成练达	

（原载《浙江公报》第一千七百三十五号，一五至一六页，指令）

浙江省长公署诉愿决定书愿字第一号

原诉愿人：姚大炳，德清县人，年六十四岁，住白云乡，农业。

原诉愿人：陆金生，德清县人，年五十二岁，住白云乡，农业。

原诉愿代理人：陈祖彝，临海县人，年四十三岁，住杭县章家桥，律师。

被诉愿人：德清县知事，住德清公署。

右诉愿人对于本年三月十六日德清县公署处分来云庵产纠葛一案之批示提出不服理由，诉经前民政厅批饬缮具诉愿副本，送经原处分官署请示已未受理，并声明此案原卷三宗已送杭县地方审判厅，请径调取查核等情，据以转呈，经本公署令据各该厅、县先后呈送卷宗暨辩明书与必要书状，检同原诉愿书详细审查，决定如左。

主文

德清县公署原处分维持之。

事实

德清县白云乡有来云庵一所，因十余年来无人住持，所遗田地二十余亩，均由庄书沈庆善收管。民国元年八月，崇正初等小学校校长沈宏昌移请该乡自治议事会议决，该庵久无僧道住持，所遗田亩确系公产性质，由正副议长胡天嘉、沈文高呈请县署拨作该校常年经费，据经该县史前知事分别饬吏[①]，暨批饬该会咨交乡董方福田查报圩号、亩数，批示照准，并于该校赴前登记所登记，榜示期满，填给证书，饬令收租管业后，布告乡民各在案。惟此项校产钱粮因该县自光复后迄未办理，推收亦沿旧习仍用来云庵户名，未立学校新户；元年租米由该校自收，至二年收租时，该校长沈宏昌托陈桂卿转嘱地保张源福查县卷系作张福源，因诉愿辩明各书皆作张源福，姑照写，下同。

---

① 史前知事，指史久镗，字庚身，浙江吴兴人。民国元年十一月至民国二年九月任德清县知事。

代收租米。讵该地保收取后,揩不缴付,并将三年份吴高永一户租米继续擅收。四年三月沈宏昌赴县诉追,经林前知事受理移交现任吴知事①,迭次传讯,于同年九月二十三日判结,责令张源福交还该校折租洋二十五元,两造均无异词。本年三月乡民姚大炳、陆金生忽以该校长藉学渔利、侵占庵产,请予追还等情起诉到县。经县检查全卷,以此案经史前任核准已逾四年,且庵产拨归学校系行政处分,追讨租米系民诉案件,断不能以追租之故再翻行政处分旧案,即经明白批驳该民等因,向高等审判厅提起抗告。当经该厅饬发杭县地方审判厅调卷查核,以事系行政处分决定驳回又在案。同年八月,该民等复向前民政厅提起行政诉愿,经该厅批照《诉愿法》第五条第三项办理,经过前叙案由之种种手续,由杭县地方审判厅及德清县署先后呈送卷宗及辩明书与必要书状各到本公署。兹将原告陈诉及被告辩明各要旨列左。

一、原告陈诉要旨

其叙事实各要点已散见于后叙理由内,不再赘述。其陈诉理由共分六项:一谓查《暂行民律》第九百八十九条,无主土地应属国库或充其他公益之用。来云庵田产向由该庵完粮管业,确有户册粮串可凭,并非无主土地,何得断归校产?二谓是项庵产拨充学费,虽由沈宏昌以自治会名义罩请史前知事批准在先,然照《管理寺庙条例》第十三条之规定,须寺庙久经荒废、无僧道住持者,其财产始得由该管地方官详请该管长官核准处分之。今来云庵前有住持僧宗轮,现有住持尼妙莲,并非久经荒废,史前知事不详请上级长官核准即批拨校产,实违前项《条例》,县公署何得根据前知事批示,又如该校所请,断归学校?三谓国务院咨保护佛教财产文系于元年六月到浙,史前知

---

① 林前知事,指林典,字百藏,浙江温岭人,民国三年一月至民国四年六月任德清县知事;现任吴知事,指吴嚣皋,字鹤巢,河南固始人,民国四年六月至民国八年十月任德清县知事。

事于是年八月将来云庵拨充学费,已属违法,县署何得根据前案仍将庵产断归学校?四谓国务院咨,有"佛教财产为军兴各省临时占用者,仍应清理发还"等语,中华佛教总会浙支部于二年十一月间录浙江都督令准院咨通告到庵,则该校占用庵产应即发还,况来云庵自是收回庵产完粮收租亦已三年,该校并无异议,今忽提起追租之诉,县署何得遽准所请为之追租?五谓国务院咨载有"未占用各庙产统由各该管等官按照《约法》第六条切实保护,如有藉端侵占,一经佛教徒提起诉讼,该管官厅应即秉公核断,一律退还"等语。来云庵产既经八社首事于民国二年十一月间由该校收回,本年二月间该校提起追租之诉,复经炳等辩诉到案,县署应即照院咨秉公断还,何得批斥不准?六谓完粮户册该校无名,所有粮串尽在经理庵产者之手,该校确未尽完粮之义务,且该校不完粮而收租亦仅二年十一月以前,此后即奉佛教会抄院咨到庵收回完全所有权,该校当时谅亦默示承诺,并无如县署所批收租完粮将逾四年之事。使非默诺,该校何不于法定期内提起行政诉讼,乃延至本年二月始行禀诉,是再翻旧案者乃该校非炳等也。于以上数端陈明不服理由外,又有所请愿者,谓此案前经抗告于审判厅,按照《民诉抗告程序办法》原审衙门应停止裁判之执行,是项田产应仍由该庵暂管,炳等为该庵八社之首事,蔡福田积欠地租,自有扣押该地上之桑叶及改租该地之权,乃县署据蔡福田之捏诉,竟将陆金生传案羁押,非特违法,抑且渎职,并祈移送审判衙门依法严办各等情。

二、被告辩明要旨

(一)事实之辩明。甲谓是案由自治会乡董议长方福田、胡天嘉等依正式公文呈县饬吏查明确系废庵遗产,始行批准,并经前登记所榜示期满填给证书,手续极其完备,不得谓之"罩请";乙谓该民等所云八社首事集议收回庵产,并未禀请官厅查核,全属虚伪;丙谓张源福收租系受沈宏昌委托,曾于堂供时指请证人陈桂卿到案证明,其受沈委托之关系并非姚大炳等委任,且沈之追租在民国四年三月,判结在四年九月,并非本年二月,其时张源福并未言及集议收回、地保经理情节,姚大炳等亦无出头声诉情事,可见原书所叙集议收回、地保经理各节,全属虚伪。至颠倒年月,将民诉案件与行政诉讼并为一起,尤系有心朦混。

(二)理由之辩明。甲、就原书理由顺次驳辩共分六项:一谓原书所引《暂行民律》系前清法律馆所拟、尚未颁行之草案,第九百八十九条所谓无主土地系指天荒土地,故应属国库所有,例如丈放蒙荒之类,今来云庵遗产乃有佃承种、无僧主管之产,与此不同;且各县钱粮均有一定征额,凡逃亡绝户之名皆留存册内,而系其粮于户下,以合原额。德清自光复后未办推收,故该校完粮仍沿用来云庵绝户之名,而诉愿人遂认为权利主体之产主错误已极。二谓《管理寺庙条例》系民国五年一月饬发下县,史前知事批准此案时未奉有此种《条例》,则详请手续自无庸施行。今该诉愿人欲引此以翻前案,大背法律不溯既往之原则。至该废庵僧宗轮已不知死去若干年,妙莲即沈氏乃有发寡妇,亲属死尽、寄居茶杨村之大悲庵,有时来往该废庵内,故来云庵之久经荒废并无僧道已为不可争之事实。况该庵如果尚有住持,则依同《条例》第九条,应有住持管理财产,何必以首事、地保集议经理?三谓国务院咨文指明保护佛教徒,来云庵产无僧道住持,已无佛教徒可以保护,史前知事之拨充处分与院咨尚无违背,否则院咨有"一经佛教徒提起诉讼"字样,该庵如有佛教徒,何不即时提起诉讼,必俟姚大炳等至本年三月始行起诉?四谓院咨所示明明为有主管僧侣之寺庙,今来云庵久经荒废并无僧道住持,所有自治会议决、史前知事批准及登记所给发证书等事,悉系合法的永久的行政处分,并非临时占用。五谓《约法》保护人民财产,乃保护为权利主体之法人、自然人之财产,今来云庵久经荒废,无僧道住持,既失其法人成立之目的,又无自然人僧侣之住持,其权利主体已经销灭,与《约法》内之人民财产绝对不同。六谓该产完粮仍用来云庵户名，系因未办推收之故，且元、二、三三年钱粮悉由校中完纳，执有执照，于四年三月沈宏昌状请追租时，连同证书、租票黏呈在案，惟四年份忙银执照由张源福于九月间集讯时呈案，故该诉愿书叙事后段亦有传讯地保将来云庵完纳四年份粮串吊案等语，今理由内谓粮串尽在经理者之手，非特变更事实，且复自相矛盾。至集议收回各节，与沈宏昌状请追租系四年三月，非本年二月，前于事实项下已证明其为虚伪，更无理由可言。

乙、对于诉愿书末后请愿事件理由之辩明，谓原文既自认蔡福田地租纠葛一案属于民事范围，自不应搀入行政诉讼之诉愿书内；又该诉愿人今所提出者明明为诉愿而非民诉，何以诉愿书内不引用《诉愿法》第十六条原处分不失效力之例，而仍引司法上民诉抗告程序办法？此种违背诉愿法例之诉，更无予以辩明之价值。

丙、对于诉愿书全案理由之辩明，谓姚大炳、陆金生等并非在该庵剃度或在该庵住持之僧侣，无论以个人名义及社之名义均不能有来云庵权利主体之资格，即不能有提起诉愿之权各等情。

理由

据上列各事实，证以德清县此案全卷，该县白云乡来云庵产拨充崇正初等小学校常年经费，确系于民国元年八月经该乡自治议事会议决，由正副议长胡天嘉、沈文高用正式公文呈经该县史前知事分别饬吏暨批饬该会咨交乡董方福田查明圩号、亩数先后报告据以批准，并于该校赴前登记所登记，榜示期满填给证书，饬令收租管业后布告乡民，手续极其完备，现有档案可稽，并非如原诉愿书所云"罩请"。至谓二年十一月间，经佛教会抄浙江都督令准国务院咨通告到庵，即由炳等八社首事集议将是项田产收回仍归来云庵完粮管业，并议由该乡地保张源福经理收租已经三年各节，并未呈经县署核准撤销元年八月批拨校产原处分有案。且张源福于四年九月堂供时，曾经指请饬传陈桂卿到案，证明其受沈委托之关系，并非由该民等委任。

又，元、二、三三年完粮执照十八纸，均由沈宏昌于四年诉请追租时连同登记证书及印单、红契各两纸一并缴案，原诉愿书叙事后段又自称县署饬传地保讯问将来云庵完纳四年分之粮串吊案等情，尤足证明原诉愿书前称各节全属子虚。至沈宏昌追讨租米，明明系四年三月禀经县署于同年九月判结，原诉愿书竟称为本年二月始行禀诉，欲使此项民诉案件与该诉愿人本年三月之行政诉讼并为一起，尤为有心朦混。凡诉愿理由之是否充分，原以事实为根据。今该诉愿人于案卷确凿无可掩饰之事实，竟捏造颠倒，一至于此。是所诉愿者先已失其根据，尚何有理由之可言？即姑就所诉之理由论之，原书第一、二两条，一则曰来云庵产非无主土地，再则曰该庵前有住持僧宗轮、今有住持尼妙莲，并非久经荒废，财产固不得处分之等情，果如该书所言，则此产拨充学费时，始由议会呈请、继有乡董查报，然后县署据以批准，且又经该校赴所登记，榜示期满，然后填给证书，饬令管业，并又由县将经过事实布告乡民，种种手续，历时甚久，该庵既有住持，何不于此时间诉请发还庵产，甚至四年三月沈宏昌提起追租之诉，亦仍不出而力争，直待至本年三月始由该民等并无住持资格之人出而起诉，则该庵确系久经荒废无僧尼住持已可概见。况所引《民律》系未经公布之草案，所引《管理寺庙条例》系五年一月始颁到县，对于此案均不适用，至所引国务院咨系指明保护佛教徒及有僧侣主管之寺庙财产为人临时占用，一经佛教徒提起诉讼，应由该管官厅秉公断还。今来云庵既无住持，是已无佛教徒可以保护，所遗庵产由该乡自治议事会议决，呈经县署分别批饬查明，据以核准拨充崇正小学校常年经费，亦非临时占用。当时既无该庵住持出而起诉，时逾四年之久，始由非佛教徒之该诉愿人等诉请发还，尤与院咨所云"一经佛教徒提起诉讼"等语事实不同，更不能妄引院咨翻异前案。又，况民国四年八月十日申令，有"其在该部《寺庙管理规则》公布以前，事实业经解决，权利早已移转，自当不溯既往截清旧案"等语。此案既经议会议决,呈经县署查明核准,事实可谓解决,已由登记所填给证书,饬令该校管业,并由该校另换各佃租票收租完粮,权利可谓移转,而解决移转之期又皆在二年六月前项《规则》公布之前,遵照前项不溯既往之申令,即该庵住持亦不能于时逾四年之久提起诉讼,再翻前案,况该诉愿人等并非该庵住持乎? 他如该校完粮仍用来云庵户名,系因未办推收之故,并不成为问题。原书又云"该校未尽完粮之义务",又云"自二年十一月以后即收回庵产,该校谅亦默示承诺"等情,均与县卷事实不符,更不足据。除陆金生因与蔡福田地租纠葛致被羁押一案,另系司法问题,应向主管官厅起诉,所请提付惩戒之处,毋庸置议外,所有以上陈诉各条,本公署概认为无理由,爰决定如主文。

中华民国六年一月十一日

省长吕公望

（原载《浙江公报》第一千七百三十五号,一八至二三页,判词）

浙江省长公署公布第十二号

公布省议会议决阙君麟书应附祀浙江先烈祠一案由

省议会议决阙君麟书应附祀浙江先烈祠一案,兹依《省议会暂行法》第三十七条公布之。此令。

中华民国六年一月十二日

省长吕公望

阙君麟书附祀浙江先烈祠议决案

浙江省议会为咨行事。案照荣生哀死,幽光宜阐夫前修;崇德报功,矜式永垂于来禩。本会查本省丽水县人阙君麟书,再造共和,两除专制,身惟许国,口不言功。不幸于五年九月三日殁于上海佐佐木医院。痛民望之遽摧,与国殇而比烈。亟应附祀先烈，以妥忠魂。特撮举其生平事实附祀理由如下：

阙君以清光绪甲辰入安庆武备学堂肄业，旋以疾退，改就杭州高等学堂师范科。阴与会稽陶焕卿、嘉兴敖梦章诸志士相结合。丙午春夏之交，留学日本，慨然于中国残局，非革命不足以图存。乃献身中国同盟会，与孙中山、黄克强、胡汉民、汪精卫等共创《民报》，并与徐锡麟、陈其美、秋瑾等相联络。迨徐内渡，以急于起义而败，君在日京结一寰球会①，与宫崎寅藏之子某埋炸弹于芝离宫后园，希图炸杀清大使贝子溥伦，以禠满酋之魄，而报秋、徐之怨。事虽不成，其热心有足多者。此应附祀者一也。戊申二月返国，复设秘密机关于杭城，以西湖白云庵为议事场，诡与抚幕王某相结纳，刺探满政府举动，意欲相机而动，俾增抚作恩铭第二。机事不密，君竟被捕，侥幸不死，禁狱三年，是为己酉二月间事。此应附祀者二也。宣统辛亥五月，君以韩锦堂之力，解狱宁家，因迭接海内外同志中国危亡警告书，暑雨不避，往来松阳、龙泉、云和各县，提倡国民尚武会，以为民国军光复之准备，积劳卧病者数月。八月武汉起义，沪杭响应，陶焕卿为浙军府参谋长，陈其美为沪军都督，均电君召集旧部，以资声援。于是与孙驭风、李春贤等编练浙东义勇军，会合缙云吕东升光复处州。部署既定，趱赴沪上，与焕卿、其美等订期会师北伐。不意陶、陈交恶，焕卿被刺，君乃逍遥海上，绝口不谈时事者久之。此应附祀者三也。壬子六月间，南北和局既定，浙江内讧犹烈，浙督朱瑞浼屈映光聘君为高等顾问，调停党派，以息争端，地方藉以无事。嗣因宋案发生，袁氏希图破坏《约法》，东南各省同声致讨，浙军独作壁上观。君以游说反正，重为朱瑞所忌，讦耸袁政府下令缉拿，悬赏六千金，必欲得而甘心。其同志邵植三、孙驭

风、徐仰山、刘子元等九人惨遭捕戮,君潜走海上,幸得赣督李烈钧赞助,招致炸弹队袭攻制造局者再,部下士冲锋死者数十人。洎乎赣、宁败落,同嗟负负,君乃自是蛰伏沪上,如穷人无所归矣。其时杭县知事周李光、前巡按使屈映光,阳与绝交,而阴济其急,君由是组织锄奸团,击杀袁政府恶侦探不下二十余人,要以对付袁党郑汝成为最剧烈。因事系秘密,除同事叶天籁、张拱辰外,鲜有知者。此应附祀者四也。四年筹安会谋复帝制,昌言无忌,君力谋反抗,需用益繁,妙手空空,情急欲狂。幸凌毅、黎建侯、唐继星诸侠士为之设法,得唐少川、易李服、欧境堂诸先生之信用,允与移垫广肇公所数万金。由是联络沪军炮兵营、警察队得十之九,海军舰队得三之二,前第九镇闲散军官全部份,组织讨逆军,以唐继星为总司令,派邱丕振举义于山东,败死,则令其亲弟邱子厚继之。派吴浩举义于苏州,不成,则令郭文元以死命促之。五年春仲夏初,继星被害于天津,文元被害于江宁,君义气激发,誓将致命于江苏。今副总统冯公乃密电少川先生,声明苏惟严守中立,而劝君等先从浙江起义,以响应云、贵、粤、桂之独立。君心韪之,遂与陈逸、叶天籁、郑亚青、叶锡龄等定议,由王文庆、陈佩勒、项霭、朱自强等关说,得吾浙军警长官多数赞同,爰以四月初十夜来杭,挺身说屈映光为临时都督,而藉其卫队为臂助。布置有方,军警为用。至初十夜半,亲率炸弹队扑攻将军府,朱瑞仓皇出走,破晓而浙省宣布独立矣。是时屈都督任君为参谋,君辞以大事既成,意愿已足,无其他权利思想,日来地方事大定,麟书从此告无罪矣。翌日遂率队返沪,深蒙少川先生奖励。然其处心积虑以图苏者到底未懈,所有关于讨逆军之计划,仍然着着进行,盖前此肇和舰之出事,及海军总司令之宣告独立,君实个中导火线也。迨袁伏天诛,黎正大位,《约法》恢复,共和告成,君乃汲汲于筹集的款,解散部曲,以息事宁人为职志,东西奔走,暖席不暇,困苦艰难,积劳致疾,竟以不起。此应附祀者五也。

夫君以书生反对帝制,奋百折不回之气,争五族共和之福,国而忘家,蹶而复起,功成不居,权利不争,竟劳苦以至于死。就公道而论,不哀其死,何以励生?就良心而论,不崇其祀,何以慰死?业经本会提议公决,阙君麟书应附祀浙江先烈祠,藉示表扬而垂久远。相应咨行省长,请烦查照施行。此咨

浙江省长吕

浙江省议会议长沈定一
中华民国六年一月六日

(原载《浙江公报》第一千七百三十六号,一九一七年一月十七日,三至五页,公布)

浙江督军公署训令第五四号
浙江省长公署训令第四七号

令各属保护德密副领事等赴浙游历由

令特派交涉员、宁波交涉员、温州交涉员、警务处处长、各县知事、暂编第一师师长、暂编第二师师长、混成旅旅长、嘉湖镇守使、宁台镇守使

本年一月六日准江苏省长公署咨开,"案据特派江苏交涉员杨晟呈称,'顷准德国总领事函,以密副领事挈眷/牙医生顾尔资赴江苏、浙江,随带手枪一枝、弹若干粒/江苏、浙江、安徽、江西、湖北,随带手枪一枝、猎枪二枝、弹少许游历,缮给护照请盖印前来。除将护照印发外,理合呈请省长察照,转饬各属,俟该副领事/医生到境呈验护照时照约保护'等情。据此,除训令各属保护并分咨外,相应咨请贵省长查照,希即转行各属照约一体保护"等由。准此,除分令外,合行令仰该　　即便转令所属一体照约保护,并将该德人等出境入境日期

具报备查。此令。（刊登《公报》，不另行文）

中华民国六年一月十一日

督军兼署省长吕公望

（原载《浙江公报》第一千七百三十六号，六页，训令）

浙江督军公署训令第五五号
浙江省长公署训令第五八号

令各属保护英人麦根西候勒达赴浙游历由

令特派交涉员、温州交涉员、宁波交涉员、警务处处长、各县知事、暂编第一师师长、暂编第二师师长、混成旅旅长、嘉湖镇守使、宁台镇守使

五年十二月二十七日准江苏省长公署咨开，"案据特派江苏交涉员杨晟呈称，'顷准英国总领事函，以英巡捕麦根西候勒达赴江苏、浙江、安徽游历，缮给护照请盖印前来。除将护照印发外，理合呈请省长察照，转饬各属，俟该英捕到境呈验护照时照约保护'等情。据此，除训令各属保护并分咨外，相应咨请贵省长查照，希即转行各属照约一体保护"等由。准此，除分令外，合行令仰该　　即便转令所属一体照约保护，并将该英人出境入境日期具报备查。此令。（刊登《公报》，不另行文）

中华民国六年一月十一日

督军兼署省长吕公望

（原载《浙江公报》第一千七百三十六号，六至七页，训令）

浙江督军公署训令第五六号
浙江省长公署训令第五七号

令各属保护日人谷了悟赴浙游历由

令特派交涉员、温州交涉员、宁波交涉员、警务处处长、各县

知事、暂编第一师师长、暂编第二师师长、混成旅旅长、嘉湖镇守使、宁台镇守使

　　五年十二月二十八日准福建省长公署咨，"以日人谷了悟游历福建、广东、浙江等省，咨请饬属保护"等由到署。准此，除分令外，合行令仰该　　即便转令所属一体照约保护，并将该日人出境入境日期及在境行为具报备查。此令。（刊登《公报》，不另行文）

　　　　　　　　　　　　中华民国六年一月十一日

　　　　　　　　　　　　督军兼署省长吕公望

　　（原载《浙江公报》第一千七百三十六号，七页，训令）

浙江督军公署训令第五七号
浙江省长公署训令第五五号

令各属保护英人莫肃等赴浙游历由

令文武各机关

　　五年十二月二十七日准江苏省长公署咨开，"案据特派江苏交涉员杨晟呈称，'顷准英国总领事函，以代理英国国家律师莫肃、英商品纳赴江苏、浙江、安徽游历，缮给护照请盖印前来。除将护照印发外，理合呈请省长察照，转饬各属，俟该英商、该律师到境呈验护照时照约保护'"等由。准此，除分令外，合行令仰该　　即便转令所属一体照约保护，并将该英人等出境入境日期具报备查。此令。（刊登《公报》，不另行文）

　　　　　　　　　　　　中华民国六年一月十一日

　　　　　　　　　　　　督军兼署省长吕公望

　　（原载《浙江公报》第一千七百三十六号，七至八页，训令）

浙江督军公署训令第五八号
浙江省长公署训令第五六号

令各属保护日人米元长治等赴浙游历由

令特派交涉员、温州交涉员、宁波交涉员、警务处处长、各县知事、暂编第一师师长、暂编第二师师长、混成旅旅长、嘉湖镇守使、宁台镇守使

五年十二月二十七日准江苏省长公署咨开，"案据特派江苏交涉员杨晟呈称，'顷准日本国总领事函，以米元长治/小林矿太郎赴江苏、安徽、山东、湖南、湖北、东三省/江苏、江西、浙江、安徽游历，缮给护照请盖印前来。除将护照印发外，理合呈请省长察照，转饬各属，俟该日本人到境呈验护照时照约保护'"等由。准此，除分令外，合行令仰该　　即便转令所属一体照约保护，并将该日人等出境入境日期及在境行为具报备查。此令。（刊登《公报》，不另行文）

中华民国六年一月十一日

督军兼署省长吕公望

（原载《浙江公报》第一千七百三十六号，八页，训令）

浙江督军公署训令第七〇号
浙江省长公署训令第一〇一号

令各属保护日人石冢柴郎等赴浙游历由

令特派交涉员、温州交涉员、宁波交涉员、警务处处长、各县知事、暂编第一师师长、暂编第二师师长、混成旅旅长、嘉湖镇守使、宁台镇守使

本年一月九日准江苏省长公署咨开，"案据特派江苏交涉员杨晟呈称，'顷准日本总领事函，以石冢柴郎赴江苏、浙江、江西、安徽、湖

南、湖北、广东、广西、山东、山西、陕西、甘肃、云南、贵州、福建、四川、直隶，王佐才赴江苏、浙江、湖南、湖北、山东、直隶、东三省，秦培基赴江苏、浙江、湖南、湖北、山东、直隶、东三省游历，缮给护照请盖印前来。除将护照印发外，理合呈请省长鉴核，转令各属，俟该日人到境呈验护照时照约保护'等情。据此，除训令各属保护并分咨外，相应咨请贵省长查照，希即转令各属照约一体保护"等由。准此，除分令外，合行令仰该　　即便转令所属照约一体保护，并将该日人等出境入境日期及在境行为具报备查。此令。（刊登《公报》，不另行文）

中华民国六年一月十二日

督军兼署省长吕公望

（原载《浙江公报》第一千七百三十六号，八至九页，训令）

浙江督军公署训令第七一号
浙江省长公署训令第九九号

令各属保护南京德领事舒礼慈赴浙游历由

令特派交涉员、温州交涉员、宁波交涉员、警务处处长、各县知事、暂编第一师师长、暂编第二师师长、混成旅旅长、嘉湖镇守使、宁台镇守使

本年一月九日准江苏省长公署咨开，"案据特派江苏交涉员杨晟呈称，'顷准德国总领事函，以驻南京德领事舒礼慈随带手猎枪各一杆、弹少许，赴江苏、浙江游历，缮给护照请盖印前来。除将护照印发外，理合呈请省长察照，转饬各属，俟该领事到境呈验护照时照约保护'等情。据此，除训令各属保护外，相应咨请贵省长查照，希即转行各属照约一体保护"等由。准此，除分令外，合行令仰该　　即便转令所属一体照约保护，并将该领事出境入境日期具报备查。此令。（刊登《公报》，不另行文）

中华民国六年一月十二日

督军兼署省长吕公望

（原载《浙江公报》第一千七百三十六号，九至一〇页，训令）

浙江督军公署训令第七二号
浙江省长公署训令第一〇〇号

令各属保护美人马国球赴浙游历由

令特派交涉员、温州交涉员、宁波交涉员、警务处处长、各县知事、暂编第一师师长、暂编第二师师长、混成旅旅长、嘉湖镇守使、宁台镇守使

本年一月九日准江苏省长公署咨开，"案据特派江苏交涉员杨晟呈称，'顷准美国总领事函，以马国球赴江苏、浙江游历，缮给护照请盖印前来。除将护照印发外，理合呈请省长察照，转饬各属，俟该美人到境呈验护照时照约保护'等情。据此，除训令各属保护外，相应咨请贵省长查照，希即转行各属照约一体保护"等由。准此，除分令外，合行令仰该　　即便转令所属一体照约保护，并将该美人出境入境日期具报备查。此令。（刊登《公报》，不另行文）

中华民国六年一月十二日

督军兼署省长吕公望

（原载《浙江公报》第一千七百三十六号，一〇页，训令）

浙江省长公署委任令第一十五号

令委代理於潜县知事平智础改代为署由

令於潜县知事平智础

查该知事任事以来，对于地方庶政尚能实心整顿，应即改为署理，以昭激劝。合行换给任命状，令仰该知事即便遵照祗领，并将前给任命状缴销。此令。

计发任命状一道。

中华民国六年一月十一日

省长吕公望

（原载《浙江公报》第一千七百三十六号，一○至一一页，训令）

浙江省长公署训令第九十六号

令各机关准交通部咨取消长期免票由

令财政厅长莫永贞、高等审判厅长经家龄、高等检察厅长陶思曾、警务处长夏超、各县知事

案准交通部咨开，"本部呈请取消各铁路长期免票一案，于五年十二月十三日奉大总统指令：'呈悉。准如所拟办理。此令'等因。遵即通电各路局，自民国六年一月一日起，所有长期免票一律取消各在案。除分行外，相应抄录原呈咨行贵省长查照，并转行所属各机关一体查照"等因。准此。除通令外，合行抄同原件，令仰该厅长转令所属一体/该处长转令所属一体/该知事遵照。此令。

计发原呈一件。

中华民国六年一月十二日

省长吕公望

附原呈

呈为取消各路长期免票，以杜亏累而维路政事。

窃铁路为国家营业，当以固本保息为第一要图。现在国有铁路所负内外各债，共计五万万六千万余元，每年出入不敷，计一千八百万余元，使不积极整顿，长此借债还息，子母相生，负累将伊于胡底？世英视事以来，仰承大总统训示，时时抱刷新改进之心，而尤日兢兢焉求治标之策，以收支适合为先务。现正极力筹画，一方面整理营业，以祈收入之增加，一方面节省糜费，以祈

支出之减少。查各路每年所发之长期免费乘车券,即通称之长期免票,据各路所定之价目核之,计达四百万元。以每年一千八百余万元之不敷,免票一项计占四分之一,其影响路政,减少收入,实不可谓不巨。考免票之用,原为各该路局人员办公便利起见,以后各机关人员有因公事旅行者,亦请发给免票,以省临时购票之周折,行之既久,弊即生之,或则辗转相借,乘车之人并非执有免票之人,或则滥用免票,即系本人,亦非因公来往。于是各路免票几成为私人之权利,致国家年短四百万元之收入。殊不知因公出差,原应给与旅费,各署出差费用,亦经列入预算,实报实销。在各机关并无增加支出之虑,而挹彼注兹,在各局实获填补亏累之益。拟请自民国六年一月一日起,凡从前所发之长期免票,一律废止,以后永不再发,以绝弊端而维路政。所有取消各路长期免票缘由,是否有当,理合具呈恭请大总统鉴核训示施行。谨呈。

(原载《浙江公报》第一千七百三十六号,训令,一一至一二页)

浙江省长公署指令第四百三十九号

令奉化县知事

呈一件为增设第三科更委掾属并改定各科名称请注册由

准予如呈注册。摺存。此令。一月十二日

附原呈

呈为增设第三科更委掾属并改定各科名称取具履历呈请注册备案事。

窃奉钧署训令第一二五二号内开,"照得县知事从前兼理审判,于行政事务往往藉口不暇兼顾,不能积极进行,数年以来,庶政毫无起色,顾瞻前途,殊堪浩叹。现在审检所业已成立,县知事仅兼检察,职务较简,则于行政事务已无不暇兼顾之虞,自应责成各县知事切实整顿。各县官制事务虽繁，然大别之不外警察、教育、实业三大端，尤以教育为强国基础，各县知事对于教育，自应格外注意。现在学务委员撤销，劝学所未成立，责任全在县署。乃查核各县知事呈报公署组织，并教育主任人员亦多不设，则其轻视学务已可概见。为此通令各县公署，应将教育特别设立一科，遴选师范毕业生或中学以上毕业生充任，并将详细履历报查。至县知事现兼警察所长，则于警察事务自当督率警佐，认真办理，不得放弃职权；实业事项并应劝导士民设法振兴，均毋违延。仍将办理情形先行具报。此令"等因。奉此，查职署组织向分政务、财政两科，知事接任后，当将所委掾属呈奉指令核准在案。奉令前因，除将警察事务督率各警佐认真办理，并会同就地士绅将实业事项合力劝导，设法振兴，随时呈报外，兹拟将政务、财政两科改为第一、第二两科，而增设第三科专办教育事宜，以专责成。查有奉邑县教育会会长俞作屏，系日本东京清华学校毕业，以之充任第三科长，资格尚属相当。至旧有各员除第一科科长、第二科科长，仍委梅绍福、涂恂充任，第一科科员、第二科科员，仍委陈寿曼、夏祖尧充任外，节据前政务助理周经桢、收发员方世钧、庶务员陶宗侃先后因事辞职，迭经知事改委冯青剑为收发员，并以会计员莫与京兼理庶务。现在改设三科，并将前学务专员严本新改任第一科科员。事关变更公署组织，理合取具新委各员履历，各加考语，恭缮清摺一并具文呈报，仰祈钧长鉴核，俯赐准予注册备案，实为公便。谨呈。

（原载《浙江公报》第一千七百三十六号，一七至一八页，指令）

浙江省长公署指令第四百四十一号

令宁海县知事

　　呈一件为建设新化县舆情未洽转请鉴核由

呈悉。此案前经该县委等查复，当即咨行省议会议决去后，未准

咨复。据呈前情,咨请省议会并案付议,仰即转谕该公民等知照,毋扰可也。此令。一月十二日

（原载《浙江公报》第一千七百三十六号,一八页,指令）

浙江省长公署指令第四百五十三号

令财政厅长莫永贞、高等审判厅长经家龄、高等检察厅长陶思曾

呈一件财政厅呈查复周宗旦控绍兴知事关于司法各节由

呈、件均悉。该县司法收入各费,既据查明实有浮收情事,自应严究,以惩不法。惟此种浮收款项,是否该知事侵吞入己,抑系在事员司营私舞弊,仰高等审、检两厅复查明确,呈候察办。至周宗旦平日既系包揽词讼,亦非善类,究竟现在是否尚有烟瘾,有无向知事请托索诈情事,亦应逐细查明,并案呈夺,并仰遵照。此令。钞件、收据均存。呈抄发。一月十二日

（原载《浙江公报》第一千七百三十六号,一八页,指令）

浙江省长公署指令第四百六十号

令乐清县知事

呈一件据林永掌等呈杨味秋兜收校租由

据呈是否属实,仰乐清县知事查明核办具复。此令。原呈暨黏件抄发。一月十二日

（原载《浙江公报》第一千七百三十六号,一八至一九页,指令）

浙江省长公署指令第四百六十七号

令寿昌县知事

呈一件呈解第三年教育公报费由

查《教育公报》原定简章系以十二册为一年,不以月计,部文本

尽明了,该报虽自民国三年五月出版,而扣至五年年底,已足第三年之册数,所有报价邮费,自应按照原章逐年解足。来呈计算殊属错误,除将解到银七角二分三厘暂存外,所有第三年欠缴报费五角一分七厘,仰即克日补解本署,以凭汇转,毋再延误,切切。此令。一月十二日

（原载《浙江公报》第一千七百三十六号,一九页,指令）

浙江省长公署指令第四百六十九号

令富阳县知事

　　呈一件为教育会拟于春季开小学成绩
　　展览会缮送简章并开支经费由

呈、摺均悉。应准照办,仰即转令知照。摺存。此令。一月十二日

（原载《浙江公报》第一千七百三十六号,一九页,指令）

浙江省长公署批第五十号

原具呈人黄岩陈文治等

　　呈一件呈为民生凋敝营业困难请令场署免予清丈由

据呈已悉。查该县清丈事务,据报尚属妥洽,现正责令积极进行,所请免予清丈之处,全无理由,应毋庸议。此批。一月十日

（原载《浙江公报》第一千七百三十六号,二二页,批示）

浙江省长公署批第六十二号

原具禀人姚大炳等

　　禀一件为与沈宏昌等庵产纠葛不服县署原处分
　　提起诉愿一案请求迅予裁决由

禀悉。此案业经本公署依据该民等及德清县前送诉愿、辩明各书,并调齐关于此案卷宗详细审查,办就决定书,除令发外,合即缮发

一份,仰该民等遵照。此批。抄由连同决定书并发。一月十一日

(原载《浙江公报》第一千七百三十六号,二二页,批示)

浙江省长公署批第六十五号

原具禀人平湖公民徐步等

禀一件为盗劫全公坊等处请饬县严缉由

禀悉。仰候令行警务处转令平湖县暨水陆营警上紧缉获。此批。一月十二日

(原载《浙江公报》第一千七百三十六号,二二页,批示)

浙江省长公署批第六十六号

原具呈人天台张启善

呈一件呈被张德友等藉尸图诈一案请令天台县查办由

呈及钞件均悉。查此案前据高等审判厅呈复,业将全卷发交第二高等审判分厅核案办理,究竟该民有无被张德友等迭次毁抢情事,须候该分厅审讯明确,再行呈报候夺,仰即知照可也。此批。抄件存。一月十二日

(原载《浙江公报》第一千七百三十六号,二二页,批示)

浙江省长公署咨农商部财政部

为据清理官产处呈新涨沙地奉财政部令归专案
办理不适用《荒地承垦条例》等情由

浙江省长公署为咨行事。

案据署浙江财政厅长兼清理浙江官产处处长莫永贞、清理浙江官产处会办周佩箴呈称,"案照瑞安县人民欧阳松等前以瑞安河乡四都官塘下新涨沙涂一片,计一千五百余亩,经县查丈明确,请予照《国有荒地承垦条例》给证承垦等情,呈奉财政部批以:'是否可行,令处

查明办理,当以浙省沙涂各属情形不一,历系划归专案筹办缴价,《国有荒地承垦条例》向未适用,是以杭、绍两属均经议订单行章程,先后详奉核准颁行,其他各属事同一律,办法自难轩轾。而瑞安县隶于旧温属,并经遴委程宗洛为特派员,各县场知事为会办,饬将全属沙涂先行调查状况,以为订章缴价之准备。是旧温属各县场沙灶地亩宜如何投缴领垦,自应俟情形调查详晰,再行酌拟专章呈请核示后,划作专案办理。兹若照《承垦条例》给人民领垦,非特于官产之收入大受影响,即已归专案办理之杭、绍各属,亦易启效尤反抗之渐,事关全局,自未便准予照行,备文呈复'在案。兹奉财政部第三千一百九十七号指令开:'呈悉。仰速拟定专章呈部核夺。此令'等因。奉查沙涂应归专案办理,不适用《国有荒地承垦条例》领垦,现既呈奉大部鉴察,令速定专章呈核,自应遵照办理。所有现已开办缴价之杭、绍两旧属,应即查照现行清理沙地专章分别缴价,其尚未开办缴价各旧府属县场沙涂,均俟沙涂之沿革状况调查明晰,订定专章后,再事处分。此后凡关于人民照《荒地承垦条例》呈请承领沙涂之案,应请予一概援案批却,俾昭公允而重官产。除将现未开办缴价各属沙涂,由处督同员、县迅速调查情形,汇核订章,另行呈办外,理合录令呈报,仰祈钧长察核备案,并赐指令祗遵,通令各县场知事查照,实为公便"各情前来。查《国有荒地承垦条例》系奉中央明令公布,各省遵办有年。兹据称呈奉财政/大部令核准沙地归专案办理,不适用《荒地承垦条例》等语,在财政/大部核定是项办法,原为慎重官产起见。惟查《承垦条例》第一条,既明指江海、山林、新涨及旧废无主未经开垦者而言,若将沙涂划出,明明与《承垦条例》抵触,人民自必不能遵从,官厅亦觉无以应付。案关法令抵触,拟请大部会同财政部、农商部协议一定办法,呈请大总统交国会议决公布,以资遵守。在此项法令未解决以前,所有各处沙涂拟仍照旧办理。除分咨财政部、农商部并指令清理官产处知照外,相应咨请大部查核办理,并希见复,以凭转行遵办。

此咨

农商/财政总长

浙江省长吕公望

中华民国六年一月十日

（原载《浙江公报》第一千七百三十七号，一九一七年一月十八日，三至四页，咨）

杨善德吕公望商议交代会衔电

北京大总统、国务总理，南京副总统钧鉴：

华密。窃公望因善德克期酌带所部赴杭接替，今晨到龙华与善德接洽，现已商定，四师军队即于今晨起开拔，混成一旅分乘三列车先赴杭垣附近之临平车站驻扎。公望即于本日早八钟专车回杭，预备腾挪驻扎地点，以便交代。谨先合词电闻。吕公望、杨善德叩。

（天津《益世报》中华民国六年一月十三日，三版）

浙江省长公署委任令第一十七号

令委徐宪章代理海盐县知事缺由

令徐宪章

案查海盐县知事朱丙庆业经因案停职，遗缺兹查有该员堪以代理。除另令外，合就填发任命状，令仰该员即便遵照祗领，克日驰赴该县妥为接替，并遵章会算交代结报察核，仍将接事日期连同履历分报备查。此令。

计发任命状一道。

中华民国六年一月十二日

省长吕公望

（原载《浙江公报》第一千七百三十七号，五页，训令）

浙江省长公署委任令第二十一号

令委各县知事为募捐主任由

令各县知事

案查《浙江修筑省道募捐条例》业经省议会议决,并经本公署公布施行各在案,自应迅行委任募捐主任,以专责成。兹照《浙江修筑省道募捐条例》第二、第三两条之规定,委任该知事为募捐主任。仰即切实进行,毋负委任为要。此令。

中华民国六年一月十三日

省长吕公望

(原载《浙江公报》第一千七百三十七号,五页,训令)

浙江省长公署训令第八十七号

令吴兴县知事保护双林邮局由

令吴兴县知事

案据浙江邮务管理局函称,"兹因本管理局所属双林二等邮局改派试用二级邮务生范章充当该局二等邮局长,相应函达查照,并希行知该处地方官,推情照拂"等情。据此,合就令仰该知事妥为保护。此令。

中华民国六年一月十一日

省长吕公望

(原载《浙江公报》第一千七百三十七号,五至六页,训令)

浙江省长公署训令第八十八号

令警务处杭县等县保护华商顺记顺华小轮由

令警务处处长,杭县、吴兴、德清各县知事

案准交通部咨开,"据江海关监督呈称,'准税务司函,以华商顺记造顺华小轮备具呈式,请注册给照等因,理合呈部核办'等情,并据该商禀缴册照费到部。查该轮行驶航线,起杭州,讫湖州,经过塘栖、双林、新市、牒江、菱湖、袁家汇等处,尚无不合。除由本部注册填就执照一纸,发交该监督转给承领,并令行杭州关监督查照。暨分咨外,相应咨请贵省长查照,分令各该属保护,至纫公谊"等因。准此,除分令外,合就令仰该处长转令该管水警/知事妥为保护。此令。

中华民国六年一月十一日

省长吕公望

(原载《浙江公报》第一千七百三十七号,六页,训令)

浙江省长公署训令第八十九号

令警务处杭县等县保护陈复昌新顺昌小轮由

令警务处处长,杭县、吴兴、德清各县知事

案准交通部咨开,"据江海关监督呈称,'准税务司函,据华商陈复昌禀,前租与杭州钱江公司之新顺昌小轮期满收回自用,兹遵具呈式请注册给照等因。查新顺昌小轮前领部照,据钱江公司禀由税务司函送本署呈部察销在案。今陈复昌所定航线核与定章尚无不合,理合检同呈式,呈请核办'等语到部。查该轮行驶航线,起上海,讫杭州,经过松江、芦墟、平望、震泽、南浔、湖州、袁家汇、菱湖、牒江、新市、双林、雷田、塘栖等处,除由本部注册填就执照一纸,发交该监督转给承领,暨训令杭州关监督查照并分咨外,相应咨请贵省长查照,分令各该属保护,至纫公谊"等因。准此,除分令外,合就令仰该处长转令该管水警/知事妥为保护。此令。

中华民国六年一月十一日

省长吕公望

(原载《浙江公报》第一千七百三十七号,六至七页,训令)

浙江省长公署训令第九十一号

令杭县等二十八县据邮务管理局
函各民局延未挂号请再严催由

令杭县、武康、象山、嵊县、兰溪、瑞安、余杭、吴兴、定海、上虞、龙游、平阳、嘉兴、桐乡、镇海、诸暨、衢县、常山、海宁、平湖、绍兴、临海、江山、嘉善、余姚、萧山、金华、桐庐等二十八县知事

案据浙江邮务管理局函称，"查本邮务区内各民信局，未向邮局挂号者尚居多数，邮务前途实生阻碍。本署邮务长于十一月二十二日抄单函达贵厅长，请烦转呈鉴核，准予严令未挂号各民局遵即照章来局挂号在案。前阅报载，业蒙省长令县饬遵。惟时将匝月，各民局仍抗不遵行，延未挂号，殊属故违钧长命令。为此再行函请贵厅长，希即转呈省长，令县严催各民局遵向邮局挂号，以符定章而维邮务，至纫公谊"等情。据此，查此案前据该管理局函请前来，即经黏抄令由各该县知事严谕各民局限日径向该管邮局挂号，并将详情具报在案。现在仅据鄞县知事将遵办情形呈报到署，其余各县均未据报有案。据陈前情，除分令外，合再严令该知事迅遵前令，办理具报，毋再违延，切切。此令。

中华民国六年一月十一日

省长吕公望

（原载《浙江公报》第一千七百三十七号，七页，训令）

浙江省长公署训令第九十八号

令各县知事准农商部咨嗣后各侨埠商会给发
护照介绍侨商回国应饬地方官认真保护由

令各县知事

案准农商部咨开，"准总统府秘书厅函送大总统发下全国商会联

合会会长吕逵先等请饬农商部咨行各省长官嗣后侨商回国,应饬地方认真保护呈文一件,内开,'据山口洋华商总会会长唐文材函称,前清华侨回国,各侨埠商会所给护照公文投递地方官禀请保护,多能认真办理。乃近年以来,各侨商回国,地方官不加保护,即令领有商会护照,亦直视若具文,殊非奖励海外侨民之道。贵会为商会领袖,用敢备函恳请转呈大总统,谕令农商部通告各省军民长官,嗣后对于各侨埠商会介绍侨商回国,应饬地方官切实保护等情前来。查海外侨商不忘祖国,远道归来,既经侨埠商会给发护照,地方官自应尽保护之责任。该商会函称各节,实具爱国之忱,理合据情转呈,伏乞大总统谕令农商部咨行各省军民长官,嗣后各侨埠商会给发护照,介绍侨商回国,应饬地方官认真保护,以示体恤而广招徕等情,奉批交农商部等因,送请贵部查照办理'等因到部。除分咨外,相应咨请贵省长查照办理可也"等因。准此,除分行外,合亟令仰该县知事查照办理,切切。此令。(刊登《公报》,不另行文)

中华民国六年一月十一日

省长吕公望

(原载《浙江公报》第一千七百三十七号,八页,训令)

浙江省长公署训令第一百零六号

令各属准督军署咨混成旅二团三营九连司务长董超撤差由

令财政厅长莫永贞、警务处长夏超、高等审判厅长经家龄、高等检察厅长陶思曾

五年十二月十三日案准浙江督军署咨开,"据暂编浙江陆军混成旅旅长俞炜呈称,'据第二团团长郑炳垣呈称,据职团第三营营长朱光斗呈称,窃据职营第九连连长洪球呈称,该连司务长董超放弃职务,屡戒不悛,业经一再呈报,奉令申斥在案。兹查该司务长胆敢于十一月五日擅将火夫林光达开除,私以徐梦得抵补,并令徐梦得先垫

移交费洋三元,至今尤隐不报。窃思开除士兵夫役,即营连长尚须呈请,不敢擅专。乃该司务长自私自开,又令抵补者先垫移交费洋,似此越权开补,隐匿不报,殊属蔑视法纪,连长不得不缮单呈报,恳祈察核,转请撤差究办,以杜效尤等情。据此,查该司务长学术平常,不知职责,前此一再私出外宿,以致放弃职务,本拟呈请撤换,姑念初次入官,原无阅历,用是特加申斥,严密诰诫,以期可教。乃该司务长不特不能痛改前非,抑且复出前情,实属胆大妄为,不得不转请撤究。是否有当,仰祈察核转请等情前来。据此,查该九连司务长董超平时放弃职务,此次又复逾越权限,擅将火夫私行开补,是非呈请撤差,不足示儆。除指令候转呈核示令遵外,理合据情转呈,仰祈察核施行等情到旅。据此,查该司务长董超放弃职务,逾越权限属实。除指令准予撤差,并派员暂代,一面由旅长遴员补充,另文呈报外,据呈前情,所有司务长董超撤差缘由,理合备文呈报鉴核'等情到署。除指令照准并分令外,相应咨达贵公署,请烦查照,希即转令所属一体知照"等因。准此,合亟令仰该厅、该处知照,并令所属一体知照。此令。(刊登《公报》,不另行文)

中华民国六年一月十二日
省长吕公望

(原载《浙江公报》第一千七百三十七号,八至九页,训令)

浙江省长公署训令第一百零七号

令各属准陆军部咨行嗣后编造支付计算书
应参照新编年度预算办理由

令警务处长夏超

本月十一日案准陆军部咨开,"准国务院咨称,'准财政部咨称,准贵院咨开,准部咨陈,编制预算年度,究以何月为始,请核复等因。兹经议决,先提修正会计法案送国会核议,一面由财政部分别函电京外,编送民国六年度上半年预算册,咨部查照办理等因到部。查会计年度既经国务会议议决于《会计法》内修正,自应改从七月一日至次年六月末日年度。至来咨所称由部函电京外编送民国六年度上半年预算册咨部办理一节,所谓六年度上半年,自系指六年一月至六月而言,惟对于众议院请交五年度预算,尚缺半年,未经提及,想即以已公布五年度下半年预算作为新年度之上半年。本部现拟通电各省区,以公布五年预算内下半年及各省区所报六年预算内上半年收支各款,并为新年度全年预算。其未造送六年度各省区,令赶造六年分上半年预算清册送部,由部分别核定。如各省区新报六年上半年各项数目多于五年上半年者,除有特别情形外,其余由本部会商主管各部分别裁减,仍以五年上半年数目为标准等语,咨请查照办理'等因。查年度既经更改,嗣后编造支付计算书,自应参照另编新年度预算办理,以免歧异。相应咨行查照,即希转饬所辖陆军各机关一体遵照"等因。准此,除咨行外,合亟令仰该处遵照,并转令所属遵照办理。此令。

中华民国六年一月十二日

省长吕公望

(原载《浙江公报》第一千七百三十七号,九至一〇页,训令)

浙江省长公署训令第一百一十六号

令长兴县知事准教育部咨该县通俗教育
讲演所章程等项准备案由

令长兴县知事

案准教育部咨开,"准咨据长兴县知事呈送该县公立通俗教育讲演所《章程》《办事细则》《听讲规则》暨所长、讲演员履历到署,复核尚无不合,相应检同《章程》、《细则》、《规则》、履历,备文咨请察核备案'等因到部。查该《章程》、《细则》、《规则》、履历等项,尚无不合之处,应准备案,相应咨请查照饬知"等因。准此,合就令仰该知事查照转知。此令。

中华民国六年一月十二日

省长吕公望

(原载《浙江公报》第一千七百三十七号,一〇页,训令)

浙江省长公署训令第一百一十九号

令海盐县知事朱丙庆停职听候查办由

令海盐县知事朱丙庆

照得该知事业经省议会咨行弹劾,应即停职,听候查办。遗缺兹查有徐宪章堪以代理,除另令外,合行令仰该知事遵照,一俟该代任到日,即便遵章交卸,分报备查。此令。

中华民国六年一月十二日

省长吕公望

(原载《浙江公报》第一千七百三十七号,一一页,训令)

浙江省长公署训令第一百二十号

令委方赞修为第九中学校校长由

令方赞修

案查省立第九中学校校长章毓兰业经调省另候任用。兹查有该员堪以接充该校校长,合行填发委任状,令仰该员遵即前往接替,并将履历及到任日期具报。此令。

附发任命状一通。

中华民国六年一月十三日

省长吕公望

(原载《浙江公报》第一千七百三十七号,一一页,训令)

浙江省长公署训令第一百二十一号

令各县知事为浙江省禁止报买江河湖荡涨地案照部咨订发施行细则由

令各县知事

案查前以省议会咨送浙江省禁止江河湖荡涨地报买议决案及《浙江省保护森林条例》议决案，业经依法公布，并咨送农商部备案。兹准咨复，"查浙江省议会议决浙江省禁止江河湖荡涨地报买案及《浙江省保护森林条例》议决案，为慎重农田水利、振兴林业计，用意甚善，应准备案。惟禁止江河湖荡涨地报买案，仅为消极处分，而于积极办法，未经规定明确，犹有未尽完密之处。盖涨地之关碍于农田水利者，病在与水争地，如单行禁止报买而不设法为之挑浚，则障碍依然未除，徒拥涨地，于事何补？故原案内应有江河湖荡各涨地由水利委员会派员勘测后，认为于农田水利有关碍者，应将挑浚面积绘图公告，设立标识，禁止报买，其他涨地面积不在禁止之列一项，方为周妥。但该案既经公布，现在未便遽行提案修正，应即另订施行细则，将江河湖荡涨地禁止报买程序妥为规定，以期完密而便施行。相应咨复，查照办理可也"等因到署。复查部咨对于禁止报买江河湖荡涨地一案，既主张另订《施行细则》，自当照办，现经详细订定，计共六条，除咨部备案外，合亟照抄是项《施行细则》一份，令仰一并遵办，切切。此令。（刊登《公报》，不另行文）

计附抄件。

中华民国六年一月十三日

省长吕公望

浙江省禁止江河湖荡涨地报买议决案施行细则

第一条　各县照案禁止报买之涨地，无论新涨、旧涨，报明省公署饬水利委员会勘测，认为有碍农田水利者为限。

第二条　各县报经核准存案禁买之涨地面积，应由县于各该涨地上树立显明标识。

第三条　各县查报应禁报买之涨地时，应叙明该地历史及现在关系情形，附具图说，以凭查核或派员复勘。

第四条　各县布告禁止报买之涨地时，应将各该地之四址界线及标识详细说明，或绘附图说。

第五条　各县查出人民侵占之涨地，除照案应行禁买，各地随收回呈报禁买外，其余准照官产处分或《承垦条例》办理。

第六条　本细则自公布日施行。

（原载《浙江公报》第一千七百三十七号，一一至一三页，训令）

浙江省长公署训令第一百二十二号

令各县知事准农商部咨行购运硝磺磷质甲年
所领护照展至乙年六月为止过期无效由

令各县知事

案准农商部咨开，"准税务处咨称，'查各省火柴公司以及其他华洋商人，凡为工业制造所需之原料，如硝磺、磷质等类含有危险性质者，其须购运应用时，向由陆军部核准后，再由该管各机关发给护照，方能报运进口。此项原料有分批报运，每批请领护照一纸持用者，亦有将年需数目估计总额请领一护照，将额数若干填入照内随时持照报运进口者。其每批领一护照者，于每批运到后，照即作废，自不至发生问题。其估定年需总额仅领一护照者，往往有甲年所领护照，货色运未足额，递至乙年或丙年仍持照甲年护照补运进口，关员以为此项护照年分既差，即不能再视为有效，往往与运商时生龃龉，亟应明定办法，俾有遵循。本处详加酌夺，此项原料大抵购自外洋，甲年年内所定之货，延至乙年运到，亦事所恒有，自不能视甲年所领之护照为无效。然任令漫无限制,又恐易生弊端。经本处酌中定一办法,甲年所领护照一年之内货色运未足额,准展至乙年六月为止,如过此期限,则护照即视为无效。当以似此办理,究与商情有无不便,备文咨商贵部去后。兹准咨复称,商民购运药料,其估计年需总额请领一护照者,往往迟至次年补运进口,关员、运商时生龃龉,诚有如来咨所云者。此次贵处明定办法,凡甲年所领护照,展至乙年六月为止,过期即为无效,揆诸商情,当无不便。本部深表赞同,咨复查照办理见复,以便通咨各省长转饬各火柴公司及商民一体遵照等因前来。查前项办法,既经贵部咨复同意,应亟由关遵照办理,并布告商民知悉。除由本处分令各关遵照外,咨复查照办理'等因。除分行外,相应咨请贵省长查照办理可也"等因。准此,除分行外,合亟令仰该知事即便示谕各商民一体遵照。此令。(刊登《公报》,不另行文)

中华民国六年一月十三日

省长吕公望

(原载《浙江公报》第一千七百三十七号,一三至一四页,训令)

浙江省长公署训令第一百二十六号

令省立第十一师校长应调省另候任用由

令省立第十一师范学校长冯豹

该校长应调省另候任用,除俟新任校长华国到校交替具报外,合令遵照。此令。

中华民国六年一月十三日

省长吕公望

(原载《浙江公报》第一千七百三十七号,一四页,训令)

浙江省长公署训令第一百二十七号

令华国为第十一师范学校校长由

令华国

查省立第十一师范学校校长冯豹，业已调省另候任用。兹查有该员堪以接充该校校长，合即填发任命状，令仰该员前往接替，并将履历及接任日期具报。此令。

附发任命状一通。

中华民国六年一月十三日

省长吕公望

（原载《浙江公报》第一千七百三十七号，一四页，训令）

浙江省长公署训令第一百二十八号

令长兴煤矿公司准军署咨该公司前呈添购
药线爆针案俟到沪时请给护照由

令长兴煤矿公司

案准督军署咨开，"据长兴煤矿公司经理刘长荫呈，以该公司前向上海怡和洋行订购引火、保险药线、爆针等件，不敷配用，拟再添购保险药线九万六千尺、爆针三万二千枝，以资补助，呈请咨部饬关验放一案，当经本署据情转咨在案。兹准陆军部咨开，'以该公司原购药料，曾经本部于一月二十七日咨行税务处分批验放在案。兹又续购药线、爆针，既经查明属实，自应照准。除咨放外，相应咨复察照令遵，并希分批径填护照'等因。准此，相应咨请贵公署即希查照，转令该公司于前项药线、爆针等件到沪时，呈由本署填给护照可也"等因。准此，合行令仰该公司即便遵照。此令。

中华民国六年一月十三日

省长吕公望

（原载《浙江公报》第一千七百三十七号，一四至一五页，训令）

浙江省长公署训令第一百三十一号

令杭县知事准农商部咨大有利电灯公司扩充营业改名
为大有利电汽股分公司应修正章程补缴注册费由

令杭县知事姚应泰

案准农商部咨开，"准咨称大有利电灯股分有限公司因扩充营业，增加资本十五万元，并改名为大有利电汽股分有限公司，预备将来添开日机，以供工业界需电之用。又，从前《章程》多与新颁公司条例抵触，逐条修正，合将修正章程等件并补缴注册费银，恳予核转注册。据情咨请查核等因，并附《章程》等三册、注册费四十五元到部。查该公司所报修正《章程》，核与定例尚有未合之处。如第七条所称，刻用'钤记'一节，应饬改用'图章'，不得沿袭'钤记'字样，余条内所有'钤记'二字，均应一例照改。第三十一条内称，董事会以检察及董事并监察人组成之，按监察人之职务只有调查簿册财产之责，并无执行业务之权，既云董事会，殊无监察人列入之必要，应饬将'监察人'三字删去。第三十二条，准此该公司新旧股本现在实收若干，应饬据实声明。又，所举董事、监察人姓名、住址，应饬分别开报，以凭填发执照。该公司系请增加资本注册，所有补缴注册费五十元，应尽数汇解来部，不得援设立注册之例，由县扣留五元，应饬补解。相应咨行贵省长查照办理"等因。准此，合亟令仰该知事查照，并转行该公司遵办，切切。此令。

中华民国六年一月十三日

省长吕公望

（原载《浙江公报》第一千七百三十七号，一五至一六页，训令）

浙江省长公署指令第　　号

令清理官产处

呈一件据呈新涨沙地奉财政部令归专案

办理不适用《荒地承垦条例》等情由

呈悉。查与公布《国有荒地承垦条例》尚有抵触,已据情咨请农商、财政两部会议一定办法,应俟复到再行令知遵办。此令。一月十日

(原载《浙江公报》第一千七百三十七号,一七页,指令)

浙江省长公署指令第　　号

令崇德县知事

呈一件为计宝善等请在上莫泾设崇利茧行由

呈、件均悉。查该商具呈在后,并据称与前呈各商设行地点抵触,应俟前呈各行奉经核定后,再行查照核定情形转呈核办,仰即知照。来件发还。此令。一月十日

(原载《浙江公报》第一千七百三十七号,一七页,指令)

浙江省长公署指令第四百一十二号

令财政厅长莫永贞

呈一件为丽水县呈关于警政条陈缕晰陈复祈指令祗遵由

前据该县条陈地方应兴应革事宜内关于警政一条,拟将房铺各捐整顿扩充,及劝办殷富捐俾资扩充警察等情,当以"房铺各捐如有遗漏及弊混情事,自应切实整顿,惟增收数额,是否剔厘弊混,抑系增加捐率,未据声明。殷富捐是乐捐性质,摺称法办,迹近勒派,殊未妥协。究竟该知事对于各种捐款增加收入,是否确有把握,仰将办理方法及其手续详细呈夺"等语指令在案。兹据呈称,"铺捐一项迹涉苛细,另文呈请免除,并拟具整顿房捐及劝办殷富捐办法"前来,所拟房捐办

法与现行《店屋捐章程》有无抵触，殷富捐是否可行，仰财政厅会同警务处详加核议转令遵照，并具复察夺。呈摺抄发。此令。一月十一日

（原载《浙江公报》第一千七百三十七号，一七至一八页，指令）

浙江省长公署指令第四百一十三号

令永嘉县知事

呈一件报巡警与学校龃龉处理情形请察核由

呈悉。巡警约伴罢岗，意图要挟，殊属不合。惟据称闻风谕止，姑准免予置议。其余既据分别处断，并准免议。嗣后应即严加督察，免滋事端，仰转行该局长知照，并录报警务处查考。至该局长赴乡巡视，在途接信回籍，不及请假一节，已据该局长呈明，并经指令在案，并仰知照。此令。一月十一日

（原载《浙江公报》第一千七百三十七号，一八页，指令）

浙江省长公署指令第五百零四号

令分浙任用县知事陈庆

呈一件呈报到省缴验凭照由

应准注册，分发凭照，候汇案转缴。履历存。知事凭照发还。此令。一月十三日

计发还知事凭照乙张。

（原载《浙江公报》第一千七百三十七号，一八页，指令）

浙江省长公署指令第五百零五号

令新昌县知事

呈一件呈报遵设教育主任请注册由

准予注册。履历存。此令。一月十三日

附原呈

呈为遵令添设教育专科主任请鉴核注册事。

案奉钧署第一二五二号训令,以"各县官治事务虽繁,大别之不外警察、教育、实业三大端,尤以教育为强国基础。现在学务委员撤销,劝学所未成立,责任全在县署,应将教育特设专科,遴选师范毕业或中学以上毕业充任,并将详细履历报查。至于警察、实业事项,并应认真办理,劝导振兴,均毋违延。将办理情形先行具报"等因。奉此,查新邑系三等县缺,教育事务历任俱归政务科兼办,未设专科。知事到任后,以兴学育材为庶政之本,首宜注重。故于民政科另设教育助理之外,特设视学专员,以为督促进行之助,业经先后呈报在案。惟教育主任一职,非有品学兼优、熟悉地方情形之人,不能胜任愉快。新邑僻处山陬,人材缺乏,奉令之后,悉心延讨,颇难其选。兹查视学员陈恭鼎,在本县办理学务多年,舆论攸归,资格符合。现下学期视学完竣,即令兼充教育主任,协同原委教育助理,设为专科,一切应办事宜,仍由知事督率进行,不敢玩忽,俟查有合格之人,再行呈委,以仰副钧长慎重学务之至意。除将整顿实业、警政事项另文陆续呈报外,所有添设教育专科主任缘由,理合开具履历,备文呈请省长鉴核,俯赐注册备查,实为公便。谨呈。

(原载《浙江公报》第一千七百三十七号,一八至一九页,指令)

浙江省长公署批第六十七号

原具呈人平湖陆震清

呈一件呈陆锡钧霸管祠产一案提起行政诉愿由

呈及抄件均悉。该民族众既有五十余人之多,何以此次仅该民一人独持异议?据称各节,显有不实不尽,究竟如何纠葛,事关民事诉讼,应即自赴该县审检所呈请核示,毋得越诉。此批。抄件附。一月

十二日

浙江省长公署批第七十号

原具呈人德清姚大炳等

呈一件呈与沈宏昌等因庵产纠葛一案请迅予核办由

呈悉。查此案行政诉愿部分，业经本署依法裁决在案。至该民等呈诉专审员滥用职权一节，前经令饬高等审判厅转饬该所录案具复，应俟该厅转报到日，再行核办，仰即遵照。此批。一月十二日

浙江省长公署批第七十一号

原具呈人黄岩许镜堂

呈一件呈抢案积久未破请严饬限缉由

呈及黏抄均悉。查此案前据该民电呈，业经前巡按使咨请台州镇守使查核办理在案。迄今未准咨复，究竟是枪枝系从何处搜获，林小宝因何被逸，是否正盗，该民当时被盗，究竟是强是窃，候令警务处转令该县知事暨陈管带录案具复，一面迅行依法缉究可也。此批。黏件存。一月十六日

浙江省长公署批第七十三号

原具呈人永嘉孙伯华等

呈一件为第一女子高等小学校教员聚赌由

呈悉。该校如果确有不合规则情事，应径呈县核办。此批。一月十二日

浙江省长公署批第七十五号

原具禀人新昌罗凤标

　　禀一件警备队护兵周虎屯奸拐伊妻请饬缉追由

　　所禀事关司法,既据向县起诉,应即静候核办,毋庸越渎。此批。

一月十二日

　　　　　　（原载《浙江公报》第一千七百三十七号,二一页,批示）

浙江省长公署批第七十七号

原具呈人嘉善沈崧

　　呈一件为认定枫泾南栅开设茧行一案

　　遵批请示再求核饬办理由

　　呈悉。查此案前据该商来呈,业经明白批示在案。仰仍遵照办

理,毋得多渎,切切。此批。一月十三日

　　　　　　（原载《浙江公报》第一千七百三十七号,二一页,批示）

浙江省长公署批第七十八号

原具呈人濮院机丝绸业代表陆廷选等

　　呈一件为金昌运在濮院设同昌茧行有碍民生请批驳由

　　呈悉。查此案前据该县来呈,经令行查复在案。应俟复到,再行

核夺,仰即知照。此批。一月十三日

　　　　　　（原载《浙江公报》第一千七百三十七号,二一页,批示）

浙江省长公署批第八十号

原具呈人嘉兴施致祥

　　呈一件为申明北地圩距离各旧茧行里数合例请核准由

　　呈、件均悉。查此案前据该商来电,业将所指地点未能合例情

形,令县转知在案,所请应毋庸议。件存。此批。一月十三日

（原载《浙江公报》第一千七百三十七号,二一页,批示）

浙江省长公署诉愿决定书第二号

决定徐怀德等呈请在青莲寺开设茧行
县署批驳失当提起诉愿由

诉愿人徐怀德、叶楚才,　年　岁　人。

右诉愿人因请在平湖县青莲寺地方开设茧行与莫恒裕等设行地点相同一案,对于平湖县知事批驳未予转呈之处分认为不当,依法提起诉愿。本署就书状决定如左。

决定主文

平湖县知事对于徐怀德等呈请在青莲寺地方开设茧行之处分,维持之。

诉愿之事实

案缘徐怀德等请在平湖县青莲寺地方开设茧行,在该县据胡守恒等及莫恒裕等呈请转呈之后,与莫恒裕等补送地图同日到县。该县知事以所请系同一青莲寺地点,业将胡守恒等转呈在先,批驳徐怀德等,并将莫恒裕等所送图说核准转呈,经本署以手续完备符合各例核准。旋据徐怀德等以莫恒裕等具呈缴银均在《茧行条例》未公布以前,当然不生效力,极应不予受理,已无补送地图之余地,认县署处分是案为不当,附抄县批到署,诉愿请求撤销莫恒裕呈准原案,并令行财政厅扣留牙帖,一面请派员澈查,并据该县依法备具辩明书,检同卷宗呈送前来,详加审核,应予决定。

决定之理由

查本署据该县并案转呈胡守恒等呈请之件,在十一月十五日,当以该商等手续未完,碍难照准,指令三项手续完备,方予转呈。莫恒裕等呈请在前,补送地图虽与该商等呈县同日,然查阅县卷,莫恒

等补送地图,黏列该商等呈文之前,则其准莫恒裕等为之转呈,及将该商等呈请批驳,均无不合。虽县署对于该商等之批示,仅举胡守恒之名未加一"等"字,文字上不免疏漏,然其分别准驳之处,并未失当。基此理由,并照《诉愿法》第十四条规定,就书状决定如主文。

中华民国六年一月十二日

（原载《浙江公报》第一千七百三十七号,二二至二三页,判词）

浙江省长公署决定书第三号

决定据平湖胡守恒等呈平湖县处分莫恒裕在青莲寺
开设茧行补送图说认为不当提起诉愿由①

诉愿人胡守恒、沈元勋,　年　岁　人。

右诉愿人因在平湖县青莲寺地方请设茧行续呈地图一案,对于平湖县知事先将莫恒裕图说转呈、续将胡守恒图说汇转之处分,认为朦混颠倒,依法提起诉愿。本署就书状决定如左。

决定主文

平湖县知事对于胡守恒等及莫恒裕等补送在青莲寺地方请设茧行图说先后转呈之处分,维持之。

诉愿之事实

案缘胡守恒等及莫恒裕等同请在平湖县青莲寺地方开设茧行,胡守恒于十月三十一日备具捐税公费,连同保结呈县,莫恒裕于十一月四日及八日先后将捐税公费等银、保结呈县。该县于十一月十二日并案转呈本公署,当以"各商请设茧行呈文到县,果与《条例》符合,应由县分先后程序,以为转呈与否之标准。其捐税、地图、保结三种手续,有一种不完备者,虽请在先,亦应不予受理。来呈未据叙明各商进呈日期,亦未附绘地图,所请未便照准"等语,令县转饬知照。该

---

① 莫恒裕,底本误作莫恒格,形近致误,径改。

县已先于十一月十四日续据莫恒裕补送图说,复予转呈,经本公署以手续完备,符合《条例》核准。旋据胡守恒等以县署处分是案朦混颠倒,并附切结及县署挂批摄影到署,诉愿请予撤销批准莫恒裕开设茧行原案,并据该县依法备具辩明书,检同卷宗呈送前来,详加审核,应予决定。

决定之理由

查各商在平湖县青莲寺地方请设茧行,该商较莫恒裕为早,其时新《条例》尚未公布,该县知事一并转呈,不得谓为偏袒莫恒裕。本署据该县并案转呈之件,当以"手续均未完备,碍难照准",遂有必须完备手续方可转呈之指令,而莫恒裕于十一月十四日补送图说,该县知事当然为其转呈,该商补送地图在十一月十八日,已较莫恒裕等为后,系属迁延自误,何得复有争执? 至县署批示,据称由书记缮写时填列号数,并非照收受文件之次序,不足为争执之资,核阅县卷相符。基此理由,并照《诉愿法》第十四条规定,就书状决定如主文。

中华民国六年一月十二日

(原载《浙江公报》第一千七百三十七号,判词,二三至二四页)

浙江省长公署训令第一百三十二号

令高检厅据平湖谢斐氏呈控伊子谢炳生被管狱员凌虐乞查禁由

令高等检察厅长陶思曾

本月五日据平湖谢斐氏微电呈,管狱员私刑敲诈伊子谢炳生被其凌虐,性命堪虞等情。据此,所陈各节是否属实,除原电已分致该厅有案不另抄发外,合行令仰该厅转行该县澈查明确,据实具复,以凭察夺,毋稍徇饰。此令。

中华民国六年一月十三日

省长吕公望

(原载《浙江公报》第一千七百三十八号,一九一七年一月十九日,三页,训令)

浙江省长公署训令第一百三十四号

令各县知事遴选募捐董事并令知开募日期及募捐费用由

令各县知事

案据浙江修筑省道办事处处长吴秉元呈称，"案查《浙江修筑省道募捐条例》第二条，'以县知事为募捐主任，各地方公正绅士为募捐董事'，又第三、第四两条，'募捐主任由省长委任，募捐董事由募捐主任遴选，呈请省长委任'等语。现在《募捐条例》业经奉令公布，应请迅委各县知事为修筑省道募捐主任，并令知各县知事速选公正绅士为募捐董事呈请委任。在未奉委以前，应先由各该主任照请充任暨会同评议员、董事等集议办理，并限本年二月十日以前开募。关于募捐一切用费，准在所捐款内提用百分之五，募捐开始，仅限现金；关于路线经过所需房屋、田地、人工、材料等项，俟勘定后再行令知劝募。除募捐三联收据簿及各县评议员姓名单由职处另行分发外，所有呈请委任各县知事为募捐主任并请令知募捐开始日期及募捐用费各缘由，理合具文呈请迅赐施行"等情。据此，除委任该知事为募捐主任外，合行令仰该知事遵照办理。此令。

中华民国六年一月十三日

省长吕公望

（原载《浙江公报》第一千七百三十八号，三至四页，训令）

浙江省长公署训令第一百三十七号

令公立医校公立法校私立法校准教育部
咨送各该校成绩奖状及匾额由

令公立医药专门学校、公立法政专门学校、私立法政专门学校

案准教育部咨开，"案查本部全国专门以上学校成绩展览会早经

闭会,业由本部延选专员审查评定分数,并拟定给奖办法,凡在九十分以上者为特等,应给优等奖状;八十分以上者为甲等,应给一等奖状;七十分以上者为乙等,应给二等奖状;六十分以上者为丙等,应给三等奖状;在九十分以上各校,并由部另给匾额;其各各科分数三门在九十分以上各校[1],由部颁给特别奖状;均于本年十一月九日分别布告在案。兹查贵省咨送到部之各校成绩,应给奖状者三校,并给匾额者一校,合即开具清单连同奖状三张、匾额一方咨送查照转发各该校受领"等因。准此,除分别令发外,合即连同奖状、匾额令发该校,仰即祗领具报。此令。

计发奖状三纸、匾额一方[2]。

中华民国六年一月十三日

省长吕公望

计开:

浙江公立医学专门学校列特等,应给优等奖状并"绩学宏仁"匾额一方;

浙江公立法政专门学校列乙等,应给二等奖状;

浙江私立法政专门学校列乙等,应给二等奖状。

(原载《浙江公报》第一千七百三十八号,四页,训令)

浙江省长公署训令第二百五十六号

令奉化县知事据委员呈复调查该县
平民习艺所暨因利局各情形由

令奉化县知事

案据委员王超凡呈复调查该县平民习艺所暨因利局各情形并附

---

① 其各,"各"字疑衍,或"其各"为"其余"之误。

② 底本作"奖状一纸",据上文更正。

清摺等件到署。查该县习艺所竹工出品成绩优美,应将该所长朱孔扬予记大功一次,以示鼓励。惟该所事务员现已否裁撤,来呈漏未叙及,应由该知事查明补报。至因利局既已停止出贷,所有各贷户欠缴之款,应仍责由该局长按期收清缴县存储,不得稍有延欠。为此令仰该知事遵照办理。此令。

中华民国六年一月十五日

省长吕公望

（原载《浙江公报》第一千七百三十八号,五页,训令）

浙江省长公署训令第二百五十七号

令清理官产处准财政部咨行解释公有条文四条由

令清理官产处

案准财政部咨开,"查官有财产系别有公有、私有而言,我国习惯,官、公二字向未分晰,凡不属私人所有者概名曰公,如属于地方者称公款,属于国家者亦称公帑,名义交错,事实混淆。自《官产处分条例》公布后,始标'官有'之名,别于'公有'之外规定之,曰'凡非私有,公有皆为官产',是以'官''公'二字为划分国家、地方之标准。顾条文概括究竟何者为官有,何者为公有,当时未定界限,由是地方团体动生争议,亟应明晰解释,以利进行。兹将'解释公有条文'四条附录于后,凡条文所未载者,均不得谓之'公有',由各省财政厅、官产处通行各县出示晓谕,使地方团体一律周知,庶免争执。除分别令知外,相应咨行查照可也"等因,并附解释条文一纸到署。准此,合行转录原件,令仰该处即便查照办理。此令。

计附解释公有条文一纸。

中华民国六年一月十五日

省长吕公望

解释公有条文如下：

（一）以地方团体名义募集，或私人捐助之财产，现充地方公益事业之用，确有案据者；

（二）地方团体向主管官厅缴价承领之公产，有执业凭证者；

（三）由地方团体禀准主管官厅办理之特捐，以其款项建筑或购置指充地方公益事业之用者；

以上三项产业如已收为官有者，不在此限。

（四）由国家特许或最高级主管官厅批准拨充地方公益事业之用地或建筑物，未经废止或变更者。

前项拨充地方公用之产，其事业之全部或一部已废止或变更时，所有全部之财产仍归官有。

（原载《浙江公报》第一千七百三十八号，五至六页，训令）

浙江省长公署训令第二百五十八号

令警务处杭县等县保护华商杭诸公司宁孚汽船由

令警务处，杭县、绍兴、诸暨、萧山各县知事

案准交通部咨开，"据江海关监督呈称，'准税司函，以华商杭诸汽船公司今向合记租赁前由该记租与宁绍内河轮船公司之宁孚汽油船，备具呈式并缴旧照，请注册给等因①，理合将送到之呈式、旧照呈部核办'等情，并据该商禀缴册照费前来。查该轮行驶航线，起杭州江干，讫诸暨，经过临浦、尖山、金浦桥、三江口、姚公埠等处，除由本部涂销旧照，另注新册，填就执照一纸，发交该监督转给承领并令行杭州关监督查照外，相应咨请贵省长查照，分令各该属随时保护，实纫公谊"等因。准此，除分令外，合就令仰该处长转令该管水警／知事妥为保护。此令。

中华民国六年一月十五日

---

① 请注册给，底本如此，疑脱"照"字。

省长吕公望

（原载《浙江公报》第一千七百三十八号，六页，训令）

浙江省长公署训令第二百五十九号

令余姚县知事据委员查复该县习艺所情形由

令余姚县知事

案据委员何式琼呈复调查该县平民习艺所各情形到署。查该所设置科目太觉琐碎，应由该知事体察情形，酌量裁并，以期搏节。至事务员一职，现在已否裁撤，来呈漏未叙及，应再查明补报。为此令仰该知事遵办具复。此令。

中华民国六年一月十五日

省长吕公望

（原载《浙江公报》第一千七百三十八号，七页，训令）

浙江省长公署指令第五百一十七号

令财政厅长莫永贞

呈一件据吴兴县呈王振华请在中锦镇设元锠茧行由

呈、件均悉。该商王振华请在吴兴县中锦镇地方开设元锠茧行，既据该县查明合例，应予照准，仰财政厅查照填帖发县转给。抄呈连同申请书并发，图、结存。此令。一月十三日

（原载《浙江公报》第一千七百三十八号，九页，指令）

浙江省长公署指令第五百一十九号

令财政厅长莫永贞

呈一件据德清县呈许麟瑞设同和陆树芬

设益成各茧行附图结请核示由

呈、件均悉。查商人许麟瑞请在该县新塘乡地方开设同和茧行、陆树

芬请在下高桥地方开设益成茧行，核尚合例，应予照准。惟沈国藩所指之徐家庄地方，与杭县五杭地方新设茧行抵触，碍难准设。仰财政厅查照，即将同和、益成两行填帖并检同沈国藩附件转行该县知事分别转发给领。抄呈连同许麟瑞、陆树芬申请书及应还附件并发。此令。一月十三日

（原载《浙江公报》第一千七百三十八号，九页，指令）

浙江省长公署指令第五百二十四号

令海宁县知事

呈一件据祝景濂呈拟设鼎兴茧行地点距
久成行基里数实系合例请饬复查核准由

呈、图均悉。所称距离里数如果属实，自可照准。至久成行四至里数，与都庄不符，是否有朦混情事，仰海宁县知事分别查明并案复核。图存。此令。一月十三日

（原载《浙江公报》第一千七百三十八号，九页，指令）

浙江省长公署指令第五百三十一号

令财政厅长莫永贞

呈一件据吴兴县吴德均请在该县善琏镇设公泰茧行由

呈、件均悉。商民吴德均请在该县善琏镇地方开设公泰茧行，既据查明合例，应予照准。仰财政厅查照填帖发县转给。钞呈连同申请书并发，图、结存。此令。一月十三日

（原载《浙江公报》第一千七百三十八号，一〇页，指令）

浙江省长公署指令第五百三十二号

令长兴县知事

呈一件为周贻卿复拟在白阜埠设鑫泰茧行由

呈、件均悉。该商周贻卿请在白阜埠开设鑫泰茧行，既据查明合

例,应予照准。仰即转饬备具申请书呈县录报财政厅请领牙帖。件存。此令。一月十三日

（原载《浙江公报》第一千七百三十八号,一〇页,指令）

浙江省长公署指令第五百三十四号

令桐庐县知事

  呈一件为朱凤书拟在横村埠开设裕丰恒茧行由

  呈、件均悉。商民朱凤书所指该县横村埠设行地点,距新准同仁昌茧行既据查明不及二十里,自未便违例照准,仰即遵照。附件发还。此令。一月十三日

（原载《浙江公报》第一千七百三十八号,一〇页,指令）

浙江省长公署指令第五百三十六号

令浙江修筑省道办事处处长

  呈一件呈请委任各县知事为募捐主任
  并令知募捐开始日期及募捐用费由

已据呈分令照办,仰即知照。此令。一月十三日

（原载《浙江公报》第一千七百三十八号,一〇页,指令）

浙江省长公署指令第五百六十三号

令公立图书馆长

  呈一件为呈报办理情形请列入地方学事年报由

据呈已悉,仍将馆所办理情形一并列入该馆年报。此令。一月十三日

    附原呈

呈为报告办理情形事。

3527

案查《图书馆规程》第七条载，"图书馆馆员每届年终，应将办理情形报告于主管公署，列入地方学事年报"等语。兹届民国五年年终，谨将办理情形缕晰陈之。

一、更改名称。本馆初名浙江图书馆，继名浙江省立图书馆，五年一月间遵《图书馆规程》改名浙江公立图书馆，续又详准前按署另刊钤记，以符名实。

二、扩充馆舍。本馆开办四载，馆务渐盛，馆舍宜增，如休息室、图画室、藏书室，皆必应添者。五年七月间，函经前民政厅呈奉批准，将迎宾馆拨归本馆，休息各室因得逐渐添设。

三、装设电灯。藏书之地，最虞火患，向用煤灯，颇多缺点。五年八月间，函经前民政厅呈奉令准改装电灯，分馆当即装设，惟本馆因西湖一带尚无电杆无从装置，一俟电灯公司立有电杆即当一律改装。

四、清丈沙地。本馆藏书楼户下领垦杭县王安浦地方沙地，前清时认粮一百零七亩，民国二年又认粮一百十五亩九分五厘四毫，执有布政使、杭县各执照及户摺为据。五年七八月间，叠准清理旧杭属各县场沙地事务所函请，将执照、串标送所考核，并派员会丈亩分，均经分别照办。

五、刻印书籍。此项可分三种：刻而已成者，五年十月间呈送之本馆丛书一集是也；印而未成者，《台州经籍志》是也；列入预算而未刻者，《章氏丛书》是也。

六、搜集碑志。浙江府、厅、州、县各志，本馆虽有储藏，尚未完备，且多百余年前修辑之本，至两浙金石拓本则本馆无一焉。五年十一月间，呈蒙通令各县征送志书并拓送著名碑碣、石刻，然自奉令以来，仅准平湖县函送光绪志一部、金华县函送道光志、光绪志各一部，此外，尚无送到。

七、修改章程。本馆章程按照《图书馆规程》应加修正，当经连同《印行所章程》悉心拟议、逐条酌改,于五年十二月间呈请核定。

八、估修房屋。本馆建自清季,迄今五载,尚未大修,损漏甚重。经馆长招工估计,于五年十二月间缮摺呈请将修费补列预算,奉令准咨省议会分别加减。

九、编辑书目。此项又分三种,曰分馆经史部补编、曰分馆子部、曰分馆集部,后二者已印齐,前一者尚在印刷。

十、编辑年报。本馆照章应年出年报一册,现已赶紧编印,俟出版即呈送。

以上十项,皆本馆办理情形也。

至附设印行所,其办理情形亦有可言者。所中书价定自宣统初元,时阅八年,工料日昂,纸张尤贵,非增价无以保成本,附售各书多系旧印,存多售少,非减价无以廉行销,于是详准前按署分别增减,是曰更定书价。书价既更,从前售书目录当然不适于用,于是编新目,列新价,并定公家咨调正式公文,坊间批发应盖正式图章,以杜假借影射之弊,是曰更定书目。前清官书局每年售价多至万余元,自改印行所以来,每年售价不及官书局之半,固由馆长不善经理,而外界不知印行所即官书局,实亦一大原因,于是撰为告白,登之《杭报》,声明昔局今所,以广招徕,是曰刊登广告。杭人谭子镏以其父复堂先生献所刊《半厂丛书》版片,托杭人杨复函请寄存本馆,并将印刷权暂行让与,不取版资,经馆长认可接收,于是所中又多一附售之书,是曰增添书籍。

以上四项,又印行所办理情形也。理合一并备文呈报,仰祈钧长察核,俯赐列入地方学事年报,实为公便。谨呈。

(原载《浙江公报》第一千七百三十八号,一〇至一二页,指令)

浙江省长公署指令第五百六十八号

令省立第十师范学校

呈一件为造送五年七八九月份报销册由

呈、册均悉。查会计年度现又改为七月开始，所有六月份余银系异年度预算内余款，应即缴解金库，并分报财政厅，不得再滚入七月分内。原册均发还，仰即遵照改造，速送其十、十一、十二三个月报销清册及六月以前计算书表并应赶送候核，毋再迟延。此令。一月十三日

（原载《浙江公报》第一千七百三十八号，一二页，指令）

浙江省长公署指令第五百七十二号①

令崇德县知事

呈一件为条陈教育事宜开送册表由

呈、件均悉。该县国民学校办理不合，自应严切整顿，以收实效。惟此项国民学校为义务教育所关，与他项学校不同，整顿、推广仍应双方并进。该县城区应设国民学校，前据查报应设十一所，据称拟将现设八校就适宜地点并为三校，应再将详细情形专案呈夺。余准如陈办理，并将幼稚院照现行法令改称为蒙养园。仰即分别遵照。件存。此令。一月十三日

（原载《浙江公报》第一千七百三十八号，一二至一三页，指令）

浙江省长公署指令第五百七十六号

令平阳县知事

呈一件查复陈纯仁等控学董勒索规费一案由

既据查明该学董并无勒索规费情事，应免置议。至挟嫌诬告，最

---

① 浙江省长公署指令，底本误作"浙江全省警务处指令"，据内容更正。

为恶习,所请出示严禁并应照准,仰即分别遵照。此令。一月十三日

（原载《浙江公报》第一千七百三十八号,一三页,指令）

浙江省长公署指令第五百七十九号

令於潜县知事

　　　呈一件为查复该县习艺所事项开单请核由

呈、单均悉。存。此令。一月十三日

附清单

　　於潜县知事谨将遵令查明於邑平民习艺所各节开单送请察核。

　　计开:

　　（一）房屋系租赁私有民房充用,甚为隘窄,并无余屋可备扩充。

　　（二）所长章曜华,本县人,现年二十七岁,系省立甲种工业学校染织科本科第一次毕业生,于民国五年九月到所,目下并无别项兼理职务。

　　（三）艺师唐木林,杭县人,现年二十五岁,系浙江贫民工厂织布科第二次毕业,于民国五年一月到所。

　　（四）本所职员只所长一员、艺师一员、事务员一员,现在事务员被裁,所有职务,艺师事繁人少,又难兼顾,只可慨由所长担任。

　　（五）布科卒业共十四名,带科卒业三名,均无他聘,留所工作者四名,出所后自己营业者四名,赋闲者六名。又带科三名,现此科已裁。

　　（六）本所现在只设染织一科,所用原料若棉纱、颜料、漂白粉等均购自杭、沪,本地并无是种原料。本地特产可以利用者,惟有靛青一种。

（七）所出成品销诸本地者占全数成品十分之七，销诸邻县者十分之三。其销卖点如下：

本地（本城、后渚桥、印渚埠、牧亭、太阳）

邻县（河桥）

（原载《浙江公报》第一千七百三十八号，一三至一四页，指令）

浙江省长公署指令第五百八十号

令乐清县知事

呈一件为条陈该县兴革事宜由

呈及清摺均悉。所陈各项兴革事宜，业经分别核明批答随令抄发，仰即遵照办理，并将遵办情形随时具报。其原摺内未经批厅核议各条暨本署批答，并即分别录报主管官厅查考。清摺五扣存。此令。

一月十三日

教育条陈批答

学务委员已令厅饬属裁撤，村学董及县视学事关通章，应从缓议。旸谷奥等处民多失教，匪类繁滋，亟应提倡教育，以期弭患无形，所陈极为有见，通融补助，事属可行，但应以该处为限，他校不能援以为例也。

财政条陈批答

官契为确定人民产权之证据，未税者当然补税。乡民每惜小费而贻后患，是宜由县剀切劝导，断无因验契时而别商不补税之办法。屠宰、印花、烟酒、牌照及牙、当等税，关系国家收入，际此库藏奇绌，尤须分别照章切实征收，以济国用。至验契契税项下带征教育费，猪、米两项征收筹设工厂费各节，教育、实业固为近今切要之图，自应宽筹经费，以资兴办，惟事涉创举，人民是否乐输，推行有无窒碍，均未据明晰声叙，仰再体察情形，拟具妥善办法呈候复夺。该邑粮册散佚,粮产错乱,垦熟山场、涂地均不升科,办理清丈自是急务,惟手续繁重,未能克期举行,现在急应编审户粮,认真查挤,并按照财政厅通行《清查逃亡故绝各户产业办法》切实办理,以渐革隐匿粮赋之弊。办理验契全赖地方士绅及自治委员共同襄助,自是实情,所请延绅襄办章程以资激劝之处,以及验契截止期限一节,一并由厅议复察夺。店屋捐虽系警费要需,所有起捐户数及捐率仍应循章办理,所请未便照准,仰即知照。

警政条陈批答

据称该县芙蓉地方确有设立分所之必要,而又苦于费无所出,自应查照《地方保卫团条例》第一条办理。至称该处烟赌素盛,责成虹桥警佐兼辖,究属鞭长莫及,亦系实情,应查照《地方保卫团条例施行细则》第二十七条,随时核办,毋得藉词塞责,致碍治安。警费留县,应就全省情形通盘计算,现六年度预算正在编订,应俟议定一定办法,再行令遵。

司法条陈批答

所陈筹设商事公断处及山地调查会,事属可行,仰即妥筹办法并拟具详细章程另呈核夺可也。

(原载《浙江公报》第一千七百三十八号,一四至一五页,指令)

浙江省长公署指令第五百八十三号

令新登县知事

呈一件为条陈该县兴革事宜由

呈及清摺均悉。所陈各项兴革事宜,业经分别核明批答随令抄发,仰即遵照办理,并将遵办情形随时具报。其原摺内未经批厅核议各条暨本署批答,并即分别录报主管官厅查考。清摺五扣存。此令。

一月十三日

实业条陈批答

（一）购办桑秧推广种植。

桑为饲蚕要品，该县桑叶现既有求过于供之势，劝导栽桑自属当务之急。官厅购办桑秧责令领种办法，查有前据富阳县呈批《推广植桑章程》，经本署详加改正堪以仿办，业已刊登《公报》，仰即查照酌量办理，仍将进行情形随时报查。

（一）治倡改良手工造纸。

该县造纸原料既称丰富，各乡制纸槽户又属不少，提倡改良，自不容缓，所拟甲、乙、丙三种办法，亦为握要。至选派艺徒及筹设工场等经费，拟由公益费项下拨垫十分之三，俟得余利或停办时归还一节，仰即妥拟章程专案呈候核夺。

（一）禁用火药开采灰石。

查开采第三类矿质，应照《矿业条例》第十一条办理。该县采石各处是否经过必要手续，未据叙明，无从查核。至用药轰取，如果有碍地方公益，自应设法禁止，免启衅端。

（一）增设习艺所负贩团。

查增加负贩团名额，系属推广销路、安插贫民起见，自可准行。至所拟修改原定细则各条，亦无不合。

财政条陈批答

编造鳞册为清厘田赋、确定产权切要之图，于国计民生两有裨益，务宜妥为筹备，期在必行，一俟经费议有端倪，应即拟定详细办法，专案呈候察夺。推收事宜应查照此次省议会议决之修正《推收户粮规则》切实遵办，民欠钱粮应查财政厅议复丽水县条陈内所定查挤办法及表式认真挤查，均毋徒托空言，是为至要。当未缴价各屯田既属零碎碗薄，且系贫民居多，应如何量予变通，以示体恤，候令行财政厅核议具复，另文饬遵。其余各条并候令厅核明令遵，仍具报备查可也。

警政条陈批答

该县所拟第一至第七各项，均属该兼所长应行整理之事，应即分别认真办理，以资整顿。第八项保卫团如果办理认真，足以补助警察之不足，惟竟畀以临时警察名义，则权限易于混淆，转多流弊，应由该县遵照《条例》认真督率办理，呈由警务处核转。

司法条陈批答

烟赌人犯口粮既准酌量责令自备，嗣后此次支出自必较前减少，若届时再有不敷，应准开具确数，呈由高等检察厅核明酌量拨补。所陈感化犯人方法，大致尚无不合，惟派警押犯讲演悔辞，其用意与游街示众相同，殊非保全廉耻、与人为善之道，未便照行；犯人出外售销物品，流弊滋大，亦宜禁止。余如所拟办理。

教育条陈批答

察阅条陈具见尽心规画，良堪嘉许。国民学校积报章程准予试办。单级师范补习所应仍名为单级教授补习所，以期与师范讲习所有所区别①。推广高小校，先就全县情形画定高小校区，分年添设，办法甚是。修辑县志，以售券之款作为开支，既经地方士绅多数赞同，自可准行。推广学校，本为收容学童，劝导入学，又为各区学董专责，自应责令设法广劝，并可参照本年一月二十日《浙江公报》内公布前按署核准兰溪县劝导学龄儿童入学案内开办法，酌予奖励，用资激劝，一面如陈内据推广新生学额，尽力收容。参观为改进教育方法之一，费轻效速，据拟按年举行及报告各节，自是正办。小学教师于星期日施行讲演，各国多有行之，盖小学为市乡中心，为教师者本负有移风易俗之责，况在我国办学人士，每自成为一界，与地人众素少接近，既于社会实状鲜加考察，以谋训教之改善，即教育思想无由传播于社

---

① "师范讲习"下疑脱"所"字，径补。

会,而社会对于教师之信仰,亦从而莫由增进;若于课余兼行讲演,实于学校教育、社会教育两有裨益,不仅各条称七利已也。现在本省各属如萧山等县已逐渐进行,据称拟订专则,应还拟订呈核,教员亦当酌量担任,毋庸限定校长。现设阅报社地点不宜,自应另迁;所称推广办法,以组织力求单简,祇须公共隙屋数间、桌椅数事,具有见地;注意三端,亦属扼要,均准进行,其应需报纸除筹有常费自行购备者外,各地方公共机关阅余之报尽可移置该社,即各处小学校但于教务无妨,亦不妨酌量附设。际此物力维艰之秋,欲教育积极进行,是在地方人士协力同心,兼营并进,庶有振兴之一日,仰认真督率办理,有厚望焉。

（原载《浙江公报》第一千七百三十八号,一五至一八页,指令）

浙江省长公署指令第五百八十四号

令平阳县知事

呈一件为条陈该县兴革事宜由

呈及摺、表均悉。所陈各项应兴应革事宜,业经分别核明批章,随令抄发,仰即遵照办理,并将遵办情形具报。其原摺内未经批厅核议各条,暨本署批答,并即分别录报主管官厅查考。清摺五扣、表三纸存。此令。一月十三日

实业条陈批答

种靛固为抵制外货要策,惟不亟图改良制造,恐欧战告停,仍为外货所夺。该县既设有染业公所,着即商订改良制造办法,以图永利。校园种植,重在多类,使学生增进森林知识,若限一律种桑,殊非所宜。茶、矾、鱼、米为该出产大宗①,其中必有应兴

---

① 底本如此,"该"下疑脱"县"字。

应革之利弊,该知事乃一听绅商自营,绝不为之规画久远,亦属疏忽。仰即另行详查,妥议具报候核。余如所拟办理。

教育条陈批答

检定教员为一种资格之证明,据呈《简章》第二、第六两项,乃考试而非检定,名实不符,未便照准。改良私塾,事属可行,惟《简章》第五项,国文、历史不在研究之列,未免疏漏。巡环教员,既以完全师范毕业生为限,而全年束脩仅定一百二十元,巡回川费且未另定,于事实上万难获到,仰即另筹具报候核。

财政条陈批答

该县鳞册遗失,前与瑞安疆界争议案至今未结,自应从速勘画清楚,会同委员呈报察夺。据称自编审以来,逐年粮额增加,可见办理编审之确有成效,应按照编审户粮办法切实进行,以复粮额而裕税源,所拟征收人员分别惩奖情形,但使不越法定范围,自可由县酌办。该知事征解四年分银米,至本年二月截数止,已达九成六分以上,具见征收得力,良堪嘉许。经征人挪用税款,延不清缴,此种恶习,亟宜革除。惟所呈《整顿税契章程》是否妥善可行,候令财政厅议复察夺,再行令遵。县知事为亲民之官,一邑之治安系之,凡有关于干犯法纪、败坏风俗之事,自当分别重轻,设法禁革。至就地筹捐之款,县知事自有监督之权责,仰即将未经禀准有案,藉公益为名之苛细杂捐确切查明,呈请截革,勿得稍涉瞻徇,切切。该县山荒涨涂,既系在《国有荒地承垦条例》施行以前,多已私垦成熟,则按照第三十条办理,尚无不合,所拟变通《承垦章程办事细则》候一并令交财政厅核议复夺可也。

警政条陈批答

警队之兵力有限,地方之设备无穷,因地设防,节节布置,在该县固自得计,而各县情形大略相同,群起效尤,现有兵力宁敷分配？惟地方防务诚属要图，防兵固属不敷，亦难坐视不顾，是以有举办地方保卫团之举，以为兵警之辅助，急则治标，势使然也。乃该知事于兵警则希冀增加，保卫团则请求停办，无论兵力有限，警费难筹，必须藉保卫团以资防范，纵使兵力、警费，均能如愿以偿，而保卫团为防卫地方之要政，全国一致进行，该县自不容置诸不理。来摺竟声请停办，所举理由，全凭想象，既不实心规画，辄以浮词搪塞，殊属不合。编查户口，乃保卫团范围以内之事，仰将《地方保卫团条例》并本条例《施行细则》悉心研究，切实举行，俾匪类得以肃清，地方可以安堵，否则因循敷衍，致滋意外，该知事不能负此重咎也。扩充警所经费，俟县议会召集后，提交议决，事属可行，惟既有可筹之款项，当定妥善之计画，不得以空言了事。

司法条陈批答

教唆兴讼、窝匿盗贼，律有明条，允宜随时查察，果为情事确实，即应提起公诉，送交专审员依法讯办，勿稍姑息。至于刑事，本不能任听私和，此后务宜遵照法定手续办理，免滋藉口。所拟预防械斗办法，尚无不合，仰即妥筹另呈核夺。余如所拟办理。

（原载《浙江公报》第一千七百三十八号，一八至一九页，指令）

浙江省长公署指令第六百一十六号

令义乌县知事

呈一件朱人积等为朱四位等吞没理家
学校校租校具并开设私塾由

呈悉。积欠学租，据称已提诉愿，应俟该民等诉愿书到后，再行核办。其余各节，究系是何实情，仰义乌县知事查明复夺。此令。原呈抄发。一月十五日

（原载《浙江公报》第一千七百三十八号，一九至二〇页，指令）

浙江省长公署指令第六百二十九号

令鄞县知事

呈一件呈谢天锡输财助学应否并案请奖由

呈悉。查捐资兴学，应行褒奖，既经定有专章。该绅商输财助学，应即遵照《修正捐资兴学褒奖条例》并部定事实表册格式，专案呈请咨奖。此令。一月十五日

（原载《浙江公报》第一千七百三十八号，二○页，指令）

浙江省长公署指令第六百三十二号

令嵊县知事

呈一件查复金生标等与金振邦等因茔稍互控一案由①

呈悉。此项茔稍提充谢慕国民学校经费，当时既经族议立约，禀县有案，即为该校固有学款，断不能因别项摊款，仍令金庆福等于轮值之年，免予缴稍。况学款处置属于行政范围，该金阿毛等状诉追缴建祠等不敷摊款，既系民事诉讼，尤不得处分及于行政事项，自应仍令照约缴稍，仰即查照。抄约存。此令。一月十五日

（原载《浙江公报》第一千七百三十八号，二○页，指令）

浙江省长公署批第八十三号

原具呈人衢县郑定周等

呈一件为第八师范讲习所长措施乖方风潮迭起请另委由

呈悉。此案据该所长呈报到署，业经指令详晰呈复，本公署自能

---

① 稍租，明中后期浙东地区流行的以预缴租金为前提的土地租佃习惯，根据土地类型，大致分祭（茔）田、学田和庙（会）田三类，与其相对应的稍租类型分为"茔稍""学稍"和"庙稍"。参见于帅《从佃户到稍户：晚清民国浙东地区的公产稍租与管理》一文（载《中国农史》二○二三年第一期）。

核办。该民等既系现在国民学校教员，何得干预外事？民政厅改组已久，呈尾仍用"浙江民政厅"字样，尤属不合，并斥。此批。一月十三日

（原载《浙江公报》第一千七百三十八号，二一页，批示）

浙江省长公署批第八十四号

原具呈人义乌朱人积等

呈一件为朱四位等吞没理家学校校租校具并开设私塾由

呈悉。积欠学租，据称已提诉愿，应俟该民等诉愿书到后，再行核办。其余各节，究系是何实情，仰义乌县知事查明复夺。此批。十一月十三日

（原载《浙江公报》第一千七百三十八号，二一页，批示）

浙江省长公署批第八十五号

原具呈人缙云陈文鹏等

呈一件为与陈缵琳等正本校产纠葛一案由

呈称各节，前据陈仲潘等呈控，业经分别明白批示，并令县声复查报在案，仰即知照。此批。由单一纸揭还。一月十三日

（原载《浙江公报》第一千七百三十八号，二一页，批示）

浙江省长公署批第八十七号

原具禀人东阳军妇王郭氏

禀一件禀故夫王佩章前因从军殒躯请恩恤由

禀悉。该氏故夫前充陆军中士，因病身故，能否给恤，应呈请督军核办，仰即知照。此批。一月十四日

（原载《浙江公报》第一千七百三十八号，二一至二二页，批示）

浙江省长公署批第八十八号

原具呈人龙游叶贤珍等

　　呈一件呈警佐龚溥营私溺职乞迅赐撤惩由

禀悉。此案业经行查，应俟复到，再行核夺。此批。一月十四日

　　　　（原载《浙江公报》第一千七百三十八号，二二页，批示）

浙江省长公署批第八十八号

原具禀人义乌公民楼聿新等

　　禀一件禀明楼宝袋被诬为匪缘由叩请取销通缉原案由

禀悉。仰候令行高等检察厅、警务处，通令各属取消通缉可也。

此批。一月十四日

　　　　（原载《浙江公报》第一千七百三十八号，二二页，批示）

浙江省长公署批第八十九号

原具呈人王秀章、王龙山等

　　呈一件为违背约法侵害住居请履勘查究

　　莱盐被劫生计垂绝请查究返还由

呈悉。候行文两浙盐运使署查明核办可也。此批。一月十四日

　　　　（原载《浙江公报》第一千七百三十八号，二二页，批示）

浙江省长公署批第九十号

原具禀人瑞安苏祖益

　　禀一件禀泰顺蔡警佐纵警索捣请派员勘讯革究由

据禀如果属实，应径呈诉该管县知事兼警察所长核办。此批。一

月十四日

　　　　（原载《浙江公报》第一千七百三十八号，二二页，批示）

浙江省长公署批第九十一号

原具呈人吴兴孙兆梅等

呈一件呈约帮赶鸭踏伤豆麦请速令水陆警驱逐由

据呈,既呈县知事示禁有案,应径呈县核办可也。此批。一月十四日

（原载《浙江公报》第一千七百三十八号,二二至二三页,批示）

浙江省长公署批第九十二号

原具呈人胡永安

呈一件为姜鹤鸣抢买官产一案再求传审由

案经明白批示,率渎不理。此批。一月十五日

（原载《浙江公报》第一千七百三十八号,二三页,批示）

浙江省长公署批第九十三号

原具呈人鄞县冯丙然等

呈一件为官营产事务所擅买县议会房屋余地请销原案由

查此案前据该民等电呈到署,业经令行清理官产处饬查具复在案,应俟复到核办,仰即知照。附件姑存。此批。一月十五日

（原载《浙江公报》第一千七百三十八号,二三页,批示）

浙江省长公署批第九十四号

原具呈人张世友等

呈一件为历代垦佃官山请准予加价承买由

此项官山,既由该县呈准财政厅分别变卖,案经确定,所请着毋庸议。此批。一月十五日

（原载《浙江公报》第一千七百三十八号,二三页,批示）

浙江省长公署咨农商部

咨送刘长荫请采汤溪铅矿矿图保结矿床说明书等件由

浙江省长公署为咨行事。

案据矿商刘长荫及叶春林等呈称，"窃春林等前在浙江省金华道汤溪县南乡十六都梧亭庄银坑村银山地方勘有铅矿一座，矿苗颇旺，足供开采，于民国三年九月十二日设立启民铅矿公司①，由各股东公推春林为启民事务代表，筹集股款，从事开采。民国四年四月十五日呈奉农商部发给矿字第一百零二号采照，并奉浙江财政厅长注册开办在案。嗣因采凿经年，管理谭茗麟措理失当，资本告罄，经费为艰，四年年底停止工作，山主租金又积欠年余。事关矿务，势难久延。春林当即会集各股东公同议决，即邀长荫另筹资本继续开采，由春林等将所有采矿权一并让与于长荫，立有公同推让书为据凭。长荫变更名义，遵照《条例》呈请移转，此后办矿权责，均归长荫担任，启民公司前用款项业经长荫如数偿还。长荫遵即筹定酌款②，继续组织宝丰铅矿，先担任十万元为开办经费，一俟开有成效，即行添招股本，以资扩充。所有启民公司前领部颁矿字第一百零二号铅矿采照一张，一并随文缴销外，今长荫遵照《矿业条例》愿在该原领矿区一百九十一亩继承领办，用特送呈采矿权移转证明书并添具矿图及矿床说明书备文连署呈请钧长察核批示，准予立案，咨明农商部发给采矿执照，以资开探，实为公便。再，查《矿业条例施行细则》第三十七条第十款之规定，关于矿业呈请变更之呈文，因承继以外之原因而变更者，每一件银洋二十元，兹遵《条例》如数缴呈，合并声明"等情，并附采照矿

---

① 九月，底本脱，据农商部饬浙江财政厅第三二三号《填发启明公司叶春林请换汤溪县银山铅矿采照仰转饬承领由》，内有"该公司曾于上年九月禀称改举叶（下办）商接办"一语径补，见《农商公报》第一卷第十期，一九一五年，十九页。

② 酌款，疑为"的款"之误。

图、证明书、矿床说明书、呈请文及呈文费前来。当以"绘呈矿图面积及矿区境界线之方位尚有错误,批饬更正"去后。旋据该矿商刘长荫先后补呈履历、保结、更正矿图并缴注册费银一百元请准转咨给照等情。据此,照章分别审核无误,除批示并将呈文费银存署外,相应据情检同各附件及注册费银元备文咨送贵部请烦核办,见复施行。此咨

农商总长

计咨送采矿执照一纸、证明书一件、矿图四纸、矿床说明书一份、呈请文一件、清摺一扣、履历保结一纸、注册费银一百元。

浙江省长吕公望

中华民国六年一月十五日

(原载《浙江公报》第一千七百三十九号,一九一七年一月二十日,三至四页,咨)

浙江省长公署公布第十三号

公布省议会议决吴兴县立甲种商业学校及台属

县立椒江甲种商业学校补助费案由

省议会议决吴兴县立甲种商业学校及台属县立椒江甲种商业学校补助费案,兹照《省议会暂行法》第三十七条规定公布之。此令。

计抄原咨一件。

中华民国六年一月十五日

省长吕公望

附原咨

浙江省议会为咨行事。

案照本会选据吴兴甲种商业学校代理校长朱彦翀陈请书称,"窃吴兴甲种商业学校系吴兴中学校递嬗而成,民国成立时,沈校长毓麟创办吴兴中学校,该校经费惟以丝包捐为基本,年约

千元，又征收学费，亦约千元，除此两款收入外，并无别款收入。沈校长拮据经营，私行借垫，至三年终，已借款万余元，公私交瘁，莫为之计。后因改设商校，呈请前巡按使于吴兴抵补金特捐项下提拨补助，嗣经前巡按使核准饬县于抵补金特捐中年拨六分为商校常费，然以六分计，每年约可得四千余元，不敷尚巨。去年底沈校长因病辞职，经县知事再四慰留，另委敝校长暂行代理，俾资静养。敝校长于本年任事后，撙节开支，核订预算，每年支出至少九千余元，而收入实数，合丝捐、学费及抵补金特捐拨款统共六千余元，收支相抵，尚短少三千余元，屡向吴兴县知事请求补助，无奈县款项下均经拨定，无从设法，再四思维，只有陈请贵会援照宁波商业学校例，于省款拨补，俾敝校赖以存在，不致半途中辍，庶沈校长拮据经营、殷殷兴学之苦衷亦不虚掷。为此附呈预算，详加说明，务乞贵会迅予决议，准照宁波商校办法准拨省款补助，以资维持而宏造就"。

又，椒江甲种商业学校校长周文敬陈请书称，"窃维学校设立，原重基金，基金不足，端资补助。际此竞争商战之时，正当讲求商学之日，地方多立一商学校，即国家多养一商人材[1]，故教育部对于甲种实业学校在册报立案时，早定维持之方法也。敝校自元年改办以来，新筹渔团捐县税，旋奉取销，其时未停办者，赖整理网业捐以维持之。四年八月以来，置办实践室簿票、预备头班毕业，经济窘迫异常，其时未停办者，赖省款补助以维持之。五年度网业大亏，基本经费又复动摇，若非请增加省款补助以维目前，而停办之恐慌行将三见。查网业一款，原系集资营业抽赢缴捐，在敝校前办中学时，原年缴三千二百元；光复时网业倒闭，中学停办；二年重整网业，年缴二千元；三年议缴二千四百元，已

---

① 人材，底本作"人村"，形近致误，径改。

经呈报在案。敝校于五年三月以前，网捐尚按年照缴二千元，故其时奉届前巡按使核准年给省款补助费千元，已足开支；不料四年度下学期，网捐骤短缴六百元，计自四年八月起至五年七月底止仅缴千四百元，近因亭傍一带私网充斥，公所消网愈少，亏本愈多，每月仅缴五十元，亦难应付，非待重整改组，不能作为的款开支。此外，固有款五年度半年取入粉面捐、涂地税及学生缴费，合之省款补助，不过千零数十元，而预算支出本科二班半年须开支二千元，出入相抵，不敷甚巨，故不得不请求按年增加补助省款三千元，以维现状。此陈请增加补助之理由一。查敝校六年度须添设新班，而三年级须实践，置办银行实践室各式簿记、单票，种种需费预算岁出六千元，拟即以重整网捐二千元为添级增加之费，仍请按年增加补助省款三千元，以补足六年度岁入六千元之数。此陈请增加补助之理由二。查甲种商业学校修业期限预科一年、本科三年，是商校须逐年办齐四班，今敝校基本经费不足，而班级又未全齐，三年造册呈报教育部立案时，已订明援案补助省款以为维持之方法，案经届前巡按使核准于请求补助时呈明预算书由省核定在案。此陈请省款补助之理由三。查省款补助于甲种实业学校均多优待，如宁属甲种工业学校补助三千元、宁属甲种商业学校补助三千元。海门为台州商业总汇之区，设立商校既属适宜，规划商校应求久远。今旧案补助省款一千元已无济于阽危，惟援例补助省款三千元，庶维持于永久。此陈请增加省款补助之理由四。具此四理由，用特开呈五年度半年岁出预算书一份、六年度岁出预算书一份，陈请贵会察核，迅赐提前审查议决援照宁属甲种商业学校成案每年补助省款三千元，增加列入五年度一月至七月预算册，并编入六年度预算册，以维商学免致停办而垂永久"各等情到会。当经审查付议，佥谓该两校以经费不敷援例请求补助，原无不合，惟现值省款支绌之际，未便全如所请，□经公决，每校酌给省款补助经费银各一千元，相应咨行省长请烦查照公布施行，并列入六年度预算，实为公便。此咨

浙江省长吕

浙江省议会议长沈定一

中华民国六年一月六日

（原载《浙江公报》第一千七百三十九号，四至六页，公布）

浙江省长公署公布第十四号

省议会议决浙江省民国五年度岁出入预算案由

省议会议决浙江省民国五年度岁出入预算案，兹照《省议会暂行法》第三十七条规定公布之。此令。

中华民国六年一月十八日

省长吕公望

浙江省民国五年度省地方岁出预算议决案附刊误表（明日续登"表册"门）

（原载《浙江公报》第一千七百三十九号，六页，公布）

浙江省长公署委任令第二十三号

令委喻渐鸿为本公署书记由

令本公署司书喻渐鸿

查该司书服务以来异常勤奋，殊堪嘉许，应即升充书记，以示鼓励。委状附发。此令。

计发委状一道。

中华民国六年一月十六日

省长吕公望

（原载《浙江公报》第一千七百三十九号，七页，训令）

浙江省长公署训令第二百六十六号

令高检厅据平湖谢裴氏暨陆来芳先后电控
土豪朱佩山诬良为盗枪毙人命由

令高等检察厅长陶思曾

案据平湖县民妇谢裴氏等勘电呈,土豪朱佩山等诬良为盗,将伊子谢炳生非刑拷打捏词送县,又将乡民陆阿大私擅枪毙,乞查究等情。正在核办间,又据陆来芳齐电,以伊子陆阿大无故被朱佩山等深夜纠众登门枪毙移尸他处等语先后呈控到署。除原电业已分致不另抄发外,究竟实情如何,合行令仰该厅转饬该县迅行按照控情澈查明确,据实具复,以凭察夺。此令。

中华民国六年一月十五日

省长吕公望

（原载《浙江公报》第一千七百三十九号,七页,训令）

浙江省长公署训令第二百七十号

令警务处准内务部咨复警佐郭炳麟积劳病故
呈奉指令准如所拟给恤由

令警务处长夏超

五年十月二十三日准内务部咨开,"准贵省长咨陈,'省会警察厅属警佐郭炳麟积劳病故,拟请照章给恤'等因到部。当经本部据情转呈,于本年十月八日奉大总统指令,'呈悉。准如所拟给恤。此令'等因。奉此,除咨行财政部外,相应抄录原呈咨行贵省长,将该故员应得恤金照数发给,归入决算案内办理"等因。准此,查此案前据警政厅呈报当经核准咨转在案,准咨前因,除咨复暨分令财政厅外,合行照章填发恤金证书,令仰该厅令行省会警察厅转给该故员家属具领遵照。此令。

计发恤金证书一件。

中华民国六年一月十五日

省长吕公望

（原载《浙江公报》第一千七百三十九号，七至八页，训令）

浙江省长公署训令第二百七十一号

令外海水上警察厅迅将金春顺金顺祥

两船被劫案缉获解究由

令外海水上警察厅

案据木商会馆商人暨各木行增泰恒等禀木船新泰隆等被难情形暨善后办法，并附商船失单、照摹名片等件。又据另单禀称，"金春顺及金顺祥两船于阴历十月二十七日夜驶至东西柱洋面被劫，并掳去两船长，台、象接界，愈劫愈近"各等情，并据宁波旅沪同乡会函同前情。据此，查商船新泰隆等前在洋面被劫一案，前据商民杨源来并福州商船总会、上海南商会、宁波总商会先后电呈，当经电令该厅警备队第六区统带暨该管县知事合力侦缉，并电咨福建督军、省长饬属兜缉。旋据该厅电称，"仁利等九船在三盘洋面救回"。又据前警政厅呈报，警备队第四区侦获是案匪犯金永川即老八一名，并搜获匪械解县收讯情形，节经令饬上紧侦缉，务将是案余匪、原赃悉获解报各在案。据禀前情，除分别咨令暨函咨复外，合亟令仰该厅查照，迅即严饬所属侦缉赃盗，限期破获，一面并即联络水陆营警加意巡察保护，以靖洋面而安商旅。至金春顺、金顺祥两船被劫一案，并即一并饬属严缉务获解究，是为至要，仍将办理情形随时具报察核。再，原禀系声明分呈，不再抄发。此令。

中华民国六年一月十五日

省长吕公望

（原载《浙江公报》第一千七百三十九号，八至九页，训令）

浙江省长公署训令第二百八十三号

令各县知事准福建省长咨甲种农校职员
学生赴浙旅行请饬属保护由

令各县知事

案准福建省长咨开，"查省立甲种农业学校校长何缵呈称，'窃维修学旅行为实地练习之举，用以证明学理，可收事半功倍之效，裨益良多。兹查本省上游及江西、浙江两邻省农林蚕桑之状况甚足以资研究而广见闻，当此年假及寒假休业期间，带同学生旅行，尤觉与功课无甚妨碍。谨拟本月下旬，由校长偕同校员率领农学科本科、森林学科本科三年级学生前往旅行。惟学生等骤出游历，人地生疏，恐有诸多未便之处，恳即训令地方官吏于本校员生所过之区妥为保护，并咨请江西、浙江两省长饬属保护，以便旅行。除将参观所得及用款细数俟回校后另行呈报外，理合造具旅行计划表并经过地图及预拟参观事项等件，随文呈请察准施行'等情到署。除指令外，相应抄录该校参观事项咨请通令各属查照办理，实纫公谊"等因，并附钞件到署。除分行外，合亟照录钞件令仰该知事查照，俟该校校长教员率同学生旅行到县，妥为保护指导毋忽，切切。此令。（刊登《公报》，不另行文）

计附抄件。

中华民国六年一月十五日

省长吕公望

参观事项

甲　农业

各地之特产物；

各地之农法；

各地之土质；

各地之农村状态；

各地之家畜家禽种类及饲养、管理等法。

乙　林业

一、造林之部

各地之主要树种，地质、气候，林木生育之状况，造林法，森林抚育法，劳动者之状况及工资之贵贱，土地利用之状况，荒地与林地之比较，苗圃。

二、利用之部

伐木器具、伐术季节、伐术及造材方法，木材之运搬等，制炭事业，菰类制造事业，制纸工场，樟脑制造状况，漆业状况等。

三、保护之部

天然、人为动植物等受害之状况。

丙　蚕业

蚕桑之状况。

（原载《浙江公报》第一千七百三十九号，九至一〇页，训令）

浙江省长公署指令第三百八十七号

令高等审判厅长经家龄

呈一件呈送十月份诉讼月报表由

呈、表均悉。仰仍督饬庭员将未结各案赶速清厘，毋任积压。此令。表存。一月十一日

民庭推事分配暨办结案件表　民国五年十月分　　**浙江高等审判厅**

推事姓名	旧　受	新　收	总　数	已　结	未　结
民一庭审判长推事陈其权	三一	一五	四六	二	四四
推事瞿鸿畴	三一	二五	五六	一八	三八

推 事 姓 名	旧　受	新　收	总　数	已　结	未　结
推事斯　文	二二	二九	五一	三五	一六
民二庭审判长推事瞿曾泽	一三	一八	三一	八	二三
推事杨树猷	一八	三二	五○	二○	三○
推事陈　允	二二	三一	五三	一五	三八
计	一三七	一五○	二八七	九八	一八九
备　考	查民一庭审判长推事陈其权，本月份因代行厅长职务，故讯结案较少，合并声明。				

中华民国五年十二月二十七日

浙江高等审判厅长经家龄

统计主任员书记官沈秉衡

刑庭推事分配暨办结案件表　民国五年十月分　　　**浙江高等审判厅**

推 事 姓 名	旧　受	新　收	总　数	已　结	未　结
审判长推事沈　鸿	一二	六	一八	六	一二
推事钟洪声	一八	二三	四一	一四	二七
推事陈选庠	六	二五	三一	二二	九
推事沈敏树	一四	一三	二七	一二	一五
推事何嵩生	一一	一五	二六	二二	四
推事谢振采	一七	二四	四一	二○	二一
计	七八	一○六	一八四	九六	八八
备　考					

中华民国五年十二月二十七日

浙江高等审判厅长经家龄

统计主任员书记官沈秉衡

民事诉讼月报表　民国五年十月分　　浙江高等审判厅

案件	总数			已结						未结		
	旧受	新收	计	驳回	变更或撤销	由审判或其他处分	和解	其他	计	审理中	停止	计
控诉	五四	二七	八一	七	九		四	三	二三	五八		五八
上告	六九	八六	一五五	二二	一七			四	四三	一一二		一一二
抗告	一四	一五	二九	四	三			三	一〇	一九		一九
假扣押假处分												
其他之事件		二二	二二			二二			二二			
计	一三七	一五〇	二八七	三三	二九	二二	四	一〇	九八	一八九		一八九
检察官莅庭事件												九
备考	查本月分民事新收一百五十起，讯结新旧案件九十八起，实存一百八十七起，均在进行中，合并声明。											

中华民国五年十二月二十七日

浙江高等审判厅厅长经家龄

统计主任员书记官沈秉衡

刑事诉讼月报表　民国五年十月分　浙江高等审判厅

案件		总数 旧受	总数 新收	总数 计	已结 驳回	已结 变更或撤销	已结 核准	已结 覆审判决	已结 覆审决定	已结 更正	已结 由审判或其他处分	已结 其他	已结 计	未结 审理中	未结 停止	未结 计
控诉	刑法犯	五七	六〇	一一七	一三	四二							五五	六二		六二
控诉	特别法犯															
上告	刑法犯	一	三	四	一								一	三		三
上告	特别法犯															
抗告		九	四	一三	二	一							三	一〇		一〇
私诉																
覆判		三	二四	二七			一四		七	三			二四	三		三
其他之事件		八	一五	二三							一三		一三	一〇		一〇
计		七八	一〇六	一八四	一六	四三	一四		七	三	一三		九六	八八		八八

备考　查本月分刑事新收一百零六起,讯结新旧案件九十六起,实存未结八十六起,均在进行中,合并声明。

中华民国五年十二月二十七日

浙江高等审判厅厅长经家龄

统计主任员书记官沈秉衡

（原载《浙江公报》第一千七百三十九号,一二至一六页,指令）

浙江省长公署指令第五百八十五号

令平湖县知事

呈一件为条陈该县兴革事宜由

呈及清摺均悉。所陈各项兴革事宜，业经分别核明批答随令抄发，仰即遵照办理，并将遵办情形随时具报。其原摺内未经批厅核议各条暨本署批答，并即分别录报主管官厅查考。清摺五扣存。此令。

一月十三日

教育条陈批答

该县专任讲员既止一人，自应酌量添设；所拟裁撤之学务委员改充，亦属可行。惟所长一职，现在劝学所尚未成立，应仍另委，其增加经费如果原有宣讲费不敷开支，并应另筹，未便由县税小学费内支给，应将添委员数及薪公数目专案呈核。统一国民学校经费，自是正办，惟成绩之优劣系于办事之得人与否，未必与经费之多寡如正比。一校之开支，该县既知以教室为标准，则一教室内人数之多少，又不能为经费增减之依据。须知经常费用为必需之支出，与补助费性质迥殊，万难一律办理，应另改拟。至所称每教室岁费四百元，亦属太巨，并应切实酌减。

筹设模范国民学校，事属可行，唯校长照章由正教员兼任，其余各职事务无多，亦应由教员分任，毋庸专设，预算内职员薪膳应行删去。照拟设编制，全校设齐不过三级，教员应即以三人为限，将预算另拟送核。

该县通俗图书馆尚未成立，所拟照原有图书馆本息改拨筹办，尚无不合。惟罗学租田于元年呈准拨充宣讲经费在案，现在讲演所经费既尚不敷开支，未便改拨，应另行妥筹，并将该馆应报事项专案呈报察夺。至公众运动场系备一般人民运动之用，与学校联合运动会系属两事，来文并为一谈，未免误会，仰并知照。

实业条陈批答

讲演农事，广劝栽桑，开办蚕业传习所，均属要务，应即随时专案报核。至劝导栽桑事宜，查有本公署核定富阳县拟送《章程》，尚觉周妥，已登《浙江公报》，仰即参照仿办。

财政条陈批答

该县成熟田地虽较原额已达九成，而册载原荒及缺额无考者，尚有四百三十余顷，其间除乍浦一带荒山外，既无十顷、八顷之大段荒产，则所缺粮额显有隐熟作荒情弊，自应赶紧清查，期复旧额。察阅所拟办法，亦尚属可采。惟对于查出之荒芜田地及遇有隐熟作荒各户，于按户补粮外，如何分别处置，未据议及，应行拟议，专案呈夺。

警政条陈批答

该县拟陈增设警察分所及设立教练所各项，候令警务处核议令遵。

司法条陈批答

检察事务应照《审检所办事细则》第六条①，指定该公署固有各掾属中一人，于法定范围及内代该知事执行②，不得另请添设专员。赌博贻害地方极巨，自应严重查禁，所请由禁烟调查员兼行查访，尚无不可，惟应仍督饬该警所各吏员认真查缉，勿得稍有疏纵。所陈改良监狱各节是否可行，应候令饬高等检察厅核议具复候夺。

（原载《浙江公报》第一千七百三十九号，一六至一七页，指令）

---

① 细则，底本误作"细事"，径改。
② 及，疑为衍文或误字。

浙江省长公署指令第五百八十六号

令东阳县知事

呈一件为条陈该县兴革事宜由

呈及清摺均悉。所拟各项兴革事宜,业经分别核明批答随令抄发,仰即遵照办理,并将遵办情形具报。其原摺内未经批厅核议各条暨本署批答,并即分别录报主管官厅查考。清摺五扣存。此令。一月十三日

教育条陈批答

除甄别教员一节,现因检定小学教员已准部咨开报办理,应毋庸议外,其派员赴乡试验,据称代各校自行试验,语意殊不明了,是项试验祇能认为例外之举,于星期日酌量行之,藉以比较各校高下。至考查学生成绩举行毕业,仍须由各校自行办理,以符定章,应即分别规定,星期日尽可利用温课、讲演及运动作业等事项,毋庸用"限制放假"字样。至拨款之应调查,高小之应裁并,所称各种弊病颇为中肯,应即切实照行,其余各节并准照办,并将义务讲演团成立日期专案呈报备核,其编撰讲稿亦应随时呈候察核,仰即分别遵照。

实业条陈批答

该县地多荒山,自应设法调查,酌定期限,强迫造林。所拟规则,大致尚妥,应准试办。制茶挽伪,最碍销路,查禁取缔,诚不容缓。惟规定由警所派警逐件检查,徒滋骚扰,应另妥拟呈核。提倡固有工业,与其每区筹设土产运售所,不如劝导就地殷富绅商厚集资本,于县属交通便利处设一收买土产各项工作物场所,使制成之工作物有可销售,而外来商贾亦购办,则各项工作自能踊跃从事。煎熬饴糖,耗损粮食,诚属可惜,然营业户数

如许之多,其行销之广可见,该知事为民食起见,劝导改业,自无不可,若勒令停闭或禁止煎熬,均属过甚,应毋庸议。腿业江河日下,函由商会转饬腿商研究制造,防止劣货,冀以维持信用、销路,自是紧要。至抽费设所与否,应听腿商自由,代拟公所简章,更嫌越俎。振兴蚕桑,前民政厅曾经通令筹议办法,该县风气尚未大开,自应先从广劝栽桑及延聘蚕业专门人材、举办蚕业传习所、招生传习育蚕技术入手,俟栽桑既多、育蚕技术较广,再行谋设模范养蚕场,示以实利。且举办模范养蚕场,在示以经济的养蚕法,支出经费务须力求撙节,故但须购备必要器具、房屋,亦仅期适用。此外,购叶、雇工各费,不过暂垫数日,一俟丝茧售价收入,即可清偿,招股设厂,殊可不必。

财政条陈批答

该县前以巍山等乡距城窎远,应输粮赋不能赴柜投完,拟饬经征人员制串挨收等情具呈到署,即经令据财政厅核议指拨在案。今既于巍山、千祥二处各设分柜,并拟征缴粮银限日比较办法,均无不合,但须由县随时督案,勿稍怠忽。征收公费、经征员役薪工等项,皆取给于此,苟支配稍不公平,必取偿于粮户,弊端即由此而生,所拨取具收据以杜克扣之弊,不为无见,要在实事求是耳。经征人员需索陋规,致碍税收,恶习相沿,良堪痛恨,自应重申禁令,并认真查察,遇有不肖经征人擅向索费者,即严行革办,为惩一儆百之计。惟民间受买田产未经推收及先前有产无粮、有粮无产者,虽令各士绅传知,未必遽收成效,应一面按照《编审户粮办法》详细编审、设法挤查,一面按照财政厅通令《清查逃亡故绝各户产业办法》切实办理,庶得清厘既往,整理将来。至对于征办粮赋人员严定赏罚,但使在法定范围以内自可由县酌办。该县验契拟请略予展限,并将罚金一项分等征收各节,既据另呈财政厅,应候该厅核令遵行。据请于征粮柜上带售印花为整顿印花税起见，事尚可行，惟须督饬办事人员务宜和平劝导，不得稍涉压迫，是为至要。

警政条陈批答

抽收戏捐以扩张警额，事属可行，所拟规则是否妥协，候行警务处核办令遵。余如添设分所、附设补习所各节，均应专案呈候核夺。

司法条陈批答

第一项诬告反坐，《刑律》列有专章，遇有此种案件，自应依法严惩，以安良懦而儆不法。第二项所陈整顿缉捕办法，尚中肯綮，该县既行之有效，应即认真继续办理，毋得以空言塞责。第三、第四二项，均属目前切要之图，既称另案呈请核示，并应克期妥定办法，分案呈夺，不得延误，仰即遵照。

（原载《浙江公报》第一千七百三十九号，一七至一九页，指令）

浙江省长公署指令第五百八十七号

令宣平县知事

呈一件为条陈该县兴革事宜由

呈及清摺均悉。所陈各项兴革事宜，业经分别核明批答随令抄发，仰即遵照办理，并将遵办情形随时具报。其原摺内未经批厅核议各条暨本署批答，并即分别录报主管官厅查考。清摺一扣存。此令。

一月十三日

警政条陈批答

该县拟于曳岭地方增设分所，虽属保卫地方治安起见，惟经费为办事之母，必须妥适可行，方能持久。查所陈筹款方法内亩捐一项，人民是否允协，应俟将来县自治恢复后，提交议决，再行举办。铺捐一项，既有《店屋捐征收办法》，未便重征，致多纷扰。

至匪首黄桂芬田产,虽称该匪恃有田租可以啸聚,然究应没收与否,应依律办理,未便率准,仰另筹妥款,再行呈夺。

司法条陈批答

该县监狱既极窳败,自应急图改良,仰即妥筹的款,一面将应需工料核实估计、绘具图说专案呈由高等检察厅核明转呈本署核夺,毋得以空言塞责。借拨司法收入存款扩充工场,是否可行,应候令厅核明令遵具复,仍由该知事先就现设各科督饬认真整顿,俾收实效,并将所出成品每科检取一二件呈署备核。

教育条陈批答

国民学校仍须竭力筹设,毋得藉口无款,延误要政。余如所拟办理。

实业条陈批答

振兴实业,在利用地方之财,使之归于生产事业,非如别种公益动需耗费也。该知事于向归官办之习艺所、模范森林苗圃等,既毫无计画,而于民办事业又不加提倡,殊属玩忽,应限一个月内将该县实业应兴应革事宜另行详细计画,呈候核夺,毋再延误干咎,切切。

财政条陈批答

除弊务尽,该县关于财政事宜竟至一无弊窦,该知事果堪自信否?一邑之大,为国家殖税源,为人民谋利益,财政上应兴之事计画正多,岂必点金有术,始可言兴利耶?察阅所陈,显系空言搪塞,殊属非是,仰再悉心筹议,另呈核夺。

(原载《浙江公报》第一千七百三十九号,一九至二一页,指令)

浙江省长公署指令第五百八十八号

令安吉县知事

呈一件为条拟兴革事宜由

呈及清摺均悉。前知事所拟该县兴革事宜,业经分别核明批答随令抄发,仰该知事继续遵办,并将办理情形随时具报。其原摺内未经批厅核议各条暨本署批答,并即分别录报主管官厅查考。清摺五扣存。此令。一月十三日

教育条陈批答

除处置私塾,应仍俟颁布条例再行遵办外,所拟设立模范国民学校,应准照办。惟常年经费,应以级数为衡,不应以学生多寡为断。该校既以模范为名,经费并应力求节省,庶各校易于取法。现在本省国民学校经费大抵每年不过二三百元,据拟五百元限数尚须酌减。至征收学费本为部章所定,自可酌行,惟为数尚属有限,且将来义务教育一经实行,仍须一律免纳,另筹补充,应一面再督率各区设法妥筹,以规久远。设立通俗图书馆自系要图,但讲演本关重要,断不能将讲演经费移办该馆,如果办理无效,应即设法整顿,不应因噎废食。各小学校长于星期日兼行通俗讲演,自是讲演之一法,惟讲演专员仍须另设,用专责成。至通俗图书价值至廉,借地附设推广,本不甚难,应即另筹设立。其代运各校图书,既因该县未设书肆,为便利学务起见,应准照办。仰即分别遵照,仍将讲演所、通俗图书馆应报事项遵章分别专案呈核①。

实业条陈批答

该县造纸原料出产丰富,现既有益生厂从事改良造纸,自应悉心维护,以资提倡,一面仍设法劝导旧有各槽户合力仿办,期收实效。至劝导制车缫丝,于乡民利益关系尤巨,务应实力奉行,并就土法缫丝设法劝导改良,俾蚕业得以日臻发达。现在《修正茧行条例》业经公布,凡行用私秤及违例揽售等情事,尤宜

---

① 专案,底本衍作"专案案",径删。

严密查察，按例究办，以儆奸商而惠农民。

财政条陈批答

所陈印花税贴用宜普及一节，言之尚觉成理。惟吾国推行未久，审计院既以征之各国事实无兵役收据贴用印花之例，又以执行以来窒碍甚多，既经再三讨论而后决定，所请咨商之处应从缓议。私卖印花一节，前经内务部访闻，近有奸徒伪造印花，在上海一带每元可购二百余分，天津一带每元可购一百六十分等语，业已饬厅转知各属严查在案。该县所发现之印花既称查系上海贩来或由邻境购得，价格较减，难保非即系行使前项伪造之印花，应由该县查所此项印花实在价格①，与普通价格实减几何及其减售之原因，并详细辨识其票色花纹，与其正印花税票有无区别，如果确为伪造，应即不动声色，选派探警严密侦查，设法缉获，按律惩办。其缉获伪造之探警，即查照部咨酌量给奖。该县仍将查办情形克日具复，毋稍缓延。屠宰税本系转嫁食户，漏税自应处罚，未便遽议轻减，但须由县将部颁《屠宰税简章》饬警广为宣布，务使乡民周知，庶免因不知而受罚。征收烟酒牌照税及推收户粮手数料，办法均宜划一，所请收归公卖分局征收及酌定推收经费两端是否可行，候令财政厅核议具复察夺。

警政条陈批答

该县陈警政各条，候令警务处核议令遵。

司法条陈批答

所议各节尚属实情，仰候令饬高等两厅核饬遵照。

（原载《浙江公报》第一千七百三十九号，二一至二二页，指令）

---

① 所，底本如此，疑有误。

浙江省长公署指令第六百三十三号

令龙游县知事

　　　呈一件呈解第三年教育公报费由

　　查《教育公报》原定简章,系以十二册为一年,不以月计,部文本甚明了。该报虽自民国二年五月出版,而扣至五年年底,实已满足第三年之册数,所有报价、邮费自应按照原章逐年解足,来呈计算,殊属错误。除将缴到银七角二分三厘暂存外,所有第三年欠缴报费五角一分七厘,仰即克日补解本署,以凭汇转,毋再延误,切切。此令。一月十五日

　　（原载《浙江公报》第一千七百三十九号,二二至二三页,指令）

浙江省长公署指令第六百四十二号

令金华县知事

　　　呈一件为呈送该县平民习艺所成绩品请收核由

　　前据委员黄人俊查复该县习艺所情形,当经以该所规模宏大、成品精良,将该所所长蒋瑞麒酌记大功一次,由本公署填就记功状,令行该知事转给在案。兹阅所送成绩各品,确系俱有可观,应仰转令该所所长悉心研究,精益求精,是所厚望。成品暨清单并存。此令。一月十五日

　　（原载《浙江公报》第一千七百三十九号,二三页,指令）

浙江省长公署指令第六百四十三号

令杭县地方检察厅

　　　呈一件为复调验朱绍勋吸烟嫌疑由

　　呈悉。朱绍勋既据验明无瘾,应准分别销释,仰即知照。照片存。此令。一月十五日

　　（原载《浙江公报》第一千七百三十九号,二三页,指令）

浙江省长公署指令第六百四十四号

令天台县知事

呈一件为募建县署缕述理由拟具办法请核示由

据呈该县衙署房屋狭窄不敷办公，拟募捐添建，事属可行，惟究竟需款若干，应由该知事酌定必要之数，并造具建筑计划、图样、工料估计表及募捐章程呈报备查。至奖励一层，其在千元以下者，准由该知事酌拟请奖，毋庸援引《捐资兴学条例》，仰即知照。此令。一月十五日

（原载《浙江公报》第一千七百三十九号，二三页，指令）

浙江省长公署指令第六百五十七号

令孝丰县知事

呈一件为查复该县习艺所事项开摺请核由

呈、摺均悉。摺存。此令。一月十五日

　　孝丰县知事芮钧谨将平民习艺所应行查复事项，开摺呈请鉴核。

计开

一、房屋向为田母教堂，于前清宣统二年间因案充公，屋宇宽畅，尚有余地一亩可以添造房屋。

二、所长系自治委员洪焘兼任，不支薪津。

三、艺师鲁钟祥，曾充本地竹匠。

四、该所向无庶务、会计之名称。

五、该所成立之时，原有竹器、缝纫两科，于民国五年一月末日卒业者四名，旋因经费支绌，经林前知事饬令停办①，其毕业各徒皆由该艺师聘用以去，竹器科艺徒尚在学习期间。

---

① 林前知事，即林觐光，福建永定人，民国四年四月至民国五年一月任孝丰县知事。

六、竹器科所用原料系本地出产之毛竹。

七、所有制成物品均属就地出售,并无分消他处。

(原载《浙江公报》第一千七百三十九号,二三至二四页,指令)

浙江省长公署指令第六百八十号

令青田县知事

呈一件请续办因利局以恤灾黎由

查该县因利局基本金系动拨元年分水灾赈款,曾经报部在案,核与他县情形自有不同,应准免予停办,明示体恤。此令。一月十五日

附原呈

呈为据情转呈仰祈察核指遵事。

窃于本年十二月二十日准委员吕本端来署面称,"奉委调查旧处属各县平民习艺所暨因利局,并奉颁发表册各式及事项清单,于每一县会同知事切实调查,终了后即行分别据实填报候核"等因,当经知事会同委员驰赴县属平民习艺所暨因利局分别切实调查,并一面遵照奉颁调查关于因利局事项清单内开第五条,自委到之日起停止出贷,面令该因利局长即于是日遵照停贷。于调查终了返署后,正在分别填造表册暨事项清单,会衔呈报间,旋于同日据县属商民张玉明、徐程坤、留连楷、陈春令、蒋伯镕、魏更桂、王洪典、周亚珍、夏寿贵、傅林士、徐顺禄、周加保、陈君典、虞进良、张钱春、阮碌彬、叶学泮、陈进三、陈岩训、柳明庚等禀称,"为设局利民,万难中止,请求转呈续办,以示体恤事。窃青田地瘠民贫,甚于他邑,水灾以后,生计愈艰,被水灾民幸有赈济。又幸前知事与地方绅士顾念市面萧条,提存赈款伍千元,以为小本商人所抱注,因利而利,小商稍有生机。讵本日忽闻停办之风,民等不胜惶恐。果如所云,不独后来告贷无门,即年关

以内不知如何可以筹还,如何可以卒岁,实无法可措手足也。民思此款原系赈款,纵不设局利民,亦早照数赈民,化为乌有。况此局之设,于小商大有裨益,于公款毫无关碍,何忍半途而废,阻斯民之生路? 平不沐大发婆心①,转呈续办,恐年冬日迫一日,欲作逐贫之赋,无可逐也,欲作送穷之文,无可送也。为此据情佥请②,伏乞知事、委员电准俯顺舆情,转请续办,以示体恤"等情前来。知事复查县属僻处山乡,素称贫瘠,兼承民国元、三两年水灾以后,民间田庐、房铺多被漂压,元气迄今未复,其困苦艰难,实与各县情形有别。且查拨办因利局基本金一项,系前旅杭同乡会暨地方绅董商请拨留工赈余款,复与他县因利局全恃省拨专款开办者又复不同。该民等所称青邑贫瘠甚于他邑③,水灾以后生计愈艰,灾后余民幸赖工赈余款开办因利局,稍有生机,万难中止者,自系实情。矧现当年关在即,商民谋生较之寻常尤不易易,再四体察,若非转请继办,继续出贷,似不足以示体恤而惠灾黎。据禀前情,除批以"仰候据情转呈省长察核指令遵照,并面达委员暨将该局收支清册、事项清单分别按式填竣,连同平民习艺所表单,所长、艺师履历另案会衔呈报"外,理合据情转呈,仰祈省长俯赐指示,准予续办,以恤灾黎而苏民困,实为德便。谨呈。

(原载《浙江公报》第一千七百三十九号,二四至二五页,指令)

浙江省长公署批第九十四号

原具呈人永嘉周文石

呈一件为据呈与林子钦等控争涂地一案县复不合各情由

查此案现据该县知事呈复,并检送厉定有等所执涂改印谕在案。

---

① 平,疑衍。
② 佥请,底本误作"佥情",径改。
③ 青邑,底本误作"青色",径改。

据呈各情,候指令再行查复,并绘送各涂图说及照抄各户所有执照及婴堂租册静候核办可也。此批。一月十五日

（原载《浙江公报》第一千七百三十九号,二六页,批示）

浙江省长公署批第九十六号

原具呈人刘长荫

呈一件呈为送缴注册费及矿区税请转咨注册给照由

呈、摺均悉,应准转咨核复令遵。惟所缴矿区税按照该商请领矿区分别探采计算,尚短缴银九分,应即照数补缴,仰并知照。摺及注册费各银元均存。此批。一月十五日

（原载《浙江公报》第一千七百三十九号,二六页,批示）

浙江省长公署批第九十七号

原具呈人余姚罗文治等

呈一件为拟具业佃两方应守章程请核准由

呈、件均悉。此项《章程》关系业主、佃户双方权利,自应先由该两方会同妥议,如果众情允洽,且与前民政厅示谕原意毫无抵触,再行呈县核办,转呈本署察办。来件系出于该佃户等一面主张,未便率予照准。此批。《章程》发还。一月十五日

（原载《浙江公报》第一千七百三十九号,二六页,批示）

浙江省长公署批第九十八号

原具呈人永嘉县潘云卿

呈一件呈第八区烟酒监察员王镛

以私烧移祸一案请指定管辖由

呈悉。此案是否发交第二高等检察分厅审理,未据高等检察厅呈报有案。据呈各情,候令该厅查核依法办理可也。此批。一

月十五日

（原载《浙江公报》第一千七百三十九号，二六至二七页，批示）

浙江省长公署批第一百零一号

原具呈人乐清郑绍宽

呈一件为自治委员温知新视贿袒复由

呈、件均悉。查此案尚未据该县呈复，据粘送各件，应即径呈该县一并查明复夺。此批。件发还。一月十五日

（原载《浙江公报》第一千七百三十九号，二七页，批示）

浙江省长公署批第一百零二号

原具呈人乐清赵典筹等

呈一件为自治委员温知新欺官殃民由

呈及黏抄均悉。查此案已据郑绍宽控经令县查复在案，应候复到核办。此批。黏抄姑存。一月十五日

（原载《浙江公报》第一千七百三十九号，二七页，批示）

浙江省长公署批第一百零四号

原具禀人永嘉陈应石

禀一件警佐来肇荣纵警勒索率警捣毁
请先予撤任令解司法讯办由

据禀已向地方检察厅起诉，应即静候核办。此批。一月十五日

（原载《浙江公报》第一千七百三十九号，二七页，批示）

浙江省长公署批第一百零六号

原具呈人何光春

呈一件呈为呈送请探嵊县六洞口弗石矿矿图及呈文费由

呈悉。仰再备具矿图四份，并取具履历保结二份，一并呈候核

夺。矿图一份及呈文费银暂存。此批。一月十五日

（原载《浙江公报》第一千七百三十九号，二七页，批示）

浙江省长公署批第一百零七号

原具呈人何光春

呈一件呈为呈送请探新昌飞凤形弗石矿矿图并呈文费由

呈悉。仰再备具矿图四份，并取具履历保结二份，一并呈核。矿图一份及呈文费银暂存。此批。一月十五日

（原载《浙江公报》第一千七百三十九号，二八页，批示）

浙江省长公署批第一百零八号

原具呈人矿商胡承烈

呈二件呈为呈送请探余姚大厂山铜矿

矿图保结并续缴呈文费由

两呈均悉。察阅附呈矿图，其图中试探何项矿质暨大厂山之确实位置，以及矿区界线九号至十号之方位、丈尺，均未载明。所具履历保结，核与《审查矿商资格规则》第四条规定亦属不符。仰即遵批分别更正，再行呈候核夺。呈文费银暂存，矿图及履历保结均发还。此批。一月十五日

（原载《浙江公报》第一千七百三十九号，二八页，批示）

浙江省长公署批第一百零九号

原具呈人何光春

呈一件呈为呈送请探新昌五脚爿等处弗石矿图并呈文费由

呈悉。附呈矿图只有一分，仰再备具四分，并取具履历保结二分，一并呈候核夺。矿图及呈文费银暂存。此批。一月十五日

（原载《浙江公报》第一千七百三十九号，二八页，批示）

浙江省长公署训令第二百九十三号

令建德县据调查学务委员呈报该县学务情形由

令建德县知事

案据调查学务委员朱章宝呈称，"窃委员自分水学务调查完竣后，即便到建德调查，阅过第九师范讲习所、第九中学校及城乡之小学校十八所。查第九师范讲习所教授合法，训练有方，管理尤为认真。因星期日放假，学生出外，与第九中学校学生混杂，每易滋事，特将星期日之例假移于星期一。第九中学校，校长章毓兰与教员不相亲切，且对于该校长任内所招之一年级学生颇注意管教，而对于二、三、四年级各学生殊属轻视。各年级主要科目，有以一科分派数教员担任，甚至每人仅任一二小时者，且每以性质绝殊之学科，由一教员兼任者。该县知事夏曰璈，富有教育经验，曾召集教育行政会议，其议决事项为于本年十月间遣派六人到杭沪各处参观师范、小学等校，以采取其教管之良法及美意，与十一月间开小学联合运动会，以唤起各校之注意体育。该县县立高等小学校，校长王枚，资格颇合，管教热心。学生一、二、三年共三级，自习室及寝室皆分级处置，每自习室及寝室之两端各位，以教员二人分任管理，星期日由教职员率学生至郊外旅行，实地训练。县立女子高等小学校，设有师范讲习生一班，校长郑佩在职有年，始终不倦；国文教员郑书阶年长学深，教授甚力。建北高等小学校，历届毕业生升入各处学校者，成绩颇著，校长王贯三热心任事。建西高等小学校，校长王树槐，曾往杭沪参观学校，颇能悉心擘画，学生成绩优著，程序亦颇整齐。城南国民学校，管教得法，四年级作文以二字命题，体例甚妥，学生讲解亦尚明晰。所有建德县教育状况，除列表报告外，理合呈祈察核"等情，并附报告书到署。除将第九中学校长免职外，合将报告书抄发该知事阅看，仰即分别查照改良进行，切切。此令。

计抄发报告书一件。

中华民国六年一月十六日

省长吕公望

建德县一般状况

一、地势。建德县疆域纵横各百三十里,全境山岭盘结,北乡山最多,西乡平原较大。新安江斜贯东西,流至县城南,东阳江自东来会,又东北流至七里泷地方。两岸山脉逼紧,水面甚窄,一遇山水暴发,衢、婺、歙三港之水建瓴而下,悉聚城南,雉堞为之淹没,故建德城厢不便于开工厂及行栈。新安江上通淳安,下达桐庐,东阳江上通兰溪,沿江商埠以在县城东五里之东关及县城西四十里之洋溪为最盛。境内之田土壤多肥沃,年可种三熟。

二、人口。全县人口总数九万四千五百余人,南乡占最多数,西乡次之,北乡、东乡又次之,城厢为最少。且以上之数约三分之二为别地移入之客民。

三、风俗。本地人民不甚勤动,因洪杨时百姓被芸锄者过多①,其产业多兼并于存留之少数人,故不难食税衣租,遂以酿成今日得过且过之习惯。然服从法律之性质,亦较他处为优。若各处移入之客民,其性质之驯野,每与年岁之丰歉为转移,大抵乐岁则驯良易治,一遇凶年则不免流为暴徒也。

四、物产。物产以茶叶为大宗,每年产额约值洋五六十万元。米则仅足自给,且山间细民尚多以玉蜀黍及番薯当粮。蚕桑近虽由官厅提倡栽养,亦不见发达,因建德地方农事颇早,养蚕时节却已莳秧,且其时制茶亦最忙碌,人工相选,故不能收美满之效果也。

---

① 洪杨,底本误作"洪阳",径改。

五、职业。百姓多从事于农业,工多来自东阳,商多来自徽州、绍兴,本地人之管工商业者寥寥无几。妇女亦多补助农夫,任场圃中之一部分农事,若纺纱、治丝,则殊罕见。

六、地方自治。自治区域分为八区:在城一区,曰城区;东乡一区,曰泰明;南乡二区,曰亲睦、曰仁善;西乡二区,曰龙山、曰光华;北乡二区,曰芝川、曰仁行。若所办之自治事宜,则无甚出色,因一般居民皆缺乏自动能力也。近由知事夏曰墩组织政治会议,以各区之自治委员为会员,每月开会一次,以其月之一日为会期,讨论自治范围内应行之事。

建德县教育状况

一、教育行政

县公署未设教育科,教育行政事项由第一科兼任。县视学一人,下乡视察学校之外,在县署助理教育事务。每年召集各校教职员开教育行政会议二次,议决地方教育应兴应革事宜。县税小学费悉依规程分配,并无以成绩之优劣分别奖励之办法,惟各学区应得补助费中均有余存数,以备该区兴办学校之用,故各区国民学校开办时尚无十分困难情形。

二、教育经费

县教育费约洋七千六百元,除拨付县立学校特定补助费及第九联合师范讲习所费并县视学薪俸外,均按期补助城镇乡各学校,分给新办学校之开办费。

城镇乡教育费以土产特捐为大宗,每年约洋一千二百元之则,由各区学校自行收支,每年支出不敷之款多由校长、学董设法筹垫。

三、学校教育

(一)学校。现在学校总数七十四所,内有县立高等小学校一所,县立女子高等小学校兼女子国民学校一所,区立高等小学校四所。

（二）教职员。现在全县教职员总数二百二十人。校长多不谙教育,专任筹款事宜。教员资格中学毕业者约得百分之五,高等小学毕业者百分之十六,其他学校毕业者百分之四十五,未入校者百分之三十四。除县立区立各高等小学外,教员程度合格者颇少。

（三）学生。现在全县各校学生总数一千九百二十二人。国民学校学生成绩无甚足观,讲解亦殊欠明晰。

（四）教授。国民学校教授科目多未能完备,如手工、图画、体操诸科,多付缺如,即国文一科,教授亦多不合法。县立、区立高等小学,间有编教案者,然讲授时仍未能实行教案。

（五）训练。除县立高等小学一所外,对于训练方法,多未能研究。

（六）设备。全县学校校舍,除区立高等小学有一二处新建教室外,多系借用庙宇、祠宇旧屋,校内各种器具,亦多未能完备。

（七）校风。学生尚朴素,对于师长颇能服从,但少活泼精神。

建德县教育界多注重高等小学校,其国民学校师资甚为缺乏,故其成绩殊不足观。本年秋季由教育行政会议议决,曾遣派在职教职员六人,往杭沪等地参观师范、小学各校。该六人参观归来①,颇有心得。现已将其日记编印分送各校,以资参考。又本年十月三日,曾开全县小学联合运动会一次,收效颇著。闻去年曾开全县小学成绩品展览会一次,惟其实际尚无甚效果。

---

① 来,底本误作"未",径改。

四、社会教育

讲演员一人，出发讲演之时颇少。

五、教育会

因会员散漫，经费无着，故开会无定期，进行事项亦殊少。

（原载《浙江公报》第一千七百四十号，一九一七年一月二十一日，三至六页，训令）

浙江省长公署指令第六百七十一号

令瑞安县知事

呈一件为呈请通令各县习艺所收受贫儿院教养期满院儿由

查《贫儿院章程》第十条规定，除各项科目外，得就院儿心性，授以应用农工各艺术等语。是该院长对于院儿学科，如果办理得法，安有既已期满，仍无谋生之处？所请未便准行。此令。一月十五日

（原载《浙江公报》第一千七百四十号，七页，指令）

浙江省长公署指令第六百八十五号

令永嘉县知事

呈一件为据呈查复厉定有与周文石争涂一案附送印谕由

呈、件均悉。查此案前判缴价收割之涂草，既系指各佃按照归管以外涂地所有之草，自应先从勘丈涂界、核对执照入手。乃余涂亩分尚未丈明，率将涂草定价归缴，其后缴价收割者，又即控争之厉定有办理，殊欠妥善。又查前据周文石抄呈该知事四年十月十一月厉定有等迭禀批示，一则谓察阅黏呈各据，悉系将东指西，影射情弊显然；一则谓察阅所呈执照，悉系影射混争；此次又据原断，但凭执照，何以先后两歧？且现据周文石续呈内称，"窃民上年十月一号领证承垦挂彩村前，及开垟涂后两处沙涂，遭林子钦、厉定有以邻地梅园、老虎影之谕单影射混争，朦禀前巡按使批县查复，民不服判词，提起诉愿。

沐民政厅批示,令查林子钦一百二十亩坎界,并呈验林子钦涂地执照在案。今民照案呈催,县知事始行详复。第思此案之是非,以林子钦涂有无坎界及执照内有无填注开垟新涂,并开垟涂后字样为断。查此次县知事详复,一不遵省令呈验林子钦涂地执照,二不勘明指定林子钦涂地界坎,串弊显然。原判所谓林子钦报升开垟新涂一百二十亩(新涂在坎外低处),此次详谓林子钦执照填注在开垟地方(地方在坎内高处);原判所谓林子钦涂地一百二十亩,此次复谓林子钦公涂一百七十四亩;原判所谓涂草充公,何人缴价在先,准归何人收割,此次复谓厉定有当堂认缴(堂讯在前,送达判词在后;堂讯在六月,草熟在九月),前后互异,试问根据何在?若以公涂、税涂为开垟新老涂之别,应先丈明税涂若干亩分,吊送验管业,证据方足,以昭公允。而何以详复并无税涂、公涂执证呈验,仅送厉定有、胡远通梅园、老虎影两处承垦谕单,以为抵塞?讵知梅园、老虎影各有其地,亦各有其涂,界限分明,民已绘图呈电在案,其有意藉此朦混,倒置是非,已可概见。惟此案之争点在挂彩村前及开垟涂后,详内既谓挂彩并无执照,而挂彩之涂应归民领垦。又谓开垟新旧涂有界分别,并谓林子钦执照内填注坐落开垟地方,既曰'地方',则必成地多年,高阜之处,而'地方'之外,低洼新涨之涂,并无新涂报案在先,应归民领垦,何得谓民所朦报,殊非无因。又查林子钦初禀自认所管之涂,系光绪二十八年厉定有召变案内所分拍,厉定有谕单内既载明在梅园、老虎影两处,则开垟后涂不在其内,已可明证。且林子钦所缴开垟地方执照三十一纸,共有百余亩,钦自己名下仅坐八亩零,其余百余亩有几十户花名,均系陆续借来移抵,并非一时检出缴验,其以开垟地方宣统元年所加给之执照借抵,已无疑义。总之,此案民领证承垦手续完备,在上年十月一号省饬缓垦以前,应不受溯及之拘束。今县公署派委叶寿桐查复,乃桐妄将该涂划归钦、有所管,缩少弓口亩数,仅剩三百余亩,与县知事判决不符,又与上年委员程宗洛勘复亩数大相歧异(程宗洛现在温属沙地特派员),显系串通舞弊,为钦、有另生去路。况民领垦该涂拦护、扦竹,建筑塘坎,费用工程资本在千余元以上。本年所种涂草悉被厉定有割去,民承垦权利尽遭损害,务恳钧恩俯准民请求迅赐决定,恢复民之承垦权利,以杜混争。为此再叩察核准行"等语到署。应由该知事再将呈内所指各节逐一明白声复,并将各涂亩分、界址、形势详绘总图,附加说明,照抄各户所有执照及婴堂租册,一并呈候核办,仰即遵照。附件暂存。此令。一月十五日

（原载《浙江公报》第一千七百四十号,七至八页,指令）

浙江省长公署指令第六百九十一号

令诸暨、萧山县知事

呈一件萧山吴芝轩报明行劫义桥济泰当案
内盗犯匿居地点请速饬拿办由

呈悉。仰诸暨、萧山两县侦查明确,上紧兜拿,务获究报。此令。呈抄发。一月十五日

（原载《浙江公报》第一千七百四十号,八至九页,指令）

浙江省长公署指令第六百九十九号

令泰顺县知事

呈一件呈改造刘秉彝潘伍捐资兴学表册请察核由

呈、册均悉。除刘秉彝遗嘱捐资数在二千元以上,应咨请教育部核奖外,潘伍一员,应准奖给银色一等褒章,填明执照,随文附发,仰即查照转给可也。此令。一月十五日

附发褒章一座、执照一照①。

（原载《浙江公报》第一千七百四十号,九页,指令）

---

① 一照,据公文前例,疑为"一纸"之误。

浙江省长公署指令第七百号

令省立第六中学校校长

　　呈一件呈疾病侵寻难胜校务请遴员接替由

　　呈悉。查该校长接办校务以来，颇能悉心整顿，日见起色，未便遽易生手。据称近患疾病，应予给假十天，仰即静心调摄，冀速就痊。所请辞职，应毋庸议。此令。一月十五日

　　　　　　（原载《浙江公报》第一千七百四十号，九页，指令）

浙江省长公署指令第七百零四号

令分水县知事

　　呈一件送劝学所所长及劝学员履历

　　　　并请书记由劝学员兼任由

　　呈、摺均悉。应准分别委任备案。所请书记由劝学员兼任，并暂照准。仰即知照，并将发去任命状转令祗领。摺存。此令。一月十五日

　　计发去任命状一纸。

　　　　　　（原载《浙江公报》第一千七百四十号，九页，指令）

浙江省长公署指令第七百二十六号

令松阳县知事

　　呈一件呈拟兴革事宜由

　　呈及附件均悉。所陈各项兴革事宜，业经分别核明批答，随令抄发，仰即遵照办理，并将遵办情形随时具报。其原摺内未经批厅核议各条，暨本署批答，并即录报主管官厅查考。附件存。此令。一月十五日

　　　实业条陈批答

　　　所陈应兴各项，均系通饬办理之件；应革一节，亦早规定于

《森林法》中，与该知事计画无关。可见该知事于县中实业事件，毫不关心，应即特予申斥，并速切实计画，另呈候核。

教育条陈批答

推广学校，设立公众运动场，举行教育行政会议，以及露天学校、劝学所等事，早经通饬办理，毋庸列入条陈。甄别校长及清理经费二事，应另订细章，呈候核办。余如所拟办理。

财政条陈批答

该县已垦荒山荒地及以地垦辟成田者，多未升科，房屋基地，亦不纳税，殊非慎重国赋之道。惟清丈既未能即时兴办，应由县认真编审户粮，设法挤查，并按照财政厅通令《清查逃亡故绝各户产业办法》切实遵行。印花税一项，前奉部咨照旧办理，已令厅通行在案，应遵照前令办理。验契一项，该县年内收数既已预算，即应设法催验，毋任匿漏。自治附捐既奉前巡按使批准有案，应准继续办理，仍俟自治恢复后，交由该县议会议决用途，呈报察夺。地丁抵补金，经征人员浮收舞弊在所难免，该县总、分各柜，虽设有监算人员，国税丝毫为重，仍应随时认真督察，倘有弊混情事，即予按律严办，毋稍疏纵。屠宰税一项，为中央颁行之件，未便遽议减免，农家蓄养耕牛，但使自己不愿售卖，屠贩何能相强，若虑盗宰之风因之而起，则须督饬警察查照《宰卖牛只取缔章程》办理，仰即遵照。

警政条陈批答

探警、路灯，均属警察应办之事，自应照行。惟据称二项经费，均拟于违警罚金项下支销。该县此项罚金月入应有多少，无论何项开支，皆欲于此取偿，易滋滥罚之弊。现在人民之于警察未能十分信任，遽加滥罚，恶感尤易发生。故办理违警事件，自应审慎从事，断不可因警费支绌，遂藉罚金为注抧也。上述二项经费，应即另筹的款支给，如再不敷，准由违警罚金项下弥补。

消防经费，应照《修正各县消防队规则》第十七条办理，所请应毋庸议。综核所陈各条，均系随题敷衍，已无计画之可言。至谓该县警察无应革事项，尤为敷衍。

司法条陈批答

设警视线，以清盗源，取缔山户、船户，以杜奸宄，均可照办。经费就司法收入项下开支，亦即照准。审检所，该县现已成立，所拟办法应归入组织案内，另文呈报。监狱工场及教养局，系早应设立之举，断不能因经费支绌，置而不办，应即妥筹指定，即行另文呈报办理。至拟革各条，除第七、第八二条，应令厅及交涉署分别核复饬遵外，余均当然禁革，有犯必惩。

（原载《浙江公报》第一千七百四十号，九至一一页，指令）

浙江省长公署指令第七百二十七号

令开化县知事

呈一件为条陈该县兴革事宜由

呈及清摺均悉。所拟各项兴革事宜，业经分别核明批答，随令抄发，仰即遵照办理，并将遵办情形随时具报。其原摺暨本署批答，并即分别录报主管官厅查考。清册五扣存。此令。一月十五日

财政条陈批答

该县鳞册毁失，历年实征粮赋缺额颇巨，亟应认真编审户粮，设法挤查，并按照财政厅前订《清查逃亡故绝各户产业办法》切实办理。经征员携串前往各处征收，流弊滋大，未便准行，仍须酌量情形，设立分柜，经征员欠款不缴，尽可由县严定赏罚规则，以示劝惩。验契处附设于推收所之内及所拟催验方法，尚无不合，仰即随时督责，积极进行为要。

教育条陈批答

财力不充，师资缺乏，自是办学者之通病。该县既有无主寺

产及排捐原款,应即查照《管理寺庙条例》及前清原案,分别妥为处分清厘,毋任私人把持。年暑假教员研究会,早经前按署通饬办理,自应一体切实举行。高小校添设英文经费,由该知事捐薪弥补,具见热心,良堪嘉许。至私塾一项,应仍候颁布条例遵行,以归划一。

警政条陈批答

办理尚属认真,仰仍实力进行,俾保治安。

司法条陈批答

据呈兴革各节,满纸空言,并无实在事实,殊属疏玩,仰再遵照前令切实计议,另行条陈备核。

实业条陈批答

造林收效虽远,获利甚巨。该县既多山地,运输尚便,提倡保护,自属要务。桑为饲蚕原料,设法推广,更不容缓。查有本公署核定富阳县拟送《章程》,尚觉周妥,兹随文检发一份,以备参照仿办。其余茶叶、靛青两项,该县既均有出产,茶叶并兼销外国,自应一并设法振兴,劝导种植。

民政条陈批答

竹木为该县大宗之出产,该知事拟于该县平民习艺所中添设木工一科,自可照行,倘碍于经费,一时不能举办,准其将所中洋铁一科审机裁除,俾资把注。惟聘请艺师,应以能造新式器具为限,以期改良,仰即遵办具报。

（原载《浙江公报》第一千七百四十号,一一至一二页,指令）

浙江省长公署指令第七百二十八号

令建德县知事

呈一件为条陈该县兴革事宜由

呈及清摺均悉。所拟各项兴革事宜,业经分别核明批答,随令抄

发，仰即遵照办理，并将遵办情形随时具报。其摺暨本署批答，并即分别录报主管官厅查考。清摺一扣存。此令。一月十五日

教育条陈批答

单级教授，必经实地练习，方有心得。据陈设会研究用通函教授之法，恐徒费无益，未便准行。余如所拟办理。

实业条陈批答

该县多山，农林自须提倡。惟所陈多属空言，究于事实无补，着将奖励制茶办法、改良制靛计画，以及逐年造林之次序，详细拟议，另呈候核。

财政条陈批答

该县验契事项，在未截止以前，仍应认真劝验，不能以未验者已居少数，遂可放任，致失公允。印花税一项，前准部咨，照旧办理，已令厅通行在案，应即遵办。烟酒、牌照、屠宰及牙当等税，均系国家收入，自须由该县督饬调查，毋任弊混。关于田赋一节，清丈既未克即时举行，而该县自办理编审后，选查出原荒复额银一千七百余两，可见编审户粮，实与清厘田赋关系密切，果能循是不怠，递年编审，何患不能恢复额征？且于将来办理清丈，亦资助力。仰仍督饬经征人员随时挤查，慎勿始勤终懈。至积谷为备荒要政，尤宜极力整顿，以薪补足原额，并仰切实进行为要。

警政条陈批答

该县现令在城警察划定地段，分班巡逻，并每日操练一次。乡镇警察随时稽查，并于两个月后调驻半数，杜渐防微①，办法尚妥，应予备案，并录报警务处查考。至拟添警额一节，应俟另文呈候核办。

---

① 防微，底本误作"防徵"，径改。

司法条陈批答

监狱工场既称设法扩充，应即切实计画，另呈候核，毋徒以空言塞责。余如拟办理。

（原载《浙江公报》第一千七百四十号，一二至一四页，指令）

浙江省长公署指令第七百二十九号

令诸暨县知事

呈一件呈拟该县兴革事宜由

呈及清摺均悉。所拟各项兴革事宜，业经分别核明批答，随令抄发，仰即遵照办理，并将遵办情形随时具报。其原摺暨本署批答，并即分别录报主管官厅查考。清摺五扣存。此令。一月十五日

财政条批答

该邑钱粮由经征人携串往收，人民并不赴柜投完，是项办法虽相沿已久，但根串分离，流弊滋大，应即妥议革除。若求人民便利起见，自可酌设分柜，一面仍设法劝导，总以养成人民赴柜投完之习惯为是。抵补金与地丁并串征收，本非正办，所称自明年上忙起，改为分串并证，应即按额厘剔清楚，专案具报。契税一项，民间匿不投税者，所在多有，虽经挤查，岂能净尽？且印契为人民产权之证据，仍应设法劝验，勿稍膜视。域乡催收生，实缘庄书之旧，人民产业卖买，往往以推收为移转，不但验契正税多受影响，倘有舞弊，于人民私权亦有关系，并应一律裁革，将催收生原管户册提归县署，遵章办理推收，仰即分别拟议妥善办法，呈报财政厅核明转呈察夺。至牙帖、烟酒、牌照、警捐、房屋、屠宰各税，并仰切实整顿，认真办理。

司法条陈批答

第一、第二两项，既据分别从严革惩，办理自无不合，仰仍认

真随时纠察,毋任日久既生①。第三项监狱工场,据称于四年八月开办,究竟内设几科,每日工作及教授时间若干,作工囚徒共有几名,自开办以来,究有余利若干,仰即查明据实具报,并将工场出品,每科检取一二件,呈备查核。余如所拟办理。

民政条陈批答

查借名办学罔利营私,此种恶习最堪痛恨。该县学界既多此弊,该知事意图整顿,诚为切要。惟须实事求是,毋徒托诸空言。至设立女学校与半日学校,查已呈准前民政厅令将简章、预算表续送,应仍遵照办理。

警政条陈批答

据称变更管辖区域,分配名额,事属可行,应即照办,并专案呈报。查考各县消防队规则,现经省议会议决,由本署公布施行,仰即遵照办理。至取缔食物,原系为郑重卫生行政起见,惟办理不善,易涉苛扰,务须饬警妥慎从事,是为至要。余均如拟办理。

(原载《浙江公报》第一千七百四十号,一四至一五页,指令)

浙江省长公署指令第七百四十号

令旧温属水产讲习会

呈一件为送渔业调查报告书由

呈悉。报告书存查。此令。一月十五日

旧温属渔业调查报告书
第一章　玉环县之渔业

玉环县所属之地多系海岛,居民概恃渔业为生活,故以旧温属而论,玉环县之渔业最为发达。

---

① 既生,底本如此。

第一节　小叠村之渔业

小叠村之居民约有一百五十户,或捕捞,或贩卖,无不恃渔业为生,该处之渔业以网具为主。

一、网具之构造及使用法。小叠村所用之网具,土名大网,形如喇叭,用本地麻丝编成(麻丝一百斤需洋十六元)。该网之大,由网口至末端,长约四十寻,网口径约十六寻,末端口径约四尺,其网目(即网孔也)之大,在口部约四十,渐次缩小至末端只三分余。该网具浮子(土名漂子)、沉子(土名坠石)皆不用,惟以径约一寸之麻绳二条,连缚于网口边缘,以防损坏,且将网制成以后,用栲皮(栲皮产于锡兰,一百斤需洋三元五角)煮汤,染过三次,晒干以后,方克使用。此种网该处约有二百余具,渔民云目下新制一具,约需洋八十元,若用心染晒保存,可使用五年。

此网之使用法。以一只渔船载网三具,乘渔夫三人,中有渔监一人(土名老大)。全船渔夫听其指挥,于天气平稳之时,将船放至渔场,先以长约五丈之竹二株,分建于海中(此竹建于海中距离约四丈)。再以长约三丈、径约三寸之竹二株,贯缚于网口两边之环中(制成之网即于网口四角备制有坚牢绳环四枚),然后用径约二寸、长约四丈之□绳四条,将每绳之一端固缚于网口之竹端,其藁绳之他端,合二条固结。于建设海中之竹,并将网之末端用绳束缚之。如此将网投设于海上。网口向潮流而开张,所有随潮游泳之鱼类,即流入于网中。渔船则碇泊于其旁,以监视之。待至潮平,将网拽至船边,以捕获网中之鱼类。一昼夜四潮水,即起网收获鱼类四次也。

二、接货情形。上述之渔船、渔夫等险、天气险悉外,日夜在渔场,从事捕获。捕得之鱼装入桶内,以待接货船之来。其接货船系中国式者,或二三份渔户用一只,或五六份渔户用一只,每日由陆岸往来渔场二次,黎明一次,下午三四句钟一次。若在秋季渔业盛时,夜间亦必须至渔场接一次货也。接货船将粮食、薪水、空桶等送至渔场,以供应用,再取鱼类等物,运往陆岸。但将至陆岸时吹起竹筒,以示村中货已接来。于是渔户以及居民之男女老幼大小群相携篮抬筐,赴海岸以待。其渔户待船到时,即检察可卖之鱼类,立即卖去,其不易卖者,用水洗净晒干,以备输送至市场。其居待船到货来时,有买去食用者,亦有买去贩卖者,颇极一时之盛。若在夜间,则各持灯光,尤形热闹。

谨按,该处渔业之情形,类似欧洲北海之渔业,但欧洲北海之渔业,均用汽船,故渔场甚远,获利颇多也。而小叠村之渔场,只离岸四五里,若再远,则接货不便,更难得利。是故改良扩充,宜备一最速率之石油发动机船(汽船虽好,资本过多),以备为渔船队之运送。当渔船队从事捕获之际,该船往来运送所需之品及搬运每次所捕之鱼,如此则渔船可随便选择良好渔场,以收渔利。此乃捕渔业发达之一端也①。至其渔船上应备起网拉绳之辘轳,以便起网迅速,而省人力,以及宜改用机器编网等,尤为最要之事也。

三、渔船。小叠村之渔船有二种,一系在海中捕鱼之船,一系接货之船。其捕鱼船长约三丈,幅约六尺;接货船长约四丈,幅约七尺五寸,均属中国式者。所用之帆,分布与蒲席二种也。

四、水产物之种类及制造法。小叠村之出产,以黄鱼、白鱼、鲳鱼、鳗鱼、鱲鱼、小带鱼、海蜇、水屛、羊鱼、比目鱼、虾、蟹等类为大宗,就中以虾、蟹为最多,制造法以干制与盐藏为最发达。

五、渔期。小叠村之渔期,通年皆从事捕获,春夏二季以捕获白鱼、黄鱼为主,夏末及秋间以捕获小带鱼及虾、蟹等为主,冬季以捕获带鱼为主,就中以阴历七八月间渔业最盛,获利最多。

---

① 捕渔,底本误作"辅渔",径改。

六、本年渔业之状况。渔民云,近年来渔业均不丰收,惟本年阴历七月间,颇为得利。

七、产量。渔民云一只渔船一年约有三百元之产额。

八、气候与渔业之关系。小叠村夏季以南风为最多,苟此风一起,渔业即形损失,冬季风雨若少,渔业可期得利。本冬季风雨较少,渔业之丰收可预期也。

第二节　大脉屿之渔业

大脉屿系一海岛之地,居民概恃渔业为生活,其渔业以网具为主。

一、网具之构造及使用法。大脉屿所用之网具,土名鹰捕,形如喇叭,用麻丝编成,由网口至末端,长约十寻,网口幅约四寻。此种网具之形状、构造与上述小叠村之大网,无甚差别,不过比大网略小耳。此种网该处约有二百具。

此网之使用法。以长约二丈、径约三寸之竹四株,缚成口字形之竹架,再以径约二寸、长约三丈之槁绳四条,每条一端缚于竹架之一角,再将四绳之他端合缚于木杭(此木杭系先椎入海中者),然后用绳将网口固缚于竹架上,并将网之末口缚住。如此将网建设停当,网口在海中向潮流而开张,所有随潮游泳之鱼类即流入于网中,而不能出。待至潮平,即将网扬起,取出鱼类,然后仍照前法,建于海中。但使用此种网时,大概有渔船十数只,每船载网三四具,在海面犬牙相错,将网建设于海中,宛如城垣。故鱼类顺流一至,可以全部捕获。

二、本年渔业之状况。大脉屿本年之渔业可谓丰收,阴历七月间,一昼夜四潮水,起网收获鱼类四次,均能满载,大概一只船可得利二百元左右。

大脉屿所有水产物之种类制造方法以及渔船渔期等,概与小叠村相同,该处妇女多恃手工捻丝编网为生活。

第三节　坎门之渔业

坎门之渔业，以延绳钓具钓获带鱼者为最多，所谓冬钓者是也（该处钓具之构造使用法等已于上年十月十四日详送前巡按使署《渔业调查报告书》中第一章第一节报明）。惟该处渔期以阴历十月至翌年正月为最盛，此期间若天气佳良，渔业定然丰收。本冬季天气尚佳，冬钓可期得利，渔民莫不喜形于色。

第四节　犁头嘴之渔业

犁头嘴之渔业有二种①，一则于春夏二季，用旋网以捕获白鱼、黄鱼等类，一则于海滨软泥之处，养殖蛏子、蛤子等类。

一、旋网之构造及使用法。犁头嘴所用之旋网，状如一枚之幕，用麻丝编成，总长约八十寻，幅约三寻。网之上缘距离三尺，缚木制浮子一枚，下缘距离五尺，缚陶制沉子三枚。

此网之使用法，即乘船在海上，见有鱼群时，将网投下围住鱼群，旋绕之成一圆形，然后将网之下缘拉起，使变成一有底之网，再将网之上缘徐徐引近船边，以捕获网中之鱼类。此种网具之特长，在海洋见有鱼群时，可以随时使用，颇觉活便。

谨按，犁头嘴所用之旋网，与前详送之《调查报告书》中第二章第一节所报之旋网相同。

二、蛏蛤之养法。犁头嘴滨海之地多系软泥，渔民即于该处养殖蛏子、花蛤等类，其养殖场以海滨软泥，深约五六尺，潮退时全露出，潮满时水深达五六尺之处，最为适宜。其养殖方法甚简单，即于夏季采集天然发生之稚蛏等，撒布于养殖场，任其自然生长，养育二三年，至适当之大而采收之。蛏蛤自夏亘秋为成长最速之期，自冬及春为采收蛏蛤之期，此时味甚佳。

三、产量。渔民云一亩养殖场，平均年产在二十元左右。

---

① 犁头嘴，今属玉环市玉城街道，底本误作"犁贯嘴"，径改。

第二章　平阳县之渔业

平阳县之石矼、大渔埠、炎亭等处，为滨海之地，居民概恃渔业为生活。其捕获方法，概用网具，大渔埠、石矼所用之网，土名流连网，炎亭所用之网，土名留截网，以上二种网具，其名虽不同，而其形状构造（形如慢幕）、所用之材料（用麻丝编成者）、使用法等（此种网具之使用法，即先测定渔类之通路，将网壁立之于水中，以遮断其要冲，待鱼类随流一至，即被网目缠络），均无大差别，不过各地付以石称而已。

谨按，流连、留截二种网具①，即前详送之《调查报告书》中第二章第一节所报雁网类之一种也。

一、水产物之种类及制造法。平阳县之出产，以黄鱼、白鱼、羊鱼、鳗鱼、海蜇、小鲨鱼、比目鱼、乌贼、虾、蟹等为大宗，就中以黄鱼、海蜇、虾、蟹为最多。制造法除卖却鲜鱼外，以盐干为主。

二、渔期。平阳县之渔期，以春夏二季为捕获白鱼、黄鱼最盛之时，秋季为捕获虾、蟹、海蜇最盛之时，冬季为捕获带鱼最盛之时。

三、产量。渔民云一只渔船，用网三具，渔夫三人，一年得利约二百余元。

第三章　乐清县之渔业

乐清县之蒲圯②、翁阳、黄华、砂头等处，居民多恃渔业为生活，其捕获方法分为二种，一则用上述之旋网，于春夏二季，以获白鱼、黄鱼等类；一则用延绳，钓获小鲨鱼、鲻鱼、鳓鱼等类。其延绳钓之构，即以长约二十丈，经二分之麻绳一条（此绳名曰干绳），缀以多数之支绳（支绳长约五寸，经约一分五厘，用麻丝捻成者，在干绳距离四寸五分结缀一条），并于各支绳下端结附以

---

① 留裁，前文作留截，当以"留截"为是。
② 蒲圯，疑为"蒲岐"之误。

铁制之钓钩。其使用法,即于涨潮之时,乘小船投放钓具于海滨,以钓获随潮游泳之鱼类。

乐清县之出产,以黄鱼、白鱼、比目鱼、羊鱼、虾、蟹、蛏子、蛤子为大宗。制造法以切干为主。渔期以春夏二季,为捕获白鱼、黄鱼最盛之时。但用延绳钓者,通年皆从事捕获,其产量,渔民云,用于网者一只船一季可得利一百元至二百元,其用延绳钓者一只船一年得利在百元以内。

第四章　永嘉县之渔业

永嘉县之永强镇宁村、沙川等处,为渔业繁盛之区。该处渔民有用于网以捕获黄鱼、白鱼者,亦有用鹰捕网以捕获虾、蟹、乌贼、鳓鱼、小鲨鱼、鲻鱼等类者,其出产以黄鱼、白鱼、乌贼、小鲨鱼、鳓鱼、虾、蟹为大宗,就中以黄鱼、虾、蟹最多。制造法以切干为主。渔期以春夏二季,为捕获白鱼、黄鱼最盛之时,其用鹰捕网者,通年皆行捕获。其产量,渔民云,用旋网者,一只船一季约获利百余元,用鹰捕网者,一只船一年获利平均在二百元以上。

第五章　瑞安县之渔业

瑞安县之七头、下浦、梅贯、南门外等处①,居民多恃渔业为生活。其捕获之方法,南门外之渔民,多用鹰捕网,以捕获黄鱼、白鱼、鳗鱼、带鱼、鲻鱼、鳓鱼、虾、蟹等类。此种网具该处约有三百余具。渔民云,一只渔船,载网三具,渔夫三人,一年可获利三百元左右。其在七头、下浦、梅头之渔民,概用旋网,于春夏二季,以捕获白鱼、黄鱼。此种渔业,一只渔船,载网二具,渔夫三人,以行捕获,一季可获利一百五六十元。

瑞安之出产。以黄鱼、白鱼、马鲛鱼、带鱼、鳗鱼、乌贼、虾、

---

①　梅贯,下文作梅头,当以"梅头"为是。瑞安市梅头镇,二〇〇一年划归温州市龙湾区,改名海城街道。

蟹等类为大宗。制造法，以盐藏干制为主。渔期以春夏二季为旋网渔业最盛之时。此期一过，即将网具晒干收藏，从事他业。其鹰捕网渔业，通年皆行捕获。

第六章　结　论

谨按，吾国现今之渔业，尚在半开时代，捕获之法，泥守旧制，不求改进。制造之术，盐干以外，他无所知。养殖之业，更不多见。然吾国饮食习惯，反莫不以海产为珍贵之品，即如宴会、骰馔，非鱼翅、海参、鲍鱼等，不足以表示珍重，而各处居民，日常食用之品，水产生物，尤十居八九。夫吾国既以水产品为日用必需之一，而渔业又未发达，此所以水产仰给于人，每年必以数千万元之现款输入外洋也。要之，从新改良，惟有于渔业较盛之区，筹设水产试验场①，将渔捞、制造、养殖各业，斟酌本地情形，参照外洋新法，试验改良，以尽渔民之模范。一旦试验得利，成效大著，自能风声所播，争顾兴起，以开发水产天然之大利，而挽回利权矣。

（原载《浙江公报》第一千七百四十号，一五至二一页，指令）

浙江省长公署指令第七百八十号

令平湖县知事

呈一件为查复该县习艺所事项开单请核由

查该县习艺所事务员，共设置至四人之多，业经并案令行该知事转令该所所长一律裁撤在案。来摺称向设二员，未免有意朦混，且查该所并未另设发行所，尤无设事务员之必要，应仍遵照前令裁撤。余准备案。摺存。此令。一月十六日

---

① 场，底本误作"伤"，径改。

今将关于习艺所调查事项,缮单详报,呈送台览。

一、房屋之性质

本所系便民仓廒址改建,所有房屋尚足敷用,现无余屋,但有余地约一亩有零。

二、所长之履历

所长陈文瑞,本县人,年四十六岁,前清副贡,就职直隶州州判,指分江苏,历办沪局海运、无锡县巡警局会办等差。江苏法政学堂毕业生,苏抚辕办公厅缮写助理员,兼充公立工艺中学堂教员。改革后改为都督府政务厅委员,民国元年五月任本省镇海县执法员,二年改为帮审员,三年又易为承审员,七月因考知事试验,由县转请辞职,并证明成绩在案。旋任桂省融县政务主任员,四年又任江苏靖江县警佐,嗣调淮安县警佐。五年一月辞职回里,七月杪奉省委今职。目下并无兼职。

三、艺师之履历

纱织科艺师吴开文,嘉兴人,年二十四岁,嘉兴习艺所毕业。

漂染兼纱织科艺师殷国明,江苏淮安人,年三十二岁,前在苏州皮市街永馀机坊充当织工十年。

木工科艺师孙金生,本县人,三十八岁,曾于民国三年间代钱景湖教授职务。

四、所员之删裁

所内事务员向设二员,一司庶务兼经售,一司会计兼管库,现奉省令删裁,自应遵办。惟经售事务繁琐,拟酌留经售事务员一员,兼司管库,以重职务。

五、各科之毕业

每科艺徒毕业,未经举办。文瑞于本年八月间奉委接办,早经注意及此,现在正拟举行。

六、原料之购置

纱织、漂染各原料,均购自上海;木工科所购榆树等料,则产自本地,虽非特产,产数尚多,又有蚕丝、麻皮,可为丝织、麻织等原料。

七、成品之销售

成品销诸本地者,占全数十分之八;销诸他处,如海盐、枫泾、新篁等处,占全数十分之二。

（原载《浙江公报》第一千七百四十号,二一至二二页,指令）

浙江省长公署指令第七百九十七号

令瑞安县知事

呈一件为陈宝幹等呈忠义庙租迫提学款

一案抄送县令由

呈及黏件均悉。仰瑞安县知事将该神惠仓呈县原案,每年应提该忠义庙租谷数目查明呈复,再行核夺。此令。呈抄发。一月十六日

（原载《浙江公报》第一千七百四十号,二二页,指令）

浙江省长公署批第一百号

原具呈人萧山吴芝轩

呈一件报明行劫义桥济泰当案内盗犯

匿居地点请速饬拿办由

呈悉。候令诸暨、萧山两县侦查明确,上紧兜拿,务获究报。此批。一月十五日

（原载《浙江公报》第一千七百四十号,二三页,批示）

浙江省长公署批第一百一十号

原具呈人梁鸿翔

呈一件呈请领垦黄岩县属荒地由

呈悉。人民报垦荒地,应照《条例》呈县核转,越渎不准。此批。

一月十五日

（原载《浙江公报》第一千七百四十号，二三页，批示）

浙江省长公署批第一百十四号

原具呈人温岭僧崇曦

呈一件呈获匪不办余匪不追请令缉办由

呈悉。此案本署无卷可稽，既据向县暨镇守使署呈诉有案，仰即径自呈催可也。此批。一月十六日

（原载《浙江公报》第一千七百四十号，二三页，批示）

浙江省长公署批第一百十六号

原具呈人陈凤庭等

呈一件为杭馀行驶汽轮有碍农田水利请查案咨部禁止由

查此案前准交通部咨查来署，即经分令各该县知事切实勘复在案，应俟复到后，暂行核办，仰即知照。此批。一月十六日

（原载《浙江公报》第一千七百四十号，二三页，批示）

浙江省长公署通告

代理於潜县知事平智础业于元月十日改为署理。

淳安县知事汤国琛呈报于五年十二月三十一日由乡公毕回署。

诸暨县知事魏炯呈报于一月三日由省公毕回署，并拟九日赴乡催粮，顺道巡防，职务分别委员暂代。

常山县知事赵钲铉呈报于五年十二月二十九日公毕回署。

龙泉县知事范贤礽电呈于五年十二月二十六日亲赴西乡履勘官堰、筹兴磁业，并视学、禁烟，于三十日公毕回署。

慈溪县知事林觐光电呈于五年十二月三十日由甬公毕回署。

景宁县知事余光凝电呈于五年十二月二十八日由乡公毕回署。

衢县知事桂铸西电呈于本月十日假满回任接印视事。

南田县知事吕耀铃呈报于一月八日由乡公毕回署。

象山县知事张鹏霄呈报于一月八日由甬公毕回署。

（原载《浙江公报》第一千七百四十号，二四页，通告）

浙江省长公署咨教育部

送三年度外人设立学校调查表由

浙江省长公署为咨行事。案查三年度浙省外人设立学校调查表，前因县表未齐，经节次饬催去后，兹据分别造报到署，复核无误，相应将各县表并填同总表咨请大部察核施行。此咨

教育总长

计送调查表两份。

浙江省长吕公望

中华民国六年一月十六日

浙江省外人设立学校调查总表

事项 县别	学校数	学生数	教 员 数		备　　　考
			中国人	外国人	
杭县	一六	八二五	六四	三三	大学一所，专门学校一所，中学一所，初高小合校一所，高小一所，初小六所。又，女子中学一所，中学高小合校二所，初小二所。
海宁	二	五四	二		均系初等小学校。
富阳	三	四九	三	一	初小一所，又，女子初小二所。
余杭	无				
临安	无				
於潜	无				

事项\县别	学校数	学生数	教员数		备 考
			中国人	外国人	
新登	无				
昌化	无				
嘉兴	一一	四六〇	三五	一〇	中学高小合校一所,初高小合校三所,初小四所;又,女子初高小合校二所,幼稚园一所。
嘉善	一	二〇	二		系初等小学校。
海盐	四	六三	五		初小三所,女子初小一所。
平湖	无				
崇德	无				
桐乡	二	二二	二		初小一所,幼稚园一所。
吴兴	一五	七七二	五〇	一六	中学一所,初高小合校四所,高小一所,初小二所;又,女子中学初小合校一所,初高小合校二所,高小一所,初小二所,幼稚园一所。
长兴	无				
德清	无				
武康	五	一一三	五		初高小合校二所,初小三所。
安吉	无				
孝丰	无				
鄞县	四	三九二	三一	九	均系中学校。
慈溪	三	一〇六	五		均系初等小学校。
奉化	一	三〇	三		系女子初等小学校。
镇海	无				
定海	一	二二	一		系初等小学校。

事项\县别	学校数	学生数	教员数		备 考
			中国人	外国人	
象山	一	三五	三		系高等小学校。
南田	无				
绍兴	一四	四四七	二八	四	中学一所,高小一所,初小七所,女子初高合校一所,初小四所。
萧山	无				
诸暨	四	一一〇	四		均系初等小学校。
余姚	四	一五二	一〇	三	均系初等小学校。
上虞	三	八四	五		均系初等小学校。
嵊县	一	一二	一		系女子初等小学校。
新昌	一	四〇	三	一	系初高小合设。
临海	八	一八九	一四	五	初高小合校一所,高小一所,初小三所,女子初小二所。
黄岩	二	四二	二		均系初等小学校。
天台	四	一一九	七	三	初小两所,初高小合校一所;又女子初高小合校一所。
仙居	一	六三	四	三	系初高小合设。
宁海	二	七六	五	二	均系初高小合设。
温岭	无				
金华	二	一九〇	一四	三	初高小合校一所,又,女子中学初高小合校一所。
兰溪	一	五四	二	二	系初等小学校。
东阳	二	一八	四		初小高小各一所。
义乌	无				
永康	无				

续　表

事项 县别	学校数	学生数	教　员　数		备　　考
			中国人	外国人	
武义	无				
浦江	无				
汤溪	无				
衢县	无				
龙游	无				
江山	无				
常山	无				
开化	无				
建德	一	一八	二		系初等小学校。
淳安	无				
桐庐	二	四二	二		均系初等小学校。
遂安	无				
寿昌	无				
分水	无				
永嘉	三	二五三	二六	三	中学初小各一所,女子初高小合 校一所。
瑞安	无				
乐清	无				
平阳	无				
泰顺	无				
玉环	无				
丽水	一	八一	五	一	系初高小合设。
青田	无				

事项 县别	学校数	学生数	教 员 数		备　　考
			中国人	外国人	
缙云	无				
松阳	一	二八	四	一	系初高小合设。
遂昌	无				
龙泉	一	九六	五	二	系初高小合设。
庆元	无				
云和	一	一一一	五	一	系初高小合设。
宣平	无				
景宁	无				
合计	一二八	五一八八	三六三	一〇三	

（原载《浙江公报》第一千七百四十一号，一九一七年一月二十二日，二至七页，咨）

浙江省长公署咨省议会

据财政厅呈为抵补金征费核减不敷开支
拟仍照原数支配请咨议会查照由

浙江省长公署为咨行事。

本年一月十三日据财政厅呈称，"案据政务委员报告，抵补金征费一项现经省议会议决改为每石一角二分，查元、二年抵补金照原定法价每石三元征收之时，是项征费，本按征起米数每石支银一角五分，迨三年抵补金折价改征五元，征费限度亦仍其旧。盖抵补金折价之增减与征收手续及一应费用本无关系，是以本省《修正抵补金暂行章程》第四条规定，抵补金征收经费概以每石计算，各县照此支配，已属有绌无盈，自难再行核减，且各县开征已久，尤不能中途变更。所有抵补金征费一项应请仍照《抵补金暂行章程》第四条之规定,每石以一角五分为限,由县分别支配,以维征务而免竭蹷。理合具文呈请转咨省议会查照备案"等情。据此,查五年度浙江省地方岁出入预算案,业经贵会议决于本月十一日咨送过署。兹据前情,除指令外,相应备文咨请贵会查照备案。此咨

浙江省议会

浙江省长吕公望

中华民国六年一月　日

（原载《浙江公报》第一千七百四十一号,七页,咨）

浙江省长公署委任令第二十五号

令委朱承章为总务科科员由

令朱承章

兹委任该员为本公署政务厅总务科科员,月支薪水银五十元,任命状附发。此令。

计发任命状一道。

中华民国六年一月十七日

省长吕公望

（原载《浙江公报》第一千七百四十一号,八页,训令）

浙江省长公署训令第一百四十八号

令各属保护美国人詹美生等来浙游历由

令各县知事、警务处、特派交涉员、温州交涉员、宁波交涉员

本年一月十五日准外交部咨开,"准驻京美国公使函称,'兹有本国人詹美生等前往浙江省游历,请发给护照并转交盖印'等因前来。除由本部分别照办外,相应开具名单咨请查照转饬保护,并附发游历人名单"等因。准此,除咨督军外,合亟抄发名单,令仰该知事、该警

务处、该交涉员遵照转饬所属一体照约保护,并将该美人等入境出境日期暨在境作为详细具报毋违。此令。(刊登《公报》,不另行文)

中华民国六年一月十九日

省长吕公望

前往浙江省游历名单

美国人

詹美生　赫福文　陶华胜携眷　高史　麦尔

(原载《浙江公报》第一千七百四十一号,八至九页,训令)

浙江省长公署训令第二百九十六号

令余杭县知事据委员楼鹤书呈报
该县森林苗圃各事均未筹办由

令余杭县知事

案据视察杭嘉潮三属各县林务委员楼鹤书呈称,"奉委后即赴余杭,该知事成委、政务主任李映清接洽。详询模范森林及模范桑园,均未筹办进行,惟森林苗圃,据云已委林牧公司主办,即前经公司视察。据公司办事人谓,此苗圃系公司之苗圃,县无经费拨给,亦未出地租银,安得作为县苗圃?云该苗圃现在赤松,檫、冬青、白杨、栎等苗木。查余杭经过山场,童山居其大半,虽系砂砾土质,以之造松、杉、栎、桐等树,均属相宜,且东流有余杭塘河直达杭城之北,运输较便,正可图林业发达,知事有提倡劝导之责,积极进行,犹恐不逮,迄今一无举办,人民无从观感,苗木无从取给,坐弃利源,影响颇巨,不惟有碍民生,实有背于指令。此则该县所应筹备进行亟不容缓者也。所有视察情形理合备文呈报,仰乞察核备查"等情前来。查该县所属山场据称大半童濯,振兴林业自属紧要,前任知事迭奉省令,乃仅以委托林牧公司塞责,殊属玩忽,本应酌惩以儆,姑念卸事已久,从宽免议,仰新任洪知事从速筹议积极进行①,期收实效,切切。此令。

中华民国六年一月十七日

省长吕公望

（原载《浙江公报》第一千七百四十一号,九页,训令）

浙江省长公署训令第二百九十七号

令省立第一第二苗圃令发安吉县呈送橡种及照抄说明书由

令省立第一、第二苗圃

案查前据安吉县知事呈称,县属产有橡树一种,尚属美材等情,经指令采购种子并附种植方法说明书,送候转发省立各苗圃试种在案。兹据该县知事呈送前来,除指令并分行外,合亟照抄说明书,检同送到橡树种子令发该圃,仰即照收试种具报。此令。

计附橡种一包、说明书一纸。

中华民国六年一月十七日

省长吕公望

橡树种植方法说明书

（甲）先筑苗圃于春分节,节后布种。

（乙）于布种之前三日,先将种子用净水二三日,俾使外壳发胀,种后易于发芽。

（丙）正在萌芽时,须防鸟食,以该种含有甜味故也。

（丁）苗出五寸许,每月须将苗中芟草一次。

（戊）至次年春分节后,择地移种,每株须距离丈许。

（原载《浙江公报》第一千七百四十一号,九至一〇页,训令）

---

① 新任洪知事,指洪钟,江苏仪征人。民国五年十一月至民国六年五月任余杭县知事。去职时间见《申报》一九一七年五月二十八日六版有"余杭知事洪钟嗜好甚深,省公署已派员查办"之记载。

浙江省长公署训令第三百号

令警务处为本署书记邵锡濂以警佐注册提先录用由

令警务处处长夏超

兹查有本公署书记邵锡濂在省署前后办公五年，遇事勤慎，深资得力，应即以警佐存记。合行抄发履历，令仰该处长查照注册，遇有相当缺出即提先任用，藉资策励。此令。

中华民国六年一月十七日

省长吕公望

（原载《浙江公报》第一千七百四十一号，一〇页，训令）

浙江省长公署指令第五百一十一号

令高等审判厅长经家龄

呈一件呈送五年十一月份民刑诉讼
月报表推事暨办结案件表由

呈、表均悉。仰仍督饬庭员将未结各案赶速清厘，毋任积压，切切。此令。表存。一月十三日

民庭推事分配暨办结案件表 民国五年十一月分 **浙江高等审判厅**

推 事 姓 名	旧 受	新 收	总 数	已 结	未 结
民一庭审判长推事陈其权	三九	一一	五〇	一	四九
推事瞿鸿畴	二七	一六	四三	一五	二八
推事何嵩生	一四	一七	三一	一一	二〇
民二庭审判长推事瞿曾泽	一一	一八	二九	一七	一二
推事杨树猷	一五	二六	四一	二〇	二一
推事陈 允	二六	二二	四八	四	四四
计	一三二	一一〇	二四二	六八	一七四

续　表

推 事 姓 名	旧　受	新　收	总　数	已　结	未　结
备　考	查民一庭代理推事斯文,本月仍调回鄞县地审厅原职,方壮猷调任第一高等分厅推事。所遗职务,调刑庭候补推事何嵩生接办。又,查本月分旧受数目与上月未结数不符,系移送分厅办理,业于民事诉讼案件月报表备考栏内说明。又,查民一庭审判长推事陈其权,因代行厅长职务,故讯结案件较少,合并声明。				

中华民国五年十二月三十日

浙江高等审判厅长经家龄

统计主任员书记官沈秉衡

刑庭推事分配暨办结案件表　民国五年十一月分　　浙江高等审判厅

推 事 姓 名	旧　受	新　收	总　数	已　结	未　结
审判长推事沈　鸿	一四	九	二三	一三	一〇
推事钟洪声	三〇	二二	五二	一九	三三
推事陈选庠	七	二	一九	九	
推事朱文焯	五	一七	二二	一〇	一二
推事何嵩生		五	五	五	
推事谢振采	二五	二五	五〇	二〇	三〇
计	八一	八〇	一六一	七六	八五
备　考	查刑庭推事沈敏树调任第二高等分厅推事,何嵩生调任民一庭推事。沈推事上月未结案件十五起,何推事上月未结案件四起,共十九起,分配沈审判长三起、钟推事五起、陈推事四起、谢推事五起,移送分厅办理二起。又,查本月沈审判长、钟推事、陈推事、谢推事旧受案件较上月未结数共少五起,系移府分厅;又,陈推事因事请假,所有未结旧受五起、新收十七起移交代理推事朱文焯办理。合并声明。				

中华民国五年十二月三十日

浙江高等审判厅长经家龄

统计主任员书记官沈秉衡

民事诉讼月报表　民国五年十一月分　浙江高等审判厅

案件	总数			已结①						未结		
	旧受	新收	计	驳回	变更或撤销	由审判或其他处分	和解	其他	计	审判中	停止	计
控诉	四九	三一	八〇	五	七		一	*三	一六	六四		六四
上告	六八	五九	一二七	一八	一一			*三	三二	九五		九五
抗告	一五	一〇	二五	九	一				一〇	一五		一五
假扣押假处分												
其他之事件		一〇	一〇			一〇			一〇			
计	一三二	一一〇	二四二	三二	一九	一〇	一	六	六八	一七四		一七四
检查官莅庭事件												八

备考：查浙省第一、第二高等审判分厅，均系本月一日成立，所有应归分厅辖刑事案件，业已分别移送，计控告九起，上告四十四起，抗告四起，故本月旧受数目与上月未结数不符。又，查本月分刑事新收一百一十起，讯结案件六十八起，实存未结一百七十四起，均在进行中。合并声明。

中华民国五年十二月三十日
浙江高等审判厅厅长经家龄
统计主任员书记官沈秉衡

① 底本缺已结项下轻诉、上告案件数，据表格关联数导出。

刑事诉讼月报表　民国五年十一月分　　浙江高等审判厅

案件	总数			已结									未结		
	旧受	新收	计	驳回	变更或撤销	核准	覆审判决	覆审决定	更正	由审判或其他处分	其他	计	审理中	停止	计
控诉　刑法犯	五六	四五	一○一	二七	二一							四八	五三		五三
控诉　特别法犯															
上告　刑法犯	三	一	四	二								二	二		二
上告　特别法犯															
抗告	九	四	一三	四								四	九		九
私诉															
覆判	三	一三	一六			七		二				九	七		七
其他之事件	一○	一七	二七							一三		一三	一四		一四
计	八一	八○	一六一	三三	二一	七		二		一三		七六	八五		八五

备考　查浙省第一、第二高等审判分厅均系本月一日成立，所有应归分厅管辖刑事案件业已分别移送，计控告六起、抗告一起，故本月旧受数目与上月未结数不符。又，查本月分刑事新收八○起、讯结新旧案件七六起、实存未结八五起、均在进行中。合并声明。

中华民国五年十二月三十日

浙江高等审判厅厅长经家龄

统计主任员书记官沈秉衡

（原载《浙江公报》第一千七百四十一号，一二一至一二六页，指令）

浙江省长公署指令第七百七十六号

令警务处长夏超

呈一件内河水警厅呈复水警编船并无勒索由

据呈已悉。应随时严密稽查，毋贻口实。仰警务处转令该厅遵照。此令。一月十六日

附原呈

呈为遵令查明水警编船并无勒索事。

本年十一月一日奉钧长训令第一○八○号内开，"案据海盐公民顾慰高、张廷梅、朱维贤等巧电禀称，'水警编船泯匪，固属善政，奈奉行者视为利薮，民船过市任意勒索，此项苛扰，条例是否经会议决，乞公示'等情到署。据此，查该电所称情形未据分别指名，惟既据称有勒索苛扰情事，是否属实，即应澈查核办。除令行警政厅知照外，合函令仰该厅迅即严密查明，具复核夺。此令"等因。奉此，当即通令各区队确切查复去后。兹据第二区长俞肇桐复称，"查海盐第六队管辖地点，当经严令第六队长将电禀各节详细查明，切实具复，一面密派兼五队分队长郑召南不动声色，先往海盐、次赴各属暗访办理编船有无勒索苛扰情事去后。兹据第六队长潘桂霖呈称①，'查职队抵沈荡、通元两处，系海盐县境，在该两处承办船照各员，惟前第十一号巡船一等水巡长何怀仁，因四月以前驻沈荡时，有私罚两船户各洋两元之嫌查无实据一案，业由队长呈明奉令降为代理，又因案奉令撤换，于十月七日交卸回籍；又前第二十二号巡船一等水巡长丘赞元，因于六月初巡开往袁化编船②，少找船户洋半元，几

---

① 潘桂霖，底本误作"潘桂林"，径改。参见卷三，潘桂霖呈文。
② 袁化，镇名，一作袁花、元化，位于海宁东南部。

酿风潮一案，业由队长呈明奉令撤换各在案。嗣因海盐及袁化等处，向无水警驻扎，为编查不及船户，均藉口于海盐袁化等处船舶均不编查，何厚于彼而薄于此等词为对抗之理由，编查较他处为困难，且未编之船多有绕道他处者。故海盐县之沈荡、通元两处停止编船已将三月。兹查除业已分别撤换之何怀仁、丘赞元两名外，其余各员经队长密派得力侦探随时查察，均能秉公办理，绝无浮收情弊。兹奉训令，复经队长躬赴所属，严密侦查，虽商家、船户因编查过严，不无蜚语，然承办船照人员尚能恪守定章，并无勒索情事，为此理合将查明职队承办船照各员并无勒索情事缘由，呈祈核转。又，据密派员分队长郑召南呈报前情，大致尚属相符，并称查得嘉兴、嘉善、平湖等处均由区队长严督办理，并无勒索苛扰情事，地方舆论翕然'各等情具复前来。查取缔船舶定有专章，承办人员宜如何恪遵将事，以尽厥职，乃该水巡长何怀仁、丘赞元，一则私罚洋元、一则欠找余数，虽属为数甚微，究与定章不合，队长潘桂霖督率不严，实难辞咎，姑念一经查明，立即呈请撤惩，并无徇情隐瞒情事，办事尚属认真，水巡长何怀仁、丘赞元查案业经撤差，拟请均免议处。奉令前因，除随时严密查察外，合将查明所属承办船照人员并无勒索情事缘由据实具复"等情前来，并据第六队长潘桂霖复同前情。据此，查该前水巡长何怀仁私罚嫌疑、丘赞元欠找余数，前据该队长潘桂霖呈报到厅，业经批饬撤革在案。此外，各区队长具复并无勒索情事。据报前情，除分别指令各区队随时严密稽查暨并报警务处外，理合备文具复，仰祈省长察核施行。谨呈。

（原载《浙江公报》第一千七百四十一号，一六至一七页，指令）

浙江省长公署指令第八百一十四号

令丽水县知事

　　　　呈一件呈报奉令选送女子蚕业讲习所
　　　　女生文到日期并办理情形由

　　呈悉。选送女生名额应遵前令仍以两名为限,余准赴所报考,仰即知照。此令。一月十七日

　　（原载《浙江公报》第一千七百四十一号,一七页,指令）

浙江省长公署指令第八百二十一号

今桐乡县知事

　　　　呈一件据为屠敦裕请在顾家港设永和茧行由

　　呈、件均悉。该商屠敦裕请在桐乡顾家港地方开设永和茧行,与此次新准地点有无抵触,仰该县知事派员详查复夺,毋得含糊,致贻他人口实,切切。申请书、图结姑存。此令。一月十七日

　　（原载《浙江公报》第一千七百四十一号,一七至一八页,指令）

浙江省长公署指令第八百二十二号

令上虞县知事

　　　　呈一件为查复谷颂民为百官商会改组
　　　　违法请令重选一案由

　　呈悉。查《商会法施行细则》第十一条载明,"改组商会时,应先查明会员资格,就其确合本法第六条及第七条之规定者,认为新改组之商会会员"。按照本法第六条,会员资格既不以曾入商会为限,亦无缴纳入会费之规定。该县百官区域内吉昌等商店既开名单送会,该商会只须查明其是否合于会员资格,不能藉口《会章》拒绝,即单开商店十二家内有承德、乾益二家因积欠会费,曾取销其会员,款

未缴清,无从回复,其余十家自难相提并论。且商会改组时,应依法另拟《章程》,则从前会章与新法抵触者,当然无效。该商会所拟《章程》尚未核准,有何定章,强人遵守? 至成圻既系典业协理,有经理委任代表之信,应将原信送县验明;章德馨曾任商会会董,现在果有《商会法》第六条左列资格之一而不犯第七条消极资格者,仍当认为合格。惟该商会此次办理选举实属未尽合法,应转饬重行调查、改选,并遵前令改拟《章程》,连同职员册送候核转,仰即遵照。此令。

一月十七日

（原载《浙江公报》第一千七百四十一号,一八页,指令）

浙江省长公署指令第八百二十三号

令安吉县知事

呈一件据为陆树勋请在该县西乡凉棚亭
设正本茧行附图结书请核由

呈、件均悉。查凉棚亭地方,距离韩街似不足二十里,仰饬将沿途经过村庄相距详细里数呈明核夺。申请书、图结姑存。此令。一月十七日

（原载《浙江公报》第一千七百四十一号,一八页,指令）

浙江省长公署指令第八百二十七号

令缙云县知事

呈一件施余焕经理磷堰侵蚀公款公叩
追究以兴水利由

呈悉。案关地方公款及公共水利,仰缙云县知事迅行秉公办结具报。原呈及粘件抄发。此令。一月十七日

（原载《浙江公报》第一千七百四十一号,一八至一九页,指令）

浙江省长公署指令第八百三十号

令江山县知事

　　呈一件为呈农会苗圃推广种植需用经费
　　请给补助应由何款支给由

　　呈悉。查前按署提存备拨补助各县农会苗圃开办费款项,现已移拨别项急用,该县农会苗圃所需推广种植经费,应责成该会自筹。如果会中经济实在支绌,准由县在公益费内酌给补助,仍先报署核夺,仰即遵照。此令。一月十七日

　　　　(原载《浙江公报》第一千七百四十一号,一九页,指令)

浙江省长公署指令第八百三十五号

令瑞安县知事

　　呈一件为呈送承垦及所有权各证书备查一联由

　　呈、件均悉。查人民援据《承垦条例》领垦国有荒地案件,照章应由各县呈报省署咨部立案,候复准立案转行到县,再行照案填给各项证书。该县所给郭维城等证书,原案均未据呈报核转有案送到备查各联,碍难照转。至林前知事呈道察转之件,查亦未据转到,是否与规定相符,亦属无从查核,仰并知照。来件发还。此令。一月十七日

　　　　(原载《浙江公报》第一千七百四十一号,一九页,指令)

浙江省长公署指令第八百六十一号

令警务处长夏超

　　呈一件青田县呈请转咨将警佐郑肃优予拔升由

　　呈悉,仰警务处查案核办转令遵照具报。呈抄发。此令。一月十八日

　　　　(原载《浙江公报》第一千七百四十一号,一九页,指令)

浙江省长公署批第一百二十四号

原具呈人吴兴章少梅

　　呈一件呈请令县限期拆卸章高祺所筑鱼簖由

　　呈悉。前据该县呈复,业经指令再将章高祺前后设簖处所河流形势及来源绘图查复在案,应俟复到,再行核办,所请暂毋庸议。此批。一月十七日

　　　　　　（原载《浙江公报》第一千七百四十一号,二〇页,批示）

浙江省长公署批第一百二十五号

原具呈人缙云施大奎等

　　呈一件呈施余焕经理磷堰侵蚀公款

　　　　公叩追究以兴水利由

　　呈悉。案关地方公款及公共水利,仰缙云县知事迅行秉公办结具报。此批。一月十七日

　　　　　　（原载《浙江公报》第一千七百四十一号,二〇页,批示）

浙江省长公署训令第一百五十一号

令各县据省立甲种蚕校呈送招考补习科

学生简章请通令由

　　令各县知事

　　案据省立甲种蚕业学校呈送招考补习科学生简章,请通令各县知事查照张贴、选送等情。据此,除分行外,合就连同简章令发该县仰即查照办理。此令。

　　计发简章五纸。

　　　　　　　　　　　　中华民国六年一月十九日

　　　　　　　　　　　　省长吕公望

浙江省立甲种蚕业学校补习科招生简章

一、宗旨　本科遵照教育部《实业学校规程》为志愿从事蚕业者授以应用之学识、技能，并使补习普通学科而设。

二、毕业年限　一年毕业。

三、资格　以有志蚕业，年在十六岁以上，文理清顺，身体健全者为合格。

四、报名　自民国六年一月一日起，至考试期前一日止，来本校填写籍贯、住址，并带本身四寸相片。

五、考期　民国六年二月七日起，至十六日止，随带笔砚，来校考试。

六、保人　须在本城绅商学界素有名望者，诸生录取后邀同来校填写保证书，并随缴应纳诸费。

七、科目　分学理、实习两种。

（一）学理科目　修身、国文、算术、理科大意、农学大意、养蚕法、制种法、栽桑法、制丝法、蚕体卫生、蚕业经济、蚕体解剖。

（二）实习科目　消毒、制种、考种、栽桑、烘茧、制丝、整理屑物、使用显微镜、饲养春夏蚕、制造蚕具、驱除虫害。

八、纳费　本科学生免收学费。惟入学时收预备费八元，为代办校服、书籍等用，年终结算，盈还亏找。每月讲义费及杂费五角，膳费三元五角，均照章预缴。

九、校址　杭县西湖金沙港。

十、附则　本简章未尽处，皆照本校细章办理。

（原载《浙江公报》第一千七百四十二号，一九一七年一月二十三日，三至四页，训令）

浙江省长公署训令第一百五十二号

令各县知事准教育部咨劝学所规程施行细则
登载公报即发生效力仰遵照开办由

令各县知事

案准教育部咨开，"查《劝学所规程施行细则》经呈奉批准通行，其登载《政府公报》之日，即为该《细则》公布之日，无庸另行通咨，自当发生效力，即希查照转令开办"等因。准此，合就照钞公布《劝学所规程施行细则》令发该知事遵照，统限本年二月以内，将该所一律开办具报，其经费、所址及所长员未经呈报各县，并仰于期前赶速呈请核定委任，毋稍稽延，切切。此令。

计抄发《劝学所规程施行细则》一份。

中华民国六年一月十九日

省长吕公望

劝学所规程施行细则

第一条　关于左列各事项，由劝学所陈请于县知事处理之：

一、义务教育之调查及劝导督促等事项；

二、查核各学区之位置及其联合事项；

三、各区学务委员会之设置事项；

四、查核各区学龄儿童之登记及其就学免缓事项；

五、经管县属教育经费，编制预算、决算并稽核各区教育经费，处理其纷争事项；

六、查核各学校之建筑及其他设备事项；

七、核定区立各校之学级编制及教科目增减事项；

八、县立各校及其他教育事业之设置事项；

九、核定区立各校及其他教育事业之设置事项；

十、私立学校之认许及考核事项；

十一、代用学校之核定事项；

十二、改良私塾事项；

十三、社会教育之施设事项；

十四、学校卫生事项；

十五、县属教育之统计报告事项；

十六、县知事特别委任事项。

第二条　劝学所办理县教育行政事宜及第一条所列之各事项，遇有应行讨论及征集意见时，应陈请于县知事召集县教育会议。

前项会议以左列各员组织之：

一、县署主任教育职员；

一、劝学所所员；

一、县立各校之校长及其他教育职员；

一、各区区董及学务委员；

一、县知事特别指定之教育会会员及地方士绅。

县教育会议之议事细则，由县知事核定详报该管长官查核备案。

第三条　劝学所所长每一学年内，须周历县属各区一次或二次；劝学员分任各区劝学事宜，每一学期内须周历所任区域二次以上。劝学所所长及劝学员周历各区时，应就所执行之职务述为劝学日记，报告于县知事。

第四条　劝学所每一年终应就所内办理事项，编为学事年报，其要目如左：

一、县教育当年之经过情形；

一、翌年之教育计画；

一、本细则第一条所列各事项之处理概要；

一、县教育会议之议决案及其他要项记录；

一、县教育之统计；

一、其他报告事项。

第五条　劝学所所长以三年为一任，届期满时，由县知事详请改委或仍请连任。劝学员以二年为一任，届期满时，由县知事改委或仍令续充。

第六条　劝学所所长及劝学员之奖励及惩戒事项，依《地方兴学人员考成法》之规定，由县知事详报该管最高级长官分别执行。

第七条　劝学所所长应刊用图记，由县知事详请该管最高级长官刊发。

第八条　劝学所经费由所长按月造具支付表，详请县知事核发，仍于年终列入县教育经费案内，详报该管长官查核备案。

第九条　劝学所所长及劝学员，因临时职务及其他特别事项，得支给旅费及杂费，其费额及支给细则，由县知事定之。

第十条　劝学所所长及劝学员，非经县知事之核准，不得兼充他项职务。

前项之规定，临时劝学员不适用之。

第十一条　劝学所之文书、册籍及关于财产款项之簿摺、契据等件，遇所长交代时，应连同图记陈请县知事核明交代。

第十二条　劝学所之文书程式，对于县知事以详行之，对于各区各校及其他教育场所以公函行之。

第十三条　劝学所之办事细则，由县知事核定详报该管长官查核备案。

第十四条　本细则自公布日施行。

（原载《浙江公报》第一千七百四十二号，四至七页，训令）

浙江省长公署训令第一百五十五号

令常山县知事准内务部咨送徐吁俊
匾额褒章等件请转发由

令常山县知事

案查该县公民徐吁俊捐募赈款请予褒扬一案，经前金华道道尹详由前按署咨请内务部察核转请在案。兹准咨开，"案查四年四届汇案褒扬徐吁俊，业经由部先后呈奉批准在案。所有褒章一项，前经印铸局咨请改归本部自办，现已铸就，相应连同匾额等件，咨请查照转发"等因。准此，合就检同原件，令发该知事，仰即转发祗领具报。此令。

计发匾额、褒章、证书各一件。

中华民国六年一月十九日

省长吕公望

（原载《浙江公报》第一千七百四十二号，七至八页，训令）

浙江省长公署训令第一百五十九号

令委陈焕章为机要秘书郭梓熙为兼公报处主任由

令本署助理秘书兼公报处主任陈焕章、总务科员郭梓熙

案据机要秘书程士毅因病辞职，自应照准，遗缺即以该处助理秘书陈焕章升补，月支俸薪二百元。递遗浙江公报处主任，以本署总务科员郭梓熙补充，月支俸薪七十元。除分行外，合行令仰该员遵即任事。此令。

计发任命/委任状一纸。

中华民国六年一月十八日

省长吕公望

（原载《浙江公报》第一千七百四十二号，八页，训令）

浙江省长公署训令第三百零九号

令警务处为本署书记浦诚增深资得力仰该处提先任用由

令本署书记浦诚增为该员深资得力发警务处提先任用由

令警务处夏超、本署书记浦诚增

查本公署书记浦诚增，前后在省公署办公五年，遇事勤奋，深资得力，应即以警佐存记①，合行/除抄发履历，令仰该处处长/员查照注册，遇有相当缺出，即予提先任用，藉资策励。/外，合行令仰知照。此令。

计发履历一扣。

中华民国六年一月十八日

省长吕公望

（原载《浙江公报》第一千七百四十二号，八至九页，训令）

浙江省长公署指令第七百九十八号

令汤溪县知事

呈一件送义务教育程序内调查册表由

呈、件均悉。查区教育费筹集状况内所称某村办校，则由某村自行筹集，未据将所筹款源查明叙入，应将表册发还一份补填送核。再，该县各校附近地方，虽无官荒可领，然学校园一项，于校内隙地，亦尽可酌量设置。至学林与学校园，系属两事，据称学校园既未成立，自无学林之可言，尤属误会，应仍督率举办如要。此令。一月十六日

计发还表册一本。

（原载《浙江公报》第一千七百四十二号，一一页，指令）

---

① 存记，底本脱"存"字，径补。

浙江省长公署指令第七百九十九号

令第二联合县立师范讲习所

呈一件呈送一月分支付预算书由

呈、件均悉。查师范讲习经费,前经省议会议决,六年分起改由省款支出,业经通令在案。应俟前项预算案由省议会咨复到署公布饬知后,查照预算数,分填支付预算书单,径向财政厅具领可也。原件均发还。此令。一月十六日

(原载《浙江公报》第一千七百四十二号,一一页,指令)

浙江省长公署指令第八百四十五号

令警务处长夏超

呈一件呈复陆军测量局员在宁海县属
被劫案内疏防官长分别惩处由

呈悉。陆军测量局员俞冠群等在宁海县属被劫受伤,该地方官长保护不力,咎有应得,除知事、管带先已记过外,所有警佐华稷等各员,均如该处所拟处分办理,仍仰督饬依限严缉盗赃务获究报,切切。此令。一月十八日

附原呈

呈为遵令拟议陆军测量局员在宁海县属被劫案内疏防官长分别惩处仰祈察核事①。

窃于本年十二月二十五日,奉省长第一九四七号训令,内开,"准督军咨,'陆军测量局十三组班员俞冠群、徐翊民于本月十七日在台属宁海县南溪村大梁山观测后,寓居福胜寺,

---

① 分别,底本误作"分县",径改。

陡于夜半被盗劫去布卷尺及行李、衣服、洋元等，并拒伤俞冠群、徐翊民，均极沉重，由该局长董绍祺呈请严令勒缉等情。查该局本期外业当出发之先曾经通令保护在案，据呈前情，该管营、县保护不力，已可概见。除将知事何公旦、管带花耀魁各记过一次，仍责成勒限严缉，令由宁台镇守使转令遵照，并指令外，咨请贵公署转令查明该管警佐暨哨官长等量予惩处，以昭儆戒'等因。合亟令仰该处迅将该地方保护不力之警佐暨哨官长等查取职名，从严议处，具复咨转，仍督饬上紧严缉盗赃务获报解。此令"等因。奉此，查陆军测量局班员出发之先该管营、县既经奉有通令，宜何如妥为筹画，加意保护，乃竟任令匪徒明目张胆，强行肆劫，实非寻常疏忽可比。现在虽据该区黄统带具报，已由哨官卢经香追护匪犯徐善秀、王作能二名①，而逸犯尚未悉数就获，自应查取职名，分别议处，以示儆戒而策后效。除知事、管带已奉令记过示惩外，拟请将该管警佐华穆及哨官卢经香、哨长王运升各予记过一次，勒限一月严缉赃盗悉获究报，如再怠玩不力，逾限无获，再行详请从严惩处。除令遵外，理合具文呈复，仰祈钧长鉴核施行。谨呈。

（原载《浙江公报》第一千七百四十二号，一一至一二页，指令）

浙江省长公署指令第八百四十六号

令警务处处长夏超

　　　呈一件呈送浙江警备队现状调查表由

呈及调查表均悉。候咨部查照可也。此令。一月十八日

---

①　追护，疑为"追获"之误。

浙江警备队现状调查表

营部 编制	查浙江警备队共设三十五营,每营设管带一员,会计兼书记一员,司书一员。营率四哨,哨率四棚,每哨设哨官、哨长各一员,号兵、伙夫各二名,每棚设什长、伍长各一名,正兵四名,副兵七名,全营合计二百四十七员名。至各区第一营管带,均系由各区统部兼领,不设专员,其统带即直隶于浙江全省警务处,并不另设总司令部,亦无其他附属机关。合并声明。
职员 名额	查浙江警备队全队职员,计统带六员,帮统一员;第六区因辖境辽阔,特设一员,系该区管带之资深者兼充。管带三十五员,内六员系各区统带兼充。统带副官六员,统部差遣六员,统部书记六员,会计六员,统部司书六员,营部会计兼书记三十五员,营部司书三十五员,哨官一百四十员,哨长一百四十员。至各官佐阶级,均系比照陆军官制编定,统带视上、中校,帮带、管带视中、少校或上尉,哨官视上尉,哨长视中、少尉,差遣视上、中、少尉,书记、司书等职不列阶级,以上各官佐惟各区统带均已补授官,其余各官佐亦间有曾补军官者,其全队职员现均随缺随补,并无空额。合并声明。
区弁 兵夫 名额	查浙江警备队并无区弁目之各营兵夫,计每营什长十六名,伍长十六名,号兵八名,正兵六十四名,副兵一百十二兵①,伙夫八名。此外,惟各区统部得设每区护兵长一名,护兵三名,其营部之护兵仅得就副定额内指定二名,各哨亦得指定二名。至如何分配之处,已详营部编制栏内。合并声明。
驻扎 地点	浙江全省警备队分为六区。第一区六营,分驻旧杭属及旧严属之桐、分两县;第二区四营,分驻旧嘉湖两属;第三区七营,分驻旧宁绍两属;第四区七营,分驻旧台州各属;第五区六营,分驻旧金衢二属及旧严之建、遂、淳、寿四县,并旧处属之缙云北半部;第五区六营,分驻旧温处两属内除处属缙云之北半部。
薪饷 数目	全队计设统带六员,月支各二百四十元;管带二十九员,各一百四十元;副官六员,各八十元;书记六员,会计兼书记三十五员,哨官一百四十员,计一百八十八元;会计六员,各三十元;哨长一百四十员,各二十五员②,差遣六员,各二十四元;司书四十一员,计十六元、十四元者三十五员,共计四百十五员③;岁支薪俸二十一万一千五百六十元。护兵长六名④,护兵十八名,正兵二千二百四十名,计二千二百五十八名,各七元;副兵三千九百二十名,各六元五角;伙夫二百八十名,各六元;共计七千八百六十四名,岁支饷项六十五万七千四

---

① 兵,疑为"名"字之误。
② 员,疑为"元"字之误。
③ 同前。
④ "护兵长",底本脱"长",径补。

续　表

薪饷数目	百三十二元。统带六员,每月各支公费一百元,帮带一员六十元,兼管带及管带,共三十五名,各四十元,哨官一百四十员,各十元,共计一百八十二员,岁支津贴四万一千五百二十元。全队什伍长、号护、正副兵七千五百八十四名,布单、衣帽、裤,照章每名年发二套,计洋一元五角,共一万一千三百七十六元。又发布绵衣裤帽各一套,每套计洋二元五角,共一万八千九百六十元。又呢雨衣每二年各发一套,每套计洋四元,共洋三万零三百三十六元,每年支洋一万五千一百六十八元。又年发腿布各一双,每双计洋二角,共一千五百十六元八角。又年发篷布鞋各一双,每双计洋一元四角,共一万另一百十七元六角。总共岁支衣履费五万七千六百三十八元另四角。全队什伍长、号护、正副兵支七千八百六十四名,每年元旦、共和、国庆等纪念,每次每名犒赏洋二角,共计岁支犒赏费四千七百七十八元另四角。全队共计三十五营,每营每年约需调遣费五百元,共计年需调遣费一万七千五百元。该队枪枝、子弹甚形缺乏,亟应逐年购充,年需弹药费三万五千元。又准备金四千六百三十一元二角,以开支预算外,必需之费,如每年检阅费、各统带巡防履费、各区营电报费、什兵烧埋费、什兵夺获匪械奖金等,总计需经费一百另三万元,均系列入地方预算,由地方税项下开支,并无补助款项。
附记	

（原载《浙江公报》第一千七百四十二号,一二至一五页,指令）

浙江省长公署指令第八百五十八号

令警务处长夏超

呈一件丽水县胪举警佐黄定甲剿匪出力及获花会积盗等案

劳绩并花会犯及盗犯各案内没收赃物无人认取

可否量予售卖以奖兵警乞核示由

呈悉。该警佐黄定甲既据胪陈劳绩,应予记名升用。至各该犯案内所存赃物等件,如果无人认取,应开单呈候核夺,仰警务处转饬知照。此令。一月十八日

（原载《浙江公报》第一千七百四十二号,一五页,指令）

浙江省长公署指令第八百九十七号

令黄岩县审检所

呈一件黄岩曾福仁呈现控周士禄等诬控诈欺

取财一案知事违法逮捕请查办由

呈悉。查《各级审判厅试办章程》第十四条规定,犯徒罪以上之被告及抗传不到或逃匿者,得用拘票拘致。该被告既被周士禄等指控为诈欺取财,系犯《刑律》第三百八十二条之罪,该所发票拘致,尚无不合。惟据称此次拘票系由县警队长执行,如果属实,自与《警队章程》第十四条规定不符,嗣后应即严行禁止,毋稍违误,致贻口实,仰即遵照。此令。呈抄发。一月十九日

(原载《浙江公报》第一千七百四十二号,一五页,指令)

浙江省长公署指令第九百二十八号

令开化县知事

呈一件为更委掾属请注册由

准予注册。清摺存。此令。一月十九日

附原呈

呈为更委掾属取送履历请赐鉴核注册事。窃职署掾属各员前经分别委任取具履历,呈奉前民政厅长核准注册在案。兹据会计兼庶务员周佐宣因事辞职,所遗职务,当经知事改委彭璜接充,以专责成。除该员薪俸仍于奉定行政经费内酌量支配按月造报外,理合将更委情形开具履历备文呈送,仰祈钧长鉴核,俯赐准予注册,实为公便。谨呈。

(原载《浙江公报》第一千七百四十二号,一五至一六页,指令)

浙江省长公署指令第九百二十九号

令代理崇德县知事①

呈一件为遴委掾属请注册由

准予注册。清摺存。此令。一月十九日

附原呈

呈为遴委掾属分配职务开具各员履历并加切实考语呈请鉴核事。

窃知事奉令代理崇德县事,业经遵照于十月十六日接印视事呈报在案。所有县署组织按照奉颁官制,得就所属事务之繁简酌量支配,遵经察酌情形,设总务、政务、财务、教育四科,分设主任、助理各员,以资佐理。惟总务事务较简,无特设主任之必要。查有左超声成练达、娴于计政②,堪为财务兼总务科主任;李修榦明于事理、为守兼储,堪为政务科主任;王泽永学识宏通、长于教育,堪为教育科主任;王维溥娴习财务,堪为政务助理;钱铸操守可信,确有经验,堪为财务助理兼办会计事宜;苏寿成素娴教务,堪为教育助理;徐仁炼明白干练,堪为总务助理,专办收发事宜;史久楷精于会计,堪为总务助理,专办庶务事宜。除分别委任于十月十六日到署视事外,理合将遴委掾属分配职掌缘由,开具各该员履历清摺,备文呈请省长鉴核备案,指令祗遵。谨呈。

（原载《浙江公报》第一千七百四十二号,一六页,指令）

---

① 代理崇德县知事,指徐肃,民国五年九月委任代理,十月十六日到任。参见本集卷五 1763 页,卷六 2015 页。

② 声,下疑脱"老"字。

浙江省长公署批第一百二十七号

原具呈人朱光焘

　　　　呈一件呈为声明前请添设缫丝工场

　　　　漏未声明呈县注册及未添招股分由

呈悉。该公司请添设缫丝工场,既据声明供该公司自用,并未添招股分,业已另行呈县注册,应准备案,仰即知照。此批。一月十七日

　　　　（原载《浙江公报》第一千七百四十二号,一七页,批示）

浙江省长公署批第一百三十三号

原具禀人衢县陈进和

呈一件呈配制日好咳嗽药饼业奉批准制售乞准给示以广营销由

禀悉。前既批准照方制售,毋庸另予给示,仰即遵照。此批。一月十八日

　　　　（原载《浙江公报》第一千七百四十二号,一七页,批示）

浙江省长公署批第一百三十四号

原具呈人余杭马桂高等

　　呈一件为里书弊填浮粮杭县越权误证乞行县查复办理由

呈、黏均悉。察核县批办法,尚无不合,仰仍听候县署查明核办可也。黏件存。此批。一月十八日

　　　　（原载《浙江公报》第一千七百四十二号,一七页,批示）

浙江省长公署批第一百三十六号

原具呈人瑞安王燨

　　呈一件为架书沈葆荣湮没官物一案知事不理乞令解职归讯由

查此案前经该民呈由内务部咨请核办到署,即经令行财政厅查

案具复在案,应俟复到核办。至所称提起诉愿,究系何日呈递①,本公署查无是案,仰并知照。此令。一月十八日

（原载《浙江公报》第一千七百四十二号,一七至一八页,批示）

浙江省长公署批第一百三十八号

原具呈人黄岩曾福仁

呈一件呈控周士禄等诬控诈欺取财

一案知事违法逮捕请查办由

呈悉。查《各级审判厅试办章程》第十四条规定,犯徒罪以上之被告及抗传不到或逃匿者,得用拘票拘致。该被告既被周士禄等指控为诈欺取财,系犯《刑律》第三百八十二条之罪。该所发票拘致,尚无不合。惟据称此次拘票系由县警队长执行,如果属实,自与《警队章程》第十四条规定不符,候令该县审检所严行禁止。该被告亦应迅行回县投质,毋得延匿干咎。至《县知事审理诉讼章程》,自审检所成立以后,除关于上诉期间各条外,其余已不适用,仰即知照。此令。一月十九日

（原载《浙江公报》第一千七百四十二号,一八页,批示）

浙江省长公署批第一百三十九号

原具呈人张运德等

呈一件为越安公司添开轮班请饬县禁办由

查该处河道行驶汽船,早经核准有案,未便因添开班次再予禁止,仰即知照。此批。一月十九日

（原载《浙江公报》第一千七百四十二号,一八页,批示）

---

① 呈递,底本误作"呈遽",径改。

浙江省长公署批第一百四十号

原具呈人吴金声等

呈一件为姚文林借用息谷及侵吞赈款等项请委员查究由

查习艺所借用息谷及办理北关外工赈，业经明白批示在案。至丁祭费动用学田租息，曾经通令有案。在五年以前并未据该县知事另行请款，均应毋庸置议。其余如何，前今交存洋二百元是否确未据作修理学校之用，及儒学田租是否实在不只此数，本署均无案可稽，应由该民等搜集确据，逐案径呈该县知事核办可也。此批。一月十九日

（原载《浙江公报》第一千七百四十二号，一八页，批示）

浙江省长公署咨省议会

据财政厅呈为拟请自本年二月分起验契

免除罚金以示格外体恤由

浙江省长公署为咨行事。

本年一月十二日据财政厅呈称，"本年一月九日奉钧署训令内开，'本年一月四日准浙江省议会咨开，案准省长公署咨开，五年十二月二十六日准贵议会咨开，案查验契为苛政之一，验费既大，罚则又重，频年督促，民怨沸腾。近来民间大契已呈验殆尽，尚有未验者惟零星小契而已，此等业户多属贫民，本因无力呈验，迁延至今，若复加以重罚，何以堪此？当兹共和再造，此种苛税亟应免除，以示宽大。业经本会提议，由大会公决，相应咨请查照将验契苛罚免除，实为公便等因。准此，查《验契罚则》照部定变通办法，三月一期，加倍收费，例如第一期一元一角、第二期二元二角、第三期四元四角，按期递加，浙省一再咨请展限至上年十二月止，届第四期仍仅收二元二角，并以民力未逮，由财政厅呈请财政部此后拟不再按倍加罚。是本省关于验契加罚办法已不可谓非极意体恤也。此项《验契罚则》实根据于

《验契条例》，而《验契条例》为中央颁行之件，就款项论，系属国家收入，又况实行加罚办理，已不止一期，今若遽行免除，则对于前次照章加罚之人民，更何以示大公而昭平允？此不可免除之理由一也。验契已实行数年，诚如来咨所云，其大部分已呈验殆尽，所未验者多系零星小契，试想惟所已验者均系奉公守法之民，其未验者半属观望不前之民，若遽行免除，不独政府信用渐失，为将来推行新政之障碍，抑亦使一般良民同化为观望不前之民，将何以策将来而昭国信？此不可免除之理由二也。基此二理由，本省长实未能依议施行，相应备文咨复暨议会查照①。此咨等因。即经报告大会，经众讨论，以为《验契条例》就法律正轨论，实属不动产移转登记法之性质，其效用为人民确定财产所有权之保证。此次办理验契，其作始不为法律关系，而为财政关系。部员不学无术，藉论搜括、强派各省；各省厅员但知盲从，强派各县；各县自顾考成，不问人民之疾苦，强派各乡；甚至兵警入室搜索，胥吏因缘为奸，谓为苛政，实非虚语。前此袁氏专政积威之下，呼吁无从，今本会既为人民代表，岂能壅抑不闻？就根本上立言，各县图籍散失已久，欲求登记之确实，必先办理清丈。今舍本治末，其弊已多。况人民于权利之所在，决无甘自放弃之理。即有争讼，其未经呈验证明者，当然不受法律之保障，何必于《验契条例》之中定此不合法理之《罚则》？此本会请免除验契苛罚之理由，而来咨似未明此义者也。至来咨所称二种理由，本会实期期以为不能成立。国家善政固宜普遍，所谓一夫不获，时予之辜，今以弊政而谓前罚后免，为不足以示大公而昭平允，岂必令吾浙人民人人受此弊政之害，而后心安耶？此第一理由之未能成立者也。人民处分私权，除法律特有规定，如放火、决水外，国家本无积极干涉之理。今以验契一端观望不前，国家俱不与以法律上之保障，其所受之罚正不止如《验契条例》所定

---

① 暨，疑为"贵"字之误。

之数，现定《罚则》实为国家干涉人民私权之处分。试问人民有烧毁契据一纸者，是否必加之以罚，正恐国家信用亦无所施，而人民之观望不前，更不必虑。此第二理由之未能成立者也。况如来咨所称，浙省原不悉遵部章办理，何以前次能咨部变通，而此时即不能变通耶？本会全体主张，仍请省长查照本会议案，将验契苛罚亟予免除，实为公便等由。准此，查是项《验契罚则》，前准省议会咨请免除，曾将未能依议施行理由明晰咨复在案。兹准前由，似尚持之有故，惟款关国家收入，系由该厅主管，究竟能否变通办理之处，合行令仰该厅务于三日内悉心妥议具复，以便核咨，勿延，切切。此令'等因，并抄发前咨到厅。奉此，查部定验契办法，其罚则取累进主义，虽为督促投验起见，不免迹近于苛，是以浙省迭请展限，上年又报明大契以二元二角、小契以二角为定价，不再倍罚，另行酌定期限，从轻处罚。嗣据各县纷纷呈请展缓，无不照准。本厅体恤民情，无微不至①，较之他省，验契收价实已减轻多多。今省议会既以苛罚为词，厅长悉心筹议，验契一事，其势已成弩末，大中各户均已验讫，现剩未验者，类皆贫苦小户，与大中户之迟迟未验者，其情形不无区别，拟请自本年二月分起，每验大契一纸，仍收验注费二元二角，小契只收验契费二角，一律免除罚金，以示格外矜恤之意。是否有当，理合呈复核转，并乞指示，俾便转行遵办"等情。据此，除指令如呈办理并饬转行各县一体遵办外，相应咨行贵会，请烦查照。此咨

浙江省议会

浙江省长吕公望

中华民国六年一月十九日

（原载《浙江公报》第一千七百四十三号，一九一七年一月二十五日，三至五页，咨）

---

① 微，底本误作"徵"，径改。

浙江省长公署咨省议会

据财政厅呈送浙省各统捐局捐率及增设巡船表摺请咨省议会由

浙江省长公署为咨送事。

案查前准贵会以"财政厅函送各统捐局设立地点表暨各种捐率说明未见详尽,咨请转令该厅将增设各统捐局地点及捐率增减逐项分别列表详细说明,送会备查"等由,即经令饬该厅查照办理,克日呈送去后。兹据该厅呈复,"查浙省各统捐局增设分局巡船,其理由不外于运道变迁、认捐收回、输纳便利、互相防弊诸端,前于省议会议员沈宏燮质问案内业经明晰声叙在案。惟捐税关系国家度支、人民担负,研究考察不厌其详,用再详稽案牍,将分局巡船列一详细表,其增设理由另具清摺详为说明,庶览者一目了然。至捐率增减,系为增加收入、均平担负起见,从前原定捐率与夫现在通行捐率均经刊有详细表册,不难互证参观。缘奉前因,理合将分局巡船表两纸、清摺两扣,检同原捐率暨现行捐率各两分,备文呈送,仰祈察核转咨"等情,并附呈捐率及分局巡船表摺前来。除指令外,相应备文咨送贵会请烦查照。此咨

浙江省议会

计咨送原捐率二本、现行捐率五本、分局巡船表一纸、清摺一扣。

浙江省长吕公望

中华民国六年一月十九日

（原载《浙江公报》第一千七百四十三号,五页,咨）

浙江省长公署训令第一百六十号

令各县知事准内务部咨国色大香等
十种小说词意猥亵饬属严禁由

令各县知事

六年一月十五日案准内务部咨开,"准教育部咨开,'据通俗教育

会呈称,兹有由本会调查所得之小说十种,其中或翻印旧籍、或托称译本、或刊布新著,而详加审核,其有伤风化、贻害人心,均在应行禁止之列,理合开具清单,连同原书十八册,呈请咨行内务部转饬严禁鉴核施行等因。据此,相应将原书十种暨清单一纸检送,请转饬所属严禁印售,以正人心而维风教'等因到部。查此项小说十种,词意均极猥亵,流传浸广,视听滋淆,贻害世道人心,实非浅鲜。既准教育部咨送前来,自应严禁印售,以绝根株。除分饬外,相应抄录清单咨行贵省长查照,即希饬属查禁,用维正俗"等因,附抄单一纸到署。准此,除分令警务处外,合亟抄发原单,照章刊登《公报》,令仰该知事转饬辖境以内学校、商民人等一体严禁印售,是为至要。此令。(刊登《公报》,不另行文)

计抄发原单一纸。

中华民国六年一月十九日

省长吕公望

附原单

计开

书 名	著 者	出版处所及年月	册 数
国色天香	吴所敬	旧籍,清宣统二年香港书局石印	二
瑶华传	丁秉仁著、尤凤真评	旧籍,民国四年五洲书局石印	一函六册
马屁世界	睡狮	清宣统三年正月鸿文书局	一
野草花	竹溪乐天生、古邢铁冷生	民国四年小说丛报社	一
秽情小说龟生涯	天梦梦天生著、醉翁评	民国五年新华小说社	二

续　表

书　　名	著　　者	出版处所及年月	册　数
牛鬼蛇神之情场	不详	民国五年新华小说社	二
新鸳鸯谱	蒲塘退士著、高屏翰评	民国二年开智社	一
官眷风流史	古邦铁冷著、白田三郎评	民国五年十月小说丛报社	一
姨太太之秘密	爨仙女史著、嫉恶评	民国五年十一月小说丛报社	一
玉楼春	白云道人编、无缘居士评	民国五年十一月上海孟端书庄	一

（原载《浙江公报》第一千七百四十三号，六至七页，训令）

浙江省长公署训令第一百六十五号

令杭县知事将西湖刘祠木主查照原案
克日派员迁入清六臣祠供奉由

令杭县知事

案查西湖刘典祠业于民国元年经浙江临时省议会议决废弃，并议决将刘废祠改为秋瑾祠社，曾由前都督蒋、前民政司褚先后依照议决原案依法公布在案。嗣以刘本铎误会刘祠当时系由刘氏私款建筑，缠讼经年，案悬未结。本省长为慎重祠祀并为保护人民财产起见，业经派委干员一再查勘，并据各员呈复，并证诸刘祠建筑碑记、修理碑记，并无刘氏子孙集资营造之证据。除据情咨部销案外，所有刘祠木主合即查照原案克日派员迁入清六臣祠供奉，以清宿案，仰即遵照办理。此令。

中华民国六年一月十九日

省长吕公望

（原载《浙江公报》第一千七百四十三号，七页，训令）

浙江省长公署训令第一百七十三号

令各警务机关嗣后如须招补缺额应尽先招用退伍兵由

令各区警备队统带、省城警察厅、宁波警察厅、永嘉警察局、各县警所、内河水上警察厅、外海水上警察厅

照得本省征兵现在照章退伍，该项士兵训练有年，足资应用。嗣后各警务机关如须招补缺额，应尽先招用是项退伍兵，以示优异。除分行外，合行令仰该统带、该厅、该局、该兼所长、该处遵照。此令。

中华民国六年一月十九日

省长吕公望

（原载《浙江公报》第一千七百四十三号，七至八页，训令）

浙江省长公署训令第一百七十五号

令财政厅警务处准财政部咨行推行印花不得 徒事摊派仰转饬遵照由

令财政厅长莫永贞、警务处长夏超

案准财政部咨开，"查推行印花，首在民人依法贴用，不得徒事摊派，致滋流弊，节经本部一再申明，并于上年八月间抄录大总统申令通行遵照在案。近查各县知事承办印花，多视为具文，其稍有认真办理者，亦不过延请绅商将认销印花酌量分配，即为了事。至商民之贴用与否，贴用之手续合法与否，全不过问。是以绅商承领之后，整数屯积者有之，贱价发售者有之，人民不知印花为何物，其价值等于公债之有折扣，其性质类于捐款之用分摊，流弊所极，伊于胡底？此皆由各县知事及巡警官吏尚未实心指导所致，应请贵省长令行财政厅长暨警察厅长转饬各县知事及巡警官吏切实劝导，于实行贴用一节，随时注意，务令民间晓然于印花之效用，前项情弊，不再发生。其劝

导得力人员,由该管长官查明报部呈请奖励,如或仍前敷衍并不劝导贴用者,一经察觉,立予处分。除由部随时派员密查具报分别奖惩外,相应咨请查照办理可也"等由。准此,合行令仰该厅即便分令各县知事兼警察所长/处即便转行各警察厅局分饬所属一体遵照毋违,切切。此令。

中华民国六年一月十九日

省长吕公望

（原载《浙江公报》第一千七百四十三号,八至九页,训令）

浙江省长公署训令第一百七十六号

令财政厅警务处准财政部咨行为奸商于发货票上仅开价目
不盖图章藉口小条有意隐税应照印花税法第六条处罚由

令财政厅长莫永贞、警务处长夏超

本年一月十三日准财政部咨开,"查印花为国税大宗,岂容奸商巧为规避,致碍税收。现在各地商号,其依法贴用者固不乏人,访闻奸巧之徒往往于发货票上仅开价目,不盖商号图章,藉口此系小条并非正式单据,遂不贴用印花。此等有意隐税,以视无心漏贴者,情节较重,若非从严科罚,不足以儆效尤。除由部随时派员密查惩办外,应请贵省长转行财政厅暨警察厅长严饬各县知事及巡警人员分投严密侦查,遇有此项奸商,即行依照《修正印花税法》第六条之规定,处以二十元以下十元以上之罚金,并饬知各商会通告各帮董事,以便周知而祛夙弊。相应咨请贵省长查照办理可也"等因。照此,除分行外,合行令仰该厅、该处长转令所属遵照办理,并由县行知各商会通告毋延。此令。

中华民国六年一月十九日

省长吕公望

（原载《浙江公报》第一千七百四十三号,九页,训令）

浙江省长公署训令第一百七十七号

令财政厅准财政部咨行拟于各乡镇酌设印花税
劝导委员酌定办法请转饬遵照由

令财政厅长莫永贞

案准财政部咨开，"查印花税自开办以来，已历数年，虽省会、县城繁盛之区，此项税收稍有头绪，而各县所辖之乡镇地方，迄未一律贴用。推原其故，皆由乡僻之地购买印花既多不便，而员绅之劝导、巡警之检查尤难遍及，种种原因，遂生阻力。本部现为力谋推广起见，拟于各乡镇酌设印花税劝导委员，以策进行而免阻碍。由部酌定办法如下：一、各县所辖之大乡、大镇各设印花税劝导委员一人，其较小之乡镇得合邻近数乡镇设印花税劝导委员一人；二、印花税劝导委员，由各县知事于各乡镇绅耆中择其品行端正、素孚人望者，县署给以委任令，并刊发钤记，随将印花税法令、章程、规则等抄发，令其遵照办理，一面呈报财政厅印花税分处备案；三、印花税劝导委员，得由县署委任其兼办分售印花税票事务；四、印花税劝导委员暂定为名誉职，但该委员领售之票价得援照商会之例，提给百分之七，以资办公；五、印花税劝导委员，于劝导时得散给白话劝告，并准其公布告示，盖用钤记；六、印花税劝导委员，须以和平为宗旨，其属经劝导抗不贴用者，得禀请县知事处以《印花税法》规定相当之罚金；七、印花税劝导委员所纠发之罚金，得按照《罚金执行规则》'民人告发'之例，以五成津贴该委员办公之用、五成解县汇总报解；八、印花税劝导委员每届月终，应将销售票价及应解罚金分别报解；九、劝导得力售票较多之印花税劝导委员，得由县知事奖给匾额，其售票尤为畅旺者，得由县知事呈请财政厅印花税分处呈报本部颁给奖章；十、印花税劝导委员如有藉端讹诈及干涉印花税以外情事，得由县知事追回委任令及钤记，并处以相当之处分。以上各办法相应咨请贵省长迅饬财政厅、各道尹转饬各县知事一体遵照,克日办理,随时将办理情形转咨本部查核可也"等由。准此,合行令仰该厅即便转令各县知事一体遵照办理,仍由厅将各属办理情形随时具报本署,以凭核转毋违,切切。此令。

中华民国六年一月十九日

省长吕公望

(原载《浙江公报》第一千七百四十三号,九至一〇页,训令)

浙江省长公署训令第一百八十六号

令总务科/薛元燕 令为薛元燕以科员存记尽先补用由

令总务科/机要秘书处书记薛元燕

查本署机要秘书处书记薛元燕才具颇优、办事敏捷,堪以科员存记,尽先补用。除令知/注册外,合行令仰该科注册存记/该员知照。此令。

中华民国六年一月十九日

省长吕公望

(原载《浙江公报》第一千七百四十三号,一〇至一一页,训令)

浙江省长公署训令第一百九十二号

令矿商洪沛邬珍准农商部咨送该商探照仰来署领取由

令矿商洪沛、邬珍

查该矿商请探遂安县北区横溪源姜塆山锑/浦江县西乡三都五保塘濮村铅矿,经前民政厅核准,并由本公署转咨核复在案。兹准农商部咨送该商探字第一百六十一/一百六十号探照一纸及矿图三纸前来,合行令仰该矿商知照,迅即备具领状来署领取图、照各一纸,以资执守。再,前民政厅给发该商饬文一道,并仰一并呈缴注销毋延。此令。

中华民国六年一月十九日

省长吕公望

（原载《浙江公报》第一千七百四十三号，一一页，训令）

浙江省长公署训令第一百九十四号

令遂安浦江县知事为矿商洪沛邬珍该县矿业
核准检发审定矿图仰查收存署由

令遂安县知事、浦江县知事

案查矿商洪沛／邬珍请探该县北区横溪源姜塆山锑／西乡三都五保塘濮村铅矿，业经本公署转咨农商部核准填给探照，并由本公署注册在案。为此检发审定矿图一纸，令仰该知事查收存署随时监查。该商务须按照图内实在地域从事试探，毋任逾越含混，切切。此令。

计发矿图一纸。

中华民国六年一月十九日
省长吕公望

（原载《浙江公报》第一千七百四十三号，一一至一二页，训令）

浙江省长公署训令第一百九十六号

令省立甲种工业学校核准山西省长咨拟送学生
十名实习丝织请查明该校能否容纳由

令省立甲种工业学校

案准山西省长咨开，"据农桑总局呈称，'案令开，案准农商部咨开，准浙江省长咨开，准贵部咨，以晋省拟选送学生四名学习丝织，请查明官办或商办各丝织工厂能否入厂练习，并练习情形咨复转咨等因。准此，当经令行甲种工业学校校长兼机织传习所所长许炳坤，将练习情形遵令详细呈复去后。兹据复称，查本省丝织各工厂所用人才，由本校毕业者实居多数，晋省如派人到浙，自可来校实习，以广造就。合将本校艺徒简章及课程表各三份，备文呈送，仰乞俯赐核转施行。再，机织传习所系为改良原有机织而设，学习期间甚短，故非机坊熟手断难教授，与艺徒入学资格不同等情，并附简章、课程表前来。除指令外，相应检同简章①、课程表据情备文咨复查照转咨施行等因到部。查此案前经本部咨复并咨商浙省长在案，兹准浙省咨复前因，相应将原送之简章及课程表咨行查照转令等因，并送简章及课程表前来。合行钞同原件，令仰该总局立即遵照选派合格学生四名呈报本署查核，以凭给咨赴浙学习。此令。计发浙江公立甲种工业学校附设乙种讲习科课程表及艺徒简章各一纸等因。奉此，查简章所列该校共分九科，关于丝织手续实居多数，若仅派学生四名前往学习，则习此失彼，缺点殊多。兹拟选送学生十名分科学习，将来毕业回晋组织工厂，庶可收完全效果。理合呈请鉴核转咨浙江省长查明，该校能否容纳学生十名，咨复到晋，以凭遵办'等情。据此，查晋省选派此项学生原为推广丝织起见，若仅以四名为限，将来艺成回晋，势必供不敷求，可否准如所请，由该局选送十名，俾宏造就。除指令外，相应咨请贵省长查照，希即转令该校查明见复，以便饬遵"等因。准此，合行令仰该校长即便遵照咨开各节确查详复，以凭核转，勿稍延误。此令。

中华民国六年一月十九日

省长吕公望

（原载《浙江公报》第一千七百四十三号，一二至一三页，训令）

浙江省长公署训令第二百七十六号

令警务处为本公署书记柯赓虞张家骥两员
深资得力仰该处以警佐存记由

令警务处长夏超

查本公署书记柯赓虞志趣正大、才具优长，张家骥才识明通、经

---

① 检同，底本误作"检回"，径改。

验宏富,该两员在本公署办公已近五载,遇事勤奋,深资得力,应即以警佐存记,用慰劳勚。合行粘发履历,令仰该处长查照注册,遇有相当缺出,即予提先录用。此令。

计粘发履历二扣。

中华民国六年一月十五日

省长吕公望

（原载《浙江公报》第一千七百四十三号,一三页,训令）

浙江省长公署指令第八百零一号

令平阳县知事

呈一件平阳振中国民校长陈绪芬呈请匀拨杉木学捐由

呈及黏抄均悉。查学期一览表系为考查一般教育现状及编制统计之用,自不能认为经费立案证据。惟是项杉木捐应否归两校匀分,抑应归莒溪一校,自应以当时呈县原案为断。据称两校匀分,曾禀县立案出示在卷,究竟原案如何,仰平阳县知事查明复夺。此令。原呈抄发。一月十六日

计抄发原呈一件。

（原载《浙江公报》第一千七百四十三号,一五页,指令）

浙江省长公署指令第八百六十九号

令委员黄虬

呈一件呈为查复旧金温两属种蔗制糖
地点觅定厂屋并附图摺等件由

呈、件均悉。候另案分别核办。至不敷银十七元二角九分九厘并准随令补发,仰即具领可也。附件均存。此令。一月十八日

附抄件

今将调查旧温属出产糖蔗之情形,谨呈钧鉴。

窃查旧温属种蔗之区,仅有永嘉、瑞安、平阳三邑。永嘉所出之糖为数无多,味酸,性质坚韧。其发达者则以平阳为最,平阳一县尤以南港为盛,北港次之,每年产糖约有八千余担之多,均系各户设灶自制。然南港之糖与北港较,略胜一筹,推厥原因,良以该地与闽省福鼎县相接,气候温和,土质沙性肥松,所种之蔗丛茂硕大,汁量较多,故制造之糖色泽性味优良,为各邑冠。况闽省夙以种蔗制糖称盛,近居之民对于制法尚易耳染目濡,虽知者十九,精者百难择一,苟于该地设法改良,以资仿效,三年而后,则糖业蒸蒸日上可断言矣。

迨其种蔗之法,时在清明后整理园畦,芒种前耕松土壤,栽植蔗苗,施以速效肥料,其上加一寸厚之土,俟苗株繁殖高一尺余,复施粪豆饼之肥,覆以细土,然后每次除草、加高其土。迨至六月间,择其强健者,每丛留二三本,复加其土,使畦成一尺四五寸之高。径至冬至前收获,即行整理制糖手续。其法将糖蔗碾于糖车,所榨之水名之曰缸水,由槽面入木桶后,将蔗水置于锅内徐徐沸煮,至锅面发现黑色污滓以杓去之,加壳灰使变黄色,发细泡得大泡,即为糖之成熟。熟后用杓移入竹篦而冷却之,所谓糖板者是也。然糖粉者,是将冷却之时,用杠杆擂拌之,使其不能凝结成板,即糖粉矣。并将糖车座数及每亩出产数、制工费用开列于后。

平阳　糖车共一百二三十座。

每座制出蔗汁,俗称缸水,多千缸、少三四百缸,平均计算每座可出五百缸,共二万五千缸。每缸出糖数、糖粉与糖板同,上出二十四斤、下出二十斤,平均二十二斤,共五十五万斤。每缸用蔗数,须三百斤。每亩出蔗数,上二十缸、中十五缸、下十缸,平均十五缸,每亩当有四千五百斤,共出七百五十万斤。

制工费用,每缸计算:收研工钱一角,绞汁、制汁一角五分,理查一分二厘,烧火一分二厘,柴六十斤一角八分,以上共四角五分四厘。每亩十五缸,共六元八角一分,出糖三百三十斤,售价十三元二角。

今将调查旧金属出产蔗糖之情形,谨呈钧鉴。

窃查旧金属各县种蔗之区,首推义乌,而以该邑沿江一带为最,其中南乡较东乡尤盛,所种之蔗俗称糖梗,色白味甜,每杆长可六尺。综核全县每年产糖不下三万八千余担,惜农民狃于成见,不知改良,且有无知愚民搀和石粉,以图私利,以致所制之糖色味不佳,销路日滞,甚可惜也。

至种蔗、制糖之法,时在初冬小雪后,将糖蔗连叶带梢掘起,埋藏于地,谓之留种。至来年惊蛰后,将蔗种取出,节节截砍,密排于地,薄覆以砂,谓之下栽。至清明时,蔗秧发芽可二三寸,拔起施种,谓之栽糖;其法,土宜沙质,畦宽二尺余,每糖秧一株为一本,每株距离约一尺五寸许,剧土使密覆细土,略施以人粪尿,然后递次除草,选用肥料,当以柏饼、菜饼为最。至芒种后,蔗干长二三尺,根复发芽,每本可得五六茎,然后加高其土,每棱约一尺余高,以便随时灌溉。迨至立冬后,始行收砍制糖。

其制糖之法,由糖车轧下糖汁流入小缸(俗称缸水),盛以木桶,并不滤去泥沙杂质,遂即倾于锅内沸煮,略加石灰小许,使变黄色,以致污滓甚多,物质远逊于闽。惟每煎一次约二小时许,糖始成熟,熟后用木杓取入木槽,以铁锹频频搅之,使速减热度,其上者再用木碓研擦之,即成糖粉,下焉者成为大块,虽研擦亦无益也。并将糖车座数及每亩出产数、制工费用开列于后。

义乌　糖车共有三百座左右。

每座制出糖汁平均计算,可出糖汁六百六十缸,共十九万八千缸。每缸出糖数平均计算,约制糖粉二十斤,共三百九十六万斤。每缸用蔗数需百八十斤。每亩出蔗数平均计算,可得二十二缸,每亩可得蔗三千九百六十斤,共出三千九百六十四万斤。

制工费用,每缸计算:收砍费、工食并计洋九分,绞糖、制糖费洋一角八分,賞车、賞牛费洋九分,柴七十斤洋二角,以上共五角六分。每亩二十二缸,共十二元三角二分。每亩出糖四百四十斤,售价二十三元之谱。

（原载《浙江公报》第一千七百四十三号,一五至一七页,指令）

浙江省长公署指令第八百九十五号

令高等检察厅长陶思曾

呈一件前永康管狱员吴鼎呈凶犯应金林保释

一案保人翁如玉无故牵涉请核示由

呈及抄件均悉。查监犯是否有病,管狱员有据实报告之责。此次应金林假病保释,旋即脱逃,该前知事吕策不问虚实,遽予核准,固有不合。该员管理狱务,耳目甚近,该犯是否真病,岂竟毫无觉察?况保人翁如玉前在杭县地方检察厅讯供,牵涉该员处甚多,断非一纸空文所能诿卸,应仍遵照前令赴案候质,毋得藉延。仰高等检察厅转行遵照,并将保人供词抄给阅看。此令。呈抄发,抄件存。一月十九日

（原载《浙江公报》第一千七百四十三号,一七至一八页,指令）

浙江省长公署指令第八百九十六号

令平湖审检所

呈一件补送已决盗犯干同生供判由

呈、件均悉。察核供、判,字迹多模糊,不易辨认,殊欠郑重,仰再另缮一份呈候查核。此令。供、判存。一月十九日

（原载《浙江公报》第一千七百四十三号,一八页,指令）

浙江省长公署指令第九百四十一号

令天台县知事

呈一件天台公民张逢镳等为田赋混淆

请求饬县清丈以除积弊由

呈悉。黄岩县清丈已在着手开办，果有成效，该县自可酌量情形，妥拟章程，呈请仿照办理。仰天台县知事转行该公民等知照。此令。抄发。一月十九日

（原载《浙江公报》第一千七百四十三号，一八页，指令）

浙江省长公署指令第九百四十二号

令财政厅长莫永贞

呈一件平阳县知事为抵补金奉令减收习艺所等

经费无着可否照旧征收请核示由

呈悉。查此次省议会议决回复抵补金法定折价并带征省地方税一案，与该县原有随正带征之特捐本不相关，既称平民习艺所费无所出，自应照旧办理。至征收经费，原定《章程》系以石计，并非以元计，亦应循旧征收，业经咨行省议会查照矣。仰财政厅转饬知照。此令。呈抄发。一月十九日

（原载《浙江公报》第一千七百四十三号，一八至一九页，指令）

浙江省长公署指令第九百五十二号

令吴兴县知事

呈一件为范儒藻拟在吴兴县双林镇

设益大茧行附图结书请核示由

呈、件均悉。该商范儒藻请在吴兴县双林镇地方开设益大茧行，究与新准各行地点有无抵触，仰再将水陆相距里数详细复查核夺。

申请书、图结姑存。此令。一月十九日

（原载《浙江公报》第一千七百四十三号，一九页，指令）

浙江省长公署指令第九百五十四号

令汤溪县知事

呈一件呈复女子蚕业讲习所女生难以选送由

呈悉。查该所招选女子资格，原案并未限定必小学毕业，凡有相当程度者即可入选，如果善为开导，何至应选无人？现距送省日期尚远，仰仍尽力劝导遵选送验毋违，切切。此令。一月十九日

（原载《浙江公报》第一千七百四十三号，一九页，指令）

浙江省长公署指令第九百六十号

令财政厅长莫永贞

呈一件海盐县呈为吴鸿等请设茧行
转呈之件实先张瑞等一日由

呈悉。查张瑞等请在该县开设茧行，所指西塘桥、角里堰两地点，与吴鸿及沈华等相同，该知事均予转呈，殊属取巧，且于张瑞等转呈文内并不叙明已将吴鸿及沈华等转呈在先，本公署当然据张瑞等先到呈文核准。惟前据该知事呈复转据张瑞等择定角里堰设茧行一处等情，当以案经令查尚未核定给帖，现在既据呈明为吴鸿等转呈之件，实先张瑞等一日，则角里堰地方应由吴鸿等请帖设行，仰财政厅照章给帖，并转令该知事将前次发还图结补送到署，并分别转饬知照。此令。一月十九日

（原载《浙江公报》第一千七百四十三号，一九至二〇页，指令）

浙江省长公署指令第九百六十一号

令余杭县知事

呈一件为孙佐芳等请在城区东南一庄设大经茧行由

呈、件均悉。商人孙佐芳等请在该县城区东南一庄开设大经茧

行,察阅补送详图,所标设行地点,与《水陆道里记》附图比较[①],距连坝塘旧有茧行不足二十里,碍难核准,仰即转饬知照。附件发还。此令。一月十九日

（原载《浙江公报》第一千七百四十三号,二〇页,指令）

浙江省长公署指令第九百八十四号

令昌化县知事

呈一件据该县城区第一国民校长戴鸿文呈方镜明侵吞学款由

据呈是否属实,仰昌化县知事查明核办复夺。此令。原呈抄发。
一月十九日

计抄发原呈一件。

（原载《浙江公报》第一千七百四十三号,二〇页,指令）

浙江省长公署指令第　号

令财政厅长莫永贞

呈一件呈为拟请自本年二月分起验契
免除罚金以示格外体恤由

如呈办理。已咨行省议会查照,仰即转饬各县一体遵办可也。此令。一月十九日

（原载《浙江公报》第一千七百四十三号,二〇页,指令）

浙江省长公署批第　号

原具呈人平阳振中国民校长陈绪芬

呈一件呈请匀拨杉木学捐由

呈及黏抄均悉。查学期一览表系为考查一般教育现状及编制统

---

① 道里,底本误为"道路",径改。

计之用,自不能认为经费立案证据。惟是项杉木捐应否归两校匀分,抑应归莒溪一校,自应以当时呈县原案为断。据称两校匀分,曾禀县立案出示在卷,究竟原案如何,仰平阳县知事查明复夺。此批。一月十六日

（原载《浙江公报》第一千七百四十三号,二一页,批示）

浙江省长公署批第一百四十一号

原具呈人秋社徐自华等

呈一件准予撰记树碑并令杭县迁刘典木主由

呈悉。查西湖刘果敏祠既已查明系由公款建筑,自当维持议会议决旧案,永归秋社之用。所请撰记、树碑并令知杭县知事将刘典木主迁入清六臣祠供奉等情,准予照办。此批。一月十九日

（原载《浙江公报》第一千七百四十三号,二一页,批示）

浙江省长公署批第一百四十三号

原具呈人於潜谢景伯

呈一件为在昌化株柳镇设立茧行请饬县呈报由

呈悉。该商拟在昌化县株柳镇开设锦华茧行,业据该县知事呈明,所指地点与方成壁所指颊口镇设行地点抵触,该商手续完备既较后,自难核准所请,令行呈报之处,应毋庸议,仰即知照。此批。一月十九日

（原载《浙江公报》第一千七百四十三号,二一页,批示）

浙江省长公署批第一百四十七号

原具禀人余姚胡正表等

呈一件禀请饬委清丈灶地一案续请委员组织会丈由

禀及粘抄均悉。是案既经财政厅分令余姚县场详细查核在案。应仍候该县场调查明确,由厅察办,所请派员会丈之处,应毋庸议。

此批。黏抄附。一月十九日

（原载《浙江公报》第一千七百四十三号，二一至二二页，批示）

浙江省长公署批第一百四十八号

原具呈人绍兴凌凤祥等

呈一件为仍拟举骆汉雄为正谊校董将孟子香撤退由

查是案业经令县查复在案，该校董应否撤换，俟复到核办，所请应毋庸议。此批。一月十九日

（原载《浙江公报》第一千七百四十三号，二二页，批示）

浙江省长公署批第一百四十九号

原具呈人缙云范式其等

呈一件为正本校产一案递禀省委毫无影响由

查该委员系视察林场并非调查本案，据呈殊属误会，仰即知照。此批。一月十九日

（原载《浙江公报》第一千七百四十三号，二二页，批示）

浙江省长公署布告第一号

查民国三年前巡按使公署于海宁县属之长安镇、崇德县属之石门湾、吴兴、德清、嵊县五处设立模范缫丝厂各一所，现经省议会议决招商承办，并由本公署将议决《浙江省模范缫丝厂招商承办规则》于本年一月十一日刊登《浙江公报》公布在案。为此布告各商民知悉，如愿应招承办前项缫丝厂者，即遵《规则》所定办法径呈本公署核办可也。特此布告。

中华民国六年一月十九日

浙江省长吕公望

（原载《浙江公报》第一千七百四十三号，二二页，布告）

浙江省长公署训令第一百九十九号

令瑞安县知事准内务部咨该邑请拨给县城
丰积仓旧址设立模范桑园应照准由

令瑞安县知事

案准内务部咨开，"前据瑞安县知事李藩呈报，就县城丰积仓旧址设立模范桑园，并绘送图说前来，经以'该地所有权图中未据注明，令仰补查具报在案。兹据呈称，丰积仓系前清贮存南米之所，今已废弃无用，属于官有等情。查模范桑园系前按署通饬筹设，原为振兴蚕桑起见，该仓现既废弃无用，且已着手种植，应请准予照拨。惟事关官产，除分咨财政部外，检同图说一份，咨请查核照准，并希见复等因到部。查浙省各县因筹设模范桑园，请拨官有地基者，历经本部核准拨用有案，此次瑞安县知事所请拨给县城丰积仓旧基，事同一律，自应准予照拨，俾便进行。除咨财政部外，相应咨复查照可也。此咨"等因。准此，合亟令仰该知事遵照。此令。

中华民国六年一月十九日

省长吕公望

（原载《浙江公报》第一千七百四十四号，一九一七年一月二十六日，三页，训令）

浙江省长公署训令第二百零二号

令原任崇德县知事开去原缺另候任用由

令原任崇德县知事汪寿銮

照得该知事应调省另候任用，除将该县代理知事改为署理，另令饬遵外，合即令仰该知事遵照。此令。

中华民国六年一月十九日

省长吕公望

（原载《浙江公报》第一千七百四十四号，三页，训令）

浙江省长公署训令第二百零五号

令委钱崇润为公立医药专门学校校长由

令钱崇润

案查公立医药专门学校校长韩清泉因病辞职,业经照准在案。遗缺查有该员堪以接充,合行填发任命状,仰即遵照前往接替具报。此令。

计发任命状一件。

中华民国六年一月十九日

省长吕公望

(原载《浙江公报》第一千七百四十四号,三至四页,训令)

浙江省长公署指令第八百九十九号

令於潜县知事

呈一件为送古物调查表由

来表尚属明晰,应准汇案转咨,仰即知照。表存。此令。一月十九日

浙江省於潜县古物调查表
浙江省於潜县古物调查表第一类建筑

名　称	时代	地　址	保　管	备　　考
古越王城	夏代	县东十五里	仅存遗迹	后汉时更名平越城,今地名平越村。
紫溪城	唐	县南川前乡	仅存遗迹	唐垂拱二年分县时筑,今地名城后村。
古城	隋	县北	遗迹尚存	相传杨素筑,今毁。

续　表

名　称	时代	地　址	保　管	备　考
千秋关	后五代	县西北五十里	由公家保管	接安徽宁国县界,为於潜北门之关隘。
西关	明	县东北	由公家保管	下通翔凤林,明英宗时御山寇筑此,达安吉、孝丰县界。
豪迁关	宋	县北五十里	由公家保管	达宁国、孝丰县界,为东北屏障。
祈祥塔	明	县南五里官堰山	由公家保管	明崇祯六年教谕沈在宥、邑绅张恒岳等捐资建筑。
凌云塔	清	县南官堰山	由公家保管	清嘉庆五年建,训导张燮记。
浮溪惠众桥	宋	县西二里	由公家保管	又名步溪桥,历代时毁时建,今仍旧。
禅源寺	元	县北天目山	由僧方丈印圆保管	旧名双清庄,清改为禅源寺。
寂照教寺	唐	县南绿筠坪	由里人立会保管	清咸丰年间邑人募捐重建,并置田立会,以供香火。
东平忠靖王庙	唐	县西太阳村	由里人保管	祀唐睢阳张巡公。
普照寺	宋	县北四十五里	由里人雇住持保管	祀宋龙图阁学士包孝肃公,清同治年间重建。
照旌庙	宋	县北天目山	由住持保管	祀天目山龙神,即古至道宫。
社稷坛	宋	县西	由公家保管	坛制东西二丈五尺,南北如之,高三尺。
文昌祠	清	县南绿云坪	由公家保管	向附学宫内,清光绪年间邑令丁良翰偕邑绅捐资改建于绿筠坪。
净胜院	唐	县南六十里	由住持保管	旧名靖胜院,清光绪年间住持僧行导募捐重建。

浙江省於潜县古物调查表第二类遗迹

名 称	时 代	地 址	保 管	备 考
牧亭侯墓	汉	县南独角山	由公家保管	相传汉何腾破黄巾,挈家渡江至於潜乡居,诏封牧亭侯,卒葬于是。
关中侯墓	晋	县东东山坞	同前	清道光中,于县廨掘得古砖,文曰"咸康二年关中侯",或即此墓砖也。
何史君墓	晋	县东南阳山	同前	
翔凤林	未详	县北天目山	同前	天目山顶有霜木,皆自数百年树,谓翔凤林。
狮子岩	未详	县北	同前	岩首崭然昂起,如狻猊状。
千丈岩	未详	县北	由公家保管	在狮子岩下,壁立千仞,俯视胆悸。
皇天屏	未详	县东	同前	以山为屏,山巅碧云回合,烟雾迷空。
天柱石	未详	县北天目山顶	由禅源寺保管	镌有"天下奇观"四字。
绿筠轩①	宋	县东金鹅山	由公家保管	宋苏东坡行县时题名建此,清光绪时由邑绅改建。
此君轩	宋	同前	同前	轩在绿筠轩东。
王柱峰	未详	县北天目山	同前	围二十余丈,高倍之,编梯可涉,得俯睇钱塘江。

浙江省於潜县古物调查表第三类碑碣

名 称	时 代	地 址	保 管	备 考
黄山堰水利碑	清	县署内	由县署保管	有邑进士章国佐记。
李梅庭留题碑	清	县署堂右	同前	

---

① 绿筠轩,底本误作"绿云轩",据文意并下栏"备考"改。

续　表

名　称	时　代	地　址	保　管	备　考
迎恩坊	清	县西观政桥	由公家保管	邑令汪燮建。
攀桂坊	清	县南川前乡	由里人保管	为举人潘锡立。
尊经碑	清	县东学宫	由公家保管	创建尊经阁碑记,训导张燮撰。

浙江省於潜县古物调查表第四类植物

名　称	时　代	地　址	保　管	备　考
紫潭双松	未详	县北三十里	由乡人保管	相传汉天目先生憩息处。
古梅	明	县署内	由县署保管	本大盈抱,高五六丈,花时望如雪峰。
古槐	未详	县南六十里横山桥	由乡人保管	大数抱,中空,又生一树,大亦盈抱,乡人称曰树中树。
古牛筋树	明	县西十里	由方氏宗祠保管	树荫十亩,根蟠里许,严冬不凋。
古青檀	未详	县北绍路村	由公家保管	本大十围,中空,重荫如盖,高百尺,居人作石阑筑亭于侧。
雨立松	未详	县北莲花峰	同前	有虬松偃屋如盖,前代邑令避雨其下,因名。
霜木	明	县北天目山顶	由禅源寺保管	树生天目山极高峻岭,冬夏不枯。
悟道松	未详	县北天目山	同前	大五围,树甚苍古,枝干悉成龙形。

（原载《浙江公报》第一千七百四十四号,六至八页,指令）

浙江省长公署指令第九百三十三号

令财政厅长莫永贞、烟酒公卖局萧鉴

　　呈为查复汪湘舲禀控陆海雯舞弊一案情形由

据呈已悉。此令。一月十九日

　　　　　（原载《浙江公报》第一千七百四十四号，八页，指令）

浙江省长公署指令第九百九十九号

令高等检察厅长陶思曾

　　呈一件呈送五年十二月分刑事诉讼案件月报表由

呈、表均悉。仰仍督饬厅员迅将未结各案上紧清厘，毋任稽压。

此令。表存。一月十九日

刑事诉讼月报表　民国五年十二月分　　　**浙江高等审判厅**

案件	总　数			已　结						未　结	
	旧受	新收	计	送审	发还	移送他管	其他	中止	计	调查	计
控诉	一〇	二七	三七	三〇	三	二			三五	二	二
上告	四	九	一三	二		五			七	六	六
覆判	六	二五	三一	二七					二七	四	四
其他之事件		六	六	一	三	一			五	一	一
计	二〇	六七	八七	六〇	六	八			七四	一三	一三
备考	查上告栏移送他管五件，系呈送总检察厅核办之件。合并声明。										

　　　　　　　中华民国六年一月十日

　　　　　浙江高等检察厅检察长陶思曾

统计主任书记官来复吉

（原载《浙江公报》第一千七百四十四号，八至九页，指令）

浙江省长公署指令第一千号

令高等检察厅长陶思曾

呈一件余杭知事成健呈请将罚俸银暂缓扣支由

呈悉。该知事既已交卸办理交代，所有任内款项均应照数移交。所请将此项罚俸银洋俟假满回任时再行扣支之处，未便照准，仰高等检察厅分别转行该知事暨代理知事知照，并咨财政厅查照。此令。呈抄发。一月十九日

（原载《浙江公报》第一千七百四十四号，九页，指令）

浙江省长公署指令第一千零二十八号

令瑞安县知事

呈一件呈复显佑庙产互控一案请令遵由

既据呈称此项庙产收归自治办公处暂行保管，并不另行支薪，且仍照向来办法办理，于庙仓、学校各方面均可藉以维持，并与《保护寺产条例》亦不违背，应准照办。惟须接收各款，饬由该自治办公处详晰清算，不得稍有含混，以免再启争端。至陈珍生、林传绶等不用通行之名，及非居住本隅各节，均属有意纷扰，本应深究，惟现在案已断结，姑予从宽免议。其余如隐匿涂租、透支仓款等事，既据声称业经审检所分别受理，应速依法解决，毋稍迁延。除录案咨请内务部查照外，仰即遵照办理。原卷六宗发还。此令。一月十九日

（原载《浙江公报》第一千七百四十四号，九至一〇页，指令）

浙江省长公署指令第一千零三十号

令原蚕种制造场场长姚永元

　　呈一件据呈冬期农闲请予派员讲演以资劝导由

呈悉。该场派员讲演,准予照办,所有川旅各费即于前领讲演经费内核实支销,仍将出发讲演日期、地点及讲稿随时转报备查。此令。一月十九日

附原呈

呈为冬期农闲请予派员讲演以资励导事。

　　窃本场派员讲演一案,前奉前民政厅长王批:"呈悉。查派员讲演原为改良蚕业起见,现在各处既属蚕忙,无暇听讲,自应从缓。所余经费即由场暂行存储,俟算后汇缴可也。此缴"等因。奉此,遵即从缓在案。现值各地冬期农闲,正可讲演,以资劝导,拟请仍派周继先、石传礼、何思逊、黄荫椿四人分往杭、嘉、湖、绍各属为讲演员,所有薪旅各费,并拟以五年度余剩经费充用。是否可行,理合备文呈请钧署指示遵行。谨呈。

　　　　（原载《浙江公报》第一千七百四十四号,一〇页,指令）

浙江省长公署指令第一千零三十三号

令长兴县知事

　　呈一件为周凤墀试办碾米机器兼电灯厂请察核由

呈悉。该商拟设碾米机器及电灯厂,事实可行,惟既系股分有限公司,应遵照《公司条例》等及电灯公司应完各种手续办理。所请先行试办之处,应毋庸议。仰即转行知照。此令。一月十九日

　　　　（原载《浙江公报》第一千七百四十四号,一〇至一一页,指令）

浙江省长公署指令第一千零三十四号

令汤溪县知事

呈一件遵送陈康泰罗埠镇泰和茧行保结申请书由

查该商所送保结,系对于县知事具各结内仅注"双灶"字样,并不明定灶数,未免含混,申请书亦无灶数,均属不合,仰即转饬另具送核。附件发还。此令。一月十九日

（原载《浙江公报》第一千七百四十四号,一一页,指令）

浙江省长公署指令第一千零四十三号

令常山县知事

呈一件为据呈筹修球川地方沿溪长堤并拨款补助情形由

呈、件均悉。该县球川长堤工程果于农田水利有关,自应速筹修筑。惟所需工款数目及计算方法,呈称与表列不符,其已募捐款银二千一百零五元,如何募集亦未据详晰声叙,应再详细查复。拟拨补助款项,并俟复到再行核夺,仰即知照。来件暂存。此令。一月十九日

（原载《浙江公报》第一千七百四十四号,一一页,指令）

浙江省长公署指令第一千零四十六号

令桐乡县知事

呈一件为查复金昌运请在濮院镇设同昌茧行情形由

呈悉。该商金昌运请在濮院镇开设同昌茧行,前已建屋、筑灶,与他商仅择有设行地点者情形较有不同。既据称与新准庙簰地方洪盛茧行距离不及二十里,如欲变通办理,应饬该商与洪盛行商龚启祥自行协议迁让,或并办,会呈到县,转呈核夺,仰即遵照。此令。一月十九日

（原载《浙江公报》第一千七百四十四号,一一页,指令）

浙江省长公署指令第一千零四十七号

令新昌县知事

呈一件为商民吕国华等请试办硝厂附送清摺请转咨由

呈、摺均悉。查诸暨县商民翁寿彭等请在暨邑设厂制硝，当经批示，并据情转咨核复。嗣准督军署咨复，有"煎炼土硝，有裨实业，事本可行，惟关系军火原料，若不严为限制，任意煎炼，殊不足以昭慎重。兹拟于产硝处所，每县准设煎炼硝厂一所，须先将提炼硝样呈送本署试验，如果合用，再由本署填给执照，准予开办。惟所提硝斤不得私自售卖，须由军械局核定价目，随时收买，以防流弊"等语。该商等所请，事同一律，自应遵照办理，仰即转饬知照。清摺发还。此令。一月十九日

（原载《浙江公报》第一千七百四十四号，一二页，指令）

浙江省长公署指令第一千零四十九号

令财政厅长莫永贞

呈一件据昌化县为商民方成璧请在颊口镇
设振泰茧行附图结书请核示由①

呈、件均悉。商民方成璧请在昌化县颊口镇地方开设振泰茧行，既据请手续完备在谢景伯之先，地点亦较合例，应予照准，仰财政厅查照填帖发县转给。抄呈连同申请书并发，图结存。此令。一月十九日

（原载《浙江公报》第一千七百四十四号，一二页，指令）

浙江省长公署指令第一千零五十二号

令杭县知事

呈一件据呈复造林树株覆点情形绘图送核由

呈、图均悉。察阅来图，仅具各山形势，未将各山四至距离、弓数

---

① 设，底本脱字，据文意补。

查丈填注,既欠明白切实,所称成活苗木数目,核与前据实业科长查复之数相差尚远,应再补行查明,另绘详图呈候核夺。至钱主任既于八月间离职,薪水自应停支,仰即知照。来图暂存。此令。一月十九日

（原载《浙江公报》第一千七百四十四号,一二页,指令）

浙江省长公署指令第一千零五十三号

令天台县知事

呈一件据呈补绘林场地图并另筹补救办法由

呈、图均悉。察阅来图,于亩分四至尚欠填写明晰,应再督饬补查填注呈候核办。至前种苗木,据称半因天旱枯萎,半被人民糟蹋,拟于来春购秧补种,招佃保管,自属紧要。惟购秧补种各费,计需若干,应先切实预算列摺呈候察核,将来在何款开支,俟预算数目呈报到署再行察核,指令遵行,仰即知照。图发还。此令。一月十九日

（原载《浙江公报》第一千七百四十四号,一二至一三页,指令）

浙江省长公署指令第一千零五十六号

令嘉善县知事

呈一件据呈为造送调查实业报告书并附县图由

据呈已悉。察阅报告书,关于民食一项,以何项为大宗,有无杂粮补助,既未据详晰声叙,书末结论又付阙如,殊属不合,仰即遵令查明另摺详细呈复核夺。图及报告书姑存。此令。一月十九日

（原载《浙江公报》第一千七百四十四号,一三页,指令）

浙江省长公署指令第一千零五十七号

令德清县知事

呈一件为张鼎等请在新创办电灯公司请核转给照由

呈、件均悉。查前据吴兴陆亦郊以县署取消前准办理电灯公司

一案不服处分,到署提起诉愿,当以应俟该县具辨明书、检送卷宗再行决定在案。其诉愿案未决定以前,未便率予核转,仰即知照。件姑存。此令。一月十九日

（原载《浙江公报》第一千七百四十四号,一三页,指令）

浙江省长公署批第一百四十六号

原具呈人胡钦海

呈一件呈为拟办制靛工厂请拨给官股由

呈、件均悉。改良土靛,挽回利权,所陈殊堪嘉尚,请予息借官股之处,自应照准。惟有否的款可以拨借,仰候令行财政厅核议复夺。此批。一月十九日

附原禀

具禀人:胡钦海,年三十二岁,永康县三十里坑人,现寓杭城扇子巷二十八号门牌。

禀为发明制靛新法恳请息借官股设立工厂以竟全功事。

窃民居住之乡向为产靛之处,每年产额约值数万元。自洋靛油畅行以后,山靛销路日为所夺,种靛之家逐日减少,至近数年间,降而为二三千元矣。于是社会生计日见困难,合乡饥民寒满目①。区区一洋靛油耳,致令僻处山坳之数千人胥其害②。商战之烈如此如此,可痛也,亦可耻也。民家世以靛为业,受其影响,以折阅故,不得不舍而之他。维于制靛情形知之甚悉,日思改良方法,俾制成之靛,得与洋靛油抗衡。因博求理化、农学、实业诸书,研究靛青之物质及其成分,复就制靛之旧法加以实验的思考,恍然大悟,有所发明。即于去年种靛七亩,至收获时行种

---

① 饥民,疑为"民饥"互乙。
② 胥其害,"胥"下疑脱"受"字。

种试验,结果制成之靛,在附近地方为从前所未有,在永康一县为现今所未有,虽不能与洋靛油并驾齐驱,要有四五分之成功。惟去年制靛时所用靛池、器具等项皆系旧物,不适于用,成功本难完全,故拟于今年筹集资本设立工厂,为正式的试验,为充分的改良,共需资本七千余元,现止筹得五千余元,尚属不敷设置。伏查武林铁工厂等因筹款无多,皆拨官股以为补助。为此援案恳请息借官股二千元,以利进行而竟全功。伏乞省长察核批准施行。谨禀。

计呈送说明书一份、靛样一瓶。

谨将制靛说明书缮呈鉴核。

（一）从前旧法

山靛为草本植物,未制造以前曰靛草,已制造以后曰靛泥。坎地为圆池,曰靛池。池满盛清水,浸以靛草数百斤,过三四日,曰靛草,腐烂曰靛滓,其水变为绿色,曰绿水,捞净靛滓,以消石灰化于绿水中,曰放灰。当放灰时,绿水上起有大小不一五色皆备之浮沤,放灰者视浮沤至若何状态则止。然后用木耙极力搅拌之,约二小时后静置之,则沉淀为靛泥。放灰过多,靛泥蓝而白,放灰过少,则不能沉淀,而以褐红色带有光辉者为良,故善放灰者一乡中无过一二人。然即善放灰者,亦不能保其必良也,以其手段拙力也。

（二）改良新法

按靛草浸于清水中起发酵作用,变为绿水时,绿水中含一种炭水化合物。此化合物含两个原子团,其一原子团为有机酸,其一原子团带盐基性,当加以消石灰时（钙轻二养二）,其钙与酸性原子团化含而融解于水,其轻养及空气中之养气与盐基性之原子团化合,则沉淀为靛泥也。本此假定行种种试验,结果绿水与消石灰之比例以千分之三者为良,呈电之靛样即本此比例所制成者也。维制造时于水质比重、温度皆宜加以注意,兹不赘。

（三）计划预算

种植山靛比较谷类为难于保种,靛种系取本年之靛梗埋藏土中,至来年二月取出种之,从前旧法易至腐烂,故得种颇难。种法、施肥等项非大加研究,即能改良制法,亦不能振兴,终必为洋靛油所灭。故拟立工厂种靛两百亩,为种种试验之原料,又置造新式靛池六十口,他项器具称是,保藏靛种房屋一所,储藏靛泥房屋一所。各项预算如下:

种 类	金 额	说　　　明
种靛两百亩	五〇〇〇	每亩种子费五元,肥料六元,人工八元,田租六元。
靛池六十口	九〇〇	每口十五元。
他项器具	二〇〇	
房屋两所	三〇〇	
工资	五〇〇	
石灰	三〇〇	
共计	七二〇〇	

（四）息借办法

（一）年利七厘;

（二）分三年偿还,第一年还利,余二年平均还本;

（三）觅杭城殷实商号担保。

（五）工厂简章

第一条　定名。研究改良山靛之制法、植法及保种法,故名三良工厂。

第二条 职员。厂长一人,不支薪水;工役若干人,由厂长雇用之。

第三条 股分。先招优先股一百五十股,每股五十元。

第四条 利息。官利周年七厘。

红利之分配如下:

厂长四成,厂长系发明者,故受权利独优。

股东四成,权利似乎稍薄,维此事获利颇厚,就去年成绩比例即得四成,亦有二分以上之利也。

工役一成。

公积一成。

(原载《浙江公报》第一千七百四十四号,一四至一七页,指令)

浙江省长公署批第一百五十号

原具呈人缙云李蔡英等

呈一件为正本校租纠葛一案由

已于丁永福呈内批示矣。此批。一月十九日

(原载《浙江公报》第一千七百四十四号,一七页,指令)

浙江省长公署批第一百六十号

原具呈人倪培芝

呈一件为承办第一模范丝厂附具保结请备案由

呈、结均悉。该商既拟承办第一模范缫丝厂,其设厂详细计画未据一并拟呈,无凭核夺。事关拨借官款,碍难率准备案。再,各模范缫丝厂现有丝车二十架,并仰知照。保结发还。此批。一月十九日

(原载《浙江公报》第一千七百四十四号,一七页,指令)

浙江省长公署批第一百六十一号

原具呈人海宁王馀庆等

呈一件为奸商请于金石墩等处违例开设茧行请撤销由

呈悉。查海宁县斜桥地方并未准有茧行,至金石墩距富贵桥确在二十里外,惟距新准久成茧行较近,迭经令县查复在案。俟复到再行核夺,仰即知照。此批。一月十九日

（原载《浙江公报》第一千七百四十四号,一七页,指令）

浙江省长公署公函

公函省教育会准部咨送公文程式由

径启者。案准教育部咨开,"准四川省长电开,请将学界对于行政界行文程式分别核复等因,并准江西省长咨开,请核示道尹、县知事与辖境师范、中学各校互相行文,应用何种程式等因先后电咨到部。准此,查学校对于官署互相行文未经明订程式,不足以昭划一。兹经由部分别规定,除分咨外,相应附钞程式咨请查照,并转行所属各官署各学校知照"等因,并附公文程式到署。准此,除分令外,相应照录程式函请贵会查照。此致

浙江省教育会

中华民国六年一月十九日

（按公文程式见"训令"门）

（原载《浙江公报》第一千七百四十五号,一九一七年一月二十七日,三页,公函）

浙江省长公署委任令第　号

令委刘传第充本署教育科书记由

令刘传第

查本署机要秘书处一等司书刘传第勤慎办公,尚无贻误,堪以升

充本署教育科书记，以资激劝。合行填给委状一纸随文并发，令仰该员祗领即日到科办公，恪慎将事，毋负委任，切切。此令。

中华民国六年一月　日

省长吕公望

（原载《浙江公报》第一千七百四十五号，四页，训令）

浙江省长公署训令第一百九十五号

令各属准教育部咨学校官署互相行文程式由

令各县知事、省立各学校及师范讲习所、省城私立中等以上各学校、各省视学

案准教育部咨开，"准四川省长电开，请将学界对于行政界行文程式分别核复等因，并准江西省长咨开，请核示道尹、县知事与辖境师范、中学各校互相行文，应用何种程式等因先后电咨到部。准此，查学校对于官署互相行文未经明订程式，不足以昭划一。兹经由部分别规定，除分咨外，相应附抄程式咨请查照，并转行所属知事查照转行所属各官署、各学校知照"等因，并附公文程式到署。准此，除分行外，合就照录程式令仰该知事转行各校、会暨视学/校/所一体/视学知照。此令。

附钞公文程式一件。

中华民国六年一月十九日

省长吕公望

学校官署互相行文程式

各地方设立之学校对于主管官署行文时，用呈；

主管官署对于直辖学校行文时，用令；

例如县立学校对于县公署，省立学校对于省公署，联合县立学校对于道公署等。

不相隶属之各官署学校公文往复时，用公函；

例如国立学校对于省公署,省立学校对于道、县公署等。

视学与各学校行文时,用公函;

视学对于隶属各官署及上级各官署行文时,用呈;

省、县教育会对于省、县公署行文时,用呈;

省、县公署对于省、县教育会行文时,用公函;

省、县公署对于省、县教育会有所陈请时,用批。

(原载《浙江公报》第一千七百四十五号,四至五页,训令)

浙江省长公署指令第九百一十七号

令警务处长夏超

呈一件呈送警备处编制表由

呈、表均悉,候即咨转可也。此令。一月十九日

并送附件(已见上年八月九日本报"饬"门)。

(原载《浙江公报》第一千七百四十五号,九页,指令)

浙江省长公署指令第一千零六十二号

令遂昌县知事

呈一件据呈设立模范养蚕场并推广种桑办法由

呈、表均悉。该县推广植桑经费核准于公益费项下支给,所拟变通办法亦准照行。惟查模范养蚕场预算表未将收入预算一并开列,尚欠切实,应再详细预算补行,列表连同《章程》呈候汇核办理,仰即知照。来表暂存。此令。一月十九日

(原载《浙江公报》第一千七百四十五号,九页,指令)

浙江省长公署指令第一千零六十三号

令余杭县知事

呈一件为潘士邦请将古城准设之茧行移设黄湖由

呈、件均悉。该商潘士邦请将古城准设之茧行移设黄湖,既据补

完手续,应予照准。仰即转饬备具申请书送县录报财政厅给帖。件存。此令。一月十九日

（原载《浙江公报》第一千七百四十五号,九页,指令）

浙江省长公署指令第一千零六十四号

令德清县知事

呈一件为金凤苞张醉经等请开茧行同一地点请示遵由

呈悉。查各商请设茧行应以遵照公布例呈请及手续完备到县日期在先者为转呈与否之标准,张醉经等手续完备如在金凤苞之先,则金凤苞续呈当然无效。惟该县新市地方距吴兴千金乡新准茧行不及二十里,所请仍毋庸议,仰即牌示知照。此令。一月十九日

（原载《浙江公报》第一千七百四十五号,九至一〇页,指令）

浙江省长公署指令第一千零六十七号

令常山县知事

呈筹拨各区模范桑园经费请核准由

呈悉。该县推广模范桑园经费请在公益费项下支给,事属可行,惟每园需用细数应先切实预算呈候核夺。此令。一月十九日

（原载《浙江公报》第一千七百四十五号,一〇页,指令）

浙江省长公署指令第一千零六十九号

令省立第三苗圃

呈一件送五年度收入副产清册由

呈、册均悉。查六年一月起省立各苗圃经费已改归省地方实业费内支出,此项收入之款应连同十二月份所存余款一并解交本署核收,以清界限,仰即知照。册存。此令。一月十九日

（原载《浙江公报》第一千七百四十五号,一〇页,指令）

浙江省长公署指令第一千零七十一号

令定海县知事

呈一件为遵查沈家门镇依法应设商会请示划分区域标准由

查设立商会应以便利商民为前提,沈家门附近各乡商人愿在该镇商会注册,则划分该会管辖自无不合,县城商会如敢违抗部令,不与沈家门镇商会协议,其挟有私心,不顾商情,已可概见。惟该知事又有节经协议未经解决之词,究竟已否协议及实情若何,仰仍明白声复候核。此令。一月十九日

(原载《浙江公报》第一千七百四十五号,一〇至一一页,指令)

浙江省长公署指令第一千零八十九号

令泰顺县知事

呈一件呈解教育公报费由

查《教育公报》原定简章系以十二册为一年,不以月计,部文本甚明了,各县解缴此项报费应统年缴齐,不得参差截算,亦经本公署通令在案。来呈自民国四年三月起算,殊属错误,除将来银两元一角七分内,以一元二角四分作解第二年报费,以九角三分归入第三年报费计,尚短解第三年报费银三角一分,应仰克日补解本署,以凭并转,毋再延误,切切。此令。一月十九日

(原载《浙江公报》第一千七百四十五号,一一页,指令)

浙江省长公署指令第一千零九十二号

令天台县知事

呈一件义务教育程序内调查册表由

呈、件均悉。查调查表内经费项下其他物品为各校所通有,何以此项价格未据查填事项册?县教育费与经费表,以校别为主体者分

类各异;且表列经费系限于学校一项,范围亦不尽同,据称收支数已填表内,殊属误会。又,漏去县税小学费一款,县教育机关漏去县立学校一项,学区分划及区教育费之筹集,仅叙分区情形,未将筹集教育费状况叙述。且以上三项,均不叙明将来状况,学校及经费比较表不附在事项册后,亦属错误。原件发还,仰再查照原颁说明分别详细查明改造送核毋延。此令。一月十九日

计发还册、表两本。

(原载《浙江公报》第一千七百四十五号,一一页,指令)

浙江省长公署指令第一千零九十六号

令上虞县知事

呈一件为查复戏捐移充学费于警费无碍由

应准如呈办理,仰即知照,并录报警务处查照。此令。一月十九日

(原载《浙江公报》第一千七百四十五号,一一至一二页,指令)

浙江省长公署指令第一千一百一十号

令义乌县知事

呈一件据金梓福等呈烈塘校长金品三
朦县提拨关王庙庵产由

是案详情如何,仰义乌县知事查复核夺。此令。原呈抄发。一月十九日

(原载《浙江公报》第一千七百四十五号,一二页,指令)

浙江省长公署指令第一千一百零一号

令奉化县知事

呈一件为呈送五年十二月及本年一月份讲稿请察核由

呈、稿均悉。十二月份讲稿大致尚妥,姑准备案。一月份讲稿修

正随文发还,仰即转发遵照讲演,仍缮清三份呈候分别备案转咨。至该讲演员周遂初已病故改委,应即将委定讲演员履历取具二份呈候核咨,并仰遵照。一月份讲稿发还,余存。此令。一月十九日

附还一月份讲稿一份。

（原载《浙江公报》第一千七百四十五号,一二页,指令）

浙江省长公署指令第一千一百零五号

令永嘉县知事

呈一件据该县承化镇第五国民校长呈剖
捏名诬控情形请令县查明严办由

呈悉。仰永嘉县知事并案查明具复核办,并转行该校长知照。原呈抄发。此令。一月十九日

（原载《浙江公报》第一千七百四十五号,一二页,指令）

浙江省长公署指令第一千一百二十九号

令汤溪县知事

呈一件为九峰高小校长请通令各县高小学毋得滥收学生由

呈悉。查收受转学生应遵章办理,各学校不得滥收,业于四年九月间经前按署通饬在案。该九峰高小学校学生徐安等十一名,既未领有原校证书,该金华长山、龙游启明各校自不得违章收受,应即由该知事咨明各该县将该学生等饬回原校可也。仰即查照。此令。一月十九日

附原呈

呈为转呈事。

案据县立九峰高小校校长丰之翰呈称,"窃查本校学生徐安等十一名于上年暑假后均未领有本校证明书及在校证书等,自

行转入金华长山高小校、龙游东乡启明高小校,各该校并不查验,亦竟贸然收受。且在本校应升入二年级者,该校骤令升入三年级;本校升入三年级,应于明岁暑假毕业者,该校竟于本年年假时毕业。学生年级骤进,程度不向可知①。查民国三年十二月教育部第五十六号公布《收受转学学生规则令》,均以原校证明书或在学证书为准,无非为防杜朦混、慎重学章之故。煌煌部令,在学生容有未知②,岂该校办学各员亦有未睹,乃竟视若弁髦,罗致学生有如奇货,倘邻县各校一体效尤,教育前途何堪设想? 校长为遵守部章、整肃校风起见,拟请钧署转呈省长通令金华、兰溪、龙游各县转令各高小学校,嗣后收受转学学生务须恪遵部令,毋得稍滥,则学生庶可杜躐等之颓风,学校或可收良好之效果。呈请转呈"等情到县。据此,查学生无故转学,既足以开躐等之门,又足以长叫嚣之习,此风不革,为弊良多。且各学校不问班级任意滥收,亦非设学本旨。据呈前情,除指令外,所有该校长呈请各县高小校毋得滥收学生缘由,可否通令禁止之处,理合备文转呈,仰祈省长鉴核施行,实为公便。谨呈。

（原载《浙江公报》第一千七百四十五号,一二至一三页,指令）

浙江省长公署批第一百五十九号

原具呈人喻雨田

呈一件据呈为遵送更正矿图由

呈、图均悉,仰即备具履历、保结二分,再行呈候核夺。图存。此批。一月十九日

（原载《浙江公报》第一千七百四十五号,一四页,批示）

---

① 不向,疑为"不问"之误。
② 在学,底本下脱"生"字,径补。

浙江省长公署批第一百六十二号

原具呈人嘉兴屠正茂

呈一件为陈景先朦请在小结圩开设茧行请批驳由

呈悉。查此案前据陈景先来呈,业经令县查明具复在案,应俟复到再行核夺,仰即知照。此批。一月十九日

(原载《浙江公报》第一千七百四十五号,一四页,批示)

浙江省长公署批第一百六十三号

原具呈人陈铭

呈一件为承办第二模范丝厂附具保结请备案由

呈、结均悉。该商既拟承办第二模范缫丝厂,其设厂详细计画未据一并拟呈,无凭核夺。事关拨借官款,所请备案之处,碍难率准。再,各模范缫丝厂旧有丝车计二十架,并仰知照。保结发还。此批。
一月十九日

(原载《浙江公报》第一千七百四十五号,一四页,批示)

浙江省长公署批第一百六十四号

原具呈人裕丰昌茧商朱凤书

呈一件为金子习于白水湖违例设立茧行请令迁移由

呈悉。查该商请在横村埠开设裕丰恒茧行,前据该县呈明距白水湖新准同仁昌茧行不及二十里,当以"既不合例,未便照准"等语指令转饬知照在案。该商以拟设新行,谓金子习所指白水湖地点,距裕丰昌旧行未能合例,显系挟私攻讦,所请应不准行,仰即知照。此批。
一月十九日

(原载《浙江公报》第一千七百四十五号,一四页,批示)

浙江省长公署训令第一百八十五号

令各县转行讲演所应将禁烟事宜特别注重由

令各县知事

案准教育部咨开，"案据部设通俗教育研究会呈称，'窃查通俗教育之推行端赖讲演，而讲演一事有关系社会切要事件，尤应特别注重，以尽指导之责任。兹由本会讲演股议决呈请通咨各省转饬各讲演机关将禁烟一事特别注重讲演案，理合钞录原案呈送钧部，伏候鉴核施行'等情，并附议案前来。查禁除鸦片关系讲演至为重要，本部经于九月二十三日通咨各省，请遵照九月十九日大总统命令转饬各属，令各讲演机关编辑讲稿剀切劝导在案。现在禁限迫近，转瞬期将届满，允宜及时加意多方劝勉，以冀早绝根株。该会议案所请通咨各省转饬各讲演机关将禁烟一事于六年三月禁烟期限以前特别注意讲演一节，最为切要。除指令照准外，相应钞录原送议案咨请转饬各属令各讲演机关切实办理，是为至要"等因，并钞议案到署。准此，除分令外，合就抄录议案，令仰该知事转行各讲演机关遵照切实办理毋违。此令。（刊登《公报》，不另行文）

附抄议案一件。

中华民国六年一月十九日

省长吕公望

通俗教育研究会议案一件

鸦片流毒尽于洪水猛兽，尽人而知之矣。查我国与英使缔结《禁烟条约》，再阅三月，即届期满，而种、吸、运、售尚未尽绝。傥至六年满期不能得圆满结果，或不免有损失赔偿之提议，其衬可胜言哉。然蚩蚩者氓，或不知禁烟期迫，或不知失约衬厉，兹当最后之五分钟，非设法劝禁，恐难收效。惟是惩治之权操于行政,而劝导之责端在讲演。应由会呈请教育部通咨各省,并令京师学务局转饬各讲演机关,于六年三月禁烟期限以前,将禁烟一事特别注意讲演,详陈利害,俾人民知所痛苦,将此毒物早为铲除净尽,实于国家交际、人民生命两有裨益。

（原载《浙江公报》第一千七百四十六号,一九一七年一月二十八日,三至四页,训令）

浙江省长公署训令第二百零六号

令海盐县知事准教青部咨送该县朱陆氏
捐助学校田产褒奖仰即转给由

令海盐县知事

案准教育部咨开,"准咨,'据海盐县知事呈,该县澉浦国坊朱陆氏以故夫遗产田四十二亩五厘、楼屋一所捐助学校,请咨奖等情,咨请照例给予褒奖'等因,并表册到部。查该故妇朱陆氏遗嘱捐助学校田产值银四千六百余元,核与《修正捐资兴学褒奖条例》第四条规定相符,应准给予二等褒状,以旌义举。相应填具褒状一纸,咨送贵省长查照转发"等因。准此,合即检同原发褒状,令仰该知事查照转给并具复备案。此令。

计发褒状一纸。

中华民国六年一月十九日

省长吕公望

（原载《浙江公报》第一千七百四十六号,四页,训令）

浙江省长公署训令第二百一十六号

令嵊县知事准教育部咨复该县县立中学校
立案事项图册应准备案由

令嵊县知事

案准教育部咨开,"准咨送嵊县县立中学校立案事项图册,并管教员、学生抄原校证明书、成绩表各一份到部。查该校管教员、学生资格尚无不合,《学则》内所开各节,亦与部章相符,应准备案,相应咨复查照令知"等因。准此,合行令仰该知事即便转行知照。此令。

中华民国六年一月十九日

省长吕公望

(原载《浙江公报》第一千七百四十六号,四至五页,训令)

浙江省长公署训令第三百零三号

令各县知事为准全国水利局咨请转令各县检送
县志及关于水利之私家著述由

令各县知事

案准全国水利局咨开,"查各省旧刊通志及各府、厅、州、县志,于境内水道源流沿革大都附有图说,可采之处甚多。本局职掌全国水利,对于各省兴办水利事项有审核指导之责,前项志书足备考证之用。相应咨行贵省长,即希查照转令所属各县检具该县治所在地旧刊省、府、厅、州、县《志》一部,呈由贵公署转送本局备用。如有关于水利之私家著述可资采取者,即由该县一并征集呈送"等因到署。除分行外,合亟令知,仰迅遵照检齐征集送署,以凭汇转。此令。

中华民国六年一月十九日

省长吕公望

(原载《浙江公报》第一千七百四十六号,五页,训令)

浙江省长公署批第一百六十五号

原具呈人瑞安林新彩

呈一件为呈林阿逊蔡振潘争涂案奉批
取消垦案请收回成命由

呈、件均悉。查此案前以林前知事率准给垦,既无充分理由,又未遵照《国有荒地承垦条例》及《施行细则》规定各手续办理,当然不能有效,令县取消原案,收回涂地,另行照案秉公核定,以资折服。至前判缴之款,系赔偿种植花息及讼费损失,该民何能藉为口实。所请收回成命之处,应毋庸议。附件存。此批。一月十九日

（原载《浙江公报》第一千七百四十六号,九页,批示）

浙江省长公署训令第三百零一号

令各县知事准全国水利局咨送调查水利表
三种请发县遵照调查填送由

令各县知事

案转全国水利局咨开,"查河流状况岁有变迁,试揽今日之舆图,要非当年之禹迹。我国河渠之书汗牛充栋,但桑郦之注《水经》、郭璞之笺《山海》,多非目趾之所及,后世不无诟病。近今治水之学术日新,流速有率、水力有量,浚渫施以新机,操纵资诸闸坝,测算至精,剖析入微①。而水道之形度,与其来源之强弱、尾闾之通塞诸端,尤属具体之研究。故言治水于今日,既宜执古以证今,尤贵知今以通古,二者殆未可偏废。比年各省如粤之西江、湘之洞庭、京畿之永定、皖境之长淮,均以水灾入告,赈款频施,积数至巨。民国三年堵筑黄河濮阳决口工费,至以数百万计。今夏淮水盛涨,运不能容,车逻坝启,水溢东堆,江淮之间,流亡载道,其影响及于国计民生者,胡可胜言？本局总揽全国水利,日以淡灾兴利为职志,各省当同此意,但或困于财力、或限于人才,审顾迟回,良非得已。然求艾补牢,及今未晚。兹由本局制成水道调查表、整理水利调查表、最近五年内水灾状况调查比较表,各系以说明,通行各省,由省翻刊发县,责令实地调查,按表各填三分,务于三个月内竣事,一存县署、一呈省署、一呈由省署转咨本

---

① 入微,底本误作"入徵",径改。

局,即由本局汇集核编,藉定系统之计画,而策次第之进行。惟兹事繁密,端赖群力相与有成,相应将前项表式附说明三种各检十份咨送,即希查照办理,至纫公谊"等因,并附表式到署。除分行外,合亟照印三种表式,令发遵办,仰即迅照咨开事理调查填送,以便汇案核转。事关水利,毋稍玩延,切切。此令。

计附表式及说明三种。

中华民国六年一月十九日

省长吕公望

省　道　县最近五年内水灾状况调查比较表凡江海河湖均适用此表

纪　　　年	民国元年	民国二年	民国三年	民国四年	民国五年
一　成灾原因					
二　被灾时日					
三　被灾区域					
四　被灾田亩					
五　因灾损失					
六　免税银额					
七　有无赈款					
八　赈济方法					
备　　考					

省　道　县最近五年内水灾状况调查比较表说明凡江海河湖均适用此表

第一栏	如天□过多,山水暴发、风潮横决等类,均须分别注明。
第二栏	注明成灾时日及经过时期。
第三栏	注明被灾区域其面积共有若干方里,以亩数计者亦可。

第四栏	将灾区内之河流、荒滩、村庄等□除去不计外,余即被水农田,应将其亩数、田则及受灾轻重情形分晰注明,每亩尺度可按其地之习惯计算。
第五栏	死亡记其人数,动产、不动产,如牲畜、树木、房屋、船舶等之损失,则分记种类及价值。
第六栏	分别正税、附税款目及其额数。
第七栏	分别官赈、义赈款目,记其数,官赈有国帑、省款、县款之别,义赈有本县公款拨助及在外募捐之别,如有外国教士经募赈款、散放情事,应一并注明,并详其数目。
第八栏	如散放急赈、举办工赈、平粜等类,皆应一一注明。
备考栏	以上各栏所记未尽者,记入此栏。

省 道 县整理水利调查表 凡江河湖港均适用此表

一	应办水利工程所在地	
二	应办之理由	
三	测量之成绩	
四	工程之种类	
五	工程之设计	
六	工程之经费	
七	工程完竣后之利益	
备考		

省 道 县整理水利调查表说明 凡江河湖港均适用此表

第一栏	工程所在,应详其地名。
第二栏	应办理由,如防免水灾、或开通航路、或保护岸坍、或灌溉农田、或涸溢田亩等类皆是,应分别详注,其原有理由书者,应另录附送。

续　表

第三栏	测量成绩,应就精测所成各图说择要列举。
第四栏	工程种类,其属于建筑物者,有闸、坝、涵洞、水榥、塘岸、堤、堰等类,其不属于建筑物者,有浚深(即挖泥)、疏导(即开辟新河)等工,均应分别详注。
第五栏	工程设计,指施工详图而言,有图即附送,无图须将施工方法如用人工或机工等分类注明。
第六栏	工程经费,以预算为标准,应就预算书内摘其纲要,分系数目。
第七栏	工竣后所获利益,例如水灾得免后受益田亩、农产代价、国税收入,均应分列其目数,以证明其所获利益之多寡,其余类推。
备考栏	以上各栏所记未尽者,记入此栏。

省　道　县水道调查表凡江河湖港等均适用此表

一	河流名称	
二	起讫地点	
三	经过地方	
四	水流方向	
五	河之长度及宽度	
六	水涨时河之宽度及深度	
七	水涸时河之宽度及深度	
八	两岸有无堤埝及其现状	
九	疏浚或防御等工程向例系归官办或由民办并其成案	
十	近十年有无水患及历次轻重比较	
十一	滨河居民生活情形	
十二	滨河种植土宜及其物产种类	

十三	近五年全河航业状况	
十四	全河通行税收入之概计	
备考		
附记	一河填写一表。凡关于一省或一省以上之水道,可仅填明省名,其起讫地点以省界为限,于表内填明某省某县某地;其关于一县或一县以上之支流、小河,应填明省名县名,其起讫地以县界为限,于表内填明某县某地。	

省　道　县水道调查表说明 凡江河湖港均适用此表

第一栏	应将其今名填入,其有古名者附填,同时有两名沿用者仿此。
第二栏	应将其起讫处在某省某县某地之名称填明,如在两省两县接界地方,应将接界之省名县名地名填列。
第三栏	应将经过之县、市、乡,择其繁盛重要者填入。
第四栏	应将其上下游方向,以"东、西、南、北"字样标明。
第五栏	分注长若干里、宽若干尺。
第六栏	分别上下游填注。
第七栏	参照第六栏。
第八栏	分注其宽窄高低之度,其间断残缺处,须注明其地点。
第九栏	工程须说明机工、人工之类别,官办、民办须说明其组织,尤须详述其现时办理情形。
第十栏	有水患者,先将最近一次与上次比较,再逐次比较,另附表,以显明之。其比较之法,以每次被灾区域之大小、失所人民及免征税款之多寡为标准,其每次致患时期与消退时期统须注明,无水患者注一"无"字。
第十一栏	居民生活之种类及其程度各项,均一一注明。
第十二栏	物产与土宜有密切关系,其有应改良之处,并得附记。
第十三栏	船舶种类、名称,每年、全年往来只数,须一一注明。

续　表

第十四栏	每年全河通行税收入之概计,系指船捐、闸费各项税收之别于厘金者而言。
备考栏	以上各栏所记未尽者,记入此栏。

（原载《浙江公报》第一千七百四十八号,一九一七年一月三十日,二至七页,训令）

致段祺瑞电

国务院段芝师钧鉴：华密。公望定号日交卸省长篆务,即日遵电谕赴京恭候驱策。谨闻。吕公望叩。效。印。（中华民国六年一月十九日）

（原载《政府公报》第三百七十八号,一九一七年一月二十九日,二四页,公电,杭州吕公望来电一月二十日）

致大总统国务院电

大总统,国务院,各部院,南京副总统,各省督军、省长,热河、张家口、归化都统,龙华、宁夏护军使,并转各镇守使,办事长官均鉴：

公望于本日交卸浙江兼省长职务,除呈报并分行外,谨闻。吕公望。哿。印。（中华民国六年一月二十日）

（原载《政府公报》第三百七十八号,二四页,公电,杭州吕公望来电）

吕公望集卷十 公牍十

浙军通电

南北兴戎，弥年未已，外患日亟，内政不修，即今止戈，补牢恐晚。乃主战派只有私图，罔顾国脉，荼毒生灵，以期一逞，江流日下，以至于今。近且日暮途穷，变本加厉，甘心卖国，藉饱私囊。等国法于弁髦，视民命如草芥。四民愤怒，典宇恶耗，事势所趋，覆亡无日。我浙军主动以义为归，公望等情重桑梓，谊同袍泽，深虞鹬蚌之争不休，螳雀之祸立见。用率我浙军将士即日兴师，与诸公取一致行动，以图促进和平，一致对外。务使我浙军向义卫国之真诚，共白于天下，尤望诸公各抒伟略，以奠邦基，锡我南针，俾资遵率。国家之幸，亦公望等之幸也。谨布区区，伫候明教。吕公望、王文庆、陈肇英。有。叩。（中华民国七年八月二十五日）

（原载《申报》一九一八年九月四日第六版，要闻二，纪浙军附南之详情.吕公望等宣布附南电）

附　岑春萱慰勉浙军电

潮州探送吕戴之先生、王文庆先生、陈雄甫先生钧鉴：顷闻诸公统率大师来潮赴义，闻命距跃。戴、文两兄，慷慨赴难，不辞险阻，雄兄侠肠毅魄，能人所难。浙军荣名，声震天下。从此闽敌落胆，北庭动摇，凭仗声威，一战而定。不独西南之幸，国家实受其赐。尚望招致余团，同申大义，是所切盼。除电饬吕道尹驰往

慰劳外①,谨电驰贺,藉表欢忱。春萱。宥。(八月二十六日)

(原载《申报》一九一八年九月四日第六版,要闻二,纪浙军附南之详情.岑总裁慰勉浙军电)

致广州莫荣新电

吕公望陈肇英申谢犒师

广州莫督军钧鉴:吕道尹莅此,荷承厚赉,全体军士欢感曷既。专电申谢,不尽区区。吕公望、陈肇英叩。宥。印。(中华民国七年八月二十六日)

(原载《申报》一九一八年九月四日第六版,要闻二,纪浙军附南之详情.潮州来电)

附　吕一夔等致莫荣新李耀汉电

急。广州莫督军,省长公署,肇庆李省长钧鉴:浙军陈团长肇英向义西南,昨率所部由蒋百器、吕戴之两公带同来潮,经一夔、寄生妥为接洽②,军民相安,秩序如常。谨闻。一夔、寄生呈。宥。印。(八月二十六日)

(原载《申报》一九一八年九月四日第六版,要闻二,纪浙军附南之详情.吕道尹报告浙军向南后情状电)

附　莫荣新慰劳浙军电

潮州分送吕戴之先生、陈支队长肇英鉴:宥电悉。浙军向义,备极欢迎,酒醴犒劳,聊伸微悃,草草之颂,曷足言谢,惭赧而已。此后誓同袍泽,为国建功,共扶危局,西南之幸,全国之幸也。希

---

① 吕道尹,即吕一夔(1885—1947),原名应夔,字清夷,广西陆川人。清末生员。同盟会员。民国七年二月任广东潮汕道尹,同年十一月由李国治继任。

② 寄生,姓未详,待考。

转告各将士咸知此意为盼。荣新叩。勘。印。（八月二十八日）

（原载《申报》一九一八年九月四日第六版，要闻二，纪浙军附南之详情.莫督军慰劳浙军电）

附　政务会议复电

潮州吕戴之先生、王文庆先生、陈雄甫先生均鉴：接诵宥电，大义凛然，痛哭陈词，艰难赴义，率浙中之貔虎，作大法之干城，令闻昭垂，闻风距跃。戴、文两公躬冒万难，雄甫君独具伟抱，一举惊人，义愤填膺，钦驰何已！辛亥之役，护国之役，浙军荣誉，声震寰中。忆昔常共艰危，今复提携并进。从此八闽手定，允推仁义之师；将见四海风从，岂独西南拜赐。谨驰电贺，藉表欢忱。政务会。勘。（八月二十八日）

（原载《申报》一九一八年九月八日第七版，要闻二，浙军附南之前后观.政务会议复吕公望等电）

就任援闽浙军临时总司令之通电

宥电谅达①。我军此次举义，力图促进和平，奠定国是。顾因统率乏人，指挥不便，经由全体将士公推，公望承乏援闽浙军临时总司令。自维德薄能鲜，岂克肩斯重任，惟大义所在，不容固辞。爰于勘日就职，尚希时锡教言，以匡不逮，实所祷感。吕公望。勘。印。（中华民国七年八月二十八日）

（原载《申报》一九一八年九月八日第七版，要闻二，浙军附南之前后观）

---

① 前有引言"二十九日，军政府又举行军事会议，午后一时开会，岑、伍、林各总裁及各代表均列席。会议结果.特任吕公望为援闽浙军总司令，王文庆为参谋长，陈肇英为第一混成旅旅长。会议至四时许始散会。兹录吕公望就总司令职之通电如下"。

附 林葆怿汤廷光贺电

潮州吕戴之总司令鉴：勘电奉悉。浙军来归，如亡子还宗，举家相庆。总筹密画，实仗我公。今出总师干，重提曲部，必有以发扬我军府之威灵，护法前途，实攸赖之。谨电驰贺，并候教言。林葆怿、汤廷光。冬。（九月二日）

（原载《申报》一九一八年九月十日第七版，要闻二，浙军附南后之各方消息 林汤电贺吕公望就职电）

致广州军政府电

请奖浙军宣慰使蒋尊簋

广州军政府各总裁钧鉴，各部总次长鉴：

蒋公尊簋，望重一时，此次奉命来潮，职司宣慰，功高德懋，遐迩非宣。酬庸报功，国有常典。莒莪之献，敬候钧裁。吕公望、王文庆、陈肇英叩。俭。印。（中华民国七年八月二十八日）

（原载《申报》一九一八年九月十日第七版，要闻二，浙军附南后之各方消息）

附 政务会议复吕公望蒋尊簋电

潮州援闽浙军吕总司令、蒋宣慰使鉴：俭、寝两电均悉。此次浙军来归，端赖诸君毅力，佩慰之至。此间军政纷纭，需人勷助，如百器兄所有经手事件已经完竣，务望命驾来省，藉资擘画，无任盼切。政务会议。支。印。（九月四日）

（原载《军政府公报》修字第三号，第二页，公电，政务会议致吕总司令公望蒋宣慰使尊簋电）

复广州军政府电

正式就任援闽浙军总司令

广州军政府各总裁钧鉴①，各部总次长鉴：艳电敬悉。公望前因军情紧急，谣诼频兴，主持乏人，恐生他变，故徇众议，权任援闽浙军临时总司令。顷奉钧府电令，"任命吕公望为援闽浙军总司令"等因。奉此，谨遵明令，即日就援闽浙军总司令职，所有"临时"字样遵即取消。自维棉薄，深惧弗胜，所望时颁训示，俾作南针，藉免陨越，不胜待命之至。吕公望。东一。印。（中华民国七年九月一日）

（原载《申报》一九一八年九月十日第七版，要闻二，浙军附南后之各方消息）

附 军政府令

特任吕公望为援闽浙军总司令。此令。

军政府印

中华民国七年八月二十九日

（原载《军政府公报》修字第三号，一九一八年九月七日，第一页，命令）

致广州军政府电

通告派金兆棪为浙军代表

广州军政府鉴：敝司令部派金君兆棪为驻省代表，望希接洽。吕公望。东。印。（中华民国七年九月一日）②

（原载《军政府公报》修字第二号，一九一八年九月四日，第二页，通告，吕公望通告派金兆棪为浙军代表电）

---

① 前有引言"浙军附南情形迭详前报，兹再录各电如下：吕公望正式就任之通电云"。
② 底本括注月日或日期，为《军政府公报》编辑所加，年份系本集编者添补，下同。附件年份从略。

致李耀汉电

肇庆李省长鉴：粤密。久别念甚。支日由潮来省，原拟小住数日，赴肇趋晤，一倾积愫，详述中央借债黩武、种种罪恶及吾人此后应取之态度。适接前敌电促，遂于今日匆匆回防，未克晤谈，至怅。西林海涵抱负，有包举天下之量，以诚接物。矧属旧僚，为兄计，务迅速来省，剖示肝胆，翊赞大猷，以匡国难。吾辈石交，知非欺人语也。闽情再报，诸希教言。吕公望。庚。（中华民国七年九月八日）

（《电劝李耀汉返省》，原载《申报》一九一八年九月十七日，六版转七版，要闻二·广东杂讯）

致广州军政府各总裁电

通告派王赞尧为浙军代表

广州军政府各总裁钧鉴：按照《军政府组织大纲》，护法各军得派代表一人参预政务会议。兹特派王赞尧为敝军代表。特电奉闻。吕公望叩。文。印。（中华民国七年九月十二日）

（原载《军政府公报》修字第六号，一九一八年九月十八日，四，公电，吕总司令公望通告派王赞尧为浙军代表电）

附　政务会议复电

潮州吕总司令鉴：文电悉。贵军特派王君赞尧代表莅会，远贻辰告，大计是裨，特电欢迎，无任延伫。政务会议。筱。印。（九月十七日）

（原载《军政府公报》修字第七号，一九一八年九月廿一日，十，公电，政务会议复吕总司令公望欢迎王赞尧为浙军代表电）

致广州参众两院军政府电

报告移驻黄冈亲赴前敌①

广州参、众两院，军政府岑主席总裁、伍总裁、林总裁，莫陆军部长，李参谋部长，暨各部总次长，重庆唐总裁，武鸣陆总裁，贵阳刘督军，成都熊督军，云南刘代督军，由代省长，龙驹寨于总司令、张副司令，永州谭联军总司令、谭督军，郴州程总司令、马总司令，鄂军李总司令，夔州黎联军总司令、施南柏总指挥、唐总司令，辰州田总司令、周总司令、张总司令，巫山王援陕总司令，桂林陈省长，韶州李督办，潮州方总指挥，漳州陈总司令，汕头刘总司令均鉴：

顷奉岑总裁东电暨莫督军、陈总司令冬、感等电，以厦门未下，大敌当前，急应同心戮力，迅扫妖氛，以奠闽局而竟全功。已经会同滇桂诸军誓师前进，敝司令部移驻黄冈，汕头仍设留守部，定于歌日亲赴前方，以资策应。特电奉闻。公望叩。支。印。（中华民国七年十月四日）

（原载《军政府公报》修字第十五号，一九一八年十月十九日，廿一至廿二页，吕总司令公望报告移驻黄冈亲赴前敌电）

附 政务会议复电

汕头吕总司令、王副司令均鉴：支电悉。移节黄冈，树威闽峤，旌旗所指，山岳为移。伫盼好音，无任欣祝。政务会议。庚。印。（十月八日）

（原载《军政府公报》修字第十五号，廿四页，政务会议复汕头吕总司令公望王副司令文庆电）

---

① 黄冈，广东饶平县城所在镇，并非湖北黄冈。

复吴景濂函

莲伯先生大鉴：

敬读二十日赐书，备悉执事忧时爱国之忧溢于言表，夫己氏妄干大位，时局变幻，当不可测。彼辈以武力统一为不二法门，无论如何演进，草灰蛇迹，皆可推寻。国人日喁喁望北廷以依法解决，促成和平者，庸讵知所求者，适得其反也耶？所望我国人能自具一种觉悟力与信仰力，为国会后盾，助义军进行，求真正之依法解决，谋国家之永久和平，庶乎有豸。侧闻军府与国会互相提携，以决心赴正谊，自是佳兆。顷接政务会议佳电，表决徐代总裁条议，宣告西南，振落发蒙，人心益奋，士气更扬。良由执事暨议院诸公，迭次宣言维持大法，精诚所至，金石为开，共济艰危，功归先觉。弟自维愚戆，忝领浙军，本护法之初志，秉天职以驰驱。苟利国家，惟力是视。此间僻在海疆，消息隔阂，时冀嘉言远锡，俾有指归。敝军前锋已开抵漳州，一俟部署完竣，自当躬赴前方，迅歼丑虏。蓝君秀豪，旌节莅汕，不日将赴防地。知劳殷注，谨此奉达。祗候

议祺。诸维亮照不备

弟吕公望拜启
十一月十三日

（原载李家璘、郭鸿麟、郑华编辑《天津市历史博物馆馆藏北洋军阀史料》吴景濂卷三，天津古籍出版社一九九六年二月版，第213—215页，吕公望就所部前锋已达漳州事致吴景濂函）

致广州军政府诸总裁各总长电

贺军政府代行国务院职权并摄行大总统职务

广州军政府岑总裁、伍总裁、林总裁，暨各部总长，重庆唐总裁，南宁陆总裁钧鉴：

自正式国会被非法解散以来，北廷怙恶，演而愈剧，纪纲沦斁，海宇骚然，暴虐西南，民不堪命。前以非法私构国会为涂饰耳目之观，近更以非法选举总统为篡夺大位之计，行同操、莽，狠类袁、张，凡我国民，誓难承认。惟是民国中斩，首揆无人，不有继者，谁其与之？恭读政务会议青电，敬悉军政府已于十月十日依法承受中华民国国会之委托，代行国务院职权，并摄行大总统职务。天经地义，民统有归。扶危定安，国基永赖。逖听之余，曷胜忭舞？伏维我总裁诸公暨各部总长，揆文奋武，一德同心，从此扫荡妖氛，纳民轨物，完我宪法，保我共和，使赤县昭日月之光，苍生慰霖雨之望。公望自惭轻菲，忝总师干，护法锄奸，惟力是视。谨率全军，欢呼万岁。援闽浙军总司令吕公望叩。巧。印。（中华民国七年十月十八日）

（原载《军政府公报》修字第十七号，一九一八年十月廿六日，六页，吕总司令公望贺军政府代行国务院职权并摄行大总统职务电，又以《吕公望贺军府代行职权电》为题发表于《申报》一九一八年十月三十一日七版）

附　军政府复电

黄冈吕总司令鉴：巧电悉。敬承远贺，拜谢嘉言。敌寇方殷，愿相共勉。军政府。养。印。（十月二十二日）

（原载《军政府公报》修字第十七号，八页，军政府复吕总司令公望贺电）

致广州军政府电

报告移驻漳州

广州军政府岑主席总裁、伍总裁、林总裁钧鉴，莫陆军部长、李参谋部长鉴：

接奉敬电，仰承奖励逾恒，曷胜感悚。敝军第一支队业于翌日抵漳,前敌司令陈肇英亦于有日亲率第二支队向漳州前进,以期早靖逆氛而定闽局。肃电奉闻,余容续报。吕公望叩。寝。印。(中华民国七年十月二十六日)

(原载《军政府公报》修字第廿一号,一九一八年十一月九日,十五页)

附　政务会议复电

黄冈浙军吕总司令鉴:寝电悉。贵总司令暨陈司令先后抵漳,军力骤增,士心益振,协同进取,共竟全功。特电预祝,伫候捷音。政务会议。卅。印。(十月卅日)

(原载《军政府公报》修字第廿一号,十六页,政务会议复吕总司令公望报告移驻漳州电)

贺伍廷芳兼财政部长电

广州军政府伍总裁鉴:政务会议佳电及我公卅一日来电均悉。我公以折冲樽俎之余,兼代财政部长之职,提纲挈领,胥赖荩筹。军府聿新,需财孔殷,得我公主持财部,硕才耆望,深庆得人。管子策东海富源,用伸匡合之义;萧何搜关中财货,卒成垂创之功。护法为人心所同,收效自捷如桴鼓。新猷是企,乐利咸歌。谨伸贺忱,临电忭舞。吕公望、王文庆叩。佳。印。(中华民国七年十一月九日)

(原载《军政府公报》修字第廿三号,一九一八年十一月十六日,十三至十四页,吕总司令公望王副司令文庆贺伍总裁兼财政部长电)

附　伍廷芳复电

黄冈吕总司令、王副司令均鉴:廷芳勉从众议,暂兼财部。义旅林立,饷糈最急。际此司农仰屋,士不宿饱,措置咸宜,尚难自信。辱承策励,弥增愧怩,幸锡南针,俾开茅塞。谨此电谢,尚希

明鉴。廷芳。尤。印。（十一月十一日）

（原载《军政府公报》修字第廿三号，一九一八年十一月十六日，十七页，伍总裁复吕总司令公望等贺兼长财政部电）

致广州军政府电

报告蓝天蔚驻节黄冈

广州军政府岑总裁、伍总裁、林总裁、莫陆军部长、李参谋部长均鉴：

蓝慰劳使旌节经于巧日莅黄，敝军驻黄各将士踊跃欢迎，士气益壮。蓝使既驻节敝部，拟明日召集所部，传宣大府德意。谨此电闻，祈纾厪念。吕公望叩。效。印。（中华民国七年十一月十九日）

（原载《军政府公报》修字第廿六号，一九一八年十一月廿七日，九页，吕总司令公望报告蓝慰劳使天蔚驻节黄冈电）

复林森吴景濂褚辅成电

（衔略）密。盐电敬悉。唐公老成硕望，薄海同钦。公推和议总代表，极表同情。辱承垂问，谨此电复。吕公望叩。筱。（中华民国七年十二月十七日）

（原载李家璘、郭鸿麟、郑华编辑《天津市历史博物馆馆藏北洋军阀史料》吴景濂卷五，第108页，黄冈吕公望筱日复电）

附 林森吴景濂等关于公推唐绍仪
为军府和议总代表征求意见电

（衔略）密。均鉴。自我军府对于前敌下恪守原防，静待后命之训令后，北庭于陕闽方面，犹复分兵入寇，已经军府严词诘责，昭告中外。彼如有悔祸诚意，立戢奸谋，遵守约束，自当本与人为善之心，与之开始会议。惟和议总代表一席，中外具瞻，关系重要，倘不得其人，则经年血战，等诸泡幻。森等再四思维，西林军府中枢,领袖西南,北方首领徐氏,既未南来自当会议之冲,则西林自未可轻出,以损体制。孙、伍两总裁,行将往欧列席和平会议。陆、唐、林三总裁,为西南陆海军主帅,在和平未告成以前,须从容坐镇。惟唐少川总裁,近留沪上,资高望重,中外同钦。就目下情势而论,军府和议总代表一席,自以唐公为最适。如荷同意,即请军府正式委托。事机紧迫,伫侯明教。林森、吴景濂、褚辅成叩。盐。印。(十二月十四日)

(原载《天津市历史博物馆馆藏北洋军阀史料》吴景濂卷五,第98—99页)

致广州军政府电

据前敌报告奉军已抵浦城请电诘徐世昌

广州急。军政府岑主席总裁、伍总裁、林总裁、李参谋部长、莫陆军部长钧鉴:

顷据前敌陈总司令电称,奉军王永泉一旅由浙入闽,已抵浦城。非作战之时,开兵到闽,居心叵测,已可显见,应请速电徐诘责。特电奉闻。吕公望叩。筱。印。(中华民国七年十二月十七日)

(原载《军政府公报》修字第卅五号,一九一八年十二月廿八日,十页,吕督办公望据前敌报告奉军已抵浦城请电诘徐世昌电)

附 政务会议复电

黄冈闽浙边防吕督办鉴:筱电悉。奉军入闽一事,业已严电诘责,并与北方交涉,视为和议之先决问题矣。知注特闻。政务会议。漾。印。(十二月二十三日)

(原载《军政府公报》修字第卅五号,十四页,政务会议复吕督办公望奉军入闽一事已与北方交涉视为和议之先决问题电)

致军政府电①

请军政府严电诘责并饬浙督将所抄陈肇英家产回复原状

顷据前敌司令陈肇英呈称，"童保暄怙恶不悛，老羞成怒，捏造事实，诬职亏空各款，唆使浙督派委钱皋驰赴原籍浦江，将所有家产抄抢一空，殃及亲邻，惨不忍听，约计损失不下三万余金。再，以前次宁波、饶平两处私有之产没收，亦在万金以上。抄连瓜蔓，至再至三，迹其行为，甚于盗贼。即以款论，去岁七八两月饷项均未发给，并平时官兵应得薪饷，所欠共计在十万左右。今反诬英欠款，滥施淫威，我军将士闻讯，愤激异常，恳请转呈军府，力予主持"等语。察阅之余，不胜骇愤。当此停战议和，正宜释嫌修好，讵料怀其宿憾，藉快私图，似此滥施淫威，尽行抄没，在平时则为蔑弃法律，在今日更图破坏和平，一发之牵，可动全局。应请钧府严电诘责，并将该司令家产回复原状。否则，衅自彼开，再见戎兵，必有任其责者。特此电恳，幸予施行，幸甚。（中华民国八年二月十日）

（原载《军政府公报》修字第五十号，一九一九年二月二十六日，廿一页，军政府致钱能训请电饬浙督将所抄陈肇英家产先行回复原状电）

附　军政府复电

黄冈吕督办鉴：灰电悉。童保暄侵款诬陷，滥肆刑威，闻之发指，已严电北方诘问矣。应候复到，再当电知，并希转饬陈司令知照。军政府。筱。印。（二月十七日）

（原载《军政府公报》修字第五十号，二十至廿一页，军政府复吕督办公望查童保暄侵款诬陷滥肆刑威已严电北方诘问得复即再电知电）

---

① 本文由"军政府致钱能训请电饬浙督将所抄陈肇英家产先行回复原状电"中析出，前有引言"案据本军闽浙边防督办吕公望灰电称"。

附　政务会议复电

汕头吕督办鉴：前请迅电浙督补发陈司令肇英七、八两月薪饷，并将家产先行启封各节，业经迭向北庭电商。兹据靳云鹏沁电称，前奉筱电，当经电询浙江督军省长，据复称陈肇英款项清算情形，未据呈报来署，业经电饬复查再行核办奉闻等语，特达云云。合函转闻，即希转电知照。政务会议。冬。印。（二月二日）

（原载《军政府公报》修字第一百四十九号，一九二〇年二月十四日，十五至十六页，政务会议致吕督办公望据靳云鹏电称据浙江督军省长复称陈肇英款项清算情形未据呈报业经电饬查复再行核办电）

致广州军政府陆军部电

请升补少将陈肇英为中将上校苏暲吴秉元
为少将中校朱维翰为上校加少将衔

广州军政府总裁、陆军部长钧鉴：

此次浙军向义，陈旅长肇英率师举义，功在国家；本部参谋长苏暲赞筹决策①，心力交瘁；第一支队长吴秉元、第二支队长朱维翰，身临前敌，艰险备尝。论功行赏，国有常经。少将陈肇英，拟请升补中将；上校苏暲、吴秉元，拟请升补少将；中校朱维翰，拟请升补上校加少将衔，用慰勋劳而昭激励。是否有当，伏候裁夺施行。吕公望叩。灰。印。（中华民国八年二月十日）

（原载《军政府公报》修字第五十三号，一九一九年三月八日，十三页，吕督办公望请升补少将陈肇英为中将上校苏暲吴秉元为少将中校朱维翰为上校加少将衔电）

---

①　苏暲，底本一作"苏璋"，径改。

附　陆军部复电

军政府钧鉴、黄冈吕总司令鉴：灰电悉。浙军旅长陈肇英等四员率师辅义，诚荩可嘉，所请分别升补实官，自可照准。希先饬照章将各该员详细履历造送来部，以凭转陈核夺。陆军部。皓。印。（二月十九日）

（原载《军政府公报》修字第五十三号，十三页，陆军部复军政府暨吕督办公望所请浙军旅长陈肇英等四员分别升补实官自可照准希饬将各该员详细履历造送来部以凭转陈核夺电）

附　军政府咨　第一百零八号

为咨行事。案据闽浙边防督办吕公望灰电称，"此次浙军向义，陈旅长肇英率师举义，功在国家；本部参谋长苏暐赞筹决策，心力交瘁；第一支队长吴秉元、第二支队长朱维翰，身临前敌，艰险备尝。论功行赏，国有常经。少将陈肇英，拟请升补中将；上校苏暐、吴秉元，拟请升补少将；中校朱维翰，拟请升补上校加少将衔，用慰勋劳而昭激励。是否有当，伏候裁夺施行"等情前来。相应咨请贵部查核办理，希即见复，俾便施行。

此咨

陆军部长莫

政务会议

中华民国八年二月十四日

（原载《军政府公报》修字第五十三号，廿二至廿三页，军政府据闽浙边防督办吕公望拟请升补少将陈肇英为中将上校苏暐吴秉元为少将中校朱维翰为上校加少将衔咨陆军部核办文）

致广州军政府电

请为于张扶持并设法救援刘承烈①

急。广州军政府岑、伍总裁暨各总裁钧鉴：护法军兴，连年血战，卒底于和。其间陕西一隅，牵制北方尤力，自于、张入陕，大小数十战，以无饷械之兵，当北军十一倍旅团之众，支持年余，其艰苦情形，不言而喻，其护法勋绩，亦不问而知。伏恳钧府设法维持，用彰劳异。再，前湖南实业司长刘承烈，随张入关，参赞戎机，多资擘画，当郭、樊两部投降北军，张钫由凤翔退至三原时，被许兰洲俘获，并请电唐总代表设法救援，不胜待命之至。吕公望叩。谏。叩。（中华民国八年四月十六日）

（原载《军政府公报》修字第六十七号，一九一九年四月二十六日，八至九页，吕督办公望请为于张扶持并设法救援刘承烈电）

附 政务会议复电

汕头浙军吕总司令鉴：谏电悉。于、张支持陕局，备尝艰苦，功在民国，自应设法扶持。刘承烈被许军所俘，已电唐总代表转商释放。政务会议。马。印。（四月二十一日）

（原载《军政府公报》修字第六十七号，十一页，政务会议复吕督办公望于张支持陕局自应设法扶持刘承烈被许军所俘已电唐总代表转商释放电）

致广州军政府电

请于黄冈暂缓设所收厘

广州军政府诸总裁钧鉴，莫督军、翟省长、财政厅长均鉴：

---

① 于张，指陕西靖国军总司令于右任、副总司令张钫。

现据黄冈保卫团、商会呈称,黄冈僻处海隅,地瘠民贫,频年灾祸,困苦万状,乃近日财政厅来黄添设厘局,征收货税,际斯民力雕敝,岁收有限,无裨国帑,亦非穷困商民所能负担,恳转请收回成命,庶延残喘等情前来。查添设厘局,事关民事,未便预闻。惟本月以来,汕黄小轮因商民停止办货,轮无货装,不敷开销,遽尔停驶,此不惟敝军于汕、黄间运轮往来因而阻滞,况此间食米全仗汕头接济,实于军食之通两有妨害。且查黄冈频遭兵燹,地方商务确形雕敝,敝军驻黄以来,虽逐渐起色,惟重创之后,一时究难恢复,设厂收厘,每年收入,亦仅敷员司开支,于国帑实无裨益。务乞准如该商等所请,暂缓收厘,以恤商艰而利军行。吕公望叩。感。印。(中华民国八年五月二十七日)

(原载《军政府公报》修字第八十一号,一九一九年六月十四日,十一至十二页,吕督办公望请于黄冈暂缓设所收厘电)

附　政务会议复电

黄冈吕督办鉴:感电奉悉。已转达莫督军、翟省长察核办理矣。特复。政务会议。卅一。印。(五月三十一日)

(原载《军政府公报》修字第八十一号,十三页,政务会议复吕督办公望黄冈设所收厘一案已转达广东督军省长察核办理电)

附　政务会议致莫荣新翟汪电

广州莫督军、翟省长均鉴:

项接黄冈吕督办感电,转据黄冈保卫团、商会呈请暂缓设所收厘一案,原文已据分电,兹不赘录。即希察核转饬办理。政务会议。卅一。印。(五月三十一日)

(原载《军政府公报》修字第八十一号,十三页)

复广州军政府电

揭阳南陇乡郑栋材所称各节全属子虚

广州军政府钧鉴：删电敬悉。揭阳南陇乡郑栋材一案，查真日敝部游击队郭连长，以郑族因案滋闹，呈诉连部，传郑氏查询，旋即交保遣回。事为该管队长所闻，以禁止军人干预民事，曾经三令五申，该连长既有越职行为，立即斥革在案。事隔多日，旋奉钧电内开各节，全属子虚。此间不法棍徒，遇事生风，武断诈财，习为惯技，风俗浇薄，可为浩叹。乃劳厪注，谨电复闻。吕公望叩。皓。印。（中华民国八年六月十九日）

（原载《军政府公报》修字第八十五号，一九一九年六月二十八日，十七至十八页，吕督办公望电复揭阳南陇乡郑栋材所称各节全属子虚电）

附　军政府来电

汕头浙军吕督办、刘镇守使、李道尹均鉴：据揭阳南陇乡郑栋村电称，有自称援闽浙军第三营长违禁招兵，干豫词讼，妄听郑阿耳瞒耸，藉端骚扰，抄抢掳掠，如遭寇变，乞查办追究等情前来。如果属实，大干军纪，希即查明严办具复。军政府。删。印。（六月十五日）

（原载《军政府公报》修字第八十四号，一九一九年六月二十五日，十七页，军政府致吕督办公望暨潮梅镇道南陇乡郑栋村电称各情如果属实大干军纪希即查明严办电）

致广州军政府电

请电诘北廷迅饬厦门浙军师长潘国纲
将该军参议李惠人等礼遣旋部

广州军政府总裁钧鉴：顷据副司令王文庆祃电称，"据确报，厦门浙军师长潘国纲任事以来,增防备战,着着进行,近且密张网罗,任意逮捕过客,凡属浙人过厦,不问有无嫌疑,肆行拘禁,一时幽闭囹圄者至二十余人。我军参议李惠人等二人由港赴沪,谘议陈哲夫等四人由沪赴汕,油船过该处,均彼截留,至今未释。似此逞暴妄为,显系有意破坏和平,倘一旦激成众怒,戎首之衅,责有所归,请电军府迅向北廷严行交涉,至为盼祷"等语。查和议虽形停顿,南北究未破裂,似此任意逮捕,实属有碍和平,恳请钧府电诘北廷,严重交涉,迅将敝军参议李惠人等礼遣旋部。否则,衅自彼开,固不能默尔而息也。吕公望叩。有。印。(中华民国八年六月廿五日)

(原载《军政府公报》修字第八十七号,一九一九年七月九日,十至十一页,吕督办公望请电诘北廷迅饬厦门浙军师长潘国纲将该军参议李惠人等礼遣旋部电)

附　政务会议复电

黄冈吕督办:有电悉。已电龚仙舟,迅饬将李参议等礼遣回部。惟据龚仙舟迭电称,"转据潘国纲等报称,'皓夜十时有敌军约二千余,由山重来,达后溪附近,逼近我右后方,灌口前方及深青方面亦有大部敌队向我运动,现尚停止后溪及苎溪桥一带。查此股系陈肇英队伍,由党人勾结而来,希图捣乱,乞质问并嘱速饬退回原防。若悍然进逼,职部应取如何对付'等语。除转饬该师长严加防守外,务希严饬陈军勿越原驻地点,以免破坏大局"等语。特电转达,即希查明制止,迅速见复。政务会议。俭。印。(六月二十八日)

(原载《军政府公报》修字第八十七号,十五页,政务会议复吕督办公望已电龚心湛迅饬将李参议等礼遣回部惟据电称陈肇英军队进逼后溪一带希查明制止电)

致广州军政府电

据报灌口浙军向前移动请电北廷务令退回原防电

广州军政府钧鉴：顷据前敌司令陈肇英元电称，据第一支队长吴秉元报告，转据第二营长韦世瑜报告，昨日上午四时灌口浙军向前移动，有向我军攻击之势等语。除令饬所属严防外，应请电恳军府转向北方交涉等情。除电令严防外，合亟电恳钧府电达北政府交涉，务令该军退回原防，以免冲突，幸甚。吕公望叩。元。印。（中华民国八年七月十三日）

（原载《军政府公报》修字第九十一号，一九一九年七月廿三日，十七页，吕总司令公望据报灌口浙军向前移动请电北廷务令退回原防电）

附　广州军政府致北京国务总理龚心湛电

北京龚仙舟先生鉴：现据援闽浙军总司令吕公望元电称，"顷据前敌司令陈肇英元电称，据第一支队长吴秉元报告，转据第二营长韦世瑜报告，昨日上午四时灌口浙军向前移动，有向我军攻击之势等语。除令饬所属严防外，应请电恳军府转向北方交涉等情。除电令严防外，合亟电恳钧府电达北政府交涉，务令该军退回原防，以免冲突"等语。合亟转电，即希迅饬该军退回原防，并盼见复。岑春煊、伍廷芳、陆荣廷、唐继尧、林葆怿、孙文。谏。印。（七月十六日）

（原载《军政府公报》修字第九十一号，廿一至廿二页，各总裁致龚心湛据援闽浙军总司令吕公望报告灌口浙军向前移动希迅饬退回原防电）

致广州军政府电

请严电北廷转饬浙督迅将陈肇英屋产
先行启封派员会算电

广州军政府总裁钧鉴：顷据前敌司令陈肇英电称，"此次家兄来漳，述家内被封情形，泣不能仰，现仍被封如故，致家人多所怨望。英一身不足惜，惟家人受累，情实难堪，恳请鼎力设法，先行启封，一切账目，均由双方派员会算"等语。查此案前蒙钧府往返交涉，已有头绪，迄今日久，谅已启封。据陈前情，依然被累，任令延搁，似属非宜。恳请严电北廷，转饬浙督迅即先行启封，一面由双方派员会算，以清纠葛。至为盼祷。吕公望叩。卅。印。（中华民国八年七月三十日）

（原载《军政府公报》修字第九十六号，一九一九年八月九日，十四页，吕总司令公望请严电北廷转饬浙督迅将陈肇英屋产先行启封一面由双方派员会算电）

附 政务会议复电

抄送广州浙军办事处吕督办鉴：前接卅一电，以陈司令肇英家中被封如故，请严电北廷转饬浙督启封，派员会算等由，当经电致龚仙舟查照办理去后。兹接鱼日复电称，"顷据杨浙督电称，'查陈肇英原籍财产前经县委明查估价后，令饬妥为保管备抵，并未变价没收，似无先行启封之必要。请转电仍令陈肇英自行派员赴潘师长处，会同核实清算，再行办理。除饬知潘师长遵照外，合电奉复'等因。特此电达，即希转知为幸"等语。特此转达，即希查照。政务会议。佳。印。（八月九日）

（原载《军政府公报》修字第九十七号，十六至十七页，政务会议复吕督办公望请为陈肇英启封一节经电龚心湛据复令自行派员与潘国纲会同清算再为办理电）

致广州军政府电

为张钫家属请周恤

广州军政府岑总裁钧鉴：张钫入秦，尽瘁国事，艰危备历，年余于兹，家属留津，信断使绝，米盐不继，呼吁无门。公望已于五月间备将艰苦情形电尘钧听，并祈提款五千元交望汇寄，以润枯鳞，虽蒙允许，而实惠未至，今又来电告急矣。恳请顾念劳人，迅赐周恤，不胜迫切，伏候钧裁。吕公望叩。卅。印。（中华民国八年七月三十日）

（原载《军政府公报》修字第九十七号，一九一九年八月十三日，十二页，吕督办公望为张钫家属请周恤电）

附 政务会议复电

广州东堤二马路吕督办鉴：卅电悉。接济张钫家属，已议决给洋壹千元，希速来府支领转汇。政务会议。歌。印。（八月五日）

（原载《军政府公报》修字第九十七号，十四页，政务会议复吕督办公望接济张钫家属已议决给洋壹千元希速来领转汇电）

致广州军政府电

请再电北廷转令浙督先将陈肇英家产启封

广州军政府政务会议钧鉴：佳电敬悉。陈肇英家产被封案，据杨督电称，"估价备抵，并未变价没收"等语，揆诸情理，未敢谓然。官吏犯赃，必须定案后，始可查封财产，变价抵偿，断不能于案未确定之先，即有查抄备抵之举。今陈肇英是否亏款，尚未确定，只凭童氏一面之词，遽尔查抄，此种行为，不平实甚，会算结果，如属虚无，即令发还，其伤已多。试问杨督，亦肯负赔偿损失之责否？除电达陈师长查照外，仍恳钧府严电北政府，转令杨督先行启封，俾得内顾无忧，尽力国

事,实为万幸。吕公望叩。蒸。印。(中华民国八年八月十日)

(原载《军政府公报》修字第九十八号,一九一九年八月十六日,十至十一页,吕督办公望请再电北廷转令浙督先将陈肇英家产启封电)

致广州军政府电

改派张浩兼充敝军驻省军事代表

广州军政府各总裁、李参谋长、莫陆军部长、莫督军、张省长钧鉴:

敝军驻省军事代表王赞尧因公外出,所有代表一职,已委本部总参议张浩兼充,祈转知各代表,以资接洽。援闽浙军总司令吕公望叩。删。印。(中华民国八年九月十五日)

(原载《军政府公报》修字第一百一十号,一九一九年九月廿七日,十九页,吕总司令公望改派张浩兼充该军军事代表电)

附 政务会议复电

汕头浙军吕总司令鉴:删电悉。贵军军事代表改派张总参议兼充,已函请出席矣。政务会议。巧。印。(九月十八日)

(原载《军政府公报》修字第一百一十号,廿二页,政务会议复吕总司令公望已函请张代表浩出席电)

致广州各总裁电

为李厚基汲汲备战

广州各总裁、李参谋部长、莫陆军部长钧鉴:

顷据前方报称李厚基电召臧致平至福州会议备战,一面赶修沿途军用电具等语。值兹和议停顿之际,彼方节节进行,职军逼近前线,应亟筹备预防。谨此电陈,伏祈察核示遵。吕公望叩。铣。(中华民国八年九月十六日,汕头)

(《吕公望电告李厚基汲汲备战》,原载新加坡《石叻总汇新报》一九一九年十月二日,八版,福建新闻)

致广州军政府电

报告据陈肇英电称北军备战甚力

广州军政府岑总裁、莫督军钧鉴：顷接漳州陈师长肇英阳电，文曰，"北军备战进行甚力，江日送到前线枪弹三十万、炮弹五百颗，其余应用干粮如饼干等计数十担之多"等语前来，转此奉闻。吕公望叩。庚。印。（中华民国八年十月八日）

（原载《军政府公报》修字第一百十七号，一九一九年十月廿二日，十二页，吕督办公望报告据陈师长肇英电称北军备战进行甚力电）

附　政务会议复电

汕头浙军吕督办鉴：庚电悉。北军增弹运粮，狡谋已露，希即转饬前线军队，严密防范是盼。政务会议。铣。印。（十月十六日）

（原载《军政府公报》修字第一百十七号，十七页，政务会议复吕督办公望转饬前线军队严密防范电）

呈政务会议①

为呈请赵汉江等补官给章由

为呈请事。窃查职军各军官佐前经呈请补授实官在案。兹查第一师军医处长兼后方病院院长赵汉江，筹维医务，卓著勤劳；步兵第二团二等军医钱秉钧，到差以来，服务勤恳；前长泰兵站站长黄苏，办事热心，经验颇富。以上三员前次保案均未列入，自应补行呈请，以励贤劳。兹拟请将该员赵汉江补授二等军医正，钱秉钧补授三等军医，黄苏奖给六等文虎章，是否有当，理合连同该员详细履历，一并备文呈请钧会议鉴核施行。谨呈。

---

①　本文由军政府咨第九百二十三号析出，整理者拟题。

附　军政府咨第九百二十三号
咨陆军部核议援闽浙军总司令吕公望
呈保赵汉江等补官给章一案文

为咨行事。现据援闽浙军总司令吕公望呈称,"为呈请事。窃查职军各军官佐前经呈请补授实官在案。兹查第一师军医处长兼后方病院院长赵汉江,筹维医务,卓著勤劳;步兵第二团二等军医钱秉钧,到差以来,服务勤恳;前长泰兵站站长黄苏,办事热心,经验颇富。以上三员前次保案均未列入,自应补行呈请,以励贤劳。兹拟请将该员赵汉江补授二等军医正,钱秉钧补授三等军医,黄苏奖给六等文虎章,是否有当,理合连同该员详细履历,一并备文呈请钧会议鉴核施行。谨呈"等情。据此,经本会议议决,咨陆军部核议,连同履历咨请贵部妥予核议见复施行。此咨
陆军部长莫

计送履历三份。

政务会议
中华民国八年十月十六日

(原载《军政府公报》修字第一百十九号,一九一九年十月廿九日,卅五至卅六页)

附　陆军部咨陈政务会议文

为咨陈事。案承咨交内开,"现据援闽浙军总司令吕公望呈称,'为呈请事。窃查职军各军官佐前经呈请补授实官在案。兹查第一师军医处长兼后方病院院长赵汉江,筹维医务,卓著勤劳;步兵第二团二等军医钱秉钧,到差以来,服务勤恳;前长泰兵站站长黄苏,办事熟心,经验颇富。以上三员,前次保案均未列入,自应补行呈请,以励贤劳。兹拟请将该员赵汉江补授二等军医正,钱秉钧补授三等军医,黄苏奖给六等文虎章,是否有当,理合连同该员

详细履历,一并备文呈请钧会议鉴核施行。谨呈'等情。据此,经本会议议决,咨陆军部核议,相应连同履历咨请贵部妥予核议见复施行"等因,并送履历三份到部。查赵汉江等三员既同是护法战役在事出力人员,自应照案奖叙,以昭懋赏。兹经本部据案详加审核,分别拟定,陈请核准,用资激劝。除履历存部备案外,相应将核奖各员缮具清单一览表各一份,附文陈候裁夺施行。为此咨陈

政务会议

中华民国八年十月廿九日

兹将援闽浙军总司令所保赵汉江等授官给章案依法核定,陈候核夺。

计开:

钱秉钧

以上一员,拟请授为陆军三等军医。

黄　苏

以上一员,拟给予六等文虎章。

八年十一月十七日已奉指令。

(原载《军政府公报》修字第一百二十六号,一九一九年十一月廿二日,十九至二十页,陆军部陈核援闽浙军总司令吕公望呈保所部赵汉江等授官给章案应予照准文)

附　代行国务院职权摄行大总统职务中华民国军政府指令第一九〇号

令陆军部长莫荣新

陈核援闽浙军总司令吕公望呈保所部
官佐请予分别奖叙由

呈悉。赵汉江已有令明发,钱秉钧着授为陆军三等军医,黄苏着给予六等文虎章。此令。

军政府印

中华民国八年十一月十七日

（原载《军政府公报》修字第一百二十六号，七页）

致政务会议电①

联呈请授蒋群陆军少将并给予三等文虎章

窃前征闽靖国军总指挥处总参议兼潮梅筹饷局会办、陆军步兵上校蒋群，自六年冬偕同毓瑞出发攻潮，身为前导，黄冈战事发生，星夜奔走前敌，帮同计画，救护尤多；坪溪之役，该员七至浙军劝说兼施，第三次偕瑞部吴梯团长安伯入敌营，几遭不测，第六次行走浙营，两军因误会又发激烈战斗，时我军已退驻古庵，离潮城仅廿余里，兵单弹竭，危险万分，该员仍奋身前往，痛哭陈辞，敌军将领伍文渊卒为所动，比即停战，引军退却，我军遂得恢复潮汕全境。是该员效力本军，保全潮、梅，裨益西南大局，其功实伟。战事停后，该员兼任筹饷局会办，擘画精详，志陆深资臂助。又，先后由公望倩其赴厦，频入险途，事多商协间，属异常出力之员，用特联呈请授陆军少将，并给予三等文虎章，以酬劳勋而资策励。该员履历容再备文补呈。至瑞部吴梯团长安伯，虽已另案请奖，而于冒险劝退浙军之功，则未叙及，容应如何特奖之处，悉候钧裁。（中华民国八年十月三日）

附　陆军部咨陈政务会议文

为咨陈事。案承咨交内开，"据吕公望、刘志陆、伍毓瑞等江电称，'窃前征闽靖国军总指挥处总参议兼潮梅筹饷局会办、陆

① 本文由"陆军部陈复援闽浙军总司令吕公望等请保蒋群等一案蒋群一员自应从优奖叙俟缴到履历再行核议至吴安伯前经准授陆军步兵上校如确别著殊勋应由该管长官造具勋绩调查表呈转核办文"析出。文前有"据吕公望、刘志陆、伍毓瑞等江电称"。刘志陆（1891—1941），字伟军，广东梅县人。同盟会会员。一九一八年八月至一九二〇年八月任广东潮梅镇守使。

军步兵上校蒋群,自六年冬偕同毓瑞出发攻潮,身为前导,黄冈战事发生,星夜奔走前敌,帮同计画,救护尤多;坪溪之役,该员七至浙军劝说兼施,第三次偕瑞部吴梯团长安伯入敌营,几遭不测,第六次行走浙营,两军因误会又发激烈战斗,时我军已退驻古庵,离潮城仅廿余里,兵单弹竭,危险万分,该员仍奋身前往,痛哭陈辞,敌军将领伍文渊卒为所动,比即停战,引军退却,我军遂得恢复潮汕全境。是该员效力本军,保全潮、梅,裨益西南大局,其功实伟。战事停后,该员兼任筹饷局会办,擘画精详,志陆深资臂助。又,先后由公望情其赴厦,频入险途,事多商协间,属异常出力之员,用特联呈请授陆军少将,并给予三等文虎章,以酬劳勋而资策励。该员履历容再备文补呈。至瑞部吴梯团长安伯,虽已另案请奖,而于冒险劝退浙军之功,则未叙及,容应如何特奖之处,悉候钧裁'等情。据此,经本会议议决,咨陆军部核议,相应备文咨请贵部妥予核议见复施行"等因到部,查蒋群一员,参与护法战役,聿著勤劳,自应从优奖叙,用酬厥绩。照《现行海陆军官佐奖励办法修正案》第六条,俟饬该员履历缴呈到部,再行按章核议。至吴安伯一员,前经赣李总司令以护法有功,咨准叙授陆军步兵上校在案,如确别著殊勋,应即由该管长官按照《修正案》第五条,列具《勋绩调查表》,呈转交部照章核办可也。承准前因,相应咨复,希为核夺。为此咨陈

政务会议

陆军部长莫荣新

中华民国八年十月二十日

(原载《军政府公报》修字第一百二十号,一九一九年十一月一日,卅六至卅七页,陆军部陈复援闽浙军总司令吕公望等请保蒋群等一案蒋群一员自应从优奖叙俟缴到履历再行核议至吴安伯前经准授陆军步兵上校如确别著殊勋应由该管长官造具勋绩调查表呈转核办文)

附　政务会议复电

汕头吕总司令、刘镇守使、伍司令鉴：前接江电，请奖叙蒋群等一案，当经交陆军部核议去后。兹准咨开，"蒋群一员，自应从优奖叙，用酬厥绩，俟该员履历缴到，再行核拟。吴安伯一员，前经援赣李总司令咨请准授上校在案，如确别著殊勋，应由该管长官造具《勋绩调查表》呈转核办"等由，希即查照办理。政务会议。感。印。（十月二十七日）

（原载《军政府公报》修字第一百二十号，廿二页，政务会议致吕总司令公望等请奖蒋群等一案准陆军部陈复蒋群一员应俟缴到履历再行核拟至吴安伯前已准授上校如确别著殊勋应造具勋绩调查表呈转核办电）

致广州军政府政务会议电

请颁发勋绩调查表式样

广州军政府政务会议钧鉴：职官营长韦世经等六十员呈请加奖勋章一案，奉钧府令饬造具《勋绩调查表》，以凭交部核议等因。遵查《陆海军奖励办法修正案》，并无《勋绩调查表》规定，请将式样颁发，以便遵式填造。吕公望叩。宥。印。（中华民国八年十一月廿六日）

（原载《军政府公报》修字第一百三十一号，一九一九年十二月十日，十二至十三页，吕总司令公望请颁发勋绩调查表式样电）

附　政务会议复电

汕头吕总司令鉴：宥电悉，查《勋绩调查表》早经公布，《法令全书》已有此式，无庸另发。特复。政务会议。冬。印。（十二月二日）

（原载《军政府公报》修字第一百三十一号，十五页，政务会议复吕总司令公望勋绩调查表早经公布电）

致广州军政府电①

职部参谋陈毓麒前在连长任内欠款与应支项下核抵
实无亏短应由潘部派员来汕核算或俟大局解决
饬该员返浙理楚等情希转电浙督查照办理

窃职军总部参谋即前浙省第一师二团七连连长陈毓麒,于上年十月间率队来归,义勇并著,深堪嘉许。兹据该员面称,"近接家中函告,潘师长国纲假亏款名义,有呈请卢浙督向其原籍新昌县家中勒缴情事。查所开连长任内欠款二百七十余元及胞兄毓逑前充浙省第一师第一团三营军需任内欠款一千零八十余元,合计一千三百余元,实则当时已报未销之款一千四百余元、未领连长薪洋二百余元,又同时附义连附杨再兴薪洋一百三十余元及垫付各连附预支薪洋一百元,均未核抵,如经清算,实属有益无亏,乞即转电理论"等语。窃以事关公款,无论该员在南在北,均应明白清算。惟此时大局未定,该员势难回浙,须由潘部派员来汕,当面核算,或俟大局解决,即饬该员返浙理楚。伏乞转电北庭,转饬浙督遵照办理,实为公便。(下缺)号。
(中华民国九年一月二十日)

附 军政府各总裁致靳云鹏电

北京靳翼青先生鉴:

现据浙军吕总司令公望号电称,"窃职军总部参谋即前浙省第一师二团七连连长陈毓麒,于上年十月间率队来归,义勇并著,深堪嘉许。兹据该员面称,'近接家中函告,潘师长国纲假亏款名义,有呈请卢浙督向其原籍新昌县家中勒缴情事。查

---

① 本文由"各总裁致靳云鹏据浙军总司令吕公望电称该部参谋陈毓麒前在连长任内欠款与应支项下核抵实无亏短应由潘部派员来汕核算或俟大局解决饬该员返浙清理等情希转电浙督查照办理电"析出。

所开连长任内欠款二百七十余元及胞兄毓逮前充浙省第一师第一团三营军需任内欠款一千零八十余元,合计一千三百余元,实则当时已报未销之款一千四百余元、未领连长薪洋二百余元,又同时附义连附杨再兴薪洋一百三十余元及垫付各连附预支薪洋一百元,均未核抵,如经清算,实属有益无亏,乞即转电理论'等语。窃以事关公款,无论该员在南在北,均应明白清算。惟此时大局未定,该员势难回浙,须由潘部派员来汕,当面核算,或俟大局解决,即饬该员返浙理楚。伏乞转电北庭,转饬浙督遵照办理,实为公便"等情。务希转电浙督查照办理,并盼见复。岑春煊、伍廷芳、唐继尧、陆荣廷、林葆怿。漾。印。(一月二十三日)

(原载《军政府公报》修字第一百四十八号,一九二〇年二月十一日,十八至十九页,各总裁致靳云鹏据浙军总司令吕公望电称该部参谋陈毓麒前在连长任内欠款与应支项下核抵实无亏短应由潘部派员来汕核算或俟大局解决饬该员反浙清理等情希转电浙督查照办理电)

附　政务会议复电

汕头吕督办鉴:现接靳云鹏佳电称,准上月漾电关于陈毓麒等在浙军任内亏款一案,业经询据浙督电复。此案非经双方会算,难以明了,在和议未决以前,暂准缓追等语,特电查照等语。合亟转达,希即转饬知照。政务会议。铣。印。(二月十六日)

(原载《军政府公报》修字第一百五十三号,一九二〇年三月三日,十二页,政务会议致吕督办公望据靳云鹏电称陈毓麒等在浙军任内亏款一案于和议未决以前暂准缓追电)

致李督办商酌如何通信电

兵站部送李督办鉴[①]：德密。浙军翌日已抵龙岩，决袭陈逆后路[②]，约两日左右，可到潮、汕附近。但前方贵军约定之旗号声号，未能送至浙军战地，届时如何设法通信，请公酌办。韵兄统此致意[③]。吕公望叩。漾酉。（十月二十三日）

（原载李培生编撰《桂系据粤之由来及其经过》，中华书局二〇〇七年四月版，151页）

致惠州马济请速接济弹粮电[④]

万急。马总司令鉴：民密。安海事，当时虚与北军委蛇，以待海军协同动作。乃不及待，竟于江日开始战斗，连日联靖军攻出马港运河，夹攻同安，厦门震动。刻闻消息，厦门已克复，我军以少敌众，开战至六日之久，粮绝援远，请速接济七九子弹，并前所定各种弹及粮，以便再攻漳州，否则仍归于败也。速复。吕公望。佳。借印。（一九二〇年某月九日）

（原载李培生《桂系据粤之由来及其经过》，150页）

附 莫荣新致马济电

惠州马总司令鉴：民密。项得癖柘报告如下：一、昨吕得安海、虞电等电，称浙军夹靖国军攻小盈岭占领之，逼近同安县，厦门

---

① 李督办，未详，待考。

② 陈逆，指陈炯明，一九二〇年八月十二日挥师两万余人从福建分路入粤，军政府委沈鸿英为总司令，指挥第四军刘志陆、在粤浙军吕公望、靖国军方声涛等部抵挡。沈鸿英与莫荣新，以为粤军不足为虑，仅派第四军总司令刘志陆率部在粤闽边界应付。

③ 韵兄，指方声涛（1885—1934），字韵松，福建侯官人。同盟会会员。曾任滇军第四师师长。护法期间代理靖国军征闽总指挥，并联络收编闽南民军，组成福建靖国军，即电文所称"靖军"。

④ 马济（1888—1927），字慎堂，广西百色人。桂系将领。

恐慌，厦、泉均空虚，海军回即下，请吕亲往督队。二、海部得福建孙葆溶等电，省防空虚，长门、马江各炮台，接洽完好，均准备内应，催即直捣马江。三、海军决定攻马江，以袭取福州，已积极筹备，事在必行。四、北京拟以汤代萨①，破海军系统，现正合厦门各舰，竭力抵制，则进取更不容缓。由上述观之，海军既已决心，应即助其速成，昨出助兵之事，请决定急复，候便从速进行。荣新。佳辰。（五月九日）

（原载《桂系据粤之由来及其经过》，150—151 页）

附　莫荣新致刘志陆电

汕头刘镇守使鉴：新大密。前缴伍部枪枝，除编配外，尚有余存若干？如有，即提交吕戴之君三百枝为要，盼复。荣新。鱼。（某月六日）

（原载《桂系据粤之由来及其经过》，149 页）

附　傅德谦致刘志陆电②

万急。汕头刘镇守使鉴：新大密。吾兄前解之枪，均属已坏，戴之所需，仍无着落。惟戴之所行，以数千之众，当敌数师，其勇往之气，颇为可佩，而饷械两绌，困难已达极点。吾兄缴存之枪，如能选其可用者二百枝，交戴之借用，以壮军威而资杀贼，则吾浙士民，咸拜公赐。可否，乞密示。德谦叩。寒。代印。（一九二〇年四月十四日）

（原载《桂系据粤之由来及其经过》，149—150 页）

---

① 汤，指汤廷光（1865—1933），字朗亭，广东花县人。毕业于广东黄埔水师学堂，随后留学英国。学成归国，任海圻舰舰长多年。民国六年，驾海圻舰由沪南下护法。次年，任军政府海军部次长。萨，即萨镇冰（1859—1952），字鼎铭，福建闽侯县人，时任北京政府海军总长。

② 傅德谦，字吉士，浙江萧山人。光绪二十八年（1902）举人。时任广东督军公署参谋长。

附　莫荣新致李国治电①

急。汕头李道尹鉴：初密。吕戴之因军府欠饷，久未照发，现在需用更急，无术张罗。请即由汕息借洋三万元，就近拨吕领用，此款俟此间筹得，定当汇还，或由饷局及运副两处，按月应拨粤军项下截扣划抵。无论如何，统希妥办，以利戎机。荣新。寒。印。（一九二〇年四月十四日）

（原载《桂系据粤之由来及其经过》，150 页）

附　马济致沈军长林军长电

惠州马总司令，充密。转沈、林两军长鉴：顷闽南专员返粤，云浙军、方军②，会合民军共七八千人，已于中秋占领大浦，仅有逆将姚雨平率最残弱之兵千人，由潮、汕赴援。现向我询进行方针，业嘱其向梅县、兴宁抄击，彼已决意，即照进攻。此系确讯，特奉闻。马济叩。支辰。印。（一九二〇年五月四日）

（原载《桂系据粤之由来及其经过》，151—152 页）

附　岑春煊莫荣新致李督办沈督办林军长唐司令电③

万火急。河源李、沈两督办，平山林军长、唐司令鉴：特密。据报浙、靖两军已占领大浦，我军自应乘机前进，速定潮、汕。惟查陈逆现驻老隆，若能早将该逆主力击散，使不成军，魏、李即无能为④。

---

① 李国治（1869—？），云南人，一九一八年十一月任广东潮循道尹。
② 方军，指方声涛收编组织的闽南靖国军。
③ 沈督办，指沈鸿英（1870—1938），字冠南，广东高要人。时任南韶连镇守使兼粤赣湘边防督办。
④ 魏、李，指魏邦平（1884—1935），字丽堂，广东香山（今中山市）人，一九二〇年任粤军第三师长。次年任西江总指挥，率部参加援桂之役。李福林（1874—1952），字登同，广东番禺（今广州市）人。一九一九年任广惠镇守使。一九二〇年八月见粤军进展顺利，桂系势力岌岌可危，在孙中山严令催促下，二十六日于广州河南宣布独立，策应粤军回粤讨桂。

希隐青兄一部迅取海丰后①，暂缓前进，留一部回石龙，预备援应省城，夹击逆众。至紫金方面，请冠兄酌抽一部，一面稳固河源，一面佯攻紫金，以牵制之，务以主力猛攻老隆，定操胜算。省城方面，坚持镇静，务望一致猛进，切勿后虑。昨因调和形式，发布停战命令，请作无效，是为至要。春煊、荣新。蒸午。印。（七月十日）

（原载《桂系据粤之由来及其经过》，151 页）

附　陈炯明致岑春煊林葆怿吕公望电

万急。广州岑总裁、林总裁、吕部长钧鉴：新成密。近日电报，均被扣留，彼此情意，不得通达。黄强、徐晓窗来，始悉诸公主持公道，至为感纫，惟子弹为军中命脉，不有接济，何能应敌？现已改为于发动后交弹，但须先拨存海舰中，以资开火后接济。莫督如诚恳助悦公，当可照办。否则，必以假道图我，我亦不辞，虽一枪一卒，亦不受人胁迫。黄强经受命回省面陈，尚望诸公速即解决，立赐电复。炯明。元。印。（中华民国九年八月十三日）

（原载《桂系据粤之由来及其经过》，114 页，粤军开始攻击前二日陈总司令令黄强回粤对付桂系之电）

致岑春煊支电

泉州北军，忽于本日四面进攻安海我军，势甚猖獗。我军以李厚基正派员来粤接洽，方待后命，不料彼突然开衅，只得向安溪退却。李厚基欺诈若此，幸勿轻信，请速决定，电示祗遵。支。（中华民国九年九月四日）

———————

①　隐青兄，指林虎（1887—1960），原名伟邦，字隐青，陆川客家人。历任护国军第六军军长、高雷镇守使、陆军第二军军长、两广护国军第五军司令、军政府陆军部次长等职。一九二〇年孙中山令陈炯明部驱逐桂系，林虎率桂军由西江退回玉林，受老桂系排挤，避居上海。次年应陈炯明之邀回广东，陈反孙中山，滇、桂各军讨陈，林虎率粤军迎战，任潮梅总指挥。后托病赴沪就医。

附 岑春煊致李纯电

南京李督军鉴：永密。顷接吕公望支电，称"泉州北军，忽于本日四面进攻安海我军，势甚猖獗。我军以李厚基正派员来粤接洽，方待后命，不料彼突然开衅，只得向安溪退却。李厚基欺诈若此，幸勿轻信，请速决定，电示祗遵"等语。李厚基欺诈各方，竟至首先开衅，闻王揖唐在彼决策，确系卷土重来之计，未审北方究竟有无制止方法，务希询明示复为盼。春煊。歌。印。（中华民国九年九月五日）

（原载《桂系据粤之由来及其经过》，118 页）

致岑春煊续电

李厚基以马步云为总指挥，王揖唐为参谋长，突于支日四面进攻安海我军，致苏旅长中弹①，林团长阵亡，只得智向后方退却，详情另闻。（中华民国九年九月五日或六日）

附 岑春煊致陈光远电

急。南昌陈督军鉴：永密。歌电谅达。顷接吕公望续电称，李厚基以马步云为总指挥，王揖唐为参谋长，突于支日四面进攻安海我军，致苏旅长中弹，林团长阵亡，只得智向后方退却，详情另闻等语。王揖唐自神户起行退闽，与李勾结，阴谋毕露，希将昨今两电，转知鄂督，严切防范，恐各处同时发动，不易收拾也。阁（闽）粤接近贵壤，应如何共同动作，盼迅筹示。春煊。鱼。印。（中华民国九年九月六日）

（原载《桂系据粤之由来及其经过》，138—139 页）

---

① 苏旅长，指苏伏波，援闽浙军参谋长兼独立旅旅长。当即前文上校苏暲。下文林团长，名字未详。"只得智向后方退却"，如原文无误，"得智"当为另一团长之字。或"智"字衍。

吕公望集卷十一　杂文　诗歌　联语

杂　文

从九品桂发翁传 艮重千廿八

桂发翁者，鳌之父执也。平时与鳌父结交，道殷勤，通款曲，情意洽如也。翁惟与鳌父结交最深，故翁之视鳌也直不啻若己子焉。诚为迹翁生平，刚直性成，诚朴天赋。事在当行，虽百折而不回；言在必践，即一诺而不爽。以故乡党中无不亲之爱之，凡有美举，莫不推翁领袖，盖翁之取信于人者有素也。族中常帑未逮充足，即以所入供祭祀需，犹虞不给。其他公用，盖阙如也，得翁为之经理者久之，或本节省而事积聚，或集捐助而为生放，至今产业较从前已增数倍。而所谓祭祀需者，洵绰然有余裕，如余外待举者，尤堪以拭目俟，此诚翁之力也。族中宗祠，自咸、同劫遭兵燹，付之灰烬者，数十年祖宗式凭卒嗟无所得。翁发重建之议，庀材鸠工，次第兴举，今则后寝已告成矣。《礼》云，君子将营宫室，宗庙为先。若今之所得先者，此更翁之力也。族中宗谱，自道光壬辰迄光绪丁未，中间相去七十余年，而续修终属未果。宗法不讲，其如贻忧孙子何？得翁商重纂之举，添列第行，增编传赞，今又谱事告竣矣。语云，欲摄人心，当修宗谱，以敦风俗。若今之所得摄者，此又翁之力也！翁之作为，其大端类皆如此。揣其缘由，实在事之能行，言之克践，有以基之也，翁真人杰也矣哉。

德配林氏，遵守妇道，严肃家规。朔厥于归之时，正是食贫之日。井臼操而怨尤胥泯，纺织课而劳瘁不辞。至闺阃中之规则，犹复时加谨凛焉。巾帼中之丈夫，宜其当之无愧矣。子二，长文怀，次文斌，俱能善绍箕裘，丕成家业。后嗣崛起，正未可量。今届家谱重修，鳌以翁为父执，不容听其湮没也，爰不揣谫陋而为之纪其大略云。

光绪三十有三年岁次丁未孟春穀旦，世侄廪贡生吕公望原名占鳌顿首拜撰。

（原载永康《在城西山黄氏宗谱》，二〇一五年十二月印行，第一册，96 页）

恭祝桂发老伯先生七十寿序 寿辰在八月艮重千廿八

月圆天上，福满人间。挹桂馥之方浓，分秋光之将半。则有青城仙客披来益寿之图，绛县老人算出延年之录。古香常抱，晚节弥坚。如吾乡黄桂发寿翁者，其生平之事实久宜称颂焉。翁系出江夏，世居丽州。幼多至性，人传孝友之风；早负隽才，众有贤能之誉。伯骞一顾重千金，展禽片言信于岑鼎。金心内朗，铜行不渝。落落枝高，凌寒而愈直；棱棱石峙，处险而勿摇。惟直气之常伸，行无挫志；更真诚之自守，矢不挠心。翁之持己有如此者。而复蕴善如春，虚怀若谷。居丈人之尊，不嫌折节；为元伯之约，无或愆期。叔度千顷之波，挹之靡尽；季野四时之气，敢喻诸不言。义重嵩衡，财轻毛卵。济有有郑侨之惠[①]，分金敦鲍叔之风。悦亲戚以情话，偕朋辈以遨游。厉色无闻，谦光可掬。所以华簪之客，常满名门；珠履之宾，频来雅座。翁之待人有如此者。且不独乡望久孚，盗牛化其谦让；亦复家风素谨，数马喻其敬恭。棠棣两碑，花□一集。元抱鸰原之戚，倍伤雁序之凋。念同气兮乏嗣，命季子以承祧。万石君之丰采，肃于治家；邓仲华之

---

① 济有有，底稿如此，前"有"疑为"友"字。

贻谋,善于教子。上承祖德,宗庙营建,丕焕绰楔之辉;下裕后昆,则谱牒纂,修同深壶之庇。余如修鹤观以营斋,建虹桥而利涉。东平好善,乐此不疲;南郭忘形,物来则应。其居家时族有如此者。凡兹德备于身,所以祥延于世。内助原配,鸿案齐举,允称阃德之昭彰;克家令嗣,蜚誉双驰,能效戎行之参赞。集福无疆,降祥未艾。

兹值民国纪元之日,欣逢吾翁杖国之期。彩映南弧,筹添北海。卜仁者寿,喜开桂醑之樽;看老人星,愿进莱台之颂。令子齐舞班而戏彩,同人咸制锦以称觞。公望宜切依栌,愿深仰乔。常瞻父执丰神,备悉耆贤事迹。爰抽兔颖,用启骊颜。此日筵开七秩,聊献芜词;他时曲唱百年,更进华祝。

中华民国元年仲秋月中浣之吉,陆军第六师师长、任命中将吕公望敬撰。

(原载永康《在城西山黄氏宗谱》,第一册,97 页)

祭虞赓甫先生文[①]

维中华民国元年十一月四号,吕公望谨以清酌庶羞之奠,致祭于前讲武堂堂长赓甫虞先生之灵曰:呜呼!茫茫天地,孰逢青眼之人;落落晨星,易散素心之侣。嵇生既逝,闻笛兴悲。钟子云亡,绝弦增感。况来歙被仇于西蜀,赤彗穿营;元衡见害于长安,阴霾迷道。斯固掩辕门之节,部曲惊魂;卷牙纛之旗,军民洒涕者也。仆独何心,能不痛哉!惟我赓甫先生,忠贤世胄,经学名裔。绍宗风于五绝,擅俊誉于九能。贤书早荐,奇抱夙饶。丈夫安事毛锥,身投武备;壮士须盘马鞘,溺□江南北[②],将欲藉八千子弟起义而讨暴秦。□□□□□□□□□□国豪士之运筹,预定权奸之暗计,旋生奇气冲霄原。早疑扶余虬客,阴谋设计,偏教撼大海蛟涛。谁知击楫中流,金波息浪,正遂请缨,瓯

---

① 整理者拟题。
② 溺,下缺四行 104 字。

越铜炮壮声。风舰楼船，手画定师中之律；吴根越角，心规成掌上之形。盖至是先生之谋略愈深，而举义之潮流亦愈急矣。无何，楚邦倡义，越国重兴。先生当时因一檄之传，远道为单身之赴。借筹阃外，献策军前。帅府重其才，将兵怀其德。申郭令公之谕，士卒输诚；驰萧景真之符，垒营效命。惟当和战未决之秋，正蛮触交争之日。允文画策，穷追兀术于石矶；贾谊上书，请系匈奴于阙下。呼号誓众，慷慨出师。效吴玠之援饶风，同温峤之趋建业。鹘骑星驰，狼烽电扫，不烦破斧，已庆櫜弓。露布千行，武偃而桃林满野；铙歌一曲，凯旋而柳色当楼。力云瘁矣，功斯伟哉。然玉垒虽平，金瓯宜固。筹必周乎全国，错毋铸夫六州。奉使转赴临淮，商画留守之长策；返命就征幕府，掌参严密之戎机。才若尹翁归，能文能武；艺同李普济，入细入粗。念将士之屯集，谋劳逸之适均。筹画释甲，归乡伍退而军歌载道；督率枕戈，讲武校开而将备就班。所谋苟与国咸休，此志即徇身不恤。卒之功崇，物□芩契①，方期攻玉断金，佑兹良友□□□□□□□□□□□□音尘，无复鹿床之共；今日重来门巷，岂忍马棰之挝。所幸哲嗣象□归，穆伯之丧。虞歌引路，尚冀精灵不泯，斩仇雠之首，楚些招魂。敬奠清酤，聊申微悃。惟祈昭格，是用享歆。尚飨。

（原载《虞赓甫哀挽录》民国刊本，署第六师师长吕公望，祭文其一）

致讲武堂训词

今日为吾浙讲武堂开学之期，英才济济，萃于一堂。复得都督殷勤训词，其所以策励诸君者倍至。但本师长之意，尚愿诸君百尺竿头更进一步者，则以民国现势，虽经统一，而西藏、满、蒙风云日亟，列强眈视，外交棘手，共和之政策尚未实行，瓜分之谣传已属纷起。诸君为国家最有关系之人物，当以国家为前提。凡讨论团防计画，提倡军

---

① 物，下缺六行 156 字。

国主义,俱当于此日实力讲求,为将来巩固民国之干城。此企望于诸君者一也。此次入堂诸君,或曾参与兵机,或经效力戎行,其资格既与寻常军士不同,其志趣亦当特别高超。平时学力所向,宜务其大者远者。我国武功未竟,当思何以振张之;戎备未修,当思何以整厉之。内不放弃一身责任,外应注重全国军政。庶可养成完全将材,为他日军队上之表率。此企望于诸君者二也。服从中央命令,遵守堂内规则,在诸君大义素明,本无待述。惟道德为军人之要素,举止威重,言词和平,对于全堂各职员,固当恪守训诫,殚心学业,即对于各同学,善劝过规,亦不宜稍存意见,自启纷争。陶镕各性质,团结为一体。在今日为好学生,异日必为良将士。此企望于诸君者三也。方今四洋毕远,五大在边,中华非终无事之时,天下正亟需材之日。衙斋运甓,陶公志靖中原;草庐躬耕,武侯力兴汉室。有啮雪尝胆之志,斯铭鼎勒石之功。诸君能劳忍苦,则将相本无种,在丈夫好自为之耳。学堂铁汉精神,即国家铜像模范。此企望于诸君者四也。区区微忱属望于诸君者在此,诸君勉乎哉!

（原载《陆军学会军事月报》第二期,民国元年十二月版,公牍,七至八页）

《武德》发刊祝词

世界竞争,非武不国。民国斯时,如游羿彀。眈眈列强,弯弓待发。仍沿习锢,右文抑武,虽愚且懦,必奋而怒。顾用武之道四,而武德不与焉。兵略战史,参究研确。宣旨宏绪,先觉后觉,是曰武学。有强权无公理,法理不足恃,所恃黑血与赤铁,是曰武力。赋同仇、歌敌忾,将不生还,士祈战死,是曰武风。五兵作而蚩尤擒,一戎衣而天下定,是曰武功。将欲□战,卫树国威,张吾夏声,挞彼强邻,惟四者之是赖。兹是社以武德名,毋乃□坠事功,而高谈仁义欤? 公望曰否否不然。夫四者,虽为军国之必要,苟非育德以贯注其中,则□尚诈伪,武学必有时而靡;义主侵略,武力必有时而蹶。聚强悍之民而械斗四境,武风适为世道之忧;袭荡平之烈而般乐一时,武功将为祸国之媒。试观今日之将校,讵无学富孙、吴者乎? 今日之军队,讵无力过贲、育者乎? 枕戈修矛,风非不雄也;师汤追武,功非不崇也。而卒之甲营□、乙轧□,此忌能、彼矜伐,若是者何? 曰无武德。故识者忧之,创为是社,并刊杂志,以饷同胞。提三寸毛锥,铸万重铁甲。陶镕军人道德,激励将士精神。用以涵酝武学,扩充武力,宣和武风,发皇武功,胥于斯社作南针也。爰于出版之际,敬撰数语以祝之,曰:

簸簸中华,堂堂民国。有物诞生,磅礴宇域。

其物伊何,非气非力。钩玄提要,浑沦无极。

黑铁含精,赤血映色。兵家之鹄,军人之则。

一纸阐扬,群英组织。砺仁砥义,飞笔舞墨。

本源是探,刚柔互克。鸿制风行,五□价值。

武装和平,允矣不忒。肇锡嘉名,粤曰武德。

（原载《武德》第一期,民国二年一月版,二至三页,祝词三）

致北京国事维持会电[①]

国事维持会鉴:青电悉。诸公忧念国事,发起斯会,爱国热诚,感佩无既。维持国家,吾辈固有专责;而干预政治,军人应避嫌疑。贵会章程若何,是否有军人干涉政治之嫌,祈即掷一份,以便核遵。吕公望。蒸。（中华民国二年三月十日）

（《亡国之恶机关》,原载《民主报》一九一三年三月十二日,六版）

在城西山宗祠志

君子将营宫室,宗庙为先。夫宗庙者,所以妥先灵,联后裔,辨昭

---

① 消息称:"军人干预政治,为亡国之一大恶源。近都人发起一国事维持会,其宗旨即军人干预政治之准备,为将来制定民国宪法、选举正式总统、组织正式内阁之种种把持,是摧残民国之一大恶机关也,愿国人群起而攻之。兹将杭州吕公望致电该会附下,以见国人疑虑之一斑焉。"

穆,定尊卑,论祀烝。尝。少长咸集,入门则思敬也,登堂则思孝也。祭毕而宴,旅酬为止,敬老慈幼之礼又存焉。则祠堂之设,非维□报本已也。饬纪敦伦,和亲睦族,其关乎人心世道者,岂浅鲜哉?在城西山黄氏,自彬三公葬此,历有年所。至清乾隆壬子,族人于本村之前,议建祠为岁时祭祀之计,盛事也。其林木之费,砖瓦之费,工作力役之费,皆派下冬四二常担任,又尚义也。越六十余年,岁辛酉,洪杨又起,黄氏祠堂遂毁于兵燹,迄今又十余年矣。丹青土木,瓦砾丘墟,孝子慈孙,凄沧怵惧。因集族众而语之,曰:人无宫室,则无以栖身;神无宗庙,则无以附其灵。我辈既有居处之地,而祖宗独无凭依之所,可乎?佥曰不可。于是操畚锤以清其址,度树木以备栋梁。择吉兴工,老成督役。庙计四座,后座曰寝室,中二座曰拜厅,前座曰台门,两旁夹以厢屋,循旧章也。其费用仍冬四二常仔肩,贻厥孙谋,绳其祖武,此之谓也。祠既成,灵爽于此式凭,春秋于此荐飨。子孙既孝享其先人,祖宗必福庇其后嗣。孝孙有庆,受禄于天。黄氏之兴,固有昌炽未艾者。时黄族重修谱牒,乞予数言,以纪其事。予嘉其敦本敬宗也,又嘉其急公尚义也,遂涤笔而为之志云。

时民国二年岁在癸丑杏月穀旦,浙江第六师师长、任命中将吕公望敬撰。

(原载永康《在城西山黄氏宗谱》,二○一五年十二月修印,第一册,325页)

浙江体育会致浙江教育会函①

敬启者。窃以教育为立国之根本,德育、智育、体育三者,允宜并重。然而三者之中,虽无本末之分,要有先后之别。盖必有邃深之智识,方能领悟高尚之道德;尤必先有健全之身体而后邃深之智识有所

---

① 原题《浙江体育会致本会函》。当时吕公望、沈钧儒任浙江体育会正副会长。

附丽。此其道当为谈教育者所公认,非同人等之偏重体育也。吾国前清之季年,学校虽有体操之科,社会实乏训育之场。在行政官固多昧于教育,漫无计画,即士大夫亦皆习焉不察,不加提倡。举国滔滔,遂相率而入于委靡不振之途,言之实堪浩叹。光复以还,人民观于改革之方,不仅在空言,而尤在武力。始恍然于尚武主义之重要,一反其从前柔弱之积习。苟乘此而作其勇敢之气,以养其刚毅之风,实为千载一时之机会。同人等有鉴于此,爰有浙江体育会之发起。先创办体育学校,以树学校教育之模范,并拟设立公共体育场,以广社会教育之推行。深维力薄愿奢,常深惶悚。所望群策群力,相辅而行。素稔贵省教育发达[1],文化开明,务祈于体育一端,极力提倡,或著论说以鼓吹,或结会社以研求,或更专设学校,注意实习。凡可以奋发人民之志气,□炼人民之体质者,无不力图进行,提撕而训练之。庶几全国同风,挽回劫运,国利民福,于焉是赖。嗟乎!万方竞进,非武不扬。同人等横睇大陆,则列强之军备日益发展;而回顾宗邦,则蒙藏危迫之现状,历年丧失之国权,非凭藉武力,势难恢复。盖国家为自卫计,舍注重体育,其道末由。此同人等之所不能已于言者,想亦为贵会诸君子所赞同也。倘蒙饷以谠论,俾资取法,尤为感幸。临颖不胜翘企之至。

专此奉布,敬颂

公祺

浙江体育会会长吕公望、沈钧儒敬启

（原载杭州《教育周报》第三期,民国二年四月版,二八页）

楼翁藻圃先生七旬寿序[2]

余生晚,又长于乡塾间,乡父老乏晋接也。及壮,北游燕、南游

---

① 贵省,疑为"贵会"之误植。

② 整理者拟题,底本复印件原题"恭祝诰授奉直大夫、按知事加布经历衔、前任永康县议会议长、贡生楼翁藻圃先生七旬大庆",疑有误植。

粤,投笔从戎者十余年不尝归,归亦不数数出,故乡父老更乏晋接时矣。光复后,忝长浙军第六师者将二载,迄今秋出镇嘉湖,前后供职皆桑梓境,然为职务羁,又未假片时暇旋里,与诸父老相晋接,而用是拳拳,凡有自故乡来者,必询及之,楼翁藻圃先生之为人,因得梗概焉,然不详。今冬适为先生七秩寿,余姻党革制欧,先生门下士也,谋所以寿先生者,请于余。余不文而又不获辞也,爰纪余所知者,以晋且代颂焉。

先生家世儒,年十二失怙,庭训遂缺。旋红羊劫起,同怀六人,仅留其二。乱平,先生以孑然一身,整家道,理儒业,卒能声蜚黉序,以不坠书香为报亲地。先生于家为肖子也。清末科举罢,新学初萌,新进者醉欧风,守旧者封故步。彼时吾乡学界几成水火,邑人士请先生出而主县校,以调剂新旧,不二年而效著。去岁,地方选举先生长县会者,又二年,救弊补偏,不遗馀力。先生于邑为达人也。

闻先生之梗概如(下缺)

（原载《楼氏宗谱》,二〇〇四年甲申重修本,卷四,621页）

文林郎胡思绚公传 渐行四百三十七

胡公讳思绚,号素文,世居永之古山。为人修眉长髯,容貌魁梧,望而知为伟丈夫也。少孤贫,母氏守《柏舟》操。公尝佣力以奉养,菽水承欢,融融如也。又与昆季共饮食,同寝处,出入怡怡,毫无间言,卒以慰母氏之心,而成母氏之节,族中咸称道之。迨中年,以食指多,家计益窘,恒假贷于人。人嘉其信行之笃,多乐为之助,然终不以此负人。性抗直好善。暮年,子各长,能勤本务,家渐裕。公少历艰难,故见戚友之贫不能自存者,靡不尽心推解。复以其余力及于诸善举,如造桥修路、建造凉亭之类,咸乐慨助,以为之倡。享年六十有六。元配王氏,亦名门女,有淑德,能相夫成家者。子五,必槐、必妥、必涨、必基,类能勤俭克家,世守其业。而次子耀南,好读书,善作文,弱冠领乡荐。前清宣统三年，以法律专家曾任安徽安庆地方审判厅民庭推事。民国二年，出宰松阳，俱有政声。孙六人，头角峥嵘，方兴未艾也。余幼宦游在外，未获亲公之色笑而聆听其言论，惟与耀南素相善。耀南平时口述谆谆，耳熟能详。兹届胡姓宗谱告成，爰据所述，次其始末而为之传。

时中华民国四年十二月，陆军中将、浙江嘉湖镇守使、勋三位、二等文虎章世侄吕公望拜撰。

（原载《古山胡氏宗谱》，民国乙卯年续修本）

唁陈英士电

转陈蔼士先生鉴：英兄被算，噩耗惊传，军民同声，为天下恸。掬泪奉唁，临电怆然。浙江都督吕公望。漾。（中华民国五年五月二十三日）

（原载《申报》一九一六年五月二十六日，三版公电，收入何仲箫编《陈英士先生纪念全集》，文海出版社一九七三年十二月版，270页，英兄作英公）

祭陈英士文

维年月日，浙江都督吕公望，谨以清酌庶馐之奠，致祭于前沪军都督陈英士先生之灵曰：欲叩苍穹以问天兮，天道茫昧而不可知。何人心之险峨兮，白日亦现夫魅魑。忍哲人之罹罗兮，触余心以伤悲。惟公秉性其特异兮，钟苕霄之灵奇。少市隐于吴门兮，忧国事而载驰。俄负笈于东瀛兮，遂藏器以待时。结海内之同俦兮，望胡尘而裂眦。夫何义旗之飘举兮，呼江淮之苍兕。收沪海之神皋兮，气拔山而雄逝。念辅车之相依兮，军容屹然以山峙。迨二次之兴戎兮，遂分道以扬镳。悲南风之不竞兮，致一范之心忉。独夫肆其痛虐兮，嗟海内之萧骚。西南赫师以振旅兮，赋矛戟而同袍。惟公振臂而一呼兮，起地下之林陶。期黄龙之痛饮兮，蔚剑气之冲霄。胡群飞之刺天兮，鹗昼鸣而啄凤凰。菰荆棘之遍地兮,芝兰萎而不芳。岂耿介之拔俗兮,物以刚而不祥。神州忽其板荡兮,虽一瞑亦何妨。惟狂澜之待挽兮,痛来刺而彭亡。大星沉沉其东坠兮,天阴霾而日曛黄。瞻丹旐而怆神兮,涕出泗以盈眶。徒击楫于中流兮,恨才杰之凋伤。精灵赫其不泯兮,尚来格而来飨。

(原载《浙江公报》第一千五百十号,一九一六年五月二十六日,八页,附录,吕都督祭陈英士文。后收入《纪念全集》民国印本,卷四殉国唁词汇录,十四叶。亦见于何仲萧编《陈英士先生纪念全集》,283页)

领衔致朱瑞函[①]

患难备尝,甘苦与共,宜属同袍,情同一姓。我公提携之殷,公望等追随之志,方期坚等金石,不渝始终。无如事发仓猝,重违素愿。思公泫然,相对泣下。使公有今日,公望等不惟负公,且负吾浙,举非公望等所愿为所敢为,然而事势所迫,卒至于此者,心虽委曲求全,而事或出于误会。公望等不得不自白于天下,且不得不为我公一白于天下。

方今人心所向,时势所趋,非袁氏退位,无以维民国之威信,非相率独立,无以促退位之实行。此全国所公认,非少数之私言。所少异者,地势有远近之别,则主张有缓急之殊耳。即就论之吾浙,中央政令之纷更,两浙民生之凋敝久矣,怨嗟载道,困苦难宣。洎其叛国悖民,妄希帝号,军民共愤,更不可遏。爱国热忱,情难抑止。遇事审慎,恐失机宜。公望等有鉴于此,用敢同冒不韪,数陈利害。我公虑兵备之单薄,畏疆场之扰攘,顾重秩序,观变审时。虽与公望等所见不同,然而殊途同归,所以拥护民国,保卫地方,其用心则一也。我公

① 函前有导语交代:"浙省吕戴之都督及镇守使张载阳、师长童保暄、厅长夏超、参谋长周凤岐、司令王桂林等,与前将军朱瑞共事多年,平日感情极厚。因朱将军去浙多日,且身体有病,甚为系念,特公函寄沪致候,并述浙省情形。朱将军亦有复函。兹探得原函,附录于后。"可惜发表时省略抬头、落款及日期。

治军十载，督浙五年。辛亥起义，耀武金陵。癸丑辑兵，保全两浙。在民国为首功，于军界为先辈。桑梓齐氓，孰不仰戴？我公兢以浙省民军为重，浙江民军亦殷殷以公为重。朝夕祈望，愿我公从众志而建义旗，躬率浙人，以开先路。今兹吁望之殷，更有逾于往岁。诚以公之威惠久浃于军民，公之声誉复昭于中外，一旦勃然奋发，尤足以示民信而彰国威。若是则匕鬯不惊，举措甚易。岂惟吾浙之荣，实亦民国之幸！奈何以观念之偶异，致主张有参差。四月十二日之事，我公立志坚贞，始终不挠，又爱惜浙人，不愿自相残杀，临时撤退卫兵，洁身自去。既昭君子之节，尤见仁人之心。吾浙军民，永不忘盛德。虽然，此岂浙人之本愿哉！浙人本愿且不若是。况公望等久荷提携，历共甘苦，更何忍中道睽违乎？自公行后，人心皇皇，访问殷勤，群思留挽。既闻行旌赴申，专使奉候，咫尺蓬瀛，末由转达。公望等职司所系，义不能从，天各一方，只增怅望。至于同袍之中，心殷主帅，弃职相觅，不乏其人。

今者文六辞职，群推公望代，固辞不获，忝颜就列。设公当日见谅，俯从众意，又何至若是之纷纷哉？公始终保吾浙之治安，乃卒以此去浙，公望等始终不愿违公之左右，乃卒至于负公。此公望等之不幸，亦吾浙之不幸也。往事已矣，悔不可追。戴德之情，用心犹昔。公望等今日固不敢以违志之言，污公清听。愿念桑梓之情，同袍之谊，以浙人不能恝然于公者卜之，固知我公当亦不能恝然于浙。浙既荷公保障于先，获安全有今日者，尤不能不望公维持其后，希昌大于将来。此又不独公望等之素志，殷勤期公教诲已也。又闻贵恙未痊，尚欠康健，尤系众怀，引为忧虑。务祈善自摄卫，以期早日复元。才望如公，他日负荷，正无限量。望葆有用之精神，担当人间之大业，是尤公望等心香祷祝者。谨抒血诚，仰祈明教。

（《浙当道与朱介人之函讯》，原载《神州日报》中华民国五年六月十日，五版地方通信）

附　朱瑞复函

戴之大兄执事：

　　别后甚念诸贤。顷接台函，如获面语，深情款款，溢乎行间，感荷感荷！瑞督浙五年，毫无善绩。德不足以感人，诚不足以孚众，平居自省，愧悚已深。事起以来，尤滋内疚。自以为既负国家，且负桑梓。乃荷殷勤念故，来书存问，复举其历年防护地方之微劳，暨此次撤卫而行，不忍糜烂地方之细故，重相推誉，披函一过，汗下沾濡。来日大难，浙民望治。此后两浙治安当如何维持而福利之，是惟众贤之责。诸贤同肩重任，筹之必已至熟。弟德薄体孱，已无力顾念地方。惟《诗》有云，惟桑与梓，必恭敬止，此则尤弟五中所拳拳者耳。

省立甲种商业学校本科第三次毕业训词

　　省立甲种商业学校本科学生今日举行第三次毕业典礼，甚盛甚盛！公望牵于职务，不克躬莅，委托沈钧业君来与礼席，用属以公望勖望诸生之意旨，正告于诸生。

　　今立国于世界，舍法治外，国民之所托命，惟教育与实业二者而已。然教育与实业，分析之则为二事，实则如环无端，相为表里。盖国无教育，则实业无从发达；国无实业，则教育无从扩张。诸生今所肄习之商业，虽仅属实业之一部分，所愿群策群力，本其所学，振兴物产，导扬国光。况近今之言商业，当注重于对外贸易，我国商人道德尚信而尊勤，久为世界各国所称道，此非一时社会趋向之所养成，实为我国民族最可宝守之根性，果能辅助以国家思想、世界眼光，则我国商业前途，当有左右世界之能力。此公望矫首企踵所属望于诸生者也。

　　公望更有简单之问题为诸生告：经营商业之方法，无慑于大，无忽于细。何谓无慑于大？譬如设一公司，投资巨万，用人千百，若以素乏经验之人遽而任此,支配失宜,固虑偾事。但能先事调查,再作规画,以公司律为法律之保障,以董事会为职权之纠正,博采众论,一致进行,则事事可循轨道,事事可立基础,信用日著,名誉日起矣。何谓无忽于细?现今外货输入,漏卮日深,就家人日用而论,一镫一盂,下逮针镂之细,无不取资于舶来品。循此以往,自造物品以用者日稀,恐渐归于澌灭,故改良国货为目前补救之第一策。诸生毕业以后,自应投身商业,为社会之先导,则当注意于此。凡家人日用物品,尤应日谋改良,不可以镫盂针镂,费赀无几,不急自谋,终落人后。

以上二端,虽为简单之问题,果作推演之观念,即诸生他日作他种之事业,亦愿时时一念鄙言也。至于教育、实业,相辅而行,此当相引以为职志。诸生今日毕业于学校,已受教育之大益,幸无忘公望今日之为诸生告者,愿共勉旃!

(原载《浙江省立甲种商业学校校友会杂志》第一期,一九一六年七月印行,四至五页,收入宫云维选编《浙江省立甲种商业学校校友会杂志选辑》,浙江工商大学出版社二〇二一年四月版)

致某先生信札

□□□□□席:

私淑有年,沧桑几变,倥偬戎马,执讯久稽,千仞德辉,时时瞻仰。公望不才,遭时多故,奋袂饮泣,以赴艰难。幸赖元首之明,社稷之福,国是既定,文轨来同,业于本月二十日通电宣告就督军兼省长之职。顾念半载以来,干戈扰攘,浙省秩序虽一无变更,而方事之殷,耕辍于野,商废于途,风鹤惊传,流离转徙,其间损失盖已不可胜数。此后抚循之策,补救之方,欲厚民生,计将安出?

伏维先生瑰才伟抱,迈越时流,桑梓敬恭,热诚共仰,谨爇心香,奉求明教。所望不我遐弃,时惠良箴。高岗有鸣凤之声,鲁国免无鸠之慨。清尘咫尺,可胜骧腾。专泐,敬请

道安

吕公望谨启　七月二十五日

（钤"吕公望章"朱文印）

（录自吕公望信札单页，一九一六年七月二十五日）

松沪护军使杨树堂先生六十寿言

树堂护军，以夏正七月二十四日为生崧之辰。中华民国五年，岁在游兆执徐，寿跻六十。故吏门生，材官列校。希韡鞠腏，介景祝延，礼也。先是公治浙军凡四年，龙骧麟振，声施烂然，襮于简策，洽于妇孺，有勇知方，古今奚间。公望曾隶行间，亲炙而饫闻之，此与浙民所不忘也。今岁国有政争之役，滇黔倡义，海内景从。浙起誓师，用申民义。苏浙境壤相接，时论嚣然。公任重镇于淞沪，严守中立，使苏浙之民，相与安堵。是岂浙为独幸，三吴人士亦讴歌于无已也。然公结发从戎，今垂卅载。威惠所被，不仅浙苏。遭兹令辰，曰御嘉福。公望避席陈词，敢效祝史。谨敷述所知荦荦诸大端，摛词叙实，以著于篇，公其能忻然引一觥乎？

夫国家当承平时，虽材武雄杰之伦，耻于言兵。遂使颇、牧之贤，卫、霍之勋，邈焉求诸千载之上，几谓并世，未见其人。故草泽发难，椎埋拍张，连城列郡，嗫龉不知所出。迨自有清咸、同以来，海内俶扰，二军崛起，曰淮曰湘，主其事者，类为儒生。于是右文惮武之习，骎骎稍易，淮军之有声者，后以武毅军、庆军为著。公于少时，皆隶籍焉。我国之教练军旅，特创学堂，以北洋为最先。其时公念古之将材，多资术业，乃变冠服，仍为学人。三年学成，复亲戎事。光绪中叶，外祸凭陵。于是武卫军之训练以兴，干城所寄，才能慎选。公八年在军，竭诚奋智。与士卒同甘苦，有名将风。人称其贤，名溢远迩。盖公劳勤积资，亦以都司晋秩游击矣。北洋常备军编制，为清光绪二十八年，公初任步队管带官。至三十一年，已进任第二镇协统。公职屡隆,意益谦下。且简练成绩,为诸军冠。朝野许为知兵,韬略贵能御敌。部曲所在,壁垒一新。当是时,天下言兵事者,辄称北洋;言将领者,必称公矣。既而调充浙江陆军混成协统领官,公之来浙者以此,而公望亦于是时得追随于左右。夫吾浙以文懦称,勾践栖越之风,钱王衣锦之盛,史籍所纪,后此无闻。镞厉所期,则章武烈。公望少有弧矢之怀,中怵郊垒之耻。既得遇公,慨言康济,风气丕变,袍泽有欢。嗣后浙军稍稍有闻于天下,端赖公之教为多。浙中营舍规建之初,公主其议,勾工庀材,经营备至。宏构既启,师旅乐安。以视棘门灞上,等如儿戏,其距越岂殊于天渊之别哉?公之去浙也,以劳瘁致疾,翩然告归。遮道相留,扬旌为纪。飘忽年时,有如昨日。窃知公之不忘于浙,亦如编氓下卒之钦恋于公也。无何,武汉军兴,清祚踣覆。公遂重出,进握戎机。职务骈丛,不遑宁日。其间曾补授云南普洱镇总兵,亦复不暇赴官。继任职第四镇,即后改为第四师者。捍卫畿辅,刁斗不惊。崇秩报功,懋赏及众。然公荣宠不撄于心,贞固可济于变。岂惟今哲之所难,撢考昔贤,所希觏焉。民国二年,就任松江镇守使。松距浙近,里析可闻。于时公望复得承威誉而亲光采。况时值改革,就苏而论,利害相倚,有如辅车;就地理而论,松之于浙,有如屏蔽。公睠怀旧部,筹策万端。使浙与所治,皆蒙其福。亦如今岁国是未定之时,公之爱浙,裨益于无量也。四年之冬,公秉节于上海。番舶互市,本属大都;火器考工,特设重局。而发首□结之远人,杂居廛肆,即四方之士,号枭桀者,亦多奔集于此。由斯以谭,义难安辑。公独能誓以真诚,处以镇定,用使闾巷宴然,戈铤不扰。此则中外所忻慕,又非惟东南一隅所馨香而顶礼者也。

侧闻古之上寿,百有二十。今公甫半之,以勋名祉福寿考,备于一时,惟大年以有庆誉。荀卿有言,美意延年。群意所申,文以张之,但公望不敢以世俗虚美之词进。今备书以为祝者,皆实也。仁泽之寿,于古有征。惟公之年,与岁历而增益。丰功伟绩,后将具书。则举今日之所称颂者，蝉嫣鳞萃，垂诸无穷。即所谓颇、牧之贤，卫、霍之勋，无多让焉。公望虽愧无文，谨当秉椠簪笔，纪公武略，以告惇史。期颐黄耇，恒情所重；铭诸鼎钟，惟寿永吉。此则公望愿歌《南山》之什，而乐君子倾东海之波而奉寿觥也。

（原载浙江《兵事杂志》第二十八期，民国五年八月版，文录，一至四页）

廷二百二十八陈节母潘太夫人传

节母，同郡浦江县人，中书科中书衔潘中熹之长女也，归从九品职衔陈虚谷君熊飞。二十一嫔于陈，三十岁而寡，八十八岁而卒，为人女者二十一年，为人妇者九年，而坚贞守节者则五十有八年。

其为女也，事父母先意承欢，克敬克孝。家本素封，而性好俭朴。将嫁之时，妆奁劝父母勿置华丽，衣饰只检取朴素者，珍贵之品悉以遗妹。其为妇也，服事翁姑孝顺尽礼，甚得欢心。翁性好洁，凡一饮一食必亲调手捧，勿代以婢。姑性畏岑寂，昧爽往寝所问安，必晤坐片时，始入厨下，夜膳后必偕诸小姑团坐一室，笑谈故事，以博其欢，窥姑有倦意，始告退。与诸小姑亲洽如骨月。长姑出阁时，椅柜帐幔诸品，悉以与之，曰："吾无用此，今以助奁具，吾家可勿复置，俾得稍省费用也。"与虚谷君尤和好无间。虚谷君素患咯血症，时愈时发，前后凡三年，节母侍汤药惟谨，无违言、无怍色。洎病剧，卧床不起，节母衣不解带者经年。虚谷君病革，遗夏楚一，且曰："以此授汝，教子成立，吾瞑目矣。"节母泣而受之。未几，虚谷君逝世，哀悼逾恒，痛不欲生。翁姑责以二孤在抱，抚养之责重于身殉，始勉抑哀思，出理丧事，然节母已不知洒几许血泪矣。洎其坚贞守节也，逾年即遭粤匪之乱，翁姑年俱花甲，白发皤皤，二儿一女未满十龄，均尚稚弱，节母上奉翁姑，下携儿女，避乱于富阳县属之嵩山，仰事俯育，备极勤辛。癸卯九月，粤贼大至，窜匿山谷，伏林箐中，二昼夜不得食，继以大雨滂沱，绷子女于怀而覆以袊，坐处水淋成洼，困苦不可言状。贼去，迁避于浦邑之大姑源①,而翁病殁。流离之际,蓄积被掠一空,称贷以殓,事事尽礼。贼退,旋里,房屋被毁,仅存傍屋三楹,庋板作几,团土为灶,田三百亩,乱后荒废,莫得租息,每日虽用苞芦代饭以奉,故有余则食其二子,己及一女一婢,撷草代粮。不数月,而姑又卒,仍贷资治丧,事事尽礼。大乱之后,元气未复,薪桂米珠,百贷昂贵,而田价特贱,肥田一亩仅值制钱百文,节母宁忍困苦,坚不肯鬻田以贷食用。次年稍有收入,即延师以教二子。人以岁歉应从缓尼之,泣告曰:"此先夫遗命也。"脩金不继,则割田一二亩以足之。督夜课,母纺子读,一灯荧然,午夜始息。盖其迭经寒厄,困苦备尝,有逾越恒情万万者。节母秉性静穆耿介,晚年心尤好静,足不出户。唯喜闻《太上宝筏》诸书中故事,每合男孙辈讲谈以为乐,待男孙慈爱臻至,但稍不合礼即训斥,不稍宽假。其待人接物,则和蔼可亲。平日作事,善于处断,勇于力行,持家多年,虽须男不及。至其敬老、慈幼、济苦、恤贫,犹其余事。清光绪之季,同里御史张景青上其事于朝,奉旨旌表如例。

子二,长忠,国学生;幼志清,庚子岁贡生,候选训导;女一,适同里黄尚元。孙四,煜,习武;焜,郡庠生,上海法律专门学校别科毕业;燃,上海法律专门学校别科毕业;焕,邑庠生,本省法政专门学校别科毕业,策授陆军三等军法正,历任要职。孙三②,大典、大谟、大训。孙女六。

余维节母节操凛然,孝行纯笃,已足令人景慕,而适值流离板荡之后,元气雕敝、家业未兴,独能割产延师,培植二子,以慰先灵而裕后昆,其识力则在须眉之上,尤为不可及者。爰为之叙次其厓略而系之以赞,俾后人有所景仰焉。赞曰:

神州国粹,惟节与孝。淑慎尔仪,令德来觉。

篝灯三更,柏舟一棹。匪石匪席,是则是效。

---

①　浦邑,底本误作"浦色",径改。

②　孙三,疑前脱"曾"字。

少君挽鹿,欧母丸熊。兼而有之,无穷不通。

孙贤子孝,以考其终。清风明月,绰楔攸祟。

中华民国五年八月　日,陆军中将、勋三位、二等文虎章、浙江督军兼省长永康吕公望拜撰。

（原载《浦江沙城陈氏宗谱》,见黄灵庚编《浦江宗谱文献集成》,上海古籍出版社二〇一三年一月版,第一册,443 页）

祭朱兴武将军文①

中华民国五年八月二十七日,浙江督军兼省长吕公望,谨以清酌庶羞,致祭于兴武将军朱公之灵曰:

呜呼我公! 易逝者时,不朽者功。公之遗爱,在浙西东。策定安危,志贯始终。引疾去位,公何从容? 天不慭遗,我今哭公。岂惟私恸,朝野相同。追怀曩昔,辛亥之冬,公麾浙军,曰战曰攻。金陵既下,勋绩是崇。还师镇浙,囊矢韬弓。庶政用修,誓愿何宏! 匹诸前哲,武肃齐踪。屏障乡土,如守垣墉。能使闾巷,不惊镞锋。中更百难,嶷然折冲。此非谀美,久共忧恫。无何疢疾,乃罹厥躬。汲黯淮阳,卧治同风。昊天不吊,占国告凶。宵人窃柄,将坏庐宫。公非昧时,要言折衷。身虽去浙,怃然感中。婴疾不起,赉志无穷。萧规曹随,今属颛蒙。前得公书,劻戒犹隆。遣医馈药,百驿能通。何图讣告,忽罢邻春? 云旗风马,归于玄穹。邦丧哲人,众悼元戎。广筵用洁,清醴非酕。焚香告哀,灵鉴来供。呜呼哀哉,涕泪无从。尚飨!

（原载《朱兴武将军哀挽录》,民国五年刊本,丙编上,三至四页）

复祭朱兴武将军文

中华民国五年九月二十八日,浙江督军兼省长吕公望,谨以清酌

---

① 此外,吕公望致送挽幛"官轻民重"。（《朱兴武将军哀挽录》,民国五年刊本,丁编幛字,二十四页）

庶羞,复致祭于兴武将军朱公之灵曰:

呜呼! 惟公之灵,今复还于故乡。缅素冠兮丹旐,中摧绝于心肠。痛云旗兮风马,奠桂醑兮椒浆。知哀感于行路,将亘古而不忘。念昔勤于国事,相哽叹而激昂。迨浙军之奏凯,期永靖于搀枪。胡世变兮纷乘,公婴疾兮在床。既抽身于政海,遂栖魄于殊方。宜朝野之轸悼,虽妇孺而凄怆。

呜呼! 言公之武烈,志早愿为国殇。书公之治行,论已定于庙堂。悲浙人之永慕,同江海之莽苍。谂灵辒之言归,闻泣涕以相望。哀笳兮挽歌,社祭兮馨香。呜呼! 以公之灵,其来格而来享。呜呼哀哉! 尚飨!

(原载《朱兴武将军哀挽录》,民国五年刊本,丙编上,三至四页,并见于浙江《兵事杂志》第三十期,民国五年十月版,文录,三页)

浙江省议会第二届常年会省长祝词

中华民国五年九月一日浙江省议会继续召集开会,邦人君子重萃一堂,匪直回复旧观也。大创之余,其所贡献于地方者,尤为邦人士所属目焉。夫天下事,固有经挫折而愈益可珍者,浙江省议会与各省同时停止闭会,盖三年于兹矣。此三年中,诸君子澄心惕虑、相忍以待时几之至者几何时;盱衡世局、默察将来、思所以斡旋而匡正之者几何时。沉郁凝冱,以至今日所受于时势之战刺愈多,斯所得于地方之利害愈确,即所以造福利于桑梓者愈少。公望不敏,因缘时会,兼长军民,深愿竭其谫薄,与诸君子共济时艰,尤深愿诸君子本真爱国之心,宏此远谟,藉图匡济,则所以为地方谋幸福,即所以为全国策治安,国家前途,实利赖之。岂惟浙人,岂惟公望!

(原载《浙江省议会第二届常年会文牍》,民国五年版,附编,一叶)

浙江省议会第二届第一次临时会省长颂词

自共和再造以来，吾浙议会首先开会，兹以预算关系重要，特再召集会议。今日为临时会开幕之日，公望参与盛典，所忻然为吾浙庆幸者，吾浙法治之精神，一若具有夙根，一经共和回复，不待敦促，自然进行，环视他省，已不啻有一日千里之势。数月之间，又为第二次之集会矣。是为庆幸者一也。

此次开会，以本年度之预算为主，要而本年度过去之日已几及半，然未来之日亦半，不因此而稍现懈怠之象，所谓得寸则寸，贵会本此心而代表吾浙人民之意思，公望又本此心而依案执行之，吾浙前途，又岂仅得寸得尺而已耶？是可庆幸者又一也。

公望一介武夫，心长语重，爰具短词，为贵会颂。

（原载《浙江省议会第二届第一次临时会议事录》，民国六年三月版，一至二叶）

浙江省议会第二届第一次临时会省长演说

今天召集诸君开临时会，最重要者无非为预算，前次常会时所以不能提出之故，公望早经说明，无庸再述。惟现在所提出者，亦仅地方一种，至国家预算，以缮写不及，致未能一齐送会，深为歉仄，隔日即可送交。按，预算为行政之一部，诸君于国家之预算可明国家内部之各种情形，故隔日送会者，尚不止五年度国家预算一种，并二、三、四年决算，亦当一齐提出，俾诸位于一方可知浙江每年之收支，一方可明了国家之内容及浙江财政之情形，一俟缮就，即行送会。

（原载《浙江省议会第二届第一次临时会议事录》，民国六年三月版，二叶）

浙江省议会第二届第一次临时会省长宣布政见

　　嘱布政见，理宜宣告。若预算案，始则因军事忙碌，继又为年度变更，致本年预算已去其半，即十二月至明年六月底止之预算，亦不过依照现状略就正轨为编造标准。国家财政之紊乱已为国人所公认，故国家预算仅能照现状编造，于政治上殊难容何等之计划，一省政见，不言可知。查各国之定行政计划，如对于明年行政，必于一月一、二、三日先开政务会议，就各方面之计划先草进行预定表，次年之行政即依据之以进行。据公望个人所见，对于国家行政，不外军备、内务二大部。

　　军备首重经费，今国家预算收入仅有三亿七千万，每年除还借款、赔款外，尚馀一亿二千万，小借款尚不在内，军备、政费二项每年又需一亿六千万，支出超过收入已四千万。就本省而论，警备费约需百万，方足敷维持地方之用，内河、外海以及省会警察厅费亦得百万左右。

　　至于内务，首重实业，虽时间提倡①，而提倡实业，必先就最切近社会与国家之实用者为之。就浙而论，丝茧为生产首品，浙丝声闻天下，昔年外运据调查所得年达十九万包，去年减至五万，而素不产丝之日本反至二十余万包，此实由中国丝机与手工不改良之故。查美国最爱华丝，奈以丝头紊乱不合于用，日本不然，卒为美国所信用，遂有今日之结果。盖美国工贵，丝头乱则费时费工。中国丝与日本丝比较，其同量数之丝，每一句钟用中国丝较日本丝多费二十分钟，人工增则不利于厂家，此华丝在美之销路所由被夺于日也。但浙丝则又进一层，不在改良上着手，而要在改良后疏通用途上着想，即能否容销改良后之产丝是也。因宜设检验所以别优劣，另设容销劣丝之

———————

　　①　时间，疑为"时闻"之误。

丝庄,使民间产丝不至投卖无地,兼收并蓄,不仅提倡,且为挽回利权,以人民惟利是图,若不注意于此,势必以缫丝多亏,相率售茧,而丝业渐归消灭。其次为茶,亦浙江独善之天产,年来亦操纵于日本。日茶与华茶比,每张约小五分之一,其疏通机关亦急宜注意,使不为各国所操纵。此对于实业之主张也。

第二,教育则主取严格主义。中国子弟在小学时,尚知自重,及入中学,每思速成,利禄之念,深于学业。日本中学生每有赤足者,劳则知思,此中国教育之所不逮也。故对于教育主张取纯粹的严格主义,不然,若现在之中学恐多一学生即多一游民。

第三,财政已由财政厅长报告,公望知识欠缺,惟有督促进行,冀副人民委托。

第四,则注意交通,以交通之便利与否,关系极巨。即就教育论,其补助非浅。如乡间虽由宣讲者详言上海电车、汽车之利用,而乡民终不知电汽车为何物,上海则三岁幼孩已习见之;即在浙江,如处州等处,虽由旅人回籍谈杭城人力车与马路之作用,而该处成年之民,亦终茫然,杭城则儿童已深明其用。就实业言,如森林一端,以公望家乡之永康,其离城十里之白米山林木极盛,时见有二三抱之大材,以匠人不知取用,仅以供燃料,亦因取运不便,致用材者反外取洋松,利权外溢,莫此为甚。总之,交通便利,则人民之进化易,社会之进化易,则各种实业之提倡亦易。故交通事业各国皆以国家提倡,费出国税。今中国上不能赖于国家,下不能托诸人民,只能由省妥筹,得寸则寸,得尺则尺。此公望所由有修筑省道案之提出。若浙江果有千万款储以待用,何待公望提倡,今明知无钱而不能不极力求成,希望将来之利益。惟尤须注意者,此种事业,非十年无可比较,无可判断,惟望我浙人共策进行而已耳。

至浙江财政,出入相抵,尚不足四十万,公望按照现状,以一身主张竭力撙节,总期收支适合。故此次提出之预算实已减无可减。公望一武夫耳，政识薄弱，惟诚心任事，以副诸君明教而已。

（原载《浙江省议会第二届第一次临时会议事录》，民国六年三月版，四至五页）

葛太翁暨其妇徐太夫人双庆寿言

世界棣通，吾浙之山川人物，先著声于世界者，曰宁波。盖地滨于海，民俗淳朴，不习迂惰，闾市之夫，尊信义而尚节概，殖产之力复勤。以通市先于他州，类能洞外情，知国故，奋其劳勤，人多伟寿。山泽钟毓，笃生名德。今慈溪之县，有寿人焉，则吾友葛君鸿荪之太翁震珊先生也。岁在丙辰夏正九月，为先生七秩开五揽揆之辰，而太君徐太夫人，亦于是月寿登六十，偕庆在堂。吾友鸿荪昆季，喜可知也。

夫寿之古训，同于酬也。阴德食报，此为确义。然引申而言，酒以介寿，岂可简哉？夫世界之事，虽蕃变而不可究诘。为人亲者，将欲翼豫滋大，以垂裕于后昆；为人子者，将欲祈亲之难老，承业而益昌；则无古无今，无贤无愚，一也。窃尝闻先生与太夫人之督教于鸿荪昆季，其言曰，吾有男子四，当使各专一业，异日有所成就，扬吾国光。循诵斯言，足为世法。果吾国为人亲为人子者，举斯言而相与镞厉行之，则积人以成家，积家以成国，曰富曰强，其可几乎！今长君、次君，咸已能承世业，闻于远迩。鸿荪学军事于德、奥诸邦，逾十三载而始归，武烈之誉，朝野播焉。其季弟复留学于美洲，期以岁年，当为时彦。海内交游，每称君家昆季之贤，无不钦慕先生与太夫人之为教与无教。则公望今日之用以寿先生与太夫人者，固不在遐征门牒，敷陈盘悦，以无实之辞进也。虽然，子孙象贤，必有所自。昔贤所谓范于家者必敕于躬，隐于前者必襮于后。公望又尝闻先生巍然有古君子之风，为里人所推仰。平昔言行，尊信义而尚节概，固守其乡俗也。曾客于杭，任恤好施，亦如里居，以是浙东西多知先生。觥于湖山之间，作生日之高会，当可继幔亭故事焉。太夫人诞于名阀，以慈惠辅家政,中壸之贤,诚可媲女宗而彰妇学。观于鸿荪昆季,恂恂有礼度,家门雍和,是岂寻常闺裾所可企及耶?

乡党尚齿,子孙称寿。愿祝今日,推及期颐。公望更请为屏风书词,乐筵致语,述君家抱朴神仙之言,以扬吾浙之人瑞,此当操左券而俟之者也。

（原载浙江《兵事杂志》第二十九期,民国五年九月版,文录,一至三页）

陈母徐太夫人七旬寿序 协行二百四十七

春来梅岭,花开五福之先;人在麦丘,颂上三多之次。记仙山之眷属,鹤筹特纪于麻姑;怀泮水之徽音,燕喜先赓夫寿母。是以壸凝花酿,屏敞彩华。蕟应阳回,小春晋长春之爵;萱随律转,七旬符七叶之华。次摹永实之铭,绕膝而歌纯嘏;合长生之枕,含饴而读《关雎》。如我陈母徐太夫人者,非特邑之女宗,洵乃贞门之人瑞也。太夫人十年待字,四德夙娴,以东海之名姝,作颖儿之嘉耦。调厨下之羹,姑还是母;作庭前之戏,婿惯称卿。竹马青梅,生小本长干共里;文鸳綵豆,尽人称季女宜家。三商传却扇之歌,光圆镜里;五日谱采蓝之咏,曲在盘中。八韵分拈,双心共袜,喜可知也。无何,而变起金田,焚偕玉石。儿姿燕妮,姑态龙钟。戴白扶衰,遂间关而避地;穷荆历棘,卒辛苦以还家。燕归余劫后之巢,鹤返动重来之感。于是牵萝补屋,数米为炊。等健妇之持家,罄瓶幸免;喜丈夫之好客,投辖为豪。闺中得同志之孟尝,灶下有延宾之络秀。尽其术足作万人之食,视其居已成中产之家。由是束梃延师,白云降舍;折荻示教,红杏留题。有难弟先有难兄,棠开花榜;非此母不生此子,辔并云衢。喜鸾镜之双投,选尽短青长白;笑雀屏之四射,竞传玉润冰清。嫁李婚桃,无春不艳;量珠种玉,有梦皆欢。天锡平安之福,人簪富贵之花。会看两杜齐名,同领股肱之郡。况复群孙竞□纷争,伯叔之贤,缅比休嘉,实维迈种。若乃推思三党,涉慧海而兴怀;问我诸姑,赋淇泉而永叹。隳覆巢之乳燕，惆怅空梁；留落叶之雏莺，低徊弱□。□尝羹风味，既曾洗手相偕；忍将待哺宁馨，令与属毛歧视。以此绿杨春好，分作两家；红豆根深，视同一脉。不负陇城之托，宅相偏等杨元；能重渭阳之情，文章当归阿士。然而内助难等程婴，遗孤代抚；外家又衰王谢，薄祚谁绵？木有本而水有源，楹书莫付；卑不封而高不树，陇剑空悬。因之过五父之衢，谨修防□；负七女之土。广置腴田。春草有心，原不分乎儿女；冬青补种，乃无间乎君亲。从兹誉满三姻，感深束蕴；恩周七□，德并种风。修司马之桥，借卜才人勋业；补斩蛇之道，伫看令尹功名。间复封□□，□□□□池。筑室贻谋，俭同淇水，宜其慈声远播，括苍录为成书；佛性当留，释氏演其好话也。兹以今历之新阳，适值古稀之华旦。为多寿多男之颂，在九月十月之交。酒酌茱萸，却乘重阳令序；筵开玳瑁，更当双十佳期。簪髻上之花，笑看嘉耦；借房中之曲，谱作寿人。兰茁琼芽，阶下之孙枝竞秀；桃开庆宴，堂前之瑞草长荣。梦九蔚如昆季，侧帽承欢，板舆夹侍。谓小人有母，欣逢耄耋之嘉辰；□□颂所推，敢乞阐扬于巨笔。公望身领符封，心仪令德。论式里旌闾之义，本当手爇旃檀；况望衡接宇之间，更复居同桑梓。巴台百尺，峨峨增里乘之光；绰楔双标，奕奕表女宗之范。敢以玉箓书贤之例，敬献金罍多福之词。未必三千银管，能传主母之清芬；庶几十万海筹，永纪仙坛之上算。谨序。

中华民国五年岁次丙辰小阳月穀旦，特授勋二位、陆军上将衔陆军中将、二等文虎章、浙江督军兼署省长世愚侄吕公望拜撰。

（原载《林溪陈氏宗谱》，民国乙丑重修本，卷四）

行标四百十九蒋翁汝瀛传赞

汝翁姓蒋氏，与余居同巷。粤变后家业中落，乱平为县吏员，以此起家。元配楼，生子女各一，皆殇。继室应，生二子二女。长子海寿，少与余游，故知翁尤深。翁性长厚，乡鄙中如遇庙宇、道路、桥梁、公益等事,皆首先赞成,解囊亦豪。犹创议修葺宗祠,以故为合族所推重。若翁者殆一乡之善士欤!

赞曰:翁貌清癯,翁性柔慈,虽起家于吏,而抱道实重于儒。是故足不出里门而仁声远被,身不列朝廷而惠泽旁敷。

时在中华民国五年岁次丙辰应钟月全浣之吉,浙江督军兼省长世侄吕公望题。

(原载缙云《蒋氏家谱》,文献篇 传赞,第 373 页)

致外交部电①

国务院暨外交部钧鉴:堂密。法领强占天津海光寺洼一案,侵害领土,蔑视主权,至堪发指。他国倘复效尤,后患何堪设想?伏乞严重交涉,法警迅令撤回,以保国权而安民心,无任祷切。浙江都督兼省长吕公望叩。艳。(中华民国五年十月三十日)

全浙中等学校第一次联合运动会训词

吾浙学界之有运动会,由来已久,而合全省中等学校于省垣,角艺广场,共相砥砺,实以今日为创举。莘莘学子,踵接肩摩,军乐喧闹,国旗璀璨,以鼎盛年华,具无前气概,于万人环观、彩声雷动之中,躬与其事,愉快当何如也!

夫运动一事,在体育上有绝大价值,而体育之对于社会国家尤有莫大之影响,教育家固已详哉言之,诸生平日当亦习闻,无俟赘言。今日所欲为诸生告者,厥有数端。

一曰尚公。联合运动与单独运动异,凡所作为,皆有公共之名义存焉。诸生今日不问其隶籍何方、肄业何校,要皆为本会之会员。本会之光荣,由会员造成之,而会员当以本会之光荣为光荣。荣誉既相

---

① 原题"浙江督军电",文号:外交部收第 252 号。现藏台北"中研院"。

关,斯畛域无所判。私心嫉妒,务悉蠲而去之。

一曰守礼。学校为地方模楷,而中等学校尤为将来之中坚人物所系。际此远近来宾视线群集之时,凡一进一退,须遵职员之指挥;一语一默,必循当然之规则。所以表示平日训练功夫者在此,所以养成军国民精神者亦在此。叫嚣凌乱,宜切戒焉。

一曰知奋。嫉妒之心不可有,而比较之心不可无。诸生平日在校,局于一隅,其比较犹浅也。今日进而与全省同等学校联合进行,尽可撷他校优点,以弥本校之缺,师他人长技,以励本人之短。心地既扩,逸获自无。不但比较稍逊者,当愈知奋也;即比较差胜者,亦须知功候进境无有穷期。况今日所谓差胜者,仅本省中等学校。假使进而与他省较,则何如?假使进而与他国较,则又何如?由是念念自省,刻刻自勉。忿恀与矫矜,两无所用,而奋励之心自生焉。

一曰有恒。凡学贵于有恒,体育尤宜坚忍。今日表见之成绩,皆由平日训练而来。则散会以后,又当为他日之预备。即或毕业届期,身离学校,而模范社会,翊卫国家,其责任仍靡有涯,须常存一锻练体格之心,矫偷起懦,慎毋徒炫一日之长,而过此以往,即付诸淡忘也。

综是数端,群相诰诫。他日由第二次、第三次,以至于十百次之联合运动会,必能日有进步,可断言也。公望昔与同志诸君组织浙江体育学校,藉为讲求体育者导其先河,今以省长资格忝长斯会,尤于我浙体育有极大希望。特以剀切之辞,谆谆相告,诸生其谛听之,吾愿与诸生共勉焉。

(原载《申报》一九一六年十一月八日,七版,要闻二·浙江中等学校联合运动大会第二日,收入《浙江中等学校第一次联合运动会会场纪要》,商务印书馆民国五年十一月印行,卷末,落款浙江省长兼本会会长吕公望)

《德皇雄图秘著》序

昔孟子有言:"入则无法家拂士,出则无敌国外患者,国恒亡。"而春秋时,晋范文子亦言"释楚以为外惧"。呜呼,何其言之深切而沉痛耶！彼诚见夫国家之治乱安危,罔非构成于国民之心理。其治也国民之戒心为之,其乱也国民之泰心为之。封豕在前,长蛇在后,居其间者,咸怵然于噬肤灭鼻之贞凶,而不敢不振刷精神,奋股肱以捍头目,此古人制治未乱保邦未危之要诀也。

泰心去矣,戒心生矣。微特军事之进步一日而千里也,即凡其国之政教、风俗、学问、技术,无一不进而益上,骎骎乎有陵驾百族之观。近世欧洲文明,所以日新而月异者,正以绣壤相错,物竞争存,故能层累而至此。犹忆吾国前清乾嘉之世,环海小邦,若崩厥角。清高宗恧其武功之烜赫,侈然自号为"十全",海内士夫亦习于豫大丰亨,文恬武嬉,不复以国家为事。曾不数年,而八旬祝寿之文,已易为五口通商之约。戒心之效既如彼,泰心之效则如此。生于忧患,死于安乐,曾谓国家而可无外惧哉？

德皇雄主也,《秘著》所纪,有包举囊括之风,然其注意英法之态度,与鳃鳃焉以黄祸为虑,外惧之心,未尝忘也。法人译之,日本人再译之,则因德人所惧,转而引为自惧者也。之数国者,虽或不幸有今兹之战争,而犹赖夙昔之戒心,以相维于于不敝①。强国且如此,为弱国当如何耶？今傅君式说、黄君骥重译是书,盖将转移国民之心理,以引起其戒心。吾不意孟氏、范氏之远虑深谋,犹获晤于千载下也。《诗》曰:"风雨如晦,鸡鸣不已。"又曰:"敬之敬之,天惟显思。"吾愿为读是书者进一解焉。

中华民国五年立冬日,永康吕公望。

（原载傅式说、黄骥译述《德皇雄图秘著》,光华编译社民国五年十月初版）

---

① 于于,底本前"于"字有涂改,难以辨认。

《胡正惠公遗集》序

上西湖,越风篁岭十里许,名老龙井,狮子峰下有古墓焉,乡先达宋侍郎胡正惠公兆域也。其下有祠,肖像尚在,刍香之所寄也。公当有宋真、仁两朝,历扬中外,功在国家。朝廷笃念前勋,没而宠以圣湖片壤。青山白骨,长留典型。所以旌贤劳而树风声,用心亦仁且厚矣。自宋迄于有清,历年八百余载,星移物换,陵谷变迁,重以族孙远处永康,不克时亲祭扫,风饕雨虐,古迹就湮者凡数次,赖安土长官与梓乡显宦封而植之。宋绍定初,葛参政洪、乔尚书行简、林侍郎楷、赵安抚立夫、陈计使宗仁;淳祐中,奉转运判官章公大醇;清光绪间,杭州丁观察崧生、邑人应方伯敏斋:其最有力也。

由光绪而来,至于今,阅时又逾一世,碑荒碣断,墓门萧条。余尝蹒屦是间,辄不胜白云苍狗之慨,徒以国家多难,戎马仓皇,未克毕乃私愿。会公族孙纂公遗稿,并录龙井祠墓始末,汇为一书,特来问序。传文章欤,保古迹欤? 余尝反复思之。公之文,气度闲逸,质而且华,蔼然仁者之言,公望不学,何足以参末议? 惟衡以公之事业,绩著节钺,泽及黎元。所以馨香奕祀者,史册载之,口碑载之,区区毛锥小数,特其余事。然刻誊稿、记已事、传文章,实以保古迹也。独是风云倏忽,陈迹难凭,曾几何时,而应方伯经营之烈,又付泡幻,再过数载,惟有累累荒冢,满眼蓬蒿,纵有文章,于何取征哉? 是犹不得不封其马鬣,茸其精舍,裨与岳王祠宇、林逋墓田,同为名士达官、骚人逸客之所流连咏歌焉。则公之文章,当与公之祠墓,峙湖山而并寿矣。故就平日之所向往者连类书之,且以见古人之称为不朽者,固未尝不三者兼之也。谨序。

时中华民国五年冬月,浙江全省督军兼省长、乡晚吕公望序于吴山之麓。

(原载《胡正惠公遗集》,永康五彩石印有限公司民国五年重印本)

祭黄克强蔡松坡二公文

中华民国五年十二月一日宜祭之辰,浙江督军兼省长吕公望,谨以牲牢之供,酒醴之仪,致祭于勋一位、陆军上将、前陆军总长、南京留守黄公克强,勋一位、上将衔陆军中将、四川督军蔡公松坡先生之灵。复为文以申其哀,曰:衡山列岳,钟于南淮。洞庭趋海,源于湘漓。笃生二公,乃相肩随。谋国以忠,奋节以奇。嗟乎何酷,天不慭遗。呜呼哀哉!瞻言政体,植于国基。畀国以民,五祀于斯。中更百难,定倾拯危。誓志有成,二公尸之。呜呼哀哉!二公之功,举国所知。二公之丧,举国所悲。吾哭二公,难尽其词。呜呼哀哉!追维前烈,蹈险若夷。激属士气,崛起义师。一身为先,百死不辞。呜呼哀哉!古人有言,非哭其私。哀动九萃,会集一时。人亡国瘁,请诵此诗。呜呼哀哉!大书深刻,当表丰碑。馨香俎豆,当筑专祠。今惟悼慕,先奠一卮。呜呼哀哉!二公之灵,风马云旗。来歆来格,胪斖所期。湖山肃穆,灵鉴在兹。呜呼哀哉!伏惟尚飨。

(原载浙江《兵事杂志》第三十二期,民国五年十二月版,文录,一至二页)

附　创设松坡图书馆缘起

自蔡公松坡之没,海内识与不识莫不痛悼,所至皆群集而诔祭。公既归葬,哀思未沫,胥谋所以纪念其功德以传于后。议者多谓范金以铸范蠡,立祠以祀诸葛,此寰球崇报之常典,抑亦国人心理所同。然既而思之,公生平专崇实际,耻冒虚荣,遗电谆谆以薄葬为请。若稍涉铺张,其毋乃非公之意。其必求一事焉,可以系人怀思,而又使社会永被其泽者,庶乃公之所许而不诃也,于是乎有建设松坡大学之议。意则善矣,然在今日欲办一完善之私立大学,为功颇非易易,办而弗善,惧为公玷也。公夙嗜学,蓄书颇富,所至恒以自随。今次东渡养疴,犹载书数十箧,比随公灵以返置于殡宫。其遗族则以保全珍护之责,委诸治丧之同人。尤有公遗墨,累累盈箧,及居恒所常御之服用器物数十事,皆宜永宝之,且公诸当世,以发人观感者也。同人佥然同声曰:今世各文明国,图书馆之设遍于都邑。盖欧美诸国,虽百数十家之村落,犹必有一图书馆,其大都会之图书馆规模宏敞,收藏浩富,古代帝室之天禄石渠,视之犹瞠乎若其后也。然皆廓然任人借观流览,使寒士之好学者得以尽窥秘籍。夫岂惟寒士,虽素封之家,亦岂能于书无所不蓄。有图书馆,然后学问普及之效乃可得而睹也。今以我中国之大而私立之图书馆竟无一焉。即京师及各省间有公立之馆,亦皆规模不备,不能收裨益公众之功用。昔美国豪绅卡匿奇氏尝云:"一国图书馆之有无、多寡,可以觇其国文野之程度。"此言若信,则我国民与世界相见,其惭汗为何如哉? 夫我国频年以来,故家零落,古籍散佚,日稀一日。苟非有宏馆以网罗之,恐十年以后,方策且将扫地以尽。为保存国粹计,藏弆岂容更缓? 若夫欧美学术日新月异,其新出优美之著作汗牛充栋,凡学子负笈归自海外者,末由赓续研究其新籍,斯与学问日疏,而识想乃凝滞而趋于陋。苟非有公众所设之馆广收而资给之,则吾国学问破产之日其将不远也。学问破产而国犹能国,未之前闻。蔡公本以苦学生而卓然自树立者也。其游学时代所以为学识之营养者,讲筵而外,则得于彼都之图书馆最多,故生前常以吾国之久缺此物为大憾大耻。今欲继公之志,而永其纪念,则一举备数美! 夫孰有逾于兹事者! 夫馆既建,则即可于馆中奉祠铸像,于是普通崇报之典抑未有缺也。同人不敏,乃询谋佥同,以作始之。世之君子其有怀思蔡公而热心公益者,共策群力,以观厥成,则同人等荣幸何以加诸?

发起人(以姓字笔画简繁为次)

王士珍　王占元　王家襄　田文烈　吕公望　朱家宝　朱庆澜

任可澄	谷钟秀	李　纯	李厚基	李经羲	岑春煊	周树模
唐继尧	范源廉	倪嗣冲	徐树铮	梁启超	孙宝琦	曹　锟
郭宗熙	陈锦涛	陈炳焜	陈树藩	陈国祥	庄蕴宽	陆荣廷
许世英	戚　扬	毕桂芳	汤化龙	张耀曾	张国淦	张怀芝
张　謇	程璧光	齐耀琳	赵　倜	熊希龄	刘显世	阎锡山
戴　戡	罗佩金	谭延闿	严　修			

筹办主任人　梁启超

（原载《申报》一九一六年十二月十八日，十版；收入周秋光等编《谭延闿集》，湖南人民出版社二〇一三年一月版，八七三至八七五页）

宁杭铁路通车祝词

江浙之地，古称三吴，比邻闻拆，实为通途。铁道既建，益利运输，沪站中分，未绾留都。商旅嗟怨，深苦回行，扶轮大雅，宏此远谟。爰综州辐，以冶一炉，通其隔阂，扩其规模。千里同轨，间道疾趋，朝发元武，脯饮明湖。长房缩地，逊此良图，辅车之谊，见于当途。南车之赐，及于吾徒，邻光可借，吾德不孤。发轫伊始，夹道欢呼，为国利器，挽粟飞刍。

（《浙江吕督军祝词》，原载《申报》一九一六年十二月十日，十版，本埠新闻·宁杭铁路举行通车礼纪盛；收入古越东骊编述《留青别集》，上海会文堂书局一九一七年十二月初版，一九二〇年三月十版，卷二文苑类，三页）

致杭州同乡函[①]

顷接杭沪各地来函，云公望有意图浙，既骇且愤。浙省为公望桑

---

① 　见报之时，函前有一段导语："前浙江督军吕公望，自去冬政变发生，一扯下台，于是挈眷北上，迄今尚无就绪。今春又因运动华侨选举，几罹于法。邦人士闻讯咸讪笑之。此次浙省宣告脱离中央关系，吕在京偶然技痒，不免有冯妇之想。然鼓钟于宫，安得不声闻于外？昨日此间忽得吕之来函，及至开缄，乃系自白文章，亟录之以告阅者。至是非真伪，则非记者所知者也。原函述下。"

梓之邦，家族财产、祖宗邱墓所在，方幸治安，宁甘扰乱？去冬军警之变，为保全浙人生命财产计，含垢忍辱，尤不惜牺牲个人之地位，事实昭彰，全国共见，岂有今日而反为戎首之理？此等不根之谈，非罔人谰言，即系挑拨感情，别有作用。合即声明。三光在上，共鉴此心。倘蒙父老兄弟辞而辟之，不胜感幸。

（《前浙督吕公望致杭州同乡函》，原载《时报》中华民国六年六月二十一日，第二张）

应君冠北行状

君氏应，名骥良，冠北其字也，浙江永康县之芝英镇人。应在永为衣冠族，科名历数十世不替，清季有凯臣总戎者，始以武科起家，巡邏之江，威名震浙右。中年乏嗣，会兄又举丈夫子，总戎异其岐嶷，遂以承嗣，盖即君也。

君天资颖异，卅益秀发，而简默质重如成年，离家就傅学塾在十里外，归期必如预言，旅次蓄偶空，宁忍饥，不贷于人，其廉隅自厉如此。故居停弥重之，心入于学，惕如劫如，所成就最其群。然性质刚劲，当之辄屈，同学至不敢与戏，傅奖其操品，而亦惮其气偏，尽数年不予恶声。及十龄，经义粗晓，下笔斐然，走会垣入浙江两级师范附属小学。四年业竟诸科，学识称奇，尤擅算术，教者谓当以畴人名家，而君殊不以为当，请于父以高第选入陆军小学，自是偈然自负有澄清天下之志。阅岁共和军起武昌，风传及浙，有谋以校中为发难地者，君廉得之，偈然跃起，谂于相知曰："莫谓予少不更事，若观清政握于贵要，才鲁而姓婪，而谓姻娅习游尘者，可以起吾国耶，外祸迫烈至斯，非更新无以自立。校长果萃吾类以应义师则大善，否则供以一身，誓不返顾矣。"执友大伟之。旋浙垣光复，君即以守城站功得奖章焉，年仅十八龄也。小学毕所业，会升阶未就，即有尼君求尉于省者，君自以功力未充，仍治任归于乡，精究群籍，自强不已，谓非学无以救国也。癸丑六月,衔浙督命升学于金陵,会赣皖之役,干戈逼吴楚,浙省戒严,金陵灾于兵,还听事于六师,疏亮捷给,主君嘉之,入陆军讲武堂。次年十月,改送武昌陆军预备学校。君以趋歧时甚郁郁不乐,既折入正则,则复慰喜。预校课务严重,君悉治之,一无侧落。丙辰二月十八,南湖骑兵愤帝制起义,失援而败,学生散走强半,君愤然曰:"年来学业屡创,逾八年无所成,政变虽不吾与,然国家安危系之,今学无以立,姑辍之以赴事功。"即束装归浙。无何,浙江独立,予镇守嘉湖,君既来归,授以事无不立办,同事者叹以为不可及。洎予督浙,欲引为助,将官之,辄自请归学,卒不果。八月及庠,冬残毕业前列,有劝君乘间归省者,并詰之曰,"君三年不履乡土,母老时怀念,胡不趁此归慰亲心?"君应曰:"功名未树即归,无以荣亲,吾羞面堂前也。"此数旬光阴,将竟微积分学,夙有意炮科,非邃此莫穷射击学理,卒潜修不息。越岁,升保定军官学校,志气益奋,虽昧旦不忍稍休,尝言:"日人锐厉,其进化至猛,非习其文,无以窥新颖之军学,而德文精微,猝难贯澈,莫若日文之境近而功多。"课余则切究之,弥月可读日籍。又修精神之学。平生服德将毛奇能宅禅理,故于静身居正,亦推究惟工。然卒以勤学砥埴,气虚而神恹,于丁巳六月得病不起。予在津闻疾剧驰往,已先一日逝,时八月十四日也,春秋二十有四。妻已聘未婚,故无子。君端居恭默,无饮酒诒笑之事,好恶无所偏,与人交能尽其情,体貌整秀,方古厚重,不苟于征逐,人靡不慕之,交浅者赏其温文,几不知其志气坚伟深湛,具文成之度也。性喜古文,不为辞章之学,笔致简质。所著有《传达勤务便谈随笔》及论说文各一卷在行箧中,未表于世。

(原载《应冠北君哀辞录》,民国铅印本,行状,一至三页)

玉川卢氏续修宗谱序

近人侯官严氏译英国甄克思《社会通诠》,谓人类进化,由图腾社会晋宗法社会，再晋国家社会，独吾国囿宗法故习，未克并驾竞晋。言外若不胜感慨者。然与国内儒学家推崇宗法，谓展孝思，联一本，旌善类，寒不轨，足以辅官力不及，尤得古圣贤教养大义之说，显相歧异。间尝思之，甄克思言世界将来必由之阶也，儒学家言维世一时未可废也。虽然，海禁通后，儒者之讲道说礼犹是，国势且日邻危亡，此固喜新者之过，而儒者言行不顾之病，亦曷可宥也。即以宗法论，宗谱者宗法之所寄也。训族有例，而例未必实行；治家有规，而规未必遵守。善当奖，所奖者未必善；恶当惩，所惩者未必恶。则亦何贵名存实亡之宗法也哉？

古人之于谱也，明其合谱总系，详其分谱支系，志居址防其涣，志茔墓虑其湮。举凡科名爵秩、孝弟节义之事，必特表而加详焉。伏法充役、逃禅入道之流，必秉笔而示警焉。异姓抱养者，不纪其出；娶媵买妾者，不纪里族。故一展卷，贤者知劝，不肖者知惧，宗法之精神于是见。盖一族之谱，犹一国之史所由，为世隆重耳。况合人以成家，合家以成族，合族以成国，使人人知宗法宜重，则国法尤宜重。人同此心，心同此理。家不足齐，国不足治，则进而跻诸国家社会之域无难。盖甄氏之言，患人知有一己，不知有国家。而儒学家言，尤重在人知有本，实殊途而一致也。卢子士希，与余相处有年，其归也以纂修谱事自任，以书来京邸，嘱弁首简。余知其必能会通中外，所持宗法之旨，以自勉者勉其族人也，因书其大义著之于篇。

时中华民国七年岁次戊午夏历太簇月吉旦，晋授勋二位、二等文虎章、三等宝光嘉禾章、陆军上将衔陆军中将、特授怀威将军、前浙江督军兼省长、乡世晚吕公望谨撰。

（原载山后卢《卢氏宗谱》，民国丁巳年续修本）

《兵纶抚式》题词

治兵之道，智倪之而威殿之，武纬文经，未有颠其一而克振其余者。名将如孙、吴，兵募所揽，不过贯此而已。余吴越寄阃摄师干者数年，扈带鲛函，常以此为部曲告，绩尚未著，移官中枢。然心所仪者，仍执之为百朋锡也。

吕君东萌[①]，著《兵纶抚式》既成，来请正于余。迹其部居，分类有七，名虽异致，义实斠通，神而摄之，良有合余之夙所持论，则宜余之乐为发其凡矣。通储、练将与征兵者，履端于始也，治兵与内务者，归正于宗也，抚驭与运用者，要余于经也。宅诚以开物，博智以成务，仁德以绥民，全书所绎，兹旨不越。则阅者谓之巽言，可也；谓之法语，亦可也。资之以相韬钤，或不若洴澼絖之，因人而异，然绾符者，果轻心以掉之，吾将惧其深而易蔽矣。

怀威将军吕公望。

（原载吕名贵编述《兵纶抚式》，保定印书馆民国七年十一月版，题词一）

章葆吾先生七旬暨王孺人六旬晋八双寿序

寿之于人也，不以富贵贫贱异。世以其取予之权，未可以人力幸致也，故颂高年者，必曰修德获寿，行仁者寿。盖士君子之于文，重在正人心，端风俗，非此则无以为文，人以文存，文以存道，此立言之旨也。然而修德行仁之域，其广袤难言矣。整躬率物，化民成俗者，谓之德；周折规矩，廉隅自饬者，亦谓之德。惠周天下，泽被后世者，谓之仁；解衣衣人，推食食人者，亦谓之仁。修与行之广袤不同，其所以修之、行之之心则毋勿同。略其域，而论定其心，此又士君子立言之旨也。惟是窃重有感于斯世之君子矣。登贵家富室之堂，睹其六十、七十、八十侑觞祝嘏之文，称其德，颂其仁，天下无两也。出其户，则所见闻者，各异其辞，文适以诬其实，受适以汗其颜，非文字之厄，而

---

① 吕君东萌(1888—1972)，名民贵，浙江永康人。毕业于保定军校。历任中央军校第六期学生总队战术教官、巩县兵工厂厂长、皖南盐务缉私局局长等职，陆军少将。著有《西湖史诗》。

人心风俗之忧欤？譬如行远必自迩，譬如登高必有卑。故尝于邑中耆宿讨论文章之会，谓必采庸言庸行、修身齐家之士，文以章之，冀得拯其弊也。章子际风命为尊人葆吾先生暨王孺人寿文，卒卒罔应。

王孺人为余友前任浙江省长公署谘议、海昌统捐局局长王子秋坡之嫡姑也。余与秋坡交既深，谊无可却，谨证予所闻者。先生为名秀才凤池先生之子，克世其业，以馆谷供禄养。性伉爽，善整理，族中公常得先生而事益当。治家以传经为本，际风承余绪。早岁有声庠序间，季子泰元毕业浙江省立法政，孙正藩、正杰、正泉、正根、正含等，均领有县高小学毕业凭。王孺人娴女，诚得妇道，相与成室家。一门之内，长慈幼孝，兄友弟恭，闾里资以为范。余之所闻如是，余之所寿先生与孺人者，亦惟即余之所闻而论定修德行仁之心，略其域之广袤，以求合于立言之旨而已。虽然，世之治也，人莫不曰，德与仁之功也。曾湘乡有言，一二人之心赴义，则天下之人与之赴义；一二人之心尚利，则天下之人与之尚利。目今之人心、风俗，夫岂一二人之心所得推挽之者，固不若庸言庸行之士，人人修其身，齐其家，天下不足治也。此余所由钦仰先生与孺人者，亦罔勿得寿先生与孺人。区区之意所能颂者如是，先生与孺人，其亦为引一觞乎？谨序。

中华民国八年菊月穀旦，怀威将军、前任浙江省长兼督军、愚侄吕公望，国务院谘议、前浙江临安县知事、愚侄程健樵，浙江省长公署监印官、教育局长、愚侄胡庸，荐任职任用江西崇义县知事、姻侄王兆基，前省长公署谘议、海昌统捐局长、内侄王观，国务院谘议、前浙江孝丰县知事、愚侄卢旌贤拜稿。

（原载《章氏宗谱》，民国辛未年重修本）

浙江裁撤军队商榷书[①]

裁兵废督，舆论风从。卢公子嘉首先废督，为全国倡。而其言

---

① 底本题下署吕公望、叶颂清、蒋方震、王亮。

曰,督军无罪,罪在多兵。可见废督实效,全在裁兵。苟兵不裁,虽废督犹不废也。我浙人对于兹事,责无旁贷,自应共起研究,期有适当办法,足以竟废督之全功,而践裁兵之实际。往者卢公发表裁兵意见,其中有最精之义二:

（一）当先有款而后练兵,不当先练兵而后筹款;

（二）一国军费最大限,不得过岁入三分之一。

是卢公于兵额之规定,一以财政为依归。就学理言,凡军制之规画,其一部本亦决于财政。兹更就吾国财政状况,为较精确之研究。其在全国,实际上之收入,以民国五年为最,不过三万八千万元(八年度预算多意为增加,并非事实)。今假定为:

岁入　四〇〇〇〇〇〇〇元

岁出　内外债款约一五〇〇〇〇〇〇元

　　　行政费约一五〇〇〇〇〇〇元

可支用于军费者,不过一万万元。然年来军费扩充,或取诸内外债,或截诸行政费,其军用总额乃在二亿元以上。不特世界各国无此办法,抑亦中国历史上所绝无仅有者也。其在浙江,则最充裕之年为:

岁入　一一九六三一九〇元

岁出　行政费　三五三〇二五〇元

　　　军费　三八八七五〇二元

　　　中央解款　四五四五四三八元

自漕南抵补金减轻及浙西核减地丁以后,预算盈余应减去一百五十万元左右。是中央解款,至多亦不过三百万元。内一百二十万元,又系应解杭关税务司英、德金款。实际中央解款,仅止一百八十万元而已。且其中烟酒税及公卖费,又为大宗,所余实已无几。目前虽以此项解款全部暂时留充第四、第十两师饷需之用,然毕竟此三百万元,终只能认为中央一种收入,断非该两师唯一之饷源也。至前列之军费三百八十余万元，本系浙江军事机关及浙江第一、第二两师固有之经费，与北军饷款毫不相涉。查浙江现在军费，每岁增至八百余万元，益以行政费之扩张，入不敷出，逐年亏空，为数已成巨额。今拟从根本改革。试假定全国军费，以占国内岁入四分之一为标准（卢公所谓三分之一，亦已声明最大限度矣。欧战后各国军费系五分之一。今按我国财政实际上之支出，定为四分之一），计应为一万万元。一师饷需，姑规定约一百六十万元（照近今情形，每师不过此数）。以全国四十师计，共需六千四百万元。其他各项经费，至少亦二千余万元。并加海军经费一千余万元。则国防兵额定为四十万，实已为最大限，盖无可疑也。再以二十一行省平均分配，则浙江兵额当为二师弱。然国防与边塞，势必较腹地为重，以平均数计，浙江犹嫌过多。故就浙省财政岁入一千一百余万元计算，四分之一，仅三百万元左右，养兵额当为一师强。是则无论以财政之状况言，国防之形势言，浙江养兵总额不得过三旅，可断言也。

今以此旨律现在兵额，则其不侔之度，有如左方：

（一）浙江第一师　步二旅 骑一营 炮一团（二营）工一营 辎一营

（二）浙江第二师　步二旅

（三）中央第四师　步二旅（第八旅仅一团）炮一团 工一营 辎一营

（四）中央第十师　步二旅 炮一团 工一营 辎一营

（五）卫队　步二团

（六）宪兵一营

各项合计，共得四师一团。而欲纳诸三旅标准之中，则有必须先行说明之要点如左：

（一）凡军区范围内驻在之兵，以征募本区内之人民为原则。世界各国，除殖民地外，只有地方之人民集中于中央编制近卫军之例，无有以中央之军队驻防于地方者。

（二）以征兵制度原则论，凡当兵义务，须本籍人负之，不能推诿于非本籍人。

（三）国军制度，是永久的，非暂时的，决不应以现在状况迁就一时，致乱永久制度。

（四）历年财部预算，对于第四、第十两师经费，因其本系中央直辖军队，并非浙江军队，故均不列入浙江军费范围，只以中央经费无着，又适值第四、第十两师长相继督浙，故暂时就地拨款，并非浙江省应有之负担。

是故今日言浙省裁兵，有两种办法。

第一撤防办法

本属中央军队，仍由中央指定地点，明令移防，理无困难。惟军费稍有问题，应由中央另行筹画。因该两师历年饷款，虽系由吾浙中央解款内支出，而此后浙江解款，则当一以预算有无盈余为准，不能再如从前军费就地指拨之迁就办法也。

第二办法

如果第四、第十两师，因以后经费问题，碍难撤防，则不如就地设法，悉予裁去。卢公系首倡裁兵之人，必应赞成斯举。至裁兵费，可于本年下半年度应解中央款内提借充用。计裁遣官兵，每人约得数月之薪饷，亦可自谋生业矣。

至浙江军队，虽有第一、第二两师，核其实数，不过一万余人。以固有三百余万之军费，与岁入比例之，尚无大差，略事改编，即可妥协。其要点如次：

（一）改编后，官长退役者必多，或照元年成案办理，或照第四、第十两师办法，给以一次薪饷，但正式学校出身之军官，应悉留各旅差遣。

（二）暂画定宁台温处为一旅区，以宁为旅部驻在地；杭绍嘉湖为一旅区，以杭为旅部驻在地；金严衢为一旅区，以严为旅部驻在地。

（三）废督裁兵后，各区防务，即责成各旅担任之。

（四）全国裁兵总计画未实行以前，即暂定以浙军第一、二、三独立旅之名义，听候编制。

以上办法，既据学理，又顾事实，乃至正至当之办法。卢公果能行之，则为国史上千秋之人物。岂独浙受其赐，且按之实际，亦可决为非甚难行，并无流弊。

（一）裁兵费甚优，历来裁兵未有如此之优待者；

（二）联省自治潮流甚烈，客军断不能久存他省，其客军官兵，应各早有觉悟；

（三）客军果宣言他去，浙人感德不暇，可保无法外行动以怨报德之事。

总之，卢公为国为浙，既发此废督裁兵之宏愿，善后督办期限六月，瞬息即届，凡我浙人，宜如何同下决心，共尽天职，谨贡刍荛，以待采择。

（原载《裁兵》第二期，一九二二年九月版，三二至三七页）

致孙传芳夏超电[①]

杭州孙馨远、夏定侯先生鉴：国事不日可定，既往何必追咎。请将陈楠舟、姚龙健释放，以留相见余地。吕公望。

致周凤岐叶焕华电

宁波周恭先、叶南坡先生鉴：奉第一、三、四军已将山海关秦皇岛一带直军扫清，奉第二军由界岭口、冷口入，遂占迁安、滦州、唐山、芦台。冯、胡联军扼于张庄与杨村之间，晋出二旅于石家庄，陕田玉洁旅占

---

① 录自《吕公望致浙当局电》，导语称："前次宁波独立连长陈楠舟、姚龙健等十余人，在嵊县被捕解杭，各方极力营救。屈映光、吕公望等均先后电致孙、夏释放，吕电已载报端。昨屈接得孙传芳复电，当即转知陈、姚家属。该电暨屈原电并录如下。"

洛阳,其一旅向郑州前进。鲁由下级军官逼迫独立,熊赞同。吴佩孚仅恃残兵约七千,利用天津三十里以内不用兵条约,及杨村、北仓一带大水之故,负固于天津一隅,其无能力可想。公请合肥出山之电,已有十一省。大局不日可定,浙事何必追求既往?请设法将陈楠舟、姚龙健等释放,以留有余地步。切盼。吕公望。

（《吕公望致浙当局电》,原载《申报》一九二四年十一月七日,九版,本埠新闻）

附　屈映光致孙传芳夏超电

杭州孙馨远、夏定侯先生鉴:闻陈楠舟、姚龙健等十余人被捕解杭,至为骇叹。此时宁尚宜罗织党狱?请速释放,勿任怨毒相寻为幸。屈映光。宥。（中华民国十三年十月二十六日）

附　孙传芳复屈映光电

天津屈文六先生鉴:陈楠舟、姚龙健等已从轻办理矣,勿念。特复。孙传芳。歌。印。（中华民国十三年十一月五日）

（《屈映光营救甬案被捕各人》,原载《申报》一九二四年十一月十二日,十四版,本埠新闻）

北京吕公望电

各报馆均鉴:前者江浙战事,关系大局,浙危,故南下救浙。今大局已定,浙事可望和平,岂肯重启战端,糜烂桑梓?乃奸人造谣,各报登载,误及鄙人者颇多。此种手段,无非归罪鄙人,而彼得以卖空买空手腕,坐揽浙江权利,明眼人自能知之。鄙人对于此次浙事,绝对不干涉。皇天后土,可质此心。谨白。吕公望叩。哿。（中华民国十三年十二月二十日）

（《申报》一九二四年十二月二十二日,四版,公电）

清故朝议大夫候选盐运司运同晓湖公墓表

君讳建始，号晓湖。吕氏，系出宋夷简公。先世有讳世章者，自仙居徙缙云之壶镇，历传至务本，始以赀雄于乡，为君大父。有五子，长曰载扬，疏财尚义，与诸弟捐银六万，建贤母桥于壶镇，获旌于朝，君之父也。君丰颐广颡，意量廓然，自父在时，即综家政，巨细毕举，诸父昆弟无间言。与人温温，无贫富贤不肖，推诚相与，困者纾之，饥者食之。所在平治桥道，修建祠宇，终岁汲汲，如务其私，其家风然也。清科举之制，士求试学政者，先试于郡县。缙云岩邑，学额不逮浙西一中县，而就试者数十倍之。有司以官舍湫隘不能容，则更番局试，孤寒之士，悉以候试为苦。君于县适购地十余亩，创建试院。中座堂皇，左右列场舍，广可容二千人。所费不赀，而官与士，皆利赖之。县下有东渡者，为闽浙孔道。渡故无桥，方舟以济。君于渡口起石桥，耗银三万余两，倾囊典产，五载而成。北自金衢，南迄瓯闽，行旅之出其途者，罔不称便。是时，君出为叔后之弟建盛，亦斥私财数万，建继义桥于县城。县士大夫，多君兄弟能济先世之美，以"竞爽"名东渡之桥。盖至是而君家三建大桥矣。君子在上则任天下之重，在下则谋一乡之利，其义一也。自世衰道微①，席丰履厚之家但知被文绣、餍粱肉，甚或较及锱铢，用若泥沙，至语以施舍之事，蹙额报颜，汗涔涔下，若不胜其局蹐者，闻君父子兄弟之风，其亦可以稍愧夫？

君以国子监议叙为候选盐运司运同，阶朝议大夫。清道光己亥卒，年六十有七。配卢氏、朱氏，封恭人，先君卒；柳氏，封安人，后君卒。子祖端、祖简，俱候选按察司经历。孙六人、曾孙八人。其著者腾英，三等内务奖章，今为绍兴县警察所长。焕光，四等文虎章，陆军步兵中校，参议河南军务。玄孙十二人，食德服畴，方兴未艾。初葬

---

① 　道微，底本误为"道徽"，径改。

县南下溪滩,民国辛酉改葬壶镇白屋园荷花地。后一岁壬戌,缙云大水,县桥十无一完,独贤母、竞爽二桥岿然无恙。呜呼! 是可以不朽矣。

余与君同族,焕光又尝从余兵间,故谂君家世特详,以焕光之请,为揭其行诣,扬之墓道,以俟富而好礼者取则焉。

勋二位、陆军上将衔陆军中将、一等嘉禾章、一等文虎章、三等宝光嘉禾章、特任怀威将军[①]、参政院参政永康吕公望撰文;

二等大绶嘉禾章,众议院议员,航空署参事兼总务处处长、代理署长东阳张浩书丹;

陆军上将衔陆军中将、督办河南军务善后事宜兼河南省长蒲城岳维峻篆额[②]。

中华民国十有四年六月,曾孙炳勋、炳涛、炳奎、腾英、宝善、炳庚、焕光、汉光立石。

（原载缙云壶溪吕族志编委会编《壶溪吕族志》,一九九八年编印,第 130—131 页）

心泉老伯暨伯母程夫人七十双寿序[③]

余少应科举,闻师言,吾邑以古学名者首数心泉先生,拟师事之,未果也。及壮作远游,官于桂,官于浙,官于北京及粤者有年,自故乡来者,咸举先生生平所学及德以告,拟师事之,更未得也。民国壬戌冬,余以父寿旋里,时心泉先生长县议会,始得瞻丰采,道貌蔼然,既慰我二十年来仰慕之私,且诗酒往还者累月,期可就正矣,旋以事返

---

① 底本脱"威"字,径补。

② 督办,底本误为"督辨",径改。

③ 心泉老伯,当指胡禧昌,字心泉,浙江永康人。一九一六年在浙江省议员任内先后提出关于浙江独立后省城上级官厅顾问谘议调查视察差遣各名不一而足等情、前浙江巡按使屈映光家驻兵保护、临海东塍设立电局、新委永康县知事魏佑孚因病辞职仍留拱埠警正等质问书四件。一九二三年十二月任永康县议会副议长。

京，未克久侍教，迄今有余憾焉。甚矣先生之学及德感人之深也。

岁乙丑为心泉先生暨德配程夫人七十双寿，其令嗣寿苣等以冬十一月行祝礼，乡邦友好咸作台莱颂，扬风扢雅盛矣，惜余以事羁京师，未得归与跻堂之祝，爰举先生之学及德为之序其端。余不文，不足以发扬盛美，而聊以代觞焉，先生或许之乎？

先生幼颖异，年十三侍父圭山公宦罗阳，过庭诗礼，学大进，尤邃于古学。彼邦人士咸推重之，诗坛文社先生不至不欢也。弱冠补博士弟子员，每试必优等，瞿学使鸿磯器之甚，而以终鲜兄弟，守父母在不远游之训，菽水承欢，视富贵蔑如也。厥后以岁贡京试，授府经历，分省任用。会古宁吴佩葱先生摄皖藩篆，知先生之学及德，将重用，适武昌革命军起，有清逊位，先生知国事之不可为也，遂归。时梓乡亦遭兵燹，诸事待理甚殷，邑之父老□弟强先生起，被举为县议会议长。凡地方在当兴当革者，考巨□缓急，以次建议，为人民谋福利。迨主模范森林，先生以身率，□□胝足，先于附村之隙地遍植之，十年树木，今蔚然矣。吾邑林业□□，先生倡之也。他如关于一乡一族一身之善行善言，笔不胜书焉。□以见先生之学王阳明知行合一之学也，德以基之达之，或可兼善□□。先生处境之穷也。然一邑一乡一族，食其德焉，岂止独善云尔哉，可□□矣。德配程夫人，温恭恺悌，允偶君子，彤管有炜，乡邦称之，□□余之赘也。

昔震川以寿序入文集，而曾文正非之，余以为华封□□，《天保》之颂，古之寿言也，因事而致敬，亦尊贤尚齿之义，未可□□文体而阒其心声也，爰述先生之学及德而为之序如此。是耶非耶？□□质之先生。谨序。

时中华民国十有四年夏历十一月全浣之吉，勋二位、二等文虎章、二等嘉禾章、陆军上将衔陆军中将、前浙江督军兼省长、怀威将军、执政府参政吕公望谨撰并书。

（原载《库川胡氏宗谱》，传介，91—92 页）

致蒋介石函①

介石吾兄勋鉴：

谨启者。昨靳云鹗托系（？）甫赍函来汉，原函附呈。请何遂为代表，提出具体方案如下：（一）对于三民主义绝对服从；（二）双方取销军事行动；（三）实行驱吴佩孚。现已实行驱吴，其法由张治公、李振亚、任应岐等部以自治为名，先行发动，靳为后援，联名通电，在签字中，签妥后，送到汉口发。

附件三。（一）精神的援助；以三民主义为主体，求最亲善的精神上之援助。（二）制裁轨外行动；如运动军队等。（三）攻奉时饷弹优予接济。

其外，又应通知者，现张作霖力求乃兄靳云鹏组阁，此节于鹗毫无关系，如革军攻奉时取一致行动各等情，此事经何遂再四商榷，以此认为最妥。现奉军北压彰德、大名，鲁军许琨部集中归德东之三河尖附近，一触即发，似应早予办妥。如吾兄认为可行，请先电复，渠即正式代表前来。如我方亦有条件之相商，并请一起提出为盼。又应声明者，弟前第一次晤兄时，对于河南事，嘱弟与唐总指挥接洽，故与靳处商办，恢复交通一切事件，以前直接于唐总指挥，所以靳致何遂函有"向唐总指挥提出，藉资商榷"等语，此事关系现在及未来之利害，且唐总指挥不在汉口，爰托张恒甫君前来请示，且为统一前途计，似直接吾兄办理为宜。肃此，祗候

勋安

弟吕公望手上

十二月廿五

（台北"国史馆"藏，入藏登录号002000001402A，一般资料——民国十五年（十三）蒋中正总统文物/特交档案/一般资料/吕公望函蒋中正提出统一具体方案三项，1926/12/25，数位典藏号002-080200-00013-050）

———————

① 此函八行笺，共四页。信封书内要托秘呈/介公勋启/吕谨托。

致唐伯渔家属唁电①

唐伯渔先生在掘遇意外殒命,殊深哀悼。除派员料理外,谨先电唁。吕公望叩。江。(中华民国十六年六月三日)

(《唐伯渔因公殒命》,原载《申报》一九二七年六月五日,十三版,本埠新闻)

重建魁星阁记②

浙嵊之北,有三界镇者,地处台、温、宁、绍水陆之冲,巨镇也。旁有阁焉,巍然耸,全镇供奉,俗之所谓魁星者,故以魁星阁名。

民国丙寅,不戒于火,全镇兆焚如,殃及于阁,祖龙一炬,阛阓为墟。哀此孑遗,嗷嗷待拯。金君宪章、任君凤奎,心焉忧之,先捐私款若干为之倡,以次捐及公欸,得巨金,计口授衣食,灾民乃有赖。然此治标也。苟无治本,则千家坐食,金穴为空。金君乃集众谋,曰:"今后谋生之道,首在恢复市廛,余以信用代,若借款筑之,计息六厘,逐年完本息若干,减至十年为满,可乎?"金曰:"此金君之赐也。"于是相度地势,整其市肆,宽其街衢,不数月,焕然复旧观焉。迄今商业较前繁盛,灾区也,今乐土矣。

魁星阁者,古迹所系也。金君复捐己赀营之,增阁二层为三层,扩阁旁楼屋五楹,为公共游息之所。工既竣,众议置魁星于三楼,存

---

① 录自《唐伯渔因公殒命》,消息称:"江北招抚使署参议唐虞,字伯渔,浙江兰溪人。二十余年奔走革命,不遗余力。当时受军阀威权之下,僻处沪滨,郁郁不得伸其志。此次国军未抵淞沪之先,首与民众各方接洽,迭著勤劳。日前赴江北前方工作,于六月一日偕王、白两司令乘第一辆汽车,随同武装同志驾汽车十余辆,由海门茅家镇出发,道经掘港,汽车忽然倾倒,唐君因伤剧重,猝然殒命。王、白两司令亦受微伤,已延请通州西医疗治。昨唐君家属顷接招抚使吕君公望来电云:(见正文)。"结语曰:"兹闻淞沪商业维持会知友某君已前往运柩回沪云。"

② 《三界水阁》图卷,民国十六年十月侯官何遂作画,何颂华、张载阳、吕公望等题跋,原件藏浙江省嵊州市文保中心。吕公望书横幅"德以用大",并撰书此记。题下钤"天下兴亡/匹夫有责"白文随形章,落款下钤"吕公望"白文方章。

古也,供金君像于二楼,报德也。

岁丁卯,侯官何叙甫遂与余同寓沪,裘君世杰为述其事,丐叙甫为之作是图,丐余为之记。此彰善之意,爰于图后,集阁兴废始末而记之,以示不朽云。

中华民国十有六年岁次丁卯冬月,永康吕公望记并书。

（嵊州市文物管理处编《剡地物华——嵊州国有文物藏品图录》,中国文史出版社二〇一六年十一月版,101页）

金华八县旅沪同乡常年大会通告

兹定十七年六月二十二日（端午节）午后一时,在斜桥丽园路八婺公所（浙金积善堂）开第六届常年大会,（一）修正同乡会章程;（二）通过浙金积善堂共产委员会章程;（三）改选同乡会理事,（四）选举积善堂委员。凡我同乡,届时务请驾临为荷。金华八县旅沪同乡大会筹备会主席团吕公望、蔡忠笏、陈纬绩同启。

（《申报》一九二八年六月十二日,六版,广告;六月十四日,五版,广告）

坤二十卢太夫人九秩寿序

间尝品题当世,视察群伦,而觉乎人生之最难得者,惟慧与福,且二者恒不得兼。是故须眉之俦,蕴八斗之才者不获三多之享,负瑰异之誉者或抱坎壈之忧,至于巾帼亦然。谢家咏絮,窦氏回文,慧则慧矣,终未闻其天锡纯嘏,寿考维祺也。其能福慧双修,永昭懿范,如李母卢太夫人者记足纪焉。

太夫人为范阳锡林先生长女,婉娩修仪,庄姝表度。肄女师之训,蜚贤媛之声。及归我静兰先生也,事舅姑以孝,处妯娌以和,上而尽瀡髓之诚,内而为藁砧之助,三郎悉称其贤。此太夫人之懋著女德,可纪者一也。嗣以红羊之劫,群盗蜂起,风鹤频惊,闾里迄无宁日。静兰先生之封翁雨香先生与锡林先生,各斥产散财集子弟兵,执干戈以卫乡邻，与悍寇相持者逾一稔。而太夫人则脱簪珥以济军糈，亲烹饪以奋士气。此太夫人之深明大义，可纪者二也。无何，妖氛日肆，敌骑麕集，矢尽援绝，全军皆墨，而雨香先生及锡林先生均以身殉。于斯时也，望烽火而心惊，闻鼓鼙而胆落，流亡载道，庐舍皆墟。太夫人奉其迈姑，相彼夫子，既和牵萝之补，且为数米之炊，艰苦备尝，毫无怨色。此太夫人克尽妇职，可纪者三也。旋静兰先生以父荫授职都司，听鼓闽峤，从军台南，荣统师干，显扬愿遂。而太夫人则逮奉庭闱，甘旨无缺，撑持门户，条理井然。此太夫人之善主家政，可纪者四也。未几，清廷告警，莫阻铁骑之侵；和议既成，难免金瓯之缺。时清廷以台湾让日，而静兰先生遂解组归田，深痛国力不竞，抑郁成疾，终于不起。嗣君谷香，年方弱冠，夙擅才名。太夫人画荻丸熊，恒久不倦。授微之以经传，韵事犹存；教孟宗以交游，鸿规俱在。课督之勤，逾于严父；启迪之善，匹于良师。此太夫人之能垂母教，可纪者五也。有清末造，国事日非，谷香负笈武备学校，怀澄清之志，居恒与志士蒋介石、陈英士、褚慧僧、庄恂如诸公游，阴抒改革方策，昕夕擘画不少懈，常集于谷香家，太夫人既能殷勤治馔助陶侃而延宾，又未涕泣牵裙阻温峤之奋志。此太夫人之洞达时变，可纪者六也。厥后袁氏专政，谷香随英士先生率死士攻沪上制造局，太夫人以万金壮其行。事败，谷香几不免。迨脱险归，太夫人仍慰励备至。戊辰倒袁之役，岭南护法之师，谷香胥与其役，盖奉太夫人命也。去岁义师北伐，公望谬承招抚江北之命，约谷香参与戎幕，深入虎穴，屡濒与危。太夫人则迭加劚勉诏以救国，规男儿以大节，允追汤阴刺臂之风；盼子裔之成名，不让邹邑断机之概。此太夫人之独具卓识，可纪者七也。至于自奉俭约，而施与勿吝，尤为足多。谷香尝创通鉴学校，教育青年三百人，太夫人则出资成。凡有善举，必捐资以应。万间广厦，宏推造士之心；一叶慈航，能体好生之德。此太夫人之力襄义举，可纪者八也。

综上八端,具见太夫人天赋异秉,知慧过人,用能令闻昭垂,徽音远播。而谷香之品学、勋望,既铮铮有声。文孙友光,束发从戎,克承父志,近且统率罴貅,独树一帜,盖已崭然露头角矣。且也,太夫人年登九秩,神明不衰,步履一如常人,终岁无疾病,期颐之寿定操左券,其殆福慧双修,迥非常流所可及者欤!兹者小春吉月,设帨良辰,宴启桃筵,欢腾莱彩。公望壮年投笔,自愧不文,谨胪举我太夫人之芳徽懿行,用为劝侑,太夫人其亦怡然含笑为晋一觞乎!

是为序。

时中华民国十有七年岁次戊辰十月穀旦,世侄永康吕公望鞠躬敬撰①。

(原载金华《东李宗谱》,共和癸未年重修本,卷十,二〇一至二〇三页)

论书法②

公望一武夫耳,虽会磨盾,未解涂鸦,今乃得随诸君子后,为书法之研究,荣幸曷极,用敢不揣谫陋,谨将一孔之见,概括陈之如次。

书之沿革　草昧之时,结绳以治。伏羲画卦,书乃滥觞。下逮轩辕,创造文字。厥后鸟书、虫书、鱼书,纷焉杳出。盖彼时文字之书写,未有一定之法则。染翰者,每随所见而成形。蝌蚪时代,似有定程,然年代荒远,已不可考。开封禹王台有岣嵝一碑,传为夏禹制作,字体奇诡,不可辨识。所目屡毁屡修,其真伪亦未敢断。殷时始有铜器刻字,可为考书者所依据。书家罗振玉定出土之龟板刻物,为殷墟文,又名殷楔文,以为殷书之一种。龟板刻物,似不能存此久远,然考其书法,常与周家篆籀相近。书全篆籀,法乃大备。如毛公鼎之端正,孟鼎之豪宕,散氖之变化,石鼓之朴茂,皆甚美甚善。至秦李斯变

---

① 撰,底本误作"选",径改。
② 原刊编者按语:"吕公望将军,在沪江大学书法研究会演讲,于作书法则阐发特多,且语多隽永,兹将演词录后。"

为小篆,结构日趋简易。自此而隶,而分,而行,而楷,层层递蜕,以成今书。入约书之时期,可分为三。岣嵝以上,荒远难稽,为上古时代;铜器刻字,至小篆雕刻简册,为中古时代;隶分以下,简易便利,为近古时代。形体递简,气格递逊。亦因流溯源,亦言书者所应有事也。

书之品格　书以记事,笔画简明,足资认识,即可应用。然美之观念,人皆有之,故古今书家,无不各寻途径,独出心裁,务求其美,则品格可得而言。一曰雄健,魏上尊号等碑属之;二曰朴厚,颜家庙碑及刘石庵等属之;三曰茂密,《鹦鹉赋》等属之;四曰苍老,魏造象及苏戡、啬庵等属之;五曰秀媚,《敬使君鹤铭》等碑属之;六曰豪宕,《石门铭颂》及苏、黄等属之;七曰清逸,《史晨碑》及今之于右任等属之;八曰奇险,清代所称扬州八怪,如郑板桥、陈已能等属之;九曰挺拔,柳诚悬之《玄秘塔》等属之;十曰遒劲,欧阳率更之《九成宫铭》属之;十一曰端整,高盛等碑属之。上列各品,皆自具其美,各擅其长,非谓书之品格,即尽于是,但任举一格,能恰到好处,便成佳书,固亦不必他求也。

笔法　笔法可分两种,一为单笔,一为复笔,皆以中锋不变为佳。惟单笔绝少蓄势,易轻率,易薄弱。复笔则所谓一波三折者是,盖蓄之愈久,其取势自见雄厚。就言由中央下笔,固以回旋笔行之,即一波一磔①,无不以回旋笔行之,即所谓蓄势也,作书自以此种笔法为宜。单复笔外,尚有所谓方笔圆笔者。圆笔起落处皆圆,方笔则皆方。魏碑大都方笔,如爨龙颜碑可见,隶书如张迁碑亦然,盖古之作书者,皆含有刀刻漆书之遗意,故起落皆方。然非用复笔写,则绝不可能,故临摹汉魏碑,须用复笔方笔。惟楷书取其简便,则用圆亦可。

学书之道,更仆难数,兹为时间关系,仅略述如上。至书有所忌,亦不可不知,忌俗、忌薄、忌弱、忌斜、忌散、忌太肥、忌太媚。学者能审于用笔,善于取格,而避其所忌,则思过半矣。

---

① 磔,底本误作"杰",径改。

今之会场牌示内,独于公望姓名上,冠以"真真"两字。公望非苏州之陆稿荐,杭州之张小泉,必须大书"只此一家,并无分出",以防假冒。兹承分别真伪,且觉"真"而又"真",初不解其命意之所在,继思近来报端,时见有北平吕公望鬻书及招生函授书法告白,贵校必因此之故特别标明,免观者混公望与北平吕君而为一。盛意固属可感,然未免太滑稽耳。

(原载《湖北教育厅公报》第三卷第十四期,一九三二年十二月版,丛录,四至六页)

附 北平吕公望书法函授部暂行简章

缘起 本部主讲吕公望将军,于戊辰年在沪创办守身乐善会,常年施发药饵、衣米,助济贫穷,全恃墨润以充捐款,而乏确实基金。因出其数十年阅历精研、融古会今心得之书法秘诀,设立函授,所收学费即以充该会基金。

宗旨 本部以提倡国粹,发阐文化,互相切磋,联络情感,培养纯静道德为宗旨。

资格 无论已学未学,须具有诚笃好学、坚忍持久、严遵指导而无劣性者为合格,其年龄、性别一概无拘。

报名 于招生时报名(须缴清学费、讲义费),取具志愿书,附最近之楷书二张,述明已临过之碑帖(未临过者亦须说明,主讲即行指示),挂号邮交上海法租界西门路辑五坊十八号本总收件处,即予登记。

名额 额定壹百名,报名落后者非有多数决不增加。

班次 本部因创办期开,暂设普通、速成(未习书者入此科不收)两科。概先授以楷书之正轨及书法之秘要,培其根基,俟后继续举办草、行、钟鼎、隶、篆各专科,以完大成(其简章另订之)。

讲义　本部主讲独自心得及实验秘诀、各种新法,逐条逐类,亲口讲授,派员纪录,分期油印。每星期邮寄一次(普通科约十二期,每日约两小时,速成科约四期,每日约四小时,两科讲义各别)。各学员遵照实习,有所问询,必立予详复(每次须附回寄邮票),但对讲义课外者概不置答。

　　　　(附注)本讲义非卖品,如有私□单本,或更名盗意,藉以为利者,立照法律惩办。

课卷　学员实习后,每星期须将课卷择优一份,寄交本部总务科(并将一星内经历详细说明)①,即由主讲按照各家各派,因材而教,个别批改,仍旧发还,以资参考。

期限　本部主讲出其数十年心得,授以各种秘诀,各学员能严格遵守讲义、课程之法则,保证普通科三月、速成科一月,立有切实根基,楷书□成,继续自修或加入各专科,自可迎刃而解。

学费　普通科每名暂收十元、速成科每名三十元外,均另加讲义邮寄费两元(须汇上海通用银元),于报名时一次缴清。但学员能介绍一名加入者,得着减学费壹元,六名以上者全免(仍须缴清讲义费两元)。惟不能先自扣除,须全体缴清,再由本部会计科核还。

惩戒　学员如有违犯规则,破坏校誉,不遵指导,怠惰而无进益,两期不缴课卷者(例外须先声明),学费没收,概予除名。

毕业　本部讲义发完后,即举行考试,审定平常课卷及答案,确能合格,即由主讲签发文凭(临时须交二寸小照两张),认为永久学员,此后对于理智上均有相当之辅助,如加入专科,并有减费之利益。如不合格者,得另缴费五元,补习一月,始准加入专科。并分刊《同学录》,彼此均得长久之切磋。

---

①　一星,疑下脱"期"字。

优待　学员请求主讲之写件，照润例八折。本届学员，普通科每名并各赠有吕书扇面一页，速成科四尺对联一副，以后概无此例。

附则　本部附设文科，如加入者，每名每月学费拾元（邮费一元），须先缴清。每星期呈作文一篇（语体文体不拘），由主讲亲自批改，详予种种指导，其余概如前简章。

时效　本简章是创办性质，以后得临时修改，但于本届学期中均为有效。

（写本，中国书店第九十三期大众收藏书刊资料文物拍卖会，二〇二二年七月拍品）

附　北平吕公望书法函授招生

书法小道，人每畏难，千般易学，一窍难得。吕公天资高颖，久历军戎，迹遍国中，融贯今古，心得秘诀。现公开函授，普通科学费十元、速成三十元，均另加讲义邮寄费两元，须报名时一次缴清。附最近楷书二张，述明临过之碑帖，挂号邮交上海法界西门路辑五坊十八号总收件处，即按星期分发显明讲义，各别批改，一经指点，敢以人格立言，保证三月成功（速成一月），期满考验给凭。头届学员，普通科并先赠扇面一页，速成科对联一副，以为纪念。有志之士幸勿自失。同人谨启。

（原载《申报》一九三一年五月十七日，第十七版，广告）

附　北平吕公望启事

迭奉各省镇志士函催，速办二届书法函授，敢不遵命。因头届创办正值暑季，又蒙水灾，未能结束，势须延长日期。近则国难临逼，热血同忾，窃忝军人残腐之余，尚堪以随健儿之后。俟国是少定，即遵照招生。特此奉达，恕未一复。上海西门路辑五坊十八号本部启。

（《申报》一九三一年十月十九日，十四版，广告）

论十九路军抵抗暴日之战^①

日暴兵侵沪，我第十九路抗战多日，勇敢异常，美则美矣，但揆之战略，无目的可言，徒增加沪地损失而已。曷言之，则有下列之理由，与我之目的及行使方法。

日暴兵侵沪，以其公共租界为根据点^②，而延长战线于吴淞一带，有三十里，是目的是在占领吴淞一带。成功时为要求谈判画一日租界地步，不成则损失者亦我国人民性命财产，于彼无大损失也。故日本依据此目的，以继续作战为有利。

英美各国对于公共租界之日兵，既无能力制止，其制止之责任当求之在我。基上述理由，则我方第一目的使日军无继续作战之可能，其办法如下：

日暴兵以公共租界为据点，日兵之补充、粮秣之供给、械弹之输送，均以该据点为策源地。英美各国真无能力制止日兵之敌对行为，则我方有自卫之合法办法，而代为制止之。其动作如下：

以全力冲断日军战线为南北两段。日兵北段之战线，则包围肃清之。日军南段之战线，在租界外者肃清之，租界内者英美各国能缴械固佳，否则我军代为缴械后，以整个租界交还英美各国。对于日舰之进出吴淞，炮台应绝对的阻止之。

以上办法，我驻沪兵力所能办，否则徒自守而不驱日兵出境，则日暴兵行动可自由选择时机与攻击点，日向我扰乱，后此无限量之损

---

①　整理者拟题。原刊发表时题为《吕戴之将军论战》，开头冠以"永豫纱厂总经理吕戴之将军，尝投函报纸，论十九路军抵抗暴日之战。其言曰"，结尾称："此不仅为宿将之论，固我一般民众所欲言而不敢言者也。"

②　公共，底本脱"共"字，径补。

失,不如不抵抗者之减少也。然否,请质之军事当局。

（原载《纺织周刊》第二卷第六期,民国二十一年二月版,186—187页,每周论坛）

开发西北棉纺织业计划书

在这经济恐慌、民生凋敝的形势底下,举国上下,没有一个不知道非发展企业,决不能打破经济破产的氛围。然而起视工商业中心的上海,受国际资本主义的高压而不能抬头,财富甲于全国的东南,又因地利已尽而无从进展,于是眼光锐利、思想深远的就提出"到西北去"的口号来。诚然,西北是藏富于地的区城,开发西北,是挽救经济破产的良方。可是高唱"到西北去"的人们,对于西北实业,究用何种方法去开发呢? 西北有最大的水流可以建设水电,为推动轻重工业的动力;西北有很富的煤铁金的矿产,可以开采而供给工商业的资源;西北有很丰的棉、羊毛,可以纺织而供给多量人民的衣被;西北有很广大、很肥沃的土地,可以垦植而供给多量人民的食粮;以及其他的一切,都为目下最需要、最应开发的事业。高唱"到西北去"的人们对于这"一部二十四史不知从何处说起"的西北企业,究将怎样去开发呢? 一齐举办起来吗? 是否为国家和社会的财力所许可,的确是成为一个重要的问题。随便去经营一二起吗? 将来成功,有适与预期相反的可能性。所以在今日的西北企业,不讲开发便罢,如要讲开发,那末这开发的程序,殊有考虑选择的必要。

开发西北的程序

就一般企业而说,则电气事业,为一切工农生产之母,自有尽先着手的必要。可是电气为国营事业,假使付之民营,无论一时不能筹集如许巨资,即使集资开办,然而经过一定期间,仍须收归国有。商民投资企业,办理能有成效与否,尚在未定之天,一被国家收回,前功都付流水。因此商民对于这种事业，恐是无人敢起而过问。矿产的开采，亦与电气事业同一顾虑。中兴煤矿的前事，商民早已怀着戒心了。至于垦植，西北各省经近数年来的天灾人祸，人口减少，更形成土地的过剩，如要投资垦植，必须实行移民。可是移民事体重大，非由国家办理不可。因为农民之输送、农村之组织和保护，都须通盘计算，用大规模的做法，决非商民集资公司所能尝试。那末，上述各种事业，虽然都为目下要图，但以种种关系，自不能列为最先的程序了。本来谋国民经济的舒展，当以国民所最切身需要者为入手办法，衣食为国民所切身需要，谁也不能不承认。那末，开发西北的程序，自当以纺织、制面为先锋，尤其是纺织。因为面的原料是麦，要原料的供给不缺，当在移民垦植以后，不若棉毛等原料为豫、陕现有出产的大宗，建设多量锭子和织机的纺织厂，原料不虞其缺乏。而就本地的棉纺织纱布销售本地，比较运棉外售，运纱布内销，于商业上，尤为经济。依上述种种理由而下一判断：开发西北，当以纺织为第一着，已是毫无疑义。所应再加考虑的，就是设厂地点的选择罢了。

纺织厂地点的选择

就地方的中心说，西北纺织厂地点，当以西安为适宜。因为该地附近的棉产（上海称陕西花），适合本地畅销的十六支纱布。可是设厂的建筑材料和纺织机械的运输，却有下列各种的顾虑。

（一）假定建设两万纺锭的纱厂，所需机械物质的重量，约四千吨，铁路货车载重，平均每辆载三十吨，以十二辆为一列车，要十二列车装运，方可运完。困难者一。

（二）陇海路运输能率由海州至郑州一段，譬如一列车可运三百六十吨的，由郑州至洛阳一段，因车上行的原因，其能率要减一半，由洛阳至陕州一段，车更上行，其能率又要减一半。困难者二。

（三）潼关至西安一段，路未完工，运输不便，更不待言。尤其是纺织的钢丝车大滚筒,体大而且重,易受伤损,一经伤损,便不堪用。困难者三。

因上述的困难情形,纺织厂的设置,宜暂不在西安,而先在陕州设置一厂,为设置西安厂的基础。陕州设厂,有下列的优点:

(一)陕州位置黄河南岸,握陇海路中枢,极水陆交通的便利,出产货品,亦利用极便利的交通,畅销晋南、豫西和陕甘各地。优点一。

(二)灵宝产棉,即上海市场定价最高的灵宝花,为我国最上的产品,其实陕州、灵宝、阌乡数县都为此种产品的产地,每年产额约计四十万担。假定二万枚的纺锭,年需棉花约五万担。只用产额的八分之一,原料供给极其丰富。优点二。

(三)灵宝棉为纺二十支至四十支纱最适宜的原料。现在西北地方,虽因生活程度低落,行销的是十六支纱为多数。可是交通日便,生活即随而增高。四五年后,二十支以上纱布,便适合地方之需要。优点三。

基上原因,公望等曾在民二十春间,购得陕州车站月台西端民地百亩,为纺织厂基。只是二年以来,受国难影响,金融停滞,不得循序进行。一般有资本的视线,又仅集中上海一隅,不肯援助。致开发西北实业,只闻其声,而不能成为事实,这是多么可叹息的事。

照实在的情形说,在陕州纺织,和在上海纺织,其优劣之相去,真不可以道里计。现在将陕州和上海比较如下:

(一)原料成本的比较 民二十冬间,曾在陕州经营购贩棉花事业。现在以经过的经验为基础,来比较一下。那时陕州棉价,每担为国币二十八元至三十元,运至上海,每担运费需国币十三元。陕秤视上海磅秤为九五折,合并计算成本为规元三十一两强。而在上海售出,却得价规元三十五两五钱。每大包纱,用棉一担半。照以上计算,在上海纺纱,一大包的成本为 350 斤 $\times 35.5 = 124.25$ 规元。如在陕州,其成本以每担棉价三十元计,也不过是 350 斤 $\times 30 = 105$ 元国币。折七二规元,尚不及七十六两,相差率为规元四十八两。此其一。

（二）工资成本的比较　上海工资，平均每工国币五角。陕州则不及二角（陕州打包厂每工一角）。现在以十六支纱为标准，在上海每大包需工资十二元强。若在陕州，即以二角算，比上海也不过是五分之二，只要七七元就够了。此其二。

（三）燃料成本的比较　上海煤价，每吨需规元十两。陕州民生煤矿出煤，每吨价只要四两。在上海纺纱，每大包纱，派燃料规元四两强。那末，在陕州则不过一两四钱就够了。虽然民生矿煤，热量较逊，须和六和沟煤四成，但四成煤价为规元五钱六分，也不过二两罢了，较上海总要便宜二两。此其三。

陕州设厂纺纱的优势，既如上述。那末，开发西北的当以陕州纺织厂为起点，自属无庸赘说。但须有附带说明的，是陕州局面，只能容纳二万纺锭的纺织厂，却不能为大规模的设置。自然，合晋南、豫西和陕甘两省人民的需要的衣着，假定上列各地人口为七百万，每人每年至少需单衣裤一套、夹衣裤一套，用布四丈，十六支纱布每丈重量为一磅三，计需五磅余。外加被褥鞋袜和其他用布，合需六磅左右。七百万人，应需用纺布四千二百万磅。涉锭一枚，每日出十六支纱一磅，一月除星期工作二十八日，每年共出纱三百三十六磅。晋南、豫西四千二百万磅的纱布，须纺锭十二万余枚，方可供求相应。和陕西棉花的产量（以上各地产棉总额为八十万担，可供四十万纺锭的消费），即大规模纺织厂的设置，亦未尝不可以的。但是事实上有下列各点的限制：（一）陕州可募集的工人，不过二千人上下。一万纺锭，需工人五百人，充量只能运用三万锭。（二）生手工人，须经过六个月时间的训练。训练期间，定多损失，规模越大，损失越多。（三）陕州地方贫瘠，忽然增加多数工人，食料供给，亦生问题。（四）一万锭的纺厂，在上海需规元五十万两（流动金在外）。在陕州则多物质运输和工人训练的费用，费用既要加多，就经济说，也越大越不合算，所以厂址必须择定陕州，而纺锭却不能不认二万枚为适合。现在就以二万锭为标准，设计如次：

陕州纺厂设计及预算

定纺锭为二万枚，而以纺十六支纱的标准组织，须有如下之设备和预算：

（一）纺纱部份　甲、和花间。松花机二部、和花缸四部、喂花机二部、头号花卷机二部、二号花卷机二部、三号花卷机四部。乙、粗纱间。钢丝车七十部、棉条车七孔八粗、头道粗纱车八部、二道粗纱车十五部、三道粗纱车三十部。丙、细纱间。细纱车五十部。丁、摇纱间。摇纱车百部。戊、打包间。打大包车一部、打小包车四部。己、附属机件。以上约需上海规元六十万两。

（二）动力部份　一千匹马力水汀引擎一部。此项引擎上海因用电力卸置的，一部约二万两左右。否则买新的，需八万两。锅炉新的二个，二万两。以上约需上海规元四万两。

（三）织布部份　织布机一百台、浆缸一部、附属机件。以上约需上海规元五万两。

（四）建筑部份　约需上海规元二十四万两。

（五）配备部份　皮带、筒管、棉条筒、地轴仆司等项。以上约需上海规元二十万两。

（六）运输部份　约规元十万两。

（七）装置部份及训练工人损失　约规元十万两。

总计约需上海规元一百三十三万两。

陕州设厂的利益

（一）关于厂家的利益

以纺十六支纱为标准。在上海所用原料不良，每日夜每锭最高率可出一磅。陕州的原料甚佳，可供一磅一或二，二万锭可出二万三千磅。以每大包四百二十磅除之，每日夜总产量为五十四大包。每大包售价为国币二百二十元（照现在低额纱价十六支上海售一百三十八两，陕州售如上数）。成本为：

甲、棉料　三百五十斤，每百斤三十元，计国币百〇五元；

乙、燃料　三元；

丙、物料　六元（比上海须加运费四角在内）；

丁、工资　七元；

戊、利息　十五元（假定资产和流动金合为规元百八十万两，月息九厘，每月一万六千二百两一四四，中国币二万二千五百元，以每月出纱一千五百包除之，每包纱应派得利息如上数）；

己、统税　国币九元弱；

庚、杂支（捐恤、伙食、职员劳金、应酬等）　四元。

以上成本，合成百四十八元强。售价二百二十元，减去成本百四十八元弱，即得盈利七十二元强。日夜产量为五十四大包，应得盈利三千九百余元。一个月念八日计，产量为一千五百大包，应得盈利十万余元，即年得盈利百二十万元。除去半数分红，一年可得还本银六十万价（但在训练工的六个月不在此限）。

经过三年半期间，获利达二百万有另。资产债款的百四十万规元、即国币百九十六万元，统统可以还清。全厂的资产，便成为所有资产。

（二）关于国家的利益

现行统税税率，每大包纱征国币九元弱。一日夜产量为五十四大包，便每日纳国币四百八十元左右的统税。一个月（计二十八日）便纳一万三千四百四十元，全年便要十六万一千二百余元。可以抵西北贫瘠县分一二十县的赋税的收入。

（三）关于贫民的利益

厂的纺锭，既为二万枚，线机为一百台，便需用工人一千三四百人。这一千三四百人是直接的赖此养活，而且工资的羡馀，可以养活他各人的家小。那末,直接的可以养活四五千人。这就关于贫民生计,也不为小啊。

开发西北的进展

以包括豫、陕、甘、新四省地面的西北区域,可以开发而且急应开发的事业,如此其多,当然的不能以陕州一小规模的纺织厂的成功,便为满足。前已说过,陕州一厂,不过为开发的基础。假使陕州纺织厂能如愿以偿,那末,依照上节第一款内的计算,以三年半的盈利,清偿债款而后,每年可以积存国币六十万元。积至五年,已达存款三百万元。在此期间,便可着手第二步计划,在西安设一大规模的纺织厂。此厂的组织,定纺锭五万枚、布机三百台,兼办整炼染各部工作,成一完全纺织机关。纺纱锭与陕厂为五与二之比,即所获盈利的比率,亦必相等。陕厂年盈百二十万,西安厂纺纱部当盈三百万元,加以织、整、炼、染各部的收入,总盈可得四百万元。除红利外,年可净盈二百万元。经过五年,可以积存一千万元,利用这项资金组织一西北实业银行,为各种企业的策源地。从此各项事业,都可陆续举办。那末,达到开发西北最终的目的,并非不可能的事。

公望在从事政治生涯的时候就注意到西北实业问题,经过长时间的考察和筹划,自谓较有把握。嗣经投身上海棉纺业界,又经四五年的研究,而纺织事业颇有心得。久欲向西北方面努力进行,为吾国企业家的识途之马。可是因为平日不善居积,加以连年时局不静,金融停滞的关系,遂致事与心违。但以上所陈,实非向壁虚造之谈。望有力量者,加以考虑,而为实质的援助。非但公望个人之幸,也是国计民生之幸啦。

(原载《纺织时报》第九六六号,民国二十二年三月二日版,一至四版;并见于《天津棉鉴》民国二十二年八月号,12—19页;又改题《开发西北实业计划书》,载《纺织周刊》第三卷第十期,民国二十二年三月三日版,三二四至三二六页)

《北山纪游》序

距吾永康县治百二十里,曰金华故郡也。堪舆家者言,得置郡之故,主山为芙蓉峰,秀挺若芙蓉,下拓而地献原方数十里。东南二水汇由西北合于瀫,实一天然城池。芙蓉峰之祖山北山,奇峰突兀,含英郁奇,北崎而为金华屏障,灵钟秀毓,故代出名人云云。说未足信,而事若可证。顾北山者古称为三十六洞天,地有双龙、冰壶、朝真、九龙、鹿田、赤松诸胜。余少耳其名,愿游焉而未有闲也。迨壮从戎,足迹几遍全国,而祖郡北山未一至焉。殆所谓舍近图远,数典而忘其祖者耶?

癸酉冬,余游胶东,侨居威海,应仲华均、程健樵士毅遥以游北山诗寄示,雄奇幽逸,读之觉诗中有画,神往者久之。甲戌仲春归省,则胡俊卿庸益之以记,仲华又益之以画,健樵编次之为《北山纪游》,而征余序其端。受而读之竟,笑曰:文人之好事乃至尔耶。然此记、此诗、此画,三绝也,况有名山为之主耶。抑又疑焉。陕有华山、终南之胜,洛有龙门、嵩岳之奇,燕有居庸、玉泉之美,金陵有钟阜得虎踞龙蟠之势,彼都也,而金华郡耳。北山亦含英郁奇若此耶,然已知"小邹鲁"之称非偶然也! 仲华,余丈行,工书画金石。健樵、俊卿,余挚友也,富于文。其以此记、此诗、此画表彰北山,人以地传,地以人传,相得益彰矣。质之后之金华之缀辑地志者,以为何如? 是为序。

甲戌仲春,吕公望撰。

（原载《北山纪游》,民国二十三年仲春编次,序）

姚母林太夫人传 萃二十八

班氏曰:"清闲贞静,守节整齐,行己有耻,动静有法,是谓妇德。"今世之衰也,妇德坠久矣。丽色妖容,高才美辞,貌足倾城,言足乱国。兰形棘心,玉曜瓦质。歌舞选婿,酒肉定情。一言之投,琴琴订之;一言之乖,雠敌视之。昨宵夫妇,今朝陌路。虽襁褓中有呱呱儿,亦弃之勿顾。守即抚孤之说,举世糟粕,阀阅倡之,士夫效之。呜呼!此礼之失也,余求之野矣。

姚母姓林氏,为邑长城良合公之孤女。自幼训迪过于男,端静不类农家女。年十七,以亲命赘黄棠姚公焕靖于家。时后洪杨乱,业产尽,父若婿力田,自给不足,姚母以十指佐衣食,得不缺者,历十余年。后随婿归黄棠,往来两地。此妇也于彼女而且子,艰难劳苦,晏如也。旋姚公焕靖殁,呼天抢地,几甘以身殉。有责以大义者,遂隐忍辍泣,以守节抚孤誓,时年三十有五也。所生子女各二,长者十余龄,幼者犹乳抱也。寡母孤儿相依,不能谋朝夕,惟日佃夜纺以度,其境弥苦,其志亦弥坚。迨子稍长外傅,恒躬自送午食至塾,藉觇勤惰。其惰也,归,必令长跪受扑笞知悔,儿泣,母亦泣。邻有劝稍宽假者,曰:“此无父之儿也。”母曰:“此无父之儿也,纵之骄,无所成,何以对而父也?”人服其言。迨儿女俱长,次第毕婚嫁,家虽贫,而事必中礼。

清鼎革前,以政懦,频受外侮,命次子永安习陆军。辛亥革命,永安随浙军攻金陵,战甚剧,道路讹传永安阵殁于天堡城。母闻而怡然曰:“果尔,永安得为国捐躯,死固重于泰山也。且道路之言,何足遽信?”其识见非寻常妇女所及者。

民国纪元,永安在省垣供军职,迎养弄孙,暇则操作。子妇辈劝之,则曰:“吾借此以调节筋骸耳,劳吾所素习,况此非劳者。劳否吾自知,勿劝也。”间尝训永安曰:“向者吾家贫,尔兄弟姊妹幼食或乏,吾惟节食以食,不屑哆口告贷人。今幸无窘,宜以所余,济人之如向日之吾者,勿封殖自肥也。”故永安之于邻里乡党,每有所济,而贫而得济者,咸颂母之贤。

中华民国十五年八月,母卒,享年七十岁。先母病,永安在徐州供陆军中校职,人谓宜电召回侍疾,母坚不之许。且嘱勿电,致伤游子心,言毕而逝。故永安每引此为终身憾,未尝斯须忘。

余与永安同事久,早闻其梗概。甲戌秋,余归省,适姚氏修谱,乞传于余。余曰:"此妇德应尔也。虽然,生今之世,而求妇德如母者,殆凤毛麟角。礼失而求之野,余于母也,树风化之鹄焉。"因闻之永安者,笔而为之传如此。

生子女各二。长子思相,后母一年卒;次子永安,字绥之,陆军少将,今任军政部职,有声于时。长女适吕,次女适曹。孙八,华琼,陆军少校;华瑜,毕业工艺学校;继崇,游学日本;华雄、继雄、继勋、继衡、继楫,皆幼读。孙女三人。曾孙男二人,曾孙女一人。

中华民国二十三年九月,上将衔陆军中将、怀威将军、前浙江督军兼省长眷晚吕公望拜撰。

（原载《黄棠姚氏宗谱》,二〇〇六年版,卷四,四三至四五页）

华溪姚氏重修宗谱序

距丽城东十里许,有黄棠者姚姓,世族也。先有宗国公者,以黄巢乱,掌兵镇两浙,子若孙遂家焉。始居湖,迨宋伯欢公以名进士判睦州,再居建德,转徙桐庐,蔚为浙东望族。厥后有谦鸣公兄弟者,游华溪,至高镇,乐其土,遂自桐来迁,继徙黄棠,迄今二十有三世矣。闻之渔樵,所遗上街中街之迹可指,稽其谱牒所载,族例族约之规尤详,可想见当时宗支之繁衍,宗法之谨严。惟以人事递变,时局推移,土苴宗盟,糟粕古法,有识者心焉忧之。其二十一世孙绥之少将永安,以治军暇倡修宗谱,检校前谱体例,宜存者存之,宜删者删之,宜增者增之,何其勤也!

夫族之谱,国之史也。史为国之政书,政有改革,则史之义例有变更。族为国之一部,其政必不能与国抵牾。今国家政法之变,与前代迥殊,苟谱也而仍其旧,斯国与家各是其所是,而人事无所定其从违,势必宗无由而敦,族无由而睦,夫岂作谱之意哉?

绥之此举,盖斟酌今古,将以树宗族绝续之交之鹄焉。既竣事,问序于余。余不文,顾与绥之既同乡,又于杭垣军次同袍泽,重其人,因重其族,乃重其事,因揭其修谱之意,以示其子若孙世世罔替焉。是为序。

中华民国二十有三年岁次甲戌孟冬,勋二位、怀威将军、前浙江督军兼省长吕公望敬撰,松石山民应均拜书。

（原载《黄棠姚氏宗谱》,二〇〇六年版,卷一,六〇至六六页）

致蒋介石电①

金陵叩别,忽已七八年矣。我公鞠躬尽瘁,公望无似,不能依附骥尾。永康今夏久旱成灾,综计全县正副产之收获只四五成,非救不活之灾民达四万以上,全年民食缺七月有奇,公望虽分头募得赈款数千,然属杯水车薪,恳公慷慨解囊,惠兹沟瘠,多则五六千,少则二三千,为年关急赈,以安人心。

（台北"国史馆"藏,入藏登录号129000035787A,军事委员会委员长侍从室/系列八/吕公望,数位典藏号129-080000-0787）

金衢严处旅杭同乡致蒋介石电②

成都蒋委员长钧鉴:

浙省各县基干队现奉省令改编为保安大队,直辖于省。为集中

---

① 原件未见,此系核呈件的"报告摘要",电报或信函未交代,电文几率较大。承办月日,十一月廿日。右边有杨永泰签注:"职杨永泰呈,廿三年十二月二日。"拟办栏填:"拟酌复:所请振济永康灾民一节,拟转浙省府统筹核办。"下一格红笔批示:"如拟。"当系蒋介石手笔。

② 本文为国民政府军事委员会委员长行营第四处第三科电报摘由笺附件。号次/5124,职衔姓名或机关名/吕公望等,来处/杭州,江电,8月5日到,8月5日送出。摘要/浙省各县基干队线奉令改编集中训练,值此匪势蔓延,地方不靖,为补救计,第一在匪患未肃清以前应请于各县原有基干队仍留各县归县长直接指挥,从缓集中训练,藉维各县治安;第二各县基干队之枪枝,既系各县筹款所购,应请如数发还,永为地方自卫团队之用,藉昭大信于民,务恳采纳施行。拟办/拟转黄主席核办。批示/(奉)批阅。按,黄主席,即浙江省政府主席黄绍竑。

训练计,本不敢有所异议,惟是项基干队经费既属各县负担,枪械亦系各县购备,值此匪势蔓延,地方不靖,全赖此以镇摄人心,维系治安。一旦改编之后,枪械概归省有,部队不属地方,县长既无直接指挥之权,各县顿失自卫之力,群情惶惑,后患堪虞。此后欲望人民充实自卫,重购枪械,理既不合,势亦难能。为补救目前计,第一,在匪患未肃清以前,应请将各县原有基干队仍留各县,归县长直接指挥,从缓集中训练,藉维各县治安。第二,各县基干队之枪枝,既系各县筹款所购,应请如数拨还,永为各县自卫团队之用,藉昭大信于民。公望等为桑梓大局计,既有所知,不敢缄默,务恳采纳施行,地方幸甚。金衢严处各属旅杭同乡吕公望、王廷扬、余绍宋、郑文礼、方青儒、郑畋、樊光、姜卿云、吴望伋、胡义芳、毛蒙正等同叩。江。印。

（台北"国史馆"藏,入藏登录号002000001631A,一般资料——民国二十四年（四十四）蒋中正总统文物/特交档案/一般资料/吕公望王廷扬余绍宋等电蒋中正恳请将浙江各县基干队拨由县长指挥及各县枪械筹款亦归地方自卫团队之用等,1935/8/3,数位典藏号002－080200－00242－111）

花园徐氏地房西溪丙子重修谱序

昔家族制度沿大小京。凡一家族,有一家法。所谓家法者,垂之谱牒,世为子孙守。其一,重血统,如非宗不继也,非男不祧也,非异姓不婚也。其次,垂训诫,如娼优有禁也,隶卒有罚也,及盗匪有惩也。凡此等等,承先启后,严若国法,凛然而不敢□,其意固尽善尽美也,数千百年来,世守罔替者。今已俗易时移,糟粕视之矣。国宪所定,养子有继承权也,非宗可继;女子有继承权也,非男可祧;婚姻已血清为限也,非异姓可婚。其他娼优、隶卒、盗匪等,自有国法容许之,或制裁之,断不容家族有抵触之私法存在。且惩戒犯法之子孙,全借谱牒效力,削其本身或削其三代,使其自绝于此家族而沦为堕民。今则人民一律平等,无堕民已执行家法也。呜呼!家族主义

□□无余矣，谱牒作用丧失殆尽矣，迄今言家族谱牒，不啻明日黄花。虽然，古人制礼，因乎时，亦适乎情者，随人类已俱存。家族亲亲之义，情之所系矣。

丙子春，西溪徐氏议重修谱牒，而丐序于余。余曰，此亦发乎情也，仅序亲亲之义焉足矣。至家法当有所益焉，有如□□诸执事。

时中华民国二十五年岁在丙子仲春月上浣榖旦，勋二位、怀威将军、前浙江督军兼省长吕公望谨撰。

（原载《花园徐氏西溪房谱》，民国丙子年重修本，卷一）

徐荫南公传略

明经徐公荫南，讳昉棠，邑之西溪人。世耕读，质鲁而颖，且力学而邃于古。幼受业于邑先哲潘西庐、夏少华诸先生门。诸先生均勖之曰，孔圣传道，其在曾之鲁也，勉之。年弱冠，补博士弟子员。迄光绪庚子科试，公与余同榜一等食廪饩，始交公。时文酒往来者五年，洒胆披肝，友好笃甚。旋科举停，余以于役保阳、桂林诸省久，未通音问。鼎革后，余官浙，而公在乡襄办教务及县政，始终不以书来谋一事荐一人。其殆淡泊以明志，宁静以致远者。其尤可传者，事后母孝，处乡党和，接人物厚。至其律己则甚严，有非礼勿视勿听勿言勿动之概。春风其貌，秋霜其心，有凛然不可犯者在。如公者岂仅一邑之善士也耶！

元配童孺人，早逝，继配王孺人，均淑慎勤俭。子二，长士骥、次士骧，有乃父风。女二，长适程、次适胡。孙四，孙女十。

岁丙子，西溪徐氏修谱事，丐序于余，余因类而传之，以昭懿行云。时中华民国二十五年岁在丙子仲春月上浣榖旦，勋二位、怀威将军、前浙江督军兼省长吕公望谨撰。

（原载《花园徐氏西溪房谱》，民国丙子年重修本，卷一）

致朱惠清信札① 两通

第一通

惠清县长钧鉴：

谨启者。因特务团缉拿汉奸胡逸民案，当时株连多人，闹得满城风雨。刻闻此案有由军法判结之说，其如何审结，虽不得而知，而揆之于当日株连情形，祇恐科罪太众亦太重，公望忝同乡井，见闻较确，为良心所驱，谨将此案当日经过情形陈之。

一、特务团缉拿胡逸民时，不经过县政府及乡公所，直接密往胡宅查缉，案关秘密，固应尔尔。但永康自民十八闹匪后，此种类似之动作，不一而足。试查民廿三年，西雅车站被军装匪徒占据者约一星期，故永人对于类似军人怀有戒心，已非一朝一夕之故。该乡长胡秉章②、胡瑞鸾等，事前既不知，事后未免有将信将疑，而不敢决然断然帮特务团缉拿者，一也。

二、特务团虽携带符号可证，但该乡长等系一乡下人，智识无多，殊难辨认。且当时闻该乡长等派人报告特务团，不幸为胡逸民所拦阻，复派人报告于区公所。该区公所闻亦派队到场，然亦无若何解决办法。可见乡民之无知，不能决然断然帮特务团缉拿者，二也。

三、胡逸民曾任总部军法官、陆军监狱长、陕省府委员等职，在该乡声势喧赫，乡民侧目者久矣。且平日藏枪甚多，又在被缉拿时，适逸民家营缮屋事，工人甚众。特务员拿住逸民之际，被逸民狂呼"有匪有匪"，工人闻声麕集，反拿住特务员，几有性命之虞。该乡长等闻知，前往逸民家将特务员带回公所时，亦已力竭声嘶，已虞保护特务

---

① 朱惠清，湖北荆门人，民国二十七年五月至民国二十九年一月任永康县县长。两通信札，均书于吕慎旃堂用笺，落款处钤"吕公望印"白文章一枚。八行笺，第一通八页，第二通三页。永康市档案馆藏，卷案号 M447－001－105－0010。

② 胡秉章，信札下文作"胡秉璋"。

员之不暇,更有何能力决然断然帮特务员缉拿者? 三也。

四、案发日,适该乡小学毕业,胡瑞鸾先往逸民宅,请逸民到校参礼,坐未定而特务员至,先拿住胡瑞鸾。乡下人遭此猝不及料之事,已吓得目瞪口呆,手足无措,更何有机心庇纵逸民者? 四也。

五、胡逸民在喧吓时代,胡秉章、胡瑞鸾等从未至逸民处,依草附木,作何之干求。此系乡下守分之良民,岂有知胡逸民做汉奸,反为之包庇之理者? 五也。

六、胡逸民对于特务员缉拿时,误认为匪类报雠举动,故一面驰书各要人求援,一面纠集工人,拟置特务员于死地。若非胡秉璋等慎重保护,特务员命运已在不可知之数。以当日情状之模糊①,双方事势之危急,该乡保长等身当其冲,苦心维持已属不易,而事后引绳批根,任意科刑,讵所谓平者? 六也。

总之,该乡保长等,与公望非亲非故,亦非受其请托而故为是言,惟丁此艰难时期,人民之身家性命,毫无保障。且此案罪在逸民一人,而反逍遥法外,而以类似嫌疑被累者,或反而科刑,且法律伸缩性甚大,援引重者即家破人亡者数家,如略迹原情,即无若何之罪名。县长对于部民,应对于有罪者诛之,无罪者援之。《书》云:"罪疑惟轻。"此类似有罪而其情可原者,亦应援之,俾减少寡其妻、孤其子之痛。此公望良心所驱使,不得不言者,敬恳鉴原。顺叩
钧安

吕公望谨上

八月卅一号

第二通

县长钧鉴:

再启者。因缉拿汉奸胡逸民株连案,昨上一函,谅登典签。凡此

---

① 情状,底本下衍一"况"字,径删。

株连者，皆为胡逸民被拿时狂呼"有匪有匪"之声所误，其在胡逸民营缮之工人及戚友群认特务团员为匪，有置之死地汹汹之情形。当时帮凶最力之人，为逸民之两胞兄：一为胡济龙，拿到在狱，因病保释外出者，回家不数日死；一为胡济廪，虽在逃，闻日前因畏罪亦自缢身亡。此妨害特务团员执行公务，亦系误认为匪之故。否则，既大胆行凶于前，何至畏罪自投死路于后？此最明了者。至于该乡保长胡秉璋等，因事后带特务团员至乡公所，竭力保护之人，既非包庇逸民，且并无妨害公务员执行公务之处。如一研究当时之情状，其理亦甚显。若置其情于不问，而徒寻其迹以科刑，现在胡逸民在逃通缉时期内，其两胞兄已相继畏罪死，而又及其他者以科刑。以胡逸民一人之罪，而累及人亡家破者，在六七家以上，闻之痛心，言之酸鼻。此不忍之心驱迫，公望不得不再言者。敬恳

鉴裁

吕公望谨上
九月一日

浙难民工厂

前年浙西弃守，省府东迁，民众渡江避难者，如潮而至，浙东各县，均有人满之患，而兰溪、金华、永康一带，尤为难民麕集之区。政府为抚辑流亡、安定后方计，因有本省救济分会及各县救济支会之设，难民所至，设所收容，由政府拨款救济，所以为被难同胞者已觉情至谊尽。公望时值乡居，因得妄参末议，以为中央揭橥长期战争，事非半年一载所能解决，消极收容，固可济燃眉之急，从事生产，实更为扼要之图。曩年在沪办厂，于纺织差有经验，因献议省府试办难民染织工厂。

初时事颇棘手，人材物力并感空虚，机具生财百无一有，且难民经露宿风餐之后，人人扪虱，个个染疾，垢虮满身，不可向迩。因先经

分批沐浴,继为个别整容。老者设工养收容所以安之,幼童设儿童教养团以处之,然遂抽出壮年,纳之工厂。经过数月之久,粗有端倪,经费逐渐增加,员亦逐渐充实,至上年六月间始能出布,从此工作日见进步,业务渐上轨道。此一千余难民,始得脱离消极救济而入于积极救济之阶段。截止念七年十二月底止,历时一年之久,全活者二千余人,而十万资本,决算结果,尚薄有盈余。此为本厂事业之第一期。

迨至今年情况渐变,本省局面颇形稳定,难民离乡日久,归念渐萌,采茶插秧期间,潜逃还乡者日有多人,开导百端,卒难遏止,进厂人数终不抵离厂之多,一直减少至一千三百余人,始得安定。可见救济二字,渐成为过去名词,而办事方针,已有换羽移宫之必要。南昌弃守以后,继之海运被封,沪埠纱布,无法进口,各厂军衣原料,取终于本厂者日多,省内不必论,近如闽赣,远如桂林,每次购货,数必大宗,本厂为适应需要,生产亦逐月增加。沪纱不来,取之内地,设内地纱再不继,亦当取材于本省棉花以为救济,数月前原料价格飞涨,鄙人为杜塞漏厄计,本自足自给之原则,将各种植物质配合应用,此项原料,已有大宗收贮。经过数十日试验结果,居然化朽腐为神奇,从此货不弃地,各县农民,并增一批收入矣。此后本厂使命,将从救济而转为生产,所贡献于国人者,亦当较过去为有意义。此为本厂事业之第二期。

以上系就永康一地言之,各县救济情况,耳目未闻,姑存不论。公望自民十六以后,久已不问政治,年亦垂垂老矣,国难临头,匹夫有责,敬恭桑梓,尤不得不勉力驰驱,棉力所及,亦时时向当道贡陈管见,以言为国有利则不敢,若在东战场范围之内,或亦不无溪流之助也。

(原载《美商总汇报》中华民国二十八年十二月十一日,第六版)

为节约建国储蓄告永康同胞

现在我们永康地方,有一个中、中、交、农四国家银行组织的节约建国储蓄劝储委员会浙江分会,诸位想必都知道了。这是劝我们实行节约储蓄的机关,我们永康的伯叔兄弟姊妹们,应该个个人赶快到四行去开立户头或者买储蓄券。储蓄不比捐款,捐款供献国家是一时的,储蓄帮助国家培养国力,是永久的,而且存储的本钱永远存在,并有优厚的利息,所以不但对于国家社会可以增加生产事业,对于个人及家庭更有莫大的利益。

我们内地的人民,向来喜欢把钱财藏在家里,这是最不经济的,而且还有遇到火灾水灾盗劫等的意外损失。

有许多人虽然有储蓄的兴趣,但是他把钱存在商店里,或者信用平常的银行里,那是都有相当危险。好像在永康民国十六年以后,接连倒闭了五六家大商店,以及念七年的金武永农民银行的停业,恐怕我们同乡的损失,都不在少数吧!

现在好了,我们永康有了四个国家银行,资本雄厚,信用卓著,保障稳固,一切手续便利,诸位可以大胆的去存储了,除了自动的以外,还应当劝告亲戚和朋友,竭力的节省尽量的储蓄。至于存储的方法,就是用"节约建国储金"或买"储蓄券",详细的章程,可以向四行索取的。末了,我们还要声明,四行是国家银行,既有国家存在,国家银行的信用,是绝对不会失去的。有人怀疑,时局平定以后,这四家银行都要迁回杭州,将来取款,会不会不便利。但到那时候,各行对于永康地方的储蓄存款,一定有一种便利顾客的办法,使得诸位满意的,中国农民银行不是已经改称永康分行了吗?

诸位伯叔兄弟姊妹们赶快起来吧:

励行节约,努力储蓄;

增加生产,国利民福!

(原载永康县各界庆祝民国卅年元旦筹备会宣传股编印《永康各界庆祝三十年元旦特刊》,永康市档案馆藏,第十一篇,未标页码)

应仲杰先生八秩寿言

余少读史公《游侠传》，心仪朱家、郭解之风义，以为晚近不可复靓。比邀游幽燕，归而与浙中豪杰驰驱国事，始知草泽中未尝无人，而于吾县仲杰应君尤拳拳焉。

君农家子，早岁游乡塾，好奇尚义。及壮，见清政不纲，官暗而吏蠹，平民负屈不得伸于理，喟然思有以济之，乃以立义相号召。时时与里中年少习技击，明约束，严彰瘅。射虎斩蛟，务在除害。遇不平事，发踪指示，摧陷廓清，曾不少馁。当是时，乡之矜财势凌鳏寡，与吏之苛敛肥私者，咸摇手相戒，惴惴焉惧君之见录也。君所为不尽中常轨，然言必信，行必果，赴士之困厄，已诺必诚，不爱其躯，与史公之赞游侠无稍异者。辛亥光复之役，响应义旅，遥为声援。浙局既定，君意气益发舒。或讽以周孝侯三害之事，瞿然有悟。会余任浙军师长，以上尉幕职邀君，遂束装谢年少，负弩驱而至，疏附后先，不以官卑偃蹇。暇辄与儒生游，讲论经史大义，揣摩忠孝故事。举止恂谨，见者不知为朱、郭一流也。后数年，余释兵柄，君亦还乡里，为人排患难、解纷乱，急公好义，知无不为。顾其气益和，心益下，一变少日睢盱快意之风，晋德之功愈老而愈笃焉。

乙酉孟冬，君登大耋，强饭健步，神明不衰，子孙绳绳，门庭雍穆。称觞有日，君之故人，与宗盟后进，咸为歌诗，以介景福。谓余知君最深，属序其事。余维松柏之质，当春而荣，经冬而不凋，盖能葆其本心，与时屈申，不为春华过盛之发泄，故虽冰霜凌厉，而卒自全其天。综君生平行谊，有类于是。噫！此君所以俾寿而康欤！古者赠人以言，惟以道谊相规，不为谀词溢美。余虽不文，敢背斯旨？爰师曾文正寿人之作，系之以诗。诗曰：

世有豪侠，民之干城。雄剑三尺，不平则鸣。维君健者，济弱扶倾。有高其谊，欲弭其争。君乃折节，学道修名。摧刚为柔，儒侠以成。灵光无恙,为世耆英。鸠扶不御,鹤和有声。宾筵既醹,侧弁欢腾。白华朱萼,为补歌笙。

中华民国三十有四年岁次乙酉孟冬中浣,前浙江督军兼省长愚弟吕公望。

(原载《可投应氏宗谱》,民国丙戌年续修本,卷一)

永康楼氏续修宗谱序

昔孔子称禹为"无间然",而传纪刘子见赵武之言,亦颂其明德之远。盖禹平水土,奠山川,烝民乃粒。自来济世之功无有大于禹者,以葬于会稽,故其苗裔往往循浙水而居。姒氏而外,吾县楼氏,其最著矣。考谱载,楼本东楼公之裔,其源出于禹。汉时有讳良骦者,始居乌伤。唐时有讳永贞者,始居永康,为迁永之祖。在迁永以前,支分派别,早散居于明、越诸州。迁永以后,则金华、东阳、仙居、丽水、缙云各县又莫不有分居之子姓,珊玉交柯,相为辉映,嘻,何其盛欤!吾闻之,束身之要,莫大于俭,任事之要,莫大于忠。禹之尚俭,墨不能言之。夏之尚忠,朱子述文,质三统之义,亦首及之。立俭兴忠,以为世教,则可以革奢淫、抑浮诞、返之于敦庞。立俭与忠,以为家教,则端谨之风绵延勿替,不必代有达官贵人震耀流俗,而自足保世滋大,享祀勿忒。吾观楼氏之在南宋襄靖公照与四明别派之宣献公钥,皆謇谔立朝,忠于所事。至明世土木之变,清世洪杨之乱,近世光复之役,浩然捐躯者,犹不乏人,盖涵濡于尚忠之遗教者深矣。而子孙绳绳,食旧德,服先畴,熏习于善良,鲜有犯清议而干国纪者,则又尚俭之遗教有以范其身心也。

呜呼!无间之叹,明德之颂,数千载而下,如闻其声,如见其事。乙酉之秋,倭乱大定,流亡复归,楼氏遂有续修宗谱之举,故人愚亭与其宗族长老实主其事。事竣,问序于余。余维谱之为用,本以敬宗收族。古之为族也,贤有宾,僻有罚,宗祧有序,冠婚丧祭有制,垂诸谱牒,昭示宗盟,以立旌别淑慝之标准,亦以辅有司条教所不逮,意至善也。顾自国体变更,政制风尚随之而异。向之家族主义渐进而为社会主义,设仍规规焉持故义以相绳,势将扞格难通,因噎而废食。今楼氏之为谱,斟酌于礼俗之宜,权衡于法理之当,不诡于正,亦不拂乎情。其通权达变,承先启后之苦心,与余畴昔论谱之旨有深契者。故阐明夏后氏之遗教以为勖,兼以风示吾乡,用不没其敬宗收族之美,书此而归之。是为序。

中华民国三十四年十二月,陆军上将衔、勋二位、怀威将军、前浙江督军兼省长同乡吕公望拜撰。

（原载《永康楼氏宗谱》,民国三十四年乙酉续修本,卷之一）

浙江省振济会难民工厂报告书

本厂自开办迄今,已历七年。其中经过多次敌人流窜,数次播迁,及种种曲折,非一言可尽,且大会会员散处,开会困难,三十一年在云和开会时,公望适在壶镇调整永康残局厂务,未得出席报告为憾。兹当开省参议会之便,接开大会,如用口头报告,则千头万绪不知从何说起;如用总括报告,则挂一漏万,不明内中真相。爰将本厂自开办迄今,分作六期,报告如下。

第一时期,民二十七年二月,决议拨款十万元（由农民银行借垫开办费,一切在内,现已本利完清）开办本厂,三月初旬款到,择定芝英地方,开始筹备（制造工具等等）,四月二十八日开工。其时经费虽少,而送到难民竟达三千八百余人之多,内除少者七百余人、老者三百余人外,可做工者仅二千七百余人,内有哺乳妇女百余人,均形同乞丐,虮虱满身,不可向迩,故分步工作如下:第一步,清洁工作。择通芝英中途之成塘地方,储备漂白粉水、石灰水,剃头剪发,为难民涤身洗被服之用,每三日清洁百人后再带入厂。第二步,防弊工作。芝英多祠堂,而多系厅堂,男女杂宿,恐滋弊端,将男女划分宿舍,以防流弊,但发生被服问题,不得已向永康后援会借用。(永康后援会制备伤兵病院用。)第三步,教养工作。设教养团于周塘,内分托儿所,收养四岁以下婴儿;幼稚园,教养五岁至七岁幼童;小学部,教养七岁至十三岁以内儿童。但又发生被服蚊帐问题,力为制备供给之。此教养团办半年后,已为教育厅接办(即现程世榕所办第一教养院是)。又办一收容所,收容六十一岁以上不能做工之老者,计三百余人。第四步,训练工作。难民之老者父母及幼者子女归厂供养外,其能作工之男女,应一律生产抵膳。无如难民辗转坐食,惰性已成,纷言国家有拨救难民之经费,可以不做工坐食为辞,不肯做工,不得已用诱奖法,每人能织一匹布,给小洋四角另用,渐渐诱进。开始时每人每月织一至四匹不等,半年后竟有织至二十八匹者。此种难民,在总厂迁至江山时,离厂者约八百余人,至去年总王庄后①,以杭、绍一带纱布大涨,均愿回家开家庭纺织厂,经陈明情形,准其离厂者甚多(此间粮食艰难,军需局停购,故准其离厂,减轻负租),此亦节省经费之一因。第五步:(一)设夜班学校,以教育做工之青年识字。(二)设训练班,授以带以军事化之训练,以防敌人流窜时抢运各种物资之敏捷技能。民二十八年所产布,经第四军需局及福建省军用被服临时购定,尚无问题。至二十九年三月起至十一月止,存布约八万匹以上,竟无销路,经济不能调度,伙食均发生问题,幸芝英多常谷,可借得暂为支持,不得已乃电中央乞援,始有第五军需局来厂定购。

第二时期。民三十年敌人流窜东阳,时永康县城及古山等地被敌机轰炸正烈,有朝不保暮之势,决将芝英总厂移至江山之王村一带。盖其时一则难工甚多,不忍割弃;二则物质非鲜,恐有疏虞;三则军需局定货未交,虑有纠葛;不得已带布机五百台迁移至江山。(永康原有布机一千贰百台,每日出布约五百匹。迁江山后,仅五百台,

---

① 　总王庄后,疑有脱字。

生产陡减。)而敌人旋回窜来至永康境时,发生情况如左述:(1)沪港被敌封锁,萧山纱厂被陷,宁波和丰纱厂被焚,所需多数原料未易采购。(2)平时采购原料手续,由审计处派员审查物价,将发票盖章后,再由会计室审核签发支票,必须有现货,方可履行。现则物资须向沦陷区抢购,必须先汇票至适当地点,方有抢购之机会,种种束缚,实际上极感困难。(3)军需局须有大量布匹,产额陡减,恐军需局定款失其来源,本厂有经济中断之虞。盖本厂只有十万元开办费,而银行借款须有押品,难工一日坐食,即一日消耗甚大,故必须与军需局定约,先付八成定款,以资周转。然所涨物价,已全为军需局所得也。(4)本厂产量稍多,如不与军需局定购,彼时行商私赴沪杭采购布匹甚夥,故布场滞销,有经济不能调济之虞。(5)桥下朱所办平民工厂,工约五百人,因敌流窜停闭,此五百人有失业之虞。因上种种关系,于三十年开全体大会时,提出通过开办分厂意见,法以盈亏由各分厂自负,而各分厂所产布,概归本厂总售,抽其百分之一,归厂作手续费,总厂与军需局订定某批布时,集总分厂各主任会议,照认织布匹数量,将定款分配,由各分厂自负抢购原料之责,如各分厂委托公望抢购时,由公望个人负责办理。除抢购纱外,以抢购棉花便利起见,分划东阳、永康、缙云六纺线区,用旧式纺纱,此得自由送用各分厂分配定款之效力,此时本厂生产量,每日产纱约二千斤,产布约六百匹,除总厂外,分厂分设七个之多,手续费收入,亦颇大也。

第三时期。民三十一年敌人流窜永康,于五月二十日下午九时,得敌人窜入东阳市之讯,当即星夜动员约千人,将纱布抢运,照原定应变道路,第一步至永祥地方,第二步抢至缙云辖之白马乡,第三步抢至丽水之太平乡。当时除军需局运去外,尚存布约八千余匹,陆续运存丽水辖之下岙、西溪二处,连电省府及军需局设法抢运,交通阻断,无有应者。迄六月二十三日,敌连陷丽水,第三十五师某团到下吞,竟将布全数抢去无余,西溪被敌毁,民抢者亦约千匹,事后曾报请长官部追究在案。其次,损失者为东阳二纺纱区,古山一纺纱区,所发纺户棉花,至今全不得收回。(每户领棉花去纺,不得超过三斤,然户多而不能追缴。)但幸与军需局所订约内,有本厂积布至五千匹以下,军需局不来提运时,遇有不可抗力之损失,归军需局负责之规定,此宗损失,经提出许多证据证明后,已全由军需局负责,抵作未缴布匹算,差幸损失不多。惟永康半成品轴头尚存有四千余个,每个平均三匹计,合布约万匹,经霉天伏天之腐烂,已不堪言状。至八月,敌退出永康时,即赶赴舟山,为整理之计。不料各分厂主任,均不愿竣工,不得已重新组织第一、二两分厂,限期整理,于三十二年五月间,将二分厂迁移至赤石附近之王庄饭甑砻复业,一面将由江山迁避在浦城之总厂①,移至龙泉源底复工,藉以织缴军需局欠布。然东迁西移,干部散处,管理法全失效用。(如敌据永康时,会计室在潘俞,总厂在浦城,办事处半部在壶镇,余因经济关系在龙泉,各距五百里以上。)有形之损失尚少,无形之损失甚大也。且在赤石一带(1) 无粮食(无口米),(2) 鲜房屋,(3) 少原料,只得敷失五百台布机②,缴军需局欠布,将缴足时,第一步即将一、二两厂归并,第二步将分厂取消,移总厂于王庄,藉求整理。伏查办工厂要素:(一) 需要安定工作;(二) 容易采办原料;(三) 须技术制造精良;(四) 得良好市场可畅销。处此敌人一再流窜轰炸时期,断不能办一好工厂,无可讳言也。

第四时期,本厂移赤石办工后,尚欠军需局第七、八两批定购布约二万匹(需用纱约三百件),虽有大部分存余之布匹及纱,而纱价日涨,(布为三十一年四月前,纱价相距悬殊。)故力谋补救之法,始有桐

---

① 一面,底本误作"一南",径改。
② 敷失,疑为"敷设"之误。

油换纱之拟议,呈请顾长官、黄主席转电中枢准许后实行①,本厂以浙江贸易公司名义(掩蔽敌人耳目),由副经理黄百新与沪东南公司接洽订约②,当时两方价格,虽随时价而定,大概用桐油二万二千担,换二十支纱七百件,分期交换,限七月底交换完满。时本厂遭三十一年敌人流窜,停工坐车,几逾十月,损失过大,且因各银行紧缩放款,在五万元以上,须先得中央四联总处通过,借款艰难。购桐油款须七八百万元之巨,不得已先提第五分厂已交未付款之布二千匹,售于地行,得价先付复兴公司购油定款,旋经电陈蒋主席乞援③,得复,始得款进行交换事宜。不料发生变态如下列:(1)呈请财政部填发出口特许证五千公担,误填为五十公担,来回寄换,须时三个月以上。(2)第壹批桐油运出,经团队、缉私队、海关扣留者,几达三个月,虽旋得财部复电,准予省府出证明书,先得证明出运,而海关以电部请示为词,仍被扣如故,后经李唯以特别办法,始允放行。(3)东南公司,以不能履行条约按期交换,要求赔偿,经以部颁特许出口证,在丽水被炸,已电部请求重发致误日期为设词,始得交换。(4)第一批运出桐油四十市担,延至六月二十九日接电换得二十支纱百四十件。第二批运出桐油四千市扭,又因桐庐县扣留,及到富阳适遭八月十一日飓风沉没,设法打捞,约损失二分之一,只换得纱五十件(呈报有案),旋因对方东南公司发生内部冲突,致改组停顿。(5)迄今年二月,再行交涉,继续交换,第一批换得二十支线纱二十九件,第二批换得三十二支纱十七件,二十支纱十一件,四十二支纱一件,士林布一百匹,

---

① 顾长官、黄主席,分别指顾祝同(1893—1987),字墨三,江苏涟水人。第三战区司令长官兼江苏省主席、战区经济委员会主任。管辖江苏、浙江、福建、皖南等省区。黄绍竑(1895—1966),字季宽,广西容县人。民国二十六年十一月至三十五年三月,第三次任浙江省政府主席。

② 黄百新,底本误作黄万新,径改。

③ 蒋主席,指蒋介石(1887—1975),原名瑞元,后改名志清、中正,浙江奉化人。以字行。民国三十二年八月至三十七年五月任国民政府主席。

黑斜纹布一百匹，衬绒五十匹，最近换得二十支纱五件十三包，通州布一〇八匹。(6)又永康八字墙方面，换得二十支纱十六件，系壶镇分办事处办理。(7)又由台州运出桐油一千市担至沪，由张恒甫、韩镜侬(查仲坚夫人)、吕师简办理，结果接洽人员去职，而所购纱又一份被敌征购，损失匪鲜。惟廿九年购存上海草绿色颜料，计双料廿五桶(每桶百斤)，金淡黄廿五桶(此种颜料廿九年购得，多方设法运回未达，旋以敌人查封全沪栈房，由韩镜侬设法沟通颜料铺，乘夜运出栈房，存颜料店，迄现在向取颜料，提出种种刁难问题，经种种委曲求全办法，始告解决。)现已运回，于八月份转售与地行抢购处。以上各方用款，除壶镇有报销到核外，其余俟人回报销后再行补报——。

同时期内，因金华各旧府属沦陷，新难民纷纷来赤，请求收容，尤以永康之小型铁工厂，携几种工具，逃避来赤，要求收容，屡次以本厂专办染线事业拒之，旋迁至龙泉，月余以不得食为辞，复来赤要求设法，颇有为难情况，如下列：(1)前所收线厂之老难民，一切伙食由厂供给，衣亦约二年制给一次，经三十年暨三十一年两次之播迁，而停工坐食者，约一年以上。新收难民，若援例要求，将来赔累，不堪想像，此其一。(2)本厂以染线立场，如办各种工厂，殊出轨外，难以呈案，此其二。(3)新难民纷纷来归，置之不理，有失救济本旨，此其三。(4)染线原料，抢购为难，且军需所订第九批定款停付(第一批纱换到时，即派蒋仲珊往上饶订约，时浙江评价[①]，为八万一件，温州黑价为十四万，该员以六万一件订成约，即交定洋一千万元，旋以军需局奉部令改归第六被服厂办理，只付定款五百万元，现尚在交涉中)及各种关系，与军需局停止往来，即有纱可织，销路亦颇为难，(时货运管理处成立，输入纱布更多，且是纱布管制局城立，处处掣肘。)有不得不就地取材，向农业工业化途径推进之势。(5)于三十二年四月到赤

---

① 评价，疑为"平价"之误。

石时,本地工人因军队往来太多,难负搔扰,逃避一空,甚至门窗亦均携带山中,留守者只有五个老妪,一个老翁,田地荒芜,无棵菜粒米可购,员工生活,有自给自足之需要。(6)胜利在望,本厂一面作结束准备,一面谋复兴计划,以备将来容留无可归之员工,但染线厂是公办,结束是消极,复兴是积极,有两不相容之弊。即振济会许可开办各种场厂,在公望个人七年来经历束缚牵制之苦,亦不愿再作带有政治性关系之事业。基上种种理由,集议决定,设立复兴公司,继以复兴公司有同名之弊,改为职工农工生产社,由员工组织之,开办铁工、酿造、油脂、柴炭场厂,一为后方生产,一为救济地方(复兴乡产铁沙,前有冶铁厂,约四十左右,近年倒闭已尽,经潘县长要求救济①,拟冶铁,收集铁沙一百担试验,以本处铁贱及各种关系,在铁工厂一方,已亏百万余元)。旋因生活日高,职工不能付股,此生产社已亏约二百万左右(铁工厂亏),在设法挽救中。(现铁工厂赶造榨油机,榨桐油,造风磅,制红车油、万士林等,制抽风机造羊油等,并为救济地方计,因去年赤石一带,以不合算,弃桐果而不采,且今年本地旱荒,人不聊生关系,提高价格,收购桐果,将外皮取碱,内心取油,已有头绪。)预计短期内,可以弥补。盖此种农业工业化事业,研究试练成功后,获利可操左券也。

第五时期,迄去年年关,欠款在银行方面达一千六百万元;在军需局方面,七、八两批欠布未缴交清楚及第九批布定款五百万元,约达一千四百万元。加以另觅借款约四百万元,总欠在三千六百万元左右,故自去年十月至本年八月间一段困难情形,如下列:(1)银行借款利息重,每月需四十余万元,且到期即须归还。(2)建德换纱方面来电索款。(3)总厂每月食米须五百市担,于去年九月呈请省粮管处拨民食部分接济,而总结果仅指拨温岭二百石、江山一千石,运费

---

① 潘县长,指潘一尘,江苏无锡人,民国三十五年一月至八月任永康县县长。

过大,除温岭就地卖出另籴外,至江山派人往洽,旋以龙、衢沦陷,停滞至今未运,而赤石一带不产米,日日在米荒中度日。四出籴谷,需款甚多。(4)工人索米索资,职员索薪,无从应付。(5)复兴公司桐油款,不能偿付,致被扣除五千余担,损失匪浅。(6)因厂房狭小,排机不多,生产量有限,致日期延误,利上叠利之重息,日益加重。(7)本厂日用品筹配处(即福利会)赔累米价,数量甚巨。(本厂虽无省发公米,而职员禄米办法,悉照省级规定六八十制发给。工人每日二斤,职员每日一斤,经厂务会议决定,不论发米发代金,本年八月以前,均以每斤七元算,故赔累甚巨。)因以上种种关系,不得不将换到各种纱脱售大部分,以救燃眉之急。一方面在本年四月,已裁冗员一部(每月食米须五百市担,裁员后尚须三百七十市担)。此均不得已之苦衷也。

第六时期,本年八月敌陷丽水后,奉徐董事长面谕[1],以本厂不堪再遭损失,应迅速办理结束等语,当即分呈省政府、省振济会、董事会,请将本厂办理结束,而复奉黄主席、方处长面谕[2],本厂以救济宗旨立场,如可维持,以勿结束为宜。公望以米荒为言,当面请将不生产部分先行结束,其生产部分暂为维持。得允许后,其办理经过如下:(1)电建德黄副经理[3],迅将换纱事件结束,得复电以洋油箱约二万只尚存杭州,需运回后,始得结束,故暂缓时。(2)电壶镇分办事处办理结束,但该处所存器具工具甚多,处理需时,亦予展期。(3)丽水分办事处已结束就绪。(4)福利委员会所属职工子弟教养所(该所成绩甚佳,上学期毕业三人,均考入映中、处中甲级公费生)地址,因让保安处办公,至所址无着,已结束。(5)福利委员所属收容所,已结

---

[1] 徐董事长,即徐圣禅(1882—1958),名桴,浙江镇海人。作为省政府代表兼省振济会难民工厂董事长。

[2] 方处长,即浙江省政府社会处处长方青儒(1907—1984),字知白,浙江浦江人。

[3] 黄副经理,指黄人望(1880—1948),字百新,浙江金华人。

束。(6)福利委员会所属日用品筹配处,已办理结束,但因会计关系,约年底可竣事。(7)线厂已办理结束,现只留职工约十余人,研究试验毛棉麻棉混线等事。(8)本厂会计室,以本年度会计决算关系,暂为维持,但已裁遣员工一部分。(9)本厂总办事处,酌留人员办理善后外,已大部分遣散。(10)炼油厂系生产部分,不幸上次衢、丽相继沦陷,运输中断,致原料缺乏,将职工大部分裁遣外,现酌留少数职工,研究先抽甘油办法,试验已完成。(每担桐油,先抽甘油在八斤以上,其所得值较桐油成本为多,其炼油时,可节省肥皂工作,及所炼出之汽油、火油、柴油,较不抽甘油者为佳。)现值桐子收获时候,拟在丽水太平区产桐之地,尽量收购桐白,自榨自给。盖因炼油厂规模较大,一切器材照时值估计,在五百万元以上,售之不能,弃之可惜。又因先抽甘油再行炼油,试验成功,每月如能终量制炼(每月需桐油六百担),利润尚丰,故拟重新改进也。(11)牧场、农场等,为节省管理(农场之菜,牧场之鸭,均被伤兵及军队过境,损失殆尽)及开支并结束计,已由私人包办。(12)电灯厂(保安处利用之电灯,每月每盏百五十元)、碾米厂,仍酌留员工,维持现状。以上各机构,均属之于总厂者。至员工生产社方面,除大量员工裁遣外,其铁工、酿造、油脂、燃料等厂,仍予维持,从事生产事业。查铁工厂虽亏本甚大,而技术尚佳,能制造各种工业所用之机械,如榨油机、风磅、抽风机、脚踏冲床等,辅助各厂,改进用途,冀以填补亏损,此种事业,在现在生产救济,为抗战作用,在将来农业工业化,为建国所需,一本此旨以行,竭智殚虑,虽费尽血汗而不少惜。古人云,是非判之于己,毁誉听之于人,成败任之于数,不敢分外也。

至裁遣办理,情形如下:(1)职员遣散恩俸,照普通规定(在职三月以上一年未满,给一个月薪;一年以上二年未满,给二个月薪;三年以上五年未满,给三个月薪;五年以上给四个月薪等)办理外,每员只给遣散费五千元。(2)难工每名给遣散费三千元,其余工人,每名发二千元。（3）教养所儿童（共约一百二十名,线厂工人子弟居七十名以上）,每名给遣散费二千元。（4）收容所老弱,每名给遣散费二千元。（5）工人子弟五岁以下在襁抱之男孩,每名给遣散费各一千元。（6）教养所教职员下学期薪津,概照聘书全发。

结语：本厂经七年之擘画,收容难民平均人数,总在三四千左右,最低亦在千人以上,出布二十万八千余匹（纺纱部出纱二十余万斤）。历年盈余,拨补资本二十万元,解库者十万元,单独献机一架,计十五万元。又如捐助劳军及救济用之物资款项,亦不下数十万元,其它举办之事业,除炼油厂外,有工人眷属收容所、义民手车队、职工子弟教养所、诊疗所、员工日用品筹配处等,种种设施,虽未能尽惬人意,而于难胞之救恤,与军需之供应,对安定社会秩序,增强抗战力量,实不无相当贡献。虽然,值此全国工业化不景气与一般投资方向集积于商业资本之际,公望不揣棉薄,背此重任,自多疏虞,幸祈全会诸公,不吝指正焉。其他应予说明各项,为上文所未及者,悉详附表。

一、本厂历年布之产额表

二十七年	二六九〇三匹
二十八年	七二六八八匹
二十九年	一〇〇二〇六匹
三十年	五六三六一匹
三十一年	一九八四〇匹
三十二年	八二三〇匹
三十三年	三五〇〇匹
共　计	二八七七二八匹

二、本厂历年盈亏明细表

二十七年盈	二一五六三元五二
二十八年盈	一〇六六八七元四二

二十九年盈　　　四四五九一八元五五

三十年盈　　　九九六三八一元二五

三十一年亏　　　一四二一一六元八七　　　包括战时损失,工眷收容所、手车队经费。

三十二年亏　　　三〇四二六八九元九二　　　包括手车队经费,工眷收容所经费,迁移厂址迁移费。

三、纺纱部历年盈亏明细表

三十年盈　　　六八七九一元三〇

三十一年盈　　　一六〇一九四元二六

三十二年盈　　　二一七二八九元九一

四、各福利机构支出明细表

员工日用品筹配处　　三十三年度

一九〇〇〇〇〇元〇〇,三十二三年盈亏相抵,净亏数本厂拨补。

王庄筹配分处　　三十二年度　　一三五〇〇元〇〇

同前　　　三十三年度　　二七〇〇〇元〇〇　　同上。

职工子弟教养所　三十三年度　　八〇八二五三元〇一

诊疗所　　　三十三年度　　六〇八一〇〇元九六

员工福利委员会　三十三年度　　七四八元五〇

工人眷属收容所　三十一年度　　一二八三七〇元〇九

同前　　　三十二年度　　二〇〇八六一元六五

同前　　　三十三年度　　三八二八五二元〇三

总计　　　　四〇六九六八六元二四

五、遣散费及恩俸饷支出明细表

一、总厂　　　　一一五五三四〇元〇〇

二、炼油厂　　　二四〇〇〇〇元〇〇

三、商办贸易公司　　八七〇〇〇元〇〇

四、员工日用品筹配处　　二四五三〇一元〇〇

五、工人眷属收容所　　　八五一四〇元〇〇

六、职工子弟教养所　　　一一四八〇〇元〇〇

七、诊疗所　　　　　　　四四三八〇元〇〇

总计　　　　　　　　　　一九八〇九六一元〇〇

（原载浙江通志馆修纂、浙江图书馆誊录《重修浙江通志稿》，一九八三年十月印行，第七十册行政略，五十四至五十八页）

浙江省振济会难民染织工厂始末记

浙江省难民染织工厂，发端于二十七年二月。其时倭陷杭州，炮轰南岸，难民扶老携幼，溯江而上者，日以千计。省主席黄公周咨振济之策，用公望议，以一部分难民移垦闽之崇安，拨开办费十万元筹设本厂，从事收容，兼以发展生产事业，颁布组织规程，而命公望经理其事。公望则择永康县属之芝英为设厂地点，以省府方迁治金华，距永康百里而近，便于秉承。是年四月十一日成立，各方送到难民三千八百余人，为最初收容之人数。其后倭寇深入，本厂一再播迁，终随省府移设于云和之赤石。此数年中，难民新旧乘除，情形递变，至三十三年而大批遣散，至三十四年倭乱敉平，而全厂结束。其中经过，可分三时期。

一为安定时期。本厂成立之初，上海未陷，本省萧山、宁波多纺厂，均有原料供给，运输无阻，工事无虞，故精神所注，全在谋难民之福利，与工厂之进步。难民之初至也，虮虱满身，臭秽不可向迩。本厂于成塘地方安设澡身、梳发、洗衣各用具，每三日清洁百人，以次引之入厂。复以难民携有婴孩及十三岁以下之儿童，为工作障累，于周塘地方设教养团，内分托儿所、幼稚园、小学部，分别留养。其老年衰迈不任工作者，则别为安置。又以难民在各地收容所坐食稍久，惰性已成，无意纺线，经用劝诱方法，于供给膳宿外，每成布一匹给以奖金，资其零用。一面请省府颁布取缔游惰规则，及印发难友须知，谆

切告戒。其工作青年，不识文义者，为设夜校补习，并普施军事化训练，养成敌人流窜抢运物资之敏捷技能。对于男女分舍、被服问题，则乞援于各地同志设法济助。经此种种布置，难民全家衣食教养均无缺点，于是工作渐就范围，厂事日以起色。芝英总厂而外，更于县城及后曹桥、长城、郭山、溪岸、市后、桥下、太平等八处敷设工场，综计织造工场十三，成纬工场二，准备工场三，纺纱工场二，漂染工场、验布工场各一；布机原定一千台，旋以难工日多，增至一千二百台。二十七年产布二万七千九百三匹，二十八年产布七万二千六百八十八匹，二十九年产布十万二百六匹，有蒸蒸日上之势。难民除老幼坐食者外，逐日工作者二千数百人，视工厂如家庭，几忘昔日琐尾流离之苦。而本厂内部亦约束严明，如会计制度之实施，会计报告之分类，工场之管理，制造之程序，特约推销，特约经理、营业、另售之各种办法，均按照事实订定专章，上下信守。布之销路，二十七八年所产者，大部分供给第四军需局及闽省军用被服，二十九年所产者，大部分供给第五军需局，以故经济尚得流通。省拨十万元之通办费亦已如数缴库。此本厂安定时期之情形也。

二为播迁时期。三十年夏，倭寇东阳，飞机轰炸达于永境，本厂难工既多，存底又薄，且军需局定布尚未缴齐，不得不亟为准备。乃决将芝英总厂移设江山县属之王村一带，先携布机五百台，谋继续安定之工作。又以沪港被敌封锁，萧山、宁波各纱厂，或陷或焚，原料来源必须抢购，不能沿用审计处核准购料之经常手续，经提出开办分厂各自购料意见，通过振济会议，决定于总厂外设分厂七处。其办法，盈亏由各分厂自负，而所产之布统归总厂经售，抽手续费百分之一；军需局定布时，总、分厂分别照认布之数量，将定款按认布分配，由各厂自负抢购原料之责。除抢购棉纱外，并为抢购棉花便利计，分划东阳、永康、缙云各纺纱区，用旧法纺纱，自由运用。于是，设第一分厂于应宅，第二分厂于傅店，第三分厂于派溪，第四分厂于卉川，第五分厂于横桥,第六分厂于东桥边,第七分厂于唐先①,照议定计划实行。是年除产纱外,产布五万六千三百六十一匹,且有手续费之收入,时局动荡中,尚勉焉支柱。

三十一年五月,倭陷东阳防军,本厂闻讯,星夜动员千人抢运厂存纱、布,照预定应变道路,第一步至永祥,第二步至缙云之白马乡,第三步至丽水之太平乡;敌军亦追踪而至,散卒、莠民乘机肆虐,将军需局已定未提之布八千匹,运存下峃、西溪者,劫掠一空;而东阳二纺纱区、古山一纺纱区所发纺户棉花全部散失,惟各分厂半成品轴头尚存四千余个,约可成布万余匹,以经过霉天伏天之炎热,日趋腐化。时各分厂已形成解体,乃重新组织第一、二分厂,将轴头限期整理。随于三十二年五月迁二厂于赤石附近之王庄饭甑岙,一面将由江山迁避浦城之总厂移至龙泉县属源底复工;后改移总厂于王庄,而将二分厂并入,随厂迁徙之难民喘息稍定。但本厂遭此巨变,产额锐减,三十一年份,产布一万九千八百四十四。自是以后,工厂之重心全由永康移至赤石。此本厂播迁时期之情形也。

三为收束时期。赤石系浙边僻壤,既乏粮食,亦鲜房屋,布机不能多设,而本厂所欠军需局三十一年四月前之定布,尚有二万匹,约需棉纱三百件,非但无法采购,且纱价飞涨,核与定货时之成本,相去悬绝,再四筹商,始有桐油换纱之议,呈请当局转电中枢准许后实行。本厂以浙江贸易公司名义,由副经理黄君人望与上海东南公司订约,大体以内地桐油二万二千担,换陷区二十支棉纱七百件。议既定,设总办事处于本厂,设分办事处于杭州、建德、淳安、罗桐埠、龙泉、松阳、壶镇、丽水、云和、永嘉、上海等地,办理油纱往来运输。暨谋于东南公司外,多辟换纱途径,解决原料问题。讵意甫经开始,所领部颁桐油特许证五千公担,误填为五十公担;来回寄换,耗时已多。而第

---

① 唐先,镇名,位于永康北部,《重修浙江通志稿》误作"唐光",径改。

一批桐油出运,被海关、军队等扣留,历四五月之久,第二批桐油运至富阳,遭飓风覆舟沉没,设法打捞,仅获二分之一。波折之多如此,而又有他种留难,故此棉纱换得时间无法预定。计三十二三两年中换得之纱,二十支者,二百六件又十三包;四十二支者,三十件;三十二支,十七件;士林布、黑斜纹布各一百匹,衬绒五十匹,通州布一百八匹,壶州分处至八字墙换得二十支纱十六件,通共不足二百七十件。盖以沿途荆棘,纱运极艰,工厂方面不免停工以待。三十二年份仅产布八千二百三十匹,开支大而出品稀。

其尤感棘手者,本厂以筹备桐油及产额衰减之故,欠银行款一千六百万元,月需重息四十余万元及军需局定布未缴之款一千四百万元,其他挪欠又四百万元,前途岌岌。故于三十三年四月,裁汰冗员,为一部分结束;一面变更成议,将换得之纱脱售大部分,分偿欠款,稍舒眉急。公望历数年之擘画,至此已深知厂事进展之难。但老难民之留恋,新难民之来归,与在厂职工累岁勤劳,均未便戛就而止,乃筹办生产事业,以继承振济遗策,利用云和、丽水一带之桐子,并为救济赤石旱荒,提价收买,设炼油厂,榨取桐油,试炼汽油、火油、柴油及抽甘油各方法,利用云和复兴乡所产铁砂及救济原有冶铁之设备,设铁工厂以制造榨油机及制红车油及凡土林之风磅,造甘油之抽风机等,他若酱油、肥皂日用品之需,亦经设厂制造,均不无成效可言。而炼油试验尤相当成功,所产汽油、火油甚合社会需要,虽各种事业在试验时或有亏耗,而员工生活实赖维持。

是年八月,倭陷丽水,本厂董事会徐董事长圣禅,虑厂事不堪再坏,主张结束。公望亦以本年产布预计不过三千五百匹,生寡而食众,已与不生产等,请于黄主席,将大部职工、大批难民分别资遣,其附设之不生产各部分,一律限期裁撤,酌留生产部分暂予维持,得请照办。

三十四年八月,浙事告宁,省府还治。本厂以抗战终了,且赤石亦非经营实业之区,决于是年冬间将事业停办,遣散员工,至此而峥嵘七八年之振济机构,随时局而终结。此本厂收束时之情形也。

综计本厂自开办至结束,产布二十八万七千七百余匹;纺纱部,起三十年,迄三十二年,产纱二十余万斤。振济人数,平均每岁在三四千左右,最低也在千人以上,而纺纱部工资代振之人数不与焉。安定之日短,播迁之日长,故可言者止此。顾当敌骑云集、炸弹雨下之秋,平民死伤不可胜计,多数难民随厂迁移,不至流为道殣,且仍得效其生活上之技能,而所保全者甚大。本厂以历年成品供给军需,兼以余力献机劳军,捐助救济物资,为对于抗战之贡献所依赖者亦多。饮水思源,实望省府督导维护之力①。公望与厂相终始,语其措设,不过依时势之迁流,筹艰难之应付,所尝殚心者,一二试验进步之生产事业,而又中止半途,穷其源未竟其委。如得群策群力,迁地为良,保惜其得尺得寸之前功,而加以精密研究,未始非建设地方之一助,东隅桑榆,真反手耳。此则硁硁之见,所望于大雅之扶轮矣。若夫难民工厂累年收支之数,有会计簿册在,兹不详焉。

中华民国三十四年十二月,永康吕公望记。

(原载浙江通志馆编、浙江省地方志编纂委员会整理《重修浙江通志稿》标点本,方志出版社二〇一〇年十二月版,第九册,五九四六至五九四九页。收入永康县志编纂委员会编《永康县志》,浙江人民出版社一九九三年三月版,七八〇至七八三页)

浙江光复丛谈②

我原名占鳌,生长永康,厕身儒林,优游乡里,不知有魏晋。光绪三十一年间,我看见梁启超先生所编壬寅《新民丛报》,暴露满清王朝

---

① 望,疑有误。
② 原刊署吕公望口述,徐渭寻笔记。徐渭寻,永康人,抗战胜利后任永康旅杭同乡会常务理事,杭州龙川学社理事长。

丧权辱国,政治腐败,才恍然国家前途,艰险万分,忧世伤时,烦闷已极!那时永康有一帮会,名叫九龙党,尚存民族意识,和秋瑾、陶焕卿暗通声气,其党魁沈荣卿(一名雄姑,永康人),看我抑郁不欢,叫我到杭州找王悦山,投奔大通学堂,以谋大举。

我乃改名为公望,只身出走,对贡生头衔,弃若敝履。及到杭州,由王悦山引见秋瑾同志。第一次见面,她刚在那里做诗,王悦山叫我和她一首,我随即和她一首。她看我国学有相当根底,年龄也有廿七岁,劝我不必进大通学堂,还是到上海主办《女学报》,这和我革命初衷违背,没有答应她,另外介绍胡庸前往。我看秋瑾同志身着男装,非常活动,谈吐之间,对异族入主中华,尤深痛绝。她每到西湖,总叫我一道,我们面对湖山,时相酬和,可惜那许多诗都遗忘了,不过有一阕《西江月·剪发》,还记得大意是"人面兽心可耻,人心兽形若何?绝好头颅坏半多,留此区区干么?"徐锡麟同志以大通学堂为基干,招收党人,鼓吹革命,秘密组织光复会,时假雷峰塔西北靠湖沿的白云庵内月下老人祠楼上开会。周道和尚亦是光复会一份子,由他掩护一切,诚值感念。当时秋瑾同志看我有肝胆,并具有行动能力,叫我设法运动抚台衙门卫队和候潮门洋枪队,以为内应,我遂答应到抚台衙门当卫兵,结纳上下,周旋左右,以通声气。故我虽在抚台衙门当兵,因上下交好,不必站岗,有暇辄至白云庵报导消息。那时督练公所办有弁目学堂,造就廿一镇下级干部,由蒋尊簋主办,我和里面学生徐星环、楼其志,时相往还。

先是徐锡麟、陶焕卿、马伯平①、陈光汉(自号光复子)四人东渡日本,投考士官学校,被满清派驻日本监督检查体格不合,不准入学,他们即斥资捐二品候补道,伺机举义。徐锡麟同志赴安徽候补,我同章九成(号舒文,永康人)、徐星环等去送行,并请其临别赠言。徐同志

① 马伯平,当作"陈伯平",参见《雷鸣春先生来函》。又,下文"二品候补道","二品"疑有误植。

慨然谓："谈什么临别赠言，法国革命八十年，我们革命，要想在短时间内推翻满清政府，谈何容易，将来遇有挫折，千万不要气馁，必须要再接再厉。你们看着吧，我是准备到安徽流血的第一人！"慷慨激昂，气壮河山，诚所谓"风萧萧兮易水寒，壮士一去兮不复还"！

徐同志赴皖后，浙江方面，由秋瑾同志主持。当时有人提议，每人出十元，打一金戒指，上镌"发"，以光头复尾，代表光复会暗号，我当时鉴于清廷捕风捉影，以为"革命只须存乎一心，不必具此形式，以败大谋"，众议佥同。惟另有人向秋瑾同志进言，说我家里很有钱，要我筹款五万元，以济急用。其实像我那样家庭，如何能出巨资。但我毅然答应下来，不过反问她作何用途，她说："现在上海方面接洽好一批手枪，已运到拱宸桥，须货款两交。"迨我前往查询，并无其事，再诘秋同志，她又说："那批手枪已运到绍兴了。"我再赴绍兴查询，亦无其事，当责她不该骗我，在她或许另有用场，以为我对买枪起事，必肯向家中要钱，所以那样说法，殊不知我当时对会中活动，已典质一切，罄我所有了。后来她为筹款事，派人在桐庐一带向行商设法。斯人弄到款子后，不知去向，她赶来同我商量，我当时颇不以为然，但既木已成舟，亦为其查访，后来在拱宸桥获见，庸讵知此人花天酒地，早已化得差不多了①，幸而另有两姐妹设法到五千元，勉堪支应。

我处这种情况下，抚躬自问，革命党人不谙军事，如何推翻满清？将来开国建军，怎样着手？瞻念前途，殊觉渺茫。但我既以身许国，应先充实自己学识与能力，徐展宏图。当时刚巧抚台卫队随营学堂保送陆军部陆军速成学校学生，我投考之念，油然而生，而光复会内有一部分同志说我怕死逃走啦，连秋同志亦不同情我，我抱定"动心忍性"，不顾一切北上习武。临走时，有心腹五十七人在和扇亭替我饯行。我在保定陆军部陆军速成学校，埋头研究学术科，不与闻外

———————————

① 化，《永康县志》作"花"。

事。时段祺瑞为督办，赵理泰为总办，有两同学自诩革命分子，不愿习满文，说"这种东西学来，还有几天好用呢"！讵因此语，竟被斥退。我虽不愿学，但为完成学业，仍虚应故事，惟每逢假日，看看没有人，即检查字纸篓，暗查各同学与人往返信件，获知某人与清廷结纳，某人与革命党通讯，共侦悉真正有血性革命同学廿三人：如福建何遂、林知渊、杨明远、瞿寿褆，两湖苏暲、李韫衍、刘建藩，陕西钱鼎三、张钫，河南陈铭阁、岳屹，浙江童保暄、王萼、倪德熏、张鸿翔，广东黄强，云南王实，山西蒋丕楣，甘肃斐建绩，江苏蒋凤楣、杨荦哉等。乃于放寒假时，买五斤花生，十斤白干，邀他们聊天，他们不知旧里，如约而来，我即告诉他们："你们结交的朋友都很好，我愿与你们订交。"他们愕然！旋经我说明之后，始举杯豪饮，从此遂与北方豪杰秘密规划，他们主张组织革命团体，我默查当时环境，以为"不必具此形式，惹人注意，只需一心为国，散布革命种子，各树一帜，殊途同归"。大家也都赞可。

不久陆军学校毕业，而安徽徐锡麟同志刺恩铭事发，徐同志遂于光绪三十二年五月廿八日就义，缅怀临别谓"我是准备到安徽流血的第一人"竟成谶言。旋清廷复搜大通学堂，株连秋瑾同志，秋同志亦于是年六月六日就义。此案爆发，南北震撼，清廷戒备益严，我念同志死事之惨，毅然于宣统元年南下，维系党人。浙江抚台派我充任廿一镇八十二标第二营差遣，荏苒经年，不能发展，坚请辞职，未获准允，乃于宣统二年率同应镇藩、朱耀焜、董世杰等逃入广西，投奔帮办钮永键幕下，参赞革命，旋即失败。于宣统二年十二月，仍返浙江，企图推翻独立旅协统杨善德，时邀庄之盘（鄞县人，庄崧甫侄）、顾乃斌（号子才）、朱健哉（金华岭下朱人）、朱瑞（号介人，代理廿一标标统）、韩绍基（工兵营长）、黄元秀（号文叔）及雷某（巡警学堂教官）在紫阳山八卦石聚谈，因在山上开会，四面瞭望便利。八月十九日湖北起义，同月廿一日陈英士先生派姚勇忱来浙，住在我家。廿二日与姚勇忧同志到白云庵和各同志见面，交换意见，无甚决定。廿四日在现在的秋社楼上会议，又无结果。当时镇东楼侦缉队，侦骑四出，在僻静处所行动，反而引人注意，故我主张廿五日在城站二我轩楼上菜馆，一面吃饭，一面商量，仍无结果。翌日我偕姚勇忱赴沪，与王金法接洽革命，廿七日返回杭州，廿八日又在城隍山十景园热闹处所开会。此次会议朱瑞介绍省谘议局（当时行君主立宪、设立省谘议局，议长陈黻宸）议员褚辅成（号慧僧）参加，经审查敌我实力，相差悬殊，当时杭州尚有城防营五营，恐难取胜，故决定采取调虎离山办法：一、叫我邀王金法率部潜回绍兴，宣布独立；二、叫我接处州吕逢樵民军占领富阳；三、命褚慧僧赴沪运枪；四、杭城光复推汤寿潜为都督，以便镇压。我看童保暄、王萼态度鲜明，王悦山、傅右泉（号其永，金华人）态度犹豫，我即说："你们两位是否有牺牲决心？"他俩看大势所趋，毅然谓："老大哥怎么样做，我亦怎么样跟，成败利钝，在所不计！"我说："好！明天晚上至镇东楼作最后决定。"因为抚台衙门卫队司务长孔昭道是我们同志，在镇东楼开会，无虞有他。不料各同志到镇东楼碰见管带，喝声："那一个？"有几位吓得面孔绯红，幸而里面的人，我都认识的，向我举枪敬礼，我等遂泰然而出，另在别处开会。我即派傅右泉、王悦山去运动八十一标，俞炜（号丹屏）、胡奠邦去运动八十二标，蒋僎（号叔升）、王子经接运上海枪械至万松岭放好，一面与孔昭道约好，先派一人至抚台掷手榴弹，听到"轰"然一声，渠即放两排枪，一俟抚台从里面赶出来看，他即调转枪，将抚台生擒，里应外合，占领抚台衙门，并用天官图代符节。我即将兵符、私章交童保暄代拆代行，并与其约定，万事具备，如期举事，即拍电给我率处州民军进占富阳，倘有意外，要我先回杭州，亦须于五日前拍电给我。一切安排定当后，我即于廿九日离开杭州，初四抵永康，当由吕逢樵派吕钦西等来永康商定，由他回处州暗率民军，偷越永康各县，径袭富阳。初十我回卉川老家，就便至杜下庙学堂看看，校中教员说："刚才有电报送你家里。"问我"收到没有",我即赶回家中,向家母索阅,伊不愿我再出门,有留匿电报意,经我再三哄央才给我,我一看"现有差使速回",知有变卦,即部署一切,于十三日赶到金华。又接童保暄拍给金华徐锄榛转给我一个电报,谓:"杭复,抚擒、署焚,馀无恙。"我才知杭州光复,抚台生擒,抚台衙门焚毁,所以星夜化十六元雇船赶至桐庐,兼程晋省,在江干遇见许荣佐率兵巡逻,随至宪兵司令王悦山处谈天。

此次光复,王金法打进军械局取去一百三十多枝枪至绍兴组织军政分府,童保暄趁我不在,提前举事,连夜张贴布告,自居临时都督。旋感诚信未孚,翌晨自动取销,由汤寿潜继任。军政府派周承菼为总司令,褚辅成为民政司长,高尔登为财政司长,范仰乔为高等法院院长,九月十七日开省临时参议会,由陶焕卿主席,褚辅成提议:抚台增韫、督练公所总参议袁思永,为人忠厚,应予护送上海,每人发给遣散费五千元。先是清军投降,由德将军担保,旋德将军来函报告满人贵翰香父子,企图抗命,不愿负担保责任,当即决定将贵翰香父子绑赴刑场,执行枪决。至是省局底定,各府属军政分府亦纷纷成立,如处州军政分府吕逢樵、金华军政分府朱惠卿等,我们即进一步筹议攻打南京,匆匆赴沪,接洽军事。

此时处州民军,正方兴未艾,途经永康,冯知县、谢曹官等恐有骚扰①,与民军约好,予以招待,不准进城。沿途过境,所有枪械,捆起挑运,以免误会。而民军仍吹号进城,冯知县电省请示,讵军政府竟复电不承认民军,以致双方冲突,演成大屠杀,民军惨败。旋民军反攻,永康城厢,几告糜烂。我闻讯赶回杭州,质问军政府,当局亦自承疏忽,下令通缉肇事冯知县,抚恤民军,始行弭乱。

不久,浙江省都督由蒋尊簋继任,翌年八月由朱瑞主浙,我是民五出任督军兼省长。回首当年同志,慷慨牺牲,民国缔造,实非容易,

---

① 冯知县,指冯保奭,浙江宁波人,宣统三年任永康县知县。

岂堪再乱,环顾海内革命耆宿,先后凋谢,不胜感慨系之。爰应阮毅成先生之请,略述身历各役,就正邦人。

(原载《胜流》半月刊第三卷第十期,民国三十五年五月版,二一至二三页。收入永康县志编纂委员会编《永康县志》,浙江人民出版社一九九三年三月版,789—793页)

附　许缄夫先生来函

(上略)《胜流》拜读不厌,感欢交萦,戴之一篇,似有传闻异词处,能否再请赤城、慧僧、衡山三君子,各写一篇,以证异同,而成信史。仲恕亦知得一部分,堲则双方皆窥知一二。介人、伯吹、伯器、百里、子柏、柏虞,乃至定侯、恭先、暄初、鉴宗诸君子均已作古,若能各写一篇,读之参证,当有不可思议之发见,惜乎不能起九原而问之!(下略)

附　雷鸣春先生来函

(上略)顷读《胜流》第三卷第十期吕公望同志的《浙江光复丛谈》,不禁使我引起当年参加革命的沉痛回忆,谨将当时经过情形,作一简单的叙述(参阅本期所刊《辛亥革命回忆录》——编者)请即在《胜流》披露,俾公望同志知尚有雷某健在无恙,而老境殊不堪耳。吕同志所述"徐同志于光绪三十二年五月廿八日就义",恐系"光绪三十三年五月廿六日"之误;又马伯平恐系陈伯平之误,盖当时姓马的,只有马信,亦在是役就义者。并以就正于吕同志。(下略)

(编者按)许先生名炳坤,曾任本省省立工业专门学校校长多年。此信所述,系指本刊第三卷第十期吕公望先生《浙江光复丛谈》一文而言。褚慧僧先生已在《浙江通志馆馆刊》上本已发表过一篇,吕先生因其与当时事实有出入,所以在本刊另写此文,读者可以参看。衡山即沈钧儒,为民主同盟主要人物。仲恕即陈汉第,杭县人,陈兰洲先生之子,前清翰林,曾任袁世凯总统府秘书长,因反对帝制去职,未再出仕。介人即朱瑞,海宁人,光复之初,曾率浙军攻克南京,后为浙江都督。伯吹即童保暄,台州人,曾任浙军第一师师长,童因征闽逝世,继任师长者即函中提及之潘鉴宗,名国纲,永嘉人。伯器即蒋尊簋,为继汤寿潜而任浙江最早之都督者。百里即蒋方震,为军事学名家。伯器、百里与蒋智由(观云)当时有"浙江三蒋"之称。定侯即夏超。恭先即周凤岐。暄初即张载阳,曾任浙军第二师师长,浙江省长。战时避居新昌故里,敌陷新昌,迫出任伪职,张整肃衣冠坐大厅上指敌斥之曰:"我曾任民国官吏,决不为伪官,士可杀不可屈也。"敌人无如之何,数年不敢再犯。胜利后,回杭去世。赤城即屈映光,曾任浙江、山东巡按使,尚健在。凡此诸人,皆当时参加浙江光复役者,故许先生函中道及之也。

又雷鸣春先生来书更正二点,编者当即原函叩询吕公望先生,承答确系当时笔误,特此更正。

(原载《胜流》第四卷第五期,民国三十五年九月版,138—139页)

永康旅杭同乡会杭州市龙川学社为选举国民大会代表及立法院立法委员郑重联合宣言

宣言提要

一、永康族杭人士,正视现实社会,略举积极民主建设要义,愿共勉旃!

二、竞选必须本于法而诉诸理,从日常生活上,培养民主生活习惯,树立民主政治楷模,毋纵情弊而用力胁。

三、候选人须执民主时代枢机,转换社会风气,潜移默化,风行草偃,毋助长民间颓风。

四、为达成大选任务，社会须崇奖气节，使贤能得道多助，而公民亦须选贤与能，俾相辅相成，毋为不肖所操纵。

五、消极妨害投票，罪列刑章，希勿试法！

宪法公布，实施在即，举国上下屏营迎接此一划时代之大选，吾人以愉快之心情，瞻企民主建设之远景，美轮美奂，载舞载欣，而我永康旅杭人士，正视现实社会，喁喁望治，皆谓民主奠基，首须娴习民主生活方式，转捩社会风气，以发皇真正民主政治之精神。如欲达成大选任务，社会须崇奖气节，使贤能得道多助，而公民亦须选贤与能，俾相辅相成。本会、本社询谋佥同，爰本斯旨，略举数义，愿共勉旃，幸垂察焉！

一曰树立民主政治楷模。民主政治之真谛，一为诉诸理而不诉诸力，一为本于法而不本于情，二者如车之两轮，不可偏废，实为真正民主政治之基本精神。盖真正民主政治，不仅须具有依宪法实行各种选举之形式，尤须全体人民奉公守法，发展理性生活，注意全体利益，少数人须服从多数人之决议，多数人亦须尊重少数人之意见，尤其多数不压迫少数，以发挥高度容忍精神，同时尊重自己之自由与他人之自由，凡事妥协，庶几真正民主。此一类生活态度，在政治生活上，固须有良好表现，即在日常生活上，亦须随时孕育以民主心理为基础的民主传统之建立。吾永社会贤达竞选国民代表及立法委员，必须本于法而诉诸理，从日常生活上，培养民主生活习惯，为民主传统肇端，为民主政治先导，毋纵情弊而用力胁。

二曰转捩社会风气。国家之治乱，民族之兴亡，常以社会风气为转移。我国历经八年抗战，敌人几度窜扰，农村生活日趋于衰落，乡社组织亦趋于崩溃，以言自治精神则萎靡，以言固有道德则消沉，整个社会表现自私自利，斗争倾轧，啼痕处止，扰攘不宁。欲图拨乱返治，须人人有"国家兴亡，匹夫有责"之信心，"先天下之忧而忧，后天下之乐而乐"之胸襟,及"天下为公"之抱负,以共赴宪政为鹄的。孟子曰:"人皆可为尧舜。"又曰:"待文王而后兴者凡民也,若夫豪杰之士,虽无文王犹兴。"其昭示吾人,无论聪明才智大小,能尽己之本分,祛除虚浮,务求笃实,力戒因循,崇思礼尚义,则行之一乡,即可以转移一乡之习气;行之一县,即可以转移一县之风尚;推之一国,莫不皆然。社会贤达力行于前,则一乡一县以至全国人民,习焉不察,行焉不著,自能收风行草偃之效。尤其社会风气之核心,自乎社会贤达一二人之心之所向,此一二人之心既向国民代表及立法委员,则必须执此民主时代枢机,潜移默化,毅然以转捩社会风气为己任,毋助长民间颓风。

三曰"选贤与能"与贤能自处。儒家入世之积极精神,表现于"明德亲民","成己成物",及"己立立人"之条目,其宗旨在明伦察物,居仁由义。孔子尝谓:"邦无道,富且贵焉,耻也;邦有道,贫且贱焉,耻也。"盖当国家骚乱之时,若不择手段,奔竞钻营,以猎官取爵,或不恤民艰,长袖善舞,以发困难财者,虽"富且贵",必系无耻之徒;而当政治上轨道,需用人才之际,仍碌碌"贫且贱",无所表现,亦属同样可耻。其出处进退,有如是分际者。顾自海通以还,欧风东渐,从事政治活动者,力事竞争,一入漩涡,人格道德,便不足论。驯至"君子之道日消,小人之道日长",抱道自重之士,可不慎诸? 当今还政于民,依宪法实行各种选举,社会固须崇奖气节,贤达亦须本得道多助之原则,表现品格学识及能力,使一般公民本其良心上之认识,推选其所认识为才德兼具之人,代表商议国是。本会、本社蒿目时艰,风雨如晦,寄语永康父老,重视一票,选贤与能,毋为不肖所操纵。

以上三端,仅举积极民主建设要义。贾谊谓:"礼禁未然之前,法禁已然之后。"如以强暴、胁迫、诈术妨害投票,或以生计之利害诱惑,或以行求期约贿赂等,皆属消极制裁,罪列刑章,希勿试法。

临颖翘企,诸维亮察。谨此郑重联合宣言。

永康旅杭同乡会名誉理事长吕公望,理事长应徵,常务理事杜岩双、徐渭寻、徐志兴、胡兴材,理事徐万春、应荣培、卢祖清、李文藻、倪静波、黄有种,常务监事方岩江。

杭州市龙川学社理事长徐渭寻,常务理事方岩江、徐志兴,理事卢祖清、胡济涛、应德良、胡树尧、徐万春、王绍禹,常务监事杜岩双,监事吕公望、应徵。

三十六年七月二十四日

（浙江省档案馆藏,卷宗号 L030－000－0039,1—6 页）

李衍珍先生传

先生名衍珍,邑之溪坦人,邻里竞传号称长者。乃先生乡居,公望远游,无由晋接,而心仪靡已。丙戌秋,李君经甫由蜀复员回京,旋且率宪兵第七团驻节省垣,适公望亦主持省参会。公余之暇,过从甚密。觉经甫纯正敦朴,谦而有礼,心窃异之,意必其来有自。因叩其家世,并其先令流风遗泽。经甫曰:先祖衍珍公,少事农商。其力田也,不违农时;其贸迁也,不事垄断。其于公益事业也,若铺道路,若建桥梁,罔不竭其力之所能及。其训子侄也,道之以忠信,勉之以礼义。其处乡党也,恭而宽,信而惠,如是而已。公望曰:有是哉? 孔子曰:"义以为质,礼以行之,孙以出之,信以成之。"先生其君子矣乎? 又曰:恭、宽、信、敏、惠:恭则不侮,宽则得人,信则人任焉,敏则有功,惠足以使人。以若所云,揆厥所守,非所谓"据于德、依于仁"者耶? 夫仁者必有后,吾于此已知经甫之前程正未有艾也。经甫现方供职首都宪兵司令部,勠力国事,乡之人咸以大器目之,有由然矣。

先生德配章氏,相夫有道。子三:孟火有①,仲亨隆(即经甫之尊人),季亨柱,俱有声于闾里间。孙经甫、福卿、银土、昌潭等凡八人,

---

① 火有,底本如此,疑为"焜"一字。

悉皆诚而笃,质而不华,承若祖若父之遗风于不替。至于公,家道昌隆,跄跄跻跻,呜呼盛矣!先生享寿七十有八,卒于乡。

前浙江督军兼省长、怀威上将军、第一届省参议会副议长吕公望拜撰①,中华民国三十七年仲冬月。

（原载永康县志增补编纂委员会编《永康县志》,台北梅迪企业有限公司一九八二年三月增补版,一二五页）

浙江省首届人民各界代表会议代表发言②

主席,各位代表:

这次本省各界人民代表会议,关于民政、财经、文教、卫生、建设、工商、农村等案,研究的研究,反映的反映,讨论与批评的讨论与批评,均有很广泛很详尽的多数意见发表。尤其这次会议中,最中心的问题,是土地改革,为在改井田为阡陌后,几千年来,土地制度的最大的改革。各有关机关、各代表等更有很详尽、很广泛、许多的意见发表,这许多意见错综的、复杂的,大有知无不言,言无不尽的情况,我不必赘言。且在共产党对于土改最有心得的领导下,我更不敢多言,否则蹈重复的贯一漏万的偏差,故此我把开幕那一天,所听见何燮侯代表讲我们代表的任务,我用抽象的补充几点,不知对不对。

这次会议的各位代表,大多数来自各县市,其对于本省及本县市的应兴应革的事件,暨有关国计民生的事件,或建设、扩充、改善等等,在会议中提出案来,可以充分的讨论,通过后见诸施行,如此下情既得以上达。在会议完竣后,对于政府所颁的法令、条例及会议中议决各件,回到各县市时,传达于各县市、各乡镇的人民,是人民又得以周知国事,这是我们代表一种当然任务。

---

① 副议长,底本脱"副"字,径补。
② 署名吕公望代表,并配照片。专版共发表吕公望、蔡邦华、胡海秋、杜天縻、郑晓沧、黄金芳、罗广文、俞佐宸、姜震中、金润泉、陈立等十一位代表的发言。

其外,如这次对于谭主席的报告①,今后一年工作任务的第一、二、三、四、五各项工作,我们代表应有拥护、支援、协助等任务,尤其对第二项,进行土地改革工作,更有带头说服的任务,为什么呢?譬如我个人,自己管业的有百亩左右的田产,这我就是一个小地主,我应当坦白地,尽量地,交缴与土改干部分配,为县区乡各地主倡导,此为带头作用。且对有异议的各地主,须详为解释种种,使其了解,此为说服作用。以各种方法□护、贯澈、顺利完成这土改关,这都是我们代表的任务。扩而大之,对世界的持久和平,我们代表们,应大团结起来,支持拥护我们的中共中央政府外交政策,这也就是谭主席报告中的第四项,人民民主专政的政权巩固与加强,且我们应当作为胶水作用,用搓捏的方法团结这一盘散沙,这等任务。

我们代表人人有责,我国地大、物博、人多,在毛主席的领导下,团结一致,拥护那先进国苏联,解放全世界,是很有希望的。(大会新闻文娱处发稿)

(原载《浙江日报》一九五〇年八月十一日,五版,浙江省首届人民各界代表会议代表发言专版)

拥护惩治反革命条例②

在此抗美援朝保家卫国运动的热潮中,中央公布了《惩治反革命条例》,我表示衷心的拥护!

毛主席教导过我们:"帝国主义者和国内反动派决不甘心于他们的失败,他们还要做最后的挣扎。在全国平定以后,他们也还会以各种方式从事破坏和捣乱,他们将每日每时企图在中国复辟。"所以,我们必须提高警惕,应和反动派势力作殊死战,消灭一切危害国家危害

---

① 谭主席,指谭震林(1902—1983),湖南攸县人,当时任中共浙江省委书记、浙江省人民政府主席。

② 原报题下一组四篇,依次标为一黎照寰、二吕公望、三马文车、四张忍甫。

人民的行为,来保卫人民已得的胜利果实!

我的大儿子吕师扬[①],是个武装的反革命份子,他怙恶不悛危害国家,终于伏法了,这是罪有应得! 在《惩治反革命条例》公布的今天,我呼吁:凡有儿女或其他亲属现在还公开或秘密地从事反革命工作的人们,应赶快向政府揭发,并及早警告自已的亲属,要他们放下屠刀,向人民投降,改过自新,立功赎罪!

（原载《浙江日报》一九五一年三月十五日,一版)

辛亥革命浙江光复纪实

一九一一年(前清宣统辛亥),浙江接武昌起义之后不久,就光复了省垣,随之各府州县亦相继光复,形势十分顺利。这其间是有悠久酝酿的历史的。可分为文字革命、文人革命和军人革命三个时期来叙述。

一、文字革命时期

甲午中日战争清败屈订和约后浙江人民思潮之进展

我国之东邻日本,自明治维新后,国势寝盛,它的帝国主义阴谋,就向我藩邦朝鲜逐步侵入,因而逼成甲午年中日战争,结果清兵惨败,失掉了朝鲜、台湾和澎湖列岛,大连、旅顺亦被日本强占。人民惕于战败国的耻辱,于是戊戌政变和庚子联军入京都随之而起。浙江先进文人,明的暗的,用报章、周刊和社团活动,攻击清廷的腐败无能,当时最著名的,有章太炎之《浙江潮》,蒋观云、赵彝初之《选报》,张恭之《萃新报》,力促人民觉醒,提高革命意志。他们所鼓吹的革命

---

① 吕师扬(1902—1950),字燮周,号谓臣,浙江永康人。吕公望长子。早年入西北军军官教育团受训,再留学日本士官学堂。归国后历任浙江海宁代理县长、义乌县县长、浙江省第四区保安司令部司令等职。解放前夕赴台,次年潜回大陆,在上海被捕,不久伏法。太太应兰桂,未随同赴台,长期供职于省邮电局,故于杭州。

言论,不免深中清廷之忌,因而章、张两人被逮入狱,惟蒋观云以早走日本获免。

二、文人革命时期

秘密组织的九龙党

这个党是含民族主义革命的色彩的。其组织之原始,固无载籍可资详考。它的势力潜布于浙江各县。永康、武义,分由沈雄卿、刘三春主持;但刘三春因事机不密,被捕就义,沈雄卿所领导者,亦不免分子复杂,至有扰民行为,因而阻碍了党的进展。

革命摇篮的大通学堂的前瞻和后顾

山阴徐锡麟和秋瑾一派,在浙江革命党人中较有势力而具谋略。自徐办绍兴大通学堂后,即倚为根据,并旁出邻县,结纳志士,彼时永康吕占鳌,亦承徐华昌的介绍,认识沈雄卿,因而明悉大通学堂设立的主旨。适值吕逢樵、丁载生两人出向金华、武义、永康、缙云联络之便,占鳌丐沈介绍,欲入大通学堂。嗣由吕、丁介同秋瑾晤面,秋瑾愿畀吕以上海《女学报》主编职务,但吕意不顺。未几,徐锡麟纳赀拜命安徽候补道员,偕马宗汉、陈伯平入皖,路出杭州,假馆白云庵。秋瑾因挟吕前往议事。临别,徐赠言云:"法国革命八十年始成,其间不知流过多少热血。我国在初创的革命阶段,亦当不惜流血,以灌溉革命的花实。我这次到安徽去,就是预备流血的,诸位切不可引以为惨,而存退缩的念头才好。"占鳌感其决绝,遂弃廪贡生涯,改名公望,投入浙江抚署卫队求当兵了,呈文中有"揆之初度,本自桑弧蓬矢而来;念厥前途,还当马革裹尸而去"之句。浙抚张增敭大加赏赞,但只知壮其气而忘其志。公望得入抚署卫队,遂密运词锋,先后有许多人表同情,如司务孔昭道,戈什哈李寅、王永泉,洋枪队长陈绍槎,什长刘崇贤等,为其中最有用的几个。辛亥年季秋,光复军进攻抚署,卫队全部反正,就在这时候植其根的。

　　公望尚顾虑到,单凭运动抚署卫队一百二十个兵,究竟势力薄弱。那时候,还有李益智驻扎笕桥的,和丁慕韩驻扎馒头山脚(即南星桥)及海潮寺的两标新兵,和中路的巡防营,满营的八旗兵等等,势难轻举妄动以偾事,自应从长擘画而期周密。欲图身入全国性的陆军以广联络,乃不顾秋瑾的劝阻,径去保定,投入陆军速成学堂做学生了。在那时候,秋瑾不愿公望离浙北上,本别有用心,因为徐锡麟已暗谋刺杀皖抚恩铭,纠动巡警学堂学生在安庆起义为各省倡,一面密约秋瑾督大通学堂学生,在绍兴遥为响应。秋瑾既然负着这个任务,自不愿盟员于紧要关头而分离他去,减少势力。但又不可透露秘密,惟嘱公望在行期前,去邀孔昭道、陈绍槎、刘崇贤三人见秋瑾议事,预备缓急而已。

　　皖抚恩铭,虽素赏识徐锡麟办事才猷,然亦因其能而更切其防。故于巡警学堂学生的举行毕业典礼,就把徐所定的日期,无端予以提早两日。而徐举义计划,亦几乎枉被牵动。但徐氏不肯留以有待,反谓革命当不择手段,仍按原议进行。事发,恩铭受诛。惟浙方盟援不克如期赶上,孤军难定。结果,徐锡麟、马宗汉、陈伯平三人为虏所戕。而绍兴大通学堂,亦于义旗未竖之前,受李益智伪军的围击了。当场死学生三人,秋瑾见捕,从容就义于绍兴市口。该校既经解体,革命党人名册又为伪太守贵逆搜去。浙江人心震动,暗中之革命进行,因而益亟。

　　光复会成立之经过

　　一九〇五年(前清光绪乙巳)秋瑾拟仿照三点会暗号的办法,使每个同志,都有一枚“光”字头、“复”字脚的戒指戴,作彼此识别的暗号,公望认为“这是有形迹的,容易被反动政府看破,在此时的伪官,方捕风捉影地找革命党人,我们不能不审慎将事,以期顾全”。秋瑾亦与赞可。但她接着说:“我们不可无一个名义,就定名为光复会吧!”刊一个小木戳戴,用以征信,光复会就在那时候出现了的。

清廷之铁路国有政策与浙江革命文人之力争商办

清廷陷于种族的偏见，而内政又不修明，坐致外侮日亟，便将计就计，欲借外力以抑制国内革命党之发展。于是徇美国利益均沾之愿，并用其谋，收铁路为国有，好托庇列强的经济铁幕下，苟延其生命。浙江革命志士惕厥诡谋，便竭力争回商办"沪杭甬铁路"，藉为阻碍革命者施釜底抽薪之策，并以汤寿潜为社会活动的领导，到处张扬对抗之声，汤且不顾生命危险，入京与邮传部斗法。结果如愿以偿，革命情绪又因此一激而澎湃上涨了。

三、军人革命时期

革命军人为造成浙江革命更有利条件，先向外省发展势力。公望于白云庵会徐议事后，身虽离浙北上，但对于发展光复会，征求革命同志，是念念不忘的。途中遂争取张鸿翔、王萼、林竞雄、童保暄、倪德熏、叶志龙、杨哲商诸人入会。在学生期间，神运鬼谋，更结识许多革命志士，如陕西之钱鼎三、张钫、党仲昭，河南之陈铭阁、岳屹，江苏之蒋寿眉、杨倬，福建之林知渊、杨明远，江西之熊天觉，两湖之瞿寿禔、刘建藩、李韫珩、苏璋及本省同志多人。并于毕业前几日，各定联络暗号，厉谋举义，互相策应，牵制清兵而后散。

浙江内部的革命潜势力虽随日月而增长着，但酝酿自酝酿，终得不到发泄的机会。兼之浙抚增韫敏于治事，新军协统杨善德又笃于愚忠。凡属思想稍前进的省中干部，都难免为他们严束而密监，匪独秘密的党人集议地白云庵倒坍失修，就是李寅及意周和尚也不知去向。而革命志士童保暄、王桂林、傅其永三人，复被遣往天津学习宪兵。公望感觉势孤，欲向别省先求发展，藉为本省革命造成有利条件。这时候广西创办新军正在需才，乃应何遂、林知渊之约，背杨私往上海，同陈之骥、尹昌衡、孔庚、李书城、杨曾蔚、孙梦荣、田稼轩、覃鎏鑫、雷寿荣、何遂、李灵蛮、林知渊、杨明远、卢象巽、钱谟等同往桂林。时一九〇九年十二月也。

附录　广西初次革命计划失败的经过

革命志士集中广西后，当道即委王芝祥为兵备处总办，杨曾蔚为帮办兼考功课长，孔庚军需课长，陈之骥干部学堂总办，孙梦桑学兵营长，雷寿荣陆军小学提调，吕公望考功科员，其余的人，亦陆续受了新的任命。这些志同道合的革命先进，集在桂林省垣办事，自然良会难逢，时机不再，乃各商议推行革命计划。它的第一步，就是创办一年毕业的干部学堂和六个月毕业的学兵营，准备练好初级干部，待明年一月新兵入营，再训练三个月，即行发动革命，那里知道保密的重要呢？他们粗豪勇往，不及数月，革命企图全部泄露于外。张抚警怵他们的谋疏无顾检，乃秘召蒋尊簋、蔡锷前赴桂林，遂突然地发表蔡为干部学堂总办兼学兵营长，以替陈之骥与孙梦桑，蒋为兵备处总办，斯烈为陆军小学堂提调，以替雷寿荣，同时将雷扣押入狱。未几，孔庚亦被拘捕。王孝缜愤闷不过，因欲挺身杀蒋后易服他遁。王把这个行动私展于公望面前。吕谓此祸万闯不得，极力劝阻。讵王终入蒋的居处，戟指肆詈而出。蒋蒙羞，诉之抚院。事急，公望立恳情于蒋。蒋云："大帅盛怒之下，明日要开军事会审，戮为首的几个镇乱。"吕更哀之，并跪求蒋氏补救。蒋曰："这不能由我发而又由我收，你起去央王芝祥吧！"公望乃急步回告王孝缜，并邀集其他同志，乘夜投叩于按察使署，幸王芝祥是一个革命的默契者，允为缓颊于抚院。王回语同人："事已转圜，不过带有条件，张抚限陈之骥、孙梦桑、王孝缜、杨曾蔚、尹昌衡五人三日内离省，不得逗留。"这事就如此结束了①。桂林的革命计划虽受挫，

① 以上一段，《浙江辛亥革命回忆录》用"（上略）"省去。

但革命情绪反而更形高涨。浙江在桂的各个军人同志,有鉴于黄兴在湖南及河口革命不屈不挠的气概,赵声经过南京陷狱被释,而又孤军发难于广东的再接再厉的精神,认为革命事业必须自造机会,以求进展。公望乃随冷遹离桂林。过香港,会赵声、黄兴、胡汉民、洪承点交换意见。遄返浙江,期在本省施布"拔赵帜立汉帜"之暗局。但公望前曾背杨他去,因而受过通缉,定案尚未撤消,不可冒昧进网,又辗转求得袁思永为之说项,遂得再入督练公所听事。

光复会解体后的重整

由于徐锡麟、秋瑾等革命的失败而身死,浙江的光复会也就无形解体,革命军人认为要招收新会员和团结旧会员,必须有一个秘密接洽的地方。于是公望就在紫阳山脚古太庙巷租定了住所。由这里可通紫阳山顶八卦坎字形的地面,很便于坐在那边会谈,四面无虞属垣之耳,是不会透风的。老会员虞廷、倪德熏,第一次便在那儿和公望会话。虞是现任的镇海炮台官。于时浙军方在议建二十一镇,并用杨善德的混成协为基干,扩大改编。虞说:"镇统原定宁波提督吕道生的,以年老辞。杨善德近水楼台,升叙自然会及他的。这个奴才,心顽见狭,一旦得志,所拔毛而连茹者,决为北方人,那对于我们革命十分不利,怎么办好?"三人讨论之后,同意先毁杨氏声名。乃挽虞廷起草杨氏十大罪状,用匿名信印发出去,清廷自隆裕后和摄政王庆亲王暨各部大臣各御史各省巡抚都接到了。结果,清政府抑杨而别任萧星垣当统制。杨不得已无颜隐退。新镇所属官长,因而幸有进步分子在内,观左表可以知道。

统制萧星垣（杭州）
- 辎重一营管带韩肇基（驻城隍山）
- 工程一营管带田继成（驻梅东高桥）
- 炮队一营管带张国成（驻笕桥）
- 马一队队官陈相轩
- 第四十二协统制刘恂（驻宁波）
  - 八十三标统带张载阳
  - 八十四标统带叶颂清
- 第四十一协统蔡成勋（驻笕桥）
  - 八十一标统带丁慕韩（驻笕桥）
  - 八十二标统带周承菼（驻南星桥）

看右表可知革命军人已有若干掌握中级的军权，为后来浙江起义播下有利种子。但也有故见自封而忌才的，如统带周承菼、教练官吴思豫、管带徐卓等，都嫌公望为露才，加意抑制。因吕以编造军事预算，见赏于抚台增韫的缘故。后来代标统朱瑞闻名亲访，与吕谈论极洽，彼此成为知己。并告公望云："中级官的顾乃斌和韩肇基，都是革命同志，你不妨时常亲近，下级官中则责成你设法联络。"我答："当然！我早就进行，如周亚卫、张健、张效巡、张鸿翔、蒋僎、蒋健、来伟良、王子经、卢奠邦、俞炜、傅其永、王桂林、童保暄、孔昭道等，或属新军，或属宪兵，或属抚院卫队，恰可连成一片，还尚在扩大中哩！"朱云："那好极！但光复会必须重整，亦请你主持罢！随后倘有重要事件，望到我那边一通商处。"说罢，朱瑞到笕桥本标去讲话了。

光复会的浙江老会友，如朱瑞、韩肇基、顾乃斌、吕公望、庄之盘、朱健哉等是担任上级会议的，童保暄、王桂林、傅其永、孔昭道等是担任中级会议的，作出了决定后，就由低一级的会员分头负责，进行极为秘密，差不多浙江革命逐渐踏进水到渠成的阶段。为发展他省革命，好使清廷顾首失尾，促其迅速解体计，又经过黄花岗失败的教训，密议乃更趋紧张。太庙巷公望寓所，几乎日有革命党人来往。那时如从南洋来的李执中、王文庆，上海来的陈其美、杨哲商、姚勇忱、尹维之、尹维俊等，接踵于此。恰巧在这当儿，第四镇统制吴禄贞电促公望赴京。会友商处之下，认为吴是最有地位和最富革命情绪的老同志，无不力赞吾行。公望北上后，知清廷简放吴为山东巡抚，受庆亲王索贿二十万银元的牵制，吴无力措办，致未发表。公望当面语吴说："黄花岗革命失败后，南洋侨汇捐款尚存三十万元，由李执中存放在港，可量取而抵总制之急，但有三事相恳：一、该款是革命的基金，总制接事后，须设法先予筹偿；二、当由我们同志在鲁代练新兵一镇，以抵近畿的第五镇；三、陶焕卿是一个钦犯，但他在南洋为革命筹款最力，要为总制入幕之宾。这三事公意云何？"吴略不踌躇，即答复："一、二两事当然可以。"惟第三事因陶为钦犯，稍现犹豫。吴又立悟，谓："陶可改姓换名。"这三事就全部同意了。公望复往参谋部见蒋作宾，告蒋以与吴商定的事。次日即南下。及抵沪，经过李执中向港提款，迄八月十七款始汇沪。公望正在治装北行中，忽接武昌独立消息。李执中同王文庆建议，"该款当留沪备用，吴事缓不济急，应作罢论。"大家同意。公望北行乃中辍。

浙江光复前后之革命部署

八月廿二日，庄之盘、姚勇忱由沪至杭，邀集朱瑞、顾乃斌、朱健哉、吕公望就白云庵秘议，未能作出决定。次日再开会于凤林寺，又无结果。公望为避侦探耳目，乃建议第三次集会于二我轩照相馆楼上的酒肆，结果还是没有定议。庄、姚两同志因沪事急，廿五日遄返上海。公望亦于次日应尹锐志之电召往申，互相会合于锐进学社。公望回杭后，密约朱瑞、顾乃斌、韩肇基、朱健哉潜在城隍山四景园，藉品茗为烟幕，聚议革命进行事。经公望报告在申接洽经过后，即席作出如下决议：一、采今日由朱瑞新介入会的褚辅成的提议，起义时拥汤寿潜为浙江都督以资号召，即由褚辅成担任向汤接洽。二、采朱瑞提议，城内有防营及旗兵三千人，械弹充足，新兵仅仅在数目上可以相抵，而子弹每人十粒，恐难持久，必须促王金发迅返绍兴独立，请吕公望赴缙云督吕逢樵秘运民兵迅往富阳独立，如此可诱城兵外御，以孤其势,我方减轻压力,发难就易。三、定九月十九日为行动日期,并约定公望于事前赶回协助;一切会内应有事宜,则由童保暄代吕负责;四、采吕公望提议,由新会员褚辅成往上海李执中处秘运手枪两百枝,到艮山站交由王桂林派宪兵接运抵杭,厝于万松岭敷文书院。议毕,公望遂约童保暄、王萼、王桂林、傅其永、孔昭道至其住室,告以决议情形,并面授机宜说:"一,视杭州局势之发展,需要我返杭州,可按我留下的行程表电告;二,光复会戳记交童保暄,有事发生,则五人共同商处;三,各标营队的负责人,按我所交表内分次个别招来谈话,以便利临时所发之命令易于生效。"

吕公望离杭过永,老会员程士毅、胡庸来会。程以风声日紧,任吕亲往缙云,目标太大,为防途中有失,不如另派人往招吕逢樵来永商议,可免官方属目。公望乃倩人前往,逢樵在处州派吕钦广、吕月屏来商,公望在永布置二日,即于十三日遄返金华。十四日晨,徐晋麒持来杭童保暄所发电云:"杭复,抚擒、署焚,馀无恙。"吕乃专船赶回,于十六日抵达杭州。

吕公望出差期间,童保暄以光复会木戳在手,发号施令,不假他人,兼之听了王桂林叙述各方联络经过情形,知人人情切向义,以为用不了多大气力,当可唾手而得省垣,于是心熏利禄,要趁吕公望未回杭前快着先鞭,预为夺功地步。乃不顾王桂林、傅其永、孔昭道之劝阻,竟于九月十三日夜先行发动了。当时的军事部署如下:

一、由王桂林传命王金发,在十三日夜十二时,带手枪敢死队二十名,从西辕门攻入抚署头门,并抛掷燃烧炸弹,起火后固守原地。

二、孔昭道须在夜十一时撤退抚署及附近岗兵,闻敢死队枪声后佯作抵抗,引诱卫队管带出而挟制之,否则击杀之。而后率全部卫队倒戈。另派一小队占据雄镇楼后,即施放号炮,俾新兵各营队闻声响应。

三、驻下城梅东高桥的工程营,闻号炮后,即开艮山城门和铁路城门,而后占领军械局及电话局。

四、驻凤山门外的八十二标,闻号炮后,先将协统室的电话线割断,而后率队入铁路城门;分占城站、电报局、电灯公司及上城一带交通要道,以监视防营之异动。

五、驻笕桥的马队,闻号炮后,则由艮山门入城,担任侦察和联络[①]。

六、驻笕桥的炮队,闻号炮后,则由艮山门入城,并联络辎重营占领城隍山,而后将炮口向满营瞄准,监制旗兵异动。

七、驻笕桥的八十一标,事前先埋伏艮山门附近,待艮山门开后,即进城包围旗营,并占据下城一带交通要道,以监视巡防营之异动。

八、驻城隍山的辎重营,就地待命,但须随机与炮队联络,确实占领城隍山,并酌派兵力伏在防营附近警戒之。

九、在事前未有接洽之防营,则于起事前下令给他,促撤岗兵回营,并闭门不得轻出,以免误会。

十、驻城内之陆军小学全体学生,闻号炮后,协同进攻抚署,并酌派一部担任各主要街道之游动警戒。

附注意事项

一、左手臂缠白布为标志;

二、禁止自由放枪;

三、满营若不出来,我亦暂不向他攻击;

四、不准杀人放火,免得居民慌乱。

这个部署,是由童保暄、王桂林、傅其永、孔昭道诸人拟订,由可靠宪兵分头密发的。事起之后,浙抚增韫逆知人心已去,即改

---

①　担,原作"但",径改。

容易服,扶老母潜出后门,途中被巡查宪兵拿获,交盛燮麟介送陆军小学看管。未几,袁总参议思永,亦被另一宪兵缉来,并拘于陆军小学内。惟满营闻变后,部分人初欲抵抗,营内发有枪声,我军被击死二人后,旋无动静。其他则皆传檄而定。全城秩序如恒。至十四日拂晓,满街贴有临时都督童保暄的告示,舆情都指他沐猴而冠,太不识相。后因不受拥戴,就昙花一现而萎,由预定的汤寿潜登台了。周承菼和褚辅成亦各自抬举,周为总司令,褚为民政长①。除给王桂林一个空头宪兵司令外,其他起义功臣率置之不问。因此,王桂林、傅其永心大不平,面童责骂。童面红耳赤,无可如何也。

汤督视事后,即成立一个全省性的临时参议会。在九月十七日开第四次会议时,由陶焕卿任主席,经讨论通过议决案如左;

一、吕公望提出,浙江应即出兵进攻南京,奠定江南,以固浙江案。时南京第九镇统制徐绍桢亦适来电乞援,当即通过,并责成吕公望起草动员计划。

二、褚辅成提出,满营德将军函告,贵翰香及子量海有抗顺密谋,如若叛变,彼难负责,应请适时处置案。议决:贵翰香父子予以枪毙。

三、吕公望提议,伪官增韫、袁思永两人,在浙未曾杀过革命同志,我方可否待以宽大案。议决:施放,并酌发盘费各五千元,由陶焕卿带往上海,还他们自由。

公望于草就动员计划后,即交会复议通过,乃于十九日带参谋副官四人先行出发,沿途筹办粮秣驻地,侦察敌情一切事宜。途中接得报告,知我浙十一府属,除杭州外,都已先后成立军政分府。如是本省遂完全光复,其各军政分府之人选如下:

---

① 民政长,手稿误作"民政厅长","厅"系衍文,径删。下文"民厅"代指褚辅成主管的部门。

嘉兴陆殿魁（原巡防营统领，旋解职，参加浙军攻宁支队）；

湖州沈谱琴（光复会会员）；

宁波刘恂（原二十二协协统）；

绍兴王金发（光复会老会员）；

金华朱惠卿（教育界）；

衢州郑永禧（清解元、衢属巨绅）；

严州叶诰书（巨绅）；

台州姚吾刚（绅士）；

温州徐定超（清御史）；

处州吕逢樵（光复会旧会员）。

浙军抵南京时，节节胜利。张勋无力负固，乃率部北遁徐州。其支队编制及全战役之战斗部署与战斗情形，各别录《浙军攻克南京纪实》。

浙江光复后之军事余波

八月二十八日，城隍山四景园的会议，朱瑞、顾乃斌两同志原邀公望赶往缙云约吕逢樵率领民兵，秘密渡到富阳独立，藉以牵制省城巡防营的。公望为减轻敌方对抗革命的军事压力，即时接受这个任务。不料杭州先期光复，吕逢樵变更计划，自在处州组织军政分府，而委朱琛带民兵北上，欲期加入攻宁编制，路过永康，不免有求供应设营之事，致招县方疑忌，因而伪知县和谢哨官电省询问永康有无民兵过境。其实这事褚辅成应早已预闻，乃漫不加察，复电谓无有，而谢哨官亦鲁莽从事，民兵就在没有准备之下受到攻击。结果，民兵溃散，当场有首要九人被捕斩首，老光复会员楼其志与焉。惊溃后的民兵周老八，心有不甘，纠众报复，又被哨兵击退，死伤多人。此事由于褚辅成之一念不慎，引起永、缙两方不应有的损失。缙人因此攻讦民厅甚力。公望出为调解，责备褚氏数语，议恤了事。

编后馀言^①

这篇纪实,大半是亲身所经历者,据事直书,毫无曲笔。至于史料的贫乏,乃为闻见所局,尚有待于再加搜访,以补其不足。若谓皮里阳秋,对当时的人物,不免有若干求全之毁,那是为征信起见,不得不如此的,幸读者谅解。公望是向太史作为野曝之献,实为厚幸。

(据作者手稿复印件收入,原稿署名吕公望编述,现藏浙江省档案馆,参见浙江省政协文史资料研究委员会编《浙江辛亥革命回忆录》,浙江人民出版社一九八一年八月版,一九八二年五月重印本,157—167页,发表时文尾括注,提供者:吕女德懿,一九六二年初)

辛亥革命浙军攻克南京纪实

浙江自省垣光复后,十一府属亦各成立军政分府,表面上浙局似已底定。但军力不多,虽与江苏成犄角之势,而程德全是由伪抚台蜕变而为都督的,与革命党向无渊源。其宣布独立,未可确定其夙具成见。万一心存观望,彼时南京张勋方击败徐绍桢第九镇兵,难保不受牵动。我浙江急应出兵攻宁,藉以近图绥定江浙,遥为武昌之声援。公望乃于九月十七日^②,趁本省临时参议会开第四次会议之便,遂提浙军攻宁之案,请求通过。在讨论中,佥谓南京绾毂南北,形势扼要,若不将它攻克,清廷战意必伸,实属关系共和政体前途。于是一致通过,并责成原提案人起草计划。公望因赴总司令部商洽一切。未几,都督乃选任朱瑞为浙军攻宁支队长,吕公望为浙军攻宁支队参谋长。尔后,公望与朱瑞商决支队组织,与支队司令部之编制及人选,报请督府备案任命之。

---

① 编后馀言,题下一段,《浙江辛亥革命回忆录》发表时删去。
② 九月十七日,发表时编辑添加"一九一一年农历"七字。

浙军攻宁支队之编组

支队长朱　瑞　参谋长吕公望

司令部

参军傅其永、裘　绍、周元善

参谋处参谋童保暄、徐乐尧、葛敬恩、洪大钧

副官处长俞　炜

军需处长张世桢

军法处长周李光

军械处长吴光润

第八十一标（全）兼标统朱　瑞（约一千四百人）

第八十二标第一营管带徐则恂（约五百人）

巡防队三营统领陆殿魁（约八百四十人）

炮兵营管带张国威、队长姚永安（炮四尊，士兵百人）

工兵营管带来伟良、队官徐康圣（兵约百二十人）

辎重兵营管带白　钊、队官钱守真（兵约百二十人）

宪兵一队队长吕庆麟（兵约七十人）

卫生队（托徐锡麒所办的红十字会军医队代办）

骑兵队未出发（在镇江招第九镇溃散马兵编成，见后）

十九日下午，公望带参谋、参军各一人，副官二人，遄往上海，向制造局交涉，领到最新管退过山炮四尊，编入本支队。并为浙军过境设营便利计，留副官一人在沪接洽。一面通告沪督陈其美、淞督李执中[①]，速筹出兵会攻南京，因为那时苏州抚台程德全，早已宣布独立，

----

① 李执中，当即李柱中，《浙江文史资料选辑》发表时改作"李燮和"，未加说明。李柱中（1873—1927），名燮和，号铁仙，湖南安化县（今属湖南省涟源市）人。光复会上海支部总干事。辛亥革命时组织光复军，与陈其美联合领导上海反清起义。旋于吴淞设立军政分府，称吴淞都督。

沿途决无阻碍了。为浙军出发在即，须向无锡采购粮秣，以充实支队之给养和关于各地设营及侦察敌方情况等等，我须躬亲其事，藉利军机，遂先到镇江去。既抵达，适第九镇马队管带谢祖康前来相会，纵谈第九镇崩溃时情形。我乃问他："你的马和兵向何处，还可设法追回否？"谢说："马不存在，兵则四五日内，似尚可搜集一二百名回来。"我说："那好！你快去办这件事，我正想成立每队五十六人的马兵两队哩！你如有了人，马我可向上海陈其美处借用。"公望于是指定徐参谋乐尧与谢洽商，而自往上海面陈，借用陈督预备训练警卫队的军马一百二十匹。讵陈格于私见，色颇踌躇，经公望义正词严的一番开陈，他始无辞拒绝。该批军马运抵镇江，即如所期编成两队，归谢祖康指挥。浙军之得以完成步、马、炮、工、辎五兵种的一个完全支队，是中间经过若干转折而成立的啊！

会师无期　孤军先进

攻宁浙军到达高资地带后，即指令各部队向西严整戒备，通往南京各大小路口，都放步哨实施封锁，对于南京来的人，经盘诘后酌情监视；我方则不准一人前往南京。这样一来，张勋耳目遂全失了。支队长朱瑞抵达后，和公望同往徐绍桢总司令部，请示会攻南京日期。讵徐竟云："无师可会，我军既因起义被张击散，身边只有一百二十名的陆战队作为卫兵，这也是借乘坐时小型兵舰的海军而来，惟镇江临时都督林述庆，辖有柏文蔚一标新兵，你可往商酌派，但允否亦难前知，因林与我不睦，你去，不要说出自我处往方可。"我遂见林，请定会攻日期。林亦藉词规避，反谓："徐绍桢处处与我为难，故柏文蔚虽有兵千馀名，致不能抽调他往"等语。朱无辞相质，余则愤然曰："现在形势趋紧，山东清兵张怀芝正作南下准备，津浦路中间徐宿一段虽未衔接，其余铁路则可通行无阻，如要南来，不经月南京可到，尔时革命军是他的敌手吗？揆以张勋掌兵万馀，尚能击溃兵力相等之第九镇。

倘再加入张怀芝军，不但攻克南京无望，反而陷武昌于孤立，革命前途岂堪设想！浙军誓师以出，只能进死，不求退生。你们肯协力会攻固佳，否则浙军亦必破釜沉舟，愿师项羽战巨鹿故智，当独力进与张勋周旋了。"林欲作壁上观，只赧颜说声"好极了"而散。朱瑞与我同返支部，乃迅集本部同各部队军官开会，秘议攻宁之事。经公望指陈形势，声叙理由，大家一致认为箭在弦上，非发不可。于是先令马队向东阳城、栖霞山一带搜索前进。廿九日晨五时，复派一营为右侧卫。馀按行军序列进驻东阳城。绪战不久即行开始。

偷袭幕府山炮台获胜

十月初一日，黎天才率岑春煊沪寓的卫队兵二百余名前来，愿听指挥。当晚，即令马队管带谢祖康督同黎部衔枚夜走，未交初二日拂晓，即袭取幕府山获胜，由黎部驻守其地。本队据报后，军心为之一振。入晚，再开参谋、参军会议。咸谓我军进入城郊，非继续攻城不可；但兵少攻城，于兵法为不利，最好运用奇师取胜，为先声之夺人。故须引张军出城，与我猝然遭遇，在我比较有把握。乃即决定三、四两日，一面下令幕府山炮台向北极阁、太平门两方开炮，引起张军出城，一面则令辎重营妥定及时运送给养和子弹，向前线支应，一面又令红十字会卫生队准备担架与救护药品等事，一面再向各队挑选前锋敢死队二百名备用。

马群遭遇战

初五日拂晓，令参军裘绍带先锋敢死队一百名进占紫荆山，参军傅其永率先锋敢死队一百名进占马群，以掩护本队之前进。尚距马群十里之地，即接到傅其永报告，张勋兵已出，马群有遭遇战发生，促本队迅速开进，以赴事机。公望乃一马当先，侦察前方阵地，绘一略图，发布命令。各营队皆按图上指示，左右展开，进入阵地了。绪战开始,官兵一鼓作气,所向无前。战至下午四时许,已夺获五个山头,尚在猛力追击中。

胜后辄败　又转败为胜

初六日拂晓,张勋为挽回颓势,出倾城兵力于朝阳、洪武两门,向我军施行包围。讵在此时,我之右翼炮队阵地张队长聘三,竟弛掩护步兵之责,囿于地域成见,自以北人,而投北军去了,因而大受影响,致我军猝受挫折,有管退炮三门被敌夺去。幸其时张效巡暗运智力,失炮夺回,稍得稳固右翼阵地。战至下午二时许,我军左翼又被包围,敌火甚炽,管带赵膺中弹阵亡,兵亦伤亡甚多,颇有难于支持之势。间有懦兵百余,且自动退集小山脚下。公望眼见不利,乃引周元善赶上前去,猝喊"立正""向右看齐"口令,兵以狃于习惯,果然声出即起立,复随指一兵令向前五步。公望激问他曰:"你们出征时候,人家是怎样欢送你们的?"兵回语云:"有放火爆者,有送糕饼者,情绪异常热烈而恳挚。"我说:"那末,你用何物将去回答他们? 这临阵退缩的丢脸行为,怎么好去见人家?"各兵面面相觑,皆忸怩不对。公望随补语曰:"你们都是堂堂壮汉,只可进求成功,断不可退而自衄。"乃喊口令"向后转",跑回战线。如是又支持一点多钟。到底敌火过强,兵仍继续后退。我除命周元善再喊立定口令外,迫不获已,乃用诡计打动兵心说:"苏军适时来会攻了。"这当然取不到士兵的信任。我又一把抓住参谋史久光说:"你做总部联络参谋,为什么连苏军到来都未发觉? 致我自己和友军互相攻击,因而伤亡许多。虽要你偿命,还不能抵罪。"言次,即出手枪抵其胸口,史亦佯作惊惧,吃口诺诺的说:"我……我去联络,好吧!"于是跑步前去。这时敌火方烈,内一兵又问:"对方不明情形,仍是狂暴的打来,我当如何呢?"我说:"兵不相让,在未曾确实联络前,你们须用最激烈的回击,用杀其势。"这许多退兵,方才复返原阵线抵抗。恰巧此时来了宪兵队长吕庆麟,我就拟向徐总部调海军陆战队增援前线。行未两里，碰到王文庆带吴淞军一营前来会攻，谢祖康马队亦于此际搜索回部。两人同问战况，我皆肯定的答之曰："胜！"淞军心胆一壮。谢说："奚不就趁这时吹号冲锋？"我又说："好极！"霎时间角声沸天，杀声盈耳，全线如涛翻浪卷，猛力前冲。张军不察虚实，皆大骇愕，遂匆匆全部退回，闭城拒守。其不及入城而被我截击者三百余人，尸如山积。张军做的情报工夫到底不够，从此只知消极守城，再不敢相机出击，正无异坐以待毙。兵法所谓"兵不厌诈"，这也是一个显明例子吧！

攻克天保城

夜十时许，徐总司令邀朱支队长及予遄往议事。朱以夙疾稽身，我一人独去。方抵总部，适洪承点在座，因与执手道故。徐说："你们是老朋友吗？真凑巧。"旋指洪对我说："他带沪军一标约千五百余人到此，用在何处？"洪急插言曰："以天保城归我独力攻击吧！"公望说："浙军正在计划攻城，贵军肯担这艰巨任务，最好没有，我当在此恭听捷音。"洪说："我明日拂晓即开始进攻。"讵初七夜晚十二时，徐又邀予往晤，说："沪军进攻失利，损失颇重，已乘今夜退回镇江休养。天保城若不攻下，难于期望攻略全城。"我说："浙军攻城已有计划，初八夜必开始。如不能取胜，初九日再攻天保城去。"徐曰："愿闻其略。"予曰："尚未定计。"徐遂无语。

果然，我军攻城不克。初九日晨，予乃下令悬赏招志愿兵，规定得天保城者，官给每人银圆百枚，兵给每人银圆五十枚。结果，应征者一百九十二人。下午一时，集志愿兵于紫荆山脚南面一巨冢前施行训话。尔时有青田人叶仰高、张拱宸自沪抵此，闻言愿承其责。我说："很好！但天保城得失，攸关整个方略，若弄错一步，满盘皆输，是大意不得的。你知道军令重于君命吗？违令则杀，不问亲疏。我和你们是好友，这个恐行不通。"叶、张皆同声答曰："军无戏言，那自然我们遵令去干,你可依法执行。"我说:"如是,即请你们分阄拈定。"结果,叶受任攻占紫荆山。旋将志愿兵分为两队,叶率领一百名,张率领九十二名。分别予以口头命令如左:

一、"叶仰高带兵一百名,限本日下午四时前进占紫荆山,随后应续向天保城仰攻。进展至敌人第一防线的帐篷下,即将帐篷烧起,作为号报;并暂固守已得之阵地待命。尔后随情况变迁,进则不可轻犯敌人第二道防线,退亦不得放弃紫荆山。如此对峙到明日清晨,尔则叙第一功。各士兵尤应服从指挥确遵纪律。"叶说:"如形势利于进展,我是要向前攻的。"我说:"这就是违命,功成无赏,还要问罪呢!"叶云:"如是,我必遵令。"我云:"今夜在此地接报,你派联络兵两名跟我吧。"

二、"张拱宸率兵九十二名,限今晚八时在此地集合候命。"

时天适下雨,叶率队冒雨前进,如期占领紫荆山。约七时许,遥见第一线已举号火,方知叶已达成任务。不久张拱宸亦带队前来。我又给张以口头命令云:

(一)检查各枪的弹药,不准留存子弹,以防走火;

(二)如各兵带有洋火或纸烟,一律搜去;

(三)路上须衔枚疾走,不得发声;

(四)趁这月色微明的雨天,率队由孝陵卫上山,偷袭天保城之北,月落后挨近天保城,伺机冲入,占领其炮台;

(五)行走时后兵手接前兵,报告亦用耳语传递;

(六)我今夜在此接报。

张领命出发之后,天宇空蒙,只听到紫荆山方面稀疏的枪声,打破清寂的夜气。约三小时许,忽看见第二道敌防又起帐火,我心中顿现惶惑而又着急:"莫非叶仰高违令进攻?那飞鹅颈一线羊肠,如何走得过去?料敌人必用机关枪抵住隘口,我则无异自寻死路了。"少选,再听到一阵浓密的步枪声,天保城上四十多顶帐篷遂完全烧着,而枪声却随之中断。我用望远镜一照，见城上白旗摇曳，知道天保城业经我军占领，遂返支队部向朱瑞报告。旋复召炮队姚永安，命他抬过山炮两尊上天保城，径向总督署射击。另命马队黎天才，向北极阁狮子山炮台进攻。不多时又接报告，知张军佯摇白旗，乃是缓兵之计，并非真心投降，故兵皆退入城里，将作困兽之斗。而叶仰高则带兵九人，违令轻进，被敌的机枪全数射死。敌以坚垒陷落，兵无战志，克复南京，遂为必然之事矣。

林述庆之侵功与浙军之分防

镇江都督林述庆，知浙军善于攻坚，南京垂手可得，为避战保全实力，适时入城争功，先用柏文蔚兵潜伏太平门外，以待良机。果也，清总督铁良与提督张勋见势不佳，深恐被虏，乃将彼方捉得之我总部参谋史久光，奉为上宾，厚礼相款，遂请彼出城介绍议和，藉保生命。史于途中竟与林值，林乃知情罔利，夺门入城，暂住附近民房，用为缓急进退之地。而清官心虚，见有革命军入，立闻风逃匿，任它空城。林遂得捷足先登，进而占领总督署，并将大清银行和电报局各予占领，且自封为南京都督。徐绍桢亦迫不及待，继林而入。浙军则仍出令布置，以免疏虞。如狮子山炮台，及鼓楼、北极阁、小营盘、劝业场等处，或多或少，各驻必要之兵，藉防不测。朱支队长入城后，我又命辎重队收拾战场粮秣和子弹，命宪兵吕庆麟及炮队张国威，搜索旗营，清除叵测。张并在旗营内搜得野战炮六尊、械弹甚多。浙军馀部，旋陆续入驻南京城内。

浙军进城　林述庆被逐

十一日清晨，余接报告：说朱支队长昨出未归，满街张贴都督林述庆告示，我方发电报告汤督之兵，亦被林部无端拿走。我接报愤极，乃不择手段，用浙军参谋处名义，定本日午前十时，邀请徐氏总司令部和林述庆等,到劝业场谘议局开会讨论善后。林派葛光庭代表前来,本人则托故规避。开会期间,徐总部代表四人,对林责备甚力。我亦问葛氏:"朱支队长隔夜未回,是否被你方谋害?"葛惶恐答云:"绝无其事,我肯绝对担保。"公望为维持纲纪,端正作风计,似林这样利必抢先、义则居后的人,实属不能在光天化日之下与之共立,乃向葛代表提出三事,逼其承诺:

一、限林述庆于明十二日午前离开南京;

二、被林部擅捕之送报浙兵,限本日十二时前送回并道歉;

三、将总督署和大清银行、电报局等交由徐总部接管;

四、上述三事,限你方在本日下午二时前答复。

葛光庭自知理屈,不敢狡辩,均一一接受负责办理。结果,林亦贼胆心虚,都勉强应承了。

时朱支队长回部,我即报告今晨开会事宜,同时以左列三款建议于朱:

一、与徐绍桢总部商妥,电请浙江都督汤寿潜、江苏都督程德全亲来南京,主持大计。

二、将浙军攻克南京详情,电陈于武昌都督黎元洪,这是为求互助于将来,并非布功而扬己。

三、乘机增厚浙军实力,扩编新兵两师,藉为日后军事进展之支柱,并可为攻宁官兵之酬功凭藉。

无奈朱支队长短于远谋,缺少魄力,竟藉词身体孱弱,难胜理繁,单采第二款相为敷衍,余则悉置不问。我以良机坐失,后顾堪忧,辄萌消极之心,乃于十五日请假,遣返杭州养病。

上面所述,是浙军用三千兵力,战胜张勋五十营巡防的经过情形。是役也,牺牲虽少,成全却大。后之孙中山正位南京,清廷让帝议和,都是由武昌独立开花于前,南京光复结实于后的。诚以武昌地扼南北要冲,南京城绾长江锁钥,得此两地为之犄角,便可问鼎中原了。清廷见大势已去，无力挽回，以让位共和而换取皇室优待经费，真足称识时务者，而浙军之攻克南京，亦差可以自豪矣。

（一九六二年一月三日）①

（据作者手稿复印件收入，原稿署吕公望编述，现藏浙江省档案馆，参见浙江省政协文史资料研究委员会编《浙江文史资料选辑》第二十七辑，即浙江辛亥革命回忆录续辑，浙江人民出版社一九八四年十月版，110—118页，后收入《浙江文史集萃》政治军事卷上册）

我在辛亥革命之前

一、献身革命之动机

人之生莫不受环境之支配，其能超乎环境之外，毅然有以自立，隐若为一方之领导者，非果聪明才力，有异于人，必各有其动机在焉。余生永康山僻之乡，家世半耕半读，风俗淳朴，衣食粗足。二十一为秀才，二十二为廪生，在当时社会中未为落寞。父兄所期望，乡里所劝勉者，惟曰读书上进，勉为善人而已。谈及革命，鲜不视为大逆无道，深戒而痛绳之。然余在少年时代，即已献身革命，自少至老，精力日衰，消耗于革命者，更不知几何！迄今追思，当时非感烈性之动机，决不能打开环境而出此。盖余二十三岁时，与族人纂修宗谱，谱载当南宋之亡，吾远祖抱种族之痛，誓不臣元，子孙守其遗教，数世不仕。元运既衰，文燧、文煜、文烨公兄弟揭竿起义，明祖授以永康知县，擢知金华、嘉兴等府，兼各路副元帅。及明之亡，远祖诸生一龙公誓不降清，终身不易服，不薙发。余于秉笔之余，知吾祖宗风烈如此，种族革命之思想，跃然于心，不可遏止。其后读《新民丛报》《浙江潮》诸作，更明了清政之乖谬，国事之阽危，人心之愤激，益信种族革命时机已至，而政治革命之观念，亦同时发生，此不可遏之动机，遂与余一生

---

① 作者手稿并无写作日期，结尾括注，系《浙江文史资料选辑》编辑所加，疑为此稿收件日期。

过程中有连续之关系。其时,浙中革命秘密机关,以绍兴大通学堂为最有力。

沈雄卿者,以绍人商于永康,为九龙会首领。余不善九龙会,而重沈之为人,因告以决心将至大通求学。雄卿言有吕逢樵、丁载生两君,寓杭州金钗袋巷,大通主持人秋瑾常往来其寓,君自访之,可得要领。余从其言,至杭果晤秋瑾,秋甚重余,劝余不必入校,以上海《女学报》主笔相属。余不耐办报,荐胡俊卿自代,因秋之介绍,而交西湖白云庵僧意周,及徐锡麟、陈伯平、马光汉诸人。光绪三十一年乙巳,徐以候补道赴安徽候补,陈、马同行,余往送别,请留言。徐慷慨曰:"法国革命,历八十年之久,中间不知流多少志士之血,始告成功。吾国革命方始,吾曹此行,为流血而去。诸君欲革命之成功,必须相继奋斗,勿视流血为惨剧,而畏怯不前,吾之勖诸君者止此。"嗟乎! 风萧易水,壮士不还,至今言之,犹懔懔有生气矣。徐去后,秋瑾在杭结一秘密组织,参加者,余与朱瑞、顾乃斌、蒋六山、刘三春、张恭、程士毅、龚未生、楼其志、徐拱禄、朱健哉、蒋僎、王子经等十余人,而尹锐志、维峻姊妹往来杭、沪,通消息,任联络。时浙江抚院卫士,多金华人,秋为待机响应起见,主张从运动抚院卫队及候潮门洋枪队入手,力劝余报效抚院卫队,担任秘密结合。余遂具呈报效,文中有云:"揆之初度,本自桑弧蓬矢而来;念厥前途,还当马革裹尸而去。"清巡抚张曾敫得余呈,激赏之,许入队充卫士,并嘱卫队长善视余,勿预站岗之役。此为余军队生活之初步,亦即由革命动机,而进入实行之初步也。

二、实践军人革命之理想

革命之派别可分为三:一曰文字,二曰帮会,三曰军队,清初庄廷鑨之史稿,吕留良之著述,近时章太炎之《民报》与《訄书》,皆以文字为作用者也。各地帮会,本明末遗老所留贻,为种族革命之种子,洪杨以此兴，而徐锡麟、秋瑾亦颇得其助，此以帮会为凭藉者也。顾文字可利宣传而实力不足，帮会有力矣，而武器不完，纪律或缺，欲建革命堂堂之旗鼓，自非正式军队之军人不为功。此中症结，余在卫队时即已见及，认为非研求军事学识，结合军队同志，实无从着手。留队年余，适保定将开陆军速成学堂，余遂请求浙抚张曾敭保送。同送者邵武、吴光等六人，余居第一，经过试验及格，脱离卫队，北上求学。时余年二十八，清光绪三十二年也。

在北行前，尚有一段事实应补叙者，即余与秋瑾之关系是也。余既从秋之劝告而入卫队，即实行秋之主张，与同队一百二十人联络通谱并与候潮门洋枪队长陈绍槎、哨长刘崇贤暨抚院戈什哈李寅结异姓兄弟之好，此外尚有不少贡献。秋欲筹十万元，制金戒指多枚，戒面镂光头复尾之"发"字，分赉同志，作为徽帜。余以露败事机为虑，坚止之。秋欲同志毁家输财，购置枪械，且言枪已运存某地，只须付款交货。余赞其议而虑秋之受绐，遣同乡吕俊恺实地调查，竟无存械。后秋又嘱吕阿容劫得武义章姓货款八千元。吕阿容，永康之悍者，以此种种，颇怀疑秋之作风，益信余军人革命之主张为切于实际。秋知余将北行，极端阻止，谓此间即将发动。余坦然告以此非有他图，将为革命求取有效办法，如此间果有发动，余必驰归相助。而秋不之许，责备之余，兼肆谩骂。后经李寅劝解，谓殊途同归，不妨分头努力，始各默然。秋仍要余过沪时必至女学报馆，余如言往洽，并介绍童葆喧、王萼、倪德薰、杨云台、林竞雄加入秘密组织①。余之别秋瑾启行为是年五月十二日，到保定以尚未开学，住浙江会馆。六月中，见报载徐锡麟于五月廿六日在安庆举义，戕皖抚恩铭，故军械局不克，被擒遇害，清吏摘其心以祭恩铭。未几又见报载："六月初六日浙抚杀秋瑾于绍兴，大通学堂被封。"此等消息，如轰天之雷，震惊遐

---

① 童葆喧，即童保喧，亦作童保暄，本书一仍其旧，未予统一。

迩,回思秋瑾即有发动之说,正不虑身死无成,为之一恸。报又载秘密组织名册,于秋瑾逮捕时,为清吏搜去。时同志中有林竞雄恐为清吏指缉①,约余遁者,余力主镇静勿自扰。

迄七月初一日,开学授课,乃竟相安无事,余得以坚持军人革命之信心,刻苦研求,严格惩毖。但其时,王萼等静极又思动,渐与同学钱鼎三、张伯英、岳屹等相结,遇星期,至荷花池集议,屡邀余参加。余谢不往,王等咸致非难,余晓之曰:“吾曹此来,为求学非为革命,学成之后再谈事业,犹未为晚。今一无能力而空言革命,一旦行迹暴露,只有死之途而无革命之日矣。”会有同学盛碧潭,因习满文中辍,出言稍戆,被校中除名,王等心慑而敛焉。第一班在光绪三十四年十二月修业期满,余已毕业炮科,是时慈禧、光绪相继没,宣统以幼冲嗣位,益有革命之机。除夕夜,余购高粱酒五斤,花生三斤,邀同学之默契者,陕西钱鼎三、张钫,河南陈铭阁、岳屹,福建林知渊、杨明远,江苏杨荣哉、蒋凤楣,两湖瞿寿褆、李韫珩、苏璋,江西熊天觉,同乡王萼、童保喧、倪德薰、王桂林、傅其永、张鸿祥等于炮一队讲堂,联欢竟夜。

其明年为清宣统元年。正月初四日,全体同学至离保定四十里之姚村,实地演习,迄四月初四日演毕。初五日,趁休息日,余与童保喧分购牛肉、高粱酒,即邀前所谓同学之默契者游黄山。酒酣,余起言:“余知诸君皆从事革命者,毕业后虽辙途分驰,而志业则一,愿今后相互援应,共策前途。”或言:“吾辈平时少款洽,君何以知吾辈为革命者?”余言:“每逢星期日,乘诸君外出,余至各讲堂检阅惜字纸篮内诸君往来信中知之。”彼等闻言,且笑且诟,为之轰然。盖余在校中数年,时时物色同志,校课繁密,人数众多,势难普遍访问。念各人抱负,惟在往来书信中可见端倪,遂不惜冒窥人秘密之嫌,留心察阅,平

① 原编者注:原件勾去“林竞雄”三字。

时默识于心，至是乃公开发表。是日，应招者凡二十三人，年老健忘，不能悉记，至为心疚。于是各抒意见，瞿寿褆欲在湖北密设机关。余以清廷最忌革命，捉风拿影，密设网罗，若自设机关，无异树风树影，则行迹易露，为彼捉拿，历年革命失败之原因，半由于此。若言通讯，尽可就各人服务地点为之，不必另有设置，佥以为然。酒罢，余等据石赌棋，童葆喧因属对曰，"敲石残棋散未收"，余对以"迎风冷酒醺将醉"，大家一笑而散。次日部文到校，余派马厂见习，见习期限规定六个月，分头目见习、排长见习、队官见习各两个月。期中观察所及，均作成笔记，送部评核。见习期满，余回浙江分发二十一镇充见习官，在八十二标服务。时庄蕴宽任广西兵备处总办，钮永建为会办，王勇公奉钮命招余赴桂。勇公闽人，其同乡何遂与余交甚深，故勇公知余。余向镇统萧星垣辞职不准，遂潜行离浙入桂，同行者为应镇藩、董世杰、朱尊三，皆炮工弁目毕业生也。

三、参与军人革命之开端

余去浙入桂之用意有三：一、以桂省新军彼时尚未成立，革命势力可以从新造成；二、粤、湘、滇、桂壤地相错，由桂发难，东略粤，北略湘，西略滇，清军仓卒不能分援，容易集事；三、桂为边省，民贫地瘠，清廷所不注意，革命事业易于发展。时勇公所招与余同行者，计有二十余人。今所省记者，土官则杨曾蔚、唐之道、孙孟戟、田稼轩、孔庚、陈之骥、尹昌衡、雷寿荣、李书城等，军官则何遂、李灵蛮等，其各武校毕业者，杨明远、林知渊、钱谟、卢象巽等。行至阳朔，与钮永建相遇，始知庄、钮已离兵备处，由按察使王芝祥兼任总办，局势已小变矣。江行恐遇匪，余持枪跃登船头，为人所撞，堕水，比援起而失其枪，余引为大辱，挟篙入水求之，卒得枪。

岁暮至桂林，王芝祥委余为考功科二等科员，杨曾蔚以会办兼科长，甚委信余。余建议先办干部学堂，以陈之骥为堂长；次办学兵营，以孙孟戟为营长。盖余等密议,定宣统三年三月举事,故预为布置。议上竟如所拟。学兵营开始招兵,青年意志颇得发舒。不意在此布置期间,发生极大之变化。《指南月刊》之议,余本不赞成,勇公等欲钳余口,强推为经理,尹昌衡、覃鎏鑫、赵正平任编辑。第一期出版销三千余份,因言论激烈,被巡警道胡铭盘封闭。又改出《南风报》,尹昌衡在封面插画于几笔竹叶中,藏"民族革命"四字,旁一公鸡,鼓翅昂首,题为"雄鸡一鸣天下震动",被胡氏察觉,遭第二次之封闭。旋又改出《南报》。胡,吴兴人,老于政界,不欲构怨青年,以盛馔邀余过谈。初劝自动停版,继以先送检查,然后付印,为决定条件,终惕之以奇祸。余无法复争,于是报停而风声颇露。何遂为干部学堂教官,在操场演说革命,群众环听中,何忽指场中天桥高呼有志革命者可跳此桥。有一学生因跳桥不慎伤其腿,事遂外泄,干部学堂大为省方注目。时桂抚为张鸣岐,甚有志于革新政治,对于革命一派,初尚优容。一日,张宴杨曾蔚、陈之骥、尹昌衡、覃肇鎏,席间张言本人有志革命,刷新军政,即为广西革命领袖,并出所置手枪传观,意示笼络,且作试探。尹昌衡被酒,取手枪连发三响,击碎窗上玻璃。张虽慍甚,但微笑不语,散席时,仍各赠安南刀一柄,岳武像片一页。与宴者聆此温言,又得异数,情绪愈益激昂,杨曾蔚且出赠物示余,举酒欢庆。在此感情冲动期间,张已暗约龙州讲武堂长蔡锷及前任陆军小学堂监督蒋尊篕密到桂林,任蔡为干部堂长兼学兵营长以代陈之骥、孙孟戟,任蒋为兵备处总办,代王芝祥,以随蒋同来之董绍箕,为陆军小学堂监督,斯烈为提调,而将原任监督雷寿荣暨兵备处经理科长孔庚先后扣押,余升经理科一等科员。同志愤怒之余,疑余为张方鹰犬,勇公夫妇尤极诋之,余不与辩。一夕,勇公持刀至兵备处晤余,云欲杀蒋。余见其状类发狂,急抱持之。勇公释刀见蒋,与争雷、孔之事,声色俱厉。蒋诣抚院告张,张言明日当开军法会审。余知事益危急,夤夜见蒋,长跪两小时,为诸人请命。蒋云:"张帅意主严办,明日之事,不易挽回。"余且泣且言:"我辈在浙时,闻秋瑾言,公是革命同志,故全体拥护。今同志辈有杀身之祸,无论如何,乞公挽救。"蒋乃言:"我实无办法,诸君可求王芝祥,渠资格较老,或可向张帅陈说。"余谢而起。当夜,约勇公及陈之骥、孙孟戟谒王苦求转圜。王先大致诘难,继见余等恳切情形,心为之动,慨然曰:"诸君既有如此义气,姑为言之。"漏夜见张抚恳商良久,归告余等谓:"事已商定,张帅限杨曾蔚、陈之骥、王勇公、孙孟戟四人三日内离桂,并劝以后要服从,勿扰攘取祸。"余与诸人敬诺而出,风波得以消弭。但勇公诸人对余仍未谅解,余慰之曰:"诸君先行,余俟何遂龙州调查炮台归,亦即离此,他日可证也。"未几,张鸣岐升两广总督,沈秉堃为桂抚。沈,湖南人,与蔡锷同籍,蔡以此继蒋为兵备处总办。而何遂亦自龙州至,余急欲辞归。适陆军部电查广西自光绪廿五年起至宣统二年止,关于筹办新军用款若干,限十五日内分条电复,蔡令经理科速办。其时,科长夏超不谙公事,余亦在职仅月余,而广西筹办新军之案卷,自龙州运省,犹未拆封,科中所有,余短时间所整理者,不过册籍数本而已。蔡诟责百端,余委曲陈明,且拟具清查档案、依限结复之办法,蔡怒少霁,指定余为指挥官,督同有关人员负责办理。余于限内办毕,随即请辞。蔡方以余为能,不听去,固请乃勉许之,赠酒五十瓶为饯。怪其太多。循思年余以来,在桂经营之革命基础,至此已颠覆无遗,心中不免懊丧。然经余等之鼓动提倡,一般青年脑海中,已注满革命思潮,都有待时而动之志,濒行欢送者逾千人,情况至为热烈。

余与冷遹同舟至香港,寓鸿运楼旅社,侍役见余携酒甚多,语余曰:"香港章程,携酒入境者,每瓶罚五十元。"余闻而惊,始知蔡之赠酒,固别有用意也。余等在桂时,与香港、九龙方面革命巨子深相结纳,而赵声尤善余,至是访余于旅社,余以酒事语之。赵言无妨。少顷偕一友作挟大皮包来,取酒分装,携至九龙,治馔痛饮,黄兴、胡汉民、洪承点皆来会。数日,余离港赴沪。有一事应补叙者,干部学堂于余行后发生驱蔡风潮,蔡即离桂赴滇,盖距余行不半月也。

　　(原载全国政协文史资料研究委员会编《辛亥革命回忆录》第八
集,文史资料出版社一九八二年四月版,第 43—50 页)

吕公望亲笔稿[①]

　　说明:吕公望(1879—1954)字戴之,浙江永康人。清末秀才。
1905 年结识秋瑾、徐锡麟等人,参加光复会。1907 年入陆军部速成学
堂炮科。历任广西兵备处科员、浙江新军八十二标督队官。辛亥革
命时任浙江支队参谋长,率军攻打南京。1912 年任浙军第六师师长、
嘉湖镇守使。1916 年浙江反袁独立,被推举为浙江将军(后改督军)
兼省长。1917 年杨善德率北军入浙,辞职赴沪,后被北京政府授将军
府怀威将军。1918 年赴广东,被广东军政府任命为援闽浙军总司令。
1921 年闲居天津。1927 年任北伐军浙江宣抚使。1928 年后在家乡
经营工矿业。1946 年仁浙江省议会副议长。解放后任浙江省政协委
员,1954 年去世。

　　《吕公望亲笔稿》(原稿本标题),系近代史所近代史资料编辑部
在六十年代编辑《北洋军阀》一书时搜集到,后未采录,即被搁置于旧
存资料档案中。原稿本字迹潦草,为作者晚年撰写。全稿可分为两
部分,前一部分为其一生重要经历的回忆,按作者本人所说是用"综
合分析法来写"的。后一部分是自订年谱式的,按年简略记述,内容
与前有些重复。原稿前一部分至 1924 年,后部分写至 1925 年,记述
未完即截止,应是一部未完成的初稿。

　　吕公望早年参加光复会,后入保定陆军速成学堂,结识者多为革

_____

　　① 本文另以《吕公望先生自传》为题,发表于《杭州文史资料》第四辑(杭州市政协
文史资料研究委员会编,一九八四年十月版);以《我前半生的革命经历》为题,发表于
《中华文史资料文库》第九卷《军政人物编》(20-9)(全国政协文史资料委员会编,中国文
史出版社一九九六年一月版)。此两文均为删节版。现以《吕公望亲笔稿》为底本,参校
《吕公望先生自传》《我前半生的革命经历》。题下说明,系原刊所加。

命党人,后在浙江从事革命活动,辛亥革命时为浙江党人中重要成员,民国初年历任军政要职,故在其回忆中记辛亥革命前后浙江党人活动,尤其是记民国初年北京政府政坛内幕,如直皖矛盾等,多未见于记载,可供治史者参考。全文系用口语记述,且杂有浙江方言,在整理时除个别明显讹误、误漏之字外,馀均未作改动,以保持原稿风貌。

一、自我出生至应科举的时期

(1)一八七九年,我出生在浙江省金华府永康县的西乡,离城四十里,地名叫三十里坑横溪庄。父春梧,母马氏,生我同胞兄弟共五人。第一、二、五均殇,只剩我与四弟。我小名金银,弟小名金玉,系半商半农、半读半耕身份。我到十六岁时,因资质稍颖,得继续读;弟资质劣,到十七岁时,即辍读,仍习农商,不幸短命,于一九一四年死了。

(2)我在读书的时候,我父不准我早去考试,因此到一八九九年戊戌科出考,就进秀才了。一九〇〇年补廪,这时在我父母的眼光看来已满足了,所以要我设馆训蒙去。其时父命不敢违,在横溪及易川两个地方,训了三年蒙。后看到梁启超的壬寅年的《新民丛报》,才了解了清朝政治的腐败,无独立的主权,无完整的领土,周原肮肮①,将沦为外族殖民地了,在那时思想单纯的我,感触到寝食俱废了。

(3)一九〇二年,我要求父母放我出去求学,父母大不谓然,仍逼我到易川训蒙去。我不肯了,因此闹意见,我即离家到县城去住了约一年的光景。一年中在县城里,大嫖大赌,大吸其鸦片烟,闹得了乌烟瘴气,因此我父母没奈何,允许我出去求学了。但求学所需的款,他不来负责的,要我自己筹。我即将廪出与林竹平,换得着补一百三十元归余,以此为游学的费用,始得于一九〇五年出门。不料这时鸦

---

① 周原肮肮,应作"周原膴膴"。

片已上了瘾,在船上硬卧了一星期,到达杭州市江干上岸时,面尚无人色也。住于永康试馆约二星期,即暂入金衢严处四府公学去肄业,非我本志的,不久亦退学。

二、赴杭求学入光复会及投军时期

(1)我是一九〇五年二月内出门的,入四府公学后,感不到兴趣,多方摸索,探到绍兴大通学校是徐锡麟、秋瑾办的,内容是革命的组织,现住金钗袋巷的缙云同乡会内的吕逢樵、丁载生与该会有关系的人,得到这宝贵的消息,感到觉的很高兴,就脚不停趾的拜望吕逢樵、丁载生去。那时我是永康薄有文名者,与他始见时,他便说:他是缙云的壶镇及芦塘人,"与永康是接境的,早面你的名"云云①。因此一见如故,什么心里要讲的话,都和盘托出来,结果他允许介绍我到徐锡麟与秋瑾那里去。

(2)大概过四、五日后,吕逢樵、丁载生来约我于某一星期在缙云同乡会与秋瑾见面。届期往,见一年约三十左右、男装打扮的一个女子在焉。吕逢樵起而介绍,秋起而与余行握手礼后,漫谈清朝腐败的情况,约一小时,她说"过数日请游湖再谈"云云,余即告退了。过数日吕逢樵、丁载生来看我,并致秋瑾意,定第二日在涌金门码头上船游湖。届时往,则秋瑾、吕逢樵、丁载生均先在,余上船坐定,秋立嘱舵工开往白云庵。白云庵在雷峰塔山的北面临湖一庵,俗所谓供奉月下老人的,住持者为意周和尚,亦革命党。在一小楼内漫谈清政不纲,非革命不足以救国等事。即在庵内用过午膳。最后秋瑾提出,要求我到上海《女学报》当主笔去。我说文墨生涯②,我感不到兴趣,最好要我习军事。她说《女学报》需人。我说《女学报》如果需人,我可荐一人来。她问何人,我说我的知友胡俊卿。她说既然靠得住的人,

---

① 早面,原整理者校注"早闻"。
② 生涯,底本误作"主涯",径改。

你可叫他来与我谈谈。结果我函招这胡俊卿到《女学报》去当了四个月的主笔,结果因经费不够,他辞却的。

（3）厥后吕逢樵、丁载生二人回缙云去,秋瑾到杭州来,只有我同她计画革命事业。但我的主张,投军队里边去运动;她的主张,利用亡命之徒去做,两个人的计画不同。因党的经费缺乏,秋瑾要把她的主张来试验,用一个永康流氓吕阿容（系吕逢樵介绍的）,领十四人,连秋派去二人,共十六人,到七里泷滩地方去拦船打劫。据秋瑾派去的二人回来报告云:这次抢得武义履坦姓章的店到杭州买货的英洋八千元等语。过了十几天,吕阿容不知何处去,毫无消息。结果秋瑾要我去寻阿容。我想这种人,有钱的时候,便是乱嫖乱赌,一定是在拱宸桥。我即去拱宸桥去寻,第二天被我寻到了。那时是五月天气,阿容全身所穿的都是纺绸的衣服,其最俗不可耐的,他的袜子都用纺绸做成的。我说:"阿容！秋瑾叫我来寻你的,我同你回城里去。"阿容答:"我不去。"我说:"阿容,这次你得到有八千英洋,党是有规矩的,你应先将这钱交秋瑾。如你要用,可向她支的,你身边究竟还有多少钱,应交一部与秋瑾,方为合理。"阿容说:"我前头到绍兴去的时候,很久的她并未有钱给我用过,因此,我也不来管她了。"结果是一毛拿不来。又一次秋瑾主张每个党员出英洋七元,交她打金戒指,用光字头、复字脚的"发"它做标志,到处可以认识党中人。我说:"清廷捕风捉影的拿革命党,如这种办法,是弄一个风该（给）他捕,弄一个影该（给）他捉了,这是断断不可以的。"经过这二件事,我是看破光复会是不能成事的,很灰心。不意刚交秋的时候,徐锡麟、马伯平[1]、陈

---

[1] 马伯平,应作陈伯平。据《雷鸣春先生来函》（《胜流》第四卷第五期,第138至139页）:吕同志所述"徐（锡麟）同志于光绪三十二年五月廿八日就义"恐系"光绪三十三年五月廿六日之误";又马伯平恐系陈伯平之误,盖当时姓马的,只有马信,亦在是役就义者,并以就正于吕同志。又《来函》编者按:雷鸣春先生来书更正二点,编者当即原函叩询吕公望先生,承答确系当时笔误,特此更正。陈伯平（1882—1907）,原名师礼,改名渊,字墨峰。别号白萍生、光复子,浙江绍兴人。

光汉三人到安庆候补去,住于白云庵,秋瑾邀我去相见,由秋介绍后,徐问我的身世。我据实说完后,他说:"你是一个廪贡生,肯冒险入光复会,很难得。但我也是一个拔贡,前年与陈光汉、马伯平、陶焕卿四人到日本,拟进士官学校,被一位满洲人做学生监督验体格验得不合格,因此我四人就回国了,捐了四个候补道①,除陶焕卿自愿到南洋一带运动外,我三人就到安庆候补去,俟机而动了。但革命非有武力不可,最好你混进军队去,相机进行,较有把握的。我大概还有三四天不走,你改日再来谈谈罢。"我即告别了。到第三天我再去见他,他说:"明天要走了,秋瑾是一个很热心的人,凡事你帮她计划计划就好。"我说:"徐先生明日走,恕我不再来送行了,但今天请先生指示指示,作为临别赠言吧。"他说:"革命是不容易的一件事体,法国革了八十年的命,方得成功,我们中国的革命还未开始呢。我呢到安庆去预备流血的一人,我希望大家皆不要因我的流血而有惧心,就有希望了。你呢一定要混进军队去,方有希望的。"我们的话讲完了,因此我就告辞而出。这时玩味他的"预备流血的一人"这句话,真是我感触到万分的。

(4) 投军的主意已决定,不可变迁的了。投军用什么办法呢? 考虑的结果,以入抚署卫队当兵为宜。一、不为开动;二、接近省首府;三、占住要地,所谓擒贼先擒王。于是第二天我就做好一呈文递进去。这时的巡抚为张曾敭。到第三天由文巡捕某来传见,据说呈文内有"揆之初度,本自桑弧蓬矢而来;念厥前途,还当马革裹尸而去"这几句文言大为抚台所赏鉴,一面招呼张管带来领我到营里去(张管带是张巡抚的堂弟),说:"卫队兵额百二十名,是足额的,饷有一定的,不便再补,据我的意见,我这里要办一个随营学校,你加入这里当学生,在这学校未成立的前,你可以加入这军队里操练,如此你不要

① 《我前半生的革命经历》注:一说当时参加捐官的为徐锡麟、陶焕卿、陈志军、魏保铨、陈魏等五人,分别捐道台、知府、同知等官职。

领饷,你的住宿伙食,均是自由的。所说明年北京要开办陆军大学,我可以送你去入学的。"问我意计如何? 我表示极端接受,因此就入卫队操练了。不料这卫队兵士均是金华人,与我是同乡,甚为友爱。后秋瑾来言,要举事时,候潮门的洋枪队及抚署都要我负责。因此我展开交际运动的手段,抚署戈什哈四人,内有李寅、王永泉二人与我结拜;候潮门洋枪队长陈绍槎、什长刘崇贤,亦与我结拜了。

(5)一九〇六年三月①,随营学堂成立后,适陆军部陆军速成学校招考,浙江省考送四十人(旗人十人在外),张管带即送我去考入了(蒋介石亦这四十人中之一的)。定五月十二日动身。初八日秋瑾自上海赶回,在过军桥头东南角第一家李寅处叫我去。一见面她就说:"听说你考入陆军学堂,就要到北京去了,是否?"我说:"真的。"她说:"你为什么去考?"我说:"徐先生不是叫我混进军队去的吗?"秋瑾说:"现在来不及了,就要举事了。"我说:"笑说,这样一些儿没有组织,什么样能举事呢?"秋瑾说:"无论如何,你是不能走的。"我说:"什么样一回事,你能讲我听吗?"秋瑾说:"我不能讲的。"我说:"那是我要去的。"秋瑾忿然漫骂说:"不料你是一个凉血的动物,我看错了你。"我亦忿然道:"你不要骂我,你做的事,如吕阿容的一类的事,我是不相信你的话了。"李寅出而截住我两个人的话,指秋说:"你做你的。"指我说:"你走你的。如果能举事的话,坐轮船不到十日路程,可以回来的。"我说:"好,我一定回来。"秋瑾说:"你过上海时,肯到《女学报》来一次?"我说:"我一定来。"就此走开了。

(6)一九〇六年五月十二日②,由杭州动身,到拱宸桥坐轮船,到上海时,已在十四日。据送我们去的委员许耀言,在上海至少停三、四日,为要觅好妥轮赴天津云。因此第二日我就带了童葆暄、张鸿翔、叶志龙、林竞雄、倪德薰、王蕚等(均是四十人中的学生),赴女学

①《我前半生的革命生涯》注,应为一九〇七年。
②《我前半生的革命生涯》注,应为一九〇七年。

报,均一一介绍与秋瑾。当时入党要填志愿书,大皆含欢乐的状态。填就志愿书后,秋瑾说:"你们一共只有四十个人,今日就有这许多我们的同志,我真兴奋。但现在时事很紧急,万一有机可乘的话,我很愿你们都回来。我有要紧的事,就要回绍兴去,没有工夫请你们吃饭了,请你们原谅。"就此分手了。谁知永远不再见面了,痛甚!

(7)我们坐轮船到天津停二日,就直接到保定去,住在浙江会馆里,由许委员耀到学校去总报到后,再行复试过。大约到六月十四五左右,看到报载,徐锡麟刺恩铭,挖心致祭事,及绍兴贵太守查抄大通学堂,秋瑾被杀事,并云贵太守抄出革命党籍簿云云。其时童葆暄等,皆惶急万状,尤其是林竞雄约我逃走,我答:"以不欲革命则已,如欲革命是不能离开军队的;如离开军队,此后无事可做,生不如死的好"等语。于是大家隐忍过去。到七月一日进堂了,安然无事。

(8)学堂的章程,自七月初一日入堂至年底,算第一学期,名为普通班。到十二月分科考试,我考到分在第一班,习炮科。这时选每省年轻者二人送入日本士官,浙江选到蒋介石、项鹏二人去①。自入校后,我是连星期日都不出去的,为什么呢?逢星期日人家都出去,我是一个人到各讲堂字纸篮内,私看同学们往来的信,所交的什么一类人,如访得同志者,我一定与他交朋友,做到约三年的时候,共得到二十三人(姓名许多忘了),在隔壁陆军大学肄业者得二人,孙岳、何遂。于一九〇九年毕业后,即接受何遂、王勇公邀约,共赴广西去。

三、辛亥革命及倒袁称帝时期

(1)我是由浙江送出的学生,毕业后应回浙江做事,不得已先回浙江,由督练公所派我到八十二标第二营见习。我辞职不准,我遂私赴上海与王勇公会合。一九〇九年十二月二日,由上海乘轮行,到十

---

① 《我前半生的革命经历》注:项鹏,一作项骧。

二月二十九日到广西省城桂林。同行者，日本士官毕业生孔庚、李书城、杨曾蔚、覃鎏欣、王勇公、孙孟戟、尹昌衡、雷寿荣、陈之骥、田家轩等；陆大毕业李灵峦、何遂，我的同学有刘昆涛、林知渊、杨明远等，约三十人左右。

（2）一九一○年正月初，计划定了，开始新兵一营，办一学兵营，以孙孟戟充营长。办一军事干部学堂，以陈之骥充堂长，雷寿荣为陆军小学堂监督，杨曾蔚为兵备处襄办，孔庚为兵备处军需科长，田稼轩派蒙古购马委员①，我派入考功科一等科员。在各事进行很有头绪的时候，而尹昌衡、覃鎏欣、杨曾蔚等，坚决的要办一个《指南报》月刊，为鼓吹革命之用。第一期印二千份，不几日统销完了。但革命党报的谣传甚炽，巡警道胡铭盘就派巡警来封闭了。尹昌衡等用再接再厉的办法，再改名为《南风报》，又出版了，新印四千份，又统销罄了，巡警又来封闭了。第三次改名为《南报》，屋租赁好，招牌刚贴出去的时候，胡铭盘（嘉兴人）以同乡名义，邀我（我是报馆内管财务者）相见云："吕先生是我们浙江大同乡，特邀你谈谈，与你们性命很有关系的。你们几个人接二连三的所办《指南报》《南风报》，都是鼓吹革命的。大帅看见愤怒的了不得，我看恐怕要闯大祸了，我在这里代你们斡旋，你们这次又改名为《南报》。在广西全省没有报纸，你们要办报，我不干涉你们，但每期的稿子要送我看过，否则，我这肩子我挑不了得，请你亦对他们斡旋，大皆好相安无事，这是要请你原谅我的。"我说："我回去相商，再来回复你。"这是第一件闯祸的事暴露了。

（3）何遂在干部学校当教员，他带学生在操场演说革命，最后激动学生说："你们大胆赞成革命的，上天桥上跳下来，表示决心。"因此一个学生跌坏了，这事就传开去。是第二件闯祸的事暴露了。

（4）有一天，桂抚张鸣岐请杨曾蔚、陈之骥、尹昌衡、孙孟戟几人

---

①　原文如此，上文作"田家轩"。

吃便饭,张抚先诱着他们谈革命事件,先把身藏着短手枪拿出来说:"我是赞成革命的一个人,因此我随身带着手枪,随时可练习练习,预备将来好用"云云。尹昌衡接过来看这枝枪时,连放三枪,将会客室二块玻璃窗打破了。张抚呵呵大笑。尹昌衡遂将革命情形大概的透露出来,并言要举大帅为首领云云。张抚不露形迹,含笑颔之而已。食毕,并赠每人安南刀一,用红布扎好,斜挂每人肩背上送出。杨曾蔚回寓后,差人来叫我去,醉醺醺的兴奋极点地对我说云:"我今天得四宝:一、安南刀;二、岳飞像;三、得一美妾;四、得张大帅一个大同志"等语。我听到这样话,心内甚为恐慌,而面子上答以帮办今天须早睡,有话明天再讲。余回寓后,一夜前思后想,不能合眼,知祸事发作不远了。这是第三件闯祸的事暴露了。

(5)大概五月的时候,张抚秘密调蔡松坡来接充学兵营的营长及干部学校的校长了,蒋尊簋来接充兵备处总办了,董绍基来接充雷寿荣的陆军小学堂的监督了,不久雷寿荣被扣押了。我呢,蒋尊簋升我为军需处一等科员。王勇公、陈之骥、杨曾蔚等,以为我出卖他们,很对我不谅解,尤其是王勇公的妻对我讥刺说:"吕科员现在顶是蓝的了,如此做去,过二三年后,就可染红的。"我对他笑笑说:"现在我不分辩,就是要分辩亦无用,但不久你们就可以谅解我的,照现在情形讲,你们以速走为是。"他们听到我这句话,大皆笑不可仰,我是莫名其妙的。有一晚我陪王勇公夫妇、孙孟戟夫妇去看戏,到一半的时候,王的护兵赶来说:"军需处长孔庚已被拿,关到监狱去了。"大皆瞿然。勇公说:"戏不要看了。"因此均回到勇公公馆去。勇公说:"什样办?"皆缄默无语。我说:"等到明早托王芝祥设法去。"(王芝祥是桂省按察使,曾兼兵备处总办,杨曾蔚为帮办,故云)孙孟戟说:"只有如此办了。"我说:"我先回兵备处探听去。"(我住宿兵备处的)我回到兵备处不多时,王勇公改穿军装,佩开口军刀来说:"戴之(我的表字),我要与蒋尊簋去拚命了。"我一把将他抱住。他说:"不肯让我去拚命,我只有自杀了。"一手将刀抽出,自割其喉。我将他连手连刀统紧紧抱住,一面叫当差将佩刀夺了去。他就尽力挣脱,跑入蒋尊簋室,大骂特骂。我再叫五六名差夫共同拥送他回公馆去后,我回兵备处时,蒋已坐轿上抚署去了。约一小时回,入室我即跪其前,口禀云:"总办,我是来向总办自首的,我是革命党,王勇公等均是革命党,大皆集中到广西来起义的。但总办在浙江办弁目学堂的时候,秋瑾告诉我,总办亦是同志。如果是同志,惺惺惜惜惺,总办应该设法救救他们;否则,我亦情愿一死了之。"蒋说:"大帅明晨八时开军事会审,说要杀几个脑袋他们看看,大帅要什样办,就什样办,我是无法可设了。"我说:"总办在日本留学的时期,对国内外的情形是很明白的,如有办法当然肯救的,但请总办再想一想,格外施仁的办法有没有。"我跪着大概有半小时之久,总是不肯起来。最后蒋总办说一句活动的话云:"这事你去求王芝祥,或者有办法未知的。"我说:"我谢谢总办,如此就有救了。"我起来就赴王勇公公馆,到时,他们有十多人坐在那里,王勇公太太抢先说:"现在时候半夜多了,你还来此探听什么消息吗?"我说:与蒋尊簋闹过后,蒋即坐轿到抚署去,约一小时回,将我跪求经过情形述了一遍,时间已迫,第一我们统到按察署求王芝祥去,或者事可转圜的;否则是危险万分的。大皆都赞成我的话,就一齐到按察署去叫门入。王芝祥(字铁珊)起床传见,我即将全盘情况陈明。王芝祥开口骂道:"你们这群小孩子,太糊闹了,我不救,看你们太可怜,我若救你们,你们更不知要闹到什么地步去。"我说:"请总办原谅,我们没有阅历,经过这次,我们是再不敢了。"王芝祥说:"你们在这里等我,我到抚署去一去,就回来的。"约一小时余回来了,他说:"大帅前我说了许多话,已允许我不开军事会审了,但王勇公、孙孟戟、杨曾蔚、陈之骥等,限三日内离开桂林,这是你们要遵办的。"我听到这话,我心头宽了几百倍,总算一次一次闯下的祸,都能消免了,我就直接回兵备处,睡了一个安稳的觉了。

到第三日我送王勇公等上船去后，约过一个月，何遂自边关调查炮台回，我告诉他两个月来变化。这时张鸣岐带蒋尊簋到北京觐见去了，沈秉坤来桂护抚，蔡松坡兼兵备处总办，我即上辞呈，与冷遹同行过香港，日在九龙赵声处，与黄兴、胡汉民聚会者约一星期后，同冷遹回沪。

（6）我离开浙江赴桂时，因辞职不准，遂私自赴桂，闻协统杨善德要通饬缉拿我，这时回浙江去，不知道受何样处分，在怀疑中，先托同学倪德薰禀明督练公所总参议袁思永，先将我调回督练公所经理科当差遣，离开杨的范围，我始回浙。在十、十一、十二三个月中，陆军的统计新军的预算，大多数是我个人包办的。到一九一一年二月间，保升我充第八十二标第二营的督队官。到差的时候，标统周承菼、教练官吴思豫都不见我。到第二营见陈卓营长时，陈用命令式的口气说："你每月只来领饷去，不必到营部办事，亦不必随营出操的，对面这间房，你到队来时，可休息的，别无他事，你可以回去了。"我遂离营回家。在盘中细细想这情形，大概他们知道我是革命党，怕我在营里多事的缘故。不久，浙新军四十一协协统蔡勋到任（代替杨善德的），我去迎接回营时，第八十一标代标统朱瑞亦迎接蔡者，顺便到我营寻我。我素未与其谋面的，我看他是上校阶级，我起而立正行举手礼，他将我手握住云："我早已知道你的，你有暇时，可到姚园寺巷九号我家里来谈谈。"言毕即去。因此到假日我就到他家去，他即刻出见云："你做人做事，虞赓甫已告诉我了，我们是同志，但光复会须秘密恢复，我是不能出名的，请你出来做。八十二标三营营长顾乃斌亦是同志，你去看看他，我知照他好了。"因此光复会恢复了。内容呢，是朱瑞、顾乃斌、虞赓甫（这是朱瑞联系的）、工程营营长韩肇基、朱健哉、庄之盘及我共七人是会的干部[①]，对任何同志不宣布的。对外由我出名联系的：宪兵营两个队官王桂林、傅其永，副官童葆暄，抚署卫队司

---

① 原整理者注："之"字原手稿不清。

务长孔昭道等(是我前在卫队当兵时老同志)。有五十八个归孔昭道联系：第八十一标副官俞丹屏、排长胡奠邦等八人；第八十二标队官张健，排长王子经、张鸿翔、蒋僎等十一人；督练公所倪德薰、王元秀①、林竞雄、叶志龙、王萼等。我的住宅在古太庙巷底，后面是紫阳山，开会在山顶坎字八卦石上开。据报告五月时八一、八二两标新兵均一致了，但周承菼标统处处对我逼迫，非要我辞职不可。我写信给蒋作宾。不久，吴禄祯寄信来，要我到第四镇内去帮忙(毕业时由同志介绍见蒋，很赏识我，所以时常通信的。这次吴处是他所荐)。我即具呈辞职得准，遂于六月中旬到北京去。

　　(7)一九一一年约六月中旬到北京，住在打磨厂客店。第二天到参谋部，拜望蒋作宾。见后，嘱余速到方家园见吴禄祯去，听说有任命山东巡抚消息，他为人有燕赵慷慨悲歌之士的风度，你要讲的话就讲，不要半含半吐样儿。你就去吧。我即辞出，到方家园见吴禄祯。卡片送进去，吴禄祯即穿双拖鞋、短衣出客堂来见我，就问我："是昨天到的？"我说："是。"他问："住何处？"我说："住打磨厂某店。"他就叫来人，你到打磨厂某店代吕大人行李去挑来，钱带去将账算却。我就起来拦住说道："有一件事，请统制示明后，我方好决定行止。"他说："好，什么事说吧。"我说："我外间听说统制有任山东巡抚之谣，确否？"他说："事是有的，但庆亲王要我二十万元贿，我办不了的。"我说："这款我负责去办，限我二个月送到。为什么呢？今年三月二十八日广东黄花岗案内南洋捐款尚余四十万元存香港，这款湖南人李执中经管的，现李执中回湖南时，王文卿(台州人王萼的胞兄，在南洋教书的)特邀来杭游西湖，住于我家约十余日，离杭时他开明通讯处，有紧要时，要我打电催他来，他就来的。所以这二十万元款有十分把握，但有三点事情要求统制。"他说："什么事？你直讲吧！"我说："第

――――――――――――

　　①　王元秀，疑为"黄元秀"之误。

一点,这种款是预备革命要用的,到任时,省点归的款,应先归还。"他说:"当然的。"我说;"第二点,现在每省练一镇新兵,独山东未练,现是借陆军部的直辖第五镇新兵驻防的,统制到省后,应该自练一镇新兵,用同志们去练。"他说:"这也是自然的。"我说:"第三点恐怕办不了。不说也罢。"他说:"不妨说明后,相商着办。"我说:"陶焕卿是徐锡麟牵连的钦犯,他能入幕吗?"他忍耐约三分钟直答我说:"可以入幕,姓名好更换的。"我甚为感动,就站起来对他三鞠躬,我说:"这几句话,我佩服统制到极地了,有肩膀,有胆略,有办法,因此我明日就动身回上海去办,即此辞行了。"他说:"爽快得很,我也不留你了。"我就再会蒋,说明了这事。第二日就动身回上海,打电催李执中来;一面回杭州告诉朱瑞等。不到二十天李执中来杭接洽好,他回上海打电到香港提款。等到八月十六日,李执中来杭约余赴沪同携款赴北京去。不料八月十九日汉口已独立了。李执中、王文卿等都说,这事来不及办了,叫我回杭预备,他们在上海预备。我当夜回杭。二十一日上海派姚勇忱来接洽。二十二日在白云庵开干部会议,无决定。二十三日在现在的陶社会议,无决定。二十四日我通知在热闹的地方,就是清泰门火车站附近,在二我轩照相馆楼上饭店会议,又无决定。姚勇忱走了,我应李执中电召,二十五日亦赴沪,驻锐进学社内。李执中、陶焕卿、王文卿均来漫谈。陶焕卿先说:"陈英士是一个没有心肝的人,我五年来在新加坡等处筹来的款约一百十万左右,汇英士组织革命之用,现在我回去一查,英士就是大嫖大赌用却,对于革命毫无组织过,现再不与他合作了。我听说他派姚某到杭州来向你们接洽,我要求你亦不要与他合作了。"他们守住我,防我到英士那边去,我就回杭。二十八日(清净的地方均有侦探)在城隍山四景园开干部会议,朱瑞介绍褚辅成入会。朱瑞、顾乃斌、韩肇基三人提议云:"我们新兵,每兵只有五颗子弹,杭州城里驻有巡防五营,有一千四百多兵,子弹尽充足,若猝然起义,必败无疑,最好你一面催王金发到绍兴去起事;一面赶缙云吕逢樵旧部到富阳起事,局面逼他(的)紧,来后再动手较有把握的。"我说:"王金发在上海,我二十六日遇见他,他说想到绍兴去发动,只要写封信通知他就够了。至缙云吕逢樵处要七、八天路程(其时轮船、铁路都未有),又非我去不可,倘这里有紧要时,什样办呢?"朱瑞说:"这里你叫一个人在这里接洽好了,"要我举出一个人来。我举出宪兵副官童葆暄。他问:"靠得住否?"我说:"我在学堂时就连接一气的。"朱说:"好,那么你明天就动身去,你知照童葆暄来看我一次。"我说:"好。"再褚辅成提出第一任都督应请汤寿潜(字蛰仙)出来担任,一、好压住全省,二、震动清廷与外省,大皆通过。散会后,我即召集童葆暄、王桂林、傅其永(宪兵营)、王蕚(督练处)、孔昭道(抚署卫队)会议,我即将上午会议情形告诉他们,随将整个组织情形详细告诉他们,并将秘密印信"爰"(五分方)统交童葆暄后,又将通电地点约定后,我遂于二十九日上船回永康,秘密住于王家。当夜派人赶吕逢樵。九日下午派一吕某(名已忘了)来,谈妥后,我初九日回三十里坑老家,约几位同志来相商永康策应事。内有胡俊卿者,一定要我等他二日,定十三日起身同我到杭州,届期步行到金华,住于徐家。十四晨接到"杭复,署焚、抚擒,馀无恙"一电,系童葆暄所发。我与胡俊卿雇快船,趁月色日夜兼程行,至十六日晚抵杭(下水船较快)。这时王桂林已为宪兵司令(原营长奎福逃走了)。我住这司令部内,过晚饭后,童葆暄、王蕚、傅其永来言,童葆暄做半天都督,褚辅成就组织临时议会,举汤寿潜为都督,周承菼为总司令,除王桂林外,这许多革命干部均无事,实在这次革命能成功者,就靠抚署卫队孔昭道一人反戈所致。因此王桂林、傅其永大责备童葆暄不等待我到,先动手,想争都督做,全搞坏了。我说:"革命成功就好了,浙江让该他们搞①,我们组织攻南京去,以往事不必提了。"十七日陶

---

①　该,原整理者校注为"给"。

焕卿等知道我到了,就临时召集参议会开会,先邀我到会。陶焕卿提议云:"我要到上海去,这议长应让吕某来接,这是天公地道的。"我说:"南京未下,局势甚危,我拟组织队伍攻南京去。"朱瑞说:"我亦想去,我们再商吧。"褚辅成提"接德将军函,墨翰卿父子还想发动旗营反攻①,应如何办?"议决即刻将他父子俩枪决。我提:"浙抚增韫、总参议袁思永从未杀过革命党,做人很不错,应每人送五千元路费,派人送到上海,还他自由罢。"决议通过。我又提:"组织队伍攻南京去,争取革命成功。"决议,先提出计划再议。

(8)十七晚接到镇江徐绍桢(第九镇统制)新兵发动失败、乞援电。当夜提出计划,以朱瑞所管第八十一标为主干(约七百余人),附以陆殿魁所带巡防三营(每营二百八十人,共约八百人),又赵膺所带工程营(数只一队百余人)、白□所带辎重队(约百人)②,以朱瑞为支队长,我为参谋长,童葆暄、葛敬恩、徐乐尧、洪大钧为参谋,裘绍、傅其永、周元善(一人忘了)为参军。到十九日晨,我先出发到镇江布置,将动身时蒋介石赶到说,陶焕卿、李执中等组织张伯岐先锋队,带到上海去打陈英士的,要我劝解;否则,后方闹乱子,前方什么能打南京呢。我说:"你放心,我去劝解去。"原来上海光复的事体经过是这样的:陈英士因陶焕卿说他用许多钱毫无组织的话,陈英士想顾顾面子,因而临时组织了一批流氓伶人,去打制造局失败,被清兵拿住,押在局内。于是李执中等说陈英士还肯拚命,还不失为人,应当去救他。李执中率领了各同志,再攻制造局,成功了,上海光复了,英士亦被放出来了。陈英士连络报馆人出而提议选举都督,因而都督竟被英士选去了。陶焕卿因此要打倒英士。我劝陶焕卿、王文卿等说:

① 墨翰卿父子,当为贵翰香、海量父子。贵翰香,名林,杭州旗营协领。德将军,指德济。贵翰香接受浙江谘议局议长陈黻宸劝导而投诚,褚辅成假托都督汤寿潜之命"请"贵赴政事部商议,以"军法紧急处分"的名目杀害。三年后昭雪。参见知情人刘祝群的记述。

② 据《吕公望先生自传》《我前半生的革命生涯》,"白□"为"白钊"。

"洪、杨革命不成功,是自相残杀,我们正开始,南京尚未攻下,你们就要自相残杀,我们究竟革什么命? 我劝你们眼光放远大些。现在你们要真真实实答复我一句话,我好决定行止,否则,我南京也不去攻了。"陶焕卿答说:"好,我不打陈英士,我们自己到吴淞,占一小地盘,组织队伍,亦赶来攻南京。"我说:"好,我希望你们言行相顾的,我去了。"于是我先到无锡,逢第九镇马队营长谢祖康说:"一定要组织马队为搜索之用,否则很危险。"我却回上海,英士所组警卫队的马百二十匹,我全数运到镇江,交谢祖康组马队营。到二十八日,朱瑞支队长到了镇江,同我去拜望徐绍桢,请示出兵日期。他说:"我这里只有二只兵舰,陆战约百余名,且林述庆多方倾陷我,那能说得到出兵呢。"再去拜望林述庆,他说:"我只有柏文蔚带的约十名兵,徐绍桢处处与我为难,我现在谈不到出兵的。"朱无言。我即忿然道:"我浙军已经开到这里了,你们的兵不加入,我亦是要去攻南京的,为什么呢? 张勋的兵是容易对付的,听说山东张怀芝的兵亦要南下了,津浦路中间未接轨的只有数十里地,南北两头均可运兵的。计算起来约一个月,他的兵可以到南京;到那里想攻南京,绝对不成功了,即镇江亦坐不稳的了。因此我浙军一定失去同张勋拚命①,希望你们眼光放远大些,早些出兵好。"朱与我回司令部时,朱驾我说:"你吹什么牛,这几个浙军好攻南京吗?"我很惊异的道:"支队长你还想不去打的吗? 兵不在多,在能用与否。现若坐失时机,张怀芝兵一到,我们浙军是进不能进,退不能退,惟有死路一条了。"朱说:"就开会议来讨论吧。"开会议时,参谋、参军都赞成我的理由,攻宁之计遂定。

　　二十九日早晨,出动到东阳城驻扎。十月初二日适黎天才带一营兵来,愿归浙军指挥,即命黎为攻幕府山炮台司令。谢祖康马队当夜出发,拂晓时占领炮台后,交与黎管,结果胜利,军心为之一振。初

---

① 失去,疑为"先去"之误。

五日拂晓,派与队搜栖霞山铁路一带①,裘绍带其一百名与领紫金山②,傅其永带兵百名占领与群去后③,大队亦随进到距马群约十里地时,傅其永派人来报告云;"张勋兵已到马群,发生遭遇战了,要本队速进。"就下令跑步,我带参谋先行,到达马群后方高地上,画一略图,下令进攻。兵甚勇猛,到下午五时左右,我兵已追击过去五个山头。晨张勋步队涌出朝阳门,将我方过山炮四尊抢去,预备以队长张效巡带队,由斜道冲出夺回。初六日将午,张勋由朝阳门、洪武门两路来包围。到下午二时,我左翼营管带赵膺死了,已支持不住了,幸而有救。王文卿带吴淞的兵一营到,他问我情形,我说:"胜了。"同时谢祖康带马队回,问我情形,我又说:"胜了。"他说:"吹冲锋号冲锋上去好否?"我说:"好。"冲锋号一吹,马队与吴淞兵一齐冲锋上去,张勋兵就逃了。朝阳城门关了,外尚有辫子兵(张勋兵都留辫)五百余名,一气打死了。从此张勋兵再不敢出城了。

(9)初七日,上海陈英士兵一标由洪承点带来,到徐绍桢总司令部(在麒麟门)报到。令我到部会议,洪承点对我要求,天保城上他去攻打。我说:"好极了。"徐绍桢问:"南京城如何攻法?"我说:"正在计划中。"他说:"计划好,你报告我一声。"我说:"当然的。"到初八夜徐约我去会议,他说:"洪承点攻天保城二天了,营长死一个,队官死三个,兵死一百多名,傍晚时退回来了。对天保城什样办呢?"我说:"明晚我用浙军去攻吧!"他说:"预备什样攻法?"我说:"我去计划。"他说:"你先回去休息休息嘛。"初九晨下令征志愿兵攻天保城,由营集中;下午一时,由营带领,集中于某大坟墓前听令,天保城能攻下时,每兵赏五十元,官长一百元升级。刚在集队时,青田叶仰高、张心伯赶到,说朱支队长已允许他二人分带攻天保城去。我说:"你能服从

---

① 与队,疑为"马队"之误。
② 与领,疑为"占领"之误。
③ 与群,疑为"马群"之误。

命令吗?"他说:"当然。"我说:"如违背命令,我是照军法办的,你服从吗?"他说:"服从的。"我随手拔一草,做二个阄,我说:"你二人来拈,拈着长的就带去攻紫金山。"叶仰高拈到长的,随即集合志愿兵共百九十二名,即分二大队,第二队九十二名,交张心伯带去,限今晚八时仍带到这里听令。张带去后,对第一队发令;一、吩咐士兵听从叶队长指挥;二、令叶队长限四点钟前,占领紫金山后,向天保城进攻,攻到第一线帐棚时,须将帐棚烧却,可以使我知道占领第一线了。但弱子兵一定集中力量守住第二线或反攻①,你能占领住第一线,与他坚持固佳;如不能时,需占住紫金山;他不追击时,仍需进攻,占领第一线,与波相持②,但万不能再攻至第二线。总之,退不能放弃紫金山,进不能攻进第二线,如能持至明晨,你就是第一功了。你必须服从,这是命令。叶仰高说:"我若能攻占天保城,我是要攻进去的。"我说:"这就是违抗命令,我就要照军法办的。"他说:"我就照命令做好啦。"我说;"今夜我就在这里听消息,你就指定二名连络兵为报告用。"这时已下雨了,叶带队冒雨,居然按时占领紫金山。我回部晚餐后,仍至大坟,约七时第一线火起了,不久张拱宸带队到了。(一)检查子弹,膛内不准装子弹,怕失火被泄漏;(二)每人检查不准带火柴、香烟;(三)路上不准喧哗;(四)趁这下雨月尚微明时,由天保城北面的孝陵卫上山(天保城南面紫金山,已被我着一队牵制住),等到月落黑暗时,淅接近天保城待机③,最好每枪只有一颗子弹,直冲入天保城,占领该炮台为要。但夜里上山,兵与兵须用手连络,说话报告,亦须兵与兵细语传递为要。我今夜在此候报,一切请张队长负责了。张队长说:"拂晓时我一定占领天保城炮台,请参谋长放心吧!"我说:"我在这里听好消息了。"兵出发后,只听紫金山方面疏密不断的枪

---

① 但弱,原文如此。

② 波,疑为"彼"之误。

③ 淅,疑为"渐"字。

声,到三点钟时,看见第二线帐棚起火了,我心里忧急了不得,我想叶仰高如不遵命令攻进去,那飞鹅颈一带很狭的路,只要一挺机关枪扫射,我的兵就死光了,无法可救的,甚为怀疑。到四点余钟,真听见机关枪声音了,过后仍是疏密不断的枪声。到五点钟骤然一阵很密的枪声,天保城帐棚全起火了(约有四十多个),枪声忽然中断,用望远镜看见白旗摇动,知道占领天保城了。我回司令部,调姚永安所带炮队扛抬过山炮二尊,上天保城,向督署轰击。一面叫马队通知黎天才,向北极阁轰击(这次攻天保城,就是叶仰高带九名兵冲进,均被扫射,死十人)。至下午二时,接报告:"铁良、张勋均逃走了;林述庆带兵由铁路入太平门了;徐绍桢迫不及待,亦叫开朝阳门进城了。"不得已我浙军留辎重队在战区收拾子弹粮食外,其余亦于五时由太平门入,到南洋劝业场驻扎。这时查得林述庆占领总督署、大清银行、电报局,临时都督林述庆的告示贴满通衢,浙军送去打电报告浙江汤都督的护兵,亦被林述庆拿去了。我浙军将兵分驻于狮子山炮台、北极阁、鼓楼、小营房,并在旗营内搜出野战炮六尊,炮弹、子弹及枪械不少。布置妥后,由徐绍桢、朱瑞出名召林述庆开军事会议,林自己不敢来,派葛光庭来出席。浙军提出限林述庆于明日上午十点前退回镇江去,被拿去的打电报护兵即刻送回,电局、大清银行都交徐绍桢接受。葛光庭自知理屈,均负责去办。结果交涉胜利。这是辛亥革命的情形。十月十日攻南京胜利[1],以双十节为国庆日,此一原因也。

　　(10)一九一二年南北议和,清廷逊位,浙军就开回浙江了。不久朱瑞为浙江都督,我为师长了,这时浙江各府均设立军政分府,自为政,自练兵。经半年调整,军政分府撤销了,兵裁者裁了,归并者归并了,军、民、财各政渐上轨道了。不料一九一三年又有赣宁之变,我浙戒严,迄十一月始解严。到一九一四年调我为嘉湖镇守使,驻湖州,

---

　　① 《我前半生的革命生涯》注:江浙联军攻进南京是在一九一一年十二月二日(夏历十月十二日)。

不过出巡嘉、湖各属,保护地方安全罢了。到一九一五年,不料袁世凯用杨度等计,设立筹安会,预备称帝了,蔡松坡设计离北京到云南带兵攻四川了。这时蔡松坡上一条陈,设训练总监部,想自为总监;不料事准行,而总监位置为张敬舆所得。袁对人说:拟以参谋总长畀蔡。参谋总长陈宧已简为四川都督,缺尚未补。但雷震春很想这位置,闻袁云云,与江朝宗设法陷害松坡(雷震春为军政执法处长),派兵警围其第,搜查无证据。第二日内务部长朱桂莘知之,即亲自至蔡处谢罪。蔡本为经界局长,至此即设法离京。第一步与其夫人商妥,蔡即日至北妓小凤仙处住宿,他的夫人寻至小凤仙处吵闹后,日日夫妇打骂至通衢,闹得尽人皆知,最后提出离婚,蔡的家属得以出京到上海去了。蔡松坡与小凤仙俨为夫妇。一日蔡陪小凤仙至瑞蚨祥买衣料,偶逢一友,请蔡有事相商,蔡即将皮包及钱交小凤仙云:"你在此慢慢的拣好衣料,我去约三四十分钟就回来。"蔡即坐其人之小汽车至天津,到云南去,带兵攻四川,反对帝制去了。

(11)到一九一六年,广西陆荣廷宣布独立,岑春煊在肇庆设立了总裁府。继则滇桂合兵攻粤,龙济光逃走,广东又独立了。浙江这时巡按使屈映光思兼军民两长,与童葆暄密谋(屈与童均临海人),拟赶走朱瑞,对外说是反对帝制,周凤岐、夏超、王桂林等和之。朱瑞亦微有所闻,于是电促余来杭。至拱埠,王桂林、童葆暄派护兵来迎,邀余先至王桂林公馆,时屈的秘书长刘琨,夏超、童葆暄、周凤岐等均先在。刘琨邀余至内进私谈云"是大皆反对帝制,浙江拟独立,朱瑞不允,大皆想推翻朱瑞"云云。我说:"我去劝朱瑞,如不听的话,我总跟他们走就是了[①]。"当即我到督署见朱,力陈袁世凯篡帝位,他的左右臂——段祺瑞、冯国璋均反对的,袁必败,所以浙江须宣布独立的,否则恐要出乱子。他问:"什么样出乱子。"我说来运动的人太多,我在

---

① 他们,原整理者校改为"你们"。

湖州,段方曲同丰,冯方葛洪荪,均来过,劝浙江独立的。朱说:"好,我考虑考虑再谈吧。"我一连劝过三次,他不允。童葆暄、周凤岐来质问我,我说:"我已表示过,如劝朱都督不允,只有跟诸位走吧!"我于夜间到艮山门上车赴嘉兴,接到屈来电,云"浙江兵变,朱都督失踪"等语。过一天又接屈电云"有倡言独立者斩",并打电至北京报告。因此上海对屈大哗,攻击甚力,不得已举余为都督①。第三天浙江独立了,我已去电逼袁世凯退位了。未几,陕西陈树藩、湖南汤芗铭、四川陈宧,相继独立,袁世凯气死了。段祺瑞出而组阁,迎黎元洪大总统任,全国始大定了。当时谣言云:"起病六君子,送命二陈汤。"

四、与北洋军阀斗争时期

(1)冯国璋、段祺瑞等北洋军阀,对革命党甚歧视。关于浙局事,冯始派葛洪荪要求我撤换民厅长王文庆②,我不允。于是授意驻沪护军使杨善德,在武备学生和北洋学生间,挑拨离间,发生恶感。因此武备学生周凤岐、张载阳、夏超等起而叛。我本是对权利很淡泊的一个人,当然自行辞职。不料段、冯相商,派杨善德来接我的任,于是夏定侯、周凤岐、童葆暄均大失所望,秘密会议,派兵在嘉兴至杭州一带,首尾截击杨善德的兵。我得报,即传周凤岐、夏超、童葆暄、陈肇英等来,责以国事危急,非尊重中央命令,不足以图存,勒令撤兵。一面我自己赴沪带杨兵来浙,你们要打就打我好啦。我即赴路局乘车赴龙华,与杨商妥,我即带杨兵二列车来杭,驻于梅东高桥工程营内。第三天杨兵全师开来杭,第四日杨来,第五日办移交,尚有现洋五十

---

① 一九一六年五月五日被推举为浙江都督,不久改为督军,次年一月十一日卸任。

② 王文庆,底本误作王文广,径改。原整理者注:民国初年北京政府时期各省无民政厅长之设。时浙江政务厅厅长为王文广,广,似为"庆"字之误。王文庆一九一六年十月任职,一九一七年一月免职。按,王文庆先任浙江民政厅长,后民政厅更名为政务厅,直属省长公署,留任厅长。

四万元。杨叫王桂林、童葆暄来言，督军省长下台，非有四万元养不活，这现款叫我带去，一切责任归渠负云云。余谢而不受。第二次又叫王、童很恳切来言，余即答以"余若要此款，当时何必办移交呢"？杨说我年纪轻，不知利害，到明年这时候，一定记到他的话云。随送我三千元川费，我即动身赴京去矣。这事杭州在六十岁以上的人都知道的。

（2）余到北京后，已发表将军府的怀威将军，因此迎春到北京居住，得暂时的休息。这时候国民党、进步党、政友会各党派，纷纷要求余加入，余均答以守军人不入党之戒，概行谢绝。在这一九一七年的第一次世界大战中的参战问题，府（总统府）、院（国务院）大起冲突。为什么呢？院方主张加入协约国，对德国宣战。这种案遵照《约法》，应送交国会通过，方为有效。而国会国民党派吴景濂、褚辅成等联合府方，对院方提出交换条件很高，院方不接受。于是乎段系曲同丰等，袭袁世凯时选举总统的故智（伎），用乞丐团包围国会。而吴景濂等怂勇府方（金永炎用事）总统黎元洪用手令解除国务总理段祺瑞职，均非法也。段即日离京赴津，不料北洋军阀底下的各省督军（督军即都督）均愤怒府方及国会的无理，群派人到天津集会（俗称为督军团）示反抗。黎与吴等大惊，不得已行挖肉补疮的办法，召张勋入京。不十日间，复辟之事实现了，京津一带龙旗飘飘，睹之酸心。张勋最恨辛亥攻宁的浙军，余亦不得不逃至天津，投段公馆去，商量挽救的方法。

（3）俗传马厂誓师，是怎么一回事呢？这时北洋督军曹锟驻保定，省长朱家宝驻天津。朱系清朝大员出身，无可商余地，段因邀梁启超、汤化龙来商，拟一通电，为反抗复辟的先声。靳云鹏派人送到山东去，托张怀芝督军拍发。不料为张所拒绝。靳急问我再有办法否？我答以"还有"。靳说："怎样办？"我说："待我去设法，过日再来报告。"他说："好，你赶快去。"我有一个同学元柏香，曾经做过我所属的中校参谋,他是驻马厂的师长李长泰的内侄,因得交李的长子李壮飞。壮飞狎一妓名张玉凤,时请我去捧场的,虽是酒肉之交,情是相当深的。因此我先去找到元柏香,再找到李壮飞,将前后情形和办法和盘告诉他,请他即刻动身到马厂去,用种种办法,劝你父即派你回津,来欢迎段到马厂视师去。这是对民国立第一个功。稍迟南方各省有先之者,便不足奇了。李壮飞欣然接受,即赴马厂去。至夜持父函回津,迎段赴马厂。余遂偕壮飞赴靳宅报告后,即同靳乘车到段宅,将伊父亲笔函交段。段欣然曰:"好,我一定去,我预备先回你父一函,你明早直接到这里来取好了。"到第四、五天段偕梁启超、汤化龙到马厂视师去。津方靳云鹏为主,曲同丰、李壮飞、段骏良及我数人为干,定计做好与津警一样的服装,由马厂秘密调来健兵百二十名,带短枪穿上警装,在晚九时左右,伪充警察,整队开入省署,只开一排枪,省署人员已逃走一空了,如此天津就算光复了。由靳赴马厂迎段回津,组织讨逆总司令部;西路司令曹锟,由保定进兵;东路司令段芝贵,由天津进兵。这时廊房驻有兵一旅,旅长原为冯玉祥,因逆傅良佐撤职,改委杨姓者接充。段芝贵想扩充个人势力,力保冯复任。后芝贵出发至廊房,召冯商军事,冯不至,三召之,冯至车上,以军刀顿车板作巨响,忿然曰:"谁用命令式召我者,我勿承,奈我何!"言已去。芝贵默不敢言,事几败。段因急遣人持函赴南苑,促蔡成勋(蔡亦师长,驻南苑)速入京城攻张勋,张败逃东交民巷使馆内,京城已告克复了。这次组阁,段早允梁长财部,汤长内部,而徐树铮自浙江赶回,要求段允张弧长财部,渠自己财次,梁长内部,汤长教部。梁不语。徐遂用直接破坏法,跑到汤化龙处,面骂汤与梁为不要脸的野鸡政客。靳云鹏知之,恐事败,赶告段,段又不语。靳气,回公馆睡。约上午八时许,我与段骏良由北京部署回津,赴靳宅知之,力劝靳赶速调度段师赴京事,徐树铮事我与段骏良去设法。即偕骏良赴段师处,面告以:(一)徐树铮得罪梁、汤事;(二)徐树铮如此做法,是为吾师树敌于全国；（三）徐树铮招权纳贿，特任曹锟为直督，贿二十万，由元柏香过手；陆建章要求吾师撤换陈树藩（陈夺陆位，派兵送陈出关时，士兵将陆的行李妾女掳掠奸淫），而陆派瞿寿禔携款三十万来京送徐；我在浙时，派人来向我借款二十万，我无钱应付。这俱事实，我知其人，知其事，不禀告老师，是过在我；我已禀告老师，而老师不听，是过在老师。现梁、汤是我国中享有大名的人，应结合为要。话完，察师的颜色，似有容纳状。我又赴靳宅告知后即回家。不料梁的高徒蓝公武在我家，我将情形告知他，蓝说："你的话恐段不甚懂，须照所说的话写一封信去。"我说："我太力乏了，再不必写信了。"蓝说："我来代写。"妥后蓝叫我的勤工送去了。到第二天早，靳叫我去，说段老头子亲邀梁、汤赴京去了。这是马厂视师的经过情形。

（4）回北京后，第一件设施出我意外的，是北洋系乃国家骨干自任，不迎黎元洪复位，而迎冯国璋出任非法的总统。但不久府院矛盾甚于黎时，自此北洋系分裂了，院方以傅良佐代谭延闿督湘，府方则勾结傅良佐带去的王汝贤师以倒傅，黎方早勾结陆荣廷在两广独立，其部属谭浩明乘机一袭，占了长沙。于是乎皖系（即段系）一面派张敬尧师援湘；一面由屈映光说童葆暄，带浙军到闽，会同闽督李厚基攻粤。直系（即冯国璋系）亦设辞派吴佩孚援湘攻粤。直系冯派其女婿陈之骥入川联周道刚，以控制吴自堂。皖系段又派我入川说周道刚，联吴以控制萧耀南。因此国家弄得四分五裂了。我这时看了一切形势，发生了如下的感想：（一）文化为武备的先锋，我国以前旧的文化，由北趋南；现在新的文化，是由南趋北的。（二）以前旧的武力，用刀枪是用力的，输北人体力高大；现在新的武力，用炮火是用智的，让南人脑力灵敏。（三）此后关于国家的一切敷政与国际的联系，是大有关系的，新的外交人才均产在南方。因此种种的关系，可以决定我国此后的政权，是属于南方人的，所以北洋军阀们无统治的希望了。且闻孙中山、岑春煊在广东独立，设立军政府，我久想南下参加，因李厚基、童葆暄合兵攻粤,将到潮州、汕头一带了,以我与浙军有关,岑春煊的秘书长章士钊秘密来邀,即偕赴广东,加入南方革命了。这是一九一八年约五、六月的事。

（5）章士钊与我乘坐南京邮船抵香港时,我暂住富滇银行经理张木欣家。章即赴广东报告后,约三日章即带五万元款回港,言前线事急,劝我速赴汕潮设法。我即赴潮州。据报浙军总司令童葆暄驻饶平,其左路前敌指挥陈肇英驻飞鹅颈,距潮州约八十至百华里路。南方军队系闽军,其司令为方声涛,参谋长为林知渊,团长为杨明远,均系我同学,且系革命老同志,故我放胆行。至淡水岭为南军第一战线所在,闽军杨明远团所属营长陈铭枢任指挥。据云子弹缺乏,用广东小边炮,放入洋油箱燃放之,可笑亦可怜。时已夜,带一护兵应桂有,持一大白灯笼,用黑字标"吕公望"三字,挑于长竹竿上,一面大声叫吼:"我是吕公望,我是吕公望",就如此模糊地冲过对方战线。去时,对方于黑暗地伏兵约一排,其排长亦手执手枪对住我,于灯下认清我时,即陪我入指挥部见陈肇英。时由上海派由福建去的徐晓窗已先在,我遂将南北情形细谈一过,即由陈肇英打电话报告童葆暄,童即约我到饶平。我即赴饶平,他派应镇藩副官来接,云司令部有北京、福建派来观战人员,不可去,陪我至一民家住。约过一点钟工夫,童葆暄来谈,我将南北两方情形告诉他后,即提出二点要求:（一）要求他投诚到广东方面去,我负责请广东军政府特任他为福建督军;（二）要求他联合南军反攻福建为桥板,达目的后,一方面宜攻浙江,一方面广东出兵攻湖南,第一步造成江以南的南方军政府根据地。你接受的话,我明日即回到广东取特任状去。童答云:"我们商量商量。据屈文六的话,我能攻下潮汕时,段国务院即特任我为广东督军,并给我一师数的枪械经费,叫我再练一师兵,攻广东去,无论如何,潮汕我一定要攻下的。段允给我再练一师枪械经费,我是要取到的,那时我可以听你的话,再行决定。"我说:"如此做法,给南方军政府以不好的印象,如何能联合呢? 北方政府绝对不能将国家搞好,只有望于南方政府,而又不能联合,这是绝对不可以的。且我辈做事,应以国家为前提的。"如此舌战的时间很久,天快要亮了,童的秘书长某来,约童出去约半小时余,童回答我,照我所提办,要我赶速赴广东取特任状到手后,便实施云。我即离饶平,到飞鹅颈,将经过情形告诉陈肇英,我说:"看童葆暄及其秘书长情形,这事是靠不住的。我与童说今日我便赴汕回广州取特任状,早去早还,便早实施也。今晚童必来电话,你说我已去汕了,尔并须答吕某来,我不得不敷衍他,他去了,我总服从司令命令行的"等语。在晚童果来电,问第一如前状。童终言,如何行动,明日再定。至第二日晨,童来电话云:"潮、汕兵变,我已下令右翼指挥伍文渊,限今晚占领白云山,尔亦限今晚占领韩江、湘子桥我方桥头,不得有误的。"我即将电话筒接过手,"伯吹!伯吹!"叫他(葆暄号)。他啊了一声,就说:"你是将军吗?"我说:"是的。"他说:"你还没有到汕头去吗?"我说:"你的一直来奸诈情形,我受你的教训很多了,以往我是顾住朋友,多忍受下去,而这次因国家南北消长转折点的关系,我不能放松的,我即带兵到饶平来,向你算账。"我即将电话挂上,与陈肇英相商。陈说:"你将我的兵带回到饶平,去找童司令,这是我受良心上的责备,是不能做的。但我带这兵从将军投到南方去,这是我可以做的。"我说:"好,我先到汕头去接洽,部署妥后,明日回来同你带兵去,好否?"他说:"好。"我秘密托徐晓窗监视外,即离飞鹅颈回潮州了,与闽军、粤军(陈炯明带)、滇军(李根源带)接洽妥,于第二日回飞鹅颈,招呼陈肇英带兵入潮州。这时童葆暄连夜率残兵逃至诏安,经过铜山退回厦门去了。

　　(6)我回潮州电告军府后,即接复电,发表我为援闽浙军总司令,陈肇英为师长。我即偕同陈肇英到广东去,只见到岑春煊,而孙中山已离开广东去了。不料这里局面,桂军与粤军冲突,滇军内部李根源与朱培德冲突,存在着你防我,我防你,我弄你,你弄我,这种种情形。

但这时粤军司令陈炯明率军由上杭、永定方面绕攻童葆暄兵的后方，童逃走，陈遂占领漳州了。因距广州远，冲突的事实未遽实现，而滇军的师长朱培德听李烈钧唆使，于一九二〇年发生了冲突。滇军大部份驻韶关，朱培德由广州起韶关，去倾覆李根源时，李适由韶关回，没有接触。过数日李烈钧、朱培德宴会，我亦被邀者之一，因外间谣言很大，我未敢去。不料被邀者多不敢去。这祸虽未闯成，而一时遮掩不了，说桂系及李根源均在计害的中心。桂系帮助李根源，先将驻汕头伍毓瑞所带的赣军二团全行缴械解散。因此参谋部长李烈钧、副部长蒋尊簋皆离开广东，岑春煊要我担任参谋部长。我浙军响应陈炯明的计划，受军府的命令，将兵开赴漳州、长（泰）、同安等处驻扎，为攻闽的预备。至一九二一年，陈肇英兵开到安海去，陈炯明却勾结闽督李厚基，实行反攻广东。这时驻厦门的浙军，因司令童葆暄死，杨善德派潘国纲为师长，带回浙江去了。

（7）陈炯明的反攻广东，是先勾结李厚基，条件是：一、陈炯明所占的福建地盘如漳州、诏安、云霄等均归还福建；二、李厚基接济陈子弹二百万发；三、浙军所占领土秘密让李厚基乘夜来包围歼灭浙军，以夺取领土，如同安、三重、安海等地；四、北京政府发表陈炯明督粤。秘密地商妥后，李厚基即派兵围浙军于安海。浙军死旅长苏璋并兵多名，退回潮州时，已狼狈不堪了，因解体自行解散。陈炯明反攻广东，桂军司令马济、林虎等，平日骄傲自大，被陈一击即全体瓦解，岑春煊、李根源、杨永太〔泰〕等纷纷逃沪去。我亦不能例外，过沪回北京去了。

（8）一九二〇年，北京情况大变了，攻粤司令吴佩孚与广东的军政府商妥回攻①，北返攻段。到武昌时，与萧耀南定计，邀驻兵宜昌的司令吴自堂来，拘禁于武昌，将他所带的二全师的兵遣攻与归并后，吴佩孚率兵回保安，与边防军总司令（即大隈伯借款办的四师边防

---

① 《我前半生的革命生涯》注：当时吴佩孚职务是"援粤副总司令"。

军)靳云鹏秘密勾结攻段系。段系主要人物徐树铮失败逃,其师长曲同丰被掳。吴佩孚遂推举徐世昌为总统,靳云鹏为总理,其内容是直、皖系的冯、段冲突于外,皖系的徐、靳又冲突于内。到一九二三年,北京就成了这样一个局面,靳内阁的财政总长潘复①,贪污到无钱不要,因此靳留我帮忙,我绝对不愿加入,就此离开北京,携眷住天津,想转业了。

（9）一九二二年,我住天津时,张绍曾、金兆棪、董其蕙(熊希龄妻)等,邀我商办一女子储蓄银行,股本二十五万元,缴到半数即开张,先分设于北京、天津两地。我承认募股本五万元,失收二万五千元②。结果股半数收足,即行开张。我为董事长,胡志仑、张绍曾为常务董事,董其蕙为监察,张绍曾妹妹为副理,经理另聘请一姓徐者。结果胡志仑与经理通同作弊,化名借款自用,逾年人逃而行亦倒闭了。

又,吴鼎昌、吴天民等邀我集股共三万元,于朝阳门外建设跑马场,结果钱只够购地,而无建设费,且在世界经济开始崩溃的时候,时机又不许可,亦失败。

又,那时沪上疯狂地办交易所,南浔张淡如来津,结合曹锟派的人,设立北洋交易所,我一堂弟吕临权要去当经纪人,要我集股设立经纪号,不到三个月,亦失败了。加以内人连年大病,打针服药,所费不资。至一九二四年,已穷到三个月袋里空空,莫名一钱了。至年底宁波人贺德霖知之,送我一千元过年费,始度过这个年关的。

（10）我自广东北返后,从未看过段师,俗语云好马不吃回头草,便即是这个意思。不料到一九二五年正月,师兄段骏良由某山养病回,过北京来看我,问我当年赴广东去的情形(我赴粤时,段骏良在宜昌吴母舅处)。我说:"一、北洋系自己冲突得很尖锐,主张以北洋系

---

① 《我前半生的革命生涯》注:一九一九年潘复任财政次长,曾代财政总长及盐务署督办。

② 失收,疑为"先收"之误。

为骨干的段师，要搞好国家，是没有希望了。二、安福系的首领徐树铮，可以任意枪毙将军府上将军陆建章，而负完全责任内阁的段总理，竟置之不问，成为怎么的民国。再陆系手握兵权的冯玉祥的母舅，肯甘休吗？北洋系已瓦解完了。三、以段师资望深远，品格高尚，勋业隆盛，人民爱戴，真是我国独一无二的中心人物，而竟被徐树铮败无余了，而段师尚不悟，真是无可救药。四、在复辟时期，蓝公武代我写信送段师，揭发徐树铮罪行，段师不该将我的信叫徐树铮看。徐枪毙陆建章时，我说将军府的将军我不要了，不如做一个老百姓，犯了死罪还要经过几级的审判再执行枪毙的好得多啦。因此他一面将师兄设法到宜昌去，一面秘密叫我同学白武来拿我。但我早防备他有这一着，自师兄到宜昌去后，我总不到北京来。我后来知道白武这件事，即决定打倒这个梦想以安福系的势力支配国事的徐树铮，决然到广东去！当时的情形是这样的。"段宏业说："以前的事，譬如昨日死，不要说了；以后的事，譬如今日生，应重行团结一致去做吧。"我说："现在北方时势是不能再有发展的希望了，我是想改业，投到实业界方面去。"宏业说："二月初九日是我父亲的六十整寿，你有师生的关系，亦应该来贺寿的。"我说："现在穷，寿仪都买不起，请你恕我不来吧。"宏业说："寿仪是丝毫不要，人是应该来的，到下月初八日，我再派人来接你。"我说："不要派人来。"他不答复我就走了。到二月初八日，真派汽车叫原兰舫来接，我不得不去了。这次段师六十整寿的生日很淡薄的，拜寿的人亦不多。初十日晨我去向段师辞行时，段师说："你再停一日，吴自堂今晚要请你们吃饭呢。"到晚上寿筵吃过后，段师邀我谈话，段师说："小学生（以前一直叫我小学生），以前的事过去了，不要记着，以后的事还是很多的。你们青年的，对国家的事，应当负起责任来去做，你看看国家是糟塌如此地步了，我们应该好好再来搞一次，我想要从新组织一班，我想从新集一批贤能者，来群策群力去做的。你对南方的人很熟的，我现在需要一个好秘书长，你夹袋

里有没有这样的人。"我说："有一个很好的朋友,名叫章士钊,就是广
东军政府岑春煊秘书长,笔墨很好,清末在上海《民立报》所作论文,
很感动民众的,因此成名了,现在上海。"段师说："我也久闻其名,他
肯来否?"我说："我去请他,想一定肯来的。"段师说："好,那么你就代
请他来。"我说："好,我需回北京去料理家事,约一星期可去,但请老
师预备一封信给我带去。"段师说："很好,就这样办吧。"因此第二天
我就回家筹川费及料理一切,过六日就回到天津见段师,说明即刻赴
沪情形。段师就将预备好的聘请章士钊的一封信交给我,并取出所
刻好的一颗图章说："小学生,这颗图章是新刻的,用这图章,即是开
始第一次这信上,表示此后一切刷新的意思。"并说："你将此意代达
到章士钊先生,使他好放心北来,并且要他赶快来,其余一切你同骏
良谈谈,再见吧。"我对段师这番话刺激的很深刻,出去与骏良师兄一
面,即乘当日津浦路火车走了。

对这一个交代,是繁杂的,广泛的,严重的,因我今年七十四岁
了,年纪大,经历多,事业杂,交际广,提起笔来,不知道要从何处写
起,细想想只有用综合分析法来写,或较为简例适当些。

（一）我的出身

一八七九年,出身在浙江省永康县的西乡横溪庄。父春梧,母马
氏,生我同胞兄弟共五人,但第一、二、五三个兄弟均殇,只剩我与四
弟二人,而不幸四弟亦在一九一三年短命死了。我父系半商半农身
份。我在当年春冬入塾读,在夏秋收获时期即去帮农忙,是一个半耕
半读的身份。迄最后父死了,馀有房屋四、五所,田一百二十亩,在永
康穷的地方亦算得一个中上的地主了。

（二）我的经历

（1）幼年时代

一八八五年,我七岁时,即入塾读,所学习的是四书、五经、八股

等项。到一八九九年，我二十一岁进秀才。一九〇〇年我二十二岁补廪，至一九〇四年止，我二十六岁，就在横溪及易川两处设蒙童馆教书。这时候看到了梁启超的壬寅《丛报》①，才知道清廷的政治腐败。

（三）我的简历

一八八五年

入书堂去读书，所读的是四书、五经、八股等项。

至一八九九年（即我自七岁至二十一岁）

入学，俗语进秀才。

一九〇〇年（二十二岁）

补廪。

一九〇一年至一九〇四年（二十三至二十六岁）

设训蒙馆于横溪、易川等地训蒙（每年有一百二十多银元收入）。这时看到梁启超写的壬寅《丛报》，才知道清朝的腐败，弄得国家领土不完整，主权不独立，国几不国了。

因此一九〇五年（二十七岁）

忿然地赴杭求学了。是年夏遇到秋瑾，即入光复会。徐锡麟赴皖候补过杭，寓西湖白云庵，我去送行时，请其临别赠言，徐言："革命是艰险的工作。法国革命约八十年，不知流下多少血，始得成功。我国正在开始，我赴皖候补，是预备流血的开始者，你们看见我的流血，不要畏缩，再接再厉去做就好了。我们别后，不能再见了，大皆努力。"不料后来真真永远不见了。秋瑾要我入抚署卫队当兵，我接受她的意见，呈请入队了。

一九〇六年（二十八岁）

即由卫队保送，考入陆军部陆军速成学堂，五月十二日由杭州动

---

① 原整理者注：即《新民丛报》。

身,赴保定府入学。到六月初十左右,报载徐锡麟刺死皖抚恩铭,被破肚挖心致祭的酷刑,秋瑾亦在绍兴被杀了。七月一日入堂是普通科,到十二月考分班,我考入炮科第一班。又浙江送保定去汉人四十人,旗人十人,共五十人。蒋介石名志清,亦在五十人中的一个,以年轻关系,送入日本士官去了。

一九〇九年即宣统元年(三十一岁)

毕业回浙。应王勇公的函召,同杨曾蔚、李书城、何遂等约二十人左右,同赴广西做革命工作。

一九一〇年(三十二岁)

事败回浙。供职督练公所差遣及八十二标督队官,即在杭州组织革命机关于紫阳山脚古太庙巷底我的住宅内。同志有:朱瑞(代理八十一标统)、顾乃斌(八十二标三营长)、韩肇基(工程营营长)、虞廷(前清举人,武备学生)、庄之盘、朱健哉(警察学生)及我共七人,这是中央干部,秘密的。我的小组办事的有:宪兵队官王桂林、傅其永,宪兵副官童葆暄,抚署卫队司务长孔昭道,督练公所科员王萼、倪德薰等同志。

到一九一一年(三十三岁)

八月十九日,湖北光复了,举黎元洪为都督。苏州亦接着光复了,举程德全为都督。上海亦光复了,举陈其美为都督。至九月十三夜,浙江亦光复了,举汤寿潜为都督。惟南京为铁良、张勋所盘据。响应徐绍桢(驻南京第九镇统制)的乞援电,浙江组织浙军一支队,由朱瑞为总司令,我为参谋长,于十九日出师攻宁,至十月十日攻入南京。临时政府成立,举孙中山为临时总统。

一九一二年(三十四岁)

正月,我为第十一协协统,率兵北伐至南宿州。旋北京清政府用袁世凯与南政府对峙讲和,结果清廷退位,南政府取销,举袁世凯为总统,表面上中国算统一了。五月里率浙兵回浙。八月,袁政府任命朱瑞为浙江都督,我为第六师师长(这时陆军镇、协、标、营、队改称为师、旅、团、营、连了)。

一九一三年(三十五岁)

五月,南京、江西独立(称为赣宁之变),袁派张勋攻宁,李纯攻赣,不久平。我为嘉湖戒严司令驻嘉兴,十一月解严回杭。

一九一四年(三十六岁)

我调为嘉湖镇守使,驻湖州。

一九一五年(三十七岁)

仍驻湖州。

一九一六年(三十八岁)

因袁世凯称帝,广西、广东相继独立,浙江响应两广亦独立,朱瑞出走,我在嘉兴,省城会议结果,举我为都督。十二月周凤岐、夏定侯谋乱,段政府特任杨善德督浙,我赴北京。

一九一七年(三十九岁)

在京将军府。

一九一八年(四十岁)

住天津。因北政府派浙军童葆暄率师会闽臧致平兵攻粤,已迫潮、汕,南护法政府密派章士钊来邀我赴粤。这时北政府冯国璋、段祺瑞内讧,段派湘督傅良佐被冯派师长王汝贤逼迫离湘,段派徐树铮横行无忌,擅行枪毙将军府将军陆建章。看军阀政争多乖,气运已尽,我决然赴粤,转汕到潮州,夜入飞鹅颈陈肇英营商定,再入饶平会童葆暄,劝其投粤。童始而拒,终而诈,要我赴广东请政府委任他为闽督,他倒戈攻闽云云。我阳面是接受他付托,声明即赴广州办这事去,阴而却返飞鹅颈,住在陈肇英营内,听其消息。到第三日没有动静,我即嘱陈由军用电话请童说话,报告我已赴湖、汕转粤去了,在这未决定前,我们如何行动云云。童说:"潮、汕兵变,我已命令左翼限明日拂晓时占领白云山,你右翼限明日拂晓时占领潮州。"我听到这里,将电话接过来,我叫道:"伯吹,伯吹。"他道:"你是将军吗,为什么还不去?"我说:"我什么能去呢,我自辛亥革命起,受你们的骗已第五次了,我不是不知,我是不较,这次我对广东方面,有信用关系,我不得不慎重,你又欺骗我,我一定要惩创你,我就带陈旅兵回到饶平来,算算前头的旧账吧。"童葆暄发惊道:"动不得,动不得。"我将电话筒坠了。陈肇英主张将他这旅兵降南,即率领到潮州去,不必反攻饶平,以保全浙江的孤军。我同情他,即率兵队赴潮州,而童葆暄却率左翼兵逃回厦门去了。护法政府即简任我为援闽浙军总司令,陈肇英为师长。

一九一九年至一九二〇年(四十一二岁)

驻肇庆东①,兼参谋部长。

一九二一年至一九二二年(四十三四岁)

粤军陈炯明结合闽督李厚基反攻粤,护法政府失败,我即回北京。时北京冯死段败,徐世昌代总统。

一九二三年至一九二四年(四十五六岁)

吴佩孚拥曹锟贿选总统成。我住北京,日与邵飘萍、金仲荪、孙慕韩等打牌看戏,过那无聊的生活。

一九二五年(四十七岁)

自赴粤后再不入段门,这年段六十大寿,他的大儿子段骏良来邀我去上寿,我不肯去。骏良说:"这是师生关系,应该去上寿,到期我派人来接。(原稿至此截止,以下缺)

（原载中国社会科学院近代史研究所近代史资料编辑部编《近代史资料》总87号,署吉迪整理,中国社会科学出版社一九九六年五月版,一八九至二二〇页）

---

① 底稿,"庆"字前脱"肇"字,径补。

诗歌及对联

夕照亭雅集奉酬南湖居士

返棹扶桑述异闻,携樽相就坐斜曛。闲谈他日成诗话,薄醉移时废礼云。楼小能容沧海日,堂深合住泰山云。南湖权作西湖主,袖稿知无封禅文。

南湖示以隔岁放鹤亭题壁一首次韵答之

心境能闲梦亦欢,纵谈游纪到更阑。襟边旧酒馀三竺,袖里新诗是二寒。二寒,指寒厓、寒云。山剩南湖供佛笑,湖依西子当人看。苏堤风月原无价,为问先生费若干。

（以上两章,原载吴芝瑛编辑《剪淞留影集》,民国七年版,八五叶）

附　吴芝瑛集句赠联

吴芝瑛赠吕戴之督军公望联云:"新堤旧井各无恙;引杯看剑坐生风。"原跋:"三年不到武林矣,南湖昨自湖上还,称垣墙不倒,屋舍俨然,是亦荷管领湖山者之嘉惠无穷也。适诵苏诗,奉集二语,电灯之下,目光迷离,腕力复不能使墨,书竟恶然。"

（吴恭亨撰、喻岳衡点校《对联话》,岳麓书社一九八四年三月版,327页）

题扇面①

身无俗虑亦悠然,最爱幽栖别有天。枯树根盘龙露爪,苍涯水浸

---

① 本诗录自吕公望手书扇面,整理者拟题。吕公望入蜀事,据作者《我前半生的革命生涯》载:张勋复辟失败,北洋系以国家骨干自任,不迎黎元洪复位,而以（转下页）

虎垂涎。都因山静心俱古，为看云迟意不前。底事孜孜推历日，旷怀窃比老彭年。

甲子统军入蜀，举目皆山，寓其间者几忘复有此混沌世界，因与幕僚各赋所怀。庚午闰夏为懋青先生雅属，吕公望书。

秋兴 八首

癸酉重九节客威海作。老友徐燕谋祖善专员时主威政，屡函招往游。余爱其风俗醇朴，景物优美，家焉。

重九登临环翠楼，城西北角位于奈古山麓，旧有环翠楼，环山俯海，青翠欲滴，胜境也。燕谋专员即其地辟作公园，并新其楼，为公共休息地，亦新建设中一事业也。海天客思正悠悠。斜阳古戍征夫泪，明末防倭，因置戍焉。冷月寒沙泽国秋。诗酒招人聊访戴，篱花笑我亦依刘。村砧野笛西风里，世事茫茫动旧愁。

眼底神州鼎沸汤，干戈日日痛萧墙。此邦似璧今还赵，自甲午英人藉口均利，威海被租占者三十余年，迄庚午由徐燕谋专员接收，还我旧物，可志也。诸镇如林昔灭唐。北海关山余碎玉，东门锁钥等亡羊。樽中菊酒愁中客，万里风烟何处乡。

闻道南疆正苦兵，萧森杀气羽林营。三秋鼙鼓声悲壮，百里旌旗影直横。赤火烧天枯万骨，黄尘卷地失千城。阋墙御侮今何择，胡马正肥塞上鸣。

（接上页）冯国璋为总统。但不久府、院矛盾甚于黎时，自此北洋系分裂了。院方傅良佐代谭延闿督湘，府方则勾结傅良佐带去的师长王汝贤倒傅。广东扩法军政府谭浩明乘机袭占长沙，于是皖系（即段系）一面命张敬尧援湘，一面由屈映光说童保暄带浙军到闽，会同闽督李厚基攻粤直系（即冯国璋系），请吴佩孚援湘攻粤直系，冯命其女婿陈之骥入川联周道刚以控制吴致堂，皖系段又派我入川说周道刚联吴以控制萧耀南，国家弄得四分五裂。

　　挟策强邻踏隙来，鬼神环泣外交台。西秦败约真长技，南宋偷安太不才。百二秦关天险尽，廿三朝史国光催。兴亡异数追今古，岂独秋风庾信哀。

　　秦代长城汉代关，九州带砺奠山河。四方使节修臣职，万国皇华媚圣颜。数祖何曾忘故故，感时更觉恨班班。中朝多少光荣史，都付秋樵野话间。

　　只今客处鲁齐东，当日泱泱唱大风。万古儒宗开孔圣，两周霸业辟桓公。海山依旧鸿图歇，烟雨横秋雁阵空。新息据鞍家国志，江湖容易老渔翁。

　　海头浪接浙江潮，湖水湖山别思遥。藕忆玲珑西子臂，莼怀舒卷美人蕉。楼台甲帐情何恨，冠剑丁年气已销。黄菊故园无恙否，秋来客鬓渐萧萧。

　　筹国筹家两不如，匆匆白发误居诸。故人麟阁新图画，老我龙门旧史书。原上新秋悲死弟，堂前暮景怨生予。歌馀涉岵登高日，涕泪天涯母倚闾。

　　（原载永康县政协编《永康文史》第二辑，一九八五年八月版，7 页）

吟月楼雅集联句并七律一章[①]

　　桃溪之东，有吟月楼焉，乃周子住所。中面郭之层楼也，圃其前，陂塘傍其侧。平林远岫，倚阑可招，皓月当中，清景尤胜。主人得四时眺瞩之乐，领其幽趣，吟咏其间，此吟月所自名也。甲戌秋七月十

---

　　① 整理者拟题。

二日,吕将军戴之,王毅人、程健樵两明府,蔡国章、陈小艇、释素园诸诗人,集是楼畅饮,乐其境,日继以烛。虽蟾蟾未圆,而月烛高映,清兴飚发,序齿联句,未竟,倏闻鸡声一唱。吕将军逸兴所触,又限以"溪西鸡齐啼"为韵,命各赋一律。诗成,晨曦已欲露。斯是役也,各疏年纪以记其时日,不逊斜川之闻;洗盏更酌,相与咿唔于楼中,不知东方之既白,不亚赤壁之雅。周子易三集诸佳作,嘱为缮录,以留纪念,用记其颠末云。松石山民应均仲华。

序齿联句

大地风云急,相将倚楼□。凉飔新人袖,_{毅人}清露欲盈头。茗饮夸庐陆,_{仲华}剑光起祖刘。炎威余赤帝,_{戴之}时望失清流。忧乐知先后,_{健樵}行藏任去留。谁为念胞与? _{易三}世尚快恩仇。人矣声无夏,_{国章}悲哉气已秋。禾伤四野槁,_{素园}天迥乱星稠。无术苏民困,_{小艇}何时释杞忧。乡云思缦缦,_{毅人}霖雨望油油。杀运连三伏,_{仲华}灾氛遍九州。哀鸿秋讯急,_{戴之}征雁夜声遒。饥溺怀同切,_{健樵}解推愿未酬。当筵仰硕彦,_{易三}借箸仗嘉猷。更酌杯重洗,_{国章}北海意空传。竞病镵诗战,_{素园}流连困酒愁。合欢消永夕,古谊勉交修。_{小艇}

七律一章

限"溪西鸡齐啼"韵

文星今夜聚桃溪,睹酒联诗月已西。逸趣林逋同放鹤,雄心祖逖共闻鸡。吟成记事鸿泥在,交到忘年物我齐。会能楼头归去客,声声路上听乌啼。

（原载李世扬编《华溪酬唱集》,吟月楼雅集,第一一至一三页,署名吕戴之）

故 园①

甲戌归省,周易三振玉,招夜饮于吟月楼。同席者,老友王体仁亮熙、应仲华均、程季樵士毅,新知蔡国章惠夷,方外释素园守初。

故园六月景如何,吟月楼头醉咏歌。夜色沉云星斗暗,野香入酒稻花多。乡情缱绻樽前见,暑气炎歊雨后和。节近中秋饶韵事,相期再共主人过。

(原载《游川周氏宗谱》共和国乙酉年重修本,先世遗芳集,第二百三十页,七律一章)

永康华溪八景诗②

东郭望春

城东门曰望春,小东门曰迎曦。

迎曦门外正东风,春在郊源一望中。华水晴光苹乍转,石城霁色雪初融。玉鞍金勒迟迟度,柳暗花明处处同。算是桃源留净土,桑林遍野郁葱葱。

西津晚渡

西津在溪西双溪合流之处,有桥,即以西津名。

西津夜渡倚长桥,晚市人回隔水遥。两岸苍烟迷去客,一肩寒日引为樵。桨穿暮霭迎桃叶,帆卷斜阳拂柳条。东望石城明月上,渔歌何处隐闻箫。

---

① 编校者拟题。

② 徐小飞主编《永康历代诗词选》(杭州出版社二〇一五年十一月版),题作《永城八景诗》。

万案疏钟

万案山在治北，不甚高，上封古寺傍山建焉。

东来紫气护琳宫，时度钟声飚碧空。佛界三千尘外世，焚香八百有无中。霜天初动昏黄月，暮鼓同清断续风。人境结庐邻万案，宵宵送响到帘栊。

双溪流月

华溪有东南两源，与南溪汇于治南。

白云山北石城西，皓月清流十里堤。两岸金波溶合璧，一轮玉影下双溪。往来古今人同逝，消长盈虚数未齐。如此清华归便得，关山可奈滞轮蹄。

桃洞浮花

桃花洞在桃溪西畔，上建浮花亭，曾有桃花数斛自洞中浮出，故名。

桃洞幻境记逃神①，洞口浮花欲问津。点水戏鱼翻锦浪，化萍逐絮坠红尘。三生不语空虚泪，万劫犹留洁净身。回首灵根渺何处，仙凡一例可怜春。

松石招云

松石亭在治北延真观，前唐时道士马自然指观前老松谓当化石，其夕大风雨，松即化石，石根尚存。

白云峰住白云堆，奇石招云隔岸回。出岫未从龙化去，思山可共鹤归来。灵根久证三生约，气核遥从万古栽。为雨为霖犹有待，桃溪风月且追陪。

---

① 逃神，《永康历代诗词选》作"逃秦"（303 页）。

古塔斜阳

本县古塔共有两座,一曰龙虎塔,一曰凤凰塔。凤凰塔在治西凤凰山宝严寺,与溪口相近,俗呼下塔;龙虎塔在治西水口山,俗呼上塔;均已废。

古塔庄严耸上方,年年暮暮对斜阳。一峰横影雁同落,半面迎晖金共黄。大地光明留净境,诸天寂寞阒空王。祇园分付传灯后,独立寒烟郁郁苍。

白云晴雪

白云山在城南,一名历山,上有舜庙。

南山当户雪初晴,霁景横空分外明。日射寒光浮玉宇,烟笼曙色幻银城。层岚隐透连天碧,细瀑流辉出涧清。故宅白云寻隐士,柴门许立愿师程。

（原载浙江省永康县政协文史资料工作委员会编《永康文史资料》第五辑方岩名胜专辑,一九八八年十二月版,294—297页）

戊子秋祭岳庙录万松岭走马旧作赠士青老友

夹冈红叶飞秋色,半壁山城照夕阳。马上客愁何处诉,万松岭下吊钱王。

（钱文选著《钱氏诵芬堂诗稿》,约一九五二年誉印本,下卷,25页）

挽虞庼甫联

陶殒沪上,君死杭州,功高物所忌,嗟二公殉身一辙;
魂返浦江,冤沉大井,鬼厉仇难逃,愿九原杀贼三呼。

（原载《虞庼甫哀挽录》,民国刊本）

挽陈英士联 两副

其 一

沪滨一星沉,忍听凤落彭去,益令我伤邦国瘁;

吴门双目在,尽算龙争鹿逐,终教君见盛平时。

其　二

不世英才余一死;

未完事业属何人?

（原载《纪念全集》上卷四,殉国唁词汇录,四五叶;转引自何仲箫编《陈英士先生纪念全集》,345 页。其二,原载《民国日报》一九一六年六月十四日,第十二版,艺文部·陈英士哀诔录）

题吴兴陈英士墓联

一陇葬黄肠,行近岘山同堕泪;

三年藏碧血,声凄杜宇合招魂。

（KD《游云巢记》,原载《申报》一九二五年四月十九日,十八版自由谈）

挽朱瑞联

搴斾共驱驰,忆昔从军闻战略;

贻书劳诰诫,痛公垂死念乡闾。

（原载《朱兴武将军哀挽录》,民国五年刊本,乙编中,四十九页）

挽蔡松坡先生

从蜀道先登,夙定彀钤天下服;

用滇兵首义,群惊鼓角地中来。

（原载《丙辰》第一期,中华民国五年十二月,艺苑一·诗文类·黄蔡二公哀挽录,十页）

挽黄蔡二公联

民其无忘,以有今日;

国之不幸,乃哭二公。

(《黄蔡二公追悼大会纪事》,原载《申报》一九一六年十二月二十九日,十版,本埠新闻)

挽章葆吾联

读书有人,良田福种心田,贤子文孙留善果;

仗义长者,何遽仙游天末,凄风苦雨助悲声。

前浙江省长兼督军吕公望拜挽

(原载《章氏宗谱》,民国辛未年重修本)

挽周氏童太孺人联[①]

笙诗荐南陔,风木增痛;

菩提证西土,福寿全归。

勋二位、二等文虎章、陆军上将衔陆军中将、前浙江督军兼署省长、怀威将军吕公望拜挽

(原载《周氏宗谱》,民国戊子年续修本)

挽姚母应太君联

戏采绚莱衣,方期花甲周年,共酌兕觥跻寿寓;

清徽标彤管,何意中秋翌日,竟跨鹤驾返瑶池。

吕公望拜挽

(原载《黄棠姚氏宗谱》,二〇〇六年版,永康市图书馆藏,卷之四,六一页)

---

① 周氏童太孺人,周振玉母。

挽杨哲商烈士联

沪上成仁,霹雳一声,魄化长虹飞去;

湖滨埋骨,俎豆千载,魂随浙水潮来。

（原载朱汝略、许尚枢主编《台州楹联集成》,杭州出版社二〇一三年十月版,377 页）

永康游川周氏祠堂柱联

归厚重宗盟,俎豆千秋昭丽泽;

良知传学统,渊源一脉溯丽江。

勋二位、二等文虎章、陆军上将衔陆军中将、前浙江督军兼署省长、怀威将军吕公望拜撰并书

（原载《游川周氏宗谱》共和国乙酉年重修,记铭表文,第一百五十一页,祠中石柱联）

赠吴森南联①

新柳门东,微月湖右;大田道左,同舍城南。森南贤婿补壁。集散曶,吕公望。[手迹藏浙江永康吕公望纪念馆（筹）]

筹组民艺剧社报请备案呈杭州市民政局文②

事由：为筹组民艺剧社报请备案由

公望等为推进社会福利救济之文化事业,特邀请社会热心剧艺人士、文艺戏曲工作者、剧团剧院负责人等,筹组民艺剧社,以改进曲

---

① 吴森南,一作森然,江苏常州人,吴阶平之四弟。

② 呈文与附件,均由吕师煜先生提供。呈文原题仅一"呈"字,现题系编者所拟。按,时任杭州市民政局局长为冯萌东。

艺,推动剧运,团结戏剧工作者,配合政府政策,为广大人民服务。兹由公望等于本年九月廿一日召开筹备委员会议,计到姜震中、陈慎孚、许金彩、俞作新等二十三人,先行确定社名,推举筹备委员,草拟社章,以便逐步开展戏剧业务。特将初步筹备情形报请备案。

　　谨呈
杭州市人民政府民政局

　　附社章草案一份。

　　民艺剧社发起人　吕公望　马文车　张忍甫　斯　烈　姜震中

　　　　　　　　蔡一鸣　王晓籁　金仲椿　竺素娥　陈石民

　　　　　　　　　　　　　　　一九五〇年九月三十日

　　　　　附　杭州市人民政府指示　府秘新字第3876号

　　　　　　　　　　　一九五〇年十月四日

　　事由:为吕公望等申请筹组民艺剧社希会同提出意见由

　　指示　文教局　民政局

一、据吕公望等联名来呈,为筹组民艺剧社报请备案。

二、查该呈中称,已将筹备情形分呈文教、民政两局,希即会同了解情况,提出处理意见报府。

　　　　　　　　市长 江　华(杭州市人民政府印)

　　　　　附　杭州市人民政府代电　府秘新字第四〇七三号

　　　　　　　　　　　一九五〇年十月十一日

　　事由:民艺剧社准予成立,唯应由文教局领导

民政局:

　　民社字第三四五九号呈悉。民艺剧社准予成立,唯应属文教局领导,并应加入杭州市戏剧改进协会为团体委员,希知照。

　　　　　　　杭州市人民政府 10、12(杭州市人民政府印)